高等学校经管类专业主要课程教材

税法

（第三版）

林　颖　马丽佳　艾　华　主　编

高等教育出版社·北京

内容简介

税法分为实体法和程序法，本书只编写了实体法，未涉及程序法。本书所称“税法”具有广泛性含义，包括通过全国人民代表大会制定的税收法律、全国人民代表大会授权国务院制定的税收暂行条例及财政部、国家税务总局和海关总署制定的规章制度。

本书以第二版为基础，与时俱进地更新了18个税种和教育费附加。本书在编写和修订过程中，考虑了客观经营行为发生时可能产生税款的逻辑关系，故先介绍货物劳务税，再介绍财产、行为等其他税种，最后介绍企业所得税和个人所得税。本书包含11章内容，每章由内容提要、法规主要内容和思考练习题、即测即评组成。每章的内容提要，提示了本章包括的主要内容和学习时应注意的问题。各章难点在于各税种与其他税种的关联关系，多数情况下，对单个税种的学习掌握较为容易，但当同一经营行为涉及多个税种时，大部分读者理解起来都有困难，教师授课或者学生自学时应尽量关注这一问题。

本书可作为高等学校财政学、税收学、会计学、财务管理等经管类专业本科生教材，也可作为广大税务工作者、企业财务工作者、税务师（会计师、律师）事务所涉税服务中介人员及报考注册会计师和税务师的广大学员的参考用书。

图书在版编目（C I P）数据

税法 / 林颖，马丽佳，艾华主编. -- 3版. -- 北京 : 高等教育出版社，2021.8（2023.12重印）
ISBN 978-7-04-056608-6

Ⅰ. ①税… Ⅱ. ①林… ②马… ③艾… Ⅲ. ①税法-中国-高等学校-教材 Ⅳ. ①D922.22

中国版本图书馆CIP数据核字（2021）第154062号

策划编辑 奚 玮　　责任编辑 奚 玮　　封面设计 王 鹏　　版式设计 徐艳妮
责任校对 刘娟娟　　责任印制 田 甜

出版发行	高等教育出版社	网　　址	http://www.hep.edu.cn
社　　址	北京市西城区德外大街4号		http://www.hep.com.cn
邮政编码	100120	网上订购	http://www.hepmall.com.cn
印　　刷	涿州市京南印刷厂		http://www.hepmall.com
开　　本	787mm×1092mm　1/16		http://www.hepmall.cn
印　　张	32	版　　次	2012年8月第1版
字　　数	670千字		2021年8月第3版
购书热线	010-58581118	印　　次	2023年12月第3次印刷
咨询电话	400-810-0598	定　　价	66.00元

本书如有缺页、倒页、脱页等质量问题，请到所购图书销售部门联系调换

物 料 号　56608-00

第三版前言

党的二十大报告明确要求："弘扬社会主义法治精神，传承中华优秀传统法律文化，引导全体人民做社会主义法治的忠实崇尚者、自觉遵守者、坚定捍卫者。"为全面贯彻党的二十大精神，有效践行高校"培养中国特色社会主义的合格建设者和可靠接班人"的根本任务，快速适应高等院校应用型人才培养的要求，满足社会各界读者对当前税法改革知识的迫切需求，我们结合高等院校经济学、管理学类专业"税法""中国税制"等课程教学改革目标，紧扣近年我国税收法治建设的一系列改革成果，在第二版教材的基础上修订编写了本书，并在重印时进行了及时的修订。在编写过程中，我们力求凸显如下特色：

在编写风格上，本书编写立足最新税法，着眼理解，注重应用，凸现简明。本着理论联系实际的原则，注重从立法本意解读税法，避免了传统教材普遍存在罗列法律条文的写法，力图使本书内容简明、准确、实用、深入浅出。

在形式安排上，本书每章由内容提要、主要内容、思考练习题和即测即评四部分组成，以期帮助学生自觉形成"学习—练习—测试"的学习闭环，供学生边学习、边自测和边思考。此外，本书各章的"即测即评"充分利用现代信息手段，通过二维码呈现，既确保了书本内容的系统精练，也拓展了学生的学习空间，增强了教材的立体感。

在内容组织上，本书编写尽量体现"新""实""全"的特点。

新：本书立足我国税法改革最前沿，精准呈现我国税制改革的最新内容，全面解读税制改革的最新成果。

实：本书加强了税法与现实经济生活的联系，通过大量税收案例，凸现对重点难点税收法律政策的解读和分析，以期增强学生的学习兴趣，提高理解、掌握和运用税法解决税收实践问题的能力。

全：本书从总体上简明阐述税法基本理论，也分章系统解析我国现行18个实体法的最新内容，既拓宽了学生的税收理论视野，也呈现了税收实体法全貌。

本书共11章：第一章、第十章由艾华编写，第二章、第十一章由林颖编写；第三章、第七章、第八章由马丽佳编写；第四章、第五章、第六章由王震编写，第九章由韦素华编写。最后由林颖总纂定稿。

由于我们所掌握的资料和能力所限，加之我国税收法治化进程正处于不断推进过程中，本书的疏漏及错误在所难免，敬请广大专家和读者批评指正。

编者

2023年10月

第一版前言

税法是国家制定的用以调整国家与纳税人之间在征纳税方面的权利与义务关系的法律规范的总称，或者说是国家为了取得税收收入而制定的法律制度。税法构建了国家依法征税和纳税人依法纳税的行为准则，其目的是保障国家的利益和纳税人的合法权益。

随着市场经济的不断发展和完善，税收的地位显得越来越重要。税收收入作为政府财政收入的主要来源，是各级政府实现其职能的财力保障，这一点当今世界上绝大多数国家还难以改变。从某种意义上讲，在市场经济体制下，政府与纳税人的关系实质上就是一种税收关系。所有生产经营者和广大公民必须依法向国家或政府缴纳税款，正如美国著名政治家、科学家——本杰明·富兰克林（1706—1790 年）曾经说过的："人的一生只有两件事情是不可避免的：一是死亡，二是税收。"人们只要活着就必须有衣、食、住、行，所有消耗物资的价格中都含有税收。缴纳税款是纳税人的一项强制性支出，它不同于其他交易行为有公平、等价的交易原则，因为税收具有强制性、无偿性的特征。

然而，在社会经济发展和现实生活中，国家要征收哪些税？怎样来征税？不同的纳税人又应该缴纳哪些税？如何来纳税？又如何维护自身的合法权益？这一系列问题都需要熟知税法才能够解决。税收法规以实体法为主，每一项规定都是为了解决实践中的具体问题而产生的，因此，学习税收法规必须与具体的实践行为相结合才能理解。同时，税收具有调节经济的重要作用，通过减征、免征等一系列优惠政策，可以引导纳税人调整生产经营规模以及改变经济结构的运行方向。

为此，本书依据我国现行最新、最主要的税收法规进行编写，力求解决实践中的具体问题。在编写过程中，对难以理解的法律规范做了较详细的解释，并列举出相应的实例进行解答和分析，尽量做到有利于广大读者学习和理解。除此之外，每章后还附有思考练习题，以便广大读者复习、练习和思考。本书共计十二章，第一章、第十一章由艾华编写，第二章、第三章、第四章由王敏编写，第五章、第六章、第七章由张延辉编写，第八章、第九章由王震编写，第十章由张晗嘉编写，第十二章由李小珍编写。最后由艾华、王敏总纂定稿。

另外值得注意的是，客观经济行为在不断地发展和变化，税收法规为了适应客观经济发展的变化，也在不断修订和完善之中，如本书编写的法规内容与新发布的法规不一致时，应以新法规为标准。

由于我们所掌握的资料及能力所限，书中难免存在不足或错误，敬请广大专家和读者批评指正，不胜感谢。

编者

2012 年 5 月

目录

第一章

税法概论

内容提要：

本章介绍了税法的定义；税法的构成要素和分类；税法与其他法律的关系；税法的立法原则；我国现行税法的体系和税收管理体制。学习本章时，主要掌握税法的定义和特征，构成要素和分类，现行税收管理体制。

第一节 税法要素及作用

一、税法的定义

税法是国家制定的用以调整国家与纳税人之间在征纳税方面的权利与义务关系的法律规范的总称。税法构建了国家及纳税人依法征税、依法纳税的行为准则，其目的是保障国家的利益和纳税人的合法权益。

税法与税收密不可分，税法是税收的法律表现形式。因此，了解税收的定义对于理解税法有实质性意义。税收是政府为了满足社会公共需要，凭借政治权力，强制、无偿地取得财政收入的一种形式。税收的定义具有以下几层含义：

（一）税收是政府取得财政收入的一种重要手段

政府要行使其职能就必须有一定的财力作保障，财力的具体表现形式就是政府的财政收入。政府取得财政收入的手段多种多样，如税收、发行货币、发行国债、收费、罚没等，而税收则是大部分国家取得财政收入的主要形式。我国自 1994 年税制改革以来的 20 多年，税收收入占财政收入的比重基本维持在 90% 左右，足以证明税收是目前我国政府取得财政收入的最主要手段，1994—2019 年我国税收收入、财政收入及其比例如表 1-1 所示。

表 1-1　1994—2019 年我国税收收入、财政收入及其比例

年度	税收收入总额（亿元）	财政收入总额（亿元）	税收收入占财政收入比例（%）
1994	5 070.80	5 305.85	95.57
1995	5 973.70	6 205.80	96.26
1996	7 050.60	7 335.97	96.11
1997	8 225.50	8 624.83	95.37
1998	9 093.00	9 553.48	95.18
1999	10 315.00	10 820.31	95.33
2000	12 665.80	13 042.74	97.11
2001	15 165.50	15 833.16	95.78
2002	16 996.60	17 682.69	96.12
2003	20 466.10	21 201.13	96.53
2004	25 718.00	26 355.07	97.58
2005	30 865.80	31 649.01	97.53
2006	37 636.30	39 373.12	95.59
2007	49 449.30	51 223.21	96.54
2008	54 219.60	61 330.35	88.41
2009	63 104.00	68 477.00	92.15
2010	77 390.00	81 000.00	95.54
2011	95 729.00	103 700.00	92.31
2012	100 614.30	117 253.52	85.81
2013	110 530.70	129 209.64	85.54
2014	119 175.30	140 370.03	84.90
2015	124 922.20	152 269.23	82.04
2016	130 354.00	159 559.00	81.69
2017	144 360.00	172 567.00	83.65
2018	156 402.86	183 359.84	85.29
2019	158 000.43	190 390.08	82.98

（二）国家征税的依据是政治权力

国家通过征税，将一部分社会产品从纳税人手中转变为国家所有，因此征税的过程实际上是国家参与社会产品的分配过程。国家与纳税人之间形成的这种分配关系与社会再生产中的一般分配关系不同。分配问题涉及两个基本问题：一是分配的主体；二是分配的依据。税收分配是以国家为主体进行的分配，而一般分配则是以各生产要素的所有者为主体所进行的分配；税收分配是国家凭借政治权力进行的分配，而一般分配则是基于生产要素所进行的分配。

（三）国家征税的目的是满足社会公共需要

国家或政府在履行其公共职能的过程中必然要有一定的公共支出。公共产品的特殊性决定了公共支出一般情况下不可能采取自愿出价的方式，而只能采用强制征税的方式，由经济组织、单位和个人来负担。国家征税的目的是满足国家提供公共产品的需要，其中包括政府弥补市场失灵、促进公平分配等的需要。同时，国家征税要受到所提供公共产品规模和质量的制约。

（四）税收具有无偿性、强制性和固定性的形式特征

税收特征，亦称“税收形式特征”，是指税收分配形式区别于其他财政分配形式的质的规定性。税收特征是由税收的本质决定的，是税收本质属性的外在表现，是区别税与非税的外在尺度和标志，也是古今中外税收的共性特征。税收形式特征通常概括为税收“三性”，即无偿性、强制性和固定性。

1. 税收的无偿性

税收的无偿性是指国家征税时不支付任何直接形式的报酬，征税后对具体纳税人不需要直接偿还，纳税人从政府支出所获利益通常与其支付的税款不完全呈一一对应的比例关系。无偿性是税收的关键特征，它使税收明显地区别于国债等财政收入形式，决定了税收是国家筹集财政收入的主要手段，并成为调节经济和矫正社会分配不公的有力工具。

2. 税收的强制性

税收的强制性是指税收是国家凭借政治权力，通过法律形式对社会产品进行的强制性分配，而非纳税人的一种自愿交纳，纳税人必须依法纳税，否则会受到法律制裁。强制性是国家权力在税收上的法律体现，是国家取得税收收入的根本前提。它也是与税收的无偿性特征相对应的一个特征，正因为税收具有无偿性，才需要通过税收法律的形式规范征纳双方的权利和义务。对纳税人而言，依法纳税既是一种权利，又是一种义务。

3. **税收的固定性**

税收的固定性是指国家通过法律形式预先规定对什么征税及其征收比例等税制要素，并保持相对的连续性和稳定性。即使是税制要素的具体内容也会因经济发展水平、国家经济政策的变化而进行必要的改革和调整，但这种改革和调整总是要通过法律形式事先规定，而且改革调整后要保持一定时期的相对稳定。

税收的“三性”是一个完整的统一体，它们相辅相成、缺一不可。其中，无偿性是核心，强制性是保障，固定性是对无偿性和强制性的一种规范和约束。

税法是政府取得税收收入的法律保障，具有义务性法规和综合性法规的特点。从法律性质上看，税法属于义务性法规，以规定纳税人的义务为主。税法属于义务性法规，并不是指税法没有规定纳税人的权利，而是指纳税人的权利是建立在其纳税义务的基础之上，处于从属地位。税法属义务性法规的这一特点是由税收的无偿性和强制性特点所决定的。

二、税收法律关系

税收法律关系是指税法所确认的，政府与纳税人之间、政府与政府之间在税收分配过程中形成的权利与义务关系。

（一）税收法律关系的构成

税收法律关系在总体上讲与其他法律关系一样，都是由权利主体、权利客体和法律关系的内容三方面构成的，但在三方面的内涵上，税收法律关系则具有特殊性。

1. **权利主体**

法律关系的主体是指法律关系的参加者。税收法律关系的主体即税收法律关系中享有权利和承担义务的当事人。在我国税收法律关系中，权利主体一方是代表国家行使征税职责的国家税务机关，包括国家各级税务机关、海关和财政机关；另一方是履行纳税义务的人，包括法人、自然人和其他组织，在华的外国企业、组织、外籍人、无国籍人，以及在华虽然没有机构、场所但有来源于中国境内所得的外国企业或组织。这种对税收法律关系中权利主体另一方的确定，在我国采取的是属地兼属人的原则。

2. **权利客体**

权利客体即税收法律关系主体的权利、义务所共同指向的对象，也就是征税对象。例如，所得税法律关系客体就是生产经营所得和其他所得，财产税法律关系客体即是财产，流转税法律关系客体就是货物销售收入或劳务收入。税收法律关系客体也是国家利用税收杠杆调整和控制的目标，国家在一定时期根据客观经济形势发展的需要，通过扩大或缩小征税范围调整征税对象，以达到限制或鼓励国民经济中某些产业、行业发展的目的。

3. 法律关系的内容

法律关系的内容就是权利主体所享有的权利和所应承担的义务，这是税收法律关系中最实质的东西，也是税法的灵魂。它规定权利主体可以有什么行为，不可以有什么行为，若违反了这些规定，须承担相应的法律责任。

（二）税收法律关系的产生、变更与消灭

税法是引起税收法律关系的前提条件，但税法本身并不能产生具体的税收法律关系。税收法律关系的产生、变更与消灭必须有能够引起税收法律关系产生、变更或消灭的客观情况，也就是由税收法律事实来决定。税收法律事实可以分为税收法律事件和税收法律行为。税收法律事件是指不以税收法律关系权力主体的意志为转移的客观事件，例如，自然灾害可以导致税收减免，从而改变税收法律关系内容的变化；税收法律行为是指税收法律关系主体在正常意志支配下做出的活动，例如，纳税人开业经营即产生税收法律关系，纳税人转业或停业就造成税收法律关系的变更或消灭。

（三）税收法律关系的保护

税收法律关系是同国家利益及企业和个人的权益相联系的。保护税收法律关系，实质上就是保护国家正常的经济秩序，保障国家财政收入，维护纳税人的合法权益。税收法律关系的保护形式和方法是很多的，税法中关于限期纳税、缴纳滞纳金和罚款的规定，《中华人民共和国刑法》（简称《刑法》）对构成偷税、抗税罪给予刑罚的规定，以及税法中对纳税人不服税务机关征税处理决定可以申请复议或提出诉讼的规定等都是对税收法律关系的直接保护。税收法律关系的保护对权利主体双方是对等的，不能只对一方保护，而对另一方不予保护，对权利享有者的保护，就是对义务承担者的制约。

三、税法的构成要素

税法的构成要素是指各种单行税法具有的共同的基本要素的总称。首先，税法要素既包括实体性的，也包括程序性的；其次，税法要素是所有完善的单行税法共同具备的，仅为某一税法单独具有而非普遍性的内容，不构成税法要素，如扣缴义务人。税法的构成要素一般包括总则、纳税义务人、征税对象、税率、纳税环节、纳税期限、纳税地点、减税免税、罚则、附则等项目。

（一）总则

总则主要包括立法依据、立法目的、适用原则等。任何法规出台都有其立法的目的和意义，只有把握住立法的目的，对法规的理解和处理问题才能做到公平、公正，才能运用具体规定去处理实践过程中多变的客观行为。

（二）纳税义务人

纳税义务人简称纳税人，又叫纳税主体，是税法规定的直接负有纳税义务的单位和个人。任何一个税种首先要解决的就是国家对谁征税的问题，如我国个人所得税法、增值税、消费税、资源税以及印花税等暂行条例的第 1 条规定的都是该税种的纳税义务人。

纳税人有两种基本形式：自然人和法人。自然人和法人是两个相对称的法律概念。自然人是基于自然规律而出生的、有民事权利和义务的主体，既包括本国公民，也包括外国人和无国籍人。法人是自然人的对称，根据《中华人民共和国民法典》（简称《民法典》）第 57 条的规定，法人是具有民事权利能力和民事行为能力，依法独立享有民事权利和承担民事义务的组织。我国的法人主要有三种：营利法人、非营利法人、特别法人。

税法中规定的纳税人有自然人和法人两种最基本的形式，按照不同的目的和标准，还可以对自然人和法人进行多种详细的分类，这些分类对国家制定区别对待的税收政策，发挥税收的经济调节作用，具有重要的意义。如自然人可划分为居民纳税人和非居民纳税人，个体经营者和其他个人等；法人可划分为居民企业和非居民企业，还可按企业的不同所有制性质来进行分类等。

与纳税人紧密联系的两个概念是代扣代缴义务人和代收代缴义务人。代扣代缴义务人虽不承担纳税义务，但依照有关规定，在向纳税人支付收入或结算货款时有义务代扣代缴其他单位或个人应缴纳的税款，如出版社代扣作者稿酬所得的个人所得税等。如果代扣代缴义务人按规定履行了代扣代缴义务，税务机关将支付一定的手续费。反之，未按规定代扣代缴税款，造成应纳税款流失或将已扣缴的税款私自截留挪用、不按时缴入国库，一经税务机关发现，将要承担相应的法律责任。代收代缴义务人是指虽不承担纳税义务，但依照有关税收法律的规定，在向纳税人收取商品或劳务收入时，有义务代收代缴其他单位或个人应缴纳的税款。如消费税条例规定，除特殊情况外，委托加工的应税消费品，由受托方在向委托方交货时代收代缴委托方应该缴纳的消费税。

（三）征税对象

征税对象又叫课税对象、征税客体，是指税法规定对什么征税，是征纳税双方权利义务共同指向的客体或标的物，是区别一种税与另一种税的重要标志。如消费税的征税对象是消费税条例所列举的应税消费品，房产税的征税对象是应税房屋等。征税对象是税法最基本的要素，因为它体现着征税的最基本界限，决定着某一种税的基本征税范围，同时，征税对象决定了各个不同税种的名称。如消费税、土地增值税、个人所得税等，这些税种因征税对象不同，性质不同，名称也就不同。征税对象按其性质的不同，通常可划分为流转额、所得额、特定财产、特定资源、特定行为、特定目的六大类，通常也因此将税收分为相应的六大类，即流转税（或称商品和劳务税）、所得税、财产税、资源税、行为税和特定目的税。

与课税对象相关的两个基本概念是税基和税目。

税基又叫计税依据，是据以计算征税对象应纳税款的直接数量依据，它解决对征税对象课税的计算问题，是对课税对象的量的规定。如企业所得税应纳税额的基本计算方法是应纳税所得额乘以适用税率，其中，应纳税所得额是据以计算所得税应纳税额的数量基础，为所得税的税基。计税依据按照计量单位的性质划分，有两种基本形态：价值形态和物理形态。价值形态包括应纳税所得额、销售收入、营业收入等；物理形态包括面积、体积、容积、重量等。以价值形态作为税基，又称为从价计征，即按征税对象的货币价值计算，如生产销售化妆品应纳消费税税额是由化妆品的销售收入乘以适用税率计算产生的，其税基为销售收入，属于从价计征的方法。另一种是从量计征，即直接按征税对象的自然单位计算，如城镇土地使用税应纳税额是由占用土地面积乘以每单位面积应纳税额计算产生的，其税基为占用土地的面积，属于从量计征的方法。

税目是在税法中对征税对象分类规定的具体的征税项目，反映具体的征税范围，是对课税对象质的界定。设置税目的目的首先是明确具体的征税范围，凡列入税目的即为应税项目，未列入税目的，则不属于应税项目。其次，划分税目是贯彻国家税收调节政策的需要，针对不同的税目，国家可根据不同项目的利润水平以及以国家经济政策等为依据制定高低不同的税率，以体现不同的税收政策。并非所有税种都需规定税目，有些税种不分课税对象的具体项目，一律按照课税对象的应税数额采用同一税率计征税款，因此一般无须设置税目，如企业所得税。有些税种具体课税对象比较复杂，需要规定具体的税目，如消费税、印花税等。

（四）税率

税率是对征税对象的征收比例或征收额度。税率是计算税额的尺度，也是衡量税负轻重与否的重要标志。我国现行的税率主要有：

1. 比例税率

比例税率即对同一征税对象，不分数额大小，规定相同的征收比例。我国的增值税、城市维护建设税、企业所得税等采用的都是比例税率。比例税率又可分为三种具体形式：

（1）单一比例税率，是指对同一征税对象的所有纳税人都适用同一比例税率。如我国现行的企业所得税税率 25%，为单一比例税率。

（2）差别比例税率，是指对同一征税对象的不同纳税人适用不同的比例征税。我国现行税法又分别按产品、行业和地区的不同将差别比例税率划分为以下三种类型：一是产品差别比例税率，即对不同产品分别适用不同的比例税率，同一产品采用同一比例税率，如消费税、关税等；二是行业差别比例税率，即对不同行业分别适用不同的比例税率，同一行业采用同一比例税率，如增值税等；三是地区差别比例税率，即区分不同的地区分别适用不同的比例税率，同一地区采用同一比例税率，如城市维护建设税等。

（3）幅度比例税率，是指对同一征税对象，税法只规定最低税率和最高税率，各地区在该幅度内确定具体的适用税率。如契税规定的3% ~ 5%，为幅度比例税率。

比例税率具有计算简单、税负透明度高、有利于保证财政收入、有利于纳税人公平竞争、不妨碍商品流转额或非商品营业额扩大等优点，符合税收效率原则。但比例税率不能针对不同收入水平实施不同的税收负担，在调节纳税人的收入水平方面难以体现税收的公平原则。

2. 累进税率

累进税率是指随着征税对象数量增大而提高的税率，即按征税对象数额的大小划分为若干等级，不同等级的课税数额分别适用不同的税率，课税数额越大，适用税率越高。累进税率一般在所得课税中使用，可以充分体现对纳税人所得多的多征、所得少的少征、无所得的不征的税收原则，从而有效调节纳税人的经营成果，正确处理税收负担的纵向公平问题。按照税率累进依据的性质，我国现行税制中，累进税率分为“额累”和“率累”。“额累”是按课税对象数量的绝对额分级累进，一般按所得额大小分级累进。“率累”是按与课税对象有关的某一比率分级累进。“额累”和“率累”按照累进的方式又可以分为“全累”和“超累”。“全累”是对课税对象的全部数额，都按照相应等级的税率计算课税；“超累”是对课税对象数额超过前一级数额的部分，分别按照各自对应的税率计算课税。综上所述，累进税率可分为全额累进税率、超额累进税率、全率累进税率和超率累进税率等税率形式。

（1）全额累进税率，是把征税对象的数额划分为若干等级，对每个等级分别规定相应税率，当税基超过某个级距时，课税对象的全部数额都按提高后级距的相应税率计算课税。如表 1-2 所示。

表 1-2　　某三级全额累进税率表

级数	全年应纳税所得额	税率（%）
1	不超过 10 000 元的部分	10
2	10 000 元至 100 000 元的部分	20
3	超过 100 000 元的部分	30

假如某纳税人某年应纳税所得额为 60 000 元，按表 1–2 所列税率，适用第二级次，其应纳税额为 60 000 × 20%=12 000（元）。

全额累进税率计算方法简便，但税收负担不合理，特别是在划分级距的临界点附近，税负呈跳跃式递增，甚至会出现税额增加超过课税对象数额增加的不合理现象，不利于鼓励纳税人增加收入。

（2）超额累进税率，是把征税对象按数额的大小分成若干等级，每一等级规定一个税率，税率依次提高，但每一纳税人的征税对象则依所属等级同时适用几个税率分别计算，将计算结果相加后得出应纳税款。目前我国综合所得和经营所得个人所得税均采用这种税率。如表 1–3 所示。

表 1–3　　综合所得个人所得税税率表（部分）

级数	全年应纳税所得额	税率（%）	速算扣除数（元）
1	不超过 36 000 元的部分	3	0
2	36 000 元至 144 000 元的部分	10	2 520
3	144 000 元至 300 000 元的部分	20	16 920

假如某居民个人 2019 年综合所得的应纳税所得额为 280 000 元，用表 1–3 所列税率，其应纳税额可以分步计算：

第一级的 36 000 元适用 3% 的税率，应纳税额为 36 000 × 3% = 1 080（元）

第二级的 108 000（144 000 − 36 000）元适用 10% 的税率，应纳税额为 108 000 × 10% = 10 800（元）

第三级的 136 000（280 000 − 144 000）元适用 20% 的税率，应纳税额为 136 000 × 20% = 27 200（元）

该年应纳税额 = 36 000 × 3% + 108 000 × 10% + 136 000 × 20% = 39 080（元）

在税率级数较多的情况下，分级计算的超累税率计税方法就比较烦琐。为了简化计算，也可采用速算法。其用公式表示为：

应纳税额 = 课税对象的数额 × 对应当级适用税率 − 当级速算扣除数

其中：

当级速算扣除数 =（当级税率 − 上一级税率）× 上级课税对象最高数额 + 上级速算扣除数

那么，按照表 1–3 的税率，上述例子的计算方法为：

第二级的速算扣除数 =（10% − 3%）× 36 000 + 0 = 2 520（元）

第三级的速算扣除数 =（20% − 10%）× 144 000 + 2 520 = 16 920（元）

则：应纳税额 = 280 000 × 20% − 16 920 = 39 080（元）。

（3）全率累进税率，是指按课税对象有关的某一比率划分征税级距，并分别规定每一个级距对应的税率，当课税对象的相对比率达到某一等级时，全部征税对象数额都要按这一等级的税率课税。

（4）超率累进税率，是指以与课税对象有关的某一比率划分征税级距，并分别规定每一个等级对应的税率。当课税对象的相对比率增加到需要提高一级税率时，仅就超过百分比率的部分按高一级税率课税。课税对象的百分比越高，适用税率也就越高。我国现行的土地增值税采用的便是这种税率。

3. 定额税率

定额税率又称固定税额，这种税率按征税对象确定的计算单位，直接规定一个固定的税额，因此又称为单位税额。目前我国的城镇土地使用税、车船税均采用这种税率。

4. 其他税率

其他税率是指从学术和理论方面进行比较的税率，一般情况不直接用于缴纳税款。

（1）名义税率。名义税率是税法中规定的税率，是应纳税额与征税对象的比率。因税率制度、计税依据、减税、免税、加成加倍征税等原因造成纳税人的实际税率与税法规定的税率不相等，故将税法中规定的税率称为名义税率。

（2）实际税率。实际税率是名义税率的对称，是实征税额占征税对象数额的比率。在实纳税额与应纳税额相等、征税对象的全部数额与应税的征税对象数额相等时，实际税率与名义税率相等。实际税率是衡量纳税人实际负担程度的主要标志，也是研究和制定税收政策的重要依据。

（3）平均税率。平均税率是指全部应纳税额占全部应税的征税对象数额的税率。如上例某居民个人 2019 年应纳税所得额为 280 000 元，其应纳税额为 39 080 元，则平均税率为 13.96%。

（4）边际税率。边际税率是指征税对象数额的增量中税额所占的比率。以个人所得税中的“工资、薪金所得”为例：费用扣除额为 5 000 元，那么 5 000 元以下的所得免税，边际税率就为 0；当一个人月工资收入达到 6 000 元时（假设无 6 项专项附加扣除），与 5 000 元相比增量为 1 000 元，按照 3% 适用税率计算，应缴纳税额为 30 元，边际税率变成 3%。

（五）纳税环节

纳税环节主要指税法规定的征税对象在从生产到消费的流转过程中应当缴纳税款的环节。如流转税在生产和流通环节纳税，所得税在分配环节纳税等。纳税环节有广义和狭义之分。广义的纳税环节指全部课税对象在再生产中的分布情况。如资源税分布在资源生产环节，商品税分布在生产或流通环节，所得税分布在分配环节等。狭义的纳税环节特指应税商品在流转过程中应纳税的环节。商品从生产到消费要经历诸多流转环节，各环节都存在销售额，都可能成为纳税环节。但考虑税收对经济的影响、财政收入的需要以及税收征管的能力等因素，国家常常对不同的商品在流转过程中所征税种规定不同的纳税环节。按照某种税征税环节的多少，税种可以划分为一次课征制和多次课征制。合理选择纳税环节，对加强税收征管，有效控制税源，保证国家财政收入及时、稳定、可靠，方便纳税人生产经营活动和财务核算，灵活机动地发挥税收调节经济的作用，具有十分重要的理论和实践意义。

（六）纳税期限

纳税期限是指税法规定的关于税款缴纳时间方面的限定。税法关于纳税期限的规定，有三个概念：一是纳税义务发生时间。纳税义务发生时间，是指应税行为发生的时间。如《中华人民共和国增值税暂行条例》（简称《增值税暂行条例》）规定，采取预收货款方式销售货物的，其纳税义务发生时间为货物发出的当天。二是纳税期限。纳税人每次发生纳税义务后，不可能马上分别去缴纳税款。税法规定了每种税的纳税期限，即每隔固定时间汇总一次纳税义务的时间。如《增值税暂行条例》规定，增值税的具体纳税期限分别为 1 日、3 日、5 日、10 日、15 日、1 个月或者 1 个季度。纳税人的具体纳税期限，由主管税务机关根据纳税人应纳税额的大小分别核定；不能按照固定期限纳税的，可以按次纳税。三是缴库期限。即税法规定的纳税期满后，纳税人将应纳税款缴入国库的期限。如《增值税暂行条例》规定，纳税人以 1 个月或者 1 个季度为 1 个纳税期的，自期满之日起 15 日内申报纳税；以 1 日、3 日、5 日、10 日或者 15 日为 1 个纳税期的，自期满之日起 5 日内预缴税款，于次月 1 日起 15 日内申报纳税并结清上月应纳税款。

（七）纳税地点

纳税地点是指根据各个税种纳税对象的纳税环节和有利于对税款的源泉控制而规定的纳税人（包括代征、代扣、代缴义务人）的具体纳税地点。

（八）减税免税

减税免税主要是对某些纳税人和征税对象采取减少征税或者免予征税的特殊规定。减税免税主要分为三种方式，即税基式减免、税率式减免和税额式减免。减税免税优惠政策是国家用于调节经济的主要手段。

税基式减免是指税率及其他要素不变的情况下，降低计税基数计算应纳税额的一种减免税方式。如企业所得税法中规定的减计收入优惠，即企业综合利用资源生产符合国家产业政策规定的产品所取得的收入，减按 90% 计入收入总额。

税率式减免是指税基及其他要素不变的情况下，降低税率计算应纳税额的一种减免税方式。如我国的高新技术企业减按 15% 的税率计算应缴纳的企业所得税税额。

税额式减免是指在税基、税率及其他要素不变的情况下，按照规定先把税额计算出来后再减征一定比例计算应纳税额的一种减免税方式。如企业购置并实际使用列入符合《设备优惠目录》范围内的环保设备的，专用设备投资额的10%可以从该企业应纳企业所得税税额中抵免。

（九）罚则

罚则主要是指对纳税人违反税法的行为采取的处罚措施。在实践过程中，纳税人违反税收法律的情形有很多，如逃税、避税、欠税、抗税等都会受到法律处罚。

（十）附则

附则一般都规定与该法密切相关的内容，比如该法的解释权、生效时间等。

四、税法的分类

税法体系中按各税法的基本内容和效力、职能作用、征收对象、权限划分、计税依据、税收与价格关系、税收负担是否转嫁的不同，可分为不同类型的税法。

（一）按照税法基本内容和效力的不同，可分为税收基本法和税收普通法

税收基本法也称税收通则，是税法体系的主体和核心，在税法体系中起着税收母法的作用。其基本内容一般包括：税收制度的性质、税务管理机构、税收立法与管理权限、纳税人的基本权利与义务、征税机关的权利和义务、税种设置等。我国目前还没有制定统一的税收基本法，随着我国税收法制建设的发展和完善，将研究制定税收基本法。税收普通法是根据税收基本法的原则，对税收基本法规定的事项分别立法实施的法律。

（二）按照税法职能作用的不同，可分为税收实体法和税收程序法

税收实体法主要是指确定税种立法，具体规定各税种的征收对象、征收范围、税目、税率、纳税地点等。例如，《中华人民共和国企业所得税法》（简称《企业所得税法》）、《中华人民共和国个人所得税法》（简称《个人所得税法》）就属于税收实体法。税收程序法是指税务管理方面的法律，主要包括税收管理法、纳税程序法、发票管理法、税务机关组织法、税务争议处理法等。《中华人民共和国税收征收管理法》（简称《税收征管法》）就属于税收程序法。

（三）按照税法征收对象的不同，可分为流转税法，所得税法，财产、行为税法、资源税法和特定目的税法

1. 流转税法

流转税是指以纳税人商品生产、流通环节的流转额或者数量以及非商品交易的

营业额为征税对象而课征的一类税收，主要包括增值税、消费税、关税等税法。其特点是与商品生产、流通、消费以及劳务交易有密切联系。对什么商品（劳务）征税，税率多高，对经济活动都有直接的影响，易于发挥对经济的宏观调控作用。

2. 所得税法

所得税是指以纳税人的所得额为征税对象而课征的一类税收，主要包括企业所得税、个人所得税等税法。其特点是可以直接调节纳税人收入，发挥其公平税负、调整分配关系的作用。

3. 财产、行为税法

财产、行为税法主要是对纳税人的财产的价值或某种行为课征的税，包括房产税、印花税等税法。

4. 资源税法

资源税法主要是为保护和合理使用国家自然资源而课征的税。我国现行的资源税、城镇土地使用税等税种均属于资源课税的范畴。

5. 特定目的税法

相对于税法设立一般基于聚财的目的，有些税法的设立更多的是基于某些特殊的调节目的，这类税法称为特定目的税法。我国现行的城市维护建设税、土地增值税、环境保护税等均属于这类税种。

（四）按照主权国家行使税收管辖权的不同，可分为国内税法、国际税法、外国税法

国内税法一般是按照属人或属地原则，规定一个国家的内部税收法律制度。国际税法是指国家间形成的税收制度，主要包括双边或多边国家间的税收协定、条约和国际惯例等，一般而言，其效力高于国内税法。外国税法是指其他国家制定的税收法律制度。

（五）依据税收归属和征收管辖权限可分为中央税、地方税和中央与地方共享税

（1）中央税属于中央政府的财政收入，如由海关征收管理的关税和进口环节税收。

（2）地方税属于各级地方政府的财政收入，如由税务局征收管理的城市维护建设税、城镇土地使用税等。

（3）中央与地方共享税属于中央政府和地方政府的共同收入，如由税务局征收管理的增值税、企业所得税、个人所得税等。

当前，除个别小税种地方政府有立法权外，其余税种的立法权均属中央政府。

（六）依据计税依据的不同，可分为从价税和从量税

（1）从价税是指以征税对象的价值量为计税依据所缴纳的税种。一般实行比例税率和累进税率，如增值税、企业所得税等。

（2）从量税是指以征税对象的实物数量为计税依据所缴纳的税种。一般实行定额税率，如耕地占用税、城镇土地使用税等。

（七）依据税收与价格的关系不同，可分为价内税和价外税

（1）价内税是指税金作为商品价格组成部分的税种，如现行的消费税等。其优点是利于消费，其税金包含在价格之内，易为消费者所接受。价内税不利于纳税，因为取得收入者认为税金是自己负担的。

（2）价外税是指税金作为商品价格附加部分的税种，如现行的增值税。其优点是利于纳税义务人缴纳税款，因为应缴纳的税金是由消费者支付的。价外税在短期内对消费有一定的积极影响。

（八）依据税收负担是否转嫁，可分为直接税和间接税

（1）直接税是指纳税人与负税人一致，一般不存在税负转嫁的税种，如所得税、财产税等。

（2）间接税是指纳税人与负税人往往不一致，一般存在税负容易转嫁的税种，如现行的增值税、消费税等。

五、税法的地位及与其他法律的关系

（一）税法是我国法律体系的重要组成部分

了解税法在整个国家法律体系中所处的地位，以及与其他法律之间的关系，能使我们更好地执行税法，有效地打击违反税法的犯罪行为。

税法属于国家法律体系中一个重要的部门法，它是调整国家与各个经济单位及公民个人分配关系的基本法律规范。法的调整对象是具有某一性质的社会关系，它是将各法律部门划分开来的基本因素，也是一个法律部门区别于其他法律部门的基本标志和依据。税法以税收关系为自己的调整对象，这一社会关系的特殊性把税法和其他法律部门划分开来了。因此税法主要以维护公共利益而非个人利益为目的，在性质上属于公法。不过与宪法、行政法、刑法等典型公法相比，税法仍具有一些私法的属性，如课税依据私法化、税收法律关系私法化、税法概念范畴私法化等。

（二）税法与其他法律的关系

涉及税收征纳关系的法律规范，除税法本身直接在税收实体法、税收程序法、税收争讼法、税收处罚法中规定外，在某种情况下也援引一些其他法律。

1. 税法与《宪法》的关系

《中华人民共和国宪法》（简称《宪法》）是我国的根本大法，它是制定所有法律、法规的依据和章程。税法是国家法律的组成部分，当然也是依据《宪法》的原则制定的。

《宪法》第56条规定："中华人民共和国公民有依照法律纳税的义务。"这里一是明确了国家可以向公民征税，二是明确了向公民征税要有法律依据。因此，《宪法》的这一条规定是立法机关制定税法并据以向公民征税以及公民必须依照税法纳税最直接的法律依据。

《宪法》还规定，国家要保护公民的合法收入、财产所有权，保护公民的人身自由不受侵犯等。因此，在制定税法时，就要规定公民应享受的各项权利以及国家税务机关行使征税权的约束条件，同时要求税务机关在行使征税权时，不能侵犯公民的合法权益等。

《宪法》第33条第二款规定，"中华人民共和国公民在法律面前一律平等"，即凡是中国公民都应在法律面前处于平等的地位。在制定税法时也应遵循这个原则，平等对待所有的纳税人，不能因为纳税人的种族、性别、出身、年龄等不同而在税收上给予不平等的待遇。

2. 税法与《民法典》的关系

《民法典》是调整平等主体的自然人、法人和非法人组织之间的人身关系和财产关系的法律规范，故其调整方法的主要特点是平等、等价和有偿。而税法的本质是国家依据政治权力向公民进行课税，是调整国家与纳税人关系的法律规范，这种税收征纳关系不是商品的关系，明显带有国家意志和强制的特点，其调整方法要采用命令和服从的方法，这是由税法与《民法典》的本质区别所决定的。

但两者之间又有联系，当税法的某些规范同《民法典》的规范基本相同时，税法一般援引《民法典》条款。在征税过程中，经常涉及大量的民事权利和义务问题。比如，印花税中有关经济合同关系的成立、房产税中有关房屋的产权认定等，而这些在《民法典》中已予以规定，所以，税法就不再另行规定。

3. 税法与《刑法》的关系

税法与《刑法》有本质区别。《刑法》是关于犯罪、刑事责任与刑罚的法律规范的总和。税法则是调整税收征纳关系的法律规范，其调整的范围不同。

但两者也有着密切的联系，因为税法和《刑法》对于违反税法都规定了处罚条款。应该指出的是，违反了税法，并不一定就是犯罪。《税收征管法》第 63 条第 1 款规定，“纳税人伪造、变造、隐匿、擅自销毁账簿、记账凭证，或者在账簿上多列支出或者不列、少列收入，或者经税务机关通知申报而拒不申报或者进行虚假的纳税申报，不缴或者少缴应纳税款的，是偷税。对纳税人偷税的，由税务机关追缴其不缴或少缴的税款、滞纳金，并处不缴或者少缴的税款 50% 以上 5 倍以下的罚款；构成犯罪的，依法追究刑事责任”。从上面规定可以看出，两者之间的区别就在于情节是否严重，轻者给予行政处罚，重者则要承担刑事责任，给予刑事处罚。

从 2009 年 2 月 28 日起，“偷税”不再作为一个刑法概念存在。第十一届全国人民代表大会常务委员会第七次会议表决通过了《刑法修正案（七）》，修订后的《刑法》对第 201 条关于不履行纳税义务的定罪量刑标准和法律规定中的相关表述方式进行了修改，用“逃避缴纳税款”取代了“偷税”，但目前我国的《税收征管法》中还没有做出相应修改。

4. 税法与行政法的关系

税法与行政法有十分密切的联系，主要表现在税法具有行政法的一般特性。税收实体法和税收程序法中都有大量内容是对国家机关之间、国家机关与法人或自然人之间法律关系的调整。而且税收法律关系中居于领导地位的一方总是国家，体现国家单方面意志，不需要征纳双方意思表示一致。另外，税收法律关系中争议的解决一般按照行政复议程序和行政诉讼程序进行。

税法与行政法也有一定的区别。与一般行政法不同的是，税法具有经济分配的性质，并且经济利益由纳税人向国家无偿单方面转移，这是一般行政法所不具备的。社会再生产的几乎每一个环节都有税法的参与和调节，在广度和深度上是一般行政法所不能比的。另外，行政法大多为授权性法规，所含的少数义务性规定也不像税法一样涉及货币收益的转移，而税法则是一种义务性法规。

六、税法的作用

由于税法调整的对象涉及社会经济活动的各个方面，与国家的整体利益及企业、单位、个人的直接利益有着密切的关系，并且在建立和发展我国社会主义市场经济体制中，国家将通过制定实施税法加强对国民经济的宏观调控，因此，税法的地位越来越重要。正确认识税法在我国社会主义市场经济发展中的重要作用，对于我们在实际工作中准确地把握和认真执行税法的各项规定是很有必要的。我国税法的重要作用主要包括以下方面。

（一）税法是国家组织财政收入的法律保障

为了维护国家机器的正常运转以及促进国民经济健康发展，必须筹集大量的资金，即组织国家财政收入。为了保证税收组织财政收入职能的发挥，必须通过制定税法，以法律的形式确定企业、单位和个人履行纳税义务的具体项目、数额和纳税程序，惩治偷逃税款的行为，防止税款流失，保证国家依法征税，及时足额地取得税收收入。

（二）税法是国家宏观调控经济的法律手段

我国建立和发展社会主义市场经济体制一个重要的改革目标，就是从过去国家习惯于用行政手段直接管理经济，向主要运用法律、经济的手段宏观调控经济转变。税收作为国家宏观调控的重要手段，通过制定税法，以法律的形式确定国家与纳税人之间的利益分配关系，调节社会成员的收入水平，调整产业结构和社会资源的优化配置，使之符合国家的宏观经济政策。同时，以法律的平等原则，公平经营单位和个人的税收负担，鼓励平等竞争，为市场经济的发展创造良好的条件。例如，2012 年 1 月在上海市试行增值税扩围改革，对于调整产业结构，促进第三产业发展，适应市场竞争机制的要求，都发挥了积极的作用。

（三）税法对维护经济秩序有重要的作用

由于税法的贯彻执行涉及从事生产经营活动的每个单位和个人，一切经营单位和个人通过办理税务登记、建账建制、纳税申报，其各项经营活动都将纳入税法的规范制约和管理范围，都将较全面地反映出纳税人的生产经营情况。这样税法就确定了一个规范有效的纳税秩序和经济秩序，监督经营单位和个人依法经营，加强经济核算，提高经营管理水平。同时，税务机关按照税法规定对纳税人进行税务检查，严肃查处偷逃税款及其他违反税法规定的行为，将有效地打击各种违法经营活动，为国民经济的健康发展创造一个良好、稳定的经济秩序。

（四）税法能有效地保护纳税人的合法权益

由于国家征税直接涉及纳税人的切身利益，如果税务机关随意征税，就会侵犯纳税人的合法权益，影响纳税人的正常经营，这是法律所不允许的。因此，税法在确定税务机关征税权利和纳税人履行纳税义务的同时，相应规定了税务机关必尽的义务和纳税人享有的权利，如纳税人享有延期纳税权、申请减税免税权、多缴税款要求退还权、不服税务机关的处理决定申请复议或提起诉讼权等；税法还严格规定了对税务机关执法行为的监督制约制度，如进行税收征收管理必须按照法定的权限和程序行事，造成纳税人合法权益损失的要负赔偿责任等。所以说，税法不仅是税务机关征税的法律依据，也是纳税人保护自身合法权益的重要法律依据。

第二节 税收立法和税法实施

税收立法是指拥有立法权力的机关依据一定的程序，遵循一定的原则，运用一定的技术，制定、公布、修改、补充和废止有关税收法律、法规、规章的活动。

一、税收立法原则

税收立法原则是指在税收立法活动中必须遵循的准则。我国的税收立法原则是根据我国的社会性质和具体国情确定的，是立法机关根据社会经济活动、经济关系，特别是税收征纳双方的特点确定的，并贯穿于税收立法工作始终的指导方针。税收立法主要应遵循以下五个原则。

（一）从实际出发的原则

从实际出发，是唯物主义的思想路线在税收立法实践中的运用和体现。贯彻这个原则，首先，要求税收立法必须根据经济、政治发展的客观需要，反映客观规律，也就是从中国国情出发，充分尊重社会经济发展规律和税收分配理论。其次，要求税收立法要客观反映一定时期国家、社会、政治、经济等各方面的实际情况，既不能被某些条条框框束缚，也不能盲目抄袭别国的立法模式。在此基础上，充分运用科学知识和技术手段，不断丰富税收立法理论，完善税法体系，以适应社会主义市场经济发展的客观需要。

（二）公平税负的原则

在税收立法中一定要体现公平原则。所谓公平原则，就是要体现合理负担原则。在市场经济体制下，参与市场竞争的各个主体需要一个平等竞争的环境，而税收的公平是实现平等竞争的重要条件。公平主要体现在三个方面：一是从税收负担能力上看，负担能力大的应多纳税，负担能力小的应少纳税，没有负担能力的不纳税。二是从纳税人所处的生产和经营环境看，由于客观环境优越而取得超额收入或级差收益者应多纳税，反之少纳税。三是从税负平衡看，不同地区、不同行业间及多种经济成分之间的实际税负必须尽可能公平。

（三）民主决策的原则

民主决策的原则主要指税收立法过程中必须充分倾听群众的意见，严格按照法定程序进行，确保税收法律能体现广大群众的根本利益。坚持这个原则，要求税收立法的主体应以人民代表大会及其常务委员会为主，按照法定程序进行；对税收法案的审议，要进行充分的辩论，倾听各方面意见；税收立法过程要公开化，让广大公众及时了解税收立法的全过程，以及立法过程中各个环节的争论情况和如何达成共识的。

（四）原则性与灵活性相结合的原则

在制定税法时，要求明确、具体、严谨、周密。但是，为了保证税法制定后在全国范围内、在各个地区都能贯彻执行，不致与现实脱节，又要求在制定税法时，不能规定得过细过死，这就要求必须坚持原则性与灵活性相结合的原则。具体讲，就是必须贯彻法制的统一性与因时、因地制宜相结合。法制的统一性，表现在税收立法上，就是税收立法权只能由国家最高权力机关来行使，各地区、各部门不能擅自制定违背国家宪法和法律的“土政策”“土规定”。但是，我国又是一个幅员辽阔、人口众多、多民族的国家，各地区的经济文化发展水平不平衡，政治状况也不尽相同，因而对不同地区不能强求一样。因此，为了照顾不同地区，特别是少数民族地区不同的情况和特点，充分发挥地方的积极性，在某些情况下，允许地方在遵守国家法律、法规的前提下，制定适合当地的实施办法等。只有贯彻这个原则，才能制定出既符合全国统一性要求，又能适应各地区实际情况的税法。

（五）法律的稳定性、连续性与废、改、立相结合的原则

制定税法是与一定经济基础相适应的，税法一旦制定，在一定阶段内就要保持其稳定性，不能朝令夕改，变化不定。如果税法经常变动，不仅会破坏税法的权威和严肃性，而且会给国民经济生活造成非常不利的影响。但是，这种稳定性不是绝对的，因为社会政治、经济状况是不断变化的，税法也要进行相应的发展变化。这种发展变化具体表现在：有的税法，已经过时，需要废除；有的税法，部分失去效力，需要修改、补充；根据新的情况，需要制定新的税法。此外，还必须注意保持税法的连续性，即税法不能中断，在新的税法未制定前，原有的税法不应随便中止失效；在修改、补充或制定新的税法时，应保持与原有税法的承续关系，应在原有税法的基础上，结合新的实践经验，修改、补充原有的税法和制定新的税法。只有遵循这个原则，才能制定出符合社会政治、经济发展规律的税法。

二、税收立法机关及立法类型

根据我国《宪法》《中华人民共和国全国人民代表大会组织法》《中华人民共

和国国务院组织法》以及《中华人民共和国地方各级人民代表大会和地方各级人民政府组织法》的规定，我国的立法体制是：全国人民代表大会（简称全国人大）及全国人民代表大会常务委员会（简称全国人大常委会）行使立法权，制定法律；国务院及所属各部委，有权根据宪法和法律制定行政法规和规章；地方人民代表大会及其常务委员会，在不同宪法、法律、行政法规抵触的前提下，有权制定地方性法规，但要报全国人大常委会和国务院备案；民族自治地方的人大有权依照当地民族政治、经济和文化的特点，制定自治条例和单行条例。

各拥有立法权力的机关根据国家立法体制规定，所制定的一系列税收法律、法规、规章和规范性文件，构成了我国的税收法律体系。需要说明的是，我们平时所说的税法，有广义和狭义之分。广义概念上的税法包括所有调整税收关系的法律、法规、规章和规范性文件，是税法体系的总称；狭义概念上的税法特指由全国人民代表大会及其常务委员会制定和颁布的税收法律。由于制定税收法律、法规和规章的机关不同，其法律级次不同，因此其法律效力也不同。下面简单地予以介绍。

（一）全国人大及其常委会制定的税收法律

《宪法》第 58 条规定："全国人民代表大会和全国人民代表大会常务委员会行使国家立法权。"上述规定确定了我国税收法律的立法权由全国人大及其常委会行使，其他任何机关都没有制定税收法律的权力。在国家税收中，凡是基本的、全局性的问题，例如，国家税收的性质，税收法律关系中征纳双方权利与义务的确定，税种的设置，税目、税率的确定等，都需要由全国人大及其常委会以税收法律的形式制定实施，并且在全国范围内，无论对国内纳税人，还是涉外纳税人都普遍适用。在现行税法中，《中华人民共和国企业所得税法》《中华人民共和国个人所得税法》《中华人民共和国环境保护税法》《中华人民共和国车船税法》《中华人民共和国资源税法》和《中华人民共和国税收征管法》都是税收法律。除《宪法》外，在税收法律体系中，税收法律具有最高的法律效力，是其他机关制定税收法规、规章的法律依据，其他各级机关制定的税收法规、规章，都不得与《宪法》和税收法律相抵触。

（二）全国人大及其常委会授权立法

授权立法是指全国人大及其常委会根据需要授权国务院制定某些具有法律效力的暂行规定或者条例。授权立法与制定行政法规不同。国务院经授权立法所制定的规定或条例等，具有国家法律的性质和地位，它的法律效力高于行政法规，在立法程序上还需报全国人大常委会备案。1984 年 9 月 1 日，全国人大常委会授权国务院改革工商税制和发布有关税收条例。国务院从 1994 年 1 月 1 日起实施工商税制改革，制定实施了增值税、营业税、消费税、资源税、土地增值税、企业所得税六个暂行条例。授权立法在一定程度上解决了我国经济体制改革和对外开放工作需要法律保障的当务之急。税收暂行条例的制定和公布施行，为全国人大及其常委会立法工作提供了有益的经验和条件，也为在条件成熟时将这些条例上升为法律做好了准备。

（三）国务院制定的税收行政法规

国务院作为最高国家权力机关的执行机关，是最高的国家行政机关，拥有广泛的行政立法权。我国《宪法》规定，国务院可“根据宪法和法律，规定行政措施，制定行政法规，发布决定和命令”。行政法规作为一种法律形式，在中国法律形式中处于低于宪法、法律和高于地方法规、部门规章、地方规章的地位，也是在全国范围内普遍适用的。行政法规的立法目的在于保证宪法和法律的实施，行政法规不得与宪法、法律相抵触，否则无效。国务院发布的《中华人民共和国企业所得税法实施条例》《中华人民共和国税收征收管理法实施细则》等，都是税收行政法规。

（四）地方人民代表大会及其常委会制定的税收地方性法规

根据《地方各级人民代表大会和地方各级人民政府组织法》的规定，省、自治区、直辖市的人民代表大会以及省、自治区的人民政府所在地的市和经国务院批准的较大的市的人民代表大会有制定地方性法规的权力。由于我国在税收立法上坚持“统一税法”的原则，因此地方权力机关制定税收地方法规不是无限制的，而是要严格按照税收法律的授权行事。目前，除了海南省、民族自治地区按照全国人大授权立法规定，在遵循宪法、法律和行政法规的原则基础上，可以制定有关税收的地方性法规外，其他省、市一般都无权制定税收地方性法规。

（五）国务院税务主管部门制定的税收部门规章

《宪法》第 90 条第二款规定：“各部、各委员会根据法律和国务院的行政法规、决定、命令，在本部门的权限内，发布命令、指示和规章。”有权制定税收部门规章的税务主管机关是财政部、国家税务总局及海关总署。其制定规章的范围包括：对有关税收法律、法规的具体解释和税收征收管理的具体规定、办法等。税收部门规章在全国范围内具有普遍适用效力，但不得与税收法律、行政法规相抵触。例如，财政部颁发的《增值税暂行条例实施细则》、国家税务总局颁发的《税务代理试行办法》等都属于税收部门规章。

（六）地方政府制定的税收地方规章

《地方各级人民代表大会和地方各级人民政府组织法》第 60 条规定：“省、自治区、直辖市的人民政府可以根据法律、行政法规和本省、自治区、直辖市的地方性法规，制定规章，报国务院和本级人民代表大会常务委员会备案。设区的市的人民政府可以根据法律、行政法规和本省、自治区的地方性法规，制定规章，报国务院和省、自治区的人民代表大会常务委员会、人民政府以及本级人民代表大会常务委员会备案。”按照“统一税法”的原则，上述地方政府制定税收规章，都必须在税收法律、法规明确授权的前提下进行，并且不得与税收法律、行政法规相抵触。没有税收法律、法规的授权，地方政府是无权自定税收规章的，凡越权自定的税收规章没有法律效力。例如，国务院发布实施的城市维护建设税、车船税、房产税等地方性税种暂行条例，都规定省、自治区、直辖市人民政府可根据条例制定实施细则。

三、税收立法程序

税收立法程序是指拥有立法权力的机关，在制定、认可、修改、补充、废止等税收立法活动中，必须遵循的法定步骤和方法。

目前我国税收立法程序主要包括以下三个阶段：

1. 提议阶段

无论是税法的制定，还是税法的修改、补充和废止，一般由国务院授权其税务主管部门（财政部或国家税务总局）负责立法的调查研究等准备工作，并提出立法方案或税法草案，上报国务院。

2. 审议阶段

税收法规由国务院负责审议。税收法律在经国务院审议通过后，以议案的形式提交全国人民代表大会常务委员会的有关工作部门，在广泛征求意见并做修改后，提交全国人民代表大会或其常务委员会审议通过。

3. 通过和公布阶段

税收行政法规，由国务院审议通过后，以国务院总理名义发布实施。税收法律，在全国人民代表大会或其常务委员会开会期间，先听取国务院关于制定税法议案的说明，然后经过讨论，以简单多数的方式通过后，以国家主席名义发布实施。

四、税法的实施

税收立法是税法实施的前提，有法可依、有法必依、执法必严、违法必究，是税收立法与税法实施过程中必须遵循的基本原则。

税法的实施即税法的执行。它包括税收执法和守法两个方面：一方面要求税务机关和税务人员正确运用税收法律，并对违法者实施制裁；另一方面要求税务机关、税务人员、公民、法人、社会团体及其他组织严格遵守税收法律。

由于税法具有多层次的特点，因此，在税收执法过程中，对其适用性或法律效力的判断，一般按以下原则掌握：一是层次高的法律优于层次低的法律；二是同一层次的法律中，特别法优于普通法；三是国际法优于国内法；四是实体法从旧，程序法从新。

所谓遵守税法是指税务机关、税务人员都必须遵守税法的规定，严格依法办事。遵守税法是保证税法得以顺利实施的重要条件。

第三节 我国现行税法体系

一、我国现行税法体系的内容

从法律角度来讲，一个国家在一定时期内、一定体制下以法定形式规定的各种税收法律、法规的总和，称为税法体系。但从税收工作的角度来讲，税法体系往往被称为税收制度，即一个国家的税收制度是指在既定的管理体制下设置的税种以及与这些税种的征收、管理有关的，具有法律效力的各级成文法律、行政法规、部门规章等的总和。换句话说，税法体系就是通常所说的税收制度（简称税制）。

一个国家的税收制度，可按照构成方法和形式分为简单型税制及复合型税制。简单型税制主要是指税种单一、结构简单的税收制度；复合型税制主要是指由多个税种构成的税收制度。

在现代社会中，世界各国一般都采用多种税并存的复合型税制。一个国家为了有效取得财政收入或调节社会经济活动，必须设置一定数量的税种，并规定每种税的缴纳办法，包括对什么征税、向谁征税、征多少税以及何时纳税、何地纳税、按什么手续纳税、不纳税如何处理等。

因此，税收制度的内容主要有三个层次：一是不同的要素构成税种。构成税种的要素主要包括：纳税人、征税对象、税目、税率、纳税环节、纳税期限、减税免税等（详见本章第一节“三、税法的构成要素”）。二是不同的税种构成税收制度。三是规范税款征收程序的法律法规，如《中华人民共和国税收征管法》等。

税种的设置及每种税的征税办法一般是以法律形式确定的，这些法律就是税法。一个国家的税法一般包括税法通则、各税税法（条例）、实施细则、具体规定四个层次。其中，税法通则规定一个国家的税种设置和每个税种的立法精神，各税税法（条例）分别规定每种税的征税办法，实施细则是对各税税法（条例）的详细说明和解释，具体规定则是根据不同地区、不同时期的具体情况制定的补充性法规。目前，世界上只有少数国家单独制定税法通则，大多数国家都把税法通则的有关内容包含在各税税法（条例）之中，我国的税法就属于这种情况。

我国的现行税制是1949年中华人民共和国成立后经过多次较大的改革逐步演变而来的，目前共计18个税种，按其性质和作用大致分为五类：

（1）流转税类，包括增值税、消费税和关税，主要在生产、流通或者服务业中发挥调节作用。

（2）资源税和环境保护税类，包括资源税、环境保护税和城镇土地使用税，主要是对因开发和利用自然资源差异而形成的级差收入发挥调节作用。

（3）所得税类，包括企业所得税、个人所得税，主要是在国民收入形成后，对生产经营者的利润和个人的纯收入发挥调节作用。

（4）特定目的税类，包括城市维护建设税、船舶吨税、车辆购置税、耕地占用税、土地增值税和烟叶税，主要是为了达到特定目的，对特定对象和特定行为发挥调节作用。

（5）财产和行为税类，包括房产税、车船税、印花税、契税，主要是对某些财产和行为发挥调节作用。

上述税种中的关税由海关负责征收管理，其他税种由税务机关负责征收管理。

上述18个税收法律、法规组成了我国的税收实体法体系。其中企业所得税、个人所得税、车船税、环境保护税、烟叶税、车辆购置税、船舶吨税、耕地占用税、资源税、契税、城镇土地使用税和印花税是以国家法律的形式发布实施的；其他各税种以《条例》《暂行条例》或征求意见稿的形式存在。

除税收实体法外，我国对税收征收管理适用的法律制度，是按照税收管理机关的不同而分别规定的：

（1）由税务机关负责征收的税种，按照全国人大常委会发布实施的《税收征管法》执行。

（2）由海关机关负责征收的税种，按照《中华人民共和国海关法》及《中华人民共和国进出口关税条例》等有关规定执行。

上述税收实体法和税收征收管理的程序法的法律制度构成了我国现行税法体系。

一般来说，以间接税为主体的税制结构的主要税种，包括增值税和消费税。以直接税为主体的税制结构的主要税种，包括企业（法人）所得税和个人所得税。以个人所得税为主体税种的，多见于经济发达国家，而把企业（法人）所得税作为主体税种的国家很少。以某种直接税和间接税税种为“双主体”的税制，是作为一种过渡性税制类型存在的。在20世纪70年代以前，理论界一直认为以所得税为主体的税制结构最为理想。发达国家和一些发展较快的发展中国家在进行以流转税为主体向以收益所得税为主体税种的税制改革过程中，曾经出现过一些采用“双主体”税制的国家。我国目前税制基本上是以间接税和直接税为“双主体”的税制结构，间接税（增值税、消费税）占全部税收收入的60%左右；直接税（企业所得税、个人所得税）占全部税收收入的27%左右；其他税种虽然数量较多，但收入比重不大，全部税款合计只占税收总额的13%左右。

现行的税制结构虽然能有效地实现效率优先的目标，在一定时期内保证财政收入的稳定增长，但增值税的普遍征收及其累退性，导致税收制度的调节功能不强，公平性较弱。按照党的二十大报告“优化税制结构”的要求，今后相当长一段时间内，我国税制结构将围绕降低间接税比重、提高直接税比重方向展开。

二、我国税收法律制度的沿革

党的二十大报告指出，法治是国家治理体系和治理能力的重要依托。建设中国特色社会主义法治体系，全面推进依法治国，必须坚持立法先行。新中国成立以来，我党一贯高度重视税收法制建设。总体上来看，70多年来我国税收法制改革经历了三个历史时期：第一个时期是从1949年中华人民共和国成立到1957年，即国民经济恢复和社会主义改造时期，这是新中国税制建立和巩固的时期。第二个时期是从1958年到1978年年底党的十一届三中全会召开之前，这是我国税制曲折发展的时期。第三个时期是1978年年底党的十一届三中全会召开之后的新时期，是我国税制建设得到全面加强、税制改革不断前进的时期。

在上述三个时期内，我国的税收制度先后进行了五次重大改革。第一次是1950年，在总结陕甘宁、晋绥、晋察冀、东北等地区新中国成立之前的税制建设经验和全面清理旧中国税收制度的基础上建立了中华人民共和国的新税制。第二次是1958年税制改革，其主要内容是简化税制，以适应社会主义改造基本完成、经济管理体制改革之后形势的要求。第三次是1973年税制改革，其主要内容仍然是简化税制，这是“文化大革命”的产物。第四次是1984年税制改革，其主要内容是普遍实行国营企业“利改税”和全面改革工商税收制度，以适应发展有计划社会主义商品经济的要求。第五次是1994年税制改革，其主要内容是全面改革工商税收制度，以适应建立社会主义市场经济体制的要求。

（一）1978年以前的税制改革

从1949年中华人民共和国成立到1978年，我国税制建设的发展历程十分坎坷。

中华人民共和国诞生后，立即着手建立新税制。1950年1月30日，中央人民政府政务院发布《全国税政实施要则》，规定全国共设14种税收，即货物税、工商业税（包括营业税和所得税两个部分）、盐税、关税、薪给报酬所得税、存款利息所得税、印花税、遗产税、交易税、屠宰税、房产税、地产税、特种消费行为税和使用牌照税。此外，还有各地自行征收的一些税种，如农业税、牧业税等。

在执行中，税制做了一些调整。例如，将房产税和地产税合并为城市房地产税，将特种消费行为税并入文化娱乐税（新增）和营业税，增加契税和船舶吨税，试行商品流通税，农业税由全国人民代表大会常务委员会正式立法。薪给报酬所得税和遗产税始终未开征。

总的来说，从1950年到1958年，我国根据当时的政治、经济状况，在清理旧税制的基础上，建立了一套以多种税、多次征为特征的复合税制。由于党和国家的重视以及各方面的努力，这套新税制的建立和实施，对于实现国家财政经济状况的根本好转，促进国民经济的恢复和发展，以及配合国家对于农业、手工业和资本主义工商业的社会主义改造，建立社会主义经济制度，发挥了重要的作用。

1958年，我国进行了中华人民共和国成立以后第一次大规模的税制改革，其主要内容是简化工商税制，试行工商统一税，甚至一度在城市国营企业试行“税利合一”，在农村人民公社试行“财政包干”。至此，我国的工商税制共设9个税种，即工商统一税、工商所得税、盐税、屠宰税、利息所得税（1959年停征）、城市房地产税、车船使用牌照税、文化娱乐税（1966年停征）和牲畜交易税（无全国性统一法规）。1962年，开征了集市交易税，1966年以后各地基本停征。

在“文化大革命”中，已经简化的税制仍然被批判为“烦琐哲学”。1973年，我国进行了中华人民共和国成立以后第二次大规模的税制改革，其核心仍然是简化工商税制。至此，我国的工商税制一共设有7种税，即工商税（包括盐税）、工商所得税、城市房地产税、车船使用牌照税、屠宰税、工商统一税和集市交易税。对国营企业只征收一道工商税，对集体企业只征收工商税和工商所得税两种税，城市房地产税、车船使用牌照税、屠宰税仅对个人和极少数单位征收，工商统一税仅仅对外适用。

总的来看，从生产资料私有制的社会主义改造基本完成到1978年的20多年间，由于“左”的指导思想的作用和苏联经济理论及财税制度的某些影响，我国的税制建设受到了极大的干扰。税制几经变革，走的都是一条片面简化的路子。同时，税务机构被大量撤并，大批税务人员被迫下放、改行。其结果是，税种越来越少，税制越来越简单，从而大大地缩小了税收在经济领域中的活动范围，严重地影响了税收职能作用的发挥。

（二）1978—1982年的税制改革

在此期间，党的十一届三中全会明确地提出了改革经济体制的任务，党的十二大报告进一步提出要抓紧制定改革的总体方案和实施步骤，在“七五”期间（1986—1990年）逐步推开。这些重要的会议及其所做出的一系列重大决策，对于这一期间我国的经济体制改革和税制改革具有极为重要的指导作用。

这一时期可以说是我国税制建设的恢复时期和税制改革的准备、起步时期，从思想上、理论上、组织上、税制上为后来的改革做了大量的准备工作，打下了坚实的基础。在此期间，我国的税制改革取得了改革开放以后的第一次全面重大突破。

从 1980 年 9 月到 1981 年 12 月，第五届全国人民代表大会先后通过并公布了《中华人民共和国中外合资经营企业所得税法》《中华人民共和国个人所得税法》和《中华人民共和国外国企业所得税法》。同时，对中外合资企业、外国企业和外国人继续征收工商统一税、城市房地产税和车船使用牌照税。这样就初步形成了一套大体适用的涉外税收制度，适应了我国对外开放初期引进外资、开展对外经济技术合作的需要。

在建立涉外税制的同时，财税部门就改革工商税制和国营企业利润分配制度做了大量的调研工作，并在部分地区进行了试点。在此基础上，财政部于 1981 年 8 月向国务院报送了《关于改革工商税制的设想》，并很快获得批准。

1982 年 11 月，国务院向第五届全国人大第五次会议提交的《关于第六个五年计划的报告》，提出了包括利改税在内的今后三年税制改革的任务，并获得会议批准。

在此期间，国务院还批准开征了烧油特别税，发布了《牲畜交易税暂行条例》。

（三）1983—1991 年的税制改革

在此期间，我国社会主义经济理论的发展有了重大突破，提出了发展有计划的社会主义商品经济，自觉运用价值规律，充分发挥税收等经济杠杆的作用，搞活经济，加强宏观调节。在所有制理论上，提出了所有权与经营权分离的论点，并客观地肯定了集体经济、个体经济和私营经济存在的必要性。这一时期可以说是我国税制改革全面探索的时期，取得了改革开放以后税制改革的第二次重大突破。

税制改革作为企业改革和城市改革的一项重大措施，1983 年，国务院决定在全国试行国营企业“利改税”，即将中华人民共和国成立以后实行了 30 多年的国营企业向国家上缴利润的制度改为缴纳企业所得税的制度，并取得了初步的成功。这一改革从理论上和实践上突破了国营企业只能向国家缴纳利润，国家不能向国营企业征收所得税的禁区。这是国家与企业分配关系改革的一个历史性转变。

为了加快城市经济体制改革的步伐，经第六届全国人民代表大会及其常委会批准，国务院决定从 1984 年 10 月起在全国实施第二步利改税和工商税制改革，发布了关于征收国营企业所得税、国营企业调节税、产品税、增值税、营业税、盐税、资源税的一系列行政法规。这是我国改革开放以后第一次、中华人民共和国成立以后第四次大规模的税制改革。

此后，国务院又陆续发布了关于征收集体企业所得税、私营企业所得税、城乡个体工商业户所得税、个人收入调节税、城市维护建设税、奖金税（包括国营企业奖金税、集体企业奖金税和事业单位奖金税）、国营企业工资调节税、固定资产投资方向调节税（其前身为 1983 年开征的建筑税）、特别消费税、房产税、车船使用税、城镇土地使用税、印花税、筵席税等税收法规。

1991年，第七届全国人民代表大会第四次会议将《中华人民共和国中外合资经营企业所得税法》与《中华人民共和国外国企业所得税法》合并为《中华人民共和国外商投资企业和外国企业所得税法》。

至此，我国的工商税制共有32种税收，即产品税、增值税、营业税、资源税、盐税、城镇土地使用税、国营企业所得税、国营企业调节税、集体企业所得税、私营企业所得税、城乡个体工商业户所得税、个人收入调节税、国营企业奖金税、集体企业奖金税、事业单位奖金税、国营企业工资调节税、固定资产投资方向调节税、城市维护建设税、烧油特别税、筵席税、特别消费税、房产税、车船使用税、印花税、屠宰税、集市交易税、牲畜交易税、外商投资企业和外国企业所得税、个人所得税、工商统一税、城市房地产税、车船使用牌照税。

从1978年到1991年，随着经济的发展和改革的深入，我国的工商税制改革进行了全面的探索，改革逐步深入，取得了很大的进展，初步建成了一套内外有别的，以流转税和所得税为主体，其他税种相配合的新的税制体系，大体适应了我国经济体制改革起步阶段的经济状况，税收的职能作用得以全面加强，税收收入持续稳定增长，宏观调控作用明显增强，对于贯彻国家的经济政策及调节生产、分配和消费，起到了积极的促进作用。

这套税制的建立，在理论上、实践上突破了长期以来封闭型税制的约束，转向开放型税制，突破了统收统支的财力分配的关系，重新确立了国家与企业的分配关系，突破了以往税制改革片面强调简化税制的框子，注重多环节、多层次、多方面地发挥税收的经济杠杆作用，由单一税制转变为复合税制。这些突破使中国的税制建设开始进入健康发展的新轨道，与国家经济体制、财政体制改革的总体进程协调一致。

（四）1992—1994年的税制改革

1992年9月召开的党的十四大，提出了建立社会主义市场经济体制的战略目标，其中包括税制改革的任务。1993年6月，中共中央、国务院做出了关于加强宏观调控的一系列重要决策，其中的重要措施之一就是加快税制改革。同年11月，党的十四届三中全会通过了《中共中央关于建立社会主义市场经济体制若干问题的决定》，明确提出了税制改革的基本原则和主要内容。

建立社会主义市场经济体制战略目标的提出，给我国的经济改革与发展指明了方向，也给我国的税制改革带来了许多新情况、新问题，同时为全面推行税制改革提供了一次极好的机遇。从市场机制的角度来看，要求统一税法、简化税制、公平税负、促进竞争。从国家经济管理的角度来看，国家要运用税收等手段加强宏观调控，体现产业政策，调整经济结构，优化资源配置，调节收入分配，保证财政收入，并配合其他改革的推行。

为此，在中共中央、国务院的直接领导下，从1992年起，财税部门就加快进行税制改革的准备工作，1993年更是抓住机遇，迅速制定了全面改革工商税制的总体方案和各项具体措施，并完成了有关法律、法规的必要程序，于 1993 年年底之前陆续公布，从 1994 年起在全国实施。这是我国改革开放以后第二次、中华人民共和国成立以后第五次大规模的税制改革。

1994 年税制改革的主要内容是：第一，全面改革了流转税制，实行了以比较规范的增值税为主体，消费税、营业税并行，内外统一的流转税制。第二，改革了企业所得税制，将过去对国营企业、集体企业和私营企业分别征收的多种所得税合并为统一的企业所得税。第三，改革了个人所得税制，将过去对外国人征收的个人所得税、对中国人征收的个人收入调节税和个体工商业户所得税合并为统一的个人所得税。第四，对资源税、特别目的税、财产税、行为税做了大幅度的调整，如扩大了资源税的征收范围，开征了土地增值税，取消了盐税、奖金税、集市交易税等七个税种，并将屠宰税、筵席税的管理权下放到省级地方政府，新设了遗产税和证券交易税（但是一直没有立法开征）。

经过 1994 年税制改革和多年来的逐步完善，我国已经初步建立了适应社会主义市场经济体制需要的税收制度，对于保证财政收入、加强宏观调控、深化改革、扩大开放、促进经济与社会的发展，起到了重要的作用。

（五）21 世纪初的税制改革

2003 年，党的十六届三中全会通过了《中共中央关于完善社会主义市场经济体制若干问题的决定》，明确了要分步实施税收制度改革。该决定确定了八个方面的改革内容：改革出口退税制度；统一各类企业税收制度；增值税由生产型改为消费型；完善消费税，适当扩大税基；改进个人所得税；实施城镇建设税费改革；在统一税政前提下，赋予地方适当的税政管理权；创造条件逐步实现城乡税制统一。一般认为，这标志着进入 21 世纪之后我国新一轮税制改革的开始。可以说，2003 年以来我国税制改革取得了突破性进展。

2004 年 6 月 30 日，财政部、国家税务总局下发了《关于取消除烟叶外的农业特产税有关问题的通知》。2005 年 12 月 29 日，第十届全国人大常委会第十九次会议决定，自 2006 年 1 月 1 日起，废止 1958 年 6 月 3 日通过的《中华人民共和国农业税条例》。这标志着我国彻底告别延续 2 600 多年的“皇粮国税”——农业税。

2005 年 12 月 14 日，根据第十届全国人大常委会第十八次全体会议《关于修改〈中华人民共和国个人所得税法〉的决定》，工资、薪金所得费用扣除标准从每月 800 元提高到每月 1 600 元，并规定自 2006 年 1 月 1 日起施行。2007 年 6 月 29 日，全国人大常委会通过修改《个人所得税法》，进一步将个税工薪所得费用减除标准提至 2 000 元。2011 年 6 月 30 日，第十一届全国人大常委会第二十一次会议，决定将个人所得税免征额提高至 3 500 元，并决定自 2011 年 9 月 1 日起实施。

2006 年 4 月 1 日起，对我国现行消费税的税目、税率及相关政策进行调整。此次政策调整是 1994 年税制改革以来消费税最大规模的一次调整。

2007年3月，第十届全国人民代表大会第五次会议审议通过了《中华人民共和国企业所得税法》，于2008年1月1日起施行。新法的实施，结束了我国长期以来执行《中华人民共和国企业所得税暂行条例》和《中华人民共和国外商投资企业和外国企业所得税法》两套内外有别的企业所得税法的历史，内外资企业所得税实现了合并。

2008年11月10日，以国务院令公布修订的《中华人民共和国增值税暂行条例》《中华人民共和国消费税暂行条例》和《中华人民共和国营业税暂行条例》，于2009年1月1日起施行。通过对原暂行条例的修订，我国增值税实现了由生产型向消费型转变的重大改革，同时为了能够同增值税条例有效衔接和适应经济社会发展形势的需要，对原消费税条例和营业税条例也进行了相应修订。

2011年2月25日通过的《中华人民共和国车船税法》(以下简称《车船税法》)，于2012年1月1日起施行。2011年6月30日修改了《个人所得税法》，自2011年9月1日起施行。2011年9月21日国务院第173次常务会议通过《中华人民共和国资源税暂行条例》，自2011年11月1日起施行。2011年11月23日，国务院第182次常务会议通过并公布《中华人民共和国船舶吨税暂行条例》，自2012年1月1日起施行。

经国务院批准，自2013年8月1日起，在上海市等地进行试点的基础上，在全国范围内开展交通运输业和部分现代服务业营业税改征增值税的试点工作。从2014年起，相继在铁路运输业、邮政电信业推行“营改增”试点。

2013年11月，党的十八届三中全会明确提出了未来税制改革的具体任务。2014年6月30日中共中央政治局通过《深化财税体制改革总体方案》，主要涉及“六税一法”的改革，即增值税、个人所得税、消费税、资源税、房地产税、环境保护税和税收征收管理法的改革。

自2016年5月1日起，现代服务业、金融业、建筑业、房地产业四个行业全面进入“营改增”试点，至此，增值税全面开始实施，营业税完成历史使命。2017年11月19日，李克强签署国务院令，公布《国务院关于废止〈中华人民共和国营业税暂行条例〉和修改〈中华人民共和国增值税暂行条例〉的决定》，推动营改增改革成果法治化。

为促进资源节约集约利用，加快生态文明建设，财政部、国家税务总局于2016年5月9日联合发布《关于全面推进资源税改革的通知》，扩大征税范围，对水征收资源税。

2016年12月25日，第十二届全国人大常委会第二十五次会议通过《中华人民共和国环境保护税法》，于2018年1月1日起施行。

2017年12月27日，第十二届全国人民代表大会常务委员会第三十一次会议通过《中华人民共和国烟叶税法》和《中华人民共和国船舶吨税法》，自2018年7月1日起施行。

2018年3月，国务院常务会议决定，从5月1日起，降低增值税税率，以减轻企业税负。2019 年 4 月，为刺激经济发展，国务院决定进一步降低增值税税率。

2018 年 8 月 31 日，第十三届全国人民代表大会常务委员会第五次会议通过《关于修改〈中华人民共和国个人所得税法〉的决定》（第七次修正），自 2019 年 1 月 1 日起施行。

2018 年 12 月 29 日，第十三届全国人民代表大会常务委员会第七次会议通过《中华人民共和国车辆购置税法》和《中华人民共和国耕地占用税法》，分别自 2019 年 7 月 1 日和 2019 年 9 月 1 日起施行。

2019 年 7 月 16 日，财政部、国家税务总局起草并发布《中华人民共和国土地增值税法（征求意见稿）》，于 2019 年 8 月 15 日完成向社会公开征求意见。

2019 年 8 月 26 日，第十三届全国人大常委会第十二次会议表决通过《中华人民共和国资源税法》，并于 2020 年 9 月 1 日施行。

2019 年 11 月 27 日，财政部、国家税务总局起草并发布《中华人民共和国增值税法（征求意见稿）》，于 2019 年 12 月 26 日完成向社会公开征求意见。

2019 年 12 月 3 日，财政部、国家税务总局起草并发布《中华人民共和国消费税法（征求意见稿）》，于 2020 年 1 月 2 日完成向社会公开征求意见。

2020 年 8 月 11 日，第十三届全国人大常委会第二十一次会议表决通过《中华人民共和国城市维护建设法》和《中华人民共和国契税法》，并于 2021 年 9 月 1 日施行。

2021 年 6 月 10 日，十三届全国人大常委会第二十九次会议通过《中华人民共和国印花税法》，自 2022 年 7 月 1 日起施行。

截至目前，我国的 18 个税种中，已完成立法的有 12 个，已完成立法征求意见的有 3 个，只有关税、城镇土地使用税和房产税 3 个税种仍然以《条例》或《暂行条例》发挥着税法的功能和作用。

第四节　我国税收管理体制

一、税收管理体制的概念

税收管理体制是在各级国家机构之间划分税权的制度。税权的划分有纵向划分和横向划分的区别。纵向划分是指税权在中央与地方国家机构之间的划分；横向划分是指税权在同级立法、司法、行政等国家机构之间的划分。

我国的税收管理体制，是税收制度的重要组成部分，也是财政管理体制的重要内容。税收管理权限，包括税收立法权、税收法律法规的解释权、税种的开征或停征权、税目和税率的调整权、税收的加征和减免权等。如果按大类划分，税收管理权限可以简单地划分为税收立法权和税收执法权两类。

二、税收立法权

税收立法权是制定、修改、解释或废止税收法律、法规、规章等规范性文件的权力。它包括两方面的内容：一是什么机关有税收立法权；二是各级机关的税收立法权是如何划分的。

（一）税收立法权划分的种类

税收立法权的明确有利于保证国家税法的统一制定和贯彻执行，充分、准确地发挥各级权力机关管理税收的职能作用，防止各种越权自定章法、随意减免税收现象的发生。

税收立法权的划分可按以下不同的方式进行：

（1）按照税种类型的不同来划分，如按流转税类、所得税类、地方税类来划分。有关特定税收领域的税收立法权通常全部给予特定一级的政府。

（2）根据任何税种的基本要素来划分。任何税种的结构都由几个要素构成：纳税人、征税对象、税基、税率、税目、纳税环节等。理论上，可以将税种的某一要素如税基和税率的立法权，授予某级政府。但在实践中，这种做法并不多见。

（3）根据税收执法的级次来划分。立法权可以给予某级政府，行政上的执行权给予另一级，这是一种传统的划分方法，能适用于任何类型的立法权。根据这种模式，有关纳税主体、税基和税率的基本法规的立法权放在中央政府，更具体的税收实施规定的立法权给予较低级政府，因此，需要指定某级政府制定不同级次的法律。我国税收立法权的划分就属于此种类型。

（二）我国税收立法权划分的现状

第一，中央税、中央与地方共享税以及全国统一实行的地方税的立法权集中在中央，以保证中央政令统一，维护全国统一市场和企业平等竞争。其中，中央税是指维护国家权益、实施宏观调控所必需的税种，具体包括关税、消费税、车辆购置税等。中央和地方共享税是指同经济发展直接相关的主要税种，具体包括增值税、企业所得税、个人所得税。地方税是指与地方经济社会发展密切相关，其税收收入完全归属于地方财政的税种，具体包括土地增值税、印花税、城市维护建设税、城镇土地使用税、房产税、车船税等。

第二，依法赋予地方适当的地方税收立法权。我国地域辽阔，地区间经济发展水平很不平衡，经济资源包括税源都存在较大差异，这种状况给全国统一制定税收法律带来一定的难度。随着分税制改革的进行，国家有前提地、适当地给地方下放一些税收立法权，使地方可以实事求是地根据自己特有的税源开征新的税种，促进地方经济的发展。这样，既有利于地方因地制宜地发挥当地的经济优势，又便于同国际税收惯例对接。

具体地说，我国税收立法权划分的层次是这样的：

（1）全国性税种的立法权，即包括全部中央税、中央与地方共享税及在全国范围内征收的地方税税法的制定、公布和税种的开征、停征权，属于全国人民代表大会及其常务委员会。

（2）经全国人大及其常委会授权，全国性税种可先由国务院以“条例”或“暂行条例”的形式发布施行。经过一段时期实施后，再行修订并通过立法程序，由全国人大及其常委会正式立法。

（3）经全国人大及其常委会授权，国务院有制定税法实施细则、增减税目和调整税率的权力。

（4）经全国人大及其常委会授权，国务院有税法的解释权；经国务院授权，国家税务主管部门（财政部和国家税务总局）有税收条例的解释权和制定税收条例实施细则的权力。

（5）省级人民代表大会及其常务委员会有根据本地区经济发展的具体情况和实际需要，在不违背国家统一税法、不影响中央的财政收入、不妨碍我国统一市场的前提下，开征全国性税种以外的地方税种的税收立法权。税法的公布，税种的开征、停征，由省级人民代表大会及其常务委员会统一规定，所立税法在公布实施前须报全国人大常委会备案。

（6）经省级人民代表大会及其常务委员会授权，省级人民政府有本地区地方税法的解释权和制定税法实施细则、调整税目和税率的权力，也可在上述规定的前提下，制定一些税收征收办法，还可以在全国性地方税条例规定的幅度内，确定本地区适用的税率或税额。上述权力除税法解释权外，在行使后和发布实施前须报国务院备案。

（7）地区性地方税收的立法权应只限于省级立法机关或经省级立法机关授权同级政府，不能层层下放。所立税法可在全省（自治区、直辖市）范围内执行，也可只在部分地区执行。

关于我国现行税收立法权的划分问题，迄今为止，尚无一部法律对之加以完整规定，只是散见于若干财政和税收法律、法规中，尚有待于税收基本法做出统一规定。

三、税收执法权

税收执法权和行政管理权是国家赋予税务机关的基本权力，是税务机关实施税收管理和系统内部行政管理的法律手段。其中税收执法权是指税收机关依法征收税款，依法进行税收管理活动的权力，具体包括税收征收管理权、税务检查权和税务稽查权等。

（一）税收征收管理权

根据我国《税收征管法》第 28 条第 1 款的规定，税务机关依照法律、行政法规的规定征收税款。

1. 税收征收管理权限的划分

根据《国务院关于实行财政分税制有关问题的通知》等有关法律、法规的规定，我国现行税制下税收执法管理权限的划分大致如下：

（1）根据国务院关于实行分税制财政管理体制的决定，按税种划分中央和地方的收入。将维护国家权益、实施宏观调控所必须的税种划为中央税；将同国民经济发展直接相关的主要税种划为中央与地方共享税；将适合地方征管的税种划为地方税，并充实地方税税种，增加地方税收收入。2018 年 7 月国税地税机构合并后，税收收入不再按税种归属划分税收执法权限。

（2）地方自行立法的地区性税种，其管理权由省级人民政府及其税务主管部门掌握。

（3）属于地方税收管理权限，在省级及其以下的地区如何划分，由省级人民代表大会或省级人民政府决定。

（4）除少数民族自治地区和经济特区外，各地均不得擅自停征全国性的地方税种。

（5）经全国人大及其常委会和国务院的批准，民族自治地方可以拥有某些特殊的税收管理权，如全国性地方税种某些税目、税率的调整权以及一般地方税收管理权以外的其他一些管理权等。

（6）经全国人大及其常委会和国务院的批准，经济特区也可以在享有一般地方税收管理权之外，拥有一些特殊的税收管理权。

（7）上述地方（包括少数民族自治地区和经济特区）的税收管理权的行使，必须以不影响国家宏观调控和中央财政收入为前提。

（8）涉外税收必须执行国家的统一税法，涉外税收政策的调整权集中在全国人大常委会和国务院，各地一律不得自行制定涉外税收的优惠措施。

（9）根据国务院有关规定，为了更好地体现公平税负、促进竞争的原则，保护社会主义统一市场的正常发育，在税法规定之外，一律不得减税免税，也不得采取先征后返的形式变相减免税。

2. 税务机构设置

根据我国经济和社会发展及实行分税制财政管理体制的需要，1994 年税务机构设置是中央政府设立国家税务总局（正部级），省及省以下税务机构分为国家税务局和地方税务局两个系统。国家税务总局对国家税务局系统实行机构、编制、干部、经费的垂直管理，协同省级人民政府对省级地方税务局实行双重领导。

2018年3月13日，第十三届全国人民代表大会第一次会议通过《深化党和国家机构改革方案》（以下简称《方案》），《方案》明确指出："改革国税地税征管体制……将省级和省级以下国税地税机构合并，具体承担所辖区域内的各项税收、非税收入征管等职责……国税地税机构合并后，实行以国家税务总局为主与省（自治区、直辖市）政府双重领导管理体制。"

2018年6月15日上午，全国各省（自治区、直辖市）级以及计划单列市国税局、地税局合并且统一挂牌。2018年7月20日，全国省市县乡四级新税务机构全部完成挂牌。

改革现行国地税征管体制，将省级和省级以下国地税机构合并，是深入贯彻党的十九大精神、进一步减轻纳税人负担和全面落实"放管服"改革的必然之举。其改革的多重制度效应和政策红利逐步显现。一是有助于构建优化高效统一的税收征管体系。国税地税合并后，实行以国家税务总局为主与省区市人民政府双重领导管理体制。管理链条缩短，税费收入的规范性和执行上更加刚性，必将为未来税费制度改革，统一政府收入体系、规范收入分配秩序创造条件，夯实国家治理现代化基础。二是有助于纳税人办税便利化的提升。国税地税合并，有望从根本上解决税收征收上的"两头跑""两头查"问题，维护纳税人和缴费人的合法权益，减轻办税和缴费负担，促进优化营商环境。三是有助于税收征管效率的全方位提升。国地税合并之后，垂直管理体制将在很大程度上规避地税征收率低的问题，征收率的提升会缩小法定税率和实际税率的差异，同时明确企业对纳税程度的预期，也有利于未来减税政策能够落到实处。四是有助于新时代税收征管流程再造。国税地税征管体制改革，不只是国税地税机构的合并，也是税务部门领导体制、运行机制、管理方式、职能职责的一场深刻变革，更是执法和服务标准、业务流程等方面的集成创新。

3. 税收征收管理范围划分

目前，我国的税收分别由海关、税务、财政等系统负责征收管理。

（1）海关系统负责征收和管理的项目有：关税、船舶吨税，同时负责代征进出口环节的增值税和消费税。

（2）税务局系统负责征收和管理的项目有：除海关缴纳和管理以外的其他税种、教育费附加、地方附加以及相应的滞纳金、补税和罚款。

同时，《国税地税征管体制改革方案》明确从2019年1月1日起，将基本养老保险费、基本医疗保险费、失业保险费、工伤保险费、生育保险费等各项社会保险费交由税务部门统一征收。按照便民、高效的原则，合理确定非税收入征管职责划转到税务部门的范围，对依法保留、适宜划转的非税收入项目成熟一批划转一批，逐步推进。

（3）在部分地区，地方附加、契税、耕地占用税，仍由地方财政部门征收和管理。

4. 中央政府与地方政府税收收入划分

根据国务院关于实行分税制财政管理体制的规定，我国的税收收入分为中央政府固定收入、地方政府固定收入、中央政府与地方政府共享收入。

（1）中央政府固定收入包括消费税（含进口环节海关代征的部分）、车辆购置税、关税、船舶吨税、海关代征的进口环节增值税等。

（2）地方政府固定收入包括城镇土地使用税、耕地占用税、土地增值税、房产税、车船税、契税。

（3）中央政府与地方政府共享收入主要包括：

① 增值税（不含进口环节由海关代征的部分）：中央政府分享 50%，地方政府分享 50%。

② 企业所得税：交通运输部、各银行总行及海洋石油企业缴纳的部分归中央政府，其余部分中央与地方政府按 6 : 4 分享。

③ 个人所得税：除原储蓄存款利息所得的个人所得税外，其余部分中央与地方政府按 6 : 4 分享。

④ 资源税：海洋石油企业缴纳的部分归中央政府，其余部分归地方政府。

⑤ 城市维护建设税：交通运输部、各银行总行、各保险总公司集中缴纳的部分归中央政府，其余部分归地方政府。

⑥ 印花税：证券交易印花税收入归中央政府，其他印花税收入归地方政府。

（二）税务检查权

税务检查是税务机关依据国家的税收法律、法规对纳税人等管理相对人履行法定义务的情况进行审查、监督的执法活动。有效的税务检查可以抑制不法纳税人的侥幸心理，提高税法的威慑力，减少税收违法犯罪行为，保证国家收入，维护税收公平与守法纳税人的合法利益。税务检查包括两类：

（1）税务机关为取得确定税额所需资料，证实纳税人纳税申报的真实性与准确性而进行的经常性检查，其依据是税法赋予税务机关的强制行政检查权。

（2）为打击税收违法犯罪而进行的特别调查，可以分为行政性调查和刑事调查两个阶段。行政性调查属于税务检查权范围之内，从原则上讲，在纳税人有违反税法的刑事犯罪嫌疑的情况下，即调查的刑事性质确定后，案件应开始适用刑事调查程序。

（三）税务稽查权

税务稽查是税务机关依法对纳税人、扣缴义务人履行纳税义务、扣缴义务情况所进行的税务检查和处理工作的总称。税务稽查权是税收执法权的一个重要组成部分，也是整个国家行政监督体系中一种特殊的监督权行使形式。

根据相关法律规定，税务稽查的基本任务是：依照国家税收法律、法规，查处税收违法行为，保障税收收入，维护税收秩序，促进依法纳税，保证税法的实施。税务稽查必须以事实为根据，以税收法律、法规、规章为准绳，依靠人民群众，加强与司法机关及其他有关部门的联系和配合。各级税务机关设立的税务稽查机构，按照各自的税收管辖范围行使税务稽查职能。

思考练习题

一、思考题

1. 什么是税法？税收有哪些特征？
2. 税法与其他法律有哪些区别？
3. 税法有哪些要素？各要素有何含义？
4. 税法、税收有哪些分类？各分类有哪些含义？
5. 我国现行税法体系由哪些内容构成？
6. 我国现行税收管理体制有哪些规定？

二、练习题

根据速算扣除数的计算公式，计算填列下表中各级数的速算扣除数。

级数	应纳税所得额（元）	税率（%）	速算扣除数（元）
1	不超过 5 000 元的部分	5	
2	5 000 元至 10 000 元的部分	10	
3	10 000 元至 20 000 元的部分	15	
4	20 000 元至 40 000 元的部分	20	
5	40 000 元至 60 000 元的部分	25	
6	60 000 元至 80 000 元的部分	30	
7	超过 80 000 元的部分	40	

即 测 即 评

请扫描二维码进行在线测试。

第二章

增 值 税

内容提要：

本章介绍了增值税的概念、类型和计税方法等基本原理；重点讲述了我国现行增值税的征收范围和税率；一般纳税人与小规模纳税人的认定及管理；一般纳税人和小规模纳税人应纳税额的计算；特殊经营行为的税务处理；进口货物应纳税额的计算，出口货物退税额的计算及增值税的征收管理等内容。学习本章时，主要掌握增值税的征税范围和一般纳税人应纳增值税的计算方法，特殊经营行为的税务处理，进口货物应纳税额和出口货物退税额的计算方法。注意增值税与消费税、城市维护建设税和教育费附加的相互关系。

第一节 增值税概述

一、增值税的概念

增值税是以单位和个人在流转过程中产生的增值额为课税对象而征收的一种流转税。按照我国增值税的规定，增值税是对在我国境内销售货物或者提供加工、修理修配劳务以及进口货物的单位和个人，以其货物销售或提供劳务的增值额和货物进口金额为计税依据而课征的一种流转税。

早在 1917 年，美国学者亚当斯（T. Adams）就已经提出了具有现代增值税雏形的想法。1921 年，德国学者西蒙士（C. F. V. Siemens）正式提出了增值税的名称。

但是增值税最先确立并征收的国家是法国。1954 年，法国在生产阶段把原来的按营业额全额课征改为按全额计算后允许扣除购进项目已缴纳的税款，即按增值额征税，开创了增值税实施的先河。此后，增值税在欧洲得到推广，不久又扩展到欧洲以外的许多国家。目前，世界上已有 100 多个国家实行了增值税。增值税在半个多世纪的时间里得到如此众多国家的广泛认可和推行，这在世界税制发展史上是罕见的，被称为 20 世纪人类在财税领域的一个最重要改革和成就。增值税得以推广，最主要的原因是其改变了传统的营业税按全额征税的做法，改由对每一生产流通环节的增值额进行征税，由此产生了自身独特的功能和作用。

对增值税概念的理解，关键是理解增值额的含义：

（1）从理论上讲，增值额是指生产经营者在生产经营过程中新创造的价值额。增值额相当于商品价值 $C+V+M$ 中的 $V+M$ 部分。C 即商品生产过程中所消耗的生产资料转移价值；V 即工资，是劳动者为自己创造的价值；M 即剩余价值或盈利，是劳动者为社会创造的价值。增值额是劳动者新创造的价值，从内容上讲大体相当于净产值或国民收入。

（2）就一个生产单位而言，增值额是这个单位商品销售收入额或经营收入额扣除非增值项目（相当于物化劳动，如外购的原材料、燃料、动力、包装物、低值易耗品等）价值后的余额。这个余额，大体相当于该单位活劳动创造的价值。

（3）就一个商品生产经营全过程来讲，不论其生产经营经过几个环节，其最后的销售总值，应等于该商品从生产到流通各环节的增值额之和，即商品最后销售价格等于各环节增值额之和。

以表 2-1 为例，如果用传统的营业税计税方式，对每个环节均按全额课税，将会对该商品从生产到零售的每个环节按销售额计税，其计税总值为 350 元。但如果按增值税的计税方式，对每个环节的增值额计税，则其计税总值为 150 元。这两者的差额 200 元就产生了重复征税问题，即第一环节的 80 元实际上在传统的营业税计税方式下将被征税 3 次，被重复征税 2 次。同理，其余环节分别被重复征税若干次。而改为按每环节的增值额征税后不论一个商品从生产到最后销售经过几个环节，其计税总值就等于该商品的最终销售价格。这个特点对消除重复征税、对产品的出口退税等均产生了重要影响。

表 2-1　　某商品最后销售价格与各生产流通环节增值额计税的关系

单位：元

生产流通环节	本环节销售额计税	本环节增值额计税
生产环节	80	80
批发环节	120	40
零售环节	150	30
合计	350	150

（4）从国民收入分配角度看，增值额 $V+M$ 在我国相当于净产值，包括工资、利润、利息、租金和其他属于增值性的收入。

二、增值税的特点

（1）税收负担具有前移性。一般情况下，其他税种均是取得收入后才缴纳税款，而增值税则是购进应税项目时先支付税负，然后取得收入缴纳税款时再抵扣前一环节先支付的税款。

（2）实行价外税制度。在计税时，作为计税依据的销售额中不包含增值税税额，这样有利于确认应税项目的真实价格，这是增值税与其他流转性税种的一个重要区别。

（3）征税范围具有普遍性。从事应税项目提供的所有单位和个人，在应税项目增值的各个生产、流通环节都要缴纳增值税。

（4）税收负担具有转嫁性。虽然增值税表面上是向企业或个人征收，但实质上都是在应税行为发生时将税收负担转嫁给下一流通环节，使得增值税最终由消费者承担。

（5）实行税款抵扣制度。在计算纳税人应纳税款时，要扣除应税项目在以前流转环节已负担的税款，以避免重复征税。从世界各国来看，一般都实行凭购货发票进行抵扣。

（6）实行比例税率。从实行增值税制度的国家看，普遍实行比例税制，以贯彻缴纳简便易行的原则。由于增值额对不同行业、不同产品来说性质是一样的，原则上对增值额应采用单一比例税率，但为了贯彻一些经济社会政策，也会对某些行业或产品实行不同的税率，因而开征增值税的国家一般都规定基本税率和优惠税率，或称低税率。

三、增值税的类型

在实践中，各国实行的增值税都是以法定增值额为课税对象的。法定增值额和理论增值额往往不相一致，其主要区别在于对购入固定资产的处理上。根据外购固定资产已纳税款的扣除项目范围的大小，增值税分为生产型增值税、收入型增值税和消费型增值税三种类型。

（一）生产型增值税

生产型增值税以纳税人的销售收入减去用于生产、经营的外购原材料、燃料、动力等物质资料价值后的余额作为法定的增值额，但对购入的固定资产及其折旧均不予扣除。既不允许扣除购入固定资产的价值，也不考虑生产经营过程中固定资产磨损的那部分转移价值（折旧）。由于这个法定增值额等于工资、租金、利息、利润和折旧之和，其内容从整个社会来说相当于国民生产总值，所以称为生产型增值税。

（二）收入型增值税

收入型增值税除允许扣除外购物质资料的价值以外，对于购置用于生产、经营用的固定资产，允许将已提折旧的价值额予以扣除，即对于购入的固定资产，可以按照磨损程度相应地给予扣除。这个法定增值额，就整个社会来说，相当于国民收入，所以称为收入型增值税。

（三）消费型增值税

消费型增值税允许将购置物质资料的价值和用于生产、经营的固定资产价值中所含的税款，在购置当期全部一次扣除。虽然固定资产在原生产经营单位作为商品在出售时都已征税，但当购置者作为固定资产购进使用时，其已纳税金在购置当期已经全部扣除。因此，就整个社会而言，这部分商品实际上没有征税，所以说这种类型增值税的课税对象不包括生产资料部分，仅限于当期生产销售的所有消费品，故称为消费型增值税。消费型增值税在购进固定资产的当期因扣除额大大增加，在短期内将导致税基的减少，对财政收入造成一定的影响，但是有利于消除重复征税，有利于税制的优化。同时这种方法最宜规范凭发票扣税的计算方法，因为凭固定资产的外购发票可以一次将其已纳税款全部扣除，便于操作，有利于提高征收管理的效率。当前，我国实行的是消费型增值税。

四、增值税的计税方法

增值税的计税方法分为直接计税法和间接计税法。

（一）直接计税法

直接计税法是按照规定直接计算出应税项目的增值额，然后以此为依据乘以适用税率，计算出应纳税额的一种计税方法。直接计税法又因计算法定增值额的方法不同分为加法和减法两种。

1. 直接加法

直接加法是指纳税人在纳税期内，将由从事生产经营活动所创造的那部分新价值的项目，如工资、利息、租金、利润和其他增值项目等累加起来，求出增值额，再直接乘以适用税率，计算出应纳税额的方法。其基本计算公式为：

应纳税额 =（工资 + 利息 + 租金 + 利润 + 其他增值项目）× 增值税税率

由于这种方法首先要确定哪些属于增值项目，哪些属于非增值项目，而在实际中，企业的增值因素和非增值因素在会计处理上，尤其在某个短时期如一个月内是难以划分清楚的，这就往往会引起税企双方的争执。因此，这种方法只是理论上的一种方法。我国在引入增值税时在试点工作中曾尝试过此种方法，但到目前为止已实行增值税的国家中，尚无一个国家实际采用。

2. 直接减法

直接减法又称扣额法，是以纳税人在纳税期内销售应税项目的销售额全值，减去非增值项目金额，如外购原材料、燃料、动力等后的余额作为增值额，再乘以增值税税率计算出应纳税额的方法。其计算公式为：

应纳税额 =（销售额全值 − 非增值项目金额）× 增值税税率

这种方法也存在增值项目和非增值项目难以划分、兼营不同税率货物（劳务）、免税货物扣除项目金额划分与计算的问题，且无法适用多档税率的情形，因此实际也没有得到采用。

（二）间接计税法

间接计税法也可以分为间接加法和间接减法。

1. 间接加法

间接加法是将各增值项目分别乘以适用税率，再相加求得应纳增值税额。其计算公式为：

应纳税额 = 工资 × 增值税税率 + 利息 × 增值税税率 + 租金 × 增值税税率
+ 利润 × 增值税税率 + 其他增值项目 × 增值税税率

2. 间接减法

间接减法是指不直接计算增值额，而是以纳税人在纳税期内应税项目的销售额乘以适用税率，求出销售应税项目的整体税金（销项税额），然后扣除非增值项目，即企业购进应税项目已纳税额（进项税额）的方法，其余额即为纳税人应纳的增值税额。其计算公式为：

应纳税额 = 应税销售额 × 增值税税率 − 相关联的已纳税额

应纳税额 = 销项税额 − 进项税额

这种方法比较简便易行，目前为大多数国家所采用。我国当前所采用的增值税计算方法为间接计税法。进项税额的抵扣采用购进扣税法，即在计算进项税额时，按当期购进商品已纳税额计算。实际征收中，采用凭增值税专用发票或其他合法扣税凭证注明税款进行抵扣的办法计算应纳税款。

第二节 征税范围、纳税义务人与税率

一、征税范围

（一）基本规定

根据《增值税暂行条例》的规定，在中华人民共和国境内（以下简称境内）销售货物或者提供加工、修理修配劳务（以下简称劳务），销售服务、无形资产、不动产以及进口货物的单位和个人，应当依照本条例缴纳增值税。因此，现行增值税征税范围包括以下几个方面。

1. 销售或者进口货物

所谓货物，是指有形动产，包括电力、热力、气体在内。销售货物，是指有偿转让货物的所有权。进口货物，是指申报进入我国海关境内的货物。

2. 提供加工、修理修配劳务

加工是指受托加工货物，即委托方提供原料及主要材料，受托方按照委托方的要求制造货物并收取加工费的业务；修理修配是指受托对损伤和丧失功能的货物进行修复，使其恢复原状和功能的业务。提供加工、修理修配劳务（以下称应税劳务），是指有偿提供加工、修理修配劳务。单位或者个体工商户聘用的员工为本单位或者雇主提供加工、修理修配劳务，不包括在内。有偿，是指从购买方取得货币、货物或者其他经济利益。

供电企业利用自身输变电设备对并入电网的企业自备电厂生产的电力产品进行电压调节，收取的并网服务费按照提供加工劳务缴纳增值税。

印刷企业接受出版单位委托，自行购买纸张，印刷有国内统一刊号（CN）以及采用国际标准书号编序的图书、报纸和杂志，按照销售货物缴纳增值税。

3. 销售服务

销售服务是指提供交通运输服务、邮政服务、电信服务、建筑服务、金融服务、现代服务及生活服务。

（1）交通运输服务。

交通运输服务是指使用运输工具将货物或者旅客送达目的地，使其空间位置得到转移的业务活动。其包括陆路运输服务、水路运输服务、航空运输服务和管道运输服务。

① 陆路运输服务。陆路运输服务是指通过陆路（地上或者地下）运送货物或者旅客的运输业务活动，包括铁路运输服务和其他陆路运输服务。

铁路运输服务是指通过铁路运送货物或者旅客的运输业务活动。

其他陆路运输服务是指铁路运输以外的陆路运输业务活动，包括公路运输、缆车运输、索道运输、地铁运输、城市轻轨运输等。

出租车公司向使用本公司自有出租车的出租车司机收取的管理费用，按照陆路运输服务缴纳增值税。

② 水路运输服务。水路运输服务是指通过江、河、湖、川等天然、人工水道或者海洋航道运送货物或者旅客的运输业务活动。

水路运输的程租、期租业务，属于水路运输服务。

程租业务是指运输企业为租船人完成某一特定航次的运输任务并收取租赁费的业务。

期租业务是指运输企业将配备有操作人员的船舶承租给他人使用一定的期限，承租期内听候承租方调遣，不论是否经营，均按天向承租方收取租赁费，发生的固定费用均由船东负担的业务。

③ 航空运输服务。航空运输服务是指通过空中航线运送货物或者旅客的运输业务活动。

航空运输的湿租业务，属于航空运输服务。湿租业务是指航空运输企业将配备有机组人员的飞机承租给他人使用一定的期限，承租期内听候承租方调遣，不论是否经营，均按一定标准向承租方收取租赁费，发生的固定费用均由承租方承担的业务。

航天运输服务，按照航空运输服务缴纳增值税。航天运输服务是指利用火箭等载体将卫星、空间探测器等空间飞行器发射到空间轨道的业务活动。

航空运输企业已售票但未提供航空运输服务取得的逾期票证收入，按照航空运输服务缴纳增值税。

④ 管道运输服务。管道运输服务是指通过管道设施输送气体、液体、固体物质的运输业务活动。

无运输工具承运业务，按照交通运输服务缴纳增值税。无运输工具承运业务是指经营者以承运人身份与托运人签订运输服务合同，收取运费并承担承运人责任，然后委托实际承运人完成运输服务的经营活动。

自 2018 年 1 月 1 日起，纳税人已售票但客户逾期未消费取得的运输逾期票证收入，按照交通运输服务缴纳增值税。

（2）邮政服务。

邮政服务是指中国邮政集团公司及其所属邮政企业提供邮件寄递、邮政汇兑和机要通信等邮政基本服务的业务活动。其包括邮政普遍服务、邮政特殊服务和其他邮政服务。

① 邮政普遍服务。邮政普遍服务是指函件、包裹等邮件寄递，以及邮票发行、报刊发行和邮政汇兑等业务活动。

函件是指信函、印刷品、邮资封片卡、无名址函件和邮政小包等。

包裹是指按照封装上的名址递送给特定个人或者单位的独立封装的物品，其重量不超过 50 千克，任何一边的尺寸不超过 150 厘米，长、宽、高合计不超过 300 厘米。

② 邮政特殊服务。邮政特殊服务是指义务兵平常信函、机要通信、盲人读物和革命烈士遗物的寄递等业务活动。

③ 其他邮政服务。其他邮政服务是指邮册等邮品销售、邮政代理等业务活动。

（3）电信服务。

电信服务是指利用有线、无线的电磁系统或者光电系统等各种通信网络资源，提供语音通话服务，传送、发射、接收或者应用图像、短信等电子数据和信息的业务活动。其包括基础电信服务和增值电信服务。

① 基础电信服务。基础电信服务是指利用固网、移动网、卫星、互联网，提供语音通话服务的业务活动，以及出租或者出售带宽、波长等网络元素的业务活动。

② 增值电信服务。增值电信服务是指利用固网、移动网、卫星、互联网、有线电视网络，提供短信和彩信服务、电子数据和信息的传输及应用服务、互联网接入服务等业务活动。

卫星电视信号落地转接服务，按照增值电信服务缴纳增值税。

（4）建筑服务。

建筑服务是指各类建筑物、构筑物及其附属设施的建造、修缮、装饰，线路、管道、设备、设施等的安装以及其他工程作业的业务活动。其包括工程服务、安装服务、修缮服务、装饰服务和其他建筑服务。

① 工程服务。工程服务是指新建、改建各种建筑物、构筑物的工程作业，包括与建筑物相连的各种设备或者支柱、操作平台的安装或者装设工程作业，以及各种窑炉和金属结构工程作业。

② 安装服务。安装服务是指生产设备、动力设备、起重设备、运输设备、传动设备、医疗实验设备以及其他各种设备、设施的装配、安置工程作业，包括与被安装设备相连的工作台、梯子、栏杆的装设工程作业，以及被安装设备的绝缘、防腐、保温、油漆等工程作业。固定电话、有线电视、宽带、水、电、燃气、暖气等经营者向用户收取的安装费、初装费、开户费、扩容费以及类似收费，按照安装服务缴纳增值税。

③ 修缮服务。修缮服务是指对建筑物、构筑物进行修补、加固、养护、改善，使之恢复原来的使用价值或者延长其使用期限的工程作业。

④ 装饰服务。装饰服务是指对建筑物、构筑物进行修饰装修，使之美观或者具有特定用途的工程作业。

⑤ 其他建筑服务。其他建筑服务是指上列工程作业之外的各种工程作业服务，如钻井（打井）、拆除建筑物或者构筑物、平整土地、园林绿化、疏浚（不包括航道疏浚）、建筑物平移、搭脚手架、爆破、矿山穿孔、表面附着物（包括岩层、土层、沙层等）剥离和清理等工程作业。

物业服务企业为业主提供的装修服务，按照建筑服务缴纳增值税。

纳税人将建筑施工设备出租给他人使用并配备操作人员的，按照建筑服务缴纳增值税。

（5）金融服务。

金融服务是指经营金融保险的业务活动，包括贷款服务、直接收费金融服务、保险服务和金融商品转让。

① 贷款服务。贷款服务是指将资金贷与他人使用而取得利息收入的业务活动。

各种占用、拆借资金取得的收入，包括金融商品持有期间（含到期）利息（保本收益、报酬、资金占用费、补偿金等）收入、信用卡透支利息收入、买入返售金融商品利息收入、融资融券收取的利息收入，以及融资性售后回租、押汇、罚息、票据贴现、转贷等业务取得的利息及利息性质的收入，按照贷款服务缴纳增值税。

下列行为取得的收入按贷款服务缴纳增值税：

a. 从事融资性售后回租业务的企业将承租方以融资为目的的出售的资产反租给承租方而取得的租金。

需要注意的是，融资性售后回租业务中，承租方出售资产的行为不缴纳增值税。

b. 以货币资金投资收取的固定利润或者保底利润。

② 直接收费金融服务。直接收费金融服务是指为货币资金融通及其他金融业务提供相关服务并且收取费用的业务活动。其包括提供货币兑换、账户管理、电子银行、信用卡、信用证、财务担保、资产管理、信托管理、基金管理、金融交易场所（平台）管理、资金结算、资金清算、金融支付等服务。

③ 保险服务。保险服务是指投保人根据合同约定，向保险人支付保险费，保险人对于合同约定的可能发生的事故因其发生所造成的财产损失承担赔偿保险金责任，或者当被保险人死亡、伤残、疾病或者达到合同约定的年龄、期限等条件时承担给付保险金责任的商业保险行为。它包括人身保险服务和财产保险服务。

人身保险服务是指以人的寿命和身体为保险标的的保险业务活动。

财产保险服务是指以财产及其有关利益为保险标的的保险业务活动。

④ 金融商品转让。金融商品转让是指转让外汇、有价证券、非货物期货和其他金融商品所有权的业务活动。

其他金融商品转让包括基金、信托、理财产品等各类资产管理产品和各种金融衍生品的转让。

（6）现代服务。

现代服务是指围绕制造业、文化产业、现代物流产业等提供技术性、知识性服务的业务活动。其包括研发和技术服务、信息技术服务、文化创意服务、物流辅助服务、租赁服务、鉴证咨询服务、广播影视服务、商务辅助服务和其他现代服务。

① 研发和技术服务，包括研发服务、合同能源管理服务、工程勘察勘探服务、专业技术服务。

研发服务，也称技术开发服务，是指就新技术、新产品、新工艺或者新材料及其系统进行研究与试验开发的业务活动。

合同能源管理服务是指节能服务公司与用能单位以契约形式约定节能目标，节能服务公司提供必要的服务，用能单位以节能效果支付节能服务公司投入及其合理报酬的业务活动。

工程勘察勘探服务是指在采矿、工程施工前后，对地形、地质构造、地下资源蕴藏情况进行实地调查的业务活动。

专业技术服务是指气象服务、地震服务、海洋服务、测绘服务、城市规划、环境与生态监测服务等专项技术服务。

② 信息技术服务是指利用计算机、通信网络等技术对信息进行生产、收集、处理、加工、存储、运输、检索和利用，并提供信息服务的业务活动。其包括软件服务、电路设计及测试服务、信息系统服务、业务流程管理服务和信息系统增值服务。

软件服务是指提供软件开发服务、软件维护服务、软件测试服务的业务活动。

电路设计及测试服务是指提供集成电路和电子电路产品设计、测试及相关技术支持服务的业务活动。

信息系统服务是指提供信息系统集成、网络管理、网站内容维护、桌面管理与维护、信息系统应用、基础信息技术管理平台整合、信息技术基础设施管理、数据中心、托管中心、信息安全服务、在线杀毒、虚拟主机等业务活动。其包括网站对非自有的网络游戏提供的网络运营服务。

业务流程管理服务是指依托信息技术提供人力资源管理、财务管理、审计管理、税务管理、物流信息管理、经营信息管理和呼叫中心等服务的活动。

信息系统增值服务是指利用信息系统资源为用户附加提供的信息技术服务，包括数据处理、分析和整合，数据库管理，数据备份，数据存储，容灾服务，电子商务平台等。

③ 文化创意服务，包括设计服务、知识产权服务、广告服务和会议展览服务。

设计服务是指把计划、规划、设想通过文字、语言、图画、声音、视觉等形式传递出来的业务活动。其包括工业设计、内部管理设计、业务运作设计、供应链设计、造型设计、服装设计、环境设计、平面设计、包装设计、动漫设计、网游设计、展示设计、网站设计、机械设计、工程设计、广告设计、创意策划、文印晒图等。

知识产权服务是指处理知识产权事务的业务活动，包括对专利、商标、著作权、软件、集成电路布图设计的登记、鉴定、评估、认证、检索服务。

广告服务是指利用图书、报纸、杂志、广播、电视、电影、幻灯、路牌、招贴、橱窗、霓虹灯、灯箱、互联网等各种形式为客户的商品、经营服务项目、文体节目或者通告、声明等委托事项进行宣传和提供相关服务的业务活动。其包括广告代理和广告的发布、播映、宣传、展示等。

会议展览服务是指为商品流通、促销、展示、经贸洽谈、民间交流、企业沟通、国际往来等举办或者组织安排各类展览和会议的业务活动。

宾馆、旅馆、旅社、度假村和其他经营性住宿场所提供会议场地及配套服务的活动，按照会议展览服务缴纳增值税。

④ 物流辅助服务，包括航空服务、港口码头服务、货运客运场站服务、打捞救助服务、装卸搬运服务、仓储服务和收派服务。

航空服务，包括航空地面服务和通用航空服务。航空地面服务是指航空公司、飞机场、民航管理局、航站等向在境内航行或者在境内机场停留的境内外飞机或者其他飞行器提供的导航等劳务性地面服务的业务活动。其包括旅客安全检查服务、停机坪管理服务、机场候机厅管理服务、飞机清洗消毒服务、空中飞行管理服务、飞机起降服务、飞行通信服务、地面信号服务、飞机安全服务、飞机跑道管理服务、空中交通管理服务等。通用航空服务是指为专业工作提供飞行服务的业务活动，包括航空摄影、航空培训、航空测量、航空勘探、航空护林、航空吊挂播撒、航空降雨、航空气象探测、航空海洋监测、航空科学实验等。

港口码头服务是指港务船舶调度服务、船舶通信服务、航道管理服务、航道疏浚服务、灯塔管理服务、航标管理服务、船舶引航服务、理货服务、系解缆服务、停泊和移泊服务、海上船舶溢油清除服务、水上交通管理服务、船只专业清洗消毒检测服务和防止船只漏油服务等为船只提供服务的业务活动。港口设施经营人收取的港口设施保安费按照港口码头服务缴纳增值税。

货运客运场站服务是指货运客运场站提供货物配载服务、运输组织服务、中转换乘服务、车辆调度服务、票务服务、货物打包整理、铁路线路使用服务、加挂铁路客车服务、铁路行包专列发送服务、铁路到达和中转服务、铁路车辆编解服务、车辆挂运服务、铁路接触网服务、铁路机车牵引服务等业务活动。

打捞救助服务是指提供船舶人员救助、船舶财产救助、水上救助和沉船沉物打捞服务的业务活动。

装卸搬运服务是指使用装卸搬运工具或者人力、畜力将货物在运输工具之间、装卸现场之间或者运输工具与装卸现场之间进行装卸和搬运的业务活动。

仓储服务是指利用仓库、货场或者其他场所代客贮放、保管货物的业务活动。

收派服务是指接受寄件人委托，在承诺的时限内完成函件和包裹的收件、分拣、派送服务的业务活动。收件服务是指从寄件人收取函件和包裹，并运送到服务提供方的集散中心的业务活动。分拣服务是指服务提供方在其集散中心对函件和包裹进行归类、分发的业务活动。派送服务是指服务提供方从其集散中心将函件和包裹送达收件人的业务活动。

⑤ 租赁服务，包括融资租赁服务和经营租赁服务。

融资租赁服务是指具有融资性质和所有权转移特点的租赁活动。即出租人根据承租人所要求的规格、型号、性能等条件购入有形动产或者不动产租赁给承租人，合同期内租赁物所有权属于出租人，承租人只拥有使用权，合同期满付清租金后，承租人有权按照残值购入租赁物，以拥有其所有权。不论出租人是否将租赁物销售给承租人，均属于融资租赁。按照标的物的不同，融资租赁服务可分为有形动产融资租赁服务和不动产融资租赁服务。融资性售后回租不按照本税目缴纳增值税。

经营租赁服务是指在约定时间内将有形动产或者不动产转让他人使用且租赁物所有权不变更的业务活动。按照标的物的不同，经营租赁服务可分为有形动产经营租赁服务和不动产经营租赁服务。将建筑物、构筑物等不动产或者飞机、车辆等有形动产的广告位出租给其他单位或者个人用于发布广告，按照经营租赁服务缴纳增值税。车辆停放服务、道路通行服务（包括过路费、过桥费、过闸费等）等按照不动产经营租赁服务缴纳增值税。水路运输的光租业务、航空运输的干租业务，属于经营租赁。光租业务是指运输企业将船舶在约定的时间内出租给他人使用，不配备操作人员，不承担运输过程中发生的各项费用，只收取固定租赁费的业务活动。干租业务是指航空运输企业将飞机在约定的时间内出租给他人使用，不配备机组人员，不承担运输过程中发生的各项费用，只收取固定租赁费的业务活动。

⑥ 鉴证咨询服务，包括认证服务、鉴证服务和咨询服务。

认证服务是指具有专业资质的单位利用检测、检验、计量等技术，证明产品、服务、管理体系符合相关技术规范的强制性要求或者标准的业务活动。

鉴证服务是指具有专业资质的单位受托对相关事项进行鉴证，发表具有证明力的意见的业务活动。其包括会计鉴证、税务鉴证、法律鉴证、职业技能鉴定、工程造价鉴证、工程监理、资产评估、环境评估、房地产土地评估、建筑图纸审核、医疗事故鉴定等。

咨询服务是指提供信息、建议、策划、顾问等服务的活动，包括金融、软件、技术、财务、税收、法律、内部管理、业务运作、流程管理、健康等方面的咨询。翻译服务和市场调查服务按照咨询服务缴纳增值税。

⑦ 广播影视服务，包括广播影视节目（作品）的制作服务、发行服务和播映（含放映）服务。

广播影视节目（作品）制作服务是指进行专题（特别节目）、专栏、综艺、体育、动画片、广播剧、电视剧、电影等广播影视节目和作品制作的服务。其具体包括与广播影视节目和作品相关的策划、采编、拍摄、录音、音视频文字图片素材制作、场景布置、后期的剪辑、翻译（编译）、字幕制作、片头制作、片尾制作、片花制作、特效制作、影片修复、编目和确权等业务活动。

广播影视节目（作品）发行服务是指以分账、买断、委托等方式，向影院、电台、电视台、网站等单位和个人发行广播影视节目（作品）及转让体育赛事等活动的报道及播映权的业务活动。

广播影视节目（作品）播映（含放映）服务是指在影院、剧院、录像厅及其他场所播映广播影视节目（作品），以及通过电台、电视台、卫星通信、互联网、有线电视等无线或者有线装置播映广播影视节目（作品）的业务活动。

⑧ 商务辅助服务，包括企业管理服务、经纪代理服务、人力资源服务、安全保护服务。

企业管理服务是指提供总部管理、投资与资产管理、市场管理、物业管理、日常综合管理等服务的业务活动。

经纪代理服务是指各类经纪、中介、代理服务。其包括金融代理、知识产权代理、货物运输代理、代理报关、法律代理、房地产中介、职业中介、婚姻中介、代理记账、拍卖等。其中，货物运输代理服务是指接受货物收货人、发货人、船舶所有人、船舶承租人或者船舶经营人的委托，以委托人的名义，为委托人办理货物运输、装卸、仓储和船舶进出港口、引航、靠泊等相关手续的业务活动。代理报关服务是指接受进出口货物的收发货人委托，代为办理报关手续的业务活动。

人力资源服务是指提供公共就业、劳务派遣、人才委托招聘、劳动力外包等服务的业务活动。

安全保护服务是指提供保护人身安全和财产安全，维护社会治安等的业务活动，包括住宅保安、特种保安、安全系统监控以及其他安保服务。纳税人提供武装守护押运服务，按照安全保护服务缴纳增值税。

⑨ 其他现代服务，是指除研发和技术服务、信息技术服务、文化创意服务、物流辅助服务、租赁服务、鉴证咨询服务、广播影视服务和商务辅助服务以外的现代服务。

自 2018 年 1 月 1 日起，纳税人为客户办理退票而向客户收取的退票费、手续费等收入，按照其他现代服务缴纳增值税。

（7）生活服务。

生活服务是指为满足城乡居民日常生活需求提供的各类服务活动，包括文化体育服务、教育医疗服务、旅游娱乐服务、餐饮住宿服务、居民日常服务和其他生活服务。

① 文化体育服务，包括文化服务和体育服务。

文化服务是指为满足社会公众文化生活需求提供的各种服务。其包括：文艺创作、文艺表演、文化比赛，图书馆的图书和资料借阅，档案馆的档案管理，文物及非物质遗产保护，组织举办宗教活动、科技活动、文化活动，提供游览场所。

体育服务是指组织举办体育比赛、体育表演、体育活动及提供体育训练、体育指导、体育管理的业务活动。

纳税人在游览场所经营索道、摆渡车、电瓶车、游船等，按照文化体育服务缴纳增值税。

② 教育医疗服务，包括教育服务和医疗服务。

教育服务是指提供学历教育服务、非学历教育服务、教育辅助服务的业务活动。学历教育服务是指根据教育行政管理部门确定或者认可的招生和教学计划组织教学，并颁发相应学历证书的业务活动。其包括初等教育、初级中等教育、高级中等教育、高等教育等。非学历教育服务，包括学前教育，各类培训、演讲、讲座、报告会等。教育辅助服务，包括教育测评、考试、招生等服务。

医疗服务是指提供医学检查、诊断、治疗、康复、预防、保健、接生、计划生育、防疫服务等方面的服务，以及与这些服务有关的提供药品、医用材料器具、救护车、病房住宿和伙食的业务。

③ 旅游娱乐服务，包括旅游服务和娱乐服务。

旅游服务是指根据旅游者的要求，组织安排交通、游览、住宿、餐饮、购物、文娱、商务等服务的业务活动。

娱乐服务是指为娱乐活动同时提供场所和服务的业务。常见的娱乐场所包括：歌厅、舞厅、夜总会、酒吧、台球厅、高尔夫球场、保龄球馆、游艺厅（提供射击、狩猎、跑马、蹦极等活动）。

④ 餐饮住宿服务，包括餐饮服务和住宿服务。

餐饮服务是指通过同时提供饮食和饮食场所的方式为消费者提供饮食消费服务的业务活动。

住宿服务是指提供住宿场所及配套服务等的活动，包括宾馆、旅馆、旅社、度假村和其他经营性住宿场所提供的住宿服务。

提供餐饮服务的纳税人销售的外卖食品，按照餐饮服务缴纳增值税。上述外卖食品，仅指该餐饮企业参与了生产、加工过程的食品。对于餐饮企业将外购的酒水、农产品等货物，未进行后续加工而直接与外卖食品一同销售的，应根据该货物的适用税率，按照兼营的有关规定计算缴纳增值税。

纳税人以长（短）租形式出租酒店式公寓并提供配套服务，按照住宿服务缴纳增值税。

⑤ 居民日常服务是指主要为满足居民个人及其家庭日常生活需求提供的服务，包括市容市政管理、家政、婚庆、养老、殡葬、照料和护理、救助救济、美容美发、按摩、桑拿、氧吧、足疗、沐浴、洗染、摄影扩印等服务。

⑥ 其他生活服务是指除文化体育服务、教育医疗服务、旅游娱乐服务、餐饮住宿服务和居民日常服务之外的生活服务。

4. 销售无形资产

销售无形资产是指有偿转让无形资产，是转让无形资产所有权或者使用权的业务活动。无形资产是指不具有实物形态，但能带来经济利益的资产，包括技术、商标、著作权、商誉、自然资源使用权和其他权益性无形资产。

技术，包括专利技术和非专利技术。

自然资源使用权，包括土地使用权、海域使用权、探矿权、采矿权、取水权和其他自然资源使用权。

其他权益性无形资产，包括基础设施资产经营权、公共事业特许权、配额、经营权（包括特许经营权、连锁经营权、其他经营权）、经销权、分销权、代理权、会员权、席位权、网络游戏虚拟道具、域名、名称权、肖像权、冠名权、转会费等。

5. 销售不动产

销售不动产是指有偿转让不动产，是转让不动产所有权的业务活动。不动产是指不能移动或者移动后会引起性质、形状改变的财产，包括建筑物、构筑物等。

建筑物，包括住宅、商业营业用房、办公楼等可供居住、工作或者进行其他活动的建造物。

构筑物，包括道路、桥梁、隧道、水坝等建造物。

转让建筑物有限产权或者永久使用权的，转让在建的建筑物或者构筑物所有权的，以及在转让建筑物或者构筑物时一并转让其所占土地的使用权的，按照销售不动产缴纳增值税。

6. 非营业活动

根据规定，销售服务、无形资产和不动产，是指有偿提供服务、有偿转让无形资产或者不动产，但属于下列非经营活动的情形除外。

（1）行政单位收取的同时满足以下条件的政府性基金或者行政事业性收费：

① 由国务院或者财政部批准设立的政府性基金，由国务院或者省级人民政府及其财政、价格主管部门批准设立的行政事业性收费；

② 收取时开具省级以上（含省级）财政部门监（印）制的财政票据；

③ 所收款项全额上缴财政。

（2）单位或者个体工商户聘用的员工为本单位或者雇主提供取得工资的服务。

（3）单位或者个体工商户为员工提供应税服务。

（4）财政部和国家税务总局规定的其他情形。

7. 境内的界定

在境内销售货物，是指所售货物的所在地或起运地在境内。

在境内提供劳务，是指劳务的发生地或提供地在境内。

在境内销售服务、无形资产或者不动产，是指：

（1）服务（租赁不动产除外）或者无形资产（自然资源使用权除外）的销售方或者购买方在境内；

（2）所销售或者租赁的不动产在境内；

（3）所销售自然资源使用权的自然资源在境内；

（4）财政部和国家税务总局规定的其他情形。

需要说明的是，下列情形不属于在境内销售服务或者无形资产：

（1）境外单位或者个人向境内单位或者个人销售完全在境外发生的服务；

（2）境外单位或者个人向境内单位或者个人销售完全在境外使用的无形资产；

（3）境外单位或者个人向境内单位或者个人出租完全在境外使用的有形动产；

（4）财政部和国家税务总局规定的其他情形。例如：

① 为出境的函件、包裹在境外提供的邮政服务、收派服务。

② 向境内单位或者个人提供的工程施工地点在境外的建筑服务、工程监理服务。

③ 向境内单位或者个人提供的工程、矿产资源在境外的工程勘察勘探服务。

④ 向境内单位或者个人提供的会议展览地点在境外的会议展览服务。

（二）特殊规定

增值税的征税范围除了上述基本规定以外，对于实务中某些特殊项目或行为是否属于增值税的征税范围，还做出了具体确定。

1. 特殊项目

（1）执罚部门和单位查处商品征税规定。

① 执罚部门和单位查处的属于一般商业部门经营的商品，具备拍卖条件的，由执罚部门或单位商同级财政部门同意后，公开拍卖。其拍卖收入作为罚没收入由执罚部门和单位如数上缴财政，不予征税。对经营单位购入拍卖物品再销售的应照章缴纳增值税。

② 执罚部门和单位查处的属于一般商业部门经营的商品，不具备拍卖条件的，由执罚部门、财政部门、国家指定销售单位会同有关部门按质论价，交由国家指定销售单位纳入正常销售渠道变价处理。执罚部门按商定价格所取得的变价收入作为罚没收入如数上缴财政，不予征税。国家指定销售单位将罚没物品纳入正常销售渠道销售的，应照章缴纳增值税。

③ 执罚部门和单位查处的属于专管机关管理或专管企业经营的财物，如金银（不包括金银首饰）、外币、有价证券、非禁止出口文物，应交由专管机关或专营企业收兑或收购。执罚部门和单位按收兑或收购价所取得的收入作为罚没收入如数上缴财政，不予征税。专管机关或专营企业经营上述物品中属于应征增值税的货物，应照章缴纳增值税。

（2）单用途商业预付卡（单用途卡）征税规定。

① 单用途卡发卡企业或者售卡企业（以下统称售卡方）销售单用途卡，或者接受单用途卡持卡人充值取得的预收资金，不缴纳增值税。售卡方按照规定，向购卡人、充值人开具增值税普通发票，不得开具增值税专用发票。

单用途卡是指发卡企业按照国家有关规定发行的，仅限于在本企业、本企业所属集团或者同一品牌特许经营体系内兑付货物或者服务的预付凭证。

发卡企业是指按照国家有关规定发行单用途卡的企业。售卡企业是指集团发卡企业或者品牌发卡企业指定的，承担单用途卡销售、充值、挂失、换卡、退卡等相关业务的本集团或同一品牌特许经营体系内的企业。

② 售卡方因发行或者销售单用途卡并办理相关资金收付结算业务取得的手续费、结算费、服务费、管理费等收入，应按照现行规定缴纳增值税。

③ 持卡人使用单用途卡购买货物或服务时，货物或者服务的销售方应按照现行规定缴纳增值税，且不得向持卡人开具增值税发票。

④ 销售方与售卡方不是同一个纳税人的，销售方在收到售卡方结算的销售款时，应向售卡方开具增值税普通发票，并在备注栏注明“收到预付卡结算款”，不得开具增值税专用发票。售卡方从销售方取得的增值税普通发票，作为其销售单用途卡或接受单用途卡充值取得预收资金不缴纳增值税的凭证，留存备查。

（3）支付机构预付卡（以下称多用途卡）征税规定。

① 支付机构销售多用途卡取得的等值人民币资金，或者接受多用途卡持卡人充值取得的充值资金，不缴纳增值税。支付机构可按照规定，向购卡人、充值人开具增值税普通发票，不得开具增值税专用发票。支付机构是指取得中国人民银行核发的《支付业务许可证》，获准办理“预付卡发行与受理”业务的发卡机构和获准办理“预付卡受理”业务的受理机构。多用途卡是指发卡机构以特定载体和形式发行的，可在发卡机构之外购买货物或服务的预付价值。

② 支付机构因发行或者受理多用途卡并办理相关资金收付结算业务取得的手续费、结算费、服务费、管理费等收入，应按照现行规定缴纳增值税。

③ 持卡人使用多用途卡，向与支付机构签署合作协议的特约商户购买货物或服务，特约商户应按照现行规定缴纳增值税，且不得向持卡人开具增值税发票。

④ 特约商户收到支付机构结算的销售款时，应向支付机构开具增值税普通发票，并在备注栏注明“收到预付卡结算款”，不得开具增值税专用发票。支付机构从特约商户取得的增值税普通发票，作为其销售多用途卡或接受多用途卡充值取得预收资金不缴纳增值税的凭证，留存备查。

（4）发售加油卡、加油凭证征税规定。

发售加油卡、加油凭证销售成品油的纳税人，在售卖加油卡、加油凭证时，应按预收账款方法做相关账务处理，不征收增值税。

2. 特殊行为

（1）视同销售货物或发生应税行为。

单位或者个体工商户的下列行为视同销售货物或发生应税行为。

① 将货物交付其他单位或者个人代销；

② 销售代销货物；

③ 设有两个以上机构并实行统一核算的纳税人，将货物从一个机构移送至其他机构用于销售，但相关机构设在同一县（市）的除外；

④ 将自产或者委托加工的货物用于非增值税应税项目；

⑤ 将自产、委托加工的货物用于集体福利或者个人消费；

⑥ 将自产、委托加工或者购进的货物作为投资，提供给其他单位或者个体工商户；

⑦ 将自产、委托加工或者购进的货物分配给股东或者投资者；

⑧ 将自产、委托加工或者购进的货物无偿赠送其他单位或者个人；

⑨ 单位或者个体工商户向其他单位或者个人无偿销售应税服务、无偿转让无形资产或者不动产，但用于公益事业或者以社会公众为对象的除外；

⑩ 财政部和国家税务总局规定的其他情形。

上述 10 种行为应该确定为视同销售行为，均要缴纳增值税。其确定的目的主要有三个：一是保证增值税税款抵扣制度的实施，不致因发生上述行为而造成各相关环节税款抵扣链条的中断，如前两种情况就是这种原因。如果不将其视同销售就会出现销售代销货物方仅有销项税额而无进项税额，而将货物交付其他单位或者个人的代销方仅有进项税额而无销项税额的情况，就会出现增值税抵扣链条不完整。二是避免因发生上述行为而造成货物销售税收负担不平衡的矛盾，防止上述行为逃避纳税的现象。三是体现增值税计算的配比原则。

药品生产企业销售自产创新药的销售额，为向购买者收取的全部价款和价外费用，其提供给患者后续免费使用的相同创新药，不属于销售行为。

（2）混合销售行为。

一项销售行为如果既涉及货物又涉及服务，为混合销售。从事货物的生产、批发或者零售的单位和个体工商户的混合销售，按照销售货物缴纳增值税；其他单位和个体工商户的混合销售，按照销售服务缴纳增值税。

上述所称从事货物的生产、批发或者零售的企业、企业性单位和个体工商户，包括以从事货物的生产、批发或者零售为主，并兼营销售服务的单位和个体工商户在内。

混合销售行为成立的行为标准有两点：一是其销售行为必须是一项；二是该项行为必须既涉及货物销售又涉及应税行为。

（3）兼营行为。

这是指纳税人的经营范围既包括销售货物和加工修理修配劳务，又包括销售服务、无形资产或者不动产。但是，销售货物、加工修理修配劳务、服务、无形资产或者不动产不同时发生在同一项销售行为中。

纳税人销售货物、加工修理修配劳务、服务、无形资产或者不动产适用不同税率或者征收率的，应当分别核算适用不同税率或者征收率的销售额。未分别核算销售额的，按照以下方法适用税率或者征收率：

① 兼有不同税率的销售货物、加工修理修配劳务、服务、无形资产或者不动产，从高适用税率。

② 兼有不同征收率的销售货物、加工修理修配劳务、服务、无形资产或者不

动产，从高适用征收率。

③ 兼有不同税率和征收率的销售货物、加工修理修配劳务、服务、无形资产或者不动产，从高适用税率。

3. 不征收增值税的项目和行为

（1）存款利息。

（2）被保险人获得的保险赔付。

（3）根据国家指令无偿提供的铁路运输服务、航空运输服务。

（4）房地产主管部门或者其指定机构、公积金管理中心、开发企业以及物业管理单位代收的住宅专项维修基金。

（5）纳税人资产重组过程中，通过合并、分立、出售、置换等方式，将全部或部分实物资产及相关联的债权、债务和劳动力一并转让给其他单位和个人。

（6）各党派、共青团、工会、妇联、中科联、台联、侨联收取的党费、团费、会费，以及政府间国际组织收取的会费。

（7）电信公司以积分兑换形式赠送的电信业服务。

（8）航空运输企业提供的利用旅客里程积分兑换的航空运输服务。

（9）自 2020 年 1 月 1 日起，纳税人取得的财政补贴收入，与其销售货物、劳务、服务、无形资产、不动产的收入或数量直接挂钩的，应按规定计算缴纳增值税。纳税人取得的其他情形的财政补贴收入，不缴纳增值税。

二、纳税义务人

（一）纳税义务人的基本规定

纳税义务人是指在中华人民共和国境内销售货物，提供加工、修理修配劳务，销售服务、无形资产、不动产以及进口货物的单位和个人。单位是指企业、行政单位、事业单位、军事单位、社会团体及其他单位；个人是指个体工商户和其他个人。

单位以承包、承租、挂靠方式经营的，承包人、承租人、挂靠人（以下统称承包人）以发包人、出租人、被挂靠人（以下统称发包人）名义对外经营并由发包人承担相关法律责任的，以该发包人为纳税人。否则，以承包人为纳税人。

资管产品运营过程中发生的增值税应税行为，以资管产品管理人为增值税纳税人。

（二）纳税义务人的分类管理

1. 分类依据

（1）按年应税销售额分类。年应税销售额，是指纳税人在连续不超过 12 个月或四个季度的经营期内累计应征增值税销售额。

从时间上看，是指连续不超过 12 个月或四个季度的经营期。所谓经营期，是指在纳税人存续期内的连续经营期间，含未取得销售收入的月份或季度。

从构成上看，包括纳税申报销售额、稽查查补销售额、纳税评估调整销售额。其中纳税申报销售额是指纳税人自行申报的全部应征增值税销售额，其中包括免税销售额和税务机关代开发票销售额。稽查查补销售额和纳税评估调整销售额计入查补税款申报当月（或当季）的销售额，不计入税款所属期销售额。

销售服务、无形资产或者不动产有扣除项目的纳税人，其应税行为年应税销售额按未扣除之前的销售额计算。

纳税人偶然发生的销售无形资产、转让不动产的销售额，不计入应税行为年应税销售额。

自 2018 年 5 月 1 日起，年应征增值税销售额超过 500 万元的企业和企业性单位（含个体经营者，以下简称企业）应登记为一般纳税人。

（2）会计核算水平。根据《增值税一般纳税人登记管理办法》规定，年应税销售额未超过规定标准的纳税人，会计核算健全，能够提供准确税务资料的，可以向主管税务机关办理一般纳税人登记。

会计核算健全，是指能够按照国家统一的会计制度规定设置账簿，根据合法、有效凭证进行核算。

2. 具体分类情况

按照我国现行增值税的规定，增值税纳税人分为一般纳税人和小规模纳税人。一般而言，一般纳税人是指年应税销售额在规定标准以上，且会计核算健全的纳税人，能够按规定报送有关税务资料的增值税纳税人；反之，则为小规模纳税人纳税人。

（1）一般纳税人的登记范围。

一是年应征增值税的销售额超过 500 万元且经常发生应税行为的企业（含个体工商户），应向主管税务机关办理一般纳税人资格登记，成为一般纳税人；二是年应税销售额未超过规定标准的企业（含个体工商户），会计核算健全，能够提供准确税务资料的，可以向主管税务机关办理一般纳税人资格登记，成为一般纳税人。从事成品油销售的加油站，无论是否达到一般纳税人标准，一律按一般纳税人征税。

除国家税务总局另有规定外，纳税人一经登记为一般纳税人后，不得转为小规模纳税人。

（2）不得办理一般纳税人登记的情形。

① 按照政策规定，选择按照小规模纳税人纳税的（应当向主管税务机关提交书面说明）；

② 年应税销售额超过规定标准的其他个人。

3. 一般纳税人的资格登记及管理

符合一般纳税人条件的纳税人应当向主管税务机关办理一般纳税人资格登记，登记事项由增值税纳税人（以下简称纳税人）向其主管税务机关办理。

（1）办理登记的程序。

① 纳税人向主管税务机关填报《增值税一般纳税人资格登记表》，并提供税务登记证件。该证件包括纳税人领取的由工商行政管理部门核发的加载法人和其他组织统一社会信用代码的营业执照。

② 纳税人填报内容与税务登记信息一致的，主管税务机关当场登记。

③ 纳税人填报内容与税务登记信息不一致，或者不符合填列要求的，税务机关应当场告知纳税人需要补正的内容。

（2）办理登记的时限。

纳税人在年应税销售额超过规定标准的月份（或季度）的所属申报期结束后的15日内，按照规定办理相关手续；未按规定时限办理的，主管税务机关应当在规定期限结束后5个工作日内制作《税务事项通知书》，告知纳税人应当在5个工作日内向主管税务机关办理相关手续。逾期不办理的，次月起按销售额依照增值税税率计算应纳税额，不得抵扣进项税额，直至纳税人办理相关手续为止。

纳税人自一般纳税人资格生效之日起，按照增值税一般计税方法计算应纳税额，并可以按照规定领用增值税专用发票。财政部、国家税务总局另有规定的除外。除另有规定外，纳税人销售额超过小规模纳税人标准，未申报办理一般纳税人登记手续的，应按销售额依照增值税税率计算应纳税额，不得抵扣进项税额，也不得使用增值税专用发票。

4. 小规模纳税人的管理

小规模纳税人销售应税项目实行简易计税方法。

小规模纳税人（其他个人除外）发生增值税应税行为、需要开具增值税专用发票的，可以自愿使用增值税发票管理系统自行开具。

需要注意的是，上述小规模纳税人销售其取得的不动产，需要开具增值税专用发票的，仍须向主管税务机关申请代开。

（三）扣缴义务人

中华人民共和国境外的单位或者个人在境内提供应税劳务，在境内未设有经营机构的，以其境内代理人为扣缴义务人；在境内没有代理人的，以购买方为扣缴义务人。

境外的单位或者个人在境内销售服务、无形资产或者不动产，在境内未设有经营机构的，以购买方为扣缴义务人。财政部和国家税务总局另有规定的除外。

三、税率

（一）基本税率

增值税一般纳税人销售或进口货物、提供劳务及提供有形动产租赁服务，除销售或进口适用低税率范围的货物和销售适用征收率的旧货外，一律适用13%的基本税率。

近年来，我国多次调整增值税基本税率，2018年4月30日之前，基本税率为17%；2018年5月1日至2019年3月31日期间，基本税率为16%；自2019年4月1日起，基本税率为13%。

（二）低税率

（1）纳税人销售或进口如下六类货物，适用9%的低税率：

① 粮食等农产品；

② 自来水、暖气、冷气、热水、煤气、石油液化气、天然气、沼气、居民用煤炭制品、食用植物油、食用盐；

③ 图书、报纸、杂志、音像制品、电子出版物；

④ 饲料、化肥、农药、农机、农膜；

⑤ 二甲醚；

⑥ 国务院及其他有关部门规定的其他货物。

（2）纳税人提供交通运输、邮政、基础电信、建筑、不动产租赁（含经营和融资租赁）服务，销售不动产，转让土地使用权，适用9%的低税率。

（3）纳税人销售服务、无形资产，除上述适用9%税率的项目外，适用6%的低税率。

（三）零税率

纳税人出口货物，税率为零。但是，国务院另有规定的除外。

境内单位和个人跨境销售国务院规定范围内的服务、无形资产，税率为零。

四、征收率

增值税征收率是指特定的货物或特定的纳税人发生应税销售行为在某一生产流通环节应纳税额与应税销售额的比率。增值税的征收率适用于两种情形：一是小规模纳税人应税销售行为计税；二是一般纳税人选择简易计税方法计税。目前，我国增值税税率有3%和5%两档形式。

（一）一般规定

1. 适用5%的征收率情形

（1）小规模纳税人销售自建或者取得的不动产。

（2）一般纳税人选择简易计税方法计税的不动产销售。

（3）房地产开发企业中的小规模纳税人，销售自行开发的房地产项目。

（4）其他个人销售其取得（不含自建）的不动产（不含其购买的住房）。

（5）一般纳税人选择简易计税方法计税的不动产经营租赁。

（6）小规模纳税人出租（经营租赁）其取得的不动产（不含个人出租住房）。

（7）其他个人出租（经营租赁）其取得的不动产（不含住房）。

（8）一般纳税人和小规模纳税人提供劳务派遣服务选择差额纳税的。

（9）除北京市、上海市、广州市和深圳市外，个人将购买不足2年的住房对外销售，按照5%的征收率全额缴纳增值税。

（10）一般纳税人2016年4月30日前签订的不动产融资租赁合同，或以2016年4月30日前取得的不动产提供的融资租赁服务，选择适用简易计税方法的。

（11）一般纳税人收取试点前开工的一级公路、二级公路、桥、闸通行费，选择适用简易计税方法的。

（12）一般纳税人提供人力资源外包服务，选择适用简易计税方法的。

（13）纳税人转让2016年4月30日前取得的土地使用权，选择适用简易计税方法的。

2. 除上述适用5%征收率以外的纳税人，选择简易计税法发生的应税销售行为一般适用3%的征收率

（二）特殊规定

（1）一般纳税人销售自己使用过的属于《增值税暂行条例》第10条规定不得抵扣且未抵扣进项税额的固定资产，按照简易办法依照3%征收率减按2%征收增值税。

纳税人销售自己使用过的固定资产，适用简易办法依照3%征收率减按2%征收增值税政策的，可以放弃减税，按照简易办法依照3%征收率缴纳增值税，并可以开具增值税专用发票。

（2）小规模纳税人（除其他个人外，下同）销售自己使用过的固定资产，按照简易办法依照3%征收率减按2%征收增值税。

（3）纳税人销售旧货，按照简易办法依照3%征收率减按2%征收增值税。

自2020年5月1日至2023年12月底，二手车经销企业销售旧车减按0.5%征收增值税。

（4）小规模纳税人提供劳务派遣服务，可以按照规定，以取得的全部价款和价外费用为销售额，按照简易计税方法依照3%的征收率计税；也可以选择差额纳税，以取得的全部价款和价外费用，扣除代用工单位支付给劳务派遣员工的工资、福利和为其办理社会保险及住房公积金后的余额为销售额，按照简易计税方法依照5%的征收率计税。

（5）个人出租住房，按照5%的征收率减按1.5%计算应纳增值税。

第三节 一般计税方法应纳税额的计算

我国增值税一般纳税人除特定销售情形采用简易计税方法外，一般应税销售行为均采用一般计税方法（也称间接计算法），即先按当期销售额和适用税率计算当期销项税额，然后减去当期准予抵扣的进项税额，从而间接计算出当期增值额部分的应纳税额。应纳税额的计算公式为：

应纳税额 = 当期销项税额 − 当期进项税额

一般纳税人当期应纳税额的多少，取决于当期销项税额和当期进项税额这两个因素。

一、当期销项税额的计算

当期销项税额是指纳税人发生应税销售行为时，按照当期不含税的销售额和规定的税率计算并向购买方收取的增值税税额。销项税额的计算公式为：

当期销项税额 = 当期不含税的销售额 × 适用税率

从销项税额的定义和公式中可以知道，它是由购买方在购买货物、劳务、服务、无形资产或不动产时，一并向销售方支付的税额。对于属于一般纳税人的销售方来说，在没有抵扣其进项税额前，销售方收取的销项税额还不是其应纳增值税税额。

销项税额的计算取决于销售额和适用税率两个因素。在适用税率既定的前提下，销项税额的大小主要取决于销售额的大小。

（一）一般销售方式下销售额的确定

销售额为纳税人发生应税销售行为时向购买方收取的全部价款和价外费用。由于增值税采用价外计税方式，因而计税销售额中不包括向购买方收取的销项税额。

价外费用，是指价款以外收取的各种性质的收费，如向购买方收取的手续费、补贴、基金、集资费、返还利润、奖励费、违约金、滞纳金、延期付款利息、赔偿金、代收款项、代垫款项、包装费、包装物租金、储备费、优质费、运输装卸费以及其他各种性质的价外收费。但下列项目不包括在内：

（1）受托加工应征消费税的消费品所代收代缴的消费税。

（2）同时符合以下条件的代垫运输费用：

① 承运部门的运输费用发票开具给购买方的；

② 纳税人将该项发票转交给购买方的。

（3）同时符合以下条件代为收取的政府性基金或者行政事业性收费：

① 由国务院或者财政部批准设立的政府性基金，由国务院或者省级人民政府及其财政、价格主管部门批准设立的行政事业性收费；

② 收取时开具省级以上财政部门印制的财政票据；

③ 所收款项全额上缴财政。

（4）销售货物的同时代办保险等而向购买方收取的保险费，以及向购买方收取的代购买方缴纳的车辆购置税、车辆牌照费。

凡随同销售货物或提供应税劳务向购买方收取的价外费用，无论其会计制度如何核算，均应并入销售额计算应纳税额。税法规定各种性质的价外收费都要并入销售额计算征税，目的是防止以各种名目的收费减少销售额逃避纳税的现象。上述四项允许不计入价外费用是因为在满足了上述相关条件后可以确认销售方在其中仅仅是代为收取了有关费用，这些价外费用确实没有形成销售方的收入。

应当注意，根据国家税务总局的规定，对增值税一般纳税人（包括纳税人自己或代其他部门）向购买方收取的价外费用和逾期包装物押金，应视为含税收入，在征税时换算成不含税收入再并入销售额。

（二）特殊销售方式下销售额的确定

在销售活动中，为了达到促销的目的，有多种销售方式。不同销售方式下，销售者取得的销售额会有所不同。税法对以下几种销售方式下计税销售额的确定分别进行了规定。

1. 采取折扣方式销售

折扣销售是指销货方在销售货物或应税劳务时，因购货方购货数量较大等原因而给购货方的价格优惠（例如：购买 5 件，销售价格折扣 10%；购买 10 件，折扣 20% 等）。纳税人发生折扣销售行为，如将价款和折扣额在同一张发票上的“金额”栏分别注明的，可按折扣后的销售额缴纳增值税；未在同一张发票的“金额”栏注明折扣额，而仅在发票的“备注”栏注明折扣额的，折扣额不得从销售额中减除；未在同一张发票分别注明价款和折扣额的，以价款作为计税销售额，不得扣减折扣额。

根据税法规定，纳税人销售货物并向购买方开具增值税专用发票后，由于购货方在一定时期内累计购买货物达到一定数量，或者由于市场价格下降等原因，销货方给购货方相应的价格优惠或补偿等折扣、折让行为，销货方可按现行《增值税专用发票使用规定》开具红字增值税专用发票。

销售折扣是指销货方在销售货物或应税劳务后，为了鼓励购货方及早偿还货款而协议许诺给购货方的一种折扣优待（例如：10 天内付款，货款折扣 2%；20 天内付款，货款折扣 1%；30 天内全价付款）。销售折扣发生在销货之后，是一种融资性质的理财费用，因此，销售折扣不得从销售额中减除。

销售折让是指货物销售后，由于其品种、质量等原因购货方未予退货，但销货方需给予购货方的一种价格折让。销售折让与销售折扣相比较，虽然都是在货物销售后发生的，但因为销售折让是由于货物的品种和质量引起销售额的减少，因此，对销售折让可以折让后的货款为销售额。

2. 采取以旧换新方式销售

以旧换新是指纳税人在销售自己的货物时，有偿收回旧货物的行为。根据税法规定，采取以旧换新方式销售货物的，应按新货物的同期销售价格确定销售额，不得扣减旧货物的收购价格。考虑金银首饰以旧换新业务的特殊情况，对金银首饰以旧换新业务，可以按销售方实际收取的不含增值税的全部价款征收增值税。

3. 采取还本销售方式销售

还本销售是指纳税人在销售货物后，到一定期限由销售方一次或分次退还给购货方全部或部分价款。这种方式实际上是一种筹资，是以货物换取资金的使用价值、到期还本不付息的方法。税法规定，采取还本销售方式销售货物，其销售额就是货物当初的销售价格，不得从销售额中减除还本支出。

4. 采取以物易物方式销售

以物易物是一种较特殊的购销活动，是指购销双方不是以货币结算，而是以同等价款的货物相互结算，实现货物购销的一种方式。在实务中，有的纳税人以为以物易物不是购销行为，销货方收到购货方抵顶货款的货物，认为自己不是购货；购货方发出抵顶货款的货物，认为自己不是销货。这两种认识都是错误的。正确的方法应当是：以物易物双方都应作购销处理，以各自发出的货物按规定核算销售额并计算销项税额，以各自收到的货物按规定核算购货额并计算进项税额。在以物易物活动中，应注意分别开具合法的票据，收到的货物不能取得相应的增值税专用发票或其他合法票据的，不能抵扣进项税额。

5. 包装物押金的计税问题

根据税法规定，纳税人为销售货物而出租出借包装物收取的押金，单独记账核算的，时间在1年以内，又未过期的，不并入销售额征税，但对因逾期未收回包装物不再退还的押金，应按所包装货物的适用税率计算销项税额。

上述规定中，逾期是指按合同约定实际逾期或以1年为期限，对收取1年以上的押金，无论是否退还均并入销售额征税。当然，在将包装物押金并入销售额征税时，需要先将该押金换算为不含税价，再并入销售额征税。对于个别包装物周转使用期限较长的，报经税务机关确定后，可适当放宽逾期期限。

另外，包装物押金不应混同于包装物租金，包装物租金在销货时作为价外费用并入销售额计算销项税额。国税发〔1995〕192号文件规定，从1995年6月1日起，对销售除啤酒、黄酒外的其他酒类产品而收取的包装物押金，无论是否返还以及会计上如何核算，均应并入当期销售额征税。对销售啤酒、黄酒所收取的押金，按上述一般押金的规定处理。

6. 直销方式销售

直销是指直销企业招募直销员直接向最终消费者进行销售的一种经营销售方式。直销企业采取直销方式销售货物，增值税销售额确定如下：直销企业先将货物销售给直销员，直销员再将货物销售给消费者的，直销企业的销售额为其向直销员收取的全部价款和价外费用。直销员将货物销售给消费者时，应按照现行规定缴纳增值税；直销企业通过直销员向消费者销售货物，直接向消费者收取货款，直销企业的销售额为其向消费者收取的全部价款和价外费用。

7. 贷款服务的销售额

贷款服务，以提供贷款服务取得的全部利息及利息性质的收入为销售额。

银行提供贷款服务按期计收利息的，结息日当日计收的全部利息收入，均应计入结息日所属期的销售额，按照现行规定计算缴纳增值税。

自2018年1月1日起，金融机构开展贴现、转贴现业务，以其实际持有票据期间取得的利息收入作为贷款服务的销售额计算缴纳增值税。此前贴现机构已就贴现利息收入全额缴纳增值税的票据，转贴现机构转贴现利息收入继续免征增值税。

8. 直接收费金融服务的销售额

直接收费金融服务，以提供直接收费金融服务收取的手续费、佣金、酬金、管理费、服务费、经手费、开户费、过户费、结算费、转托管费等各类费用为销售额。

（三）按差额确定销售额

虽然原营业税的征税范围全行业均纳入了增值税的征收范围，但是目前仍然有无法通过抵扣机制避免重复征税的情况存在，因此引入了差额征税的办法，解决纳税人税收负担增加问题。以下项目属于按差额确定销售额。

1. 金融商品转让的销售额

金融商品转让，按照卖出价扣除买入价后的余额为销售额。

转让金融商品出现的正负差，按盈亏相抵后的余额为销售额。若相抵后出现负差，可结转下一纳税期与下期转让金融商品销售额相抵，但年末时仍出现负差的，不得转入下一个会计年度。

金融商品的买入价，可以选择按照加权平均法或者移动加权平均法进行核算，选择后 36 个月内不得变更。金融商品的买出价是卖出原价，不得扣除卖出过程中支付的税费和交易费用。

金融商品转让，不得开具增值税专用发票。

单位将其持有的限售股在解禁流通后对外转让的，按照以下规定确定买入价：

（1）上市公司实施股权分置改革时，在股票复牌之前形成的原非流通股股份，以及股票复牌首日至解禁日期间由上述股份滋生的送、转股，以该上市公司完成股权分置改革后股票复牌首日的开盘价为买入价。

（2）公司首次公开发行股票并上市形成的限售股，以及上市首日至解禁日期间由上述股份滋生的送、转股，以该上市公司首次公开募股（IPO）的发行价为买入价。

（3）因上市公司实施重大资产重组形成的限售股，以及股票复牌首日至解禁日期间由上述股份滋生的送、转股，以该上市公司因重大资产重组股票停牌前一个交易日的收盘价为买入价。

2. 提供经纪代理服务的销售额

经纪代理服务，以取得的全部价款和价外费用，扣除向委托方收取并代为支付的政府性基金或者行政事业性收费后的余额为销售额。向委托方收取的政府性基金或者行政事业性收费，不得开具增值税专用发票。

3. 提供人力资源外包服务的销售额

纳税人提供人力资源外包服务，按照经纪代理服务缴纳增值税，其销售额不包括受客户委托代为向客户单位员工发放的工资和代理缴纳的社会保险、住房公积金。向委托单位收取并代为发放的工资和代理缴纳的社会保险、住房公积金，不得开具增值税专用发票，可以开具增值税普通发票。

4. 提供签证代理服务的销售额

纳税人提供签证代理服务，以取得的全部价款和价外费用，扣除向服务方收取并代为支付给外交部和外国驻华使（领）馆的签证费、认证费后的余额为销售额。

5. 提供进口货物代理服务的销售额

纳税人代理进口按规定免征进口环节增值税的货物，其销售额不包括向委托方收取并代为支付的货款。向委托方收取并代为支付的货款，不得开具增值税专用发票，可以开具增值税普通发票。

6. 提供境外考试服务的销售额

境外单位通过教育部考试中心及其直属单位在境内开展考试，应以取得的考试费收入扣除支付给境外单位考试费用的余额为销售额，按提供“教育辅助服务”缴纳增值税。

教育部考试中心及其直属单位代为收取并支付给境外单位的考试费，应统一扣缴增值税，不得开具增值税专用发票，可以开具增值税普通发票。

7. 提供劳务派遣服务的销售额

一般纳税人提供劳务派遣服务，可以选择差额计税，以取得的全部价款和价外费用，扣除代用工单位支付给劳务派遣员工的工资、福利和为其办理社会保险及住房公积金后的余额为销售额。

8. 提供建筑服务的销售额

纳税人提供建筑服务适用简易计税方法的，以取得的全部价款和价外费用扣除支付的分包款后的余额为销售额。

9. 提供航空运输服务的销售额

航空运输企业的销售额，不包括代收的机场建设费和代售其他航空运输企业客票而代收转付的价款。

10. 提供客运场站服务的销售额

一般纳税人提供客运场站服务，以其取得的全部价款和价外费用，扣除支付给承运方运费后的余额为销售额。

11. 提供旅游服务的销售额

纳税人提供旅游服务，可以选择以取得的全部价款和价外费用，扣除向旅游服务购买方收取并支付给其他单位或者个人的住宿费、餐饮费、交通费、签证费、门票费和支付给其他接团旅游企业的旅游费用后的余额为销售额。

选择上述办法计算销售额的纳税人，向旅游服务购买方收取并支付的上述费用，不得开具增值税专用发票，可以开具普通发票。

12. 融资租赁和融资性售后回租业务的销售额

（1）经中国人民银行、银监会①或者商务部批准从事融资租赁业务的纳税人，

① 注：2018 年 4 月后，因机构合并，改称为中国银行保险监督管理委员会，简称银保监会。

提供融资租赁服务，以取得的全部价款和价外费用，扣除支付的借款利息（包括外汇借款和人民币借款利息）、发行债券利息和车辆购置税后的余额为销售额。

（2）经中国人民银行、银监会或者商务部批准从事融资租赁业务的纳税人，提供融资性售后回租服务，以取得的全部价款和价外费用（不含本金），扣除对外支付的借款利息（包括外汇借款和人民币借款利息）、发行债券利息后的余额作为销售额。

（3）纳税人根据 2016 年 4 月 30 日前签订的有形动产融资性售后回租合同，在合同到期前提供的有形动产融资性售后回租服务，可继续按照有形动产融资租赁服务缴纳增值税。

继续按照有形动产融资租赁服务缴纳增值税的纳税人，经中国人民银行、银监会或者商务部批准从事融资租赁业务的，根据 2016 年 4 月 30 日前签订的有形动产融资性售后回租合同，在合同到期前提供的有形动产融资性售后回租服务，可以选择以下方法之一计算销售额：

① 以向承租方收取的全部价款和价外费用，扣除向承租方收取的价款本金，以及对外支付的借款利息（包括外汇借款和人民币借款利息）、发行债券利息后的余额为销售额。

② 纳税人提供有形动产融资性售后回租服务，计算当期销售额时可以扣除的价款本金，为书面合同约定的当期应当收取的本金。无书面合同或者书面合同没有约定的，为当期实际收取的本金。

纳税人提供有形动产融资性售后回租服务，向承租方收取的有形动产价款本金，不得开具增值税专用发票，可以开具普通发票。

③ 以向承租方收取的全部价款和价外费用，扣除支付的借款利息（包括外汇借款和人民币借款利息）、发行债券利息后的余额为销售额。

④ 自 2018 年 1 月 1 日起，金融机构开展贴现、转贴现业务，以其实际持有票据期间收取的利息收入作为贷款服务的销售额缴纳增值税。此前贴现机构已就贴现利息收入全额缴纳增值税的票据，转贴现机构转贴现利息收入继续免征增值税。

13. 销售房地产开发项目的销售额

（1）房地产开发企业中的一般纳税人销售其开发的房地产项目（选择简易计税方法的房地产老项目除外），以取得的全部价款和价外费用，扣除受让土地时向政府部门支付的土地价款后的余额为销售额。

“向政府部门支付的土地价款”包括土地受让人向政府部门支付的征地和拆迁补偿费用、土地前期开发费用和土地出让收益等。

上述纳税人在取得土地时向其他单位或个人支付的拆迁补偿费用也允许在计算销售额时扣除。纳税人按上述规定扣除拆迁补偿费用时，应提供拆迁协议、拆迁双方支付和取得拆迁补偿费用凭证等能够证明拆迁补偿费用真实性的材料。

（2）房地产开发企业（包括多个房地产开发企业组成的联合体）受让土地向政

府部门支付土地价款后，设立项目公司对该受让土地进行开发，同时符合下列条件的，可由项目公司按规定扣除房地产开发企业向政府部门支付的土地价款。

① 房地产开发企业、项目公司、政府部门三方签订变更协议或补充合同，将土地受让人变更为项目公司；

② 政府部门出让土地的用途、规划等条件不变的情况下，签署变更协议或补充合同时，土地价款总额不变；

③ 项目公司的全部股权由受让土地的房地产开发企业持有。

14. 航空运输销售代理企业的销售额

（1）自 2018 年 1 月 1 日起，航空运输销售代理企业提供境外航段机票代理服务，以取得的全部价款和价外费用，扣除向客户收取并支付给其他单位或者个人的境外航段机票结算款和相关费用后的余额为销售额。

航空运输销售代理企业，是指根据《中国民用航空运输销售代理资质认可办法》取得中国航空运输协会颁发的“航空运输销售代理业务资质认可证书”，接受中国航空运输企业或通航中国的外国航空运输企业委托，依照双方签订的委托销售代理合同提供代理服务的企业。

（2）提供境内机票代理服务，以取得的全部价款和价外费用，扣除向客户收取并支付给航空运输企业或者其他航空运输销售代理企业的境内机票净结算款和相关费用后的余额为销售额。

纳税人按照上述规定从全部价款和价外费用中扣除的价款，应当取得符合法律、行政法规和国家税务总局规定的有效凭证。否则，不得扣除。上述凭证是指：

① 支付给境内单位或者个人的款项，以发票为合法有效凭证。其中航空运输销售代理企业支付给航空运输企业的款项，以国际航空运输协会（IATA）开账与结算计划（BSP）对账单或航空运输企业的签收单据为合法有效凭证；支付给其他航空运输销售代理企业的款项，以代理企业间的签收单据为合法有效凭证。航空运输销售代理企业就取得的全部价款和价外费用，向购买方开具行程单或增值税普通发票。

② 支付给境外单位或者个人的款项，以该单位或者个人的签收单据为合法有效凭证，税务机关对签收单据有疑义的，可以要求其提供境外公证机构的确认证明。

③ 缴纳的税款，以完税凭证为合法有效凭证。

④ 扣除的政府性基金、行政事业性收费或者向政府支付的土地价款，以省级以上（含省级）财政部门监（印）制的财政票据为合法有效凭证。

⑤ 国家税务总局规定的其他凭证。

纳税人取得的上述凭证属于增值税扣税凭证的，其进项税额不得从销项税额中抵扣。

（四）视同销售行为销售额的确定

纳税人发生视同销售行为的情形，以及价格明显偏低并无正当理由的，或者发生应税行为而无销售额的，由主管税务机关按照下列顺序核定其销售额：

（1）按纳税人最近时期同类应税销售行为的平均销售价格确定。

（2）按其他纳税人最近时期同类应税销售行为的平均销售价格确定。

（3）按组成计税价格确定。组成计税价格的公式为：

$$组成计税价格 = 成本 \times (1 + 成本利润率)$$

缴纳增值税的货物，同时缴纳消费税的，其组成计税价格中应加上消费税税额，公式为：

$$组成计税价格 = 成本 \times (1 + 成本利润率) + 消费税税额$$

公式中的成本，销售自产货物的为实际生产成本，销售外购货物的为实际采购成本。公式中的成本利润率由国家税务总局确定。

（五）含税销售额的换算

为了符合增值税作为价外税的要求，纳税人在填写进销货及纳税凭证、进行账务处理时，应分项记录不含税销售额、销项税额和进项税额，以正确计算应纳增值税额。然而，在实际工作中，常常会出现一般纳税人将销售额和销项税额合并定价收取的方法，这样就会形成含税销售额。我国增值税是价外税，计税依据中不含增值税本身的数额。因此，一般纳税人应税销售行为取得的含税销售额在计算销项税额时，必须将其换算为不含税的销售额。换算公式如下：

$$销售额 = 含税销售额 \div (1 + 税率)$$

公式中的“税率”为销售应税项目按《增值税暂行条例》中规定所适用的税率。

二、进项税额的确认和计算

纳税人购进货物、劳务、服务、无形资产、不动产支付或者负担的增值税额，为进项税额。进项税额是与销项税额相对应的一个概念。在开具增值税专用发票的情况下，它们之间的对应关系是：销售方收取的销项税额，就是购买方支付的进项税额。增值税的核心就是用纳税人收取的销项税额抵扣其支付的进项税额，其余额为纳税人实际应缴纳的增值税税额。这样，进项税额作为可抵扣的部分，对于纳税人实际纳税多少就产生了举足轻重的作用。

（一）准予从销项税额中抵扣的进项税额

根据《增值税暂行条例》的规定，准予从销项税额中抵扣的进项税额，限于下列增值税扣税凭证上注明的增值税税额和按规定的扣除率计算的进项税额。

1. 从销售方取得的增值税专用发票上注明的增值税额

2. 从海关取得的海关进口增值税专用缴款书上注明的增值税额

纳税人进口货物，凡已缴纳了进口环节增值税的，不论其是否已经支付货款，其取得的海关进口增值税专用缴款书均可作为增值税进项税额抵扣凭证。纳税人丢失了海关进口增值税专用缴款书的，纳税人应当凭海关出具的相关证明，向主管税务机关提出抵扣申请。主管税务机关受理申请后，应当进行审核，并将纳税人提供的海关进口增值税专用缴款书电子数据纳入稽核系统比对，稽核比对无误后，可予以抵扣进项税额。

3. 纳税人购进农产品进项税额的抵扣规定

（1）凭票抵扣。

纳税人购进农产品，取得一般纳税人开具的增值税专用发票或海关进口增值税专用缴款书的，以增值税专用发票或海关进口增值税专用缴款书上注明的增值税额为进项税额。

（2）计算抵扣。

① 除国务院另有规定外，一般纳税人购进免税农产品，按照免税农产品收购凭证或者增值税普通发票上注明的农产品买价和9%的扣除率计算进项税额，其计算公式为：进项税额＝买价 ×9%。一般纳税人从按照简易计税方法依照3%征收率计算缴纳增值税的小规模纳税人购进农产品，取得增值税专用发票的，以增值税专用发票上注明的金额和9%的扣除率计算进项税额。

② 纳税人购进用于生产销售或委托受托加工13%税率货物的免税农产品，按照10%的扣除率计算进项税额。

纳税人购进农产品既用于生产销售或委托受托加工13%税率货物又用于生产销售其他货物服务的，应当分别核算用于生产销售或委托受托加工13%税率货物和其他货物服务的农产品进项税额。未分别核算的，统一以增值税专用发票或海关进口增值税专用缴款书上注明的增值税额为进项税额，或以农产品收购发票或销售发票上注明的农产品买价和9%的扣除率计算进项税额。

③ 纳税人从农业生产者手中收购烟叶，准予将纳税人支付给农业生产者的价外补贴和缴纳的烟叶税并于烟叶产品的买价，计算收购烟叶准予抵扣的进项税额。

准予抵扣进项税额＝（收购烟叶实际支付的买价＋价外补贴＋烟叶税应纳税额）× 扣除率

其中：价外补贴＝收购烟叶实际支付的买价 ×10%

烟叶税应纳税额＝（收购烟叶实际支付的买价＋价外补贴）× 烟叶税税率（20%）

需要注意的是，纳税人从批发、零售环节购进适用免征增值税政策的蔬菜、部分鲜活肉蛋而取得的普通发票，不得作为计算抵扣进项税额的凭证。

（3）核定抵扣。

2012 年 7 月 1 日起，以购进农产品为原料生产乳制品、酒及酒精、植物油的增值税一般纳税人，纳入农产品增值税进项税额核定扣除试点范围，其购进农产品无论是否用于生产上述产品，增值税进项税额均按照投入产出法、成本法、参照法的规定计算可抵扣的进项税额。

4. 纳税人从境外单位或者个人购进劳务、服务、无形资产或者境内不动产，按照规定扣缴增值税的，准予从销项税额中抵扣的进项税额为自税务机关或者扣缴义务人取得的解缴税款完税凭证上注明的增值税额

纳税人凭完税凭证抵扣进项税额的，应当具备书面合同、付款证明和境外单位的对账单或者发票。资料不全的，其进项税额不得从销项税额中抵扣。

5. 纳税人支付道路、桥、闸通行费进项税额的抵扣

（1）纳税人支付的道路通行费，按照收费公路通行费增值税电子普通发票上注明的增值税额抵扣进项税额。

（2）纳税人支付的桥、闸通行费，暂凭取得通行费发票上注明的收费金额按照下列公式计算可抵扣的进项税额：

$$桥、闸通行费可抵扣进项税额 = 桥、闸通行费发票上注明的金额 \div (1+5\%) \times 5\%$$

上述所称通行费，是指有关单位依法或者依规设立并收取的过路、过桥和过闸费用。

6. 纳税人购进国内旅客运输服务未取得增值税专用发票的进项税额抵扣

纳税人购进国内旅客运输服务，其进项税额允许从销项税额中抵扣。未取得专用发票的，暂按如下规定计算可抵扣的抵扣税额：

（1）取得增值税电子普通发票的，可抵进项税额 = 发票上注明的税额。

（2）取得注明旅客身份信息的航空运输电子客票行程单的，可抵进项税额 =（票价 + 燃油附加费）÷（1+9%）×9%。

（3）取得注明旅客身份信息的铁路车票的，可抵进项税额 = 票面金额 ÷（1+9%）×9%。

（4）取得注明旅客身份信息的公路、水路等其他客票的，可抵进项税额 = 票面金额 ÷（1+3%）×3%。

纳税人可以抵扣进项税额的购进旅客运输服务，限于与本单位签订了劳动合同的员工，以及本单位作为用工单位接受的劳务派遣员工发生的国内旅客运输服务。

7. 部分行业进项税额加计抵减政策

自2019年4月1日至2021年12月31日，生产、生活性服务业纳税人实行加计抵减政策。

（1）适用加计抵减政策的纳税人。

适用加计抵减政策的生产、生活性服务业纳税人，是指提供邮政服务、电信服务、现代服务、生活服务（以下称四项服务）取得的销售额占全部销售额的比重超过50%的纳税人。四项服务的具体范围按照《销售服务、无形资产、不动产注释》（财税〔2016〕36号）执行。

适用加计抵减政策的销售额，包括纳税申报销售额、稽查查补销售额、纳税评估调整销售额。其中，纳税申报销售额包括一般计税方法销售额，简易计税方法销售额，免税销售额，税务机关代开发票销售额，免、抵、退办法出口销售额，即征即退项目销售额。稽查查补销售额和纳税评估调整销售额，计入查补或评估调整当期销售额确定适用加计抵减政策；适用增值税差额征收政策的，以差额后的销售额确定适用加计抵减政策。

纳税人确定适用加计抵减政策后，当年内不再调整，以后年度是否适用，根据上年度销售额计算确定。

（2）生产性服务业的加计抵减政策。

生产性服务业纳税人，是指提供邮政服务、电信服务、现代服务取得的销售额占全部销售额的比重超过50%的纳税人。

2019年3月31日前设立的纳税人，自2018年4月至2019年3月期间的销售额（经营期不满12个月的，按照实际经营期的销售额）符合上述规定条件的，自2019年4月1日起适用加计抵减政策。

2019年4月1日后设立的纳税人，自设立之日起三个月的销售额符合上述规定条件的，自登记为一般纳税人之日起适用加计抵减政策。

生产性服务业纳税人应按照当期可抵扣进项税额加计10%计提当期的加计抵减额。纳税人可计提但未计提的加计抵减额，可在确定适用加计抵减政策当期一并计提。按照现行规定不得从销项税额中抵扣的进项税额，不得计提加计抵减额；已计提加计抵减额的进项税额，按规定做进项税额转出的，应在进项税额转出当期，相应调减加计抵减额。计算公式如下：

$$当期计提加计抵减额=当期可抵扣进项税额\times 10\%$$

$$当期可抵减加计抵减额=上期末加计抵减额余额+当期计提加计抵减额-当期调减加计抵减额$$

纳税人应按照现行规定计算一般计税方法下的应纳税额（以下称抵减前的应纳税额）后，区分以下情形加计抵减：

① 抵减前的应纳税额等于零的，当期可抵减加计抵减额全部结转下期抵减；

② 抵减前的应纳税额大于零，且大于当期可抵减加计抵减额的，当期可抵减加计抵减额全额从抵减前的应纳税额中抵减；

③ 抵减前的应纳税额大于零，且小于或等于当期可抵减加计抵减额的，以当期可抵减加计抵减额抵减应纳税额至零。未抵减完的当期可抵减加计抵减额，结转下期继续抵减。

纳税人出口货物劳务、发生服务不适用加计抵减政策，其对应的进项税额不得计提加计抵减额。

纳税人兼营出口货物劳务、发生服务且无法划分不得计提加计抵减额的进项税额，按照以下公式计算：

不得计提加计抵减额的进项税额 = 当期无法划分的全部进项税额 × 当期出口货物劳务和发生服务的销售额 ÷ 当期全部销售额

纳税人应单独核算加计抵减额的计提、抵减、调减、结余等变动情况。骗取适用加计抵减政策或虚增加计抵减额的，按照《中华人民共和国税收征收管理法》等有关规定处理。

加计抵减政策执行到期后，纳税人不再计提加计抵减额，结余的加计抵减额停止抵减。

（3）生活性服务业的加计抵减政策

生产性服务业纳税人，是指提供生活服务取得的销售额占全部销售额的比重超过 50% 的纳税人。

自 2019 年 10 月 1 日至 2021 年 12 月 31 日，纳税人按照当前可抵扣进项税额加计 15%，抵减应纳税额（自 2019 年 4 月 1 日至 2019 年 9 月 30 日，生活性服务业纳税人按照当前可抵扣进项税额加计 10%，抵减应纳税额）。

2019 年 9 月 30 日前设立的纳税人，自 2018 年 10 月至 2019 年 9 月期间的销售额（经营期不满 12 个月的，按照实际经营期的销售额）符合上述规定条件的，自 2019 年 10 月 1 日起适用加计抵减政策。

2019 年 10 月 1 日后设立的纳税人，自设立之日起三个月的销售额符合上述规定条件的，自登记为一般纳税人之日起适用加计抵减 15% 的政策。

生活性服务业纳税人应按照当期可抵扣进项税额的 15% 计提当期的加计抵减额。计算公式如下：

当期计提加计抵减额 = 当期可抵扣进项税额 × 15%

当期可抵减加计抵减额 = 上期末加计抵减额余额 + 当期计提加计抵减额 − 当期调减加计抵减额

符合规定的生活性服务业纳税人，应在年度首次确认适用 15% 的加计抵减政策时，通过电子税务局（或前往办税服务厅）提交《适用 15% 加计抵减政策的声明》。

8. 不得抵扣的购进资产改变用途，导致其进项税可以抵扣的计算

根据规定，不得抵扣且未抵扣进项税额的固定资产、无形资产、不动产，发生用途改变，用于允许抵扣进项税额的应税项目，可在用途改变的次月按照下列公式计算可以抵扣的进项税额：

$$可以抵扣的进项税额=固定资产、无形资产、不动产净值\div(1+适用税率)\times适用税率$$

上述可以抵扣的进项税额应取得合法有效的增值税扣税凭证。

9. 购进和租入资产同时用于一般计税项目和其他项目进项税额的抵扣

纳税人购进的固定资产、不动产同时用于多种增值税项目的（一般计税项目、简易计税项目、免税项目、集体福利或者个人消费），其进项税额准予从销项税额中全额抵扣。

自2018年1月1日起，纳税人租入固定资产、不动产，既用于一般计税方法计税项目，又用于简易计税方法计税项目、免征增值税项目、集体福利或者个人消费的，其进项税额准予从销项税额中全额抵扣。

10. 建筑业进项税额抵扣的特殊规定

建筑企业与发包方签订建筑合同后，以内部授权或者三方协议等方式，授权集团内其他纳税人（以下称为第三方）为发包方提供建筑劳务，并由第三方直接与发包方结算工程款的，由第三方向发包方开具增值税发票，发包方可凭实际提供建筑服务的纳税人开具的增值税专用发票抵扣进项税额。

11. 保险服务进项税额的抵扣

（1）提供保险服务的纳税人以实物赔付方式承担机动车辆保险责任的，自行向车辆修理劳务提供方购进的车辆修理劳务，其进项税额可以按规定从保险公司销项税额中抵扣。

（2）提供保险服务的纳税人以现金赔付方式承担机动车辆保险责任的，将应付给被保险人的赔偿金直接支付给车辆修理劳务提供方的，不属于保险公司购进车辆修理劳务，其进项税额不得从保险公司销项税额中抵扣。

12. 纳税人认定或登记为一般纳税人之前的进项税额抵扣

纳税人自办理税务登记至认定或登记为一般纳税人期间，未取得生产经营收入，未按照销售额和征收率简易计算应纳税额申报缴纳增值税的，其在此期间取得的增值税扣税凭证，可以在认定或登记为一般纳税人后抵扣进项税额。

（二）不得从销项税额中抵扣的进项税额

按《增值税暂行条例》及相关规定，下列项目的进项税额不得从销项税额中抵扣：

（1）用于简易计税方法计税项目、免征增值税项目、集体福利或者个人消费

（含纳税人的交际应酬费）的购进货物、加工修理修配劳务、服务、无形资产和不动产。

其中涉及的固定资产、无形资产、不动产，仅指专用于上述项目的固定资产、无形资产（不包括其他权益性无形资产）、不动产。但是发生兼用于上述不允许抵扣项目情况的，该进项税额准予全部抵扣。

（2）非正常损失的购进货物及相关的加工修理修配劳务和交通运输服务。

（3）非正常损失的在产品、产成品所耗用的购进货物（不包括固定资产）、加工修理修配劳务和交通运输服务。

（4）非正常损失的不动产，以及不动产所耗用的购进货物、设计服务和建筑服务。

（5）非正常损失的不动产在建工程所耗用的购进货物、设计服务和建筑服务。

（6）购进的贷款服务（含支付的贷款利息以及接受贷款服务向贷款方支付的与该笔贷款直接相关的投融资顾问费、手续费、咨询费等费用）、餐饮服务、居民日常服务和娱乐服务。

（7）国务院规定的其他项目。

上述所称“非正常损失”，是指因管理不善造成货物被盗、丢失、霉烂变质，以及因违反法律法规造成货物或者不动产被依法没收、销毁、拆除的情形。

（8）一般纳税人兼营简易计税方法计税项目、免税项目而无法划分不得抵扣的进项税额的，按下列公式计算不得抵扣的进项税额。

不得抵扣的进项税额＝当期无法划分的全部进项税额 ×（当月简易计税方法计税项目销售额＋免征增值税项目销售额）÷当期全部销售额

主管税务机关可以按照上述公式依据年度数据对不得抵扣的进项税额进行清算。

例 2–1

某增值税一般纳税人 2021 年 4 月购进原材料一批，取得增值税专用发票注明金额 100 万元、税额 13 万元，当月全部用于生产甲、乙两种产品。甲产品全部销售取得不含税销售额 120 万元，乙产品（为免税产品）当月全部销售取得销售额 40 万元。请计算当月不得抵扣的进项税额。

解：当月不得抵扣的进项税额＝13×40÷（120＋40）＝3.25（万元）。

（9）一般纳税人已抵扣进项税额的固定资产、无形资产或不动产，发生《增值税暂行条例》和“营改增通知”规定不得从销项税额中抵扣进项税额情形的，按照下列公式计算不得抵扣的进项税额：

不得抵扣的进项税额 = 固定资产、无形资产或不动产净值 × 适用税率

固定资产、无形资产或不动产净值，是指纳税人根据财务会计制度计提折旧或摊销后的余额。

（10）有下列情形之一者，应按销售额依据增值税税率计算应纳税额，不得抵扣进项税额，也不得使用增值税专用发票：

① 一般纳税人会计核算健全，或者不能够提供准确的税务资料的。

② 除另有规定外，纳税人销售额超过小规模纳税人标准，未申请一般纳税人认定或登记手续的。

（11）纳税人购进货物、劳务、服务、无形资产、不动产，取得的增值税扣税凭证不符合法律、行政法规或者国务院税务主管部门有关规定的，其进项税额不得从销项税额中抵扣。

三、应纳税额的计算的相关规定

一般纳税人在计算出销项税额和进项税额后就可以得出实际应纳税额。为了正确计算增值税的应纳税额，在实际操作中还需要掌握以下几个重要规定。

（一）计算应纳税额的时间限定

为了保证计算应纳税额的合理性、准确性，纳税人必须严格把握当期进项税额从当期销项税额中抵扣这个要点。“当期”是个重要的时间限定，具体是指税务机关依照税法规定对纳税人确定的纳税期限；只有在纳税期限内实际发生的销项税额、进项税额，才是法定的当期销项税额或当期进项税额。

1. 销项税额确认时限的规定

销项税额是增值税一般纳税人销售货物或提供应税劳务按照实现的销售额计算的金额。销项税额的确认时间，直接影响纳税人当期应纳税额的多少。基于“销项税额的确定不得滞后”总原则，《增值税暂行条例》及其实施细则对纳税人在什么时间确定销项税额做了严格的规定。如采取直接收款方式销售货物，不论货物是否发出，均为收到销售款或者取得索取销售款凭据的当天；采取托收承付和委托银行收款方式销售货物，为发出货物并办妥托收手续的当天；纳税人发生本章第二节视同销售货物行为中③至⑧的，为货物移送的当天，具体销项税额的确定时间根据本章第九节中纳税义务发生时间的有关规定执行。

2. 进项税额抵扣时限的规定

增值税一般纳税人取得 2017 年 1 月 1 日及以后开具的增值税专用发票、海关进口增值税专用缴款书、机动车销售统一发票、收费公路通行费增值税电子普通发

票，取消认证确认、稽核比对、申报抵扣的期限。纳税人在进行增值税纳税申报时，应当通过本省（自治区、直辖市和计划单列市）增值税发票综合服务平台对上述扣税凭证信息进行用途确认。

增值税一般纳税人取得2016年12月31日及以前开具的增值税专用发票、海关进口增值税专用缴款书、机动车销售统一发票，超过认证确认、稽核比对、申报抵扣期限，但符合规定条件的，仍可按照有关规定，继续抵扣进项税额。

（二）抵扣凭证丢失后的进项税额抵扣

增值税一般纳税人丢失已开具增值税专用发票的发票联和抵扣联，如果丢失前已认证相符的，购买方可凭销售方提供的相应增值税专用发票记账联复印件及销售方主管税务机关出具的《丢失增值税专用发票已报税证明单》（以下统称《证明单》），作为增值税进项税额的抵扣凭证；如果丢失前未认证的，购买方凭销售方提供的相应增值税专用发票记账联复印件进行认证，认证相符的可凭增值税专用发票记账联复印件及销售方主管税务机关出具的《证明单》，作为增值税进项税额的抵扣凭证。增值税专用发票记账联复印件和《证明单》留存备查。

一般纳税人丢失已开具专用发票的抵扣联，如果丢失前已认证相符的，可使用专用发票发票联复印件留存备查；如果丢失前未认证的，可使用专用发票发票联到主管税务机关认证，专用发票发票联复印件留存备查。

一般纳税人丢失已开具的增值税专用发票的发票联，可将专用发票抵扣联作为记账凭证，专用发票抵扣联复印件留存备查。

增值税一般纳税人丢失海关缴款书，应在规定期限内，凭报关地海关出具的相关完税证明，向主管税务机关提出抵扣申请。主管税务机关受理申请后，应当进行审核，并将纳税人提供的海关缴款书电子数据纳入稽核系统进行比对。稽核比对无误后，方可允许计算进项税额抵扣。

（三）扣减发生期进项税额的规定

由于增值税实行以当期销项税额抵扣当期进项税额的购进扣税法，当期购进的应税项目如果事先并未确定将用于非生产经营项目，其进项税额会在当期销项税额中予以抵扣。但已抵扣进项税额的应税项目如果事后改变用途，如用于免征增值税项目、用于集体福利或者个人消费、购进货物发生非正常损失、在产品或产成品发生非正常损失等，将如何处理？根据《增值税暂行条例》及其实施细则的规定，应当将该项应税项目的进项税额从当期的进项税额中扣减；无法确定该项进项税额的，按当期实际成本计算应扣减的进项税额。

所称“按当期实际成本计算应扣减的进项税额”是指其扣减进项税额的计算依据不是按该应税项目的原进价，而是依据发生上述情况的当期该应税项目的“实际成本”按征税时该应税项目适用的税率计算应扣减的进项税额。

$$实际成本 = 进价 + 运费 + 保险费 + 其他有关费用$$

前述实际成本的计算公式，如果属于进口货物是完全适用的；如果是国内购进的货物，主要包括进价和运费两大部分。

（四）销货退回或折让涉及销项税额和进项税额的税务处理

一般纳税人销售货物或者应税劳务，开具增值税专用发票后，发生销售货物退回或者折让、开票有误等情形，应按国家税务总局的规定开具红字增值税专用发票。未按规定开具红字增值税专用发票的，增值税额不得从销项税额中扣减。

纳税人在货物购销活动中，因货物质量、规格等原因常会发生销货退回或销售折让的情况。由于销货退回或折让不仅涉及销货价款或折让价款的退回，还涉及增值税的退回，这样，销货方和购货方应相应对当期的销项税额或进项税额进行调整。为此，《增值税暂行条例》及其实施细则规定，增值税一般纳税人因销售货物退回或者折让而退还给购买方的增值税额，应从发生销售货物退回或者折让当期的销项税额中扣减；因购进货物退出或者折让而收回的增值税额，应从发生购进货物退出或者折让当期的进项税额中扣减。

（五）计算应纳税额时进项税额不足抵扣的处理

由于增值税实行购进扣税法，有时企业当期购进的货物很多，在计算应纳税额时会出现当期销项税额小于当期进项税额不足抵扣的情况。根据税法规定，当期进项税额不足抵扣的部分可以结转下期继续抵扣。

原增值税一般纳税人兼有应税服务的，截至本地区试点实施之日前的增值税期末留抵税额，不得从应税服务的销项税额中抵扣。

自 2019 年 4 月 1 日起，符合条件的纳税人试行增值税期末留抵税额退税制度。具体退税规定如下：

1. 享受期末留抵税额退税制度应具备的条件

纳税人同时符合下列条件的，可以向主管税务机关申请退还增量留抵税额：

（1）自 2019 年 4 月税款所属期起，连续 6 个月（按季纳税的，连续两个季度）增量留抵税额均大于零，且第 6 个月增量留抵税额不低于 50 万元；

（2）纳税信用等级为 A 级或者 B 级；

（3）申请退税前 36 个月未发生骗取留抵退税、出口退税或虚开增值税专用发票情形的；

（4）申请退税前 36 个月未因偷税被税务机关处罚两次及以上的；

（5）自 2019 年 4 月 1 日起未享受即征即退、先征后返（退）政策的。

所称增量留抵税额，是指与 2019 年 3 月底相比新增加的期末留抵税额。

2. 当期允许退还的增量留抵税额的计算

当期允许退还的增量留抵税额 = 增量留抵税额 × 进项构成比例 ×60%

所称进项构成比例，为2019年4月至申请退税前一税款所属期内已抵扣的增值税专用发票（含税控机动车销售统一发票）、海关进口增值税专用缴款书、解缴税款完税凭证注明的增值税额占同期全部已抵扣进项税额的比重。

纳税人享受增值税期末留抵税额退税优惠，应在增值税纳税申报期内，向主管税务机关申请退还留抵税额。

纳税人按照规定取得增值税留抵退税款的，不得再申请享受增值税即征即退、先征后返（退）政策。

（六）一般纳税人注销时进项税额的处理

一般纳税人注销或取消辅导期一般纳税人资格，转为小规模纳税人时，其存货不做进项转出处理，其留抵税额也不予以退税。

四、一般计税方法应纳税额计算实例

例2–2

某生产企业为增值税一般纳税人，适用增值税税率13%，2021年3月的有关生产经营业务如下：

（1）销售甲产品给某大商场，开具增值税专用发票，取得不含税销售额300万元。

（2）销售乙产品，开具普通发票，取得含税销售额67.8万元。

（3）购进货物取得增值税专用发票，注明支付的货款200万元、进项税额26万元；取得运输公司开具的增值税专用发票，注明支付购货的运输费用10万元、进项税额0.9万元。

（4）购进农业生产者自产的免税农产品一批，用于生产13%的货物。支付收购价60万元，取得运输单位开具的增值税专用发票，注明支付给运输单位的运费5万元、进项税额0.45万元。当月下旬将购进的农产品的20%用于本企业职工福利。

（5）请计算该生产企业2021年3月应缴纳的增值税税额。

解：

（1）销售甲产品销项税额＝300×13%＝39（万元）。

（2）销售乙产品销项税额＝67.8÷（1＋13%）×13%＝7.8（万元）。

（3）外购货物可抵扣进项税额＝26＋0.9＝26.9（万元）。

（4）外购免税农产品可抵扣进项税额＝（60×10%＋0.45）×（1－20%）＝5.16（万元）。

（5）该企业2021年3月应缴纳增值税税额＝39＋7.8－26.9－5.16＝14.74（万元）。

第四节　简易计税方法应纳税额的计算

一、简易计税方法的适用范围

（1）小规模纳税人发生应税销售行为，按照简易计税方法计算缴纳增值税。

（2）一般纳税人发生下列应税销售行为，可以选择适用简易计税方法计税：

① 寄售商店代销寄售物品（包括居民个人寄售的物品在内）。

② 典当业销售死当物品。

③ 县级及县级以下小型水力发电单位销售自产的电力。

④ 销售自产建筑用和生产建筑材料所用的砂、土、石料。

⑤ 销售自产的以自己采掘的砂、土、石料或其他矿物连续生产的砖、瓦、石灰（不含粘土实心砖、瓦）。

⑥ 自来水公司销售自来水。

⑦ 销售自产的微生物、微生物代谢产物、动物毒素、人或动物的血液或组织制成的生物制品。

⑧ 销售自产的销售商品混凝土（仅限于以水泥为原料生产的水泥混凝土）。

⑨ 单采血浆站销售非临床用人体血液。

⑩ 药品经营企业销售生物制品。

⑪ 兽用药品经营企业销售兽用生物制品。

⑫ 光伏发电项目发电户销售电力产品。

⑬ 提供的公共交通运输服务（包括轮客渡、公交客运、轨道交通、出租车、长途客车、班车）。

需要注意的是，一般纳税人提供的铁路旅客运输服务，不得选用简易计税方法。

⑭ 经认定的动漫企业为开发动漫产品提供的动漫设计、制作相关的一系列服务以及在境内转让动漫版权。

⑮ 电影放映服务、仓储服务、装卸搬运服务、收派服务和文化体育服务。

⑯ 以营改增前取得的有形动产为标的物提供的经营租赁服务。

⑰ 营改增前签订的尚未执行完的有形动产租赁合同。

⑱ 以清包工方式提供、为甲供工程提供、为建筑工程老项目提供建筑服务。

⑲ 公路经营企业收取试点前开工的高速公路的车辆通行费。

⑳ 收取试点前开工的一级公路、二级公路、桥、闸通行费。

㉑ 提供非学历教育服务。

㉒ 提供教育辅助服务。

㉓ 非企业性单位中的一般纳税人提供的研发和技术服务、信息技术服务、鉴证咨询服务，以及销售技术、著作权等无形资产。

㉔ 非企业性单位中的一般纳税人提供《营业税改征增值税试点过渡政策的规定》（财税〔2016〕36号）第一条第二十六项中的技术转让、技术开发和与之相关的技术咨询、技术服务。

㉕ 纳税人销售自产、外购机器设备的同时提供安装服务，已分别核算机器设备和安装服务的销售额的，安装服务可以按照甲供工程选择适用简易计税方法计税。

㉖ 销售、出租2016年4月30日前取得的不动产。

㉗ 房地产开发企业出租、销售自行开发的房地产老项目。

㉘ 2016年4月30日前签订的不动产融资租赁合同。

㉙ 以2016年4月30日前取得的不动产提供的融资租赁服务。

㉚ 提供人力资源外包服务。

㉛ 转让2016年4月30日前取得的土地使用权。

㉜ 提供劳务派遣服务、安全保护服务（含提供武装守护押运服务）选择差额纳税的。

㉝ 一般纳税人销售电梯的同时提供安装服务，其安装服务可以按照甲供工程选择适用简易计税方法。

一般纳税人发生财政部和国家税务总局规定的特定应税销售行为，一经选择适用简易计税方法，36个月内不得变更。

（3）一般纳税人发生下列特定行为，应按照简易计税方法计税：

① 自2009年1月1日起，纳税人销售自己使用过的不得抵扣且没有抵扣过进项税额的应税固定资产，按照简易计税方法依3%的征收率减按2%征收增值税。但自2016年2月1日起，纳税人可以放弃减税，依3%的征收率征收增值税，并可开具增值税专用发票。

② 销售旧货，按照简易计税方法依3%的征收率减按2%征收增值税。

③ 经国务院或国务院授权机关批准的免税商店零售的免税品，按照简易计税方法依3%的征收率征收增值税。

④ 提供物业管理服务的纳税人，向服务接受方收取的自来水水费，以扣除其对外支付的自来水水费后的余额为销售额，按照简易计税方法依3%的征收率征收增值税。

⑤ 建筑工程总承包单位为房屋建筑的地基与基础、主体结构提供工程服务，建设单位自行采购全部或部分钢材、混凝土、砌体材料、预制构件的，按照简易计税方法依3%的征收率征收增值税。

⑥ 资管产品管理人运营资管产品过程中发生的增值税应税行为，暂适用简易计税方法，依 3% 的征收率征收增值税。

二、小规模纳税人应纳税额的计算方法

（一）基本计算方法

小规模纳税人发生应税销售行为，采取按照销售额和征收率计算应纳税额的简易办法，不得抵扣进项税额。其计算公式为：

应纳税额 = 不含税销售额 × 征收率

小规模纳税人取得的销售额与一般纳税人取得的销售额所包含的内容是一致的，都是发生应税销售行为向购买方收取的全部价款和价外费用，但是不包括按 3% 的征收率收取的增值税税额。假如小规模纳税人应税销售行为采用销售额和应纳税额合并定价方法的，按下列公式计算不含税销售额：

不含税销售额 = 含税销售额 ÷（1 + 征收率）

小规模纳税人（其他个人除外）销售旧货或自己使用过的动产类固定资产按 3% 换算，按 2% 征税。

例 2-3

某商店为增值税小规模纳税人，2021 年 4 月取得零售收入总额 7.21 万元。计算该商店 2021 年 4 月应缴纳的增值税税额。

解：

（1）不含税销售额 = 7.21 ÷（1 + 3%）= 7（万元）。

（2）应缴纳增值税税额 = 7 × 3% = 0.21（万元）。

（二）营改增小规模纳税人增值税计算相关政策

（1）小规模纳税人跨县（市）提供建筑服务，应以取得的全部价款和价外费用扣除支付的分包款后的余额为销售额，按 3% 的征收率计算应纳税额。

（2）小规模纳税人销售其取得（不含自建）的不动产，应以取得的全部价款和价外费用减去该项不动产购置原价或取得不动产时的作价后的余额为销售额，按 5% 征收率计算应纳税额。

（3）小规模纳税人销售其自建的不动产，应以取得的全部价款和价外费用为销售额，按 5% 征收率计算应纳税额。

（4）房地产开发企业中的小规模纳税人，销售自行开发的房地产项目，按 5%

征收率计算应纳税额。

（5）其他个人销售其取得（不含自建）的不动产（不含购买住房），应以取得的全部价款和价外费用减去该项不动产购置原价或取得不动产时的作价后的余额为销售额，按5%征收率计算应纳税额。

（6）小规模纳税人出租其取得的不动产（不含个人出租住房），按5%征收率计算应纳税额。

（7）其他个人出租其取得的不动产（不含住房），按5%征收率计算应纳税额。

（8）个人出租住房，依5%的征收率减按1.5%计算应纳税额。

三、小规模纳税人应纳税额计算的有关说明

（1）小规模纳税人不得抵扣进项税额。

（2）小规模纳税人购置税控收款机，经主管税务机关审核批准后，可按照增值税专用发票上注明的增值税税额，抵免当期应纳增值税；或者按照购进数控收款机取得的增值税普通发票上注明的价款，依下列公式计算可抵免的税额：

可抵免的税额＝价款 ÷（1＋适用税率）× 适用税率

（3）小规模纳税人因销售货物退回或者折让退还给购买方的销售额，应从发生销售货物退回或者折让当期的销售额中扣减。

四、营改增后一般纳税人简易计税方法的规定

（1）纳税人提供建筑服务适用简易计税方法的，以取得的全部价款和价外费用扣除支付的分包款后的余额为销售额。

① 一般纳税人以清包工方式提供的建筑服务，可以选择适用简易计税方法计税。

② 一般纳税人为甲供工程提供的建筑服务，可以选择适用简易计税方法计税。

③ 一般纳税人为建筑工程老项目提供的建筑服务，可以选择适用简易计税方法计税。

建筑工程老项目，是指：“建筑工程施工许可证”注明的合同开工日期在2016年4月30日前的建筑工程项目；未取得“建筑工程施工许可证”的，建筑工程承包合同注明的开工日期在2016年4月30日前的建筑工程项目。

④ 一般纳税人跨县（市）提供建筑服务，选择适用简易计税方法计税的，应以取得的全部价款和价外费用扣除支付的分包款后的余额为销售额，按照3%的征收率计算应纳税额。

（2）一般纳税人（非房地产开发企业）销售其2016年4月30日前取得（不含

自建）的不动产，可以选择适用简易计税方法，以取得的全部价款和价外费用减去该项不动产购置原价或者取得不动产时的作价后的余额为销售额，按照 5% 的征收率计算应纳税额。

纳税人按照上述计税方法在不动产所在地预缴税款后，向机构所在地主管税务机关进行纳税申报。

（3）一般纳税人（非房地产开发企业）销售其 2016 年 4 月 30 日前自建的不动产，选择适用简易计税方法的，以取得的全部价款和价外费用为销售额，按照 5% 的征收率计算应纳税额。纳税人按照上述计税方法在不动产所在地预缴税款后，向机构所在地主管税务机关进行纳税申报。

（4）转让 2016 年 4 月 30 日前取得的土地使用权，以取得的全部价款和价外费用减去取得该土地使用权的原价后的余额为销售额，按照 5% 的征收率计算应纳税额。

（5）提供劳务派遣服务、安全保护服务（含提供武装守护押运服务）选择差额纳税的：以取得的全部价款和价外费用，扣除代用工单位支付劳务派遣员工的工资、福利和为其办理社会保险及住房公积金后的余额为销售额，按简易计税方法依 5% 的征收率计算应纳税额。

（6）自 2016 年 2 月 1 日起，纳税人销售自己使用过的固定资产，适用简易办法依照 3% 征收率减按 2% 缴纳增值税政策的，可以放弃减税，按照简易计税办法依照 3% 征收率缴纳增值税，并可以开具增值税专用发票。

第五节　进口环节应纳税额的计算

一、进口环节增值税的征税范围及纳税人

（一）征税范围

1. 申报进入中华人民共和国海关境内的货物，均应缴纳增值税

确定一项货物是否属于进口货物，必须首先看其是否有报关进口手续。一般来说，境外产品要输入境内，都必须向我国海关申报进口，并办理有关报关手续。只要是报关进口的应税货物，不论其是国外产制还是我国已出口而转销国内的货物，是进口者自行采购还是国外捐赠的货物，是进口者自用还是作为贸易或其他用途的货物等，均应按照规定缴纳进口环节的增值税。

国家在规定对进口货物征税的同时，对某些进口货物制定了减免税的特殊规定。如属于“来料加工、来样加工、来件装配”贸易方式进口国外的原材料、零部件等在国内加工后复出口的，对进口的料、件按规定给予免税或减税，但这些进口免税或减税的料、件若不能加工复出口，而是销往国内的，就要予以补税。对进口货物是否减免税由国务院统一规定，任何地方、部门都无权规定减免税项目。

2. 从其他国家或地区进口《跨境电子商务零售进口商品清单》范围内的以下商品，适用跨境电子商务零售进口商品增值税政策

（1）所有通过与海关联网的电子商务交易平台交易，能够实现交易、支付、物流电子信息“三单”比对的跨境电子商务零售进口商品。

（2）未通过与海关联网的电子商务交易平台交易，但快递、邮政企业能够统一提供交易、支付、物流等电子信息，并承诺承担相应法律责任进境的跨境电子商务零售进口商品。

不属于跨境电子商务零售进口的个人物品以及无法提供交易、支付、物流等电子信息的跨境电子商务零售进口商品，按现行规定执行。

（二）纳税人

进口货物的收货人或办理报关手续的单位和个人，为进口货物增值税的纳税义务人。也就是说，进口货物增值税纳税人的范围较宽，包括了国内一切从事进口业务的企业事业单位、机关团体和个人。

跨境电子商务零售进口商品按照货物缴纳关税和进口环节增值税、消费税，购买跨境电子商务零售进口商品的个人作为纳税义务人。电子商务企业、电子商务交易平台企业或物流企业可作为代收代缴义务人。

二、进口环节增值税的适用税率

进口环节增值税税率与增值税一般纳税人在境内销售同类货物的税率相同，这里不再赘述。

三、进口环节增值税应纳税额的计算

（一）进口货物应纳税额的计算

纳税人进口货物，按照组成计税价格和适用税率计算应纳税额。相关计算公式为：

应纳税额＝组成计税价格 × 税率

组成计税价格＝关税完税价格＋关税＋消费税

或　　组成计税价格＝(关税完税价格＋关税)÷(1－消费税税率)

纳税人在计算进口环节的增值税时应该注意以下问题：

（1）进口货物增值税的组成计税价格中包括已纳关税税额，如果进口货物属于消费税应税消费品，其组成计税价格中还要包括进口环节已纳消费税税额。

（2）在计算进口货物的应纳增值税税额时不得抵扣任何税额，即在计算进口环节的应纳增值税税额时，不得抵扣发生在我国境外的各种税金。

（3）按照《中华人民共和国海关法》和《中华人民共和国进出口关税条例》（以下简称《进出口关税条例》）的规定，一般贸易项下进口货物以海关审定的成交价格为基础的到岸价格作为关税完税价格。所谓成交价格是一般贸易项下进口货物的买方为购买该项货物向卖方实际支付或应当支付的价格；到岸价格是指由货价及货物运抵我国关境内输入地点起卸前的包装费、运输费、保险费和其他劳务费等费用构成的一种价格。特殊贸易下进口的货物，由于进口时没有“成交价格”可作为依据，为此，《进出口关税条例》对这些进口货物制定了确定其完税价格的具体办法。

例 2-4

某商场 2020 年 10 月进口货物一批。该批货物在国外的买价为 100 万元，运抵我国入关前发生的包装费、运输费、保险费等共计 30 万元。货物报关后，商场按规定缴纳了进口环节的增值税并取得了增值税专用缴款书。假定该批进口货物在国内全部销售，取得不含税销售收入 210 万元。已知货物进口关税税率为 20%，增值税税率为 13%。请计算进口环节、国内销售环节应缴纳的增值税。

解：

（1）关税完税价格＝100＋30＝130（万元）。

（2）应缴纳进口关税＝130×20%＝26（万元）。

（3）进口环节应缴纳增值税的组成计税价格＝130＋26＝156（万元）。

（4）进口环节应缴纳增值税税额＝156×13%＝20.28（万元）。

（5）国内销售环节的销项税额＝210×13%＝27.3（万元）。

（6）国内销售环节应缴纳增值税税额＝27.3－20.28＝7.02（万元）。

（二）跨境电子商务进口商品应纳税额的计算

（1）个人跨境电子商务零售进口商品的单次交易限值为人民币 5 000 元，个人年度交易限值为人民币 26 000 元。

（2）在限值以内进口的跨境电子商务零售进口商品，关税税率暂设为零，进口环节增值税、消费税取消免征税额，暂按法定应纳税额的70%征收，计算公式如下：

$$应纳税额=进口货物完税价格\times[(增值税税率+消费税税率)/(1-消费税税率)]\times70\%$$

（3）按一般贸易进行税收管理的跨境电子商务零售进口行为。

① 完税价格超过单次限值、累加后超过个人年度限值的单次交易；

② 完税价格超过5 000元限值的单个不可分割商品；

③ 完税价格超过5 000元单次交易限值但低于26 000元年度交易限值，且订单下仅一件商品时，可以自跨境电商零售渠道进口，按照货物税率全额征收关税和进口环节增值税、消费税，交易额计入年度交易总额，但年度交易总额超过年度交易限值的，应按一般贸易管理。

四、进口环节的税收管理

（1）进口货物的增值税由海关代征。个人携带或者邮寄进境自用物品的增值税，连同关税一并计征，具体征收办法由国务院关税税则委员会会同有关部门制定。

（2）进口货物的增值税纳税义务发生时间为报关进口的当天，其纳税地点应当由进口人或其代理人向报关地海关申报纳税，其纳税期限应当自海关填发海关进口增值税专用缴款书之日起15日内缴纳税款。

（3）跨境电子商务零售进口商品自海关放行之日起30日内退货的，可申请退税，并相应调整个人年度交易总额。

跨境电子商务零售进口商品购买人（订购人）的身份信息应进行认证；未进行认证的，购买人（订购人）身份信息应与付款人一致。

（4）进口货物增值税的征收管理，依据《税收征管法》《海关法》《进出口关税条例》和《进出口税则》的有关规定执行。

第六节 特殊企业（交易行为）的税务处理

一、转让不动产增值税征收管理

根据《纳税人转让不动产增值税征收管理暂行办法》（国家税务总局公告2016

年第14号），纳税人转让其取得的不动产的税收征管按以下规定执行。

纳税人转让其取得的不动产，包括以直接购买、接受捐赠、接受投资入股、自建以及抵债等各种形式取得的不动产。

房地产开发企业销售自行开发的房地产项目不适用本办法。

（一）一般纳税人转让其取得的不动产

（1）一般纳税人转让其2016年4月30日前取得（不含自建）的不动产，可以选择适用简易计税方法计税，以取得的全部价款和价外费用扣除不动产购置原价或者取得不动产时的作价后的余额为销售额，按照5%的征收率计算应纳税额。纳税人应按照上述计税方法向不动产所在地主管税务机关预缴税款，向机构所在地主管税务机关申报纳税。

（2）一般纳税人转让其2016年4月30日前自建的不动产，可以选择适用简易计税方法计税，以取得的全部价款和价外费用为销售额，按照5%的征收率计算应纳税额。纳税人应按照上述计税方法向不动产所在地主管税务机关预缴税款，向机构所在地主管税务机关申报纳税。

（3）一般纳税人转让其2016年4月30日前取得（不含自建）的不动产，选择适用一般计税方法计税的，以取得的全部价款和价外费用为销售额计算应纳税额。纳税人应以取得的全部价款和价外费用扣除不动产购置原价或者取得不动产时的作价后的余额，按照5%的预征率向不动产所在地主管税务机关预缴税款，向机构所在地主管税务机关申报纳税。

（4）一般纳税人转让其2016年4月30日前自建的不动产，选择适用一般计税方法计税的，以取得的全部价款和价外费用为销售额计算应纳税额。纳税人应以取得的全部价款和价外费用，按照5%的预征率向不动产所在地主管税务机关预缴税款，向机构所在地主管税务机关申报纳税。

（5）一般纳税人转让其2016年5月1日后取得（不含自建）的不动产，选择适用一般计税方法计税的，以取得的全部价款和价外费用为销售额计算应纳税额。纳税人应以取得的全部价款和价外费用扣除不动产购置原价或者取得不动产时的作价后的余额，按照5%的预征率向不动产所在地主管税务机关预缴税款，向机构所在地主管税务机关申报纳税。

（6）一般纳税人转让其2016年5月1日后自建的不动产，选择适用一般计税方法计税的，以取得的全部价款和价外费用为销售额计算应纳税额。纳税人应以取得的全部价款和价外费用，按照5%的预征率向不动产所在地主管税务机关预缴税款，向机构所在地主管税务机关申报纳税。

（二）小规模纳税人转让其取得的不动产

除个人转让其购买的住房外，按照以下规定缴纳增值税：

（1）小规模纳税人转让其取得（不含自建）的不动产，以取得的全部价款和价外费用扣除不动产购置原价或者取得不动产时的作价后的余额为销售额，按照5%的征收率计算应纳税额。

（2）小规模纳税人转让其自建的不动产，以取得的全部价款和价外费用为销售额，按照5%的征收率计算应纳税额。

除其他个人之外的小规模纳税人，应按照本条规定的计税方法向不动产所在地主管税务机关预缴税款，向机构所在地主管税务机关申报纳税；其他个人按照本条规定的计税方法向不动产所在地主管税务机关申报纳税。

小规模纳税人转让其取得的不动产，不能自行开具增值税发票的，可向不动产所在地主管税务机关申请代开。

纳税人向其他个人转让其取得的不动产，不得开具或申请代开增值税专用发票。

（三）个人转让其购买的住房

（1）个人转让其购买的住房，按照有关规定全额缴纳增值税的，以取得的全部价款和价外费用为销售额，按照5%的征收率计算应纳税额。

（2）个人转让其购买的住房，按照有关规定差额缴纳增值税的，以取得的全部价款和价外费用扣除购买住房价款后的余额为销售额，按照5%的征收率计算应纳税额。

个体工商户应按照本条规定的计税方法向住房所在地主管税务机关预缴税款，向机构所在地主管税务机关申报纳税；其他个人应按照本条规定的计税方法向住房所在地主管税务机关申报纳税。

（四）其他个人以外的纳税人转让其取得的不动产

除其他个人外，纳税人转让其取得的不动产均应向不动产所在地主管税务机关预缴增值税。具体规定如下：

（1）以转让不动产取得的全部价款和价外费用作为预缴税款计算依据的，计算公式为：

$$\text{应预缴税款} = \text{全部价款和价外费用} \div (1+5\%) \times 5\%$$

（2）以转让不动产取得的全部价款和价外费用扣除不动产购置原价或者取得不动产时的作价后的余额作为预缴税款计算依据的，计算公式为：

$$\text{应预缴税款} = (\text{全部价款和价外费用} - \text{不动产购置原价或者取得不动产时的作价}) \div (1+5\%) \times 5\%$$

其他个人转让其取得的不动产，按照以上计算方法计算应纳税额并向不动产所在地主管税务机关申报纳税。

（五）差额计税的凭证要求及凭证丢失的补救措施

纳税人按规定从取得的全部价款和价外费用中扣除不动产购置原价或者取得不

动产时的作价的，应当取得符合法律、行政法规和国家税务总局规定的合法有效凭证。否则，不得扣除。

上述凭证是指：

（1）税务部门监制的发票。

（2）法院判决书、裁定书、调解书，以及仲裁裁决书、公证债权文书。

（3）国家税务总局规定的其他凭证。

纳税人转让不动产，按照有关规定差额缴纳增值税的，如因丢失等原因无法提供取得上述税务机关监制的不动产购置发票的，可向税务机关提供其他能证明契税计税金额的完税凭证等资料，进行差额扣除。

（1）2016 年 4 月 30 日及以前缴纳契税的：

应纳税额 =［全部交易价格（含增值税）－契税计税金额（含营业税）］÷（1+5%）×5%

（2）2016 年 5 月 1 日及以后缴纳契税的：

应纳税额 =［全部交易价格（含增值税）÷（1+5%）－契税计税金额（不含增值税）］×5%

二、不动产经营租赁的增值税征收管理

根据《财政部 国家税务总局关于全面推开营业税改征增值税试点的通知》（财税〔2016〕36 号）及现行增值税有关规定，国家税务总局发布了《纳税人提供不动产经营租赁服务增值税征收管理暂行办法》（国家税务总局公告 2016 年第 16 号），明确了自 2016 年 5 月 1 日起，纳税人提供不动产经营租赁服务增值税征收管理相关规定。

（一）政策适用范围

适用于纳税人以经营租赁方式出租其取得的不动产（以下简称出租不动产）。

所称取得的不动产，包括以直接购买、接受捐赠、接受投资入股、自建以及抵债等各种形式取得的不动产。

纳税人提供道路通行服务不适用本办法。

（二）一般纳税人出租不动产

（1）一般纳税人出租其 2016 年 4 月 30 日前取得的不动产，可以选择适用简易计税方法的，按照 5% 的征收率计算应纳税额。

不动产所在地与机构所在地不在同一县（市、区）的，纳税人应按照上述计税方法向不动产所在地主管税务机关预缴税款，向机构所在地主管税务机关申报纳税。

不动产所在地与机构所在地在同一县（市、区）的，纳税人向机构所在地主管税务机关申报纳税。

（2）一般纳税人出租其 2016 年 5 月 1 日后取得的不动产，适用一般计税方法计税。

不动产所在地与机构所在地不在同一县（市、区）的，纳税人应按照 3% 的预征率向不动产所在地主管税务机关预缴税款，向机构所在地主管税务机关申报纳税。

不动产所在地与机构所在地在同一县（市、区）的，纳税人应向机构所在地主管税务机关申报纳税。

一般纳税人出租其 2016 年 4 月 30 日前取得的不动产适用一般计税方法计税的，按照上述规定执行。

（3）房地产开发企业中的一般纳税人，出租自行开发的房地产老项目，可以选择适用简易计税方法，按照 5% 的征收率计算应纳税额。

（4）房地产开发企业中的一般纳税人，出租其 2016 年 5 月 1 日后自行开发的与机构所在地不在同一县（市）的房地产项目，应按照 3% 的预征率在不动产所在地预缴税款后，向机构所在地主管税务机关进行纳税申报。

纳税人出租自行开发的房地产老项目与其机构所在地不在同一县（市）的，应按照上述计税方法在不动产所在地预缴税款后，向机构所在地主管税务机关进行纳税申报。

纳税人向其他个人出租不动产，不得开具或申请代开增值税专用发票。

（三）小规模纳税人出租不动产

（1）单位和个体工商户出租不动产（不含个体工商户出租住房），按照 5% 的征收率计算应纳税额。个体工商户出租住房，按照 5% 的征收率减按 1.5% 计算应纳税额。

不动产所在地与机构所在地不在同一县（市、区）的，纳税人应按照上述计税方法向不动产所在地主管税务机关预缴税款，向机构所在地主管税务机关申报纳税。

不动产所在地与机构所在地在同一县（市、区）的，纳税人应向机构所在地主管税务机关申报纳税。

（2）其他个人出租不动产（不含住房），按照 5% 的征收率计算应纳税额，向不动产所在地主管税务机关申报纳税。其他个人出租住房，按照 5% 的征收率减按 1.5% 计算应纳税额，向不动产所在地主管税务机关申报纳税。

（3）房地产开发企业中的小规模纳税人，出租自行开发的房地产项目，按照 5% 的征收率计算应纳税额。纳税人出租自行开发的房地产项目与其机构所在地不在同一县（市）的，应按照上述计税方法在不动产所在地预缴税款后，向机构所在地主管税务机关进行纳税申报。

纳税人出租不动产，租赁合同中约定免租期的，不属于视同销售。

（4）小规模纳税人中的单位和个体工商户出租不动产，不能自行开具增值税发票的，可向不动产所在地主管税务机关申请代开增值税发票。

（5）其他个人出租不动产，可向不动产所在地主管税务机关申请代开增值税发票。

（四）预缴与申报

纳税人出租的不动产所在地与其机构所在地在同一直辖市或计划单列市但不在同一县（市、区）的，由直辖市或计划单列市税务局决定是否在不动产所在地预缴税款。

纳税人出租不动产，按照本办法规定需要预缴税款的，应在取得租金的次月纳税申报期或不动产所在地主管税务机关核定的纳税期限预缴税款。

1. 预缴税款的计算

（1）纳税人出租不动产适用一般计税方法计税的，按照以下公式计算应预缴税款：

$$应预缴税款=含税销售额\div(1+10\%)\times 3\%$$

（2）纳税人出租不动产适用简易计税方法计税的，除个人出租住房外，按照以下公式计算应预缴税款：

$$应预缴税款=含税销售额\div(1+5\%)\times 5\%$$

（3）个体工商户出租住房，按照以下公式计算应预缴税款：

$$应预缴税款=含税销售额\div(1+5\%)\times 1.5\%$$

（4）其他个人出租不动产应纳税款的计算。

① 出租住房按照以下公式计算应纳税款：

$$应纳税款=含税销售额\div(1+5\%)\times 1.5\%$$

② 出租非住房按照以下公式计算应纳税款：

$$应纳税款=含税销售额\div(1+5\%)\times 5\%$$

2. 申报及缴纳

单位和个体工商户出租不动产，按照本办法规定向不动产所在地主管税务机关预缴税款时，应填写《增值税预缴税款表》。

单位和个体工商户出租不动产，向不动产所在地主管税务机关预缴的增值税款，可以在当期增值税应纳税额中抵减，抵减不完的，结转下期继续抵减。

纳税人以预缴税款抵减应纳税额，应以完税凭证作为合法有效凭证。

纳税人出租不动产，按照本办法规定应向不动产所在地主管税务机关预缴税款而自应当预缴之月起超过6个月没有预缴税款的，由机构所在地主管税务机关按照《税收征管法》及相关规定进行处理。

纳税人出租不动产，未按照本办法规定缴纳税款的，由主管税务机关按照《税收征管法》及相关规定进行处理。

三、跨县（市、区）提供建筑服务增值税征收管理

根据《纳税人跨县（市、区）提供建筑服务增值税征收管理暂行办法》（国家税务总局公告2016年第17号）和《关于进一步明确营改增有关征管问题的公告》（国家税务总局公告2017年第11号）规定，自2017年5月1日起，纳税人跨县（市、区）提供建筑服务增值税征收管理相关规定。

（一）政策适用范围

纳税人跨县（市、区）提供建筑服务，是指单位和个体工商户（以下简称纳税人）在其机构所在地以外的县（市、区）提供建筑服务。

纳税人在同一直辖市、计划单列市范围内跨县（市、区）提供建筑服务的，是否适用以下规定由直辖市、计划单列市税务局决定。纳税人在同一地级行政区范围内跨县（市、区）提供建筑服务以及其他个人跨县（市、区）提供建筑服务，不适用以下规定。

（二）预缴税款

（1）一般纳税人跨县（市、区）提供建筑服务，适用一般计税方法计税的，以取得的全部价款和价外费用扣除支付的分包款后的余额，按照2%的预征率计算应预缴税款。

应预缴税款 =（全部价款和价外费用 − 支付的分包款）÷（1+9%）×2%

（2）一般纳税人跨县（市、区）提供建筑服务，选择适用简易计税方法计税的，以取得的全部价款和价外费用扣除支付的分包款后的余额，按照3%的征收率计算应预缴税款。

应预缴税款 =（全部价款和价外费用 − 支付的分包款）÷（1+3%）×3%

（3）小规模纳税人跨县（市、区）提供建筑服务，以取得的全部价款和价外费用扣除支付的分包款后的余额，按照3%的征收率计算应预缴税款。

应预缴税款 =（全部价款和价外费用 − 支付的分包款）÷（1+3%）×3%

纳税人取得的全部价款和价外费用扣除支付的分包款后的余额为负数的，可结转，在下次预缴税款时继续扣除。

纳税人应按照工程项目分别计算应预缴税款，分别预缴。

（三）征收管理

（1）自2017年5月1日起，纳税人在同一地级行政区范围内跨县（市、区）

提供建筑服务，不适用于国家税务总局2016年17号公告。纳税人不再开具《外管证》进行税收管理，也不再预缴增值税。

（2）纳税人按照上述规定从取得的全部价款和价外费用中扣除支付的分包款，应当取得符合法律、行政法规和国家税务总局规定的合法有效凭证，否则不得扣除。

上述凭证是指：

① 从分包方取得的2016年4月30日前开具的建筑业营业税发票。建筑业营业税发票在2016年6月30日前可作为预缴税款的扣除凭证。

② 从分包方取得的2016年5月1日后开具的，备注栏注明建筑服务发生地所在县（市、区）、项目名称的增值税发票。

③ 国家税务总局规定的其他凭证。

（3）纳税人跨县（市、区）提供建筑服务，在向建筑服务发生地主管税务机关预缴税款时，需填报《增值税预缴税款表》，并出示以下资料：

① 与发包方签订的建筑合同复印件（加盖纳税人公章）；

② 与分包方签订的分包合同复印件（加盖纳税人公章）；

③ 从分包方取得的发票复印件（加盖纳税人公章）。

（4）纳税人跨县（市、区）提供建筑服务，向建筑服务发生地主管税务机关预缴的增值税税款，可以在当期增值税应纳税额中抵减，抵减不完的，结转下期继续抵减。

纳税人以预缴税款抵减应纳税额，应以完税凭证作为合法有效凭证。

（5）小规模纳税人跨县（市、区）提供建筑服务，不能自行开具增值税发票的，可向建筑服务发生地主管税务机关按照其取得的全部价款和价外费用申请代开增值税发票。

（6）对跨县（市、区）提供的建筑服务，纳税人应自行建立预缴税款台账，区分不同县（市、区）和项目逐笔登记全部收入、支付的分包款、已扣除的分包款、扣除分包款的发票号码、已预缴税款以及预缴税款的完税凭证号码等相关内容，留存备查。

四、房地产开发企业销售自行开发的房地产项目增值税征收管理

根据“营改增通知”及现行增值税有关规定，国家税务总局制定了《房地产开发企业销售自行开发的房地产项目增值税征收管理暂行办法》，自2016年5月1日起施行。

（一）政策适用范围

房地产企业销售自行开发的房地产项目（包括土地开发和房屋开发）。

自行开发是指在依法取得土地使用权的土地上进行基础设施和房屋建设。

房地产开发企业以接盘等形式购入未完工的房地产项目继续开发后，以自己的名义立项销售的，属于销售自行开发的房地产项目。

（二）一般纳税人征收管理

1. 计税销售额

房地产开发企业中的一般纳税人销售自行开发的房地产项目，适用一般计税方法计税的，按照取得的全部价款和价外费用扣除当期销售房地产项目对应的土地价款后的余额计算销售额，公式如下：

销售额 =（全部价款和价外费用 − 当期允许扣除的土地价款）÷（1 + 适用税率）

当期允许扣除的土地价款按照以下公式计算：

当期允许扣除的土地价款 =（当期销售房地产项目建筑面积 ÷ 房地产项目可供销售建筑面积）× 支付的土地价款

当期销售房地产项目建筑面积是指当期进行纳税申报的增值税销售额对应的建筑面积。

房地产项目可供销售建筑面积是指房地产项目可以出售的总建筑面积，不包括销售房地产项目时未单独作价结算的配套公共设施的建筑面积。

支付的土地价款是指向政府、土地管理部门或受政府委托收取土地价款的单位直接支付的土地价款。

在计算销售额时从全部价款和价外费用中扣除土地价款，应当取得省级以上（含省级）财政部门监（印）制的财政票据。

一般纳税人应建立台账登记土地价款的扣除情况，扣除的土地价款不得超过纳税人实际支付的土地价款。

一般纳税人销售自行开发的房地产老项目，可以选择适用简易计税方法按照 5% 的征收率计税。一经选择简易计税方法计税的，36 个月内不得变更为一般计税方法计税。

房地产老项目是指：

（1）《建筑工程施工许可证》注明的合同开工日期在 2016 年 4 月 30 日前的房地产项目；

（2）《建筑工程施工许可证》未注明合同开工日期或者未取得《建筑工程施工许可证》但建筑工程承包合同注明的开工日期在 2016 年 4 月 30 日前的建筑工程项目。

一般纳税人销售自行开发的房地产老项目适用简易计税方法计税的，以取得的全部价款和价外费用为销售额，不得扣除对应的土地价款。

2. 预缴税款

一般纳税人采取预收款方式销售自行开发的房地产项目，应在收到预收款时按照 3% 的预征率预缴增值税。计算公式为：

应预缴税款 = 预收款 ÷（1 + 适用税率或征收率）× 3%

适用一般计税方法计税的，按照适用税率计算；适用简易计税方法计税的，按照 5% 的征收率计算。

一般纳税人应在取得预收款的次月纳税申报期向主管税务机关预缴税款。

3. 进项税额

一般纳税人销售自行开发的房地产项目，兼有一般计税方法计税、简易计税方法计税、免征增值税的房地产项目而无法划分不得抵扣的进项税额的，应以《建筑工程施工许可证》注明的"建设规模"为依据进行划分。

不得抵扣的进项税额 = 当期无法划分的全部进项税额 ×（简易计税、免税房地产项目建设规模 ÷ 房地产项目总建设规模）

4. 纳税申报

一般纳税人销售自行开发的房地产项目适用一般计税方法计税的，应按照"营改增通知"第 45 条规定的纳税义务发生时间，以当期销售额和 9% 的适用税率计算当期应纳税额，抵减已预缴税款后，向主管税务机关申报纳税。未抵减完的预缴税款可以结转下期继续抵减。

一般纳税人销售自行开发的房地产项目适用简易计税方法计税的，应按照《试点实施办法》第 45 条规定的纳税义务发生时间，以当期销售额和 5% 的征收率计算当期应纳税额，抵减已预缴税款后，向主管税务机关申报纳税。未抵减完的预缴税款可以结转下期继续抵减。

5. 发票开具

一般纳税人销售自行开发的房地产项目，自行开具增值税发票。

一般纳税人销售自行开发的房地产项目，其 2016 年 4 月 30 日前收取并已向主管税务机关申报缴纳营业税的预收款，未开具营业税发票的，可以开具增值税普通发票，不得开具增值税专用发票。

一般纳税人向其他个人销售自行开发的房地产项目，不得开具增值税专用发票。

（三）小规模纳税人征收管理

1. 预缴税款

房地产开发企业中的小规模纳税人（以下简称小规模纳税人）采取预收款方式

销售自行开发的房地产项目，应在收到预收款时按照 3% 的预征率预缴增值税。

应预缴税款按照以下公式计算：

$$应预缴税款 = 预收款 \div (1+5\%) \times 3\%$$

小规模纳税人应在取得预收款的次月纳税申报期或主管税务机关核定的纳税期限向主管税务机关预缴税款。

2. 纳税申报

小规模纳税人销售自行开发的房地产项目，应按照“营改增通知”第 45 条规定的纳税义务发生时间，以当期销售额和 5% 的征收率计算当期应纳税额，抵减已预缴税款后，向主管税务机关申报纳税。未抵减完的预缴税款可以结转下期继续抵减。

3. 发票开具

小规模纳税人销售自行开发的房地产项目，自行开具增值税普通发票。购买方需要增值税专用发票的，小规模纳税人向主管税务机关申请代开。

小规模纳税人销售自行开发的房地产项目，其 2016 年 4 月 30 日前收取并已向主管税务机关申报缴纳营业税的预收款，未开具营业税发票的，可以开具增值税普通发票，不得申请代开增值税专用发票。

小规模纳税人向其他个人销售自行开发的房地产项目，不得申请代开增值税专用发票。

第七节　出口货物、劳务和服务的增值税政策

出口货物、劳务和服务退（免）税是国际贸易中通常采用的并为世界各国所普遍接受的，目的在于鼓励各国出口货物公平竞争的一种退还或免征间接税（目前我国主要包括增值税、消费税）的税收措施，即对出口货物、劳务和服务已承担或应承担的增值税和消费税等间接税实行退还或者免征。由于这项制度比较公平合理，因此它已成为国际社会通行的惯例。

一、出口行为退（免）增值税的基本政策

世界各国为了鼓励本国货物出口，在遵循世界贸易组织基本规则的前提下，一

般都采取优惠的税收政策。目前，我国的出口货物税收政策分为以下三种形式。

（一）出口免税并退税

出口免税是指对货物、劳务和服务在出口销售环节免征增值税，这是把货物、劳务和服务出口环节与出口前的销售环节都同样视为一个征税环节；出口退税是指对货物、劳务和服务在出口前实际承担的税收负担，按规定的退税率计算后予以退还。

（二）出口免税不退税

出口免税与上述免税含义相同。出口不退税是指适用这个政策的出口货物、劳务和服务因在前一道生产、销售环节或进口环节是免税的，因此，出口时该货物、劳务和服务的价格中本身就不含税，也无须退税。

（三）出口不免税也不退税

出口不免税是指对国家限制或禁止出口的某些货物、劳务和服务的出口环节视同内销环节，照常征税；出口不退税是指对这些货物、劳务和服务出口不退还出口前其所负担的税款。

二、适用增值税退（免）税政策的范围

下列出口货物、劳务和服务，除有特别规定外，实行免征和退还增值税政策，简称增值税退（免）政策。

（一）出口企业出口货物

出口企业是指依法办理工商登记、税务登记、对外贸易经营者备案登记，自营或委托出口货物的单位或个体工商户，以及依法办理工商登记、税务登记但未办理对外贸易经营者备案登记，委托出口货物的生产企业。

向海关报关后实际离境并销售给境外单位或个人的货物，分为自营出口货物和委托出口货物两类。

生产企业是指具有生产能力（包括加工修理修配能力）的单位或个体工商户。

（二）出口企业或其他单位视同出口的货物

出口企业或其他单位视同出口的货物具体是指：

（1）出口企业对外援助、对外承包、境外投资的出口货物。

（2）出口企业经海关报关进入国家批准的出口加工区、保税物流园区、保税港区、综合保税区等特殊区域并销售给特殊区域内单位或境外单位、个人的货物。

（3）免税品经营企业销售的货物。

（4）出口企业或其他单位销售给用于国际金融组织或外国政府贷款国际招标建设项目的中标机电产品。

（5）出口企业或其他单位销售给国际运输企业用于国际运输工具上的货物。上述规定仅限于外轮供应公司、远洋运输供应公司销售给外轮、远洋国轮的货物；国内航空供应公司生产销售给国内和国外航空公司国际航班的航空食品。

（6）出口企业或其他单位销售给特殊区域内生产企业生产耗用且不向海关报送而输入特殊区域的水、电力、燃气。

（三）出口企业对外提供加工修理修配劳务

出口企业对外提供加工修理修配劳务，是指对进境复出口货物或从事国际运输的运输工具进行的加工修理修配。

（四）一般纳税人提供的适用增值税零税率的应税服务和无形资产

2016 年 5 月 1 日起，中华人民共和国境内（以下称境内）的单位和个人销售的下列服务和无形资产，适用增值税零税率。

（1）国际运输服务。国际运输服务是指：

① 在境内载运旅客或者货物出境。

② 在境外载运旅客或者货物入境。

③ 在境外载运旅客或者货物。

（2）航天运输服务。

（3）向境外单位提供的完全在境外消费的下列服务：

① 研发服务。

② 合同能源管理服务。

③ 设计服务。

④ 广播影视节目（作品）的制作和发行服务。

⑤ 软件服务。

⑥ 电路设计及测试服务。

⑦ 信息系统服务。

⑧ 业务流程管理服务。

⑨ 离岸服务外包业务。离岸服务外包业务包括信息技术外包服务（ITO）、技术性业务流程外包服务（BPO）、技术性知识流程外包服务（KPO），其所涉及的具体业务活动，按照《销售服务、无形资产、不动产注释》相对应的业务活动执行。

⑩ 转让技术。

（4）财政部和国家税务总局规定的其他服务。

（五）境内的单位和个人销售的下列服务和无形资产免征增值税，但财政部和国家税务总局规定适用增值税零税率的除外

（1）下列服务：

① 工程项目在境外的建筑服务。

② 工程项目在境外的工程监理服务。

③ 工程、矿产资源在境外的工程勘察勘探服务。

④ 会议展览地点在境外的会议展览服务。

⑤ 存储地点在境外的仓储服务。

⑥ 标的物在境外使用的有形动产租赁服务。

⑦ 在境外提供的广播影视节目（作品）的播映服务。

⑧ 在境外提供的文化体育服务、教育医疗服务、旅游服务。

（2）为出口货物提供的邮政服务、收派服务、保险服务。为出口货物提供的保险服务，包括出口货物保险和出口信用保险。

（3）向境外单位提供的完全在境外消费的下列服务和无形资产：

① 电信服务。

② 知识产权服务。

③ 物流辅助服务（仓储服务、收派服务除外）。

④ 鉴证咨询服务。

⑤ 专业技术服务。

⑥ 商务辅助服务。

⑦ 广告投放地在境外的广告服务。

⑧ 无形资产。

（4）以无运输工具承运方式提供的国际运输服务。

（5）为境外单位之间的货币资金融通及其他金融业务提供的直接收费金融服务，且该服务与境内的货物、无形资产和不动产无关。

（6）财政部和国家税务总局规定的其他服务。

（六）按照国家有关规定应取得相关资质的国际运输服务项目，纳税人取得相关资质的适用增值税零税率政策，未取得的适用增值税免税政策

境内的单位或个人提供程租服务，如果租赁的交通工具用于国际运输服务和港、澳、台运输服务，由出租方按规定申请适用增值税零税率。

境内的单位和个人向境内单位或个人提供期租、湿租服务，如果承租方利用租赁的交通工具向其他单位或个人提供国际运输服务和港、澳、台运输服务，由承租方适用增值税零税率。境内的单位或个人向境外单位或个人提供期租、湿租服务，由出租方适用增值税零税率。

境内单位和个人以无运输工具承运方式提供的国际运输服务，由境内实际承运人适用增值税零税率；无运输工具承运业务的经营者适用增值税免税政策。

（七）境内的单位和个人提供适用增值税零税率的服务或者无形资产，属于适用简易计税方法的，实行免征增值税办法

属于适用增值税一般计税方法的，生产企业实行“免、抵、退”税办法，外贸企业外购服务或者无形资产出口实行“免、退”税办法，外贸企业直接将服务或自行研发的无形资产出口，视同生产企业连同其出口货物统一实行“免、抵、退”税办法。

（八）境内的单位和个人销售适用增值税零税率的服务或无形资产的，可以放弃适用增值税零税率，选择免税或按规定缴纳增值税

放弃适用增值税零税率后，36个月内不得再申请适用增值税零税率。

（九）境内的单位和个人销售适用增值税零税率的服务或无形资产，按月向主管退税的税务机关申报办理增值税退（免）税手续

具体管理办法由国家税务总局商财政部另行制定。

（十）完全在境外消费

具体是指：

（1）服务的实际接受方在境外，且与境内的货物和不动产无关。

（2）无形资产完全在境外使用，且与境内的货物和不动产无关。

（3）财政部和国家税务总局规定的其他情形。

三、增值税退（免）税办法

适用增值税退（免）税政策的出口货物、劳务和应税行为，按照下列规定实行增值税的“免、抵、退”税或“免、退”税办法。

（一）“免、抵、退”税办法

适用增值税一般计税方法的生产企业出口自产货物与视同自产货物、对外提供加工修理修配劳务，以及列名的74家生产企业出口非自产货物，免征增值税，相应的进项税额抵减应纳增值税额（不包括适用增值税即征即退、先征后退政策的应纳增值税额），未抵减完的部分予以退还。

境内的单位和个人提供适用增值税零税率的服务或者无形资产，属于适用增值税一般计税方法的，生产企业实行“免、抵、退”税办法，外贸企业直接将服务或自行研发的无形资产出口，视同生产企业连同其出口货物统一实行“免、抵、退”

税办法。

实行"退、免"税办法的研发服务和设计服务，主管税务机关认定出口价格偏高的，有权按照核定的出口价格计算退（免）税，核定的出口价格低于外贸企业购进价格的，低于部分对应的进项税额不予退税，转入成本。

境内单位和个人提供增值税零税率应税服务的，可以放弃适用增值税零税率，选择免税或按规定缴纳增值税。放弃适用增值税零税率后，36个月内不得再申请适用增值税零税率。

（二）"免、退"税办法

不具有生产能力的出口企业或其他单位出口货物、劳务，免征增值税，相应的进项税额予以退还。

适用增值税一般计税方法的外贸企业外购服务或无形资产出口实行"免、退"税办法。

外贸企业外购研发服务和设计服务免征增值税，其对应的外购应税服务的进项税额予以退还。

四、增值税出口退税率

根据《增值税暂行条例》的规定，企业产品出口后，税务部门应按照出口商品的进项税额为企业办理退税。由于税收减免及国家经济政策等原因，商品的进项税额往往不等于实际负担的税额，如果按出口商品的进项税额退税，就会产生少征多退的问题，于是就有了计算出口商品应退税款的比率——出口货物的退税率。

（一）退税率的一般规定

出口货物的退税率，是出口货物的实际退税额与退税计税依据的比例。除另有规定外，出口货物的退税率为其适用税率。

根据2019年《财政部 税务总局 海关总署关于深化增值税改革有关政策的公告》，原适用16%税率且出口退税率为16%的出口货物劳务，出口退税率调整为13%；原适用10%税率且出口退税率为10%的出口货物、服务，出口退税率调整为9%。

（二）退税率的特殊规定

（1）外贸企业购进按简易办法征税的出口货物、从小规模纳税人购进的出口货物，其退税率分别为简易办法实际执行的征收率、小规模纳税人征收率。上述出口货物取得增值税专用发票的，退税率按照增值税专用发票上的税率和出口货物退税率孰低的原则确定。

（2）出口企业委托加工修理修配货物，其加工修理修配费用的退税率为出口货物的退税率。

（3）中标机电产品、出口企业向海关报关进入特殊区域销售给特殊区域内生产企业生产耗用的列名原材料、输入特殊区域的水电气，其退税率为适用税率。如果国家调整列名原材料的退税率，列名原材料应当自调整之日起按调整后的退税率执行。

（4）适用不同退税率的货物、劳务及服务，应分开报关、核算并申报退（免）税，未分开报关、核算或划分不清的，从低适用退税率。

五、增值税退（免）税的计税依据

出口货物劳务的增值税退（免）税的计税依据，按出口货物劳务的出口发票（外销发票）、其他普通发票或购进出口货物劳务的增值税专用发票、海关进口增值税专用缴款书确定。

（1）生产企业出口货物劳务（进料加工复出口货物除外）增值税退（免）税的计税依据，为出口货物劳务的实际离岸价（FOB）。实际离岸价应以出口发票上的离岸价为准，但如果出口发票不能反映实际离岸价，主管税务机关有权予以核定。

（2）生产企业进料加工复出口货物增值税退（免）税的计税依据，按出口货物的离岸价扣除出口货物所含的海关保税进口料件的金额后确定。

海关保税进口料件是指海关以进料加工贸易方式监管的出口企业从境外和特殊区域等进口的料件。其包括出口企业从境外单位或个人购买并从海关保税仓库提取且办理海关进料加工手续的料件，以及保税区外的出口企业从保税区内的企业购进并办理海关进料加工手续的进口料件。

（3）生产企业国内购进无进项税额且不计提进项税额的免税原材料加工后出口的货物的计税依据，按出口货物的离岸价扣除出口货物所含的国内购进免税原材料的金额后确定。

（4）外贸企业出口货物（委托加工修理修配货物除外）增值税退（免）税的计税依据，为购进出口货物的增值税专用发票注明的金额或海关进口增值税专用缴款书注明的完税价格。

（5）外贸企业出口委托加工修理修配货物增值税退（免）税的计税依据，为加工修理修配费用增值税专用发票注明的金额。外贸企业应将加工修理修配使用的原材料（进料加工海关保税进口料件除外）作价销售给受托加工修理修配的生产企业，受托加工修理修配的生产企业应将原材料成本并入加工修理修配费用开具发票。

（6）出口进项税额未计算抵扣的已使用过的设备增值税退（免）税的计税依据，按下列公式确定：

$$退（免）税计税依据=增值税专用发票上的金额或海关进口增值税专用缴款书注明的完税价格\times 已使用过的设备固定资产净值\div 已使用过的设备原值$$

$$已使用过的设备固定资产净值=已使用过的设备原值-已使用过的设备已提累计折旧$$

已使用过的设备是指出口企业根据财务会计制度已经计提折旧的固定资产。

（7）免税品经营企业销售的货物增值税退（免）税的计税依据，为购进货物的增值税专用发票注明的金额或海关进口增值税专用缴款书注明的完税价格。

（8）中标机电产品增值税退（免）税的计税依据，生产企业为销售机电产品的普通发票注明的金额，外贸企业为购进货物的增值税专用发票注明的金额或海关进口增值税专用缴款书注明的完税价格。

（9）生产企业向海上石油天然气开采企业销售的自产的海洋工程结构物增值税退（免）税的计税依据，为销售海洋工程结构物的普通发票注明的金额。

（10）输入特殊区域的水电气增值税退（免）税的计税依据，为作为购买方的特殊区域内生产企业购进水（包括蒸汽）、电力、燃气的增值税专用发票注明的金额。

（11）增值税零税率应税服务的退（免）税计税依据，按照下列规定确定：

① 实行免、抵、退税办法的退（免）税计税依据。

a. 以铁路运输方式载运旅客的，为按照铁路合作组织清算规则清算后的实际运输收入。

b. 以铁路运输方式载运货物的，为按照铁路运输进款清算办法，对“发站（局）”或“到站（局）”名称包含“境”字的货票上注明的运输费用以及直接相关的国际联运杂费清算后的实际运输收入。

c. 以航空运输方式载运货物或旅客的，如果国际运输或港、澳、台运输各航段由多个承运人承运，为中国航空结算有限责任公司清算后的实际收入；如果国际运输或港、澳、台运输各航段由一个承运人承运，为提供航空运输服务取得的收入。

d. 其他实行免抵退税办法的增值税零税率应税服务，为提供增值税零税率应税服务取得的收入。

② 实行“免、退”税办法的退（免）税计税依据为购进应税服务的增值税专用发票或解缴税款的中华人民共和国税收缴款凭证上注明的金额。

六、出口货物应退税额的计算

出口货物只有在适用既免税又退税的政策时，才会涉及如何计算退税的问题。由于各类出口企业对出口货物的会计核算办法不同，有对出口货物单独核算的，有对出口和内销的货物统一核算成本的。为了与出口企业的会计核算办法相一致，我国《出口货物退（免）税管理办法（试行）》规定了两种退税计算办法：第一种办法是“免、抵、退”税办法，主要适用于自营和委托出口自产货物的生产企业；第二种办法是“免、退”税办法，目前主要用于收购货物出口的外（工）贸企业。

（一）“免、抵、退”税的计算方法

自2002年1月1日起，生产企业自营或委托外贸企业代理出口自产货物，除另有规定外，增值税一律实行“免、抵、退”税管理办法。其具体计算方法与计算公式如下。

1. 当期应纳税额的计算

当期应纳税额 = 当期内销货物的销项税额 −（当期进项税额 − 当期不得免征和抵扣税额）

其中：

当期免抵退税不得免征和抵扣税额 = 出口货物离岸价 × 外汇人民币牌价 ×（出口货物征税率 − 出口货物退税率）− 当期不得免征和抵扣税额抵减额

当期不得免征和抵扣税额抵减额 = 免税购进原材料价格 ×（出口货物适用税率 − 出口货物退税率）

2. 当期免抵退税额的计算

免抵退税额 = 出口货物离岸价 × 外汇人民币牌价 × 出口货物退税率 − 免抵退税额抵减额

其中：

免抵退税额抵减额 = 免税购进原材料价格 × 出口货物退税率

3. 当期应退税额和免抵税额的计算

（1）如当期期末留抵税额≤当期免抵退税额，则：

当期应退税额 = 当期期末留抵税额

当期免抵税额 = 当期免抵退税额 − 当期应退税额

（2）如当期期末留抵税额 > 当期免抵退税额，则：

当期应退税额 = 当期免抵退税额

当期免抵税额 = 0

4. **企业免、抵、退税计算实例**

例 2-5

某自营出口生产企业是增值税一般纳税人，出口货物的征税税率为13%，退税税率为10%。2020年10月有关经营业务为：购原材料一批，取得的增值税专用发票注明的价款400万元，外购货物准予抵扣进项税额52万元通过认证。当月进料加工免税进口料件的组成计税价格100万元。上期末留抵税款1.6万元。本月内销货物不含税销售额200万元。收款226万元存入银行。本月出口货物销售额折合人民币300万元。试计算该企业当期的“免、抵、退”税额。

解：

（1）当期不得免征和抵扣税额抵减额＝免税进口料件的组成计税价格×（出口货物征税税率－出口货物退税税率）＝100×（13%－10%）＝3（万元）。

（2）当期不得免征和抵扣税额＝当期出口货物离岸价×外汇人民币牌价×（出口货物征税税率－出口货物退税税率）－不得免征和抵扣税额抵减额＝300×（13%－10%）－3＝6（万元）。

（3）当期应纳税额＝200×13%－（52－6）－1.6＝26－46－1.6＝－21.6（万元）。

（4）免抵退税额抵减额＝免税购进原材料×材料出口货物退税税率＝100×10%＝10（万元）。

（5）出口货物“免、抵、退”税额＝300×10%－10＝20（万元）。

（6）按规定，当期期末留抵税额＞当期免抵退税额时，当期应退税额＝当期免抵退税额，即该企业应退税额＝20（万元）。

（7）当期免抵税额＝0。

（8）2020年10月期末留抵结转下期继续抵扣税额为1.6（21.6－20）万元。

（二）“免、退”税的计算方法

外贸企业以及实行外贸企业财务制度的工贸企业收购货物出口，其出口销售环节的增值税免征；其收购货物的成本部分，因外贸企业在支付收购货款的同时支付了生产经营该类商品的企业已纳的增值税款，因此，在货物出口后按收购成本与退税税率计算退税退还给外贸企业，征、退税之差计入企业成本。

外贸企业出口货物增值税的计算应依据购进出口货物增值税专用发票上所注明的进项金额和退税税率计算。

应退税额＝外贸收购不含增值税购进金额×退税税率

例 2–6

某进出口公司2020年10月出口美国平纹布2 000米，进货增值税专用发票列明单价20元/米，计税金额40 000元，假定退税税率13%，请计算该进出口公司出口应退税额。

解：应退税额 = 40 000×13% = 5 200（元）。

第八节 税收优惠

一、《增值税暂行条例》规定的免征项目

（1）农业生产者销售的自产农产品。

农业是指种植业、养殖业、林业、牧业、水产业。农业生产者包括从事农业生产的单位和个人。农产品是指初级农产品，具体范围由财政部、国家税务总局确定。

（2）避孕药品和用具。

（3）古旧图书。古旧图书，是指向社会收购的古书和旧书。

（4）直接用于科学研究、科学试验和教学的进口仪器、设备。

（5）外国政府、国际组织无偿援助的进口物资和设备。

（6）由残疾人组织直接进口供残疾人专用的物品。

（7）销售的自己使用过的物品。自己使用过的物品，是指其他个人使用过的物品。

除上述规定外，增值税的免税、减税项目由国务院规定。任何地区、部门均不得规定免税、减税项目。

二、"营改增通知规定"的税收优惠政策

（1）托儿所、幼儿园提供的保育和教育服务。

（2）养老机构提供的养老服务。

（3）残疾人福利机构提供的育养服务。

（4）婚姻介绍服务。

（5）殡葬服务。

（6）残疾人员本人为社会提供的服务。

（7）医疗机构提供的医疗服务。

（8）从事学历教育的学校提供的教育服务。学校以各种名义收取的赞助费、择校费等，不属于免征增值税的范围。

（9）学生勤工俭学提供的服务。

（10）农业机耕、排灌、病虫害防治、植物保护、农牧保险以及相关技术培训业务，家禽、牲畜、水生动物的配种和疾病防治。

（11）纪念馆、博物馆、文化馆、文物保护单位管理机构、美术馆、展览馆、书画院、图书馆在自己的场所提供文化体育服务取得的第一道门票收入。

（12）寺院、宫观、清真寺和教堂举办文化、宗教活动的门票收入。

（13）行政单位之外的其他单位收取的符合《试点实施办法》第10条规定条件的政府性基金和行政事业性收费。

（14）个人转让著作权。

（15）个人销售自建自用住房。

（16）纳税人提供的直接或者间接国际货物运输代理服务。

① 纳税人提供直接或者间接国际货物运输代理服务，向委托方收取的全部国际货物运输代理服务收入，以及向国际运输承运人支付的国际运输费用，必须通过金融机构进行结算。

② 纳税人为大陆与香港、澳门、台湾地区之间的货物运输提供的货物运输代理服务参照国际货物运输代理服务有关规定执行。

③ 委托方索取发票的，纳税人应当就国际货物运输代理服务收入向委托方全额开具增值税普通发票。

（17）以下利息收入。

① 国家助学贷款。

② 国债、地方政府债。

③ 中国人民银行对金融机构的贷款。

④ 住房公积金管理中心用住房公积金在指定的委托银行发放的个人住房贷款。

⑤ 外汇管理部门在从事国家外汇储备经营过程中，委托金融机构发放的外汇贷款。

⑥ 统借统还业务中，企业集团或企业集团中的核心企业以及集团所属财务公司按不高于支付给金融机构的借款利率水平或者支付的债券票面利率水平，向企业集团或者集团内下属单位收取的利息。

统借方向资金使用单位收取的利息，高于支付给金融机构借款利率水平或者支付的债券票面利率水平的，应全额缴纳增值税。

（18）被撤销金融机构以货物、不动产、无形资产、有价证券、票据等财产清偿债务。

被撤销金融机构是指经中国人民银行、银监会（银保监会）依法决定撤销的金融机构及其分设于各地的分支机构，包括被依法撤销的商业银行、信托投资公司、财务公司、金融租赁公司、城市信用社和农村信用社。除另有规定外，被撤销金融机构所属、附属企业，不享受被撤销金融机构增值税免税政策。

（19）保险公司开办的一年期及以上人身保险产品取得的保费收入。一年期以上人身保险是指保险期间为一年期及以上返还本利的人寿保险、养老年金保险，以及保险期间为一年期及以上的健康保险。

人寿保险是指以人的寿命为保险标的的人身保险。

养老年金保险是指以养老保障为目的，以被保险人生存为给付保险金条件，并按约定的时间间隔分期给付生存保险金的人身保险。养老年金保险应当同时符合下列条件：

① 保险合同约定给付被保险人生存保险金的年龄不得小于国家规定的退休年龄。

② 相邻两次给付的时间间隔不得超过一年。

健康保险是指以因健康原因导致损失为给付保险金条件的人身保险。

（20）再保险服务。

① 境内保险公司向境外保险公司提供的完全在境外消费的再保险服务，免征增值税。

② 纳税人提供再保险服务（境内保险公司向境外保险公司提供的再保险服务除外），实行与原保险服务一致的增值税政策。再保险合同对应多个原保险合同的，所有原保险合同均适用免征增值税政策时，该再保险合同适用免征增值税政策。否则，该再保险合同应按规定缴纳增值税。

原保险服务，是指保险分出方与投保人之间直接签订保险合同而建立保险关系的业务活动。

（21）下列金融商品转让收入。

① 合格境外投资者（QFII）委托境内公司在我国从事证券买卖业务。

② 香港市场投资者（包括单位和个人）通过沪港通买卖上海证券交易所上市A股。

③ 对香港市场投资者（包括单位和个人）通过基金互认买卖内地基金份额。

④ 证券投资基金（封闭式证券投资基金、开放式证券投资基金）管理人运用基金买卖股票、债券。

⑤ 个人从事金融商品转让业务。

（22）金融同业往来利息收入。

① 金融机构与中国人民银行所发生的资金往来业务，包括中国人民银行对一般金融机构贷款及中国人民银行对商业银行的再贴现等。

② 银行联行往来业务。同一银行系统内部不同行、处之间所发生的资金账务往来业务。

③ 金融机构间的资金往来业务。这是指经中国人民银行批准，进入全国银行间同业拆借市场的金融机构之间通过全国统一的同业拆借网络进行的短期（不超过1年）无担保资金融通行为。

④ 金融机构之间开展的转贴现业务。

（23）金融企业发放贷款后，自结息日起90天内发生的应收未收利息按现行规定缴纳增值税，自结息日起90天后发生的应收未收利息暂不缴纳增值税，待实际收到利息时按规定缴纳增值税。

（24）同时符合下列条件的担保机构从事中小企业信用担保或者再担保业务取得的收入（不含信用评级、咨询、培训等收入）3年内免征增值税。

① 已取得监管部门颁发的融资性担保机构经营许可证，依法登记注册为企（事）业法人，实收资本超过2 000万元。

② 平均年担保费率不超过银行同期贷款基准利率的50%。

$$\text{平均年担保费率} = \text{本期担保费收入} / (\text{期初担保余额} + \text{本期增加担保金额}) \times 100\%$$

③ 连续合规经营2年以上，资金主要用于担保业务，具备健全的内部管理制度和为中小企业提供担保的能力，经营业绩突出，对受保项目具有完善的事前评估、事中监控、事后追偿与处置机制。

④ 为中小企业提供的累计担保贷款额占其两年累计担保业务总额的80%以上，单笔800万元以下的累计担保贷款额占其累计担保业务总额的50%以上。

⑤ 对单个受保企业提供的担保余额不超过担保机构实收资本总额的10%，且平均单笔担保责任金额最多不超过3 000万元人民币。

⑥ 担保责任余额不低于其净资产的3倍，且代偿率不超过2%。担保机构免征增值税政策采取备案管理方式。符合条件的担保机构应到所在地县（市）主管税务机关和同级中小企业管理部门履行规定的备案手续，自完成备案手续之日起，享受3年免征增值税政策。3年免税期满后，符合条件的担保机构可按规定程序办理备案手续后继续享受该项政策。

（25）纳税人提供技术转让、技术开发和与之相关的技术咨询、技术服务。

（26）同时符合下列条件的合同能源管理服务。

① 节能服务公司实施合同能源管理项目相关技术，应当符合原国家质量监督检验检疫总局和国家标准化管理委员会发布的《合同能源管理技术通则》（GB/T 24915—2010）规定的技术要求。

② 节能服务公司与用能企业签订节能效益分享型合同，其合同格式和内容，符合《中华人民共和国合同法》和《合同能源管理技术通则》（GB/T 24915—2010）等规定。

（27）政府举办的从事学历教育的高等、中等和初等学校（不含下属单位），举办进修班、培训班取得的全部归该学校所有的收入。

全部归该学校所有是指举办进修班、培训班取得的全部收入进入该学校统一账户，并纳入预算全额上缴财政专户管理，同时由该学校对有关票据进行统一管理和开具。

举办进修班、培训班取得的收入进入该学校下属部门自行开设账户的，不予免征增值税。

（28）政府举办的职业学校设立的目的主要是为在校学生提供实习场所，并由学校出资自办、负责经营管理及经营收入归学校所有的企业，从事《销售服务、无形资产、不动产注释》中“现代服务”（不含融资租赁服务、广告服务和其他现代服务）、“生活服务”（不含文化体育服务、其他生活服务和桑拿、氧吧）业务活动取得的收入。

（29）家政服务企业由符合相关条件的员工制家政服务员提供家政服务取得的收入。

家政服务企业是指在企业营业执照的规定经营范围中包括家政服务内容的企业。

（30）福利彩票、体育彩票的发行收入。

（31）军队空余房产租赁收入。

（32）为了配合国家住房制度改革，企业、行政事业单位按房改成本价、标准价出售住房取得的收入。

（33）个人住房转让收入。个人将购买不足2年的住房对外销售的，按照5%的征收率全额缴纳增值税；个人将购买2年以上（含2年）的住房对外销售的，免征增值税。上述政策适用于北京市、上海市、广州市和深圳市之外的地区。

个人将购买不足2年的住房对外销售的，按照5%的征收率全额缴纳增值税；个人将购买2年以上（含2年）的非普通住房对外销售的，以销售收入减去购买住房价款后的差额按照5%的征收率缴纳增值税；个人将购买2年以上（含2年）的普通住房对外销售的，免征增值税。上述政策仅适用于北京市、上海市、广州市和深圳市。

（34）将土地使用权转让给农业生产者用于农业生产。

（35）涉及家庭财产分割的个人无偿转让不动产、土地使用权。家庭财产分割包括下列情形：离婚财产分割；无偿赠与配偶、父母、子女、祖父母、外祖父母、孙子女、外孙子女、兄弟姐妹；无偿赠与对其承担直接抚养或者赡养义务的抚养人或者赡养人；房屋产权所有人死亡，法定继承人、遗嘱继承人或者受遗赠人依法取得房屋产权。

（36）土地所有者出让土地使用权和土地使用者将土地使用权归还给土地所有者。

（37）县级以上地方人民政府或自然资源行政主管部门出让、转让或收回自然资源使用权（不含土地使用权）。

（38）随军家属就业。

① 为安置随军家属就业而新开办的企业，自领取税务登记证之日起，其提供的应税服务 3 年内免征增值税。

享受税收优惠政策的企业，随军家属必须占企业总人数的 60%（含）以上，并有军（含）以上政治和后勤机关出具的证明。

② 从事个体经营的随军家属，自办理税务登记事项之日起，其提供的应税服务 3 年内免征增值税。

随军家属必须有师以上政治机关出具的可以表明其身份的证明。

按照上述规定，每一名随军家属可以享受一次免税政策。

（39）军队转业干部就业。

① 从事个体经营的军队转业干部，自领取税务登记证之日起，其提供的应税服务 3 年内免征增值税。

② 为安置自主择业的军队转业干部就业而新开办的企业，凡安置自主择业的军队转业干部占企业总人数 60%（含）以上的，自领取税务登记证之日起，其提供的应税服务 3 年内免征增值税。

享受上述优惠政策的自主择业的军队转业干部必须持有师以上部队颁发的转业证件。

三、临时性的行业优惠

（1）自 2019 年 1 月 1 日至 2021 年 12 月 31 日，对国家级、省级科技企业孵化器、大学科技园和国家备案众创空间向在孵对象提供孵化服务取得的收入，免征增值税。

（2）自 2019 年 1 月 1 日至 2023 年 12 月 31 日，对电影主管部门（包括中央、省、地市及县级）按照各自职能权限批准从事电影制片、发行、放映的电影集团公司（含成员企业）、电影制片厂及其他电影企业取得的销售电影拷贝（含数字拷贝）收入、转让电影版权（包括转让和许可使用）收入、电影发行收入以及在农村取得的电影放映收入，免征增值税。

一般纳税人提供的城市电影放映服务，可以按现行政策规定，选择按照简易计税办法计算缴纳增值税。

（3）自 2019 年 1 月 1 日至 2023 年 12 月 31 日，对广播电视运营服务企业收取的有线数字电视基本收视维护费和农村有线电视基本收视费，免征增值税。

（4）自 2019 年 1 月 1 日至 2023 年 12 月 31 日，党报、党刊将其发行、印刷业务及相应的经营性资产剥离组建的文化企业，自注册之日起所取得的党报、党刊发行收入和印刷收入免征增值税。

（5）自 2019 年 1 月 1 日至 2022 年 12 月 31 日，对单位或者个体工商户将自产、委托加工或购买的货物通过公益性社会组织、县级及以上人民政府及其组成部门和直属机构，或直接无偿捐赠给目标脱贫地区的单位和个人，免征增值税。

（6）自 2019 年 6 月 1 日至 2025 年 12 月 31 日，为社区提供养老、托育、家政等服务的机构，提供社区养老、托育、家政服务取得的收入，免征增值税。

（7）自 2018 年 11 月 7 日至 2021 年 11 月 6 日，对境外机构投资境内债券市场取得的债券利息收入暂免征收增值税。

（8）自 2018 年 11 月 30 日至 2023 年 11 月 29 日，对国务院批准对外开放的货物期货品种保税交割业务，暂免征收增值税。

四、即征即退增值税规定

（1）增值税一般纳税人销售其自行开发生产的软件产品，按 13% 税率缴纳增值税后，对其增值税实际税负超过 3% 的部分实行即征即退政策。

增值税一般纳税人将进口软件产品进行本地化改造后对外销售，其销售的软件产品可享受上述规定的增值税即征即退政策。

本地化改造是指对进口软件产品进行重新设计、改进、转换等，单纯对进口软件产品进行汉字化处理不包括在内。

（2）一般纳税人提供管道运输服务，对其增值税实际税负超过 3% 的部分实行增值税即征即退政策。

（3）经中国人民银行、银监会（银保监会）或商务部批准从事融资租赁业务的试点一般纳税人，提供有形动产融资租赁服务和有形动产融资性售后回租服务，对其增值税实际税负超过 3% 的部分实行增值税即征即退政策。

前述所称的实际税负，是指纳税人当期提供应税服务实际缴纳的增值税税额占纳税人当期提供应税服务取得的全部价款和价外费用的比例。

（4）对飞机维修劳务增值税实际税负超过 6% 的部分即征即退。

（5）自 2015 年 7 月 1 日起，对纳税人销售自产的利用风力生产的电力产品，实行增值税即征即退 50% 的政策。

（6）纳税人安置残疾人即征即退优惠。

所谓纳税人，是指安置残疾人的单位和个体工商户；

纳税人本期应退增值税额按以下公式计算：

本期应退增值税额 = 本期所含月份每月应退增值税额之和

月应退增值税额 = 纳税人本月安置残疾人员人数 × 本月月最低工资标准的 4 倍

其中：月最低工资标准，是指纳税人所在区县（含县级市、旗）适用的经省（含自治区、直辖市、计划单列市）人民政府批准的月最低工资标准。

纳税人新安置的残疾人从签订劳动合同并缴纳社会保险的次月起计算，其他职工从录用的次月起计算；安置的残疾人和其他职工减少的，从减少当月计算。

（7）资源综合利用产品和劳务即征即退优惠。

纳税人销售自产的资源综合利用产品和提供资源综合利用劳务（以下称销售综合利用产品和劳务），可享受增值税即征即退政策。具体综合利用的资源名称、综合利用产品和劳务名称、技术标准和相关条件、退税比例等按照《资源综合利用产品和劳务增值税优惠目录》的相关规定执行。

自 2019 年 9 月 1 日起，纳税人销售自产磷石膏资源综合利用产品，可享受增值税即征即退 70% 的政策。

五、扣减增值税规定

（一）退役士兵创业就业

（1）自主就业退役士兵从事个体经营的，自办理个体工商户登记当月起，在 3 年（36 个月，下同）内按每户每年 12 000 元为限额依次扣减其当年实际应缴纳的增值税、城市维护建设税、教育费附加、地方教育附加和个人所得税。限额标准最高可上浮 20%，各省、自治区、直辖市人民政府可根据本地区实际情况在此幅度内确定具体限额标准。

纳税人年度应缴纳税款小于上述扣减限额的，以其实际缴纳的税款为限；年度应缴税款大于上述扣减限额的，应以上述扣减限额为限。纳税人的实际经营期不足一年的，应当以实际月份换算其减免税限额。其换算公式为：

$$减免税限额 = 年度减免税限额 \div 12 \times 实际经营月数$$

纳税人在享受税收优惠政策的当月，持《中国人民解放军义务兵退出现役证》或《中国人民解放军士官退出现役证》以及税务机关要求的相关材料向主管税务机关备案。

（2）对商贸企业、服务型企业、劳动就业服务企业中的加工型企业和街道社区具有加工性质的小型企业实体，在新增加的岗位中，当年新招用自主就业退役士兵，与其签订 1 年以上期限劳动合同并依法缴纳社会保险费的，在 3 年内按实际招用人数予以定额依次扣减增值税、城市维护建设税、教育费附加、地方教育附加和企业所得税优惠。定额标准为每人每年 6 000 元，最高可上浮 50%，各省、自治区、直辖市人民政府可根据本地区实际情况在此幅度内确定具体定额标准。

纳税人按企业招用人数和签订的劳动合同时间核定企业减免税总额，在核定减免税总额内每月依次扣减增值税、城市维护建设税、教育费附加和地方教育附加。纳税人实际应缴纳的增值税、城市维护建设税、教育费附加和地方教育附加小于核定减免税总额的，以实际应缴纳的增值税、城市维护建设税、教育费附加和地方教育附加为限；实际应缴纳的增值税、城市维护建设税、教育费附加和地方教育附加大于核定减免税总额的，以核定减免税总额为限。

纳税年度终了，如果企业实际减免的增值税、城市维护建设税、教育费附加和地方教育附加小于核定的减免税总额，企业在企业所得税汇算清缴时以差额部分扣减企业所得税。当年扣减不足的，不再结转以后年度扣减。

自主就业退役士兵在企业工作不满 1 年的，应当按月换算减免税限额。计算公式为：

$$企业核算减免税总额 = \sum 每名自主就业退役士兵本年度在本企业工作月份 \div 12 \times 定额标准$$

城市维护建设税、教育费附加和地方教育附加的计税依据是享受上述两项税收优惠政策前的增值税应纳税额。

上述税收优惠政策执行期限为 2019 年 1 月 1 日至 2021 年 12 月 31 日。纳税人在 2021 年 12 月 31 日之前享受上述规定税收优惠政策未满 3 年的，可继续享受至 3 年期满为止。

（二）重点群体创业就业

（1）建档立卡贫困人口、持“就业创业证”（注明“自主创业税收政策”或“毕业年度内自主创业税收政策”）或“就业失业登记证”（注明“自主创业税收政策”）的人员，从事个体经营的，自办理个体工商户登记当月起，在 3 年（36 个月，下同）内按每户每年 12 000 元为限额依次扣减其当年实际应缴纳的增值税、城市维护建设税、教育费附加、地方教育附加和个人所得税。限额标准最高可上浮 20%，各省、自治区、直辖市人民政府可根据本地区实际情况在此幅度内确定具体限额标准。

纳税人年度应缴纳税款小于上述扣减限额的，减免税额以其实际缴纳的税款为限；大于上述扣减限额的，以上述扣减限额为限。

（2）企业招用建档立卡贫困人口，以及在人力资源社会保障部门公共就业服务机构登记失业半年以上且持“就业创业证”或“就业失业登记证”的人员，与其签订 1 年以上期限劳动合同并依法缴纳社会保险费的，自签订劳动合同并缴纳社会保险当月起，在 3 年内按实际招用人数予以定额依次扣减增值税、城市维护建设税、教育费附加、地方教育附加和企业所得税优惠。定额标准为每人每年 6 000 元，最高可上浮 30%，各省、自治区、直辖市人民政府可根据本地区实际情况在此幅度内确定具体定额标准。城市维护建设税、教育费附加、地方教育附加的计税依据是享受本项税收优惠政策前的增值税应纳税额。

按上述标准计算的税收扣减额应在企业当年实际应缴纳的增值税、城市维护建设税、教育费附加、地方教育附加和企业所得税税额中扣减，当年扣减不完的，不得结转下年使用。

上述企业是指属于增值税纳税人或企业所得税纳税人的企业等单位。

上述税收政策执行期限为 2019 年 1 月 1 日至 2021 年 12 月 31 日。纳税人在

2021 年 12 月 31 日享受上述规定税收优惠政策未满 3 年的，可继续享受至 3 年期满为止。

所述人员，以前年度已享受重点群体创业就业税收优惠政策满 3 年的，不得再享受规定的税收优惠政策；以前年度享受重点群体创业就业税收优惠政策未满 3 年且符合规定条件的，可按规定享受优惠至 3 年期满。

（三）税控系统专用设备及技术维护费

自 2011 年 12 月 1 日起，增值税纳税人购买增值税税控系统专用设备支付的费用以及缴纳的技术维护费（以下称为二项费用）可在增值税应纳税额中全额抵减。具体规定如下：

（1）增值税纳税人 2011 年 12 月 1 日（含，下同）以后初次购买增值税税控系统专用设备（包括分开票机）支付的费用，可凭购买增值税税控系统专用设备取得的增值税专用发票，在增值税应纳税额中全额抵减（抵减额为价税合计额），不足抵减的可结转下期继续抵减。增值税纳税人非初次购买增值税税控系统专用设备支付的费用，由其自行负担，不得在增值税应纳税额中抵减。

（2）增值税纳税人 2011 年 12 月 1 日以后缴纳的技术维护费（不含补缴的 2011 年 11 月 30 日以前的技术维护费），可凭技术维护服务单位开具的技术维护费发票，在增值税应纳税额中全额抵减，不足抵减的可结转下期继续抵减。

（3）增值税一般纳税人支付的二项费用在增值税应纳税额中全额抵减的，其增值税专用发票不作为增值税抵扣凭证，其进项税额不得从销项税额中抵扣。

六、针对新型冠状病毒感染的肺炎疫情防控的税收优惠

为进一步做好新型冠状病毒感染的肺炎疫情防控工作，支持相关企业发展，自 2020 年 1 月 1 日起实施下列政策，截止日期视疫情情况。

（1）疫情防控重点保障物资生产企业可以按月向主管税务机关申请全额退还增值税增量留抵税额。

上述增量留抵税额，是指与 2019 年 12 月底相比新增加的期末留抵税额；所称疫情防控重点保障物资生产企业名单，由省级及以上发展改革部门、工业和信息化部门确定。

（2）对纳税人运输疫情防控重点保障物资取得的收入，免征增值税。

上述防控重点保障物资的具体范围，由国家发展改革委、工业和信息化部确定。

（3）对纳税人提供公共交通运输服务、生活服务，以及为居民提供必需生活物资快递收派服务取得的收入，免征增值税。

上述公共交通运输服务、生活服务、快递收派服务的具体范围，按照“营改增

通知”和《销售服务、无形资产、不动产注释》执行。

（4）单位和个体工商户将自产、委托加工或购买的货物，通过公益性社会组织和县级以上人民政府及其部门等国家机关，或者直接向承担疫情防控防治任务的医院，无偿捐赠用于应对新型冠状病毒感染的肺炎疫情的，免征增值税、消费税、城市维护建设税、教育费附加、地方教育附加。

（5）境外捐赠人无偿向受赠人捐赠的用于防控新型冠状病毒感染的肺炎疫情进口物资可免征进口税收。

七、增值税起征点的规定

（一）个人起征点规定

《增值税暂行条例实施细则》规定，按照小规模纳税人纳税的个体工商户和其他个人，增值税起征点幅度如下：

（1）按期纳税的，为月销售额 5 000~20 000 元（含本数）；

（2）按次纳税的，为每次（日）销售额 300~500 元（含本数）。

起征点的调整由财政部和国家税务总局规定。省、自治区、直辖市财政厅（局）和国家税务局应当在规定的幅度内，根据实际情况确定本地区适用的起征点，并报财政部和国家税务总局备案。

（二）小规模纳税人免税规定

为贯彻落实党中央、国务院决策部署，进一步支持小微企业发展，财政部 税务总局公告 2021 年第 11 号规定，自 2021 年 4 月 1 日至 2022 年 12 月 31 日，小规模纳税人发生增值税应税销售行为，合计月销售额未超过 15 万元（以 1 个季度为 1 个纳税期的，季度销售额未超过 45 万元，下同）的，免征增值税；小规模纳税人发生增值税应税销售行为，合计月销售额超过 15 万元，但扣除本期发生的销售不动产的销售额后未超过 15 万元的，其销售货物、劳务、服务、无形资产取得的销售额免征增值税；适用增值税差额征税政策的小规模纳税人，以差额后的销售额确定是否可以享受该项免征增值税政策。

八、其他减免税规定

（1）纳税人兼营免税、减税项目的，应当分别核算免税、减税项目的销售额；未分别核算销售额的，不得免税、减税。

（2）纳税人销售货物或者应税劳务适用免税规定的，可以放弃免税，依照条例的规定缴纳增值税。放弃免税后，36 个月内不得再申请免税。

（3）纳税人发生应税销售行为同时适用免税和零税率规定的，优先适用零税率。

第九节 税收征管

一、纳税义务发生的时间

《增值税暂行条例》明确规定了增值税纳税义务的发生时间。纳税义务发生的时间，是纳税人发生应税行为应当承担纳税义务的起始时间。税法明确规定纳税义务发生的时间的作用在于：正式确认纳税人已经发生属于税法规定的应税行为，应承担纳税义务；有利于税务机关实施税务管理，合理规定申报期限和纳税期限，监督纳税人切实履行纳税义务。

销售货物或者应税劳务的纳税义务发生时间可以分为一般规定和具体规定。

（一）一般规定

（1）发生应税销售行为，为收讫销售款项或者取得索取销售款项凭据的当天；先开具发票的，为开具发票的当天。

（2）纳税人进口货物，其纳税义务发生时间为报关进口的当天。

（二）具体规定

纳税人收讫销售款项或者取得索取销售款项凭据的当天，按销售结算方式的不同，具体为：

（1）采取直接收款方式销售货物，不论货物是否发出，均为收到销售款或者取得索取销售款凭据的当天。

（2）采取托收承付和委托银行收款方式销售货物，为发出货物并办妥托收手续的当天。

（3）采取赊销和分期收款方式销售货物，为书面合同约定的收款日期的当天，无书面合同的或者书面合同没有约定收款日期的，为货物发出的当天。

（4）采取预收货款方式销售货物，为货物发出的当天，但生产销售生产工期超过 12 个月的大型机械设备、船舶、飞机等货物，为收到预收款或者书面合同约定的收款日期的当天。

（5）委托其他纳税人代销货物，为收到代销单位的代销清单或者收到全部或者部分货款的当天。未收到代销清单及货款的，为发出代销货物满180天的当天。

（6）销售应税劳务，为提供劳务同时收讫销售款或者取得索取销售款的凭据的当天。

（7）纳税人发生视同销售货物行为，为货物移送的当天。

（8）纳税人提供建筑服务、租赁服务采取预收款方式的，其纳税义务发生时间为收到预收款的当天。

（9）纳税人从事金融商品转让的，为金融商品所有权转移的当天。

二、纳税期限

在明确了增值税纳税义务发生时间后，还需要掌握具体纳税期限，以保证按期缴纳税款。根据《增值税暂行条例》的规定，增值税的纳税期限分别为1日、3日、5日、10日、15日、1个月或者1个季度。

纳税人的具体纳税期限，由主管税务机关根据纳税人应纳税额的大小分别核定；不能按照固定期限纳税的，可以按次纳税。以1个季度为纳税期限的规定仅适用于小规模纳税人。小规模纳税人的具体纳税期限，由主管税务机关根据其应纳税额的大小分别核定。

营改增行业以1个季度为纳税期限的规定适用于小规模纳税人、银行、财务公司、信托投资公司、信用社，以及财政部和国家税务总局规定的其他纳税人。不能按照固定期限纳税的，可以按次纳税。

纳税人以1个月或者1个季度为1个纳税期的，自期满之日起15日内申报纳税；以1日、3日、5日、10日或者15日为1个纳税期的，自期满之日起5日内预缴税款，于次月1日起15日内申报纳税并结清上月应纳税款。

扣缴义务人解缴税款的期限，依照前两款规定执行。

纳税人进口货物，应当自海关填发进口增值税专用缴纳书之日起15日内缴纳税款。

三、纳税地点

为了保证纳税人按期申报纳税，根据企业跨地区经营和搞活商品流通的特点及不同情况，税法还具体规定了增值税的纳税地点。

（1）固定业户应当向其机构所在地的主管税务机关申报纳税。总机构和分支机构不在同一县（市）的，应当分别向各自所在地的主管税务机关申报纳税；经国务院财政、税务主管部门或者其授权的财政、税务机关批准，可以由总机构汇总向总机构所在地的主管税务机关申报纳税。

（2）固定业户到外县（市）销售货物或者劳务，应当向其机构所在地的主管税务机关报告外出经营事项，并向其机构所在地的主管税务机关申报纳税；未报告的，应当向销售地或者劳务发生地的主管税务机关申报纳税；未向销售地或者劳务发生地的主管税务机关申报纳税的，由其机构所在地的主管税务机关补征税款。

（3）非固定业户销售货物或者劳务，应当向销售地或者劳务发生地的主管税务机关申报纳税；未向销售地或者劳务发生地的主管税务机关申报纳税的，由其机构所在地或者居住地的主管税务机关补征税款。

（4）进口货物，应当向报关地海关申报纳税。

扣缴义务人应当向其机构所在地或者居住地的主管税务机关申报缴纳其扣缴的税款。

思考练习题

一、思考题

1. 什么是增值税？增值税有何特征？

2. 增值税的征税范围有何规定？

3. 什么是混合销售？

4. 什么是兼营行为？

5. 一般纳税人与小规模纳税人如何确认？

6. 增值税的税率和征收率有哪些规定？

7. 什么是销项税额？

8. 什么是进项税额？

9. 现行增值税制度有何缺陷？应如何完善？

二、练习题

1. 某服装生产企业为增值税一般纳税人，2021 年 5 月发生以下业务：

（1）向外地商贸公司销售服装，货已发出，办妥托收手续，开具了增值税专用发票，取得不含税销售收入 800 万元，取得运输部门开具的增值税专用发票，注明支付销货运费 30 万元，货已发出，办妥托收手续，开具了增值税专用发票；

（2）销售给小规模纳税人一批服装，开具普通发票取得含税销售收入 79.1 万元；

（3）为一剧团加工定做演出服装，收取加工费和税金共计 11.3 万元；

（4）零售库存积压面料取得含税收入 16.95 万元；

（5）委托商场代销一批服装取得代销清单上注明的含税销售收入 63.28 万元；

（6）购进面料取得增值税专用发票上注明的销售额 130 万元、增值税税额 16.9 万元，当月发票通过认证；

（7）月末进行盘点时发现，当月因管理不善造成上月购进的面料被盗，该批面料（已抵扣进项税额）账面价值为 24 万元，其中运费成本 4 万元；

（8）上期留抵进项税额 6.5 万元。

要求：请计算服装企业 2021 年 5 月应缴纳的增值税。

2. 某轿车生产企业为增值税一般纳税人，2020 年 10 月的生产经营业务如下：

（1）购进汽车配件，取得防伪税控系统开具的增值税专用发票，注明价款 300 万元、增值税税额 39 万元；取得运输部门开具的增值税专用发票上注明运费 10 万元，增值税税额 0.9 万元。

（2）销售发动机 20 台给一小规模纳税人，开具普通发票取得收入 54.24 万元。

（3）进口原材料一批，支付给国外买价 120 万元、包装材料费 8 万元，支付到达我国海关以前的运输装卸费 15 万元、保险费 11 万元，入关后从海关运往企业所在地支付运输费 6 万元。

（4）采用分期收款方式销售配件，合同约定不含税销售额 150 万元，当月应收取 60% 的货款。由于购货方资金周转困难，本月实际收到货款 50 万元，按照实际收款额开具了增值税专用发票。

（5）购进钢材取得增值税专用发票，注明金额 400 万元、增值税税额 52 万元，另取得运输部门开具的增值税专用发票，支付运费 20 万元，增值税税额 1.8 万元；当月将购进钢材的 40% 用于建造职工食堂。

（6）销售 A 型小轿车 150 辆给某代理销售商，20 日企业开具增值税专用发票，注明金额 2 400 万元、增值税税额 312 万元，约定 10 月 25 日付款，代理商于 10 月 30 日将货款和延期付款的违约金 7 万元支付给企业。

（7）销售 A 型小轿车 10 辆给本企业有突出贡献的业务人员，以成本价核算取得销售金额 80 万元。

（8）企业新设计生产 B 型小轿车 2 辆，每辆成本价 12 万元，为了检测其性能，将其移送其他企业下设的汽车维修厂进行碰撞实验，市场上无 B 型小轿车销售价格。

（说明：① 该企业进口原材料的关税税率为 10%；② 生产销售的小轿车适用消费税税率 12%；③ B 型小轿车成本利润率 8%；④ 相关票据在有效期内均通过主管税务机关认证。）

要求：请计算该轿车生产企业 2020 年 10 月应缴纳的增值税。

3. 某企业为增值税一般纳税人，2020 年 12 月有关经营业务如下：

（1）销售货物一批给大商场，开具增值税专用发票注明价款 180 万元、增值税 23.4 万元；支付送货运输费用价税合计 6 万元，取得货运公司的普通发票。

（2）采取预收款方式销售货物一批，收取预收款 50 万元，尚未开具发票，货物于下月发出。

（3）购进原材料一批，取得增值税专用发票注明支付的价款 90 万元、增值税 11.7 万元。

（4）将自产的一批新产品用于本企业基建工程，成本价 50 万元，该产品暂无同类产品市场销售价格。

（5）购进免税农产品一批，支付收购价款 50 万元，支付给运输单位的运输费 2 万元（取得普通发票）；当月下旬企业将该批农产品的 20% 发给本单位职工作福利。

（6）没收 11 月取得的产品销售包装物押金收入 2.26 万元。

（7）进口原材料一批，支付给国外的买价 20 万元，到达我国海关前共计发生运杂费 5 万元、保险费 3 万元，该货物的关税税率为 20%，已缴纳了进口环节的增值税并取得了海关开具的增值税缴款书。

（8）销售 2015 年 5 月购进的生产设备，开具增值税专用发票上注明的价款 7 000 元。

（说明：购销货物涉及的相关票据已通过主管税务机关认证。）

要求：请计算该企业 2020 年 12 月国内销售环节应缴纳的增值税。

4. 某房产开发股份有限公司（增值税一般纳税人）从事多业经营，2020 年 12 月发生以下业务：

（1）将某地块开发建造商品房，当月全部售出，当月收到售房款 3 270 万元，另外代收房屋专项维修基金 240 万元。2018 年购置该地块的使用权时支付价款 1 090 万元。

（2）酒店餐饮收入 212 万元，客房收入 265 万元。

（3）该房地产公司签订出租写字楼协议，月租金收入为 10 万元，从 2020 年 12 月 1 日起，租期 3 年，房地产公司 12 月一次性收取第一年租金 130.8 万元。

（4）本期承包甲企业的室内装修工程，取得装饰、装修劳务费 1 199 万元和代垫辅助材料费用 54.5 万元；甲企业自行采购的材料价款为 2 400 万元，取得增值税普通发票；采购中央空调设备，取得增值税专用发票注明的价款为 120 万元。

已知：上述收入均为含税收入，建筑服务、销售不动产均采用一般计税方法计税。

要求：计算该公司 2020 年 12 月应缴纳的增值税合计数。

即 测 即 评

请扫描二维码进行在线测试。

第三章

消 费 税

内容提要：

本章介绍了消费税的纳税人、征税范围、税目和税率；消费税的计税依据、应纳税额的计算；出口应税消费品退（免）税和消费税的征收管理。学习本章时，主要掌握消费税的征税范围、计税依据和应纳税额的计算方法。

第一节 消费税概述

一、消费税的概念

消费税是对消费品和特定消费行为的流转额征收的一种流转税。从消费税的课征范围看，可分为一般消费税和特别消费税。前者主要对包括生活必需品在内的所有消费品课税，后者主要对特定消费品或特定消费行为课税。从消费税的纳税环节看，可分为直接消费税和间接消费税。前者对消费者在购买应税消费品时征收，通过价外加税的形式，由消费者直接承担税收负担；后者对生产或销售应税消费品的经营者征收，通过价税合计形式由消费者间接承担税收负担。

消费税是一个古老的税种，最早产生于古罗马帝国时期。由于消费税具有纠正外部性、抑制不良消费和调节收入分配等优点，因而受到世界各国的普遍重视。据不完全统计，目前全世界已有 120 多个国家开征了消费税。

与世界消费税悠久的历史相比，我国的消费税是一个相对年轻的税种。新中国成立以来，首次以消费税命名开征这一税种始于1994年，此后消费税税目、税率和缴纳方法几经调整。现行消费税的基本法律依据是国务院2008年11月5日颁布并于2009年1月1日施行的《中华人民共和国消费税暂行条例》（以下简称《消费税暂行条例》）。

按照《消费税暂行条例》规定，消费税是在我国境内生产、委托加工和进口本条例规定的消费品的单位和个人，以及国务院确定的销售本条例规定的消费品的其他单位和个人，就其销售额或销售数量，在特定环节征收的一种流转税。

二、我国消费税的特点

（一）征收范围具有选择性

我国消费税在征收范围上根据产业政策与消费政策仅选择部分消费品征税，而不是对所有消费品都征税。我国消费税目前共设置15个税目，征收的具体品目采用正列举的方式，只有消费税税目税率表上列举的应税消费品才征收消费税，没有列举的则不应征收消费税。

（二）征税环节具有单一性

消费税的最终负担人是消费者，但是，为了加强源泉控制，防止税款流失，消费税的纳税环节主要确定在产制环节或进口环节。除个别应税消费品外，消费税在生产环节或进口环节征税之后，在其他继续流转环节将不再征收消费税。目前，除卷烟和超豪华小汽车分别在批发和零售环节再征收一次消费税外，其他消费品无论在哪个环节征税，都实行单环节征收。这样，既可以减少纳税人的数量，降低税款征收费用和税源流失的风险，又可以防止重复征税。

（三）平均税负比较高且税负差异大

消费税属于国家运用税收杠杆对某些消费品进行特殊调节的税种。为了有效体现国家的经济政策，消费税的平均税负水平一般定得比较高，并且不同征税项目的税负差异较大，我国当前征收消费税的商品中，税率最低的为1%，最高的为56%。我国现行消费税是同增值税相互配合而设置的，即在对某些需要特殊调节的消费品征收增值税的同时，再加征一道消费税，从而形成了一种交叉调节的间接税体系。

（四）征收方法具有多样性

消费税在征收方法上，既可以采用对消费品制定单位税额，依消费品的数量实行从量定额的征收方法，也可以采用对消费品制定比例税率，依消费品的价格实行从价定率的征收方法。目前，我国还对卷烟和白酒两类消费品采用从价征收和从量征收相结合的复合征收方法。

（五）税收负担具有转嫁性

消费税是对消费应税消费品的课税，因此，税负归宿应为消费者。但为了简化征收管理，我国消费税直接以应税消费品的生产经营者为纳税人，于生产销售环节、进口环节、零售环节和批发环节征收税款，并成为商品价格的一个组成部分向购买者收取，消费者为税负的最终负担者。由于我国的消费税采用价内税形式，很多普通消费者不清楚消费行为承担了消费税。目前，消费税是我国税收收入的重要来源，是我国第四大税，具体情况如表 3-1 所示。

表 3-1　　1994—2019 年消费税收入占税收收入总额的比例

年度	税收收入总额（亿元）	消费税收入（亿元）	占税收收入总额的比例（%）
1994	5 070.80	516.00	10.18
1995	5 973.70	566.00	9.47
1996	7 050.60	642.40	9.11
1997	8 225.50	715.10	8.69
1998	9 093.00	838.10	9.22
1999	10 315.00	854.60	8.29
2000	12 665.80	877.30	6.93
2001	15 165.50	946.20	6.24
2002	16 996.60	1 072.50	6.31
2003	20 466.10	1 221.70	5.97
2004	25 718.00	1 550.50	6.03
2005	30 865.80	1 634.31	5.29
2006	37 636.30	1 885.67	5.01
2007	49 449.29	2 206.82	4.46
2008	54 219.62	2 558.59	4.72
2009	63 104.00	4 759.12	7.54
2010	77 390.00	6 071.54	7.85
2011	95 729.00	7 935.93	8.29
2012	100 614.28	7 875.58	7.83
2013	110 530.70	8 231.32	7.45
2014	119 175.31	8 907.12	7.47

续表

年度	税收收入总额（亿元）	消费税收入（亿元）	占税收收入总额的比例（%）
2015	124 922.20	10 542.16	8.44
2016	130 354.00	10 217.00	7.84
2017	144 360.00	10 225.00	7.08
2018	152 981.00	10 632.00	6.95
2019	157 992.00	12 561.52	8.01

注：根据国家税务总局、国家统计局公布的相关数据计算。

第二节 纳税义务人、征税范围与税率

一、纳税义务人

在中华人民共和国境内生产、委托加工和进口《消费税暂行条例》规定的消费品的单位和个人，以及国务院确定的销售《消费税暂行条例》规定的消费品的其他单位和个人，为消费税的纳税人，应当依照《消费税暂行条例》缴纳消费税。上述单位，是指企业、行政单位、事业单位、军事单位、社会团体及其他单位。上述个人，是指个体工商户及其他个人。上述在中华人民共和国境内，是指生产、委托加工和进口属于应当缴纳消费税的消费品的起运地或者所在地在境内。

二、征税范围

自1994年消费税作为一个独立税种开征，到2016年9月30日《财政部、国家税务总局关于调整化妆品消费税政策的通知》发布为止，我国消费税征收范围和税目进行了一系列调整。目前征收消费税的有烟、酒、化妆品等15个税目，有的税目还进一步划分若干子目。具体的征税范围如下：

（一）烟

凡是以烟叶为原料加工生产的产品，不论使用何种辅料，均属于本税目的征收范围，包括卷烟（进口卷烟、白包卷烟、手工卷烟和未经国务院批准纳入计划的企

业及个人生产的卷烟)、雪茄烟和烟丝。

在“烟”税目下又分为“卷烟”“雪茄烟”和“烟丝”，其中“卷烟”又分为“甲类卷烟”和“乙类卷烟”。其中，甲类卷烟是指每标准条(200支，下同)调拨价格(不含增值税)在70元以上(含70元)的卷烟；乙类卷烟是指每标准条(200支，下同)调拨价格(不含增值税)在70元以下的卷烟。

(二)酒

本税目包括白酒、黄酒、啤酒和其他酒。其中啤酒分为甲类啤酒和乙类啤酒，每吨出厂价(含包装物及包装物押金，不含增值税)在3000元(含3000元)以上的为甲类啤酒；每吨出厂价(含包装物及包装物押金，不含增值税)在3000元以下的为乙类啤酒。

对饮食业、商业、娱乐业举办的啤酒屋(啤酒坊)利用啤酒生产设备生产的啤酒，应当征收消费税。

其他酒是指白酒、黄酒、啤酒以外，酒度在1°以上的各种酒。调味料酒不征收消费税。

(三)高档化妆品

自2016年10月1日起，原“化妆品”税目改为“高档化妆品”税目。

本税目征收范围包括高档美容、修饰类化妆品、高档护肤类化妆品和成套化妆品。高档美容、修饰类化妆品和高档护肤类化妆品是指生产(进口)环节销售(完税)价格(不含增值税)在10元/毫升(克)或15元/片(张)及以上的美容、修饰类化妆品和护肤类化妆品。

舞台、戏剧、影视演员化妆用的上妆油、卸装油、油彩，不属于本税目征收范围。

(四)贵重首饰及珠宝玉石

本税目征收范围包括：以金、银、白金、宝石、珍珠、钻石、翡翠、珊瑚、玛瑙等高贵稀有物质以及其他金属、人造宝石等制作的各种纯金银首饰及镶嵌首饰和经采掘、打磨、加工的各种珠宝玉石。

(五)鞭炮、焰火

本税目包括各种鞭炮、焰火。体育上用的发令纸、鞭炮药引线，不按本税目征收。

(六)成品油

本税目包括汽油、柴油、石脑油、溶剂油、航空煤油、润滑油、燃料油七个子目。

1. **汽油**

汽油是指用原油或其他原料加工生产的辛烷值不小于66的可用作汽油发动机燃料的各种轻质油，汽油分为车用汽油和航空汽油。

以汽油、汽油组分调和生产的甲醇汽油、乙醇汽油也属于本税目征收范围。

2. **柴油**

柴油是指用原油或其他原料加工生产的倾点或凝点在 −50 号至 30 号的可用作柴油发动机燃料的各种轻质油和以柴油组分为主、经调和精制可用作柴油发动机燃料的非标油。

以柴油、柴油组分调和生产的生物柴油也属于本税目征收范围。

3. **石脑油**

石脑油又叫化工轻油，是以原油或其他原料加工生产的用于化工原料的轻质油。

石脑油的征收范围包括除汽油、柴油、航空煤油、溶剂油以外的各种轻质油。非标汽油、重整生成油、拔头油、戊烷原料油、轻裂解料（减压柴油 VGO 和常压柴油 AGO）、重裂解料、加氢裂化尾油、芳烃抽余油均属轻质油，属于本税目征收范围。

4. **溶剂油**

溶剂油是用原油或其他原料加工生产的用于涂料、油漆、食用油、印刷油墨、皮革、农药、橡胶、化妆品生产和机械清洗、胶粘行业的轻质油。

橡胶填充油、溶剂油原料，属于本税目征收范围。

5. **航空煤油**

航空煤油也叫喷气燃料，是用原油或其他原料加工生产的用作喷气发动机和喷气推进系统燃料的各种轻质油。

6. **润滑油**

润滑油是用原油或其他原料加工生产的用于内燃机、机械加工过程的润滑产品。润滑油分为矿物性润滑油、植物性润滑油、动物性润滑油和化工原料合成润滑油。

润滑油的征税范围包括矿物性润滑油、矿物性润滑油基础油、植物性润滑油、动物性润滑油和化工原料合成润滑油。以植物性、动物性和矿物性基础油（或矿物性润滑油）混合掺配而成的混合性润滑油，不论矿物性基础油（或矿物性润滑油）所占比例高低，均属本税目征收范围。

另外，用原油或其他原料加工生产的用于内燃机、机械加工过程的润滑产品均属于润滑油征税范围。润滑脂是润滑产品，生产、加工润滑脂应当征收消费税。

变压器油、导热类油等绝缘油类产品不属于应征消费税的“润滑油”，不征收消费税。

7. 燃料油

燃料油也称重油、渣油，是用原油或其他原料加工生产，主要用作电厂发电、锅炉用燃料、加热炉燃料、冶金和其他工业炉燃料。蜡油、船用重油、常压重油、减压重油、180CTS燃料油、7号燃料油、糠醛油、工业燃料、4~6号燃料油等油品的主要用途是作为燃料燃烧，属于本税目征收范围。

自2009年1月1日起，对成品油生产企业在生产成品油过程中，作为燃料、动力及原料消耗掉的自产成品油，免征消费税。对用于其他用途或直接对外销售的成品油照章征收消费税。

自2012年11月1日起，催化料、售货料属于燃料油的征收范围，应当征收消费税。

（七）摩托车

本税目征收范围包括轻便摩托车和摩托车两种。对最大设计车速不超过50 km/h，发动机汽缸总工作容量不超过50 mL的三轮摩托车以及气缸容量低于250 mL（不含）以下的小排量摩托车不征收消费税。

（八）小汽车

小汽车是指由动力驱动，具有四个或四个以上车轮的非轨道承载的车辆。

本税目征收范围包括乘用车、中轻型商用客车、超豪华小汽车。其中乘用车，是指含驾驶员座位在内最多不超过9个座位（含）的，在设计和技术特性上用于载运乘客和货物的各类乘用车；中轻型商用客车，是指含驾驶员座位在内的座位数在10~23座（含23座）的在设计和技术特性上用于载运乘客和货物的各类中轻型商用客车；超豪华小汽车，是指每辆零售价格130万元（不含增值税）及以上的乘用车、中轻型商用客车。

用排气量小于1.5升（含）的乘用车底盘（车架）改装、改制的车辆属于乘用车征收范围。用排气量大于1.5升的乘用车底盘（车架）或用中轻型商用客车底盘（车架）改装、改制的车辆属于中轻型商用客车征收范围。

含驾驶员人数（额定载客）为区间值（如8~10人，17~26人）的小汽车，按其区间值下限人数确定征收范围。

超豪华小汽车征税范围为每辆零售价格130万元（不含增值税）及以上的乘用车和中轻型商用客车，即乘用车和中轻型商用客车子税目中的超豪华小汽车。

电动汽车、沙滩车、雪地车、卡丁车、高尔夫球车以及车身长度大于7米（含），并且座位在10~23座（含23座）的商用客车，不属于消费税征收范围，不征收消费税。

（九）高尔夫球及球具

高尔夫球及球具是指从事高尔夫球运动所需的各种专用装备，包括高尔夫球、高尔夫球杆及高尔夫球包（袋）等。

高尔夫球是指重量不超过45.93克、直径不超过42.67毫米的高尔夫球运动比赛、练习用球；高尔夫球杆是指被设计用来打高尔夫球的工具，由杆头、杆身和握把三部分组成；高尔夫球包（袋）是指专用于盛装高尔夫球及球杆的包（袋）。

本税目征收范围包括高尔夫球、高尔夫球杆、高尔夫球包（袋）等。高尔夫球杆的杆头、杆身和握把属于本税目征收范围。

（十）高档手表

高档手表是指销售价格（不含增值税）每只在10 000元（含）以上的各类手表。

本税目征收范围包括符合以上标准的各类手表。

（十一）游艇

游艇是指长度大于8米小于90米，船体由玻璃钢、钢、铝合金、塑料等多种材料制作，可以在水上移动的水上浮载体。按照动力划分，游艇分为无动力艇、帆艇和机动艇。

本税目征收范围包括艇身长度大于8米（含）小于90米（含），内置发动机，可以在水上移动，一般为私人或团体购置，主要用于水上运动和休闲娱乐等非牟利活动的各类机动艇。

（十二）木制一次性筷子

木制一次性筷子，又称卫生筷子，是指以木材为原料经过锯段、浸泡、旋切、刨切、烘干、筛选、打磨、倒角、包装等环节加工而成的各类供一次性使用的筷子。

本税目征收范围包括各种规格的木制一次性筷子。未经打磨、倒角的木制一次性筷子属于本税目征税范围。

（十三）实木地板

实木地板是指以木材为原料，经锯割、干燥、刨光、截断、开榫、涂漆等工序加工而成的块状或条状的地面装饰材料。实木地板按生产工艺不同，可分为独板（块）实木地板、实木指接地板、实木复合地板三类；按表面处理状态不同，可分为未涂饰地板（白坯板、素板）和漆饰地板两类。

本税目征收范围包括各类规格的实木地板、实木指接地板、实木复合地板及用于装饰墙壁、天棚的侧端面为榫、槽的实木装饰板。未经涂饰的素板也属于本税目征税范围。

（十四）电池

电池是一种将化学能、光能等直接转换为电能的装置，一般是由电极、电解质、容器、极端，通常还有隔离层组成的基本功能单元，以及用一个或多个基本功能单元装配成的电池组。其范围包括原电池、蓄电池、燃料电池、太阳能电池和其他电池。

自 2015 年 2 月 1 日起对电池（铅蓄电池除外）征收消费税；自 2016 年 1 月 1 日起，对铅蓄电池按 4% 的税率征收消费税。对无汞原电池、金属氢化物镍蓄电池（又称“氢镍蓄电池”或“镍氢蓄电池”）、锂原电池、锂离子蓄电池、太阳能电池、燃料电池和全钒液流电池免征消费税。

（十五）涂料

涂料是指涂于物体表面能形成具有保护、装饰或特殊性能的固态涂膜的一类液体或固体材料之总称。自 2015 年 2 月 1 日起对涂料征收消费税，施工状态下挥发性有机物含量低于 420 克 / 升（含）的涂料免征消费税。

三、税率

（一）税率的基本规定

消费税采用比例税率和定额税率两种形式，以适应不同应税消费品的实际情况。

消费税根据不同的税目或子目确定相应的比例税率或定额税率。大部分税目适用比例税率，例如，烟丝、摩托车等；黄酒、啤酒、成品油分别按单位重量或单位体积适用定额税率。卷烟和白酒适用比例税率和定额税率并用的双重征收形式。具体税目税率如表 3–2 所示。

表 3–2 消费税税目税率表

税目	税率
一、烟	
1. 卷烟	
生产（进口）环节	
（1）甲类卷烟	56% 加 0.003 元 / 支
（2）乙类卷烟	36% 加 0.003 元 / 支

续表

税目	税率
批发环节	11% 加 0.005 元 / 支
2. 雪茄烟	36%
3. 烟丝	30%
二、酒	
1. 白酒	20% 加 0.5 元 /500 克（或 500 毫升）
2. 黄酒	240 元 / 吨
3. 啤酒	
（1）甲类啤酒	250 元 / 吨
（2）乙类啤酒	220 元 / 吨
4. 其他酒	10%
三、高档化妆品	15%
四、贵重首饰及珠宝玉石	
1. 金银首饰、铂金首饰和钻石及钻石饰品	5%
2. 其他贵重首饰和珠宝玉石	10%
五、鞭炮、焰火	15%
六、成品油	
1. 汽油	
（1）含铅汽油	1.52 元 / 升
（2）无铅汽油	1.52 元 / 升
2. 柴油	1.20 元 / 升
3. 航空煤油	1.20 元 / 升
4. 石脑油	1.52 元 / 升
5. 溶剂油	1.52 元 / 升
6. 润滑油	1.52 元 / 升
7. 燃料油	1.20 元 / 升
七、摩托车	
1. 气缸容量（排气量，下同）250 毫升的	3%
2. 气缸容量在 250 毫升（不含）以上的	10%
八、小汽车	
1. 乘用车	
（1）气缸容量（排气量，下同）在 1.0 升（含）以下的	1%
（2）气缸容量在 1.0 升以上至 1.5 升（含）的	3%
（3）气缸容量在 1.5 升以上至 2.0 升（含）的	5%
（4）气缸容量在 2.0 升以上至 2.5 升（含）的	9%
（5）气缸容量在 2.5 升以上至 3.0 升（含）的	12%
（6）气缸容量在 3.0 升以上至 4.0 升（含）的	25%
（7）气缸容量在 4.0 升以上的	40%
2. 中轻型商用客车	5%
3. 超豪华小汽车（零售环节）	10%

续表

税目	税率
九、高尔夫球及球具	10%
十、高档手表	20%
十一、游艇	10%
十二、木制一次性筷子	5%
十三、实木地板	5%
十四、电池	4%
十五、涂料	4%

（二）税率适用的有关说明

1. 兼营不同税率应税消费品适用税率的确定

纳税人兼营不同税率的应税消费品，能够分别核算各自的销售额或销售数量，按各自的适用税率征税；不能分别核算或未分别核算的，合并不同税率应税消费品销售额或销售数量按最高税率征税。

2. 成套产品适用税率的确定

纳税人将应税消费品与非应税消费品以及适用不同税率的应税消费品组成成套产品销售的，应根据组合产品的销售额依据其中的最高税率征税。

3. 卷烟适用税率的确定

（1）非标准条包装卷烟应当折算成标准条包装卷烟的数量，依其实际销售收入计算确定其折算成标准条包装后的实际销售价格，再据此确定卷烟类别和适用的比例税率。

（2）纳税人销售的卷烟因放开销售价格而经常发生价格上下浮动的，应以该牌号规格卷烟销售当月的加权平均销售价格确定征税类别和适用税率。但销售的卷烟有下列情况之一者，不得列入加权平均计算：① 销售价格明显偏低而无正当理由的；② 无销售价格的。

在实际工作中，月初可先按上月或者离销售当月最近月份的征税类别和适用税率预缴税款，月份终了再按实际销售价格确定征税类别和适用税率，并结算应纳税款。

（3）卷烟由于接装过滤嘴、改变包装或其他原因提高销售价格后，应按照新的销售价格确定征税类别和适用税率。

（4）纳税人自产自用的卷烟应当按照纳税人生产的同牌号规格的卷烟销售价格

确定征税类别和适用税率。没有同牌号规格卷烟销售价格的，一律按照卷烟最高税率征税。

（5）委托加工的卷烟按照受托方同牌号规格卷烟的征税类别和适用税率征税。没有同牌号规格卷烟的，一律按卷烟最高税率征税。

（6）残次品卷烟应当按照同牌号规格正品卷烟的征税类别确定适用税率。

（7）下列卷烟不分类别一律按照56%卷烟税率征税，并按照定额每标准箱150元计算征税：①白包卷烟；②手工卷烟；③未经国务院批准纳入计划的企业和个人生产的卷烟。

（8）进口卷烟适用比例税率的确定。现行税法规定，每标准条进口卷烟确定适用比例税率的价格≥70元人民币的，比例税率为56%；每标准条进口卷烟确定适用比例税率的价格<70元人民币的，比例税率为36%。

计算标准条进口卷烟单价是确定比例税率的前提，其计算公式为：

$$\text{确定比例税率进口单价} = [\text{关税完税价格} + \text{关税} + \text{定额消费税} \div (1 - \text{消费税税率})] \div \text{进口条数}$$

上式中，消费税定额税率为每标准条0.6元，比例税率固定为36%。

4. 啤酒适用税率的确定

啤酒厂按照每吨出厂价格确定啤酒类别和消费税定额税率，出厂价中不含增值税税额，含包装物及其押金，但不包括供重复使用的塑料周转箱的押金。出厂价在3 000元/吨以上的税率为250元/吨，3 000元/吨以下的税率为200元/吨。

娱乐业和饮食业自制啤酒，一律适用250元/吨的定额税率。

例 3–1

某啤酒厂销售A型啤酒20吨给一副食品公司，开具税控专用发票注明金额58 000元，收取包装物押金3 000元；销售B型啤酒10吨给宾馆，开具普通发票取得收入32 000元，收取包装物押金1 500元。试分析确定该啤酒厂啤酒消费税的适用税率。

解：

（1）A型啤酒出厂价 $=[58\,000+3\,000\div(1+13\%)]\div 20=3\,032.74$（元）

由于出厂价>3 000元，所以，A型啤酒适用税率为每吨250元。

（2）B型啤酒出厂价 $=[(32\,000+1\,500)\div(1+13\%)]\div 10=2\,964.60$（元）

由于出厂价<3 000元，所以，B型啤酒适用税率为每吨220元。

第三节 计税依据

消费税应纳税额的计算主要分为从价计征、从量计征和从价从量复合计征三种方法。

一、从价计征

在从价定率计算方法下，应纳税额等于应税消费品的销售额乘以适用税率，应纳税额的多少取决于应税消费品的销售额和适用税率两个因素。

（一）销售额的确定

销售额为纳税人销售应税消费品向购买方收取的全部价款和价外费用。销售是指有偿转让应税消费品的所有权；有偿是指从购买方取得货币、货物或者其他经济利益；价外费用是指价外向购买方收取的手续费、补贴、基金、集资费、返还利润、奖励费、违约金、滞纳金、延期付款利息、赔偿金、代收款项、代垫款项、包装费、包装物租金、储备费、优质费、运输装卸费以及其他各种性质的价外收费。但下列项目不包括在内：

（1）同时符合以下条件的代垫运输费用：承运部门的运输费用发票开具给购买方的；纳税人将该项发票转交给购买方的。

（2）同时符合以下条件代为收取的政府性基金或者行政事业性收费：由国务院或者财政部批准设立的政府性基金；由国务院或者省级人民政府及其财政、价格主管部门批准设立的行政事业性收费；收取时开具省级以上财政部门印制的财政票据；所收款项全额上缴财政。

除上述规定外，其他价外费用，无论是否属于纳税人的收入，均应并入销售额计算征税。

实行从价定率办法计算应纳税额的应税消费品连同包装销售的，无论包装是否单独计价，也不论在会计上如何核算，均应并入应税消费品的销售额中征收消费税。如果包装物不作价随同产品销售，而是收取押金，此项押金则不应并入应税消费品的销售额中征税。但对因逾期未收回的包装物不再退还的或者已收取的时间超过 12 个月的押金，应并入应税消费品的销售额，按照应税消费品的适用税率缴纳消费税。

对既作价随同应税消费品销售，又另外收取押金的包装物的押金，凡纳税人在规定的期限内没有退还的，均应并入应税消费品的销售额，按照应税消费品的适用税率缴纳消费税。

纳税人销售的应税消费品，以外汇结算销售额的，其销售额的人民币折合率可以选择结算的当天或者当月 1 日的国家外汇牌价（原则上为中间价）。纳税人应在事先确定采取何种折合率，确定后 1 年内不得变更。

（二）含增值税销售额的换算

应税消费品在缴纳消费税的同时，与一般货物一样，还应缴纳增值税。按照《消费税暂行条例实施细则》的规定，应税消费品的销售额，不包括应向购货方收取的增值税税款。如果纳税人应税消费品的销售额中未扣除增值税税款或者因不得开具增值税专用发票而发生价款和增值税税款合并收取的，在计算消费税时，应将含增值税的销售额换算为不含增值税税款的销售额。其换算公式为：

应税消费品的销售额＝含增值税的销售额 ÷（1＋增值税税率或征收率）

在使用换算公式时，应根据纳税人的具体情况分别使用增值税税率或征收率。

二、从量计征

在从量定额计算方法下，应纳税额等于应税消费品的销售数量乘以单位税额，应纳税额的多少取决于应税消费品的销售数量和单位税额两个因素。

（一）销售数量的确定

销售数量是指纳税人生产、加工和进口应税消费品的数量。其具体规定为：

（1）销售应税消费品的，为应税消费品的销售数量。

（2）自产自用应税消费品的，为应税消费品的移送使用数量。

（3）委托加工应税消费品的，为纳税人收回的应税消费品数量。

（4）进口的应税消费品，为海关核定的应税消费品进口征税数量。

（二）计量单位的换算标准

《消费税暂行条例》规定，黄酒、啤酒以吨为税额单位；汽油、柴油以升为税额单位。在实际销售过程中，一些纳税人往往混用吨和升的计量单位，《中华人民共和国消费税暂行条例实施细则》规范了不同产品的计量单位，规定了不同计量单位的换算标准，如表 3–3 所示。

表 3–3 吨、升换算表

序号	名称	计量单位的换算标准
1	黄酒	1 吨 = 962 升
2	啤酒	1 吨 = 988 升
3	汽油	1 吨 = 1 388 升
4	柴油	1 吨 = 1 176 升
5	航空煤油	1 吨 = 1 246 升
6	石脑油	1 吨 = 1 385 升
7	溶剂油	1 吨 = 1 282 升
8	润滑油	1 吨 = 1 126 升
9	燃料油	1 吨 = 1 015 升

三、复合计征

现行消费税的征税范围中，只有卷烟、白酒采用复合计征方法。应纳税额等于应税销售数量乘以定额税率再加上应税销售额乘以比例税率。

生产销售卷烟、白酒从量定额计税依据为实际销售数量。进口、委托加工、自产自用卷烟、白酒从量定额计税依据分别为海关核定的进口征税数量、委托加工收回数量、移送使用数量。

四、计税依据的特殊规定

（1）纳税人通过自设非独立核算门市部销售的自产应税消费品，应当按照门市部对外销售额或者销售数量缴纳消费税。

（2）纳税人用于换取生产资料和消费资料、投资入股和抵偿债务等方面的应税消费品，应当以纳税人同类应税消费品的最高销售价格作为计税依据计算消费税。

（3）卷烟计税价格的核定。自 2012 年 1 月 1 日起，卷烟消费税最低计税价格（以下简称计税价格）核定范围为卷烟生产企业在生产环节销售的所有牌号、规格的卷烟。

计税价格由国家税务总局按照卷烟批发环节销售价格扣除卷烟批发环节批发毛利核定并发布。计税价格的核定公式为：

某牌号、规格卷烟计税价格 = 批发环节销售价格 ×（1 – 适用批发毛利率）

其中，卷烟批发环节销售价格，按照税务机关采集的所有卷烟批发企业在价格采集期内该牌号、规格卷烟的销售数量、销售额进行加权平均计算。

未经国家税务总局核定计税价格的新牌号、新规格卷烟，生产企业应按卷烟调拨价格（调拨价格是指卷烟生产企业通过卷烟交易市场与购货方签订的卷烟交易价格）申报纳税。

已经国家税务总局核定计税价格的卷烟，生产企业的实际销售价格高于计税价格的，按实际销售价格确定适用税率，计算应纳税款并申报纳税。实际销售价格低于计税价格的，按计税价格确定适用税率，计算应纳税款并申报纳税。

（4）白酒最低计税价格的核定。根据《税收征收管理法实施细则》的规定，纳税人与关联企业之间的购销业务，不按照独立企业之间的业务往来作价的，税务机关可以按照下列方法调整其计税收入额或者所得额，核定其应纳税额：按照独立企业之间进行相同或者类似业务活动的价格；按照再销售给无关联关系的第三者的价格所取得的收入和利润水平；按照成本加合理的费用和利润；按照其他合理的方法。

根据《白酒消费税最低计税价格核定管理办法（试行）》的规定，自 2009 年 8 月 1 日起，白酒生产企业销售给销售单位（销售单位是指销售公司、购销公司以及委托境内其他单位或个人包销本企业生产白酒的商业机构）的白酒，生产企业消费税计税价格低于销售单位对外销售价格（不含增值税，下同）70% 以下的，税务机关应核定消费税最低计税价格。

白酒消费税最低计税价格核定标准如下：① 白酒生产企业销售给销售单位的白酒，生产企业消费税计税价格高于销售单位对外销售价格 70%（含 70%）以上的，税务机关暂不核定消费税最低计税价格。② 白酒生产企业销售给销售单位的白酒，生产企业消费税计税价格低于销售单位对外销售价格 70% 以下的，消费税最低计税价格由税务机关根据生产规模、白酒品牌、利润水平等情况在销售单位对外销售价格 50%~70% 范围内自行核定。其中生产规模较大、利润水平较高的企业生产的需要核定消费税最低计税价格的白酒，税务机关核价幅度原则上应选择在销售单位对外销售价格 60%~70% 范围内。

白酒生产企业向商业销售单位收取的“品牌使用费”是随着应税白酒的销售而向购货方收取的，属于应税白酒销售价款的组成部分，因此，不论企业采取何种方式或以何种名义收取价款，均应并入白酒的销售额中缴纳消费税。

第四节 应纳税额的计算

依据消费税法的相关规定，消费税分别在生产销售环节、委托加工环节、进口环节、卷烟批发环节和零售环节缴纳。

一、生产销售环节应纳消费税的计算

纳税人在生产销售环节应缴纳的消费税，包括直接对外销售应税消费品应缴纳的消费税和自产自用应税消费品应缴纳的消费税。

（一）直接对外销售应纳消费税的计算

直接对外销售应税消费品可能涉及以下三种计算方法。

1. 从价定率计算

在从价定率计算方法下，应纳消费税额等于销售额乘以适用税率。其基本计算公式为：

应纳税额 = 计税销售额 × 比例税率

例 3-2

某化妆品生产企业为增值税一般纳税人。2020 年 5 月 15 日向某大型商场销售高档化妆品一批，开具增值税专用发票，取得不含增值税销售额 100 万元，增值税额 13 万元；5 月 20 日向某单位销售高档化妆品一批，开具普通发票，取得含增值税销售额 5.65 万元。请计算该高档化妆品生产企业上述业务应缴纳的消费税税额。

解：

（1）高档化妆品适用消费税税率 15%。

（2）高档化妆品的应税销售额 = 100 + 5.65 ÷（1 + 13%）= 105（万元）。

（3）应纳税额 = 105 × 15% = 15.75（万元）。

2. 从量定额计算

在从量定额计算方法下，应纳税额等于应税消费品的销售数量乘以定额税率。其基本计算公式为：

应纳税额 = 计税销售数量 × 定额税率

例 3-3

某啤酒厂 2020 年 9 月销售乙类啤酒 2 000 吨，每吨出厂价格 2 800 元。请计算 2020 年 9 月该啤酒厂应纳消费税税额。

解：

（1）销售乙类啤酒，适用定额税率每吨 220 元。

（2）应纳税额 $=2\,000\times220=440\,000$（元）。

3. 复合计算

其基本计算公式为：

应纳税额＝计税销售数量 × 定额税率＋计税销售额 × 比例税率

例 3–4

某白酒生产企业为增值税一般纳税人，2020 年 6 月销售粮食白酒 100 吨，取得不含增值税的销售额 500 万元。请计算该白酒企业 2020 年 6 月应缴纳的消费税税额。

解：

（1）白酒适用比例税率 20%，定额税率每 500 克 0.5 元。

（2）应纳税额 $=100\times2\,000\times0.5\div10\,000+500\times20\%=110$（万元）。

（二）自产自用应纳消费税的计算

1. 自产自用的税务处理

自产自用，就是纳税人生产应税消费品后，不是用于直接对外销售，而是用于自己连续生产应税消费品或用于其他方面。这种自产自用应税消费品的形式，在实际经济活动中是很常见的，但也是在是否纳税或如何纳税上最容易出现问题的。例如，有的企业把自己生产的应税消费品，以福利或奖励等形式发给本厂职工，以为不是对外销售，不必计入销售额，无须纳税，这样就出现了漏缴税款的现象。因此，有必要认真理解税法对自产自用应税消费品的有关规定。

（1）用于连续生产的应税消费品。纳税人自产自用的应税消费品，用于连续生产应税消费品的，不纳税。“纳税人自产自用的应税消费品，用于连续生产应税消费品的”，是指作为生产最终应税消费品的直接材料并构成最终产品实体的应税消费品。例如，卷烟厂生产出的烟丝，如果将其直接对外销售，烟丝已是应税消费品，应单独计算缴纳消费税；如果卷烟厂用自己生产的烟丝再连续生产卷烟，这样，用于连续生产卷烟的烟丝就不缴纳消费税，最后只对生产的卷烟缴纳消费税。税法规定对自产自用的应税消费品，用于连续生产应税消费品的不征税，体现了税不重征且计税简便的原则，因自产自用应税消费品的价值构成了最终消费品的总价值。

（2）用于其他方面的应税消费品。纳税人自产自用的应税消费品，除用于连续生产应税消费品以外的其他方面，于移送使用时纳税。用于其他方面是指纳税人用于生产非应税消费品、在建工程、管理部门、非生产机构、提供劳务，以及用于馈赠、赞助、集资、广告、样品、职工福利、奖励等方面。用于生产非应税消费品是指把自产的应税消费品用于生产消费税条例税目税率表所列 14 类产品以外的产品。例如，原油加工厂用生产出的应税消费品汽油调和制成溶剂汽油，该溶剂汽油就属于非应税消费品。用于在建工程是指把自产的应税消费品用于本单位的各项建设工程。例如，石化工厂把自己生产的柴油用于本厂基建工程的车辆、设备使用。用于管理部门、非生产机构是指把自己生产的应税消费品用于与本单位有隶属关系的管理部门或非生产机构。例如，汽车制造厂把生产出的小汽车提供给上级主管部门使用。用于馈赠、赞助、集资、广告、样品、职工福利、奖励是指把自己生产的应税消费品无偿赠送给他人或以资金的形式投资于外单位某些事业或作为商品广告、经销样品或以福利、奖励的形式发给职工。例如，摩托车厂把自己生产的摩托车赠送或赞助给摩托车拉力赛赛手使用，兼作商品广告；酒厂把生产的滋补药酒以福利的形式发给职工等。总之，企业自产的应税消费品虽然没有用于销售或连续生产应税消费品，但只要是用于税法所规定的范围的都要视同销售，依法征收消费税。

2. 自产自用计税依据的确定

纳税人自产自用的应税消费品，凡用于其他方面，应当纳税的，按照纳税人生产的同类消费品的销售价格计算纳税。同类消费品的销售价格是指纳税人当月销售的同类消费品的销售价格，如当月同类消费品各期销售价格高低不同，应按销售数量加权平均计算。但销售的应税消费品有下列情况之一的，不得列入加权平均计算：销售价格明显偏低又无正当理由的；无销售价格的。

如果当月无销售或者当月未完结，应按照同类消费品上月或者最近月份的销售价格计算纳税。没有同类消费品当月或上月和最近月份销售价格的，应按照组成计税价格计算纳税。组成计税价格的计算公式是：

（1）实行从价定率办法计算纳税的组成计税价格计算公式。

组成计税价格 =（成本 + 利润）÷（1 − 比例税率）

或：　　　　　　=成本 ×（1+ 成本利润率）÷（1 − 比例税率）

应纳税额 = 组成计税价格 × 比例税率

（2）实行复合计税办法计算纳税的组成计税价格计算公式。

组成计税价格 =（成本 + 利润 + 自产自用数量 × 定额税率）÷（1 − 比例税率）

应纳税额 = 组成计税价格 × 比例税率 + 自产自用数量 × 定额税率

上述公式中的成本是指应税消费品的产品生产成本。

上述公式中的利润是指根据应税消费品的全国平均成本利润率计算的利润。应税消费品全国平均成本利润率由国家税务总局确定（见表 3−4）。

表 3-4 平均成本利润率表

货物名称	利润率（%）	货物名称	利润率（%）
1. 甲类卷烟	10	11. 贵重首饰及珠宝玉石	6
2. 乙类卷烟	5	12. 汽车轮胎	5
3. 雪茄烟	5	13. 摩托车	6
4. 烟丝	5	14. 高尔夫球及球具	10
5. 粮食白酒	10	15. 高档手表	20
6. 薯类白酒	5	16. 游艇	10
7. 其他酒	5	17. 木制一次性筷子	5
8. 酒精	5	18. 实木地板	5
9. 高档化妆品	5	19. 乘用车	8
10. 鞭炮、焰火	5	20. 中轻型商用客车	5

例 3-5

某化妆品公司 2021 年 5 月将一批自产的高档化妆品赠送给业务往来单位，生产化妆品的成本 160 000 元，该化妆品无同类产品市场销售价格，但已知其成本利润率为 5%，消费税税率为 15%。请计算该批高档化妆品应缴纳的消费税税额。

解：

（1）组成计税价格＝成本 ×（1＋成本利润率）÷（1－消费税税率）＝160 000×（1+5%）÷（1－15%）＝168 000÷0.85＝197 647.06（元）。

（2）应纳税额＝197 647.06×15%＝29 647.06（元）。

例 3-6

某白酒生产企业 2020 年 8 月试制生产 3 吨新型白酒，生产成本 12 000 元，暂无同类产品市场销售价格，为验证其质量和便于以后市场推广，企业将 3 吨白酒发给职工作为福利，已知其成本利润率为 10%，消费税税率为 20%。请计算 3 吨白酒应缴纳的消费税税额。

解：

（1）组成计税价格＝[成本 ×（1＋成本利润率）＋自产自用数量 × 定额税率]÷（1－消费税税率）＝[12 000×（1＋10%）＋3×2 000×0.5]÷（1－20%）＝16 200÷0.8＝20 250（元）。

（2）应纳税额＝20 250×20%＝4 050（元）。

二、委托加工环节应税消费品应纳消费税的计算

（一）委托加工应税消费品的确定

委托加工的应税消费品是指由委托方提供原料和主要材料，受托方只收取加工费和代垫部分辅助材料加工的应税消费品。对于由受托方提供原材料生产的应税消费品，或者受托方先将原材料卖给委托方，然后接受加工的应税消费品，以及由受托方以委托方名义购进原材料生产的应税消费品，不论纳税人在财务上是否作销售处理，都不得作为委托加工应税消费品，而应当按照销售自制应税消费品征收消费税。

（二）代收代缴税款的规定

对于确实属于委托方提供原料和主要材料，受托方只收取加工费和代垫部分辅助材料加工的应税消费品，税法规定，由受托方在向委托方交货时代收代缴消费税。这样，受托方就是法定的代收代缴义务人。如果受托方对委托加工的应税消费品没有代收代缴或少代收代缴消费税，应按照《税收征管法》的规定，承担代收代缴的法律责任。因此，受托方必须严格履行代收代缴义务，正确计算和按时代缴税款。为了加强对受托方代收代缴税款的管理，《消费税暂行条例实施细则》规定，委托个人加工的应税消费品，由委托方向其机构所在地或者居住地主管税务机关申报纳税。

对于受托方没有按规定代收代缴税款的，并不能因此免除委托方补缴税款的责任。在对委托方进行税务检查中，如果发现其委托加工的应税消费品受托方没有代收代缴税款，委托方要补缴税款，对受托方不再重复补税了，但要按《税收征管法》的规定，对受托方处以应代收代缴税款50%以上3倍以下的罚款。

在检查时，收回的应税消费品已经直接销售的，按销售额计税；收回的应税消费品尚未销售或不能直接销售的（如收回后用于连续生产等），按组成计税价格计税。组成计税价格的计算公式与下列“（三）组成计税价格及应纳税额的计算”中组成计税价格公式相同。

委托加工的应税消费品，受托方在交货时已代收代缴消费税，委托方收回后直接销售的，不再征收消费税。

根据财法〔2012〕8号文件的规定，“委托加工的应税消费品直接出售的，不再缴纳消费税”的含义是：委托方将收回的应税消费品，以不高于受托方的计税价格出售的，为直接出售，不再缴纳消费税；自2012年9月1日起，委托方以高于受托方的计税价格出售的，不属于直接出售，需按照规定申报缴纳消费税，在计税时准予扣除受托方已代收代缴的消费税。

（三）组成计税价格及应纳税额的计算

委托加工的应税消费品，按照受托方的同类消费品的销售价格计算纳税，同类消费品的销售价格是指受托方（代收代缴义务人）当月销售的同类消费品的销售价格，如果当月同类消费品各期销售价格高低不同，应按销售数量加权平均计算。但销售的应税消费品有下列情况之一的，不得列入加权平均计算：销售价格明显偏低又无正当理由的；无销售价格的。

如果当月无销售或者当月未完结，应按照同类消费品上月或最近月份的销售价格计算纳税。没有同类消费品销售价格的，按照组成计税价格计算纳税。组成计税价格的计算公式为：

（1）实行从价定率办法计算纳税的组成计税价格计算公式。

$$组成计税价格=(材料成本+加工费)\div(1-比例税率)$$

（2）实行复合计税办法计算纳税的组成计税价格计算公式。

$$组成计税价格=(材料成本+加工费+委托加工数量\times定额税率)\div(1-比例税率)$$

上述组成计税价格公式中的材料成本是指委托方所提供加工材料的实际成本。委托加工应税消费品的纳税人，必须在委托加工合同上如实注明（或以其他方式提供）材料成本，凡未提供材料成本的，受托方所在地主管税务机关有权核定其材料成本。从这一条规定可以看出，税法对委托方提供原料和主要材料，要求以明确的方式如实提供材料成本，其目的就是防止假冒委托加工应税消费品或少报材料成本以逃避纳税的现象。

上述公式中的加工费是指受托方加工应税消费品向委托方所收取的全部费用（包括代垫辅助材料的实际成本，不包括增值税税金），这是税法对受托方的要求。受托方必须如实提供向委托方收取的全部费用，这样才能既保证组成计税价格及代收代缴消费税准确地计算出来，也使受托方按加工费得以正确计算其应纳的增值税。

例 3–7

某鞭炮企业2020年10月受托为某单位加工一批鞭炮，委托单位提供的原材料金额为160万元，收取委托单位不含增值税的加工费10万元，鞭炮企业当地无加工鞭炮的同类产品市场价格。请计算鞭炮企业向委托方交货时应代收代缴的消费税。

解：

（1）鞭炮的适用税率为15%。

（2）组成计税价格=(160+10)÷(1−15%)=200（万元）。

（3）应代收代缴消费税=200×15%=30（万元）。

三、进口环节应纳消费税的计算

进口的应税消费品于报关进口时缴纳消费税；进口的应税消费品的消费税由海关代征；进口的应税消费品由进口人或者其代理人向报关地海关申报纳税；纳税人进口应税消费品，按照关税征收管理的相关规定，应当自海关填发海关进口消费税专用缴款书之日起 15 日内缴纳税款。

1993 年 12 月，国家税务总局、海关总署联合颁发的《关于进口货物征收增值税、消费税有关问题的通知》规定，进口应税消费品的收货人或办理报关手续的单位和个人，为进口应税消费品消费税的纳税义务人。进口应税消费品消费税的税目、税率（税额），依照《消费税暂行条例》所附的消费税税目税率表执行。

纳税人进口应税消费品，按照组成计税价格和规定的税率计算应纳税额。其计算方法如下：

（一）实行从价定率计征应纳税额的计算

计算公式为：

$$组成计税价格 =（关税完税价格 + 关税）\div（1 - 比例税率）$$

$$应纳税额 = 组成计税价格 \times 比例税率$$

公式中的关税完税价格，是指海关核定的关税计税价格。

例 3-8

某商贸公司，2020 年 11 月从国外进口一批应税消费品，已知该批应税消费品的关税完税价格为 180 万元，按规定应缴纳关税 36 万元，假定进口的应税消费品的消费税税率为 10%。请计算该批消费品进口环节应缴纳的消费税税额。

解：

（1）组成计税价格 =（180 + 36）÷（1 − 10%）= 240（万元）。

（2）应纳税额 = 240 × 10% = 24（万元）。

（二）实行从量定额计征应纳税额的计算

计算公式为：

$$应纳税额 = 应税消费品数量 \times 定额税率$$

（三）实行复合计税办法计征应纳税额的计算

计算公式为：

$$\text{组成计税价格}=(\text{关税完税价格}+\text{关税}+\text{进口数量}\times\text{定额税率})\div(1-\text{比例税率})$$

$$\text{应纳税额}=\text{组成计税价格}\times\text{比例税率}+\text{进口数量}\times\text{定额税率}$$

进口环节消费税除国务院另有规定外，一律不得给予减税、免税。

四、卷烟批发环节应纳消费税的计算

为了适当增加财政收入，完善烟产品消费税制度，2009 年 5 月 1 日起，在卷烟批发环节加征一道 5% 的从价税。2015 年 5 月 10 日，对卷烟批发环节税率进行了调整，将比例税率由 5% 提高至 11%，并按 0.005 元 / 支加征一道从量税，至此卷烟批发环节实现复合计税方法。

（一）纳税义务人

中华人民共和国境内从事批发卷烟业务的单位和个人。

纳税人销售给纳税人以外的单位和个人的卷烟于销售时纳税。纳税人之间销售的卷烟不缴纳消费税。

（二）征税范围

纳税人批发销售的所有牌号、规格的卷烟。

（三）适用税率

比例税率 11%；定额税率 0.005 元 / 支。

（四）计税依据

纳税人批发卷烟的销售额，销售数量。

纳税人应将卷烟销售额与其他商品销售额分别核算，未分别核算的，一并缴纳消费税。

纳税人兼营批发和零售业务的，应当分别核算批发和零售环节的销售额、销售数量；未分别核算的，按照全部销售额、销售数量计征批发环节消费税。

（五）应纳税额的计算

$$\text{应纳税额}=\text{计税销售额}\times 11\%+\text{销售标准条数}\times 1\text{元}$$

批发企业在计算纳税时不得扣除已在卷烟生产环节征收的消费税税款。

（六）纳税义务发生时间

纳税人收讫销售款或取得、索取销售款凭据的当天。

（七）纳税地点

卷烟批发企业的机构所在地；如果总机构与分支机构不在同一地区的，由总机构申报纳税。

五、零售环节应纳消费税的计算

（一）应税首饰应纳消费税的计算

1. 零售环节课税的应税首饰范围

将部分应税首饰由源头环节改在零售环节征税，是基于该类首饰永久保值的特殊性。这一政策变化目前经历了三个阶段：从 1995 年 1 月 1 日起，金银首饰消费税由生产环节征收改为零售环节征收。在零售环节征收消费税的金银首饰仅限于金基、银基合金首饰以及金、银和金基、银基合金的镶嵌首饰；从 2002 年 1 月 1 日起，钻石及钻石饰品消费税由生产、进口环节征收改为零售环节征收；从 2003 年 5 月 1 日起，铂金首饰消费税由生产环节征收改为零售环节征收。

综上所述，目前在零售环节征收消费税的应税首饰包括金银首饰、铂金首饰、钻石及钻石饰品。其他应税首饰，如镀金（银）、包金（银）首饰，以及镀金（银）、包金（银）的镶嵌首饰（简称非金银首饰），仍在生产、进口销售环节征收消费税。

2. 计税依据及应纳税额的计算

零售应税首饰应纳税额的计算公式为：

应纳税额 = 计税依据 × 零售首饰消费税税率

零售首饰消费税税率为 5%，计税依据的确定情形较为复杂：

（1）纳税人销售金银首饰，其计税依据为不含增值税的销售额。

（2）金银首饰连同包装物销售的，无论包装物是否单独计价，也无论会计上如何核算，均应将包装物收入并入金银首饰的消费税计税依据。

（3）带料加工的金银首饰，应按受托方销售同类金银首饰的销售价格确定消费税计税依据。没有同类金银首饰销售价格的，按照组成计税价格计算纳税。具体计算公式为：

组成计税价格 =（材料成本 + 加工费）÷（1 − 零售首饰消费税税率）

（4）纳税人采用以旧换新（含翻新改制）方式销售的金银首饰，应按实际收取的不含增值税的全部价款确定计税依据缴纳消费税。

（5）生产、批发、零售单位用于馈赠、赞助、集资、广告、样品、职工福利、奖励等方面的金银首饰，应按纳税人销售同类金银首饰的销售价格确定计税依据缴纳消费税；没有同类金银首饰销售价格的，按照组成计税价格计算纳税。组成计税价格的计算公式为：

组成计税价格＝购进原价 ×（1＋利润率）÷（1－零售首饰消费税税率）

纳税人为生产企业时，公式中的“购进原价”为生产成本；公式中的“利润率”一律定为6%。

此外，金银首饰消费税改变纳税环节后，用已税珠宝玉石生产的镶嵌首饰，在计税时一律不得扣除已纳的消费税税款。

例 3–9

某大型商场为增值税一般纳税人，2021 年 3 月金银首饰专卖柜台零售金银首饰，取得含税收入共计 79.1 万元。请计算零售金银首饰应缴纳的消费税。

解：

（1）不含增值税的销售额＝79.1÷（1＋13%）＝70（万元）。

（2）应缴纳的消费税＝70×5%＝3.5（万元）。

（二）超豪华小汽车应纳消费税的计算

为了引导合理消费，促进节能减排，自 2016 年 12 月 1 日起，对超豪华小汽车在生产（进口）环节按现行税率缴纳消费税的基础上，又在零售环节加征一道消费税。

1. 征税范围

每辆零售价格 130 万元（不含增值税）及以上的乘用车和中轻型商用客车。

2. 纳税人

将超豪华小汽车销售给消费者的单位和个人，即零售超豪华小汽车的单位和个人。

3. 税率

税率为 10%。

4. 应纳税额的计算

（1）零售商在零售环节销售超豪华小汽车给消费者的：

应纳税额＝不含税零售销售额 × 零售环节税率即 10%

（2）国内汽车生产企业直接销售超豪华小汽车给消费者的：

应纳税额＝不含税销售额 ×（生产环节税率＋零售环节税率即 10%）

六、已纳消费税扣除的计算

为了避免重复征税，现行消费税法规定，将外购应税消费品和委托加工收回的应税消费品继续生产应税消费品销售的，可以将外购应税消费品和委托加工收回应税消费品已缴纳的消费税给予扣除。

（一）外购应税消费品已纳税款的扣除

由于某些应税消费品是用外购已缴纳消费税的应税消费品连续生产出来的，在对这些连续生产出来的应税消费品计算征税时，税法规定应按当期生产领用数量计算准予扣除外购的应税消费品已纳的消费税税款。扣除范围包括：

（1）外购已税烟丝生产的卷烟；

（2）外购已税高档化妆品生产的高档化妆品；

（3）外购已税珠宝玉石生产的贵重首饰及珠宝玉石；

（4）外购已税鞭炮、焰火生产的鞭炮、焰火；

（5）以外购已税汽油、柴油、石脑油、燃料油、润滑油为原料生产的应税成品油；

（6）以外购已税杆头、杆身和握把为原料生产的高尔夫球杆；

（7）以外购已税木制一次性筷子为原料生产的木制一次性筷子；

（8）以外购已税实木地板为原料生产的实木地板；

（9）外购葡萄酒连续生产的应税葡萄酒；

（10）啤酒生产集团内部企业间用啤酒液连续灌装生产的啤酒。

上述当期准予扣除外购应税消费品已纳消费税税款的计算公式为：

当期准予扣除的外购应税消费品已纳税款
= 当期准予扣除的外购应税消费品买价 ×
外购应税消费品适用税率

当期准予扣除的外购应税消费品买价
= 期初库存的外购应税消费品的买价 +
当期购进的应税消费品的买价 −
期末库存的外购应税消费品的买价

例 3–10

某卷烟生产企业，某月初库存外购应税烟丝金额 80 万元，当月又外购应税烟丝金额 600 万元（不含增值税），月末库存烟丝金额 60 万元，其余被当月生产卷烟领用。请计算卷烟厂当月准许扣除的外购烟丝已缴纳的消费税税额。

解：
（1）烟丝适用的消费税税率为 30%。
（2）当期准许扣除的外购烟丝买价 = 80 + 600 − 60 = 620（万元）。
（3）当月准许扣除的外购烟丝已缴纳的消费税税额 = 620 × 30% = 186（万元）。

外购已税消费品的买价是指购货发票上注明的销售额（不包括增值税税款）。

需要说明的是，纳税人用外购的已税珠宝玉石生产的改在零售环节缴纳消费税的金银首饰（镶嵌首饰），在计税时一律不得扣除外购珠宝玉石的已纳税款。

对自己不生产应税消费品，而只是购进后再销售应税消费品的工业企业，其销售的化妆品、鞭炮焰火和珠宝玉石，凡不能构成最终消费品直接进入消费品市场，而需进一步生产加工的，应当缴纳消费税，同时允许扣除上述外购应税消费品的已纳税款。

（二）委托加工收回应税消费品已纳税款的扣除

委托加工的应税消费品因为已由受托方代收代缴消费税，因此，委托方收回货物后用于连续生产应税消费品的，其已纳税款准予按照规定从连续生产的应税消费品应纳消费税税额中抵扣。按照消费税法相关规定，从 1995 年 6 月 1 日起，下列连续生产的应税消费品准予从应纳消费税税额中按当期生产领用数量计算扣除委托加工收回的应税消费品已纳消费税税款：

（1）以委托加工收回的已税烟丝为原料生产的卷烟；

（2）以委托加工收回的已税高档化妆品为原料生产的高档化妆品；

（3）以委托加工收回的已税珠宝玉石为原料生产的贵重首饰及珠宝玉石；

（4）以委托加工收回的已税鞭炮、焰火为原料生产的鞭炮、焰火；

（5）以外购已税汽油、柴油、石脑油、燃料油、润滑油为原料生产的应税成品油；

（6）以委托加工收回的已税杆头、杆身和握把为原料生产的高尔夫球杆；

（7）以委托加工收回的已税木制一次性筷子为原料生产的木制一次性筷子；

（8）以委托加工收回的已税实木地板为原料生产的实木地板。

上述当期准予扣除委托加工收回的应税消费品已纳消费税税款的计算公式是：

当期准予扣除的委托加工应税消费品已纳税款
= 期初库存的委托加工应税消费品已纳税款 +
当期收回的委托加工应税消费品已纳税款 −
期末库存的委托加工应税消费品已纳税款

需要说明的是，纳税人用委托加工收回的已税珠宝玉石生产的改在零售环节缴纳消费税的金银首饰，在计税时一律不得扣除委托加工收回的珠宝玉石的已纳消费税税款。

第五节 出口应税消费品退（免）税

纳税人出口应税消费品与已纳增值税出口货物一样，国家给予退（免）税优惠。出口应税消费品同时涉及退（免）增值税和消费税，且退（免）消费税与增值税在退（免）税范围的限定、退（免）税办理程序、退（免）税审核及管理上都有许多一致的地方。本节仅就出口应税消费品退（免）消费税某些不同于出口货物退（免）增值税的特殊规定做一介绍。

一、出口退（免）税政策

出口应税消费品退（免）消费税在政策上分为以下三种情况：

（一）出口免税并退税

适用这个政策的是：有出口经营权的外贸企业购进应税消费品直接出口，以及外贸企业受其他外贸企业委托代理出口应税消费品。

（二）出口免税但不退税

适用这个政策的是：有进出口经营权的生产性企业自营出口或生产企业委托外贸企业代理出口自产的应税消费品，依据其实际出口数量免征消费税，不予办理退还消费税。

（三）出口不免税也不退税

适用这个政策的是：除生产企业、外贸企业外的其他企业，具体是指一般商贸企业，这类企业委托外贸企业代理出口应税消费品一律不予退（免）税。

二、出口退税率规定

计算出口应退消费税的税率或单位税额，依据《消费税暂行条例》所附消费税税目税率表执行。当出口的货物是应税消费品时，其退还的增值税按规定的增值退税率计算；其退还的消费税则按应税消费品所适用的消费税税率计算。这是退

（免）消费税与退（免）增值税的一个重要区别。

企业应将不同消费税税率的出口产品分别核算和申报，凡划分不清适用税率的，一律从低适用税率计算应退消费税税额。

三、出口退税的计算

外贸企业从生产企业购进货物直接出口或受其他外贸企业委托代理出口应税消费品的应退消费税税款，分两种情况处理：

（1）属于从价定率计征消费税的应税消费品，应依据外贸企业从工厂购进货物时缴纳消费税的价格计算应退消费税税款。其计算公式为：

$$应退消费税税款=出口货物的工厂销售额\times 税率$$

上述公式中出口货物的工厂销售额不包含增值税。

（2）属于从量定额计征消费税的应税消费品，应以货物购进和报关出口的数量计算应退消费税税款。其计算公式为：

$$应退消费税税款=出口数量\times 单位税额$$

四、出口办理退（免）税后的管理

出口的应税消费品办理退税后发生退关或者国外退货，进口时予以免税的，报关出口者必须及时向其所在地主管税务机关申报补缴已退的消费税税款。

纳税人直接出口的应税消费品办理免税后发生退关或国外退货，进口时予以免税的，经所在地主管税务机关批准，可暂不办理补税，待其转为国内销售时，再向其主管税务机关申报补缴消费税。

第六节 征收管理

一、纳税义务发生时间

纳税人生产的应税消费品于销售时纳税，进口消费品应当于应税消费品报关进口环节纳税，但金银首饰、钻石及钻石饰品在零售环节纳税。消费税纳税义务发生的时间，以货款结算方式或行为发生时间分别确定。

（1）纳税人销售应税消费品纳税义务的发生时间。

① 纳税人采取赊销和分期收款结算方式的，其纳税义务的发生时间为销售合同规定的收款日期的当天。

② 纳税人采取预收货款结算方式的，其纳税义务的发生时间为发出应税消费品的当天。

③ 纳税人采取托收承付和委托银行收款方式销售的应税消费品，其纳税义务的发生时间为发出应税消费品并办妥托收手续的当天。

④ 纳税人采取其他结算方式的，其纳税义务的发生时间为收讫销售款或者取得索取销售款的凭据的当天。

（2）纳税人自产自用的应税消费品，其纳税义务的发生时间为移送使用的当天。

（3）纳税人委托加工的应税消费品，其纳税义务的发生时间为纳税人提货的当天。

（4）纳税人进口的应税消费品，其纳税义务的发生时间为报关进口的当天。

二、纳税期限

按照《消费税暂行条例》的规定，消费税的纳税期限分别为 1 日、3 日、5 日、10 日、15 日、1 个月或者 1 个季度。纳税人的具体纳税期限，由主管税务机关根据纳税人应纳税额的大小分别核定；不能按照固定期限纳税的，可以按次纳税。

纳税人以 1 个月或以 1 个季度为一期纳税的，自期满之日起 15 日内申报纳税；以 1 日、3 日、5 日、10 日或者 15 日为一期纳税的，自期满之日起 5 日内预缴税款，于次月 1 日起至 15 日内申报纳税并结清上月应纳税款。

纳税人进口应税消费品，应当自海关填发海关进口消费税专用缴款书之日起 15 日内缴纳税款。

如果纳税人不能按规定的纳税期限依法纳税，将按《税收征管法》的有关规定处理。

三、纳税地点

（1）纳税人销售的应税消费品及自产自用的应税消费品，除国务院财政、税务主管部门另有规定外，应当向纳税人机构所在地或者居住地的主管税务机关申报纳税。

（2）委托加工的应税消费品，除受托方为个人外，由受托方向机构所在地或者居住地的主管税务机关解缴消费税税款。

（3）进口的应税消费品，由进口人或者其代理人向报关地海关申报纳税。

（4）纳税人到外县（市）销售或者委托外县（市）代销自产应税消费品的，于应税消费品销售后，向机构所在地或者居住地主管税务机关申报纳税。

纳税人的总机构与分支机构不在同一县（市）的，应当分别向各自机构所在地的主管税务机关申报纳税；经财政部、国家税务总局或者其授权的财政、税务机关批准，可以由总机构汇总向总机构所在地的主管税务机关申报纳税。

（5）纳税人销售的应税消费品，如因质量等原因由购买者退回时，经所在地主管税务机关审核批准后，可退还已缴纳的消费税税款，但不能自行直接抵减应纳税款。

思考练习题

一、思考题

1. 什么是消费税？

2. 消费税的税目有哪些？

3. 消费税的计税依据有何规定？

4. 消费税的征收管理有何规定？

5. 现行消费税有哪些缺陷？应如何完善？

二、练习题

1. 某酒厂为增值税一般纳税人，主要生产粮食白酒和啤酒。2021 年 5 月销售粮食白酒 800 吨给商贸公司，取得不含税销售额 1 600 万元，另收取单独计账的包装物押金 13.56 万元（单独记账且未逾期）。商贸公司将该批白酒售出，取得不含税销售额 2 800 万元。当月销售甲类啤酒 300 吨，每吨不含税售价 0.32 万元，取得不含税销售额 96 万元，另收取单独计账且未逾期的包装物押金 5.65 万元。当月外购货物取得增值税专用发票并通过认证，注明增值税进项税额为 210 万元（假定税务机关核定酒厂白酒消费税的计税依据为商贸公司销售额的 70%）。

要求：请计算该酒厂当月应缴纳的消费税、增值税。

2. 某化妆品厂为增值税一般纳税人，2020 年 8 月发生下列业务：

（1）销售高档化妆品一批，开出增值税专用发票，注明价款 450 万元、增值税税款 58.5 万元；

（2）没收逾期的包装物押金 7.91 万元；

（3）本企业将新生产的化妆品分给职工作为福利，生产成本价为 5 万元，无该批新研制高档化妆品的销售价格；将不含税售价为 6 万元的高档化妆品用于广告样品；

（4）受托加工高档化妆品一批，委托方提供原材料 40 万元，企业开出增值税专用发票，注明收取加工费12万元，增值税1.56万元，该高档化妆品无同类产品市场销售价格。

已知高档化妆品成本利润率10%，消费税税率15%，根据上述资料计算：

（1）该化妆品厂当月应缴纳的消费税、增值税。

（2）该化妆品厂当月应代收代缴的消费税。

3. 某卷烟厂为增值税一般纳税人，2020年5月有关生产经营情况如下：

（1）本月销售甲类卷烟800箱，取得不含销售额2 000万元；

（2）本企业厂庆活动使用自产甲类卷烟25箱，对外销售不含税价每箱3万元。

（3）发往某县A企业烟叶一批，委托其加工烟丝，烟叶成本30万元，支付加工费10万元（不含增值税），A企业开具了增值税专用发票，并代收代缴了消费税；增值税专用发票已得到税务机关认证；

（4）卷烟厂将委托加工的烟丝收回，本月将收回的烟丝全部直接对外出售，取得不含税销售额80万元。

已知烟丝消费税税率为30%，甲类卷烟消费税税率为56%，固定税额为每标准箱150元。根据上述资料计算：

（1）A企业加工烟丝代收代缴的消费税；

（2）卷烟厂5月应当缴纳的消费税（不包括委托加工环节消费税）。

即 测 即 评

请扫描二维码进行在线测试。

第四章

城市维护建设税、教育费附加与烟叶税

内容提要：

本章介绍了城市维护建设税、教育费附加、烟叶税的税率、计税依据、应纳税（费）额的计算、优惠政策和征收管理的基本规定。学习本章时，主要掌握城市维护建设税、教育费附加和烟叶税的计税依据、优惠政策和应纳税（费）额的计算。注意城市维护建设税、教育费附加、烟叶税与增值税、消费税、土地增值税和企业所得税的关系。

第一节 城市维护建设税

一、城市维护建设税概述

（一）城市维护建设税的概念

城市维护建设税（简称城建税）是对从事工商经营，缴纳增值税、消费税的单位和个人征收的一种税。

中华人民共和国成立以来，我国城市建设和维护在不同时期都取得了较大成绩，但国家在城市建设方面一直资金不足。1979 年以前，我国用于城市维护建设的资金来源由当时的工商税附加、城市公用事业附加和国家下拨城市维护费组成。1979 年，国家开始在部分大中城市试行从上年工商利润中提取 5% 用于城市维护和建设的办法，但未能从根本上解决问题。1981 年，国务院在批转财政部关于改革工商税制的设想中提出：“根据城市建设的需要，开征城市维护建设税，作为县以上城市和工矿区市政建设的专项资金。”1985 年 2 月 8 日，国务院正式颁布了《中华人民共和国城市维护建设税暂行条例》（简称《城市维护建设税暂行条例》），并于 1985 年 1 月 1 日起在全国范围内施行。2020 年 8 月 11 日，第十三届全国人民代表大会常务委员会第二十一次会议通过《中华人民共和国城市维护建设税法》（简称《城市维护建设税法》），并于 2021 年 9 月 1 日起在全国范围内施行。

（二）城市维护建设税的特点

1. 税款专款专用

一般情况下，税收收入都直接纳入国家预算，由中央和地方政府根据需要，统一安排使用到国家建设和事业发展的各个方面，税法并不规定各个税种收入的具体使用范围和方向。但城市维护建设税不同，其所征税款要求保证用于城市公用事业和公共设施的维护和建设。

2. 属于一种附加税

征税对象是税法规定征税的目的物，是一个税种区别于另一个税种的主要标志。而城市维护建设税以纳税人实际缴纳的增值税、消费税（简称“两税”）税额为计税依据，随“两税”同时征收，其本身没有特定的课税对象，其征管方法也完全比照“两税”的有关规定办理。

3. 根据城镇规模设计不同的比例税率

城市维护建设税的负担水平，不是依据纳税人获取的利润水平或经营特点而定，而是根据纳税人所在城镇的规模及其资金需要设计的。城镇规模大的，税率高一些；反之，就低一些。例如，纳税人所在地在城市市区的，税率为 7%；在县城、建制镇的，税率为 5%；纳税人所在地不在市区、县城或者镇的，税率为 1%。这样规定能够使不同地区获取不同数量的城市维护建设资金，因地制宜地进行城市的维护和建设。

4. 征收范围较广

增值税、消费税是对商品和劳务的征税，在我国现行税制体系中居于主体税种的地位，占全部税收收入总额的 60% 左右，其征税范围基本上包括了我国境内所有经营行为的单位和个人。城市维护建设税以增值税、消费税税额作为税基，因此，城市维护建设税的征税范围相对较广。

二、纳税义务人与扣缴义务人

（一）纳税义务人

在中华人民共和国境内缴纳增值税、消费税的单位和个人，为城建税的纳税人，包括国有企业、集体企业、私营企业、股份制企业、其他企业和行政单位、事业单位、军事单位、社会团体、其他单位，以及个体工商户及其他个人。

（二）扣缴义务人

城建税的扣缴义务人为负有增值税、消费税扣缴义务的单位和个人，在扣缴增值税、消费税的同时扣缴城建税。

三、税率

城建税的税率是指纳税人应缴纳的城建税税额与纳税人实际缴纳的“两税”税额之间的比率。城建税按纳税人所在地的不同，设置了三档地区差别比例税率：纳税人所在地为市区的，税率为7%；纳税人所在地为县城、镇的，税率为5%；纳税人所在地不在市区、县城或者镇的，税率为1%。

城建税的适用税率，应当按纳税人所在地的规定税率执行。上述所称“纳税人所在地”，是指纳税人住所地或者与纳税人生产经营活动相关的其他地点，具体地点由省、自治区、直辖市确定。

对下列两种情况，可按缴纳“两税”所在地的规定税率就地缴纳城建税：

（1）由受托方代扣代缴、代收代缴“两税”的单位和个人，其代扣代缴、代收代缴的城建税按受托方所在地适用税率执行；

（2）流动经营等无固定纳税地点的单位和个人，在经营地缴纳“两税”的，其城建税的缴纳按经营地适用税率执行。

四、计税依据与应纳税额的计算

（一）计税依据

城建税的计税依据是指纳税人依法实际缴纳的“两税”税额。纳税人违反“两税”有关税法而加收的滞纳金和罚款，是税务机关对纳税人违法行为的经济制裁，不作为城建税的计税依据，但纳税人在被查补“两税”和被处以罚款时，应同时对其偷漏的城建税进行补税、缴纳滞纳金和罚款。

城建税以“两税”税额为计税依据并同时征收，如果要免征或者减征“两税”，也就要同时免征或者减征城建税。

城建税的计税依据应当按照规定扣除期末留抵退税退还的增值税税额。

对出口产品退还增值税、消费税的，不退还已缴纳的城市维护建设税。

对进口货物或者境外单位和个人向境内销售劳务、服务、无形资产缴纳的增值税、消费税税额，不征收城建税。

城市维护建设税计税依据的具体确定办法，由国务院依据本法和有关税收法律、行政法规规定，报全国人民代表大会常务委员会备案。

（二）应纳税额的计算

城建税纳税人的应纳税额大小是由纳税人实际缴纳的“两税”税额决定的。其计算公式为：

应纳税额＝纳税人实际缴纳的增值税、消费税税额 × 适用税率

例 4-1

某市区一家企业 2021 年 5 月实际缴纳增值税 500 000 元，缴纳消费税 400 000 元。计算该企业应缴纳的城建税税额。

解：应纳城建税税额＝（实际缴纳的增值税＋实际缴纳的消费税）× 适用税率＝（500 000＋400 000）×7%＝900 000×7%＝63 000（元）。

由于城建税法实行纳税人所在地差别比例税率，所以在计算应纳税额时，应十分注意根据纳税人所在地来确定适用税率。

五、税收优惠和征收管理

（一）税收优惠

根据国民经济和社会发展的需要，国务院对重大公共基础设施建设、特殊产业和群体以及重大突发事件应对等情形可以规定减征或者免征城市维护建设税，报全国人民代表大会常务委员会备案。

（二）纳税义务发生时间

城建税的纳税义务发生时间与增值税、消费税的纳税义务发生时间一致，分别

与增值税、消费税同时缴纳。

（三）纳税环节

城建税的纳税环节，实际上就是纳税人缴纳“两税”的环节。纳税人只要发生“两税”的纳税义务，就要在同样的环节，分别计算缴纳城建税。

（四）纳税地点

城建税以纳税人实际缴纳的增值税、消费税税额为计税依据，分别与增值税、消费税同时缴纳。所以，一般而言，纳税人缴纳“两税”的地点，就是该纳税人缴纳城建税的地点。但是，属于下列情况的，纳税地点为：

（1）代扣代缴、代收代缴“两税”的单位和个人，同时是城市维护建设税的代扣代缴、代收代缴义务人，其城建税的纳税地点在代扣代收地。

（2）对流动经营等无固定纳税地点的单位和个人，应随同“两税”在经营地按适用税率缴纳。

（3）纳税人跨地区提供建筑服务、销售和出租不动产的，应在建筑服务发生地、不动产所在地预缴增值税时，以预缴增值税税额为计税依据，并按预缴增值税所在地的城市维护建设税适用税率就地计算缴纳城市维护建设税。

预缴增值税的纳税人在机构所在地申报缴纳增值税时，以其实际缴纳的增值税税额为计税依据，并按机构所在地的城市维护建设税适用税率就地计算缴纳城市维护建设税。

（五）纳税期限

由于城建税是由纳税人在缴纳“两税”时同时缴纳的，所以其纳税期限分别与“两税”的纳税期限一致。

第二节 教育费附加

一、教育费附加概况

教育费附加是对缴纳增值税、消费税的单位和个人，就其实际缴纳的税额为计算依据征收的一种附加费。教育费附加实质上不是一种税收，但对纳税人而言，无论是缴纳还是会计核算都视同税收对待。

教育费附加是为加快地方教育事业，扩大地方教育经费的资金而征收的一项专用基金。1984年，《国务院关于筹措农村学校办学经费的通知》发布，开征了农村教育事业经费附加。1985年，《中共中央关于教育体制改革的决定》发布，指出必须在国家增拨教育基本建设投资和教育经费的同时，充分调动企事业单位和其他各种社会力量办学的积极性，开辟多种渠道筹措经费。为此，国务院于1986年4月28日颁布了《征收教育费附加的暂行规定》，决定从同年7月1日开始在全国范围内征收教育费附加。

二、教育费附加的征收范围及计征依据

教育费附加对缴纳增值税、消费税的单位和个人征收，以其实际缴纳的增值税和消费税为计征依据，分别与增值税和消费税同时缴纳。

自2010年12月1日起，对外商投资企业、外国企业及外籍个人（以下简称外资企业）征收教育费附加。

三、教育费附加计征比率

教育费附加计征比率曾几经变化。1986年开征时，规定为1%；1990年5月调整为2%；1994年2月调整为3%。

四、教育费附加的计算

教育费附加的计算公式为：

应纳教育费附加＝实际缴纳的增值税、消费税 × 征收比率

例4–2

某市区一家企业2020年9月实际缴纳增值税300 000元，缴纳消费税300 000元。计算该企业应缴纳的教育费附加。

解：应纳教育费附加=（实际缴纳增值税＋实际缴纳消费税）× 征收比率=（300 000＋300 000）× 3%＝600 000 × 3%＝18 000（元）。

第三节 烟叶税

一、烟叶税概况

烟叶税是以纳税人收购烟叶的收购金额为计税依据征收的一种税。烟叶税是新中国成立以后慢慢形成的一个税种，1958 年我国颁布实施《中华人民共和国农业税条例》（简称《农业税条例》）。1983 年，国务院以《农业税条例》为依据，选择特定农业产品征收农林特产农业税。当时农林特产农业税征收范围不包括烟叶，对烟叶另外征收产品税和工商统一税。1994 年，我国进行了财政体制和税制改革，国务院决定取消原产品税和工商统一税，将原农林特产农业税与原产品税和工商统一税中的农林牧水产品税目合并，改为统一征收农业特产农业税，并于同年 1 月 30 日发布《国务院关于对农业特产收入征收农业税的规定》（国务院令 143 号），其中规定对烟叶在收购环节征收，税率为 31%。1999 年，将烟叶特产农业税的税率下调为 20%。2004 年 6 月，根据《中共中央国务院关于促进农民增加收入若干政策的意见》（中发〔2004〕1 号），《财政部、国家税务总局关于取消除烟叶外的农业特产税有关问题的通知》（财税〔2004〕120 号）下发，规定从 2004 年起，除对烟叶暂保留征收农业特产农业税外，取消对其他农业特产品征收的农业特产农业税。2005 年 12 月 29 日，第十届全国人民代表大会常务委员会第十九次会议决定，《农业税条例》自 2006 年 1 月 1 日起废止。至此，对烟叶征收农业特产农业税失去了法律依据。2006 年 4 月 28 日，国务院公布了《中华人民共和国烟叶税暂行条例》（简称《烟叶税暂行条例》），并自公布之日起施行。2017 年 12 月 27 日第十二届全国人民代表大会常务委员会第三十一次会议通过《中华人民共和国烟叶税法》（简称《烟叶税法》），自 2018 年 7 月 1 日起执行。

二、纳税义务人、征税范围与税率

（一）纳税义务人

在中华人民共和国境内收购烟叶的单位为烟叶税的纳税人，应当依照《中华人民共和国烟草专卖法》的规定缴纳烟叶税。

（二）征税范围

按照《烟叶税法》的规定，烟叶的征税范围是指晾晒烟叶、烤烟叶。

（三）税率

烟叶税实行比例税率，税率为20%。烟叶税税率的调整，由国务院决定。

三、计税依据和应纳税额的计算

烟叶税的计税依据为纳税人收购烟叶支付的价款总额，包括收购价款和价外补贴。收购价款是指纳税人支付给烟叶生产销售单位和个人的收购烟叶货款；价外补贴是指纳税人在收购价款之外给予烟叶生产销售单位和个人的补贴。

应纳税额的计算公式为：

$$应纳税额=收购烟叶实际支付的价款总额 \times 税率$$

例 4–3

某烟草公司系增值税一般纳税人，2020年8月收购烟叶100 000千克，支付烟叶收购价款总额900 000元，款项已全部支付。请计算该烟草公司当年8月收购烟叶应缴纳的烟叶税。

解：应纳烟叶税＝900 000×20%＝180 000（元）。

四、征收管理

烟叶税的征收管理，依照《税收征管法》及《烟叶税法》的有关规定执行。

（一）纳税义务发生时间

烟叶税的纳税义务发生时间为纳税人收购烟叶的当天。

（二）纳税地点

纳税人收购烟叶，应当向烟叶收购地的主管税务机关申报纳税。按照《烟叶税法》的规定，烟叶税由税务机关征收。

（三）纳税期限

纳税人应当自纳税义务发生之日起15日内申报并缴纳税款。

思考练习题

一、思考题

1. 什么是城市维护建设税？

2. 城市维护建设税的纳税人和计税依据有何规定？

3. 城市维护建设税有哪些优惠政策？

4. 教育费附加有哪些基本规定？

5. 什么是烟叶税？

6. 城市维护建设税、教育费附加和烟叶税有何缺陷？应如何完善？

二、练习题

1. 某城市一生产企业为增值税一般纳税人。2020年7月进口材料一批，向海关缴纳进口环节增值税50万元；在国内销售甲产品缴纳增值税220万元、消费税360万元，由于缴纳增值税和消费税时超过纳税期限20天，被罚滞纳金5.8万元；出口乙产品，按规定退回增值税5万元。

要求：请计算该企业当月应缴纳的城市维护建设税和教育费附加。

2. 某卷烟厂注册地位于县城，2021年5月销售甲类卷烟600大箱（每大箱50 000支，每条调拨价100元），取得不含税销售额1 800万元。当月无进项税额。

要求：请计算该卷烟厂当月应缴纳的城市维护建设税和教育费附加。

3. 某烟草公司系增值税一般纳税人，2020年11月收购烟叶200 000千克，烟叶收购价格10元/千克，金额2 000 000元，另取得运输公司开具的增值税专用发票，注明运输费100 000元，税额9 000元，款项已全部支付。

要求：请计算该烟草公司当月收购烟叶应缴纳的烟叶税和收购烟叶的进项税额。

即测即评

请扫描二维码进行在线测试。

第五章

资源税和环境保护税

内容提要：

本章介绍了资源税和环境保护税的纳税义务人、税目和税率、计算依据和应纳税额的计算、优惠政策和征收管理等基本内容。学习本章时，主要掌握资源税和环境保护税的税目、应纳税额的计算方法、优惠政策和征收管理的规定。注意资源税、环境保护税与增值税、企业所得税的关系。

第一节 资源税

一、资源税概述

（一）资源税的概念

资源税是对在中华人民共和国领域及管辖海域从事应税矿产品开采和生产盐的单位和个人课征的一种税，属于对自然资源占用课税的范畴。

对资源占用行为课税不仅为当今许多国家所广泛采用，而且具有十分悠久的历史。我国对资源占用课税的历史至少可以追溯到周代，当时的“山泽之赋”就是对伐木、采矿、狩猎、捕鱼、煮盐等开发、利用自然资源的生产活动课征的赋税。此后，我国历代政府一直延续了对矿冶资源、盐业资源等自然资源开发利用课税的制度。

（二）开征资源税的理论依据

1984 年我国开征资源税时，普遍认为征收资源税主要依据的是受益原则、公平原则和效率原则三方面。从受益方面考虑，资源属国家所有，开采者因开采国有资源而得益，有责任向所有者支付其地租；从公平角度来看，条件公平是有效竞争的前提，资源级差收入的存在影响资源开采者利润的真实性，或偏袒竞争中的劣者，或拔高竞争中的优胜者，故级差收入以归政府支配为好；从效率角度分析，稀缺资源应由社会净效率高的企业来开采，对资源开采中出现的掠夺和浪费行为，国家有权采取经济手段促其转变。这些解释从一个侧面说明了开征资源税的意义和必要性。

征收资源税最重要的理论依据是地租理论。由于矿产等资源具有不可再生性的特征，以及国家凭借对自然资源的所有权垄断，使资源产生地租。矿产资源的地租表现为矿产资源的租金。矿产资源的租金体现了矿产资源的价值。这种价值不是矿产企业在开采矿产资源过程中的“劳动凝结”，而是矿产资源无以复加的使用价值的“国家所有权垄断”的体现。任何单位和个人未经国家允许，都不可能实施矿产资源的开采经营权，也不可能基于法律的规定取得矿产资源的所有权。所以，任何单位和个人取得的是矿产资源开采权，这实际上是国家对矿产资源所有权的部分让渡。

在当今经济社会条件下，政府对资源占用行为课税的动机除基于财政原因外，主要是为了运用税收经济杠杆调节纳税人的收入，为企业间开展公平竞争创造外部条件，并诱导纳税人节约、合理地开发利用自然资源，以促进经济社会可持续发展。

二、我国资源税的改革历程

中华人民共和国成立后，我国颁布了《全国税政实施要则》，明确了对盐的生产、运销征收盐税。但是，对矿产资源的开采如何课税并没有规定，所以在长达 30 多年的时间内我国实行的是资源无偿开采的制度。

1984 年 10 月 1 日，《中华人民共和国资源税条例草案》施行，我国开始对自然资源征税，征收范围仅为原油、天然气、煤炭和铁矿石，其初衷是调节级差收益。

1986 年 10 月 1 日，《中华人民共和国矿产资源法》施行，明确开采矿产资源，必须按照国家有关规定缴纳资源税和资源补偿费。“税费并存”的制度从此以法律的形式确立下来。

1993 年 12 月国务院发布的《中华人民共和国资源税暂行条例》及《资源税暂行条例实施细则》，把盐税并到资源税中，并将资源税征收范围扩大为原油、天然气、煤炭、其他非金属矿原矿、黑色金属矿原矿、有色金属矿原矿和盐七种，按照“普遍征收、级差调节”的原则，就资源赋税情况、开采条件、资源等级、地理位置等客观条件的差异规定了幅度税额，为每一个课税矿区规定了适用税率。这一规定考虑了资源条件优劣的差别，对级差收益进行了有效调节。

自2010年6月1日起，在新疆进行以油气资源税从价计征为主要内容的改革试点。

自2011年11月1日起，将以资源税从量计征改从价计征为核心内容的资源税改革从试点地区推向全国。

为促进资源节约利用和环境保护，规范资源税费制度，经国务院批准，自2014年12月1日起，实施煤炭资源税从价计征改革，同时清理相关收费基金，并调整原油、天然气资源税相关政策。

自2016年7月1日起，在河北省实施水资源税改革试点。自2017年12月1日起在北京、天津、山西、内蒙古、山东、河南、四川、陕西、宁夏9个省（自治区、直辖市）扩大水资源税改革试点，对水资源税实行从量计征。

2019年8月26日，第十三届全国人民代表大会常务委员会第十二次会议表决通过了《中华人民共和国资源税法》（简称《资源税法》），并于2020年9月1日起实施。

《资源税法》的出台，是贯彻习近平生态文明思想、落实税收法定原则及完善地方税体系的重要举措。

《资源税法》的相关法制内容，与党的二十大报告提出的“站在人与自然和谐共生的高度谋划发展”的理念不谋而言。《资源税法》的实施，必将对实现党的二十大报告提出的“中国式现代化是人与自然和谐共生的现代化”起到重要的保障作用。

三、基本税制要素

（一）纳税义务人

在中华人民共和国领域及管辖的其他海域开采应税资源的单位和个人，为资源税的纳税义务人。

中外合作开采陆上或海上石油资源的企业，依法缴纳资源税。

2011年11月1日前已依法签订中外合作开采陆上或海上石油资源合同的，在合同有效期内，继续依照国家有关规定缴纳矿区使用费，不缴纳资源税；合同期满后开采陆上或海上石油资源，依法缴纳资源税。

对取用地表水或者地下水的单位和个人，试点征收水资源税，停止征收水资源费。

（二）税目

《资源税法》以正列举的方式统一规范了资源税税目，共设置5个一级税目、17个二级子税目和160多个具体税目。相关规定如下：

1. 能源矿产

其二级子税目和征税对象为：

（1）原油。其征税对象为原矿。

（2）天然气、页岩气、天然气水合物。其征税对象为原矿。

（3）煤。其征税对象为原矿或选矿。

（4）煤成（层）气。其征税对象为原矿。

（5）铀、钍。其征税对象为原矿。

（6）油页岩、油砂、天然沥青、石煤。其征税对象为原矿或选矿。

（7）地热。其征税对象为原矿。

2. 金属矿产

其二级子税目和征税对象为：

（1）黑色金属。包括铁、锰、铬、钒和钛。其征税对象为原矿或选矿。

（2）有色金属。包括铜、铅、锌、锡、镍、锑、镁、钴、铋、汞；铝土矿；钨；钼；金、银；铂、钯、钌、锇、铱、铑；轻稀土；中重稀土；铍、锂、锆、锶、铷、铯、铌、钽、锗、镓、铟、铊、铪、铼、镉、硒、碲。其中钨、钼、轻稀土和中重稀土的征税对象为选矿，其他有色金属矿产的征税对象为原矿或选矿。

3. 非金属矿产

其二级子税目和征税对象为：

（1）矿物类。包括高岭土；石灰岩；磷；石墨；萤石、硫铁矿、自然硫；天然石英砂、脉石英、粉石英、水晶、工业用金刚石、冰洲石、蓝晶石、硅线石、长石、滑石、刚玉、菱镁矿、颜料矿物、天然碱、芒硝、钠硝石、明矾石、砷、硼、碘、溴、膨润土、硅藻土、陶瓷土、耐火粘土、铁矾土、凹凸棒石粘土、海泡石粘土、伊利石粘土、累托石粘土；叶蜡石、硅灰石、透辉石、珍珠岩、云母、沸石、重晶石、毒重石、方解石、蛭石、透闪石、工业用电气石、白垩、石棉、蓝石棉、红柱石、石榴子石、石膏；其他粘土（铸型用粘土、砖瓦用粘土、陶粒用粘土、水泥配料用粘土、水泥配料用红土、水泥配料用黄土、水泥配料用泥岩、保温材料用粘土）。其征税对象为原矿或选矿。

（2）岩石类。包括大理岩、花岗岩、白云岩、石英岩、砂岩、辉绿岩、安山岩、闪长岩、板岩、玄武岩、片麻岩、角闪岩、页岩、浮石、凝灰岩、黑曜岩、霞石正长岩、蛇纹岩、麦饭石、泥灰岩、含钾岩石、含钾砂页岩、天然油石、橄榄岩、松脂岩、粗面岩、辉长石、辉石岩、正长岩、火山灰、火山渣、泥炭；砂石。其征税对象为原矿或选矿。

（3）宝玉石类。包括宝石、玉石、宝石级金刚石、玛瑙、黄玉、碧玺。其征税对象为原矿或选矿。

4. 水气矿产

其二级子税目和征税对象为：

（1）二氧化碳气、硫化氢气、氦气和氡气。其征税对象为原矿。

（2）矿泉水。其征税对象为原矿。

5. 盐

其二级子税目和征税对象为：

（1）钠盐、钾盐、镁盐和锂盐。其征税对象为选矿。

（2）天然卤水。其征税对象为原矿。

（3）海盐。

此外，《资源税法》规定，对取用地表水或地下水的单位和个人试点征收水资源税。

（三）税率

1. 基本规定

资源税采取从价定率或者从量定额的办法计征，因此，其税率有比例税率和定额税率两种形式。具体税率和税额标准见表 5–1《资源税税日税率（额）表》（简称《税目税率表》）。

表 5–1　　资源税税目税率表

税目		征税对象	税率
能源矿产	原油	原矿	6%
	天然气、页岩气、天然气水合物	原矿	6%
	煤	原矿或选矿	2%～10%
	煤成（层）气	原矿	1%～2%
	铀、钍	原矿	4%
	油页岩、油砂、天然沥青、石煤	原矿或选矿	1%～4%
	地热	原矿	1%～20% 或每立方米 1～30 元

续表

税目			征税对象	税率
金属矿产	黑色金属	铁、锰、铬、钒、钛	原矿或选矿	1%~9%
	有色金属	铜、铅、锌、锡、镍、锑、镁、钴、铋、汞	原矿或选矿	2%~10%
		铝土矿	原矿或选矿	2%~9%
		钨	选矿	6.5%
		钼	选矿	8%
		金、银	原矿或选矿	2%~6%
		铂、钯、钌、锇、铱、铑	原矿或选矿	5%~10%
		轻稀土	选矿	7%~12%
		中重稀土	选矿	20%
		铍、锂、锆、锶、铷、铯、铌、钽、锗、镓、铟、铊、铪、铼、镉、硒、碲	原矿或选矿	2%~10%
非金属矿产	矿物类	高岭土	原矿或选矿	1%~6%
		石灰岩	原矿或选矿	1%~6% 或每吨（或每立方米）1~10 元
		磷	原矿或选矿	3%~8%
		石墨	原矿或选矿	3%~12%
		萤石、硫铁矿、自然硫	原矿或选矿	1%~8%
		天然石英砂、脉石英、粉石英、水晶、工业用金刚石、冰洲石、蓝晶石、硅线石、长石、滑石、刚玉、菱镁矿、颜料矿物、天然碱、芒硝、钠硝石、明矾石、砷、硼、碘、溴、膨润土、硅藻土、陶瓷土、耐火粘土、铁矾土、凹凸棒石粘土、海泡石粘土、伊利石粘土、累托石粘土	原矿或选矿	1%~12%
		叶蜡石、硅灰石、透辉石、珍珠岩、云母、沸石、重晶石、毒重石、方解石、蛭石、透闪石、工业用电气石、白垩、石棉、蓝石棉、红柱石、石榴子石、石膏	原矿或选矿	2%~12%
		其他粘土（铸型用粘土、砖瓦用粘土、陶粒用粘土、水泥配料用粘土、水泥配料用红土、水泥配料用黄土、水泥配料用泥岩、保温材料用粘土）	原矿或选矿	1%~5% 或每吨（或每立方米）0.15 元

续表

税目			征税对象	税率
非金属矿产	岩石类	大理岩、花岗岩、白云岩、石英岩、砂岩、辉绿岩、安山岩、闪长岩、板岩、玄武岩、片麻岩、角闪岩、页岩、浮石、凝灰岩、黑曜岩、霞石正长岩、蛇纹岩、麦饭石、泥灰岩、含钾岩石、含钾砂页岩、天然油石、橄榄岩、松脂岩、粗面岩、辉长石、辉石岩、正长岩、火山灰、火山渣、泥炭	原矿或选矿	1%~10%
		砂石	原矿或选矿	1%~5% 或每吨（或每立方米）0.1~5 元
	宝玉石类	宝石、玉石、宝石级金刚石、玛瑙、黄玉、碧玺	原矿或选矿	4%~20%
水气矿产	二氧化碳气、硫化氢气、氦气、氡气		原矿	2%~5%
	矿泉水		原矿	1%~20% 或每立方米 1~30 元
盐	钠盐、钾盐、镁盐、锂盐		选矿	3%~15%
	天然卤水		原矿	3%~15% 或每吨（或每立方米）1~10 元
	海盐			2%~5%

2. 税率（额）确定的具体规定

（1）《税目税率表》中规定实行幅度税率的，其具体适用税率由省、自治区、直辖市人民政府统筹考虑该应税资源的品位、开采条件以及对生态环境的影响等情况，在《税目税率表》规定的税率幅度内提出，报同级人民代表大会常务委员会决定，并报全国人民代表大会常务委员会和国务院备案。

（2）《税目税率表》中规定征税对象为原矿或者选矿的，应当分别确定具体适用税率。

（3）纳税人开采或者生产不同税目应税产品的，应当分别核算不同税目应税产品的销售额或者销售数量；未分别核算或者不能准确提供不同税目应税产品的销售额或者销售数量的，从高适用税率。

（4）水资源税根据当地水资源状况、取用水类型和经济发展等情况实行差别税率。

四、计税依据与应纳税额的计算

按照《资源税法》的规定，资源税实行从价计征或者从量计征。

《税目税率表》中规定可以选择实行从价计征或者从量计征的，具体计征方式由省、自治区、直辖市人民政府提出，报同级人民代表大会常务委员会决定，并报全国人民代表大会常务委员会和国务院备案。

纳税人开采或者生产应税产品自用的，应当依照本法规定缴纳资源税；但是，自用于连续生产应税产品的，不缴纳资源税。

（一）从价计征的计税依据和应纳税额计算

应税资源产品（以下称应税产品）实行从价计征的，应纳税额按照应税产品的销售额乘以具体适用税率计算。计算公式为：

应纳税额 = 应税产品销售额 × 适用税率

公式中，应税产品为矿产品的，包括原矿和选矿产品；应税产品销售额，按照纳税人销售应税产品向购买方收取的全部价款确定，不包括增值税税款。

例 5-1

某煤矿企业为增值税一般纳税人，2020 年 8 月开采并销售原煤一批，取得含税收入 339 万元；销售选煤一批，取得不含税收入 200 万元。当地省人民政府规定，原煤资源税税率为 5%，选煤资源税税率为 8%。请计算该企业当月应缴纳的资源税税额。

解：该企业当月应缴纳资源税 =339÷（1+13%）×5%+200×8%=31（万元）

（二）从量计征的计税依据和应纳税额计算

应税产品实行从量计征的，应纳税额按照应税产品的销售数量乘以具体适用税率计算。计算公式为：

应纳税额 = 应税产品销售数量 × 单位税额

公式中，应税产品销售数量，包括纳税人开采或者生产应税产品的实际销售数量和自用于应当缴纳资源税情形的应税产品数量。

例 5-2

某矿泉水生产企业为增值税一般纳税人，2020 年 6 月生产矿泉水 6 000 立方米，对外销售 4 000 立方米。作为职工福利，对本单位员工发放 1 500 立方米。当地省人民政府规定，矿泉水实现定额征收且矿泉水资源税税率 8 元 / 立方米。请计算该企业当月应缴纳的资源税税额。

解：该企业当月应缴纳资源税 =（4 000+1 500）×8=44 000（元）

五、税收优惠

（一）免税规定

有下列情形之一的，免征资源税：

（1）开采原油以及在油田范围内运输原油过程中用于加热的原油、天然气。

（2）煤炭开采企业因安全生产需要抽采的煤成（层）气。

（二）减征规定

有下列情形之一的，减征资源税：

（1）从低丰度油气田开采的原油、天然气，减征 20% 资源税。

（2）高含硫天然气、三次采油和从深水油气田开采的原油、天然气，减征 30% 资源税。

（3）稠油、高凝油减征 40% 资源税。

（4）从衰竭期矿山开采的矿产品，减征 30% 资源税。

根据国民经济和社会发展需要，国务院对有利于促进资源节约集约利用、保护环境等情形可以规定免征或者减征资源税，报全国人民代表大会常务委员会备案。

（三）由省、自治区、直辖市决定的免征或者减征规定

有下列情形之一的，省、自治区、直辖市可以决定免征或者减征资源税：

（1）纳税人开采或者生产应税产品过程中，因意外事故或者自然灾害等原因遭受重大损失。

（2）纳税人开采共伴生矿、低品位矿、尾矿。

上述规定的免征或者减征资源税的具体办法，由省、自治区、直辖市人民政府提出，报同级人民代表大会常务委员会决定，并报全国人民代表大会常务委员会和国务院备案。

纳税人的免税、减税项目，应当单独核算销售额或者销售数量；未单独核算或者不能准确提供销售额或者销售数量的，不予免税或者减税。

为进一步支持小微企业发展，自 2019 年 1 月 1 日至 2021 年 12 月 31 日，省、自治区、直辖市人民政府可以根据本地区实际情况，以及宏观调控的需要，对增值税小规模纳税人在 50% 的税额幅度内减征资源税。

六、征收管理

资源税由税务机关依照《资源税法》和《税收征管法》的规定征收管理。税务机关与自然资源等相关部门应当建立工作配合机制，加强资源税征收管理。

（一）纳税义务发生时间

纳税人销售应税产品，纳税义务发生时间为收讫销售款或者取得索取销售款凭据的当日；自用应税产品的，纳税义务发生时间为移送应税产品的当日。

（二）纳税期限

资源税按月或者按季申报缴纳；不能按固定期限计算缴纳的，可以按次申报缴纳。

纳税人按月或者按季申报缴纳的，应当自月度或者季度终了之日起 15 日内，向税务机关办理纳税申报并缴纳税款；按次申报缴纳的，应当自纳税义务发生之日起 15 日内，向税务机关办理纳税申报并缴纳税款。

（三）纳税地点

纳税人应当向应税产品的开采地或者生产地的税务机关申报缴纳资源税。

第二节 环境保护税

一、环境保护税概述

（一）环境保护税的概念

环境保护税是指在中华人民共和国领域及管辖的其他海域，直接向环境排放应税污染物的企业事业单位和其他生产经营者征收的一种税。

（二）环境保护税的发展历程

与经济发展相伴随的环境污染，引发了世界各国对环境保护问题的重视。荷兰是世界上较早开征环境保护税的国家。法国、德国、美国等也在环境保护税方面取得了显著成效。

我国从1979年开始征收排污费，但随着经济的快速发展，排污费制度在保护环境、减少污染排放等方面明显不足，倒逼环境保护税的开征。

2016年12月25日，第十二届全国人大常委会第二十五次会议审议通过《中华人民共和国环境保护税法》(简称《环境保护税法》)，并于2018年1月1日起施行。2018年10月26日，第十三届全国人大常委会第六次会议审议通过《环境保护税法》修订。

本次环境保护税的开征，是落实党的十八届三中全会、四中全会提出的“推动环境保护费改税”“用严格的法律制度保护生态环境”要求的重大举措，对于保护和改善环境、减少污染物排放、推进生态文明建设具有重要的意义。同时，环境保护税的持续推进，必将为贯彻落实党的二十大的报告所提出的“推动绿色发展，促进人与自然和谐共生”“推进美丽中国建设”提供重要的法律保障，彰显了党的二十大报告高质量发展的内在要求和中国式现代化的重要特征。

二、纳税义务人和征税范围

（一）纳税义务人

环境保护税的纳税义务人，是指在中华人民共和国领域和中华人民共和国管辖的其他海域，直接向环境排放应税污染物的企业事业单位和其他生产经营者。

依法设立的城乡污水集中处理、生活垃圾集中处理场所超过国家和地方规定的排放标准向环境排放应税污染物的，应当缴纳环境保护税。

企业事业单位和其他生产经营者贮存或者处置固体废物不符合国家和地方环境保护标准的，应当缴纳环境保护税。

达到省级人民政府确定的规模标准并且有污染物排放口的畜禽养殖场，应当依法缴纳环境保护税。

（二）征税对象

环境保护税的征税对象，基本平移了原来的排污费收费项目，为纳税人直接向环境排放的应税污染物。具体而言，是《环境保护税法》所附《环境保护税税目税额表》《应税污染物和当量值表》规定的大气污染物、水污染物、固体废物和噪声。

燃烧产生废气中的颗粒物，按照烟尘征收环境保护税。排放的扬尘、工业粉尘等颗粒物，除可以确定为烟尘、石棉尘、玻璃棉尘、炭黑尘的外，按照一般性粉尘征收环境保护税。

有下列情形之一的，不属于直接向环境排放污染物，不缴纳相应污染物的环境保护税：

（1）企业事业单位和其他生产经营者向依法设立的污水集中处理、生活垃圾集中处理场所排放应税污染物的。

（2）企业事业单位和其他生产经营者在符合国家和地方环境保护标准的设施、场所贮存或者处置固体废物的。

（3）畜禽养殖场依法对畜禽养殖废弃物进行综合利用和无害化处理的。

三、税目和税率

环境保护税的税目、税额，依据表 5–2《环境保护税税目税额表》执行。

表 5–2　　环境保护税税目税额表

<table>
<tr><th colspan="2">税目</th><th>计税单位</th><th>税额</th><th>备注</th></tr>
<tr><td colspan="2">大气污染物</td><td>每污染当量</td><td>1.2 元至 12 元</td><td></td></tr>
<tr><td colspan="2">水污染物</td><td>每污染当量</td><td>1.4 元至 14 元</td><td></td></tr>
<tr><td rowspan="4">固体废物</td><td>煤矸石</td><td>每吨</td><td>5 元</td><td></td></tr>
<tr><td>尾矿</td><td>每吨</td><td>15 元</td><td></td></tr>
<tr><td>危险废物</td><td>每吨</td><td>1 000 元</td><td></td></tr>
<tr><td>冶炼渣、粉煤灰、炉渣、其他固体废物（含半固态、液态废物）</td><td>每吨</td><td>25 元</td><td></td></tr>
<tr><td rowspan="6">噪声</td><td rowspan="6">工业噪声</td><td>超标 1~3 分贝</td><td>每月 350 元</td><td rowspan="6">1. 一个单位边界上有多处噪声超标，根据最高一处超标声级计算应纳税额；当沿边界长度超过 100 米有两处以上噪声超标，按照两个单位计算应纳税额
2. 一个单位有不同地点作业场所的，应当分别计算应纳税额，合并计征
3. 昼、夜均超标的环境噪声，昼、夜分别计算应纳税额，累计计征
4. 声源一个月内超标不足 15 天的，减半计算应纳税额
5. 夜间频繁突发和夜间偶尔突发厂界超标噪声，按等效声级和峰值两种指标中超标分贝值高的一项计算应纳税额</td></tr>
<tr><td>超标 4~6 分贝</td><td>每月 700 元</td></tr>
<tr><td>超标 7~9 分贝</td><td>每月 1 400 元</td></tr>
<tr><td>超标 10~12 分贝</td><td>每月 2 800 元</td></tr>
<tr><td>超标 13~15 分贝</td><td>每月 5 600 元</td></tr>
<tr><td>超标 16 分贝以上</td><td>每月 11 200 元</td></tr>
</table>

应税大气污染物和水污染物的具体适用税额的确定和调整，由省、自治区、直辖市人民政府统筹考虑本地区环境承载能力、污染物排放现状和经济社会生态发展目标要求，在《环境保护税法》所附《环境保护税税目税额表》规定的税额幅度内提出，报同级人民代表大会常务委员会决定，并报全国人民代表大会常务委员会和国务院备案。

四、计税依据和应纳税额计算

（一）计税依据

应税污染物的计税依据根据排放污染物的种类不同而有差别。应税大气污染物和应税水污染物的计税依据为依据污染物排放量折合的污染当量数，应税固体废物的计税依据为固体废物的排放量，应税噪声的计税依据为超过国家规定标准的分贝数。

其中污染当量，是指根据污染物或者污染排放活动对环境的有害程度以及处理的技术经济性，衡量不同污染物对环境污染的综合性指标或者计量单位。同一介质相同污染当量的不同污染物，其污染程度基本相当。

1. 应税大气污染物计税依据的确定

应税大气污染物的计税依据为应税大气污染物的污染当量数，等于该污染物的排放量除以该污染物的污染当量值。每种应税大气污染物的具体污染当量值，依照《环境保护税法》所附《应税污染物和当量值表》（略）执行。

每一排放口或者没有排放口的应税大气污染物，按照污染当量数从大到小排序，对前三项污染物征收环境保护税。

2. 应税水污染物计税依据的确定

一般地，应税水污染物的计税依据为应税水污染物的污染当量数，等于该污染物的排放量除以该污染物的污染当量值。每种应税水污染物的具体污染当量值，依照《环境保护税法》所附《应税污染物和当量值表》执行。

需要注意的是，应税水污染物中色度的污染当量数，以污水排放量乘以色度超标倍数再除以适用的污染当量值计算。畜禽养殖业水污染物的污染当量数，以该畜禽养殖场的月均存栏量除以适用的污染当量值计算。畜禽养殖场的月均存栏量按照月初存栏量和月末存栏量的平均数计算。

每一排放口的应税水污染物，按照《应税污染物和当量值表》，区分第一类水污染物和其他类水污染物，按照污染当量数从大到小排序，对第一类水污染物按照前五项征收环境保护税，对其他类水污染物按照前三项征收环境保护税。

另外，省、自治区、直辖市人民政府根据本地区污染物减排的特殊需要，可以增加同一排放口征收环境保护税的应税污染物项目数，报同级人民代表大会常务委员会决定，并报全国人民代表大会常务委员会和国务院备案。

纳税人有下列情形之一的，以其当期应税大气污染物、水污染物的产生量作为污染物的排放量：

（1）未依法安装使用污染物自动监测设备或者未将污染物自动监测设备与环境保护主管部门的监控设备联网；

（2）损毁或者擅自移动、改变污染物自动监测设备；

（3）篡改、伪造污染物监测数据；

（4）通过暗管、渗井、渗坑、灌注或者稀释排放以及不正常运行防治污染设施等方式违法排放应税污染物；

（5）进行虚假纳税申报。

3. 应税固体废物计税依据的确定

应税固定废物的计税依据为应税固体废物的排放量，等于当期应税固体废物的产生量减去当期应税固体废物贮存量、处置量、综合利用量。

纳税人应当准确计量应税固体废物的贮存量、处置量和综合利用量，未准确计量的，不得从其应税固体废物的产生量中减去。

纳税人依法将应税固体废物转移至其他单位和个人进行贮存、处置或者综合利用的，固体废物的转移量相应计入其当期应税固体废物的贮存量、处置量或者综合利用量；纳税人接收的应税固体废物转移量，不计入其当期应税固体废物的产生量。纳税人对应税固体废物进行综合利用的，应当符合工业和信息化部制定的工业固体废物综合利用评价管理规范。

纳税人有下列情形之一的，以其当期应税固定废物的产生量作为固定废物的排放量：

（1）非法倾倒应税固体废物。

（2）进行虚假纳税申报。

4. 应税噪声计税依据的确定

应税噪声的计税依据为超过国家规定标准分贝数。噪声超标分贝数不是整数值的，按四舍五入取整。

5. 应税污染物排放量的确定

应税大气污染物、水污染物、固体废物的排放量，按照下列方法和顺序计算确定：

（1）纳税人安装使用符合国家规定和监测规范的污染物自动监测设备的，按照污染物自动监测数据计算。

① 纳税人按照规定须安装污染物自动监测设备并与生态环境主管部门联网的，当自动监测设备发生故障、设备维护、启停炉、停运等状态时，应当按照相关法律法规和《固定污染源烟气（SO_2、NO_x、颗粒物）排放连续监测技术规范》（HJ 75-2017）、《水污染源在线监测系统数据有效性判别技术规范》（HJ/T 356-2007）等规定，对数据状态进行标记，以及对数据缺失、无效时段的污染物排放量进行修约和替代处理，并按标记、处理后的自动监测数据计算应税污染物排放量。相关纳税人当月不能提供符合国家规定和监测规范的自动监测数据的，应当按照排污系数、物料衡算方法计算应税污染物排放量。纳入排污许可管理行业的纳税人，其应税污染物排放量的监测计算方法按照排污许可管理要求执行。

② 纳税人主动安装使用符合国家规定和监测规范的污染物自动监测设备，但未与生态环境主管部门联网的，可以按照自动监测数据计算应税污染物排放量；不能提供符合国家规定和监测规范的自动监测数据的，应当按照监测机构出具的符合监测规范的监测数据或者排污系数、物料衡算方法计算应税污染物排放量。

（2）纳税人未安装使用污染物自动监测设备的，按照监测机构出具的符合国家有关规定和监测规范的监测数据计算。

① 纳税人委托监测机构监测应税污染物排放量的，应当按照国家有关规定制定监测方案，并将监测数据资料及时报送生态环境主管部门。监测机构实施的监测项目、方法、时限和频次应当符合国家有关规定和监测规范要求。监测机构出具的监测报告应当包括应税水污染物种类、浓度值和污水流量；应税大气污染物种类、浓度值、排放速率和烟气量；执行的污染物排放标准和排放浓度限值等信息。监测机构对监测数据的真实性、合法性负责，凡发现监测数据弄虚作假的，依照相关法律法规的规定追究法律责任。

② 纳税人采用委托监测方式，在规定监测时限内当月无监测数据的，可以沿用最近一次的监测数据计算应税污染物排放量，但不得跨季度沿用监测数据。纳税人采用监测机构出具的监测数据申报减免环境保护税的，应当取得申报当月的监测数据；当月无监测数据的，不予减免环境保护税。有关污染物监测浓度值低于生态环境主管部门规定的污染物检出限的，除有特殊管理要求外，视同该污染物排放量为零。生态环境主管部门、计量主管部门发现委托监测数据失真或者弄虚作假的，税务机关应当按照同一纳税期内的监督性监测数据或者排污系数、物料衡算方法计算应税污染物排放量。

（3）因排放污染物种类多等原因不具备监测条件的，按照国务院环境保护主管部门规定的排污系数、物料衡算方法计算。

排污系数，是指在正常技术经济和管理条件下，生产单位产品所应排放的污染物量的统计平均值。

物料衡算，是指根据物质质量守恒原理对生产过程中使用的原料、生产的产品和产生的废物等进行测算的一种方法。

在建筑施工、货物装卸和堆存过程中无组织排放应税大气污染物的，按照生态环境部规定的排污系数、物料衡算方法计算应税污染物排放量；不能按照生态环境部规定的排污系数、物料衡算方法计算的，按照省、自治区、直辖市生态环境主管部门规定的抽样测算的方法核定计算应税污染物排放量。

（4）不能按照上述（1）至（3）规定的方法计算的，按照省、自治区、直辖市人民政府环境保护主管部门规定的抽样测算的方法核定计算。

另外，对于纳税人从两个以上排放口排放应税污染物的，对每一排放口排放的应税污染物分别计算征收环境保护税；纳税人持有排污许可证的，其污染物排放口按照排污许可证载明的污染物排放口确定。

纳税人因环境违法行为受到行政处罚的，应当依据相关法律法规和处罚信息计算违法行为所属期的应税污染物排放量。生态环境主管部门发现纳税人申报信息有误的，应当通知税务机关处理。

（二）应纳税额计算

（1）应税大气污染物的应纳税额为污染当量数乘以具体适用税额。

（2）应税水污染物的应纳税额为污染当量数乘以具体适用税额。

（3）应税固体废物的应纳税额为固体废物排放量乘以具体适用税额。

（4）应税噪声的应纳税额为超过国家规定标准的分贝数对应的具体适用税额。

① 一个单位边界上有多处噪声超标，根据最高一处超标声级计算应纳税额；当沿边界长度超过 100 米有两处以上噪声超标，按照两个单位计算应纳税额。

② 一个单位有不同地点作业场所的，应当分别计算应纳税额，合并计征。

③ 昼、夜均超标的环境噪声，昼、夜分别计算应纳税额，累计计征。

④ 声源一个月内超标不足 15 天的，减半计算应纳税额。

⑤ 夜间频繁突发和夜间偶尔突发厂界超标噪声，按等效声级和峰值两种指标中超标分贝值高的一项计算应纳税额。

例 5–3

某企业 8 月向大气直接排放二氧化硫、氟化物各 10 千克，一氧化碳、氯化氢各 100 千克，假设大气污染物每污染当量税额按《环境保护税税目税额表》最低标准 1.2 元计算，该企业只有一个排放口，计算企业 8 月大气污染物应缴纳的环境保护税。

注：0.95、0.87、16.7、10.75 分别为二氧化硫、氟化物、一氧化碳、氯化氢的污染当量值（单位：千克）。

解：

第一步，计算各污染物的污染当量数。

二氧化硫：10/0.95＝10.53

氟化物：10/0.87＝11.49

一氧化碳：100/16.7＝5.99

氯化氢：100/10.75＝9.3

第二步，对污染当量数排序确定课税对象。

按税法规定，每一排放口或者没有排放口的应税大气污染物，对前三项污染物征收环境保护税。因为，氟化物（11.49）＞二氧化硫（10.53）＞氯化氢（9.3）＞一氧化碳（5.99），所以应税污染物为氟化物、二氧化硫和氯化氢。

第三步，计算应纳税额。

氟化物应纳税额＝11.49×1.2＝13.79（元）

二氧化硫应纳税额＝10.53×1.2＝12.63（元）

氯化氢应纳税额＝9.3×1.2＝11.16（元）

该企业当年8月应缴纳的环境保护税合计为37.58元。

例 5–4

某企业2020年9月向水体直接排放第一类水污染物总汞、总镉、总铬、总砷、总铅、总银各10千克。排放第二类水污染物悬浮物（SS）、总有机碳（TOC）、挥发酚、氨氮各10千克。假设水污染物每污染当量税额按《环境保护税税目税额表》最低标准1.4元计算，计算该企业当年9月水污染物应缴纳的环境保护税。

注：总汞、总镉、总铬、总砷、总铅、总银对应的污染当量值（单位：千克）分别为0.000 5、0.005、0.04、0.02、0.025、0.02；悬浮物（SS）、总有机碳（TOC）、挥发酚、氨氮对应的污染当量值（单位：千克）分别为4、0.49、0.08、0.8。

解：

第一步，计算第一类水污染物的污染当量数。

总汞：10/0.000 5＝20 000

总镉：10/0.005＝2 000

总铬：10/0.04＝250

总砷：10/0.02＝500

总铅：10/0.025＝400

总银：10/0.02＝500

第二步，对第一类水污染物污染当量数排序，确定课税对象。

按税法规定，每一排放口的应税水污染物按照污染当量数从大到小排序，对第一类水污染物按照前五项征收环境保护税。因为总汞（20 000）＞总镉（2 000）＞总砷（500）＝总银（500）＞总铅（400）＞总铬（250），所以第一类水污染物的课税对象为总汞、总镉、总砷、总银和总铅。

第三步，计算第一类水污染物应纳税额。

总汞：20 000×1.4＝28 000（元）

总镉：2 000×1.4＝2 800（元）

总砷：500×1.4＝700（元）

总银：500×1.4＝700（元）

总铅：400×1.4＝560（元）

第一类污染物合计应纳税额为 32 760 元。

第四步，计算第二类水污染物的污染当量数。

悬浮物（SS）：10/4＝2.5

总有机碳（TOC）：10/0.49＝20.41

挥发酚：10/0.08＝125

氨氮：10/0.8＝12.5

第五步，对第二类水污染物污染当量数排序。

按税法规定，对第一类水污染物以外的其他类水污染物按照前三项征收环境保护税。因为：挥发酚（125）＞总有机碳（20.41）＞氨氮（12.5）＞悬浮物（2.5），所以课税对象为挥发酚、总有机碳和氨氮。

第六步，计算第二类水污染物应纳税额。

挥发酚：125×1.4＝175（元）

总有机碳：20.41×1.4＝28.57（元）

氨氮：12.5×1.4＝17.5（元）

第二类污染物合计应纳税额 221.07 元。

该企业当年 9 月应缴纳的环境保护税合计为 32 981.07 元。

五、税收减免

（1）下列情形，暂予免征环境保护税：

① 农业生产（不包括规模化养殖）排放应税污染物的；

② 机动车、铁路机车、非道路移动机械、船舶和航空器等流动污染源排放应税污染物的；

③ 依法设立的城乡污水集中处理、生活垃圾集中处理场所排放相应应税污染物，不超过国家和地方规定的排放标准的；

④ 纳税人综合利用的固体废物，符合国家和地方环境保护标准的；

⑤ 国务院批准免税的其他情形。

前款第五项免税规定，由国务院报全国人民代表大会常务委员会备案。

（2）纳税人排放应税大气污染物或者水污染物的浓度值低于国家和地方规定的污染物排放标准 30% 的，减按 75% 缴纳环境保护税。纳税人排放应税大气污染物或者水污染物的浓度值低于国家和地方规定的污染物排放标准 50% 的，减按 50%

缴纳环境保护税。

依照《环境保护税法》减征环境保护税的，应当对每一个排放口排放的不同应税污染物分别计算。同时，其应税大气污染物浓度值的小时平均值或应税水污染物浓度值的日平均值，以及监测机构当月每次监测的应税大气污染物、水污染物的浓度值，均不得超过国家和地方规定的污染物排放标准。

纳税人任何一个排放口排放应税大气污染物、水污染物的浓度值，以及没有排放口排放应税大气污染物的浓度值，超过国家和地方规定的污染物排放标准的，依法不予减征环境保护税。

（3）依法设立的生活垃圾焚烧发电厂、生活垃圾填埋场、生活垃圾堆肥厂，属于生活垃圾集中处理场所，其排放应税污染物不超过国家和地方规定的排放标准的，依法予以免征环境保护税。

（4）纳税人噪声声源一个月累计昼间超标不足 15 昼或者累计夜间超标不足 15 夜的，分别减半计算应纳税额。

六、征收管理

（一）征管单位及职责分工

环境保护税的征收管理由环境保护主管部门和税务机关共同完成，二者之间应当建立涉税信息共享平台和工作配合机制。环境保护主管部门应当将排污单位的排污许可、污染物排放数据、环境违法和受行政处罚情况等环境保护相关信息，定期交送税务机关。税务机关应当将纳税人的纳税申报、税款入库、减免税额、欠缴税款以及风险疑点等环境保护税涉税信息，定期交送环境保护主管部门。双方主要的职责如下：

（1）环境保护税由税务机关依照《税收征管法》和《环境保护税法》的有关规定征收管理。

（2）环境保护主管部门依照环境保护法和有关环境保护法律法规的规定负责对污染物的监测管理。

（3）县级以上地方人民政府应当建立税务机关、环境保护主管部门和其他相关单位分工协作工作机制，加强环境保护税征收管理，保障税款及时足额入库。

（4）环境保护主管部门和税务机关应当建立涉税信息共享平台和工作配合机制。

（5）环境保护主管部门应当将排污单位的排污许可、污染物排放数据、环境违法和受行政处罚情况等环境保护相关信息，定期交送税务机关。

（6）税务机关应当将纳税人的纳税申报、税款入库、减免税额、欠缴税款以及风险疑点等环境保护税涉税信息，定期交送环境保护主管部门。

（7）税务机关应当将纳税人的纳税申报数据资料与环境保护主管部门交送的相关数据资料进行比对。

（8）税务机关发现纳税人的纳税申报数据资料异常或者纳税人未按照规定期限办理纳税申报的，可以提请环境保护主管部门进行复核，环境保护主管部门应当自收到税务机关的数据资料之日起15日内向税务机关出具复核意见。税务机关应当按照环境保护主管部门复核的数据资料调整纳税人的应纳税额。

（二）纳税义务发生时间和纳税申报

（1）纳税义务发生时间为纳税人排放应税污染物的当日。

（2）环境保护税按月计算，按季申报缴纳。不能按固定期限计算缴纳的，可以按次申报缴纳。

纳税人按季申报缴纳的，应当自季度终了之日起15日内，向税务机关办理纳税申报并缴纳税款。纳税人按次申报缴纳的，应当自纳税义务发生之日起15日内，向税务机关办理纳税申报并缴纳税款。

（3）纳税人申报缴纳时，应当向税务机关报送排放应税污染物的种类、数量、大气污染物、水污染物的浓度值，以及税务机关根据实际需要要求纳税人报送的其他纳税资料。

（4）纳税人应当依法如实办理纳税申报，对申报的真实性和完整性承担责任。

（三）纳税申报地点

纳税人应当向应税污染物排放地的税务机关申报缴纳环境保护税。应税污染物排放地是指：应税大气污染物、水污染物排放口所在地；应税固体废物产生地；应税噪声产生地。

纳税人跨区排放应税污染物，税务机关对税收管辖有争议的，由争议各方按照有利于征收管理的原则协商解决；不能协商一致的，报请共同的上级税务机关决定。

（四）其他管理

（1）依照《环境保护税法》第十条第四项的规定核定计算污染物排放量的，按照省、自治区、直辖市人民政府生态环境主管部门规定的抽样测算的方法核定计算。

（2）纳税人从事海洋工程向中华人民共和国管辖海域排放应税大气污染物、水污染物或者固体废物，申报缴纳环境保护税的具体办法，由国务院税务主管部门会同国务院海洋主管部门规定。

（3）纳税人和税务机关、环境保护主管部门及其工作人员违反环境保护税法规定的，依照《税收征管法》《环境保护税法》和有关法律法规的规定追究法律责任。

（4）各级人民政府应当鼓励纳税人加大环境保护建设投入，对纳税人用于污染物自动监测设备的投资予以资金和政策支持。

思考练习题

一、思考题

1. 什么是资源税？

2. 资源税的计税依据有何规定？

3. 资源税有哪些优惠政策？

4. 什么是环境保护税？

5. 环境保护税有哪些优惠政策？

6. 资源税和环境保护税有何缺陷？应如何完善？

二、练习题

1. 某天然气田企业为增值税一般纳税人，2020 年 7 月销售自采天然气 1 000 万立方米，取得含税收入 654 万元；用 30 万立方米天然气换取一台监测设备。已知天然气资源税税率为 6%，要求：计算该企业当月应缴纳的资源税。

2. 某石油开采企业为增值税一般纳税人，2020 年 9 月发生下列业务：

（1）开采原油 1 000 吨，本月销售 500 吨，取得不含税收入 150 万元，其中 300 吨为低丰度油气田开采的原油对外销售，取得不含税收入 200 万元。

（2）将剩余的 500 吨原油移送加工汽油 410 吨。

要求：计算该企业当月应缴纳的资源税（注：原油资源税税率为 6%）。

3. 某煤矿企业为增值税一般纳税人，2021 年 5 月开采原煤 500 万吨，销售原煤 60 万吨，取得不含税销售额 12 000 万元，另外收取含税装卸费、仓储费 5.8 万元。要求：计算该企业当月应缴纳的资源税。

4. 某化工厂是环境保护税纳税人，该厂仅有 1 个污水排放口且直接向黄河排放污水，已安装使用符合国家规定和监测规范的污染物自动监测设备。检测数据显示，2020 年 1 月份，该排放口共排放污水 5 万吨（折合 5 万立方米），应税污染物为六价铬，其中六价铬的浓度为 0.5 mg/L。

要求：计算该化工厂 1 月份应缴纳的环境保护税（注：该厂所在省的水污染物税率为 3 元 / 污染当量，六价铬的污染当量值为 0.02）。

即 测 即 评

请扫描二维码进行在线测试。

第六章

关　税

内容提要：

本章介绍了关税的基本原理、征税对象、纳税义务人、进出口税则；关税的完税价格和应纳税额的计算；关税的优惠政策及征收管理。学习本章时，主要掌握关税的完税价格、应纳税额的计算和征收管理的规定。注意关税与增值税、消费税的相互关系。

第一节　关税概述

一、关税的概念

关税是海关依法对进出境货物、物品征收的一种税。“境”指关境，又称“海关境域”或“关税领域”，是《中华人民共和国海关法》（简称《海关法》）全面实施的领域。

在通常情况下，一国关境与国境是一致的，包括国家全部的领土、领海、领空。但当某一国家在国境内设立了自由港、自由贸易区等，这些区域就进出口关税而言处在关境之外，这时，该国家的关境小于国境，如我国。根据《中华人民共和国香港特别行政区基本法》和《中华人民共和国澳门特别行政区基本法》，香港地区和澳门地区保持自由港地位，为我国单独的关税地区，即单独关境区。单独关境区是不完全适用我国海关法律、法规或实施单独海关管理制度的区域。

当几个国家结成关税同盟，组成一个共同的关境，实施统一的关税法令和统一的对外税则，这些国家彼此之间货物进出国境不征收关税，只对来自或运往其他国家的货物进出共同关境时征收关税，这些国家的关境大于国境，如欧盟。

二、关税的起源与发展

关税是一个历史悠久的税种。它是伴随国家之间经济联系的需要而产生和发展起来的。在当今国际社会，它不仅是各国政府取得财政收入的一种形式，而且是在国际经济交往中维护国家权益的重要手段。关税的起源很早，随着社会生产力的发展，出现了商品的生产和交换。关税正是随着商品交换和商品流通领域的不断扩大以及国际贸易的不断发展而产生和逐步发展的。

在古代，统治者在其领地内对流通中的商品征税，是取得财政收入的一种最方便的手段和财源。近代国家出现后，关税成为国家税收中的一个单独税种，形成了近代关税。其后，又发展成为现代各国所通行的现代关税。

我国关税历史悠久，西周就有“关市之征”的记载，征税的目的是“关市之赋，以待王之膳服”。秦统一天下，国境的概念比较明显了。随着国际贸易往来的逐渐增多，陆地边境关卡的征税和沿海港口市舶机构的征税，具有国境关税的特征。清初时设立江、浙、闽、粤四处海关，其后在不平等条约下增开对外通商口岸设立海关，征收关税。但国内各地关卡林立，常关税、厘金税、子口税、转口税等国内关税与国境关税同时并存。至 1931 年以后才逐步撤销了内地关税，只在国境征收进出口关税。新中国成立后，国家组建了海关总署，统一管理全国海关业务。1950 年 1 月政务院颁布了《关于关税政策和海关工作的决定》，同年 5 月颁布了《中华人民共和国暂行海关法》《中华人民共和国进出口税则》和《中华人民共和国进出口税则暂行实施条例》，统一了新中国的关税政策，建立了完全独立自主的保护关税制度。

在国外，关税也是一种古老的税种，最早发生在欧洲。据《大英百科全书》对 customs 一词的来源解释，古时在商人进入市场交易时要向当地领主缴纳一种例行的、常规的入市税 customary tolls，后来就把 customs 和 customs duty 作为海关和关税的英文名称。

三、关税政策和关税分类

（一）关税政策

关税政策反映了一国一定时期内的贸易政策、产业政策以及国民经济发展的基本思路，是政府调节经济的重要方式。关税政策的调整一般可分为两种方式：一是自主性的调整；二是具有外部约束的调整。自主性的关税政策调整的局限性在于：关税政策调整的过程可能相对较长，没有外部压力的调整方式可能因为国内各利益集团的影响而延缓政策目标的实现。具有外部约束的关税政策调整则不然，它强调一旦该国接受了某种协议，承诺要实行贸易自由化，那么该国的关税就必须按照所承诺的内容严格执行有关协议。我国加入世界贸易组织以前的关税政策调整主要是以自主性为基本特征的，建立在自身比较优势的基础上。1984—2001 年我国的关税水平从 43% 降到 12.7%。加入世界贸易组织以后，我国关税政策的调整明显地表现出"非自主性"，也就是说，关税政策的制定必须符合世界贸易组织各项协议的要求。

（二）关税分类

在每个阶段不同的关税政策下，各国采取不同的关税征收方法，关税也因此形成了不同的类型。依据不同的分类标准和依据，关税可以划分为不同的种类。

1. 按征收对象划分，有进口关税、出口关税和过境关税

（1）进口关税，是指海关在外国货物进口时所课征的关税。进口关税通常在外国货物进入关境或国境时征收，或在外国货物从保税仓库提出运往国内市场时征收。现今世界各国的关税，主要是征收进口关税。征收进口关税的目的在于保护本国市场和增加财政收入。

（2）出口关税，是指海关在本国货物出口时所课征的关税。为了降低出口货物的成本，提高本国货物在国际市场上的竞争能力，世界各国一般少征或不征出口关税。但为了限制本国某些产品或自然资源的输出，或为了保护本国生产、本国市场供应和增加财政收入以及某些特定的需要，有些国家也征收出口关税。

（3）过境关税，又称通过税，是对外国货物通过本国国境或关境时征收的一种关税。过境关税最早主要是为了增加国家财政收入而征收的。后由于各国的交通事业发展，竞争激烈，征收过境关税，不仅妨碍了国际商品流通，而且减少了港口、运输、仓储等方面的收入，于是便逐步废除了过境关税的条款。

2. 按征收目的划分，有财政关税和保护关税

（1）财政关税，又称收入关税，是以增加国家财政收入为主要目的而课征的关税。财政关税的税率比保护关税低，因为过高的关税会阻碍进出口贸易的发展，达不到增加财政收入的目的。随着世界经济的发展，财政关税的意义逐渐降低，而为保护关税所代替。

（2）保护关税，是以保护本国经济发展为主要目的而课征的关税。保护关税主要是进口关税，通常税率较高，有的高达百分之几百。通过征收高额进口关税，使进口商品成本增高，从而削弱它在进口国市场的竞争能力，甚至阻碍其进口，以达到保护本国经济发展的目的。保护关税是实现一个国家对外贸易政策的重要措施之一。

3. 按计征方式划分，有从量关税、从价关税、混合关税、选择性关税和滑动关税

（1）从量关税，是指以征税对象的数量为计税依据，按每单位数量预先制定的应税额计征的关税。

（2）从价关税，是指以征税对象的价格为计税依据，根据一定比例的税率进行计征的关税。

（3）混合关税，是指对一种进口货物同时制定出从价、从量两种方式，分别计算税额，以两种税额之和作为该货物的应征税额的关税。

（4）选择性关税，是指对同一种货物在税则中规定从价、从量两种税率，在征税时选择其中征收税额较多的一种，以免因物价波动影响财政收入，也可以选择税额较少的一种标准计算关税。

（5）滑动关税，又称滑准税，指对某种货物在税则中预先按该商品的价格规定几档税率。同一物种货物当价格高时适用较低税率，价格低的时候适用较高税率，目的是使该物品的价格在国内市场上保持相对稳定。

4. 按税率制定划分，有自主关税和协定关税

（1）自主关税，又称国定关税，是指一个国家基于其主权，独立自主地制定的、并有权修订的关税，包括关税税率及各种法规、条例。国定税率一般高于协定税率，适用于没有签订关税贸易协定的国家。

（2）协定关税，是指两个或两个以上的国家，通过缔结关税贸易协定而制定的关税税率。协定关税有双边协定税率、多边协定税率和片面协定税率。双边协定税率是两个国家达成协议而相互减让的关税税率。多边协定税率是两个以上的国家之间达成协议而相互减让的关税税率，如关税及贸易总协定中的相互减让税率的协议。片面协定税率是一国对他国输入的货物降低税率，为其输入提供方便，而他国并不以降低税率回报的税率制度。

5. 按征税性质划分，可分为普通关税、优惠关税和差别关税。它们主要适用于进口关税

（1）普通关税。普通关税又称为一般关税，是对与本国没有签署贸易或间接互惠等友好协定的国家原产的货物征收的非优惠关税。其税率与优惠关税、差别关税的差别较大。

（2）优惠关税。一般是一种互惠关税。即签订税收优惠协定的双方或多方相互给予的关税优惠待遇，主要有特定优惠关税、普通优惠关税和最惠国待遇等。使用优惠关税的目的是增进与受惠国之间的友好贸易往来。

① 特定优惠关税。简称特惠税，是指对某个国家或地区进口的全部商品或部分商品给予特别优惠的低关税或免税待遇。但它不适用于从非优惠国家或地区进口的商品。特惠税有的是互惠的，有的是非互惠的。

② 普遍优惠关税。简称普惠税，指发达国家对发展中国家或地区输入的商品，特别是制成品和半制成品，普遍给予优惠的关税制度。因此，普惠税又称为普惠制、普税制。其目的是扩大发展中国家向发达国家出口制成品，促进发展中国家工业化，加快发展中国家经济发展。

③ 最惠国待遇。这是指缔约国一方现在或将来给予任何第三国的一切优惠待遇，同样也适用于对方。最惠国待遇是国际贸易协定中的一项重要内容，适用范围很广。需要注意的是，优惠是相对于一般关税税率而言的，因此最惠国待遇往往不是最优惠税率，最惠国关税也不是最优惠的关税，而只是一种非歧视性的关税待遇。

（3）差别关税。差别关税实际上是保护主义的产物，是保护一国产业所采取的特别手段。差别关税最早产生于欧洲，在重商主义全盛时代曾广为流行。近代，由于新重商主义的出现和贸易保护主义的抬头，差别关税得到进一步发展。差别关税的种类很多，有加重关税、反补贴关税、反倾销关税和报复关税等。

① 加重关税。加重关税是出于某种原因或为达到某种目的，而对某国货物或某种货物的输入加重征收的关税，如间接输入加重关税等。

② 反补贴关税。反补贴关税是对接受任何津贴或补贴的外国进口货物所附加征收的一种关税。税额一般与该商品所接受的津补贴额度相等，目的在于增加进口商品的成本，以抵销其所享受的津补贴金额，使其不能廉价倾销，以保护本国的工农业生产和国内市场。

③ 反倾销关税。根据《1994 关税与贸易总协定》规定，如果在正常的贸易过程中，一项产品从一国出口到另一国，该产品的出口价格低于其在本国内消费的相同产品的可比价格，则该产品将被认定为倾销。反倾销关税是进口国为了保护本国的工农业生产和国内市场，维持本国的经济利益，对外国倾销的商品在一般进口税以外附加征收的关税。

④ 报复关税。报复关税是指他国以不公平、不平等、不友好的做法对待本国输出的货物时，为维护本国利益，对该国输入本国的货物加重征收的关税。

第二节 征税对象、纳税义务人与进出口税则

一、征税对象

关税的征税对象是准许进出境的货物和物品。货物是指贸易性商品；物品指入

境旅客随身携带的行李物品、个人邮递物品、各种运输工具上的服务人员携带进口的自用物品、馈赠物品以及其他方式进境的个人物品。

二、纳税义务人

进口货物的收货人、出口货物的发货人、进出境物品的所有人，是关税的纳税义务人。进出口货物的收、发货人是依法取得对外贸易经营权，并进口或者出口货物的法人或者其他社会团体。进出境物品的所有人包括该物品的所有人和推定为所有人的人。一般情况下，对于携带进境的物品，推定其携带人为所有人；对分离运输的行李，推定相应的进出境旅客为所有人；对以邮递方式进境的物品，推定其收件人为所有人；以邮递或其他运输方式出境的物品，推定其寄件人或托运人为所有人。

三、进出口税则

（一）进出口税则概况

进出口税则是一国政府根据国家关税政策和经济政策，通过一定的立法程序制定公布实施的进出口货物和物品应税的关税税率表。进出口税则以税率表为主体，通常还包括实施税则的法令、使用税则的有关说明和附录等。《中华人民共和国海关进出口税则》是我国海关征收关税的法律依据，也是我国关税政策的具体体现。我国现行税则包括《中华人民共和国进出口关税条例》《税率适用说明》《中华人民共和国海关进口税则》《中华人民共和国海关出口税则》及《进口商品从量税、复合税、滑准税税目税率表》《进口商品关税配额税目税率表》《进口商品税则暂定税率表》《出口商品税则暂定税率表》及《非全税目信息技术产品税率表》等附录。

税率表作为税则主体，包括税则商品分类目录和税率栏两大部分。税则商品分类目录是把种类繁多的商品加以综合，按照其不同特点分门别类地简化成数量有限的商品类目，分别编号按序排列，称为税则号列，并逐号列出该号中应列入的商品名称。商品分类的原则即归类规则，包括归类总规则和各类、章、目的具体注释。税率栏是按商品分类目录逐项定出的税率栏目。我国现行进口税为四栏税率，出口税则为一栏税率。按税则商品分类目录体系划分，我国分别于 1951 年、1985 年、1992 年先后实施了三部进出口税则，进出口商品都采用统一税则目录分类。从 1992 年 1 月起，我国开始实施以《商品名称及编码协调制度》为基础的进出口税则，适应了国内改革开放和对外经济贸易发展的需要。

（二）税则归类

税则归类，就是按照税则的规定，将每项具体进出口商品按其特性在税则中找出其最适合的某一个税号，即“对号入座”，以便确定其适用的税率，计算关税税负。税则归类错误会导致关税的多征或少征，影响关税作用的发挥。因此，税则归类关系到关税政策的正确贯彻。

我国海关总署制定有《中华人民共和国进境物品归类表》（简称《归类表》）和《中华人民共和国进境物品完税价格表》（简称《完税价格表》）。进境物品依次遵循以下原则归类：

（1）《归类表》已列名的物品，归入其列名类别。

（2）《归类表》未列名的物品，按其主要功能（或用途）归入相应类别。

（3）不能按照上述原则归入相应类别的物品，归入“其他物品”类别。

（4）纳税义务人对进境物品的归类、完税价格的确定持有异议的，可以依法提请行政复议。

（三）关税税率

1. 进口关税税率

（1）进口货物关税税率形式。

在我国加入世界贸易组织（WTO）之前，我国进口税则设有两栏税率，即普通税率和优惠税率。对原产于与我国未订有关税互惠协议的国家或者地区的进口货物，按照普通税率征税；对原产于与我国订有关税互惠协议的国家或者地区的进口货物，按照优惠税率征税。在我国加入 WTO 之后，为履行我国在加入 WTO 关税减让谈判中承诺的有关义务，享有 WTO 成员应有的权利，自 2002 年 1 月 1 日起，我国进口税则设有最惠国税率、协定税率、特惠税率、普通税率、配额税率等税率形式。对进口货物在一定期限内可以实行暂定税率。

适用最惠国税率、协定税率、特惠税率的国家或者地区名单，由国务院关税税则委员会决定，报国务院批准后执行。

① 最惠国税率。最惠国税率适用原产于与我国共同适用最惠国待遇条款的 WTO 成员方或地区的进口货物，或原产于与我国签订有相互给予最惠国待遇条款的双边贸易协定的国家或地区进口的货物，以及原产于我国境内的进口货物。根据《中华人民共和国加入世界贸易组织关税减让表修正案》附表所列信息，自 2020 年 7 月 1 日起，我国对信息技术产品最惠国税率实施第五步减税。

② 协定税率。协定税率适用原产于与我国签订含有关税优惠条款的区域性贸易协定的国家或地区的进口货物。根据我国与有关国家或地区签署的贸易协定或关税优惠安排，除此前已经国务院批准实施的协定税率外，自 2020 年 1 月 1 日起，我国与新西兰、秘鲁、哥斯达黎加、瑞士、冰岛、新加坡、澳大利亚、韩国、智利、格鲁吉亚、巴基斯坦的双边贸易协定以及亚太贸易协定的协定税率进一步降

低。自 2020 年 7 月 1 日起，按照我国与瑞士的双边贸易协定和亚太贸易协定规定，进一步降低了有关协定税率。

③ 特惠税率。特惠税率适用原产于与我国签订有特殊关税优惠条款的贸易协定的国家或地区的进口货物。除赤道几内亚外，对于我国建交并完成换文手续的其他最不发达国家继续实施特惠税率。自 2020 年 1 月 1 日起，赤道几内亚停止享受零关税特惠待遇。

④ 普通税率。普通税率适用于原产于上述国家或地区以外的其他国家或地区的进口货物，以及原产地不明的进口货物。

⑤ 暂定税率。暂定税率是在海关进出口税则规定的进口优惠税率基础上，对进口的某些重要的工农业生产原材料和机电产品关键部件（但只限于从与中国订有关税互惠协议的国家和地区进口的货物）和出口的特定货物实施的更为优惠的关税税率。这种税率一般按照年度制定，并且随时可以根据需要恢复按照法定税率征税。自 2020 年 1 月 1 日起，我国对 859 项商品（不含关税配额商品）实施进口暂定税率；自 2020 年 7 月 1 日起，取消 7 项信息技术产品进口暂定税率。自 2021 年 1 月 1 日起，我国对 883 项商品（不含关税配额商品）实施进口暂定税率；自 2021 年 7 月 1 日起，取消 9 项信息技术产品进口暂定税率。

⑥ 配额税率。配额税率是指对实行关税配额管理的进口货物，关税配额内的，适用关税配额税率；关税配额外的，按不同情况分别适用于最惠国税率、协定税率、特惠税率或普通税率。目前，继续对小麦、玉米等 8 种农产品和尿素等 3 种化肥产品实行关税配额管理，其中，对尿素、复合肥、磷酸氢铵 3 种化肥的配额税率实施 1% 的暂定税率。

（2）进口货物税率适用规则。

① 暂定税率优先适用于优惠税率或最惠国税率，所以适用最惠国税率的进口货物有暂定税率的，适用暂定税率；当最惠国税率低于或等于协定税率时，协定有规定的，按相关协定的规定执行；协定无规定的，二者从低适用。适用协定税率、特惠税率的进口货物有暂定税率的，应当从低适用税率。

按照国家规定实行关税配额管理的进口货物，关税配额内的，适用关税配额税率；关税配额外的，按期适用税率的规定执行。

按照普通税率征税的进口货物，经国务院关税税则委员会特别批准，可以适用最惠国税率。

② 按照有关法律、行政法规的规定，对进口货物采取反倾销、反补贴、保障措施的，其税率的适用按照《中华人民共和国反倾销条例》《中华人民共和国反补贴条例》和《中华人民共和国保障措施条例》的有关规定执行。

（3）进境物品税率。

自 2019 年 4 月 9 日起，除另有规定外，我国对准予应税进口的旅客行李物品、个人邮寄物品以及其他个人自用物品，均由海关按照《中华人民共和国进境物品进口税税率表》的规定，征收进口关税、代征进口环节增值税和消费税等进口税。

2. 出口关税税率

我国出口税则为一栏税率，即出口税率。目前仅对少数资源性产品及易于竞相杀价、盲目进口、需要规范出口秩序的半制成品征收出口关税。根据《关于执行2020年进口暂定税率等调整方案的公告》（海关总署公告2019年第227号）规定，自2020年1月1日起，我国继续对铬铁等107项出口商品征收出口关税，适用出口税率或出口暂定税率、征收商品范围和税率维持不变。

党的二十大报告提出推进高水平对外开放。依托我国超大规模市场优势，吸引全球资源要素，推动共建“一带一路”高质量发展，提升国际循环质量和水平。

为贯彻落实党的二十大精神，扎实推进中国式现代化，完整、准确、全面贯彻新发展理念，加快构建新发展格局，着力推动高质量发展，更好发挥关税职能作用，统筹发展与安全，把实施扩大内需战略同深化供给侧结构性改革有机结合起来，实行更加积极主动的开放战略，2022年12月28日，《国务院关税税则委员会关于2023年关税调整方案的公告》发布，自2023年1月1日起，对1 020项商品实施低于最惠国税率的进口暂定税率。同时，根据我国与有关国家或地区签署的自由贸易协定和优惠贸易安排，对19个协定项下、原产于29个国家或者地区的部分商品实施协定税率。此外，自2023年7月1日起，继续对62项信息技术产品的最惠国税率实施第八步降税。经过上述一系列关税税率调整，我国关税总水平将从7.4%降至7.3%。

3. 税率的适用

（1）进出口货物，应当适用海关接受该货物申报进口或者出口之日实施的税率征税。

（2）进口货物到达前，经海关核准先行申报的，应当按照装载此货物的运输工具申报进境之日实施的税率征税。

（3）进口转关运输货物，应当适用指运地海关接受该货物申报进口之日实施的税率；货物运抵指运地前，经海关核准先行申报的，应当适用装载该货物的运输工具抵达指运地之日实施的税率。

（4）出口转关运输货物，应当适用启运地海关接受该货物申报出口之日实施的税率。

（5）经海关批准，实行集中申报的进出口货物，应当适用每次货物进出口时海关接受该货物申报之日实施的税率。

（6）因超过规定期限未申报而由海关依法变卖的进口货物，其税款计征应当适用装载该货物的运输工具申报进境之日实施的税率。

（7）因纳税义务人违反规定需要追征税款的进口货物，应当适用违反规定的行为发生之日实施的税率；行为发生之日不能确定的，适用海关发现该行为之日实施的税率。

（8）已申报进境并放行的保税货物、减免税货物、租赁货物或者已申报进出境并放行的暂时进出境货物，有下列情形之一需缴纳税款的，应当适用海关接受纳税义务人再次填写报关单申报办理纳税及有关手续之日实施的税率：

① 保税货物经批准不复运出境的；

② 保税仓储货物转入国内市场销售的；

③ 减免税货物经批准转让或者移作他用的；

④ 可暂不缴纳税款的暂时进出境货物，经批准不复运出境或者进境的；

⑤ 租赁进口货物，分期缴纳税款的。

（9）补征或者退还进出口货物税款，应当按照前述规定确定适用的税率。

第三节 完税价格与应纳税额的计算

《海关法》规定，进出口货物的完税价格，由海关以该货物的成交价格为基础审查确定。成交价格不能确定时，完税价格由海关依法估定。自我国加入世界贸易组织后，我国海关已全面实施《世界贸易组织海关估价协定》，遵循客观、公平、统一的估价原则，并依据 2014 年 2 月 1 日起实施的《中华人民共和国海关审定进出口货物完税价格办法》（简称《完税价格办法》），审定进出口货物的完税价格。

一、一般进口货物的完税价格

根据《海关法》的规定，进口货物的完税价格包括货物的货价、货物运抵我国境内输入地点起卸前的运输及其相关费用、保险费。我国境内输入地为入境海关地，包括内陆河、江口岸，一般为第一口岸。进口货物完税价格的确定方法大致可以划分为两类：一类是以进口货物的成交价格为基础进行调整，从而确定进口货物完税价格；另一类则是在进口货物的成交价格不符合规定条件或者成交价格不能确定的情况下，海关用以审查确定进口货物完税价格。

（一）以成交价格为基础的完税价格

进口货物的成交价格是指卖方向我国境内销售该货物时买方为进口该货物向卖方实付、应付的，并按《完税价格办法》有关规定调整后的价款总额，包括直接支付的价款和间接支付的价款。

1. 进口货物的成交价格应当具备的条件

（1）对买方处置或者使用进口货物不予限制，但是法律、行政法规规定实施的限制、对货物销售地域的限制和对货物价格无实质性影响的限制除外。有下列情形之一的，应当视为对买方处置或者使用进口货物进行了限制：

① 进口货物只能用于展示或者免费赠送的；

② 进口货物只能销售给指定第三方的；

③ 进口货物加工为成品后只能销售给卖方或者指定第三方的；

④ 其他经海关审查，认定买方对进口货物的处置或者使用受到限制的。

（2）进口货物的价格不得受到使该货物成交价格无法确定的条件或者因素的影响。有下列情形之一的，应当视为进口货物的价格受到了使该货物成交价格无法确定的条件或者因素的影响：

① 进口货物的价格是以买方向卖方购买一定数量的其他货物为条件而确定的；

② 进口货物的价格是以买方向卖方销售其他货物为条件而确定的；

③ 其他经海关审查，认定货物的价格受到使该货物成交价格无法确定的条件或者因素影响的。

（3）卖方不得直接或者间接获得因买方销售、处置或者使用进口货物而产生的任何收益，或者虽然有收益但是能够按照规定做出调整。

（4）买卖双方之间没有特殊关系，或者虽然有特殊关系但未对成交价格产生影响。

2. 成交价格的调整项目

以成交价格为基础审查确定进口货物的完税价格时，未包括在该货物实付、应付价格中的下列费用或者价值应当计入完税价格：

（1）由买方负担的下列费用：

① 除购货佣金以外的佣金和经纪费；

② 与该货物视为一体的容器费用；

③ 包装材料费用和包装劳务费用。

（2）与进口货物的生产和向中华人民共和国境内销售有关的，由买方以免费或者以低于成本的方式提供，并且可以按适当比例分摊的下列货物或者服务的价值：

① 进口货物包含的材料、部件、零件和类似货物；

② 在生产进口货物过程中使用的工具、模具和类似货物；

③ 在生产进口货物过程中消耗的材料；

④ 在境外进行的为生产进口货物所需的工程设计、技术研发、工艺及制图等相关服务。

（3）买方需向卖方或者有关方直接或者间接支付的特许权使用费，但是符合下列情形之一的除外：

① 特许权使用费与该货物无关；

② 特许权使用费的支付不构成该货物向中华人民共和国境内销售的条件。

（4）卖方直接或者间接从买方对该货物进口后销售、处置或者使用所得中获得的收益。

纳税义务人应当向海关提供上列所述费用或者价值的客观量化数据资料。纳税义务人不能提供的，海关与纳税义务人进行价格磋商后，完税价格由海关按《完税价格办法》规定的方法进行估定。

（5）进口货物的价款中单独列明的下列税收、费用，不计入该货物的完税价格：

① 厂房、机械或者设备等货物进口后发生的建设、安装、装配、维修或者技术援助费用，但是保修费用除外；

② 进口货物运抵中华人民共和国境内输入地点起卸后发生的运输及其相关费用、保险费；

③ 进口关税、进口环节海关代征税及其他国内税；

④ 为在境内复制进口货物而支付的费用；

⑤ 境内外技术培训及境外考察费用。

（6）同时符合下列条件的利息费用不计入完税价格：利息费用是买方为购买进口货物而融资所产生的；有书面的融资协议的；利息费用单独列明的；纳税义务人可以证明有关利率不高于在融资当时当地此类交易通常应当具有的利率水平，且没有融资安排的相同或者类似进口货物的价格与进口货物的实付、应付价格非常接近的。

3. 进口货物完税价格中的运费、相关费用及保险费的确定

（1）以一般陆运、空运、海运方式进口的货物。

在进口货物的运输及相关费用、保险费计算中，海运进口货物，计算至该货物运抵境内的卸货口岸；如果该货物的卸货口岸是内河（江）口岸，则应当计算至内河（江）口岸。陆运进口货物，计算至该货物运抵境内的第一口岸；如果运输及其相关费用、保险费支付至目的地口岸，则计算至目的地口岸。空运进口货物，计算至该货物运抵境内的第一口岸；如果该货物的目的地为境内的第一口岸外的其他口岸，则计算至目的地口岸。

陆运、空运和海运进口货物的运费和保险费，应当按照实际支付的费用计算。如果进口货物的运费无法确定或未实际发生，海关应当按照该货物进口同期运输行业公布的运费率（额）计算运费；按照“货价加运费”两者总额的3‰计算保险费。

（2）以其他方式进口的货物。

邮运的进口货物，应当以邮费作为运输及其相关费用、保险费；以境外边境口岸价格条件成交的铁路或公路运输进口货物，海关应当按照货价的1%计算运输及其相关费用、保险费；作为进口货物的自驾进口的运输工具，海关在审定完税价格时，可以不另行计入运费。

（二）进口货物完税价格估定方法

进口货物的价格不符合成交价格条件或者成交价格不能确定的，海关应当依次以相同或类似货物成交价格估定方法、倒扣价格估定方法、计算价格估定方法及其他合理估价方法确定的价格为基础，估定完税价格。如果进口货物的收货人提出要求，并提供相关资料，经海关同意，可以选择倒扣价格估定方法和计算价格估定方法的适用次序。

1. 相同或类似货物成交价格估定方法

相同或类似货物成交价格估定方法，即以与被估的进口货物同时或大约同时（在海关接受申报进口之日的前后各 45 日以内）进口的相同或类似货物的成交价格为基础，估定完税价格。

以该方法估定完税价格时，应使用与该货物相同商业水平且进口数量基本一致的相同或类似货物的成交价格，但对因运输距离和运输方式不同，在成本和其他费用方面产生的差异应当进行调整。在没有上述相同或类似货物的成交价格的情况下，可以使用不同商业水平或不同进口数量的相同或类似货物的成交价格，但对因商业水平、进口数量、运输距离和运输方式不同，在价格、成本和其他费用方面产生的差异应当做出调整。

以该方法估定完税价格时，应当首先使用同一生产商生产的相同或类似货物的成交价格，只有在没有这一成交价格的情况下，才可以使用同一生产国或地区生产的相同或类似货物的成交价格。如果有多个相同或类似货物的成交价格，应当以最低的成交价格为基础，估定进口货物的完税价格。

上述“相同货物”指与进口货物在同一国家或地区生产的，在物理性质、质量和信誉等所有方面都相同的货物，但表面的微小差异允许存在；“类似货物”指与进口货物在同一国家或地区生产的，虽然不是在所有方面都相同，但却具有相似的特征、相似的组成材料、同样的功能，并且在商业中可以互换的货物。

2. 倒扣价格估定方法

倒扣价格估定方法即以被估的进口货物、相同或类似进口货物在境内销售的价格为基础估定完税价格。按该价格销售的货物应当同时符合五个条件，即在被估货物进口时或大约同时销售；按照进口时的状态销售；在境内第一环节销售；合计的货物销售总量最大；向境内无特殊关系方销售。

以该方法估定完税价格时，下列各项应当扣除：

（1）该货物的同等级或同种类货物在境内第一销售环节销售时的利润和一般费用及通常支付的佣金。

（2）货物运抵境内输入地点起卸后的运费、保险费及其他相关费用。

（3）进口关税、进口环节海关代征税和其他国内税。

3. 计算价格估定方法

计算价格方法即按下列各项的总和计算出的价格估定完税价格：

（1）生产该货物所使用的料件成本加工费用；

（2）向境内销售同等级或者同种类货物通常的利润和一般费用（包括直接费用和间接费用）；

（3）货物运抵境内输入地点起卸前的运输及相关费用、保险费。

4. 其他合理估价方法

使用其他合理估价方法时，应当根据《完税价格办法》规定的估价原则，以在境内获得的数据资料为基础估定完税价格。但不得使用以下价格：

（1）境内生产的货物在境内的销售价格。

（2）可供选择的价格中较高的价格。

（3）货物在出口地市场的销售价格。

（4）以计算价格方法规定的有关各项之外的价值或者费用计算的相同或者类似货物的价格。

（5）出口到第三国或地区的货物的销售价格。

（6）最低限价或武断虚构的价格。

（三）进境物品完税价格的确定

进境物品完税价格由海关依法遵循以下原则确定：

（1）《完税价格表》已列明完税价格的物品，按照《完税价格表》确定。

（2）《完税价格表》未列明完税价格的物品，按照相同物品相同来源地最近时间的主要市场零售价格确定其完税价格。

（3）实际购买价格是《完税价格表》列明完税价格的2倍及以上，或是《完税价格表》列明完税价格的1/2及以下的物品，进境物品所有人应向海关提供销售方依法开具的真实交易的购物发票或收据，并承担相关责任。海关可以根据物品所有人提供的上述相关凭证，依法确定应税物品完税价格。

二、特殊进口货物的完税价格

（一）运往境外修理的货物

运往境外修理的机械器具、运输工具或其他货物，出境时已向海关报明，并在海关规定期限内复运进境的，应当以海关审定的境外修理费和料件费为基础审查确定完税价格。

（二）运往境外加工的货物

运往境外加工的货物，出境时已向海关报明，并在海关规定期限内复运进境的，应当以海关审定的境外加工费和料件费，以及该货物复运进境的运输及其相关费用、保险费审查确定完税价格。

（三）暂时进境货物

对于经海关批准的暂时进境的货物，应当按照一般进口货物完税价格确定的有关规定，审查确定完税价格。

（四）租赁方式进口货物

租赁方式进口的货物中，以租金方式对外支付的租赁货物，在租赁期间以海关审定的租金作为完税价格，利息应当予以计入；留购的租赁货物，以海关审定的留购价格作为完税价格；承租人申请一次性缴纳税款的，可以选择按照本节进口货物完税价格的"其他合理估价方法"的相关内容确定完税价格，或者按照海关审查确定的租金总额作为完税价格。

（五）留购的进口货样等

对于境内留购的进口货样、展览品和广告陈列品，以海关审定的留购价格作为完税价格。

（六）予以补税的减免税货物

特定地区、特定企业或者具有特定用途的特定减免税进口货物，应当接受海关监管。其监管年限依次为：船舶、飞机 8 年；机动车辆 6 年；其他货物 3 年。监管年限自货物进口放行之日起计算。由海关监管使用的减免税进口货物，在监管年限内转让或移作他用需要补税的，应当以海关审定的该货物原进口时的价格，扣除折旧部分价值作为完税价格。其计算公式为：

$$完税价格 = 海关审定的该货物原进口时的价格 \times [1 - 申请补税时实际已使用的时间（月）\div（监管年限 \times 12）]$$

（七）不存在成交价格的进口货物

易货贸易、寄售、捐赠、赠送等不存在成交价格的进口货物，由海关与纳税人进行价格磋商后，按照本节进口货物完税价格的"其他合理估价方法"的规定，估定完税价格。

（八）进口软件介质

进口载有专供数据处理设备用软件的介质，具有下列情形之一的，应当以介质本身的价值或者成本为基础审查确定完税价格：

（1）介质本身的价值或者成本与所载软件的价值分列。

（2）介质本身的价值或者成本与所载软件的价值虽未分列，但是纳税义务人能够提供介质本身的价值或者成本的证明文件，或者能提供所载软件价值的证明文件。

含有美术、摄影、声音、图像、影视、游戏、电子出版物的介质不适用上述规定。

三、出口货物的完税价格

（一）以成交价格为基础的完税价格

出口货物的完税价格，由海关以该货物向境外销售的成交价格为基础审查确定，并应包括货物运至我国境内输出地点装载前的运输及其相关费用、保险费，但其中包含的出口关税税额，应当扣除。

出口货物的成交价格，是指该货物出口销售到我国境外时买方向卖方实付或应付的价格。出口货物的成交价格中含有支付给境外的佣金的，如果单独列明，应当扣除。

（二）出口货物海关估价方法

出口货物的成交价格不能确定时，完税价格由海关依次使用下列方法估定：

（1）同时或大约同时向同一国家或地区出口的相同货物的成交价格。

（2）同时或大约同时向同一国家或地区出口的类似货物的成交价格。

（3）根据境内生产相同或类似货物的成本、利润和一般费用、境内发生的运输及其相关费用、保险费计算所得的价格。

（4）按照合理方法估定的价格。

四、应纳税额的计算

（一）从价税应纳税额的计算

其计算公式为：

关税税额 = 应税进（出）口货物数量 × 单位完税价格 × 税率

（二）从量税应纳税额的计算

其计算公式为：

关税税额 = 应税进（出）口货物数量 × 单位货物税额

（三）复合税应纳税额的计算

我国目前实行的复合税都是先计征从量税，再计征从价税。其计算公式为：

关税税额 = 应税进（出）口货物数量 × 单位货物税额 + 应税进（出）口货物数量 × 单位完税价格 × 税率

（四）滑准税应纳税额的计算

其计算公式为：

关税税额 = 应税进（出）口货物数量 × 单位完税价格 × 滑准税税率

现行税则“进（出）口商品从量税、复合税、滑准税税目税率表”后注明了滑准税税率的计算公式。该公式是一个与应税进（出）口货物完税价格相关的取整函数。

例 6–1

某商场于 2020 年 7 月进口一批高档化妆品。该批货物在国外的买价为 120 万元，货物运抵我国入关前发生的运输费、保险费和其他费用分别为 10 万元、6 万元、4 万元。货物报关后，该商场按规定缴纳了进口环节的增值税和消费税并取得了海关开具的缴款书。从海关将高档化妆品运往商场所在地发生运输费用，取得货物运输增值税专用发票注明运费 5 万元，增值税 0.45 万元，该批高档化妆品当月在国内全部销售，取得不含税销售额 520 万元（假定高档化妆品进口关税税率 20%，增值税税率 13%，消费税税率 15%）。

请计算该批高档化妆品进口环节应缴纳的关税、增值税、消费税和国内销售环节应缴纳的增值税。

解：

（1）关税完税价格 = 120 + 10 + 6 + 4 = 140（万元）。

（2）应纳进口关税 = 140 × 20% = 28（万元）。

（3）进口环节应纳流转税的组成计税价格 =（140 + 28）÷（1 − 15%）= 197.65（万元）。

（4）进口环节应纳增值税 = 197.65 × 13% = 25.69（万元）。

（5）进口环节应纳消费税 = 197.65 × 15% = 29.65（万元）。

（6）国内销售环节应纳增值税 = 520 × 13% − 0.45 − 25.69 = 41.46（万元）。

第四节 税收优惠

关税减免是对某些纳税人和征税对象给予鼓励和照顾的一种特殊调节手段。正是这一手段，使关税政策工作兼顾了普遍性和特殊性、原则性和灵活性。因此，关税减免是贯彻国家关税政策的一项重要措施。关税减免分为法定减免税、特定减免税和临时减免税。根据《海关法》的规定，除法定减免税外的其他减免税均由国务院决定。减征关税在我国加入世界贸易组织之前以税则规定税率为基准，在我国加入世界贸易组织之后以最惠国税率或者普通税率为基准。

一、法定减免税

法定减免税是税法中明确列出的减税或免税。符合税法规定可予减免税的进出口货物，纳税义务人无须提出申请，海关可按规定直接予以减免税。海关对法定减免税货物一般不进行后续管理。

我国《海关法》和《进出口关税条例》明确规定，下列货物、物品予以减免关税：

（1）关税税额在人民币 50 元以下的一票货物，可免征关税。

（2）无商业价值的广告品和货样，可免征关税。

（3）外国政府、国际组织无偿赠送的物资，可免征关税。

（4）进出境运输工具装载的途中必需的燃料、物料和饮食用品，可予免税。

（5）在海关放行前损失的货物。在海关放行前遭受损坏的货物，可以根据海关认定的受损程度减征关税。

经海关核准暂时进境或者暂时出境，并在 6 个月内复运出境或者复运进境的货样、展览品、施工机械、工程车辆、工程船舶、供安装设备时使用的仪器和工具、电视或者电影摄制器械、盛装货物的容器以及剧团服装道具，在货物收发货人向海关缴纳相当于税款的保证金或者提供担保后，可予暂时免税。

（6）为境外厂商加工、装配成品和为制造外销产品而进口的原材料、辅料、零件、部件、配套件和包装物料，海关按照实际加工出口的成品数量免征进口关税；或者对进口料、件先征进口关税，再按照实际加工出口的成品数量予以退税。

（7）因故退还的中国出口货物，经海关审查属实，可予免征进口关税，但已征收的出口关税不予退还。

（8）因故退还的境外进口货物，经海关审查属实，可予免征出口关税，但已征收的进口关税不予退还。

（9）进口货物如有以下情形，经海关查明属实，可酌情减免进口关税：

① 在境外运输途中或者在起卸时，遭受损坏或者损失的；

② 起卸后海关放行前，因不可抗力遭受损坏或者损失的；

③ 海关查验时已经破漏、损坏或者腐烂，经证明不是保管不慎造成的。

（10）无代价抵偿货物，即进口货物在征税放行后，发现货物残损、短少或品质不良，而由国外承运人、发货人或保险公司免费补偿或更换的同类货物，可以免税。但有残损或质量问题的原进口货物如未退运国外，其进口的无代价抵偿货物应照章征税。

（11）我国缔结或者参加的国际条约规定减征、免征关税的货物、物品，按照规定予以减免关税。

（12）法律规定减征、免征的其他货物。

二、特定减免税

特定减免税也称政策性减免税。在法定减免税之外，国家按照国际通行规则和我国实际情况，制定发布的有关进出口货物减免关税的政策，称为特定或政策性减免税。特定减免税货物一般有地区、企业和用途的限制，海关需要进行后续管理，也需要进行减免税统计。

（一）科教用品

为有利于我国科研、教育事业发展，国务院制定了《科学研究和教学用品免征进口税收暂行规定》，对科学研究机构和学校，不以营利为目的，在合理数量范围内进口国内不能生产的科学研究和教学用品，直接用于科学研究或者教学的，免征进口关税和进口环节增值税、消费税。该规定对享受该优惠的科研机构和学校资格、类别以及可以免税的物品都做了明确规定。

（二）残疾人专用品

为支持残疾人的康复工作，国务院制定了《残疾人专用品免征进口税收暂行规定》，对规定的残疾人个人专用品，免征进口关税和进口环节增值税、消费税；对康复、福利机构、假肢厂和荣誉军人康复医院进口国内不能生产的、该规定明确的残疾人专用品，免征进口关税和进口环节增值税。该规定对可以免税的残疾人专用品种类和品名做了明确规定。

（三）慈善性捐赠物资

为促进公益事业的健康发展，经国务院批准，财政部、国家税务总局、海关总署发布了《扶贫、慈善性捐赠物资免征进口税收的暂行办法》。对境外自然人、法人或者其他组织等境外捐赠人，无偿向经国务院主管部门依法批准成立的，以人道救助和发展慈善事业为宗旨的社会团体以及国务院有关部门和各省、自治区、直辖市人民政府捐赠的，直接用于慈善事业的物资，免征进口关税和进口环节增值税。所称慈善事业是指非营利性的慈善救助等社会慈善和福利事业。该办法对可以免税的捐赠物资种类和品名做了明确规定。

（四）加工贸易产品

1. 加工装配和补偿贸易

加工装配即来料加工、来样加工及来件装配，是指由境外客商提供全部或部分原辅料、零配件和包装物料，必要时提供设备，由我方按客商要求进行加工装配，成品交外商销售，我方收取工缴费。客商提供的作价设备价款，我方用工缴费偿还。补偿贸易是指由境外客商提供或国内单位利用国外出口信贷进口生产技术或设备，由我方生产，以返销产品方式分期偿还对方技术、设备价款或贷款本息的交易方式。因有利于较快地提高出口产品生产技术，改善我国产品质量和品种，扩大出口，增加我国外汇收入，国家给予一定的关税优惠。

2. 进料加工

经批准有权经营进出口业务的企业使用进料加工专项外汇进口料件，并在1年内加工或装配为成品外销出口的业务，称为进料加工业务。

经海关批准，加工贸易项下进口料件实行保税监管的，待加工成品出口后，海关根据核定的实际数量予以核销。对按规定进口时先征税款的，待加工成品出口后，根据核定复出口的数量退还已征收税款。

（五）边境贸易进口物资

为了鼓励我国边境地区积极发展与我国毗邻国家间的边境贸易与经济合作，国家制定了有关扶持、鼓励边境贸易和边境地区发展对外经济合作的政策措施。边境贸易有边民互市贸易和边境小额贸易两种形式。边民互市贸易指边境地区边民在边境线20千米以内、经政府批准的开放点或指定的集市上进行的商品交换活动。边民通过互市贸易进口的商品，每人每日价值在8 000元以下的，免征进口关税和进口环节增值税。边境小额贸易指沿陆地边境线经国家批准对外开放的边境县（旗）、边境城市辖区内经批准有边境小额贸易经营权的企业，通过国家指定的陆地边境口岸，与毗邻国家边境地区的企业或其他贸易机构之间进行的贸易活动。

（六）保税区进出口货物

为了创造完善的投资、运营环境，开展为出口贸易服务的加工整理、包装、运输、仓储、商品展出和转口贸易，国家在境内设立了保税区，即以与外界隔离的全封闭方式，在海关监控管理下进行存放和加工保税货物的特定区域。保税区的主要关税优惠政策有：进口供保税区使用的机器、设备、基建物资、生产用车辆，为加工出口产品进口的原材料、零部件、元器件、包装物料，供储存的转口货物以及在保税区内加工运输出境的产品免征进口关税和进口环节税；保税区内企业进口专为生产加工出口产品所需的原材料、零部件、包装物料，以及转口货物予以保税；从保税区运往境外的货物，一般免征出口关税，等等。

（七）出口加工区进出口货物

为加强与完善加工贸易管理，严格控制加工贸易产品内销，保护国内相关产业，并为出口加工企业提供更宽松的经营环境，带动国产原材料、零配件的出口，国家设立了出口加工区。出口加工区的主要关税优惠政策有：从境外进入区内生产性的基础设施建设项目所需的机器、设备和建设生产厂房、仓储设施所需的基建物资，区内企业生产所需的机器、设备、模具及其维修用零配件，区内企业和行政管理机构自用合理数量的办公用品，予以免征进口关税和进口环节税；区内企业为加工出口产品所需的原材料、零部件、元器件、包装物料及消耗性材料，予以保税；对加工区运往区外的货物，海关按照对进口货物的有关规定办理报关手续，并按照制成品征税；对从区外进入加工区的货物视同出口，可按规定办理出口退税。

（八）进口设备

为进一步扩大利用外资，引进国外先进技术和设备，促进产业结构的调整和技术进步，保持国民经济持续、快速、健康发展，国务院决定自 1998 年 1 月 1 日起，对国家鼓励发展的国内投资项目和外商投资项目进口设备，在规定范围内免征进口关税和进口环节增值税。具体为：对符合“外商投资产业指导目录”鼓励类和限制乙类，并转让技术的外商投资项目，在投资总额内进口的自用设备，以及外国政府贷款和国际金融组织贷款项目进口的自用设备、加工贸易外商提供的不作价进口设备，除“外商投资项目不予免税的进口商品目录”所列商品外，免征进口关税和进口环节增值税；对符合“当前国家重点鼓励发展的产业、产品和技术目录”的国内投资项目，在投资总额内进口的自用设备，除“国内投资项目不予免税的进口商品目录”所列商品外，免征进口关税和进口环节增值税；对符合上述规定的项目，按照合同随设备进口的技术及配套件、备件，也免征进口关税和进口环节增值税。

（九）特定行业或用途的减免税政策

为鼓励、支持部分行业或特定产品的发展，国家制定了部分特定行业或用途的减免税政策，这类政策一般对可减免税的商品列有具体清单。如为支持我国海洋和陆上特定地区石油、天然气开采作业，对相关项目进口国内不能生产或性能不能满足要求的，直接用于开采作业的设备、仪器、零附件、专用工具，免征进口关税和进口环节增值税，等等。

三、临时减免税

临时减免税是指以上法定和特定减免税以外的其他减免税，即由国务院根据《海关法》对某家单位、某类商品、某个项目或某批进出口货物的特殊情况，给予特别照顾，一案一批，专文下达的减免税。一般有单位、品种、期限、金额或数量等限制，不能比照执行。

我国已加入世界贸易组织，为遵循统一、规范、公平、公开的原则，有利于统一税法、公平税赋、平等竞争，国家严格控制减免税，一般不办理个案临时性减免税，对特定减免税也在逐步规范、清理，对不符合国际惯例的税收优惠政策将逐步予以废止。

第五节　征收管理

一、关税缴纳

进口货物自运输工具申报进境之日起 14 日内，出口货物在货物运抵海关监管区后装货的 24 小时以前，应由进出口货物的纳税义务人向货物进（出）境地海关申报，海关根据税则归类和完税价格计算应缴纳的关税和进口环节代征税，并填发税款缴款书。纳税义务人应当自海关填发税款缴款书之日起 15 日内，向指定银行缴纳税款。如关税缴纳期限的最后 1 日是周末或法定节假日，则关税缴纳期限顺延至周末或法定节假日过后的第 1 个工作日。为方便纳税义务人，经申请且海关同意，进（出）口货物的纳税义务人可以在设有海关的指运地（启运地）办理海关申报、纳税手续。

关税纳税义务人因不可抗力或者在国家税收政策调整的情形下，不能按期缴纳税款的，经海关总署批准，可以延期缴纳税款，但最长不得超过 6 个月。

二、关税的强制执行

纳税义务人未在关税缴纳期限内缴纳税款，即构成关税滞纳。为保证海关征收关税决定的有效执行和国家财政收入的及时入库，《海关法》赋予海关对滞纳关税的纳税义务人强制执行的权利。强制措施主要有两类：

（一）征收关税滞纳金

滞纳金自关税缴纳期限届满滞纳之日起，至纳税义务人缴纳关税之日止，按滞纳税款万分之五的比例按日计算征收，周末或法定节假日不予扣除，滞纳金的起征点是 50 元。具体计算公式为：

关税滞纳金金额 = 滞纳关税税额 × 滞纳金征收比率 × 滞纳天数

（二）强制征收

如纳税义务人自海关填发缴款书之日起 3 个月仍未缴纳税款，经海关关长批准，海关可以采取强制扣缴、变价抵缴等强制措施。强制扣缴即海关从纳税义务人在开户银行或者其他金融机构的存款中直接扣缴税款。变价抵缴即海关将应税货物依法变卖，以变卖所得抵缴税款。

三、关税退还

关税退还是关税纳税义务人按海关核定的税额缴纳关税后，因某种原因的出现，海关将实际征收多于应当征收的税额（称为溢征关税）退还给原纳税义务人的一种行政行为。根据《海关法》的规定，海关多征的税款，海关发现后应当立即退还。

按规定，有下列情形之一的，进出口货物的纳税义务人可以自缴纳税款之日起 1 年内，书面声明理由，连同原纳税收据向海关申请退税并加算银行同期活期存款利息，逾期不予受理：

（1）因海关误征，多纳税款的。

（2）海关核准免验进口的货物，在完税后，发现有短卸情形，经海关审查认可的。

（3）已征出口关税的货物，因故未将其运出口，申报退关，经海关查验属实的。

对已征出口关税的出口货物和已征进口关税的进口货物，因货物品种或规格原因（非其他原因）原状复运进境或出境的，经海关查验属实的，也应退还已征关税。海关应当自受理退税申请之日起30日内，做出书面答复并通知退税申请人。这里强调的是因货物品种或规格原因原状复运进境或出境的，如果属于其他原因且不能以原状复运进境或出境，则不能退税。

四、关税补征和追征

补征和追征是海关在关税纳税义务人按海关核定的税额缴纳关税后，发现实际征收税额少于应当征收的税额（称为短征关税）时，责令纳税义务人补缴所差税款的一种行政行为。《海关法》根据少征关税的原因，将海关征收原少征关税的行为分为补征和追征两种。由于纳税人违反海关规定造成少征关税的，称为追征；非因纳税人违反海关规定造成少征关税的，称为补征。区分关税追征和补征的目的是区别不同情况适用不同的征收时效，超过时效规定的期限，海关就丧失了追补关税的权力。根据《海关法》的规定，进出境货物和物品放行后，海关发现少征或者漏征税款，应当自缴纳税款或者货物、物品放行之日起1年内，向纳税义务人补征；因纳税义务人违反规定而造成的少征或者漏征的税款，自纳税义务人应缴纳税款之日起3年以内可以追征，并从缴纳税款之日起按日加收少征或者漏征税款万分之五的滞纳金。

五、关税纳税争议

为保护纳税人合法权益，我国《海关法》和《进出口关税条例》都规定了纳税义务人对海关确定的进出口货物的征税、减税、补税或者退税等有异议时，有提出申诉的权利。在纳税义务人同海关发生纳税争议时，可以向海关申请复议，但同时应当在规定期限内按海关核定的税额缴纳关税，逾期则构成滞纳，海关有权按规定采取强制执行措施。

纳税争议的内容一般为进出境货物和物品的纳税义务人对海关在原产地认定、税则归类、税率或汇率适用、完税价格确定及关税减征、免征、追征、补征和退还等征税行为是否合法或适当，是否侵害了纳税义务人的合法权益，而对海关征收关税的行为表示异议。

纳税争议的申诉程序为：纳税义务人自海关填发税款缴款书之日起30日内，向原征税海关的上一级海关书面申请复议。逾期申请复议的，海关不予受理。海关应当自收到复议申请之日起60日内做出复议决定，并以复议决定书的形式正式答复纳税义务人；纳税义务人对海关复议决定仍然不服的，可以自收到复议决定书之日起15日内，向人民法院提起诉讼。

思考练习题

一、思考题

1. 什么是关税？

2. 关税有哪些种类？

3. 关税的完税价格有哪些规定？

4. 关税有哪些优惠政策？

5. 关税的征收管理有哪些规定？

6. 现行关税有何缺陷？应如何完善？

二、练习题

1. 某企业 2020 年 2 月将一批半成品运往境外加工成产成品，出境时已向海关报明，2020 年 5 月，在海关规定的期限内复运进境。经海关审定支付给境外公司的加工费和料件费折合人民币（下同）共 35 万元，产成品复运进境时，运抵我国境内输入地点起卸前发生运费 3 万元、保险费 4 万元，支付从海关运往企业所在地的运费 1 万元，取得增值税专用发票。假设该货物关税税率为 20%。

要求：计算该批货物进口环节应缴纳的关税。

2. 某进出口公司从 A 国进口货物一批，成交价（离岸价格）折合人民币 8 000 万元（包括单独计价并经海关审查属实的货物进口后装配调试费用 60 万元，向境外采购代理人支付的买方佣金 50 万元），另支付运费 200 万元、保险费 70 万元。货物运抵我国口岸后，该公司在未经批准缓缴税款的情况下，于海关填发税款缴纳凭证的次日起第 28 天才缴纳相关税款。假设该货物关税税率为 30%，增值税税率 13%，消费税税率 10%。

要求：请分别计算该公司应缴纳的关税、增值税、消费税和税收滞纳金。

3. 某企业进口一批货物，价款人民币 30 万元，运抵我国境内输入地点起卸前的运费及保险费 1 万元，报关后发现其中的 20% 有严重质量问题并将其退货，卖方为了补偿该企业，发送价值 6.2 万元（其中运抵我国境内输入地点起卸前运费及保险费 0.2 万元）的无代价抵偿物。假设该货物关税税率为 30%。

要求：请计算该企业应缴纳的进口关税。

4. 某进出口公司从境外进口一批货物，货物以离岸价格成交，成交价折合人民币 2 000 万元（包括单独计价并经海关审查属实的向境内采购代理人支付的买方佣金 30 万元，但不包括因使用该货物而向境外支付的软件费 40 万元、向卖方支付佣金 20 万元），另外支付货物运抵我国港口前的运费、保险费等 80 万元。假设该货物适用的关税税率为 20%、消费税税率为 10%、增值税税率为 13%。

要求：请分别计算该批货物进口环节应缴纳的关税、消费税和增值税。

即测即评

请扫描二维码进行在线测试。

第七章

土地增值税

内容提要：

本章介绍了土地增值税的定义、纳税义务人、征税范围和税率的规定；应纳税额的计算；优惠政策和征收管理的规定。学习本章时，主要掌握土地增值税应纳税额的计算、土地增值税的清算和征收管理的规定。

第一节 土地增值税概述

一、土地增值税的概念

土地增值税是对有偿转让国有土地使用权及地上建筑物和其他附着物产权（以下简称转让房地产），取得增值收入的单位和个人征收的一种税。

土地属于不动产，对土地课税是一种古老的税收形式，也是当代各国普遍征收的一种财产税。有些国家和地区将土地单列出来征收，如土地税、地价税、农地税、未开发土地税、荒地税、城市土地税、土地登记税、土地转让税、土地增值税、土地租金税、土地发展税等。有些国家和地区鉴于土地与地面的房屋、建筑物及其他附着物的密不可分性，对土地征税往往未予单独列名，而统称为房地产税、不动产税、财产税等。

对土地征税，不论是单列税种，还是未单列税种，也不论其冠以何种名称，依据征税的税基不同，大致可以分为两大类：一类是财产性质的土地税，以土地的数量或价值为税基，或实行从量计税，或采取从价计税，前者如我国封建社会时期的田赋、地亩税等，后者如地价税等。这种土地税的历史悠久，属于原始的直接税或财产税。另一类是收益性质的土地税，它实质上是对土地收益或地租征税。

1949 年中华人民共和国成立以来，我国对土地、房屋等不动产的征税制度不够健全，先后开征过的税种如契税、城市房地产税、房产税、城镇土地使用税等，都不属于对土地增值额或土地收益额的征税。1993 年 12 月 13 日，国务院发布了《中华人民共和国土地增值税暂行条例》(以下简称《土地增值税暂行条例》)，从 1994 年 1 月 1 日起开征土地增值税。1995 年 1 月 27 日，财政部又颁布了《中华人民共和国土地增值税暂行条例实施细则》，进一步细化了土地增值税征收管理办法。

为了贯彻落实税收法定原则，2019 年 7 月，财政部会同国家税务总局发布了《中华人民共和国土地增值税法（征求意见稿）》，向全社会公开征求意见，广泛凝聚社会共识，进一步加快了民主立法进程。

二、我国土地增值税的特点

(一) 以转让房地产的增值额为计税依据

我国土地增值税属于“土地转让增值税”类型，将土地、房屋的转让收入合并征收。作为征税对象的增值额，是纳税人转让房地产的收入，减除税法规定准予扣除的项目金额后的余额。土地增值税的增值额与增值税的增值额有所不同，土地增值税的增值额是指征税对象的全部销售收入额扣除与其相关的成本、费用、税金及其他项目金额后的余额，与会计核算中计算会计利润的方法基本相似。增值税的增值额只扣除与其销售额直接相关的进货成本价格。

(二) 征税面比较广

凡在我国境内转让房地产并取得收入的单位和个人，除税法规定免税的以外，均应依照土地增值税条例规定缴纳土地增值税。换言之，凡发生应税行为的单位和个人，不论其经济性质，也不分内外资企业或中外籍人员，无论专营或兼营房地产业务，均有缴纳土地增值税的义务。

(三) 实行超率累进税率

土地增值税的税率是以转让房地产增值率的高低为依据，按照累进原则设计，实行分级计税。增值率是增值额（即以房地产收入总额扣除相关项目金额后的余额）除以扣除项目合计金额的比率，增值率高的，税率高、多纳税；增值率低的，税率低、少纳税。

（四）实行按次征收

土地增值税在房地产发生转让的环节，实行按次征收，每发生一次转让行为，就应根据每次取得的增值额征一次税。

第二节 纳税义务人、征税范围与税率

一、纳税义务人

土地增值税的纳税义务人为转让国有土地使用权、地上建筑物及其附着物并取得收入的单位和个人。单位包括各类企业、事业单位、国家机关和社会团体及其他组织。个人包括个体经营者。

概括起来，《土地增值税暂行条例》对纳税人的规定主要有以下四个特点：

（1）不论法人与自然人，即不论是企业、事业单位、国家机关、社会团体及其他组织，还是个人，只要有偿转让房地产，都是土地增值税的纳税人。

（2）不论经济性质，即不论是全民所有制企业、集体企业、私营企业、个体经营者，还是联营企业、合资企业、合作企业、外商独资企业等，只要有偿转让房地产，都是土地增值税的纳税人。

（3）不论内资与外资企业、中国公民与外籍个人。根据1993年12月29日第八届全国人民代表大会常务委员会第五次会议通过的《全国人民代表大会常务委员会关于外商投资企业和外国企业适用增值税、消费税、营业税等税收暂行条例的决定》和《国务院关于外商投资企业和外国企业适用增值税、消费税、营业税等税收暂行条例的有关问题的通知》，以及《国家税务总局关于外商投资企业、外国企业及外籍个人适用税种问题的通知》等的规定，土地增值税适用于涉外企业和个人。因此，不论是内资企业还是外商投资企业、外国驻华机构，也不论是中国公民、港澳台同胞、海外华侨，还是外国公民，只要有偿转让房地产，都是土地增值税的纳税人。

（4）不论部门，即不论是工业、农业、商业、学校、医院、机关等，只要有偿转让房地产，都是土地增值税的纳税人。

二、征税范围

土地增值税是对转让国有土地使用权及其地上建筑物和附着物征收的。

（一）征税范围的基本规定

土地增值税是对转让国有土地使用权及其地上建筑物和附着物的行为征税，不包括国有土地使用权出让所取得的收入。

国有土地使用权出让，是指国家以土地所有者的身份将土地使用权在一定年限内让与土地使用者，并由土地使用者向国家支付土地使用权出让金的行为，属于土地买卖的一级市场。土地使用权出让的出让方是国家，国家凭借土地的所有权向土地使用者收取土地的租金。出让的目的是实行国有土地的有偿使用制度，合理开发、利用、经营土地，因此，土地使用权的出让不属于土地增值税的征税范围。

而国有土地使用权的转让是指土地使用者通过出让等形式取得土地使用权后，将土地使用权再转让的行为，包括出售、交换和赠与，它属于土地买卖的二级市场。土地使用权转让，其地上的建筑物、其他附着物的所有权随之转让。土地使用权的转让，属于土地增值税的征税范围。

土地增值税的征税范围不包括未转让土地使用权、房产产权的行为，是否发生转让行为主要以房地产权属（土地使用权和房产产权）的变更为标准。凡土地使用权、房产产权未转让的（如房地产的出租），不征收土地增值税。

土地增值税的基本范围包括：

1. 转让国有土地使用权

“国有土地”，是指按国家法律规定属于国家所有的土地。出售国有土地使用权是指土地使用者通过出让方式，向政府缴纳了土地出让金，有偿受让土地使用权后，仅对土地进行通水、通电、通路和平整地面等土地开发，不进行房产开发，即“将生地变熟地”，然后直接将空地出售出去。

2. 地上建筑物及其附着物连同国有土地使用权一并转让

“地上建筑物”，是指建于土地上的一切建筑物，包括地上地下的各种附属设施。“附着物”，是指附着于土地上的不能移动或一经移动即遭损坏的物品。纳税人取得国有土地使用权后进行房屋开发建造然后出售的，即是一般所说的房地产开发。虽然这种行为通常被称作卖房，但按照国家有关房地产法律和法规的规定，卖房的同时，土地使用权也随之发生转让。由于这种情况既发生了产权的转让又取得了收入，所以应纳入土地增值税的征税范围。

3. 存量房地产的买卖

存量房地产是指已经建成并已投入使用的房地产，其房屋所有人将房屋产权和土地使用权一并转让给其他单位和个人。这种行为按照国家有关的房地产法律和法规，应当到有关部门办理房产产权和土地使用权的转移变更手续；原土地使用权属于无偿划拨的，还应到土地管理部门补交土地出让金。

（二）征税范围的特殊规定

1. 房地产的继承、赠与

（1）房地产的继承。房地产的继承是指房产的原产权所有人、依照法律规定取得土地使用权的土地使用人死亡以后，由其继承人依法承受死者房产产权和土地使用权的民事法律行为。这种行为虽然发生了房地产的权属变更，但作为房产产权、土地使用权的原所有人（被继承人）并没有因为权属变更而取得任何收入。因此，这种房地产的继承不属于土地增值税的征税范围。

（2）房地产的赠与。房地产的赠与是指房产所有人、土地使用权所有人将自己所拥有的房地产无偿地交给其他人的民事法律行为。但这里的“赠与”仅指以下情况：

① 房产所有人、土地使用权所有人将房屋产权、土地使用权赠与直系亲属或承担直接赡养义务人的。

② 房产所有人、土地使用权所有人通过中国境内非营利的社会团体、国家机关将房屋产权、土地使用权赠与教育、民政和其他社会福利、公益事业的。社会团体是指中国青少年发展基金会、希望工程基金会、宋庆龄基金会、减灾委员会、中国红十字会、中国残疾人联合会、全国老年基金会、老区促进会以及经民政部门批准成立的其他非营利性的公益性组织。

房地产的赠与虽发生了房地产的权属变更，但作为房产所有人、土地使用权的所有人并没有因为权属的转让而取得任何收入。因此，房地产的赠与不属于土地增值税的征税范围。

2. 房地产的出租

房地产的出租是指房产的产权所有人、依照法律规定取得土地使用权的土地使用人，将房产、土地使用权租赁给承租人使用，由承租人向出租人支付租金的行为。房地产的出租，出租人虽取得了收入，但没有发生房产产权、土地使用权的转让。因此，房地产的出租不属于土地增值税的征税范围。

3. 房地产的抵押

房地产的抵押是指房地产的产权所有人、依法取得土地使用权的土地使用人作为债务人或第三人向债权人提供不动产作为清偿债务的担保而不转移权属的法律行为。这种情况由于房产的产权、土地使用权在抵押期间并没有发生权属的变更，房产的产权所有人、土地使用权人仍能对房地产行使占有、使用、收益等权利，房产的产权所有人、土地使用权人虽然在抵押期间取得了一定的抵押贷款，但实际上这些贷款在抵押期满后是要连本带利偿还给债权人的。因此，对房地产的抵押，在抵押期间不征收土地增值税。待抵押期满后，视该房地产是否转移占有而确定是否征收土地增值税。对于以房地产抵债而发生房地产权属转让的，应列入土地增值税的征税范围。

4. 房地产的交换

这种情况是指一方以房地产与另一方的房地产进行交换的行为。由于这种行为既发生了房产产权、土地使用权的转移，交换双方又取得了实物形态的收入，按《土地增值税暂行条例》的规定，它属于土地增值税的征税范围。但对个人之间互换自有居住用房地产的，经当地税务机关核实，可以免征土地增值税。

5. 以房地产进行投资、联营

对于以房地产进行投资、联营的，投资、联营的一方以土地（房地产）作价入股进行投资或作为联营条件，将房地产转让到所投资、联营的企业中时，暂免征收土地增值税。对投资、联营企业将上述房地产再转让的，应征收土地增值税。

但投资、联营的企业属于从事房地产开发的，或者房地产开发企业以其建造的商品房进行投资和联营的，应当征收土地增值税。

6. 合作建房

对于一方出地，一方出资金，双方合作建房，建成后按比例分房自用的，暂免征收土地增值税；建成后转让的，应征收土地增值税。

7. 企业兼并转让房地产

在企业兼并中，对被兼并企业将房地产转让到兼并企业中的，暂免征收土地增值税。

8. 房地产的代建房行为

这种情况是指房地产开发公司代客户进行房地产的开发，开发完成后向客户收取代建收入的行为。对于房地产开发公司而言，虽然取得了收入，但没有发生房地产权属的转移，其收入属于劳务收入性质，故不属于土地增值税的征税范围。

9. 房地产评估增值

这主要是指国有企业在清产核资时对房地产进行重新评估而使其升值的情况。这种情况下，房地产虽然有增值，但其既没有发生房地产权属的转移，房产产权、土地使用权人也未取得收入，所以不属于土地增值税的征税范围。

三、税率

土地增值税实行四级超率累进税率：

（1）增值额未超过扣除项目金额50%的部分，税率为30%。

（2）增值额超过扣除项目金额50%、未超过扣除项目金额100%的部分，税率为40%。

（3）增值额超过扣除项目金额100%、未超过扣除项目金额200%的部分，税率为50%。

（4）增值额超过扣除项目金额200%的部分，税率为60%。

上述所列四级超率累进税率，每级“增值额未超过扣除项目金额”的比例，均包括本比例数。超率累进税率如表7–1所示。

表7–1　土地增值税四级超率累进税率表

级数	增值额与扣除项目金额的比率	税率（%）	速算扣除系数（%）
1	不超过50%的部分	30	0
2	超过50%至100%的部分	40	5
3	超过100%至200%的部分	50	15
4	超过200%的部分	60	35

第三节 应税收入与扣除项目金额

一、应税收入的确定

根据《土地增值税暂行条例》及其实施细则的规定，纳税人转让房地产取得的应税收入，应包括转让房地产的全部价款及有关的经济收益。从收入的形式来看，应税收入包括货币收入、实物收入和其他收入。纳税人转让房地产的土地增值税应税收入不含增值税。

（一）货币收入

货币收入是指纳税人转让房地产而取得的现金、银行存款、支票、银行本票、汇票等各种信用票据和国库券、金融债券、企业债券、股票等有价证券。这些类型的收入其实质都是转让方因转让土地使用权、房屋产权而向取得方收取的价款。货币收入一般比较容易确定。

（二）实物收入

实物收入是指纳税人转让房地产而取得的各种实物形态的收入，如钢材、水泥等建材，房屋、土地等不动产等。实物收入的价值不太容易确定，一般要对这些实物形态的财产进行估价。

（三）其他收入

其他收入是指纳税人转让房地产而取得的无形资产收入或具有财产价值的权利，如专利权、商标权、著作权、专有技术使用权、土地使用权、商誉权等。这种类型的收入比较少见，其价值需要进行专门的评估。

二、扣除项目金额

计算土地增值税应纳税额，并不是直接对转让房地产所取得的收入征税，而是要对收入额减除国家规定的各项扣除项目金额后的余额计算征税（这个余额就是纳税人在转让房地产中获取的增值额）。因此，要计算增值额，首先必须确定扣除项目。税法准予纳税人从转让收入额中减除的扣除项目包括如下几项。

（一）取得土地使用权所支付的金额

取得土地使用权所支付的金额包括两方面的内容：

（1）纳税人为取得土地使用权所支付的地价款。如果是以协议、招标、拍卖等出让方式取得土地使用权的，地价款为纳税人所支付的土地出让金；如果是以行政划拨方式取得土地使用权的，地价款为按照国家有关规定补交的土地出让金；如果是以转让方式取得土地使用权的，地价款为向原土地使用权人实际支付的地价款。

（2）纳税人在取得土地使用权时按国家统一规定缴纳的有关费用。这是指纳税人在取得土地使用权过程中为办理有关手续，按国家统一规定缴纳的有关登记、过户手续费和契税。

（二）房地产开发成本

房地产开发成本是指纳税人房地产开发项目实际发生的成本，包括土地征用及拆迁补偿费、前期工程费、建筑安装工程费、基础设施费、公共配套设施费、开发间接费用等。

（1）土地征用及拆迁补偿费，包括土地征用费、耕地占用税、劳动力安置费及有关地上、地下附着物拆迁补偿的净支出、安置动迁用房支出等。

（2）前期工程费，包括规划、设计、项目可行性研究和水文、地质、勘察、测绘、“三通一平”等支出。

（3）建筑安装工程费，指以出包方式支付给承包单位的建筑安装工程费、以自营方式发生的建筑安装工程费。

（4）基础设施费，包括开发小区内道路、供水、供电、供气、排污、排洪、通信、照明、环卫、绿化等工程发生的支出。

（5）公共配套设施费，包括不能有偿转让的开发小区内公共配套设施发生的支出。

（6）开发间接费用，指直接组织、管理开发项目发生的费用，包括工资、职工福利费、折旧费、修理费、办公费、水电费、劳动保护费、周转房摊销等。

（三）房地产开发费用

房地产开发费用是指与房地产开发项目有关的销售费用、管理费用和财务费用。根据现行财务会计制度的规定，这三项费用作为期间费用，直接计入当期损益，不按成本核算对象进行分摊，故作为土地增值税扣除项目的房地产开发费用，不按纳税人房地产开发项目实际发生的费用进行扣除，而按《中华人民共和国土地增值税暂行条例实施细则》（以下简称《土地增值税暂行条例实施细则》）的标准进行扣除。

《土地增值税暂行条例实施细则》第七条第三项规定，财务费用中的利息支出，凡能够按转让房地产项目计算分摊并提供金融机构证明的，允许据实扣除，但最高不能超过按商业银行同类同期贷款利率计算的金额。其他房地产开发费用，按《土地增值税暂行条例实施细则》第七条前两项规定（取得土地使用权所支付的金额和房地产开发成本，下同）计算的金额之和的5%以内计算扣除。凡不能按转让房地产项目计算分摊利息支出或不能提供金融机构证明的，房地产开发费用按《土地增值税暂行条例实施细则》第七条前两项规定计算的金额之和的10%以内计算扣除。计算扣除的具体比例，由各省、自治区、直辖市人民政府规定。

上述规定的具体含义是：

（1）纳税人能够按转让房地产项目计算分摊利息支出，并能提供金融机构的贷款证明的，其允许扣除的房地产开发费用为：利息+（取得土地使用权所支付的金额+房地产开发成本）×5%以内（注：利息最高不能超过按商业银行同类同期贷款利率计算的金额）。

（2）纳税人不能按转让房地产项目计算分摊利息支出或不能提供金融机构贷款证明的，其允许扣除的房地产开发费用为：（取得土地使用权所支付的金额+房地产开发成本）× 10% 以内。

全部使用自有资金，没有利息支出的，按照以上方法扣除。上述具体适用的比例按省级人民政府此前规定的比例执行。

（3）房地产开发企业既向金融机构借款又有其他借款的，其房地产开发费用计算扣除时不能同时适用上述两种办法。

（4）土地增值税清算时，已经计入房地产开发成本的利息支出，应调整至财务费用中计算扣除。

此外，财政部、国家税务总局还对扣除项目金额中利息支出的计算问题做了两点专门规定：一是利息的上浮幅度按国家的有关规定执行，超过上浮幅度的部分不允许扣除；二是对于超过贷款期限的利息部分和加罚的利息不允许扣除。

（四）与转让房地产有关的税金

与转让房地产有关的税金是指在转让房地产时缴纳的城市维护建设税、印花税。因转让房地产缴纳的教育费附加，也可视同税金予以扣除。营改增后，计算土地增值税增值额的扣除项目中“与转让房地产有关的税金”不包括增值税。

需要明确的是，房地产开发企业按照《施工、房地产开发企业财务制度》有关规定，其在转让时缴纳的印花税因列入管理费用中，故在此不允许单独再扣除。其他纳税人缴纳的印花税（按产权转移书据所载金额的 5‰贴花）允许在此扣除。

（五）财政部确定的其他扣除项目

对从事房地产开发的纳税人可按《土地增值税暂行条例实施细则》第七条前两项规定计算的金额之和，加计 20% 的扣除。在此，应特别指出的是：此条优惠只适用于从事房地产开发的纳税人，除此之外的其他纳税人不适用。这样的规定，目的是抑制炒买炒卖房地产的投机行为，保护正常开发投资者的积极性。

（六）转让旧房及建筑物的评估价格

纳税人转让旧房的，应按房屋及建筑物的评估价格、取得土地使用权所支付的地价款或出让金、按国家统一规定缴纳的有关费用和转让环节缴纳的税金作为扣除项目金额计征土地增值税。对取得土地使用权时未支付地价款或不能提供已支付的地价款凭据的，在计征土地增值税时不允许扣除。

旧房及建筑物的评估价格是指在转让已使用的房屋及建筑物时，由政府批准设立的房地产评估机构评定的重置成本价乘以成新度折扣率后的价格。评估价格须经当地税务机关确认。重置成本价的含义是：对旧房及建筑物，按转让时的建材价格及人工费用计算，建造同样面积、同样层次、同样结构、同样建设标准的新房及建筑物所需花费的成本费用。成新度折扣率的含义是：按旧房的新旧程度作一定比例的折扣。例如，一栋房屋已使用近 10 年，建造时的造价为 1 000 万元，按转让时的建材及人工费用计算，建同样的新房需花费 3 000 万元，假定该房有六成新，则该房的评估价格为：3 000 × 60% = 1 800（万元）。

营改增后，纳税人转让旧房及建筑物，凡不能取得评估价格，但能提供购房发票的，扣除项目的金额按照下列方法计算：

（1）提供的购房凭据为营改增前取得的营业税发票的，按照发票所载金额（不扣减营业税）并从购买年度起至转让年度止每年加计 5% 计算。

（2）提供的购房凭据为营改增后取得的增值税普通发票的，按照发票所载价税合计金额从购买年度起至转让年度止每年加计 5% 计算。

（3）提供的购房发票为营改增后取得的增值税专用发票的，按照发票所载不含增值税金额加上不允许抵扣的增值税进项税额之和，并从购买年度起至转让年度止每年加计 5% 计算。

计算扣除项目时"每年"按购房发票所载日期起至售房发票开具之日止，每满 12 个月计 1 年；超过 1 年，未满 12 个月但超过 6 个月的，可以视同为 1 年。

对纳税人购房时缴纳的契税，凡能提供契税完税凭证的，准予作为"与转让房地产有关的税金"予以扣除，但不作为加计 5% 的基数。

对于转让旧房及建筑物，既没有评估价格又不能提供购房发票的，地方税务机关可以根据《税收征管法》第 35 条的规定，实行核定征收。

第四节　应纳税额的计算

一、增值额的确定

土地增值税纳税人转让房地产所取得的收入减除规定的扣除项目金额后的余额，为增值额。准确核算增值额，还需要准确的房地产转让收入额和扣除项目的金额。在实际房地产交易活动中，有些纳税人由于不能准确提供房地产转让价格或扣除项目金额，致使增值额不准确，直接影响应纳税额的计算和缴纳。因此，《土地增值税暂行条例》第九条规定，纳税人有下列情形之一的，按照房地产评估价格计算征收。

（1）隐瞒、虚报房地产成交价格的。这是指纳税人不报或有意低报转让土地使用权、地上建筑物及其附着物价款的行为。隐瞒、虚报房地产成交价格，应由评估机构参照同类房地产的市场交易价格进行评估。税务机关根据评估价格确定转让房地产的收入。

（2）提供扣除项目金额不实的。这是指纳税人在纳税申报时不据实提供扣除项目金额的行为。提供扣除项目金额不实的，应由评估机构按照房屋重置成本价乘以成新度折扣率计算的房屋成本价和取得土地使用权时的基准地价进行评估。税务机关根据评估价格确定扣除项目金额。

（3）转让房地产的成交价格低于房地产评估价格，又无正当理由的。这是指纳税人申报的转让房地产的实际成交价低于房地产评估机构评定的交易价，纳税人又不能提供凭据或无正当理由的行为。转让房地产的成交价格低于房地产评估价格，又无正当理由的，由税务机关参照房地产评估价格确定转让房地产的收入。

上述所说的房地产评估价格，是指由政府批准设立的房地产评估机构根据相同地段、同类房地产进行综合评定的价格。

二、应纳税额的计算

土地增值税按照纳税人转让房地产所取得的增值额和规定的税率计算征收。土地增值税的计算公式是：

应纳税额 = ∑（每级距的土地增值额 × 适用税率）

但在实际工作中，分步计算比较烦琐，一般可以采用速算扣除法计算。即计算土地增值税税额，可按增值额乘以适用的税率减去扣除项目金额乘以速算扣除系数的简便方法计算。具体方法如下：

应纳税额 = 土地增值额 × 适用税率 − 扣除项目金额 × 速算扣除系数

公式中，适用税率和速算扣除系数的确定取决于增值额与扣除项目金额的比率。

（1）增值额未超过扣除项目金额 50% 的，计算公式为：

土地增值税税额 = 增值额 × 30%

（2）增值额超过扣除项目金额 50%，未超过 100% 的，计算公式为：

土地增值税税额 = 增值额 × 40% − 扣除项目金额 × 5%

（3）增值额超过扣除项目金额 100%，未超过 200% 的，计算公式为：

土地增值税税额 = 增值额 × 50% − 扣除项目金额 × 15%

（4）增值额超过扣除项目金额 200% 的，计算公式为：

土地增值税税额 = 增值额 × 60% − 扣除项目金额 × 35%

上述公式中的 5%、15%、35% 分别为 2 级、3 级、4 级的速算扣除系数，如表 7-1 所示。

例 7-1

某房地产开发公司，当期开发销售写字楼一栋，取得销售收入总额为 8 000 万元。开发该写字楼应扣除的购买土地的金额 1 000 万元，开发成本合计金额 2 000

万元，开发过程中发生财务费用 300 万元（可提供金融机构证明），发生销售费用 500 万元、管理费用 600 万元，转让环节缴纳的有关税费共计 40 万元。假定当地政府规定其他开发费用的扣除比例为 5%，请计算该房地产开发公司销售写字楼应缴纳的土地增值税。

解：

（1）计算土地增值额：

应扣除的土地成本金额 1 000 万元。

应扣除的开发成本金额 2 000 万元。

应扣除的开发费用金额 = 300+（1 000 + 2 000）× 5% = 450（万元）。

应扣除的其他扣除项目金额 =（1 000 + 2 000）× 20% = 600（万元）。

增值额 = 8 000 −（1 000 + 2 000 + 450 + 40 + 600）= 8 000 − 4 090 = 3 910（万元）。

（2）计算增值额与扣除项目金额的比率：

增值额与扣除项目金额的比率 = 3 910 ÷ 4 090 × 100% = 95.60%。

根据土地增值税税率和速算扣除数的规定，增值额超过扣除项目金额 50%～100% 的，适用税率为 40%、速算扣除系数为 5%。

（3）计算应缴纳的土地增值税税额：

土地增值税税额 = 增值额 × 40% − 扣除项目金额 × 5%。

应纳土地增值税 = 3 910 × 40% − 4 090 × 5% = 1 564 − 204.5 = 1 359.5（万元）。

例 7–2

某生产企业当月销售 8 年前建造的一栋旧办公楼，按销售合同约定取得销售收入 1 700 万元，支付有关税费共计 8.5 万元。该办公楼原值为 1 800 万元，经有资格的评估机构评估该办公楼还有六成新，目前建造同样的办公楼需要资金 2 000 万元。由于该办公楼原建时属于政府划拨地，当月销售时补缴了土地出让金 200 万元、契税 8 万元。请计算该企业销售旧办公楼应缴纳的土地增值税。

解：

（1）销售旧办公楼的增值额：

应扣除的评估价 = 2 000 × 60% = 1 200（万元）。

旧办公楼增值额 = 1 700 −（8.5 + 1 200 + 200 + 8）= 1 700 − 1 416.5 = 283.5（万元）。

（2）销售旧办公楼的增值率 = 283.5 ÷ 1 416.5 × 100% = 20.01%。

（3）销售旧办公楼应缴纳土地增值税 = 283.5 × 30%　1 416.5 × 0 = 85.05（万元）。

三、房地产开发企业土地增值税清算

（一）土地增值税清算的定义

土地增值税清算是指纳税人在符合土地增值税清算条件后，依照税收法律、法规及土地增值税有关政策的规定，计算房地产开发项目应缴纳的土地增值税税额，并填写“土地增值税清算申报表”，向主管税务机关提供有关资料，办理土地增值税清算手续，结清该房地产项目应缴纳土地增值税税款的行为。

纳税人进行土地增值税清算时应当如实申报应缴纳的土地增值税税额，保证清算申报的真实性、准确性和完整性。税务机关应当为纳税人提供优质纳税服务，加强土地增值税政策宣传辅导。主管税务机关应及时对纳税人清算申报的收入、扣除项目金额、增值额、增值率以及税款计算等情况进行审核，依法征收土地增值税。

（二）土地增值税的清算单位

土地增值税以国家有关部门审批的房地产开发项目为单位进行清算，对于分期开发的项目，以分期项目为单位清算。

开发项目中同时包含普通住宅和非普通住宅的，应分别计算增值额。

（三）土地增值税的清算条件

（1）符合下列条件之一的，纳税人应进行土地增值税的清算：

① 房地产开发项目全部竣工、完成销售的；

② 整体转让未竣工决算房地产开发项目的；

③ 直接转让土地使用权的。

（2）符合下列情形之一的，主管税务机关可要求纳税人进行土地增值税清算：

① 已竣工验收的房地产开发项目，已转让的房地产建筑面积占整个项目可售建筑面积的比例在 85% 以上，或该比例虽未超过 85%，但剩余的可售建筑面积已经出租或自用的；

② 取得销售（预售）许可证满三年仍未销售完毕的；

③ 纳税人申请注销税务登记但未办理土地增值税清算手续的；

④ 省税务机关规定的其他情况。

（四）土地增值税的清算时间

（1）凡符合应办理土地增值税清算条件的项目，纳税人应当在满足条件之日起 90 日内到主管税务机关办理清算手续。

（2）凡属税务机关要求纳税人进行土地增值税进行清算的项目，纳税人应当在接到主管税务机关下发的清算通知之日起 90 日内，到主管地税机关办理清算手续。

应进行土地增值税清算的纳税人或经主管税务机关确定需要进行清算的纳税人，在上述规定的期限内拒不清算或不提供清算资料的，主管税务机关可依据《税收征管法》有关规定处理。

（五）土地增值税清算时的收入确认

（1）一般情形下销售房地产应税收入的确认。

土地增值税清算时，已全额开具商品房销售发票的，按照发票所载金额确认收入；未开具发票或未全额开具发票的，以交易双方签订的销售合同所载的售房金额及其他收益确认收入。销售合同所载商品房面积与有关部门实际测量面积不一致，在清算前已发生补、退房款的，应在计算土地增值税时予以调整。

房地产开发项目的销售行为跨越营改增前后的，按以下方法确定土地增值税应税收入：

土地增值税清算应税收入 = 营改增前转让房地产取得的收入 +
营改增后转让房地产取得的不含增值税收入

（2）视同销售房地产应税收入的确认。

房地产开发企业将开发产品用于职工福利、奖励、对外投资、分配给股东或投资人、抵偿债务、换取其他单位和个人的非货币性资产等，发生所有权转移时应视同销售房地产，其收入按下列方法和顺序确认：

① 按本企业在同一地区、同一年度销售的同类房地产的平均价格确定。

② 由主管税务机关参照当地当年、同类房地产的市场价格或评估价值确定。

（3）房地产开发企业将开发的部分房地产转为企业自用或用于出租等商业用途时，如果产权未发生转移，不征收土地增值税，在税款清算时不列收入，不扣除相应的成本和费用。

（六）土地增值税清算的扣除项目

（1）房地产开发企业办理土地增值税清算时计算与清算项目有关的扣除项目金额，应根据《土地增值税暂行条例》第六条及其《实施细则》第七条的规定执行。除另有规定外，扣除取得土地使用权所支付的金额、房地产开发成本、费用及与转让房地产有关税金，须提供合法有效凭证；不能提供合法有效凭证的，不予扣除。

（2）房地产开发企业办理土地增值税清算所附送的前期工程费、建筑安装工程费、基础设施费、开发间接费用的凭证或资料不符合清算要求或不实的，地方税务机关可参照当地建设工程造价管理部门公布的建安造价定额资料，结合房屋结构、用途、区位等因素，核定上述四项开发成本的单位面积金额标准，并据以计算扣除。具体核定方法由省税务机关确定。

（3）房地产开发企业开发建造的与清算项目配套的居委会和派出所用房、会所、停车场（库）、物业管理场所、变电站、热力站、水厂、文体场馆、学校、幼儿园、托儿所、医院、邮电通信等公共设施，按以下原则处理：

① 建成后产权属于全体业主所有的，其成本、费用可以扣除；

② 建成后无偿移交给政府、公用事业单位用于非营利性社会公共事业的，其成本、费用可以扣除；

③ 建成后有偿转让的，应计算收入，并准予扣除成本、费用。

（4）房地产开发企业销售已装修的房屋，其装修费用可以计入房地产开发成本。房地产开发企业的预提费用，除另有规定外，不得扣除。

（5）属于多个房地产项目共同的成本费用，应按清算项目可售建筑面积占多个项目可售总建筑面积的比例或其他合理的方法，计算确定清算项目的扣除金额。

（6）房地产开发企业未支付的质量保证金扣除金额的确定。

房地产开发企业在工程竣工验收后，根据合同约定，扣留建筑安装施工企业一定比例的工程款，作为开发项目的质量保证金，在计算土地增值税时，建筑安装施工企业就质量保证金对房地产开发企业开具发票的，按发票所载金额予以扣除；未开具发票的，扣留的质保金不得计算扣除。

（7）房地产开发企业逾期开发缴纳的土地闲置费不得扣除。

（8）房地产开发企业为取得土地使用权所支付的契税，应视同"按国家统一规定交纳的有关费用"，计入"取得土地使用权所支付的金额"中扣除。

（9）拆迁安置费的扣除，按以下规定处理：

① 房地产企业用建造的本项目房地产安置回迁户的，安置用房视同销售处理，按《国家税务总局关于房地产开发企业土地增值税清算管理有关问题的通知》（国税发〔2006〕187 号）第三条第一款的规定确认收入，同时将此确认为房地产开发项目的拆迁补偿费。房地产开发企业支付给回迁户的补差价款，计入拆迁补偿费；回迁户支付给房地产开发企业的补差价款，应抵减本项目拆迁补偿费。

② 开发企业采取异地安置，异地安置的房屋属于自行开发建造的，房屋价值按国税发〔2006〕187 号第三条第一款的规定计算，计入本项目的拆迁补偿费；异地安置的房屋属于购入的，以实际支付的购房支出计入拆迁补偿费。

③ 货币安置拆迁的，房地产开发企业凭合法有效凭据计入拆迁补偿费。

（10）转让旧房准予扣除项目的加计问题。

根据《财政部 国家税务总局关于土地增值税若干问题的通知》（财税〔2006〕21 号）第二条第一款规定，纳税人转让旧房及建筑物，凡不能取得评估价格，但能提供购房发票的，经当地税务部门确认，《土地增值税暂行条例》第六条第（一）（三）项规定的扣除项目的金额，可按发票所载金额并从购买年度起至转让年度止每年加计 5% 计算。计算扣除项目时"每年"按购房发票所载日期起至售房发票开具之日止，每满 12 个月计一年；超过一年，未满 12 个月但超过 6 个月的，可以视同为一年。

（七）土地增值税清算应报送的资料

纳税人清算土地增值税时应提供的清算资料：

（1）土地增值税清算表及其附表。

（2）房地产开发项目清算说明，主要内容应包括房地产开发项目立项、用地、开发、销售、关联方交易、融资、税款缴纳等基本情况及主管税务机关需要了解的其他情况。

（3）项目竣工决算报表、取得土地使用权所支付的地价款凭证、国有土地使用权出让合同、银行贷款利息结算通知单、项目工程合同结算单、商品房购销合同统计表、销售明细表、预售许可证等与转让房地产的收入、成本和费用有关的证明资料。主管税务机关需要相应项目记账凭证的，纳税人还应提供记账凭证复印件。

纳税人委托税务中介机构审核鉴证的清算项目，还应报送中介机构出具的“土地增值税清算税款鉴证报告”。

（八）土地增值税清算项目的审核鉴证

主管税务机关受理纳税人清算资料后，应在一定期限内及时组织清算审核。具体期限由各省、自治区、直辖市、计划单列市税务机关确定。

税务中介机构受托对清算项目审核鉴证时，应按税务机关规定的格式对审核鉴证情况出具鉴证报告。对符合要求的鉴证报告，税务机关可以采信。

税务机关要对从事土地增值税清算鉴证工作的税务中介机构在准入条件、工作程序、鉴证内容、法律责任等方面提出明确要求，并做好必要的指导和管理工作。

（九）土地增值税的核定征收

在土地增值税清算过程中，发现纳税人符合核定征收条件的，应按核定征收方式对房地产项目进行清算。

（1）在土地增值税清算中符合以下条件之一的，可实行核定征收。

① 依照法律、行政法规的规定应当设置但未设置账簿的；

② 擅自销毁账簿或者拒不提供纳税资料的；

③ 虽设置账簿，但账目混乱或者成本资料、收入凭证、费用凭证残缺不全，难以确定转让收入或扣除项目金额的；

④ 符合土地增值税清算条件，企业未按照规定的期限办理清算手续，经税务机关责令限期清算，逾期仍不清算的；

⑤ 申报的计税依据明显偏低，又无正当理由的。

（2）符合上述核定征收条件的，由主管税务机关发出核定征收的税务事项告知书后，税务人员对房地产项目开展土地增值税核定征收核查，经主管税务机关审核合议，通知纳税人申报缴纳应补缴税款或办理退税。

（3）对于分期开发的房地产项目，各期清算的方式应保持一致。

（十）清算后再转让房地产的处理

在土地增值税清算时未转让的房地产，清算后销售或有偿转让的，纳税人应按规定进行土地增值税的纳税申报，扣除项目金额按清算时的单位建筑面积成本费用乘以销售或转让面积计算。

单位建筑面积成本费用=清算时的扣除项目总金额－清算的总建筑面积

（十一）土地增值税清算后应补缴的土地增值税加收滞纳金问题

纳税人按规定预缴土地增值税后，清算补缴的土地增值税，在主管税务机关规定的期限内补缴的，不加收滞纳金。

第五节　税收优惠与征收管理

一、税收优惠

（一）建造普通标准住宅的税收优惠

纳税人建造普通标准住宅出售，增值额未超过扣除项目金额20%的，免征土地增值税。

上述“普通标准住宅”，是指按所在地一般民用住宅标准建造的居住用住宅。高级公寓、别墅、度假村等不属于普通标准住宅。普通标准住宅与其他住宅的具体划分界限，2005年5月31日以前由各省、自治区、直辖市人民政府规定。2005年6月1日起，普通标准住宅应同时满足：住宅小区建筑容积率在1.0以上；单套建筑面积在120平方米以下；实际成交价格低于同级别土地上住房平均交易价格1.2倍以下。各省、自治区、直辖市要根据实际情况，制定本地区享受优惠政策普通住房的具体标准。允许单套建筑面积和价格标准适当浮动，但向上浮动的比例不得超过上述标准的20%。纳税人建造普通标准住宅出售，增值额未超过扣除项目金额20%的，免征土地增值税；增值额超过扣除项目金额20%的，应就其全部增值额按规定计税。

对于纳税人既建造普通标准住宅，又建造其他房地产开发的，应分别核算增值额。不分别核算增值额或不能准确核算增值额的，其建造的普通标准住宅不能适用这一免税规定。

（二）对企事业单位、社会团体以及其他组织转让旧房作为改造安置住房或公共租赁住房房源的税收优惠

对企事业单位、社会团体以及其他组织转让旧房作为改造安置住房或公共租赁住房房源且增值额未超过扣除项目金额 20% 的，免征土地增值税。

上述所说“改造安置住房”，是指相关部门和单位与棚户区被征收人签订的房屋征收（拆迁）补偿协议或棚户区改造合同（协议）中明确用于安置被征收人的住房或通过改建、扩建、翻建等方式实施改造的住房。“公共租赁住房”，是指纳入省、自治区、直辖市、计划单列市人民政府及新疆生产建设兵团批准的公共租赁住房发展规划和年度计划，或者市、县人民政府批准建设（筹集），并按照《关于加快发展公共租赁住房的指导意见》（建保〔2010〕87 号）和市、县人民政府制定的具体管理办法进行管理的公租房。

（三）国家征用收回的房地产的税收优惠

因国家建设需要依法征用、收回的房地产，免征土地增值税。

这里所说的“因国家建设需要依法征用、收回的房地产”，是指因城市实施规划、国家建设的需要而被政府批准征用的房产或收回的土地使用权。

（四）因城市实施规划、国家建设需要而搬迁，由纳税人自行转让的原房地产，免征土地增值税

因“城市实施规划”而搬迁，是指因旧城改造或因企业污染、扰民（产生过量废气、废水、废渣和噪声，使城市居民生活受到一定危害），而由政府或政府有关主管部门根据已审批通过的城市规划确定进行搬迁的情况。因“国家建设需要”而搬迁，是指因实施国务院、省级人民政府、国务院有关部委批准的建设项目而进行搬迁的情况。

（五）个人销售住房的税收优惠

自 2008 年 11 月 1 日，对个人销售住房暂免征收土地增值税。

二、征收管理

（一）预征管理

由于房地产开发与转让周期较长，造成土地增值税征管难度大，根据《土地增值税暂行条例实施细则》规定，对纳税人在项目全部竣工结算前转让房地产取得的收入，可以预征土地增值税。具体办法由各省、自治区、直辖市税务局根据当地情况制定。为了发挥土地增值税在预征阶段的调节作用，对已经实行预征办法的地区，可根据不同类型房地产确定适当的预征率。除保障性住房外，东部地区省份预征率不得低于 2%，中部和东北地区省份不得低于 1.5%，西部地区省份不得低于 1%。

实行预征办法所属地区的纳税人，发生预售房地产行为的，应当按规定到主管税务机关办理纳税申报，按规定比例预交税款。待项目清算后，多退少补。

（二）纳税地点

土地增值税的纳税人应向房地产所在地主管税务机关办理纳税申报，并在税务机关核定的期限内缴纳土地增值税。

这里所说的“房地产所在地”，是指房地产的坐落地。纳税人转让的房地产坐落在两个或两个以上地区的，应按房地产所在地分别申报纳税。

在实际工作中，纳税地点的确定又可分为以下两种情况：

（1）纳税人是法人的。当转让的房地产坐落地与其机构所在地或经营所在地一致时，则在办理税务登记的原管辖税务机关申报纳税即可；如果转让的房地产坐落地与其机构所在地或经营所在地不一致，则应在房地产坐落地所管辖的税务机关申报纳税。

（2）纳税人是自然人的。当转让的房地产坐落地与其居住所在地一致时，则在住所所在地税务机关申报纳税；当转让的房地产坐落地与其居住所在地不一致时，在办理过户手续所在地的税务机关申报纳税。

（三）纳税申报

土地增值税的纳税人应在转让房地产合同签订后的 7 日内，到房地产所在地主管税务机关办理纳税申报，并向税务机关提交房屋及建筑物产权、土地使用权证书，土地转让、房产买卖合同，房地产评估报告及其他与转让房地产有关的资料。纳税人因经常发生房地产转让而难以在每次转让后申报的，经税务机关审核同意后，可以定期进行纳税申报，具体期限由税务机关根据情况确定。

纳税人因经常发生房地产转让而难以在每次转让后申报的，经税务机关审核同意后，可以定期进行纳税申报，具体期限由税务机关根据相关规定确定。

上述“纳税人因经常发生房地产转让而难以在每次转让后申报”，是指房地产开发企业开发建造的房地产、因分次转让而频繁发生纳税义务、难以在每次转让后申报纳税的情况，土地增值税可按月或按各省、自治区、直辖市和计划单列市税务局规定的期限申报缴纳。纳税人选择定期申报方式的，应向纳税所在地的税务机关备案。定期申报方式确定后，一年之内不得变更。

1995 年 5 月 17 日，国家税务总局制定并下发了“土地增值税纳税申报表”。此表包括适用于从事房地产开发纳税人的“土地增值税纳税申报表（一）”，及适用于非从事房地产开发纳税人的“土地增值税纳税申报表（二）”。国家税务总局同时规定，纳税人必须按照税法的有关规定，向房地产所在地主管税务机关如实申报转让房地产所取得的收入、扣除项目金额以及应纳土地增值税税额，并按期缴纳税款。

思考练习题

一、思考题

1. 什么是土地增值税？

2. 土地增值税征税范围有哪些具体规定？

3. 计算增值额时有哪些扣除项目？

4. 土地增值税有哪些优惠政策？

5. 土地增值税的征收管理有何规定？

6. 现行土地增值税有何缺陷？应如何完善？

二、练习题

1. 某市一家房地产开发公司2020年度内新建一幢商品房并将其出售，共计取得不含增值税收入8 000万元。已知该公司建造此楼的房地产开发成本为2 000万元，为取得该幢商品房的土地使用权支付的金额为800万元。该公司不能提供准确的建房利息支出情况，其房地产开发费用按该公司所在省规定可按取得土地使用权支付的金额与房地产开发成本之和的10%计算扣除；允许扣除的有关税金及附加共计50万元。

要求：计算该公司出售商品房应缴纳的土地增值税。

2. 某工厂2021年4月转让其旧厂房一栋，取得不含增值税转让收入5 000万元。2010年建设上述厂房时，支付的地价款和按国家统一规定交纳的有关费用合计为1 200万元，发生建造成本1 700万元。经当地房地产评估中心评估，并经税务机关认可的厂房重置成本为3 000万元，成新度折扣率为60%，允许扣除的有关税金及附加32.5万元。

要求：计算该厂转让旧厂房应缴纳的土地增值税。

3. 位于某市区的甲房地产开发公司，2020年年初开发建设写字楼一栋，当年12月20日与本市乙企业签订了一份房屋销售合同，将写字楼销售给乙企业，不含增值税销售金额共计3 000万元。合同载明，乙企业向甲房地产开发公司支付货币资金2 500万元，另将一块未做任何开发的土地的使用权作价500万元转让给甲房地产开发公司，并签署产权转移书据（已缴纳印花税2.5万元）。

甲房地产开发公司开发该写字楼时支付土地价款800万元、契税40万元、房地产开发成本360万元，开发过程中发生管理费用120万元（未包括印花税）、销售费用200万元、财务费用150万元（向其他企业借款）。乙企业转让给甲房地产开发公司的土地使用权为2年前抵债取得，抵债时作价300万元并发生相关税费

10 万元。

（注：当地政府确定房地产开发费用扣除比例为 10%，增值税采用一般计税方法，不考虑地方教育附加。）

要求：计算该房地产开发公司销售写字楼应缴纳的土地增值税。

即 测 即 评

请扫描二维码进行在线测试。

第八章

房产税、城镇土地使用税、耕地占用税与契税

内容提要：

本章介绍了房产税、城镇土地使用税、耕地占用税与契税的征税范围；应纳税额的计算；税收优惠政策和征收管理。学习本章时主要掌握房产税、城镇土地使用税、耕地占用税与契税的计算和优惠政策。

第一节 房产税

现行房产税的基本规范，是1986年9月15日国务院颁布并于2011年1月8日修订的《中华人民共和国房产税暂行条例》(简称《房产税暂行条例》)。

一、房产税概述

(一) 房产税的概念

房产税是以房屋为征税对象，按照房屋的计税余值或租金收入，向产权所有人征收的一种财产税。

房产税在我国是一个古老的税种，始于周代。中华人民共和国成立后，1951年8月政务院颁布《城市房地产税暂行条例》，对城市中的房屋及占地合并征收房产税和地产税，称为城市房地产税。1973年简化税制，把对企业征收的城市房地

产税并入了工商税，但保留城市房地产税这一税种，对房产管理部门和居民个人以及外侨的房屋继续征收。

1984年10月工商税制改革，对国内企业单位重新恢复征收房产税。1986年9月15日，国务院正式发布了《房产税暂行条例》，从当年10月1日开始施行。各省、自治区、直辖市人民政府根据暂行条例规定，先后制定了施行细则。至此，房产税又在全国范围内全面征收。

（二）房产税的特点

1. 属于财产税中的个别财产税

财产税按征收方式分类，可分为一般财产税与个别财产税。一般财产税也称综合财产税，是对纳税人拥有的财产综合课征的税收。个别财产税，也称特种财产税，是对纳税人所有的土地、房屋、资本或其他财产分别课征的税收。我国现行房产税属于个别财产税。

2. 征税范围限于城镇的经营性房屋

房产税的征税范围是在城市、县城、建制镇和工矿区，不涉及农村。农村的房屋大部分是农民居住用房，为了不增加农民负担，农村的房屋没有纳入征税范围。另外，对某些拥有房屋但自身没有纳税能力的单位，如国家拨付行政经费、事业经费和国防经费的单位自用的房产，税法也通过免税的方式将这类房屋排除在征税范围之外。因为这些单位本身没有经营收入，若对其征税，就要相应增加财政拨款，征税也就失去了意义。

3. 区别房屋的经营使用方式规定征税办法

拥有房屋的单位和个人，既可以自己使用房屋，又可以把房屋用于出租、出典。房产税根据纳税人经营形式的不同，确定对房屋征税可以按房产计税余值征收，又可以按租金收入征收，使其符合纳税人的经营特点，便于平衡税收负担和征收管理。

二、纳税义务人与征税范围

（一）纳税义务人

房产税以在征税范围内的房屋产权所有人为纳税人。其中：

（1）产权属国家所有的，由经营管理单位纳税；产权属集体和个人所有的，由集体单位和个人纳税。

（2）产权出典的，由承典人纳税。所谓产权出典，是指产权所有人将房屋、生产资料等的产权，在一定期限内典当给他人使用，而取得资金的一种融资业务。这种业务大多发生于出典人急需用款，但又想保留产权回赎权的情况。承典人向出典人交付一定的典价之后，在质典期内即获抵押物品的支配权，并可转典。产权的典价一般要低于卖价。出典人在规定期间内须归还典价的本金和利息，方可赎回出典房屋等的产权。由于在房屋出典期间，产权所有人已无权支配房屋，因此，税法规定由对房屋具有支配权的承典人为纳税人。

（3）产权所有人、承典人不在房屋所在地的，或者产权未确定及租典纠纷未解决的，由房产代管人或者使用人纳税。

所谓租典纠纷，是指产权所有人在房产出典和租赁关系上，与承典人、租赁人发生各种争议，特别是权利和义务的争议悬而未决的。此外还有一些产权归属不清的问题，也都属于租典纠纷。对租典纠纷尚未解决的房产，规定由代管人或使用人为纳税人，主要目的在于加强征收管理，保证房产税及时入库。

（4）无租使用其他房产的问题。纳税单位和个人无租使用房产管理部门、免税单位及纳税单位的房产，应由使用人代为缴纳房产税。

（5）自2009年1月1日起，外商投资企业、外国企业和组织以及外籍个人，依照《房产税暂行条例》缴纳房产税。

（二）征税范围

房产税以征收范围内的房产为征税对象。所谓房产，是指有屋面和围护结构（有墙或两边有柱），能够遮风避雨，可供人们在其中生产、学习、工作、娱乐、居住或贮藏物资的场所。房地产开发企业建造的商品房，在出售前，不征收房产税。但对出售前房地产开发企业已使用或出租、出借的商品房应按规定征收房产税。

房产税的征收范围为城市、县城、建制镇和工矿区，具体规定如下：

（1）城市是指国务院批准设立的市。

（2）县城是指县人民政府所在地的地区。

（3）建制镇是指经省、自治区、直辖市人民政府批准设立的建制镇。

（4）工矿区是指工商业比较发达、人口比较集中、符合国务院规定的建制镇标准但尚未设立建制镇的大中型工矿企业所在地。开征房产税的工矿区须经省、自治区、直辖市人民政府批准。

房产税的征收范围不包括农村，这主要是为了减轻农民的负担，促进农业发展，繁荣农村经济，维护社会稳定。

三、税率、计税依据和应纳税额的计算

（一）税率

我国现行房产税采用的是比例税率。由于房产税的计税依据分为从价计征

和从租计征两种形式，所以房产税的税率也有两种：一种是按房产原值一次减除10%~30%后的余值计征的，税率为1.2%；另一种是按房产出租的租金收入计征的，税率为12%。从2001年1月1日起，对个人按市场价格出租的居民住房，用于居住的，可暂减按4%的税率征收房产税；自2008年3月1日起，对个人出租住房，不区分实际用途，均按4%的税率征收房产税。对企事业单位、社会团体以及其他组织按市场价格向个人出租用于居住的住房，减按4%的税率征收房产税。

（二）计税依据

房产税的计税依据是房产的计税价值或房产的租金收入。按照房产计税价值征税的，称为从价计征；按照房产租金收入计征的，称为从租计征。

1. 从价计征

《房产税暂行条例》规定，房产税依照房产原值一次减除10%~30%后的余值计算缴纳。各地扣除比例由当地省、自治区、直辖市人民政府确定。

（1）房产原值是指纳税人按照会计制度规定，在账簿“固定资产”科目中记载的房屋原价。因此，凡按会计制度规定在账簿中记载有房屋原价的，应以房屋原价按规定减除一定比例后作为房产余值计征房产税；没有记载房屋原价的，按照上述原则，并参照同类房屋确定房产原值，按规定计征房产税。

值得注意的是，自2009年1月1日起，对依照房产原值计税的房产，不论是否记载在会计账簿固定资产科目中，均应按照房屋原价计算缴纳房产税。房屋原价应根据国家有关会计制度规定进行核算。对纳税人未按国家会计制度规定核算并记载的，应按规定予以调整或重新评估。

（2）房产原值应包括与房屋不可分割的各种附属设备或一般不单独计算价值的配套设施，主要有：暖气、卫生、通风、照明、煤气等设备；各种管线，如蒸汽、压缩空气、石油、给水排水等管道及电力、电信、电缆导线；电梯、升降机、过道、晒台等。属于房屋附属设备的水管、下水道、暖气管、煤气管等应从最近的探视井或三通管起，计算原值；电灯网、照明线从进线盒连接管起，计算原值。

（3）纳税人对原有房屋进行改建、扩建的，要相应增加房屋的原值。

（4）房屋附属设备和配套设施的计税规定。从2006年1月1日起，房屋附属设备和配套设施计征房产税按以下规定执行：

① 凡以房屋为载体，不可随意移动的附属设备和配套设施，如给排水、采暖、消防、中央空调、电气及智能化楼宇设备等，无论在会计核算中是否单独记账与核算，都应计入房产原值，计征房产税。

② 对于更换房屋附属设备和配套设施的，在将其价值计入房产原值时，可扣减原来相应设备和设施的价值；对附属设备和配套设施中易损坏、需要经常更换的零配件，更新后不再计入房产原值。

（5）自2006年1月1日起，凡在房产税征收范围内的具备房屋功能的地下建筑，包括与地上房屋相连的地下建筑以及完全建在地面以下的建筑、地下人防设施等，均应当依照有关规定缴纳房地产税。

（6）对按照房产原值计税的房产，无论会计上如何核算，房产原值均应包含地价，包括为取得土地使用权支付的价款、开发土地发生的成本费用等。宗地容积率低于 0.5 的，按房产建筑面积的 2 倍计算土地面积并据此确定计入房产原值的地价。

2. 从租计征

《房产税暂行条例》规定，房产出租的，以房产租金收入（不含增值税）为房产税的计税依据。房产租金收入，是房屋产权所有人出租房产使用权所得的报酬，包括货币收入和实物收入。

如果是以劳务或者其他形式为报酬抵付房租收入的，应根据当地同类房产的租金水平，确定一个标准租金额从租计征。

纳税人对个人出租房屋的租金收入申报不实或申报数与同一地段同类房屋的租金收入相比明显不合理的，税务部门可以按照《税收征收管理法》的有关规定，采取科学合理的方法核定其应纳税款。具体办法由各省、自治区、直辖市地方税务机关结合当地实际情况制定。

此外，关于从价计征和从租计征应注意以下几个问题：

（1）居民住宅区内业主共有的经营性房产缴纳房产税问题。从 2007 年 1 月 1 日起，对居民住宅区内业主共有的经营性房产，由实际经营（包括自营和出租）的代管人或使用人缴纳房产税。其中自营的，依照房产原值减除 10%~30% 后的余值计征，没有房产原值或不能将业主共有房产与其他房产的原值准确划分开的，由房产所在地税务机关参照同类房产核定房产原值；出租的，依照租金收入计征。

（2）对投资联营的房产，在计征房产税时应予以区别对待。对于以房产投资联营，投资者参与投资利润分红，共担风险的，按房产余值作为计税依据计征房产税；对以房产投资、收取固定收入、不承担联营风险的，实际是以联营名义取得房产租金，应根据《房产税暂行条例》的有关规定由出租方按租金收入计缴房产税。

（3）对融资租赁房屋的情况，由于租赁费包括购进房屋的价款、手续费、借款利息等，与一般房屋出租的“租金”内涵不同，且租赁期满后，当承租方偿还最后一笔租赁费时，房屋产权要转移到承租方。这实际是一种变相的分期付款购买固定资产的形式，所以在计征房产税时应以房产余值计算征收。融资租赁的房产，由承租人自融资租赁合同约定开始日的次月起依照房产余值缴纳房产税。合同未约定开始日的，由承租人自合同签订的次月起依照房产余值缴纳房产税。

（4）对出租房产，租赁双方签订的租赁合同约定有免收租金期限的，免收租金期间由产权所有人按照房产原值缴纳房产税。

（三）应纳税额的计算

房产税的计税依据有两种，与之相适应的应纳税额计算也分为两种：

1. 从价计征的计算

从价计征是按房产的原值减除一定比例后的余值计征。其计算公式为：

$$应纳税额=应税房产原值\times(1-扣除比例)\times 1.2\%$$

例 8-1

某企业的经营用房原值为5 000万元，按照当地规定允许减除30%后余值计税，适用税率为1.2%。请计算其应纳房产税税额。

解：应纳税额=5 000×(1-30%)×1.2%=42（万元）。

2. 从租计征的计算

从租计征是按房产的租金收入计征。其计算公式为：

$$应纳税额=租金收入\times 12\%（或4\%）$$

例 8-2

某公司出租房屋3间，年租金收入（不含增值税）为30 000元，适用税率为12%。请计算其应纳房产税税额。

解：应纳税额=30 000×12%=3 600（元）。

四、税收优惠

（一）基本规定

依据《房产税暂行条例》及有关规定，下列房产免征房产税：

（1）国家机关、人民团体、军队自用的房产。

人民团体，是指经国务院授权的政府部门批准设立或登记备案并由国家拨付行政事业费的各种社会团体；自用的房产，是指这些单位本身的办公用房和公务用房。

上述免税单位的出租房产以及非自身业务使用的生产、营业用房，不属于免税范围。

（2）由国家财政部门拨付事业经费单位自用的房产。

国家财政部门拨付事业经费单位，是指学校、医疗卫生单位、托儿所、幼儿园、敬老院、文化、体育、艺术等实行全额或差额预算管理的事业单位；自用的房产，是指这些单位本身业务范围内使用的办公用房和公务用房。上述单位所属的附属工厂、商店、招待所等不属于单位公务、业务的用房，应照章纳税。

为了鼓励事业单位经济自立，由国家财政部门拨付事业经费的单位，其经费来源实行自收自支后，从事业单位实行自收自支的年度起，免征房产税3年。

（3）宗教寺庙、公园、名胜古迹自用的房产。

宗教寺庙自用的房产，是指举行宗教仪式等的房屋和宗教人员使用的生活用房。公园、名胜古迹自用的房产，是指供公共参观游览的房屋及其管理单位的办公用房。宗教寺庙、公园、名胜古迹中附设的营业单位，如影剧院、饮食部、茶社、照相馆等所使用的房产及出租的房产，不属于免税范围，应照章纳税。

（4）个人拥有的非营业用房产。

个人所有的非营业用房，主要是指居民住房，不分面积多少，一律免征房产税。对个人拥有的营业用房或者出租的房产，不属于免税房产，应照章纳税。

（二）特殊规定

依据财政部和国家税务总局的有关规定，下列房产可免征房产税：

（1）企业办的各类学校，医院、托儿所、幼儿园自用的房产，免征房产税。

（2）经有关部门鉴定，损坏不堪使用的房屋和危险房屋，在停止使用后，可免征房产税。

（3）自2004年7月1日起，纳税人因房屋大修导致连续停用半年以上的，在房屋大修期间免征房产税，免征税额由纳税人在申报缴纳房产税时自行计算扣除，并在相应的申报表和附列资料中填列。

（4）在基建工地为基建工地服务的各种工棚、材料棚、休息棚和办公室、食堂、茶炉房、汽车房等临时性房屋，在施工期间，一律免征房产税。但工程结束后，施工企业将这种临时性房屋交还或估价转让给基建单位的，应从基建单位接收的次月起，照章纳税。

（5）地下人防设施，暂不征收房产税。

（6）对非营利性医疗机构、疾病控制机构和妇幼保健机构等卫生机构自用的房产，免征房产税。

（7）老年服务机构自用的房产免征房产税。老年服务机构是指专门为老年人提供生活照料、文化、护理、健身等多方面服务的福利性、非营利性的机构，主要包括老年社会福利院、敬老院（养老院）、老年服务中心、老年公寓（含老年护理院、康复中心、托老所）等。

（8）从2001年1月1日起，对按政府规定价格出租的公有住房和廉租住房，包括企业和自收自支事业单位向职工出租的单位自有住房，房管部门向居民出租的公有住房，落实私房政策中带户发还产权并以政府规定租金标准向居民出租的私有住房等，暂免征收房产税。

（9）自2004年8月1日起，对军队空余房产租赁收入暂免征收房产税。

（10）纳税单位和免税单位共同使用的房屋，按各自使用的部分划分，分别征收或免征房产税。

（11）房地产开发企业建造的商品房，在出售前不征收房产税。但出售前房地产开发企业已使用或出租、出借的商品房，应按规定征收房产税。

（12）为继续支持公共租赁住房（公租房）的建设和运营，对公租房免征房产税。公租房经营管理单位应单独核算公租房租金收入，未单独核算的，不得享受免征房产税优惠政策。

（13）中国铁路总公司所属铁路运输企业自用的房产，继续免征房产税。

（14）高校对为高校学生提供住宿服务，按照国家规定的收费标准收取住宿费的高校学生公寓免征房产税。

（15）为推进国有经营性文化事业单位转企改制，对由财政部门拨付事业经费的文化事业单位转制为企业的，自转制注册之日起 5 年内对其自用房产免征房产税。2018 年 12 月 31 日之前已完成转制的企业，自 2019 年 1 月 1 日起，对其自用房产可继续免征 5 年房产税。

（16）自 2019 年 1 月 1 日至 2021 年 12 月 31 日，对农产品批发市场、农贸市场（包括自有和承租）专门用于经营农产品的房产，暂免征房产税。对同时经营其他产品的农产品批发市场和农贸市场使用的房产，按其他产品与农产品交易场地面积的比例确定免征房产税。

（17）自 2019 年 1 月 1 日至 2021 年 12 月 31 日，对商品储备管理公司及直属库自用的承担商品储备业务的房产免征房产税。

（18）自 2019 年 6 月 1 日至 2025 年 12 月 31 日，为社区提供养老、托育、家政等服务的机构自用或其通过承租、无偿使用等方式取得并用于提供社区养老、托育、家政服务的房产免征房产税。

（19）自 2019 年 1 月 1 日至 2021 年 12 月 31 日，各省、自治区、直辖市人民政府可根据本地区实际情况，以及宏观调控需要确定，对增值税小规模纳税人在 50% 的税额幅度内减征房产税。增值税小规模纳税人已依法享受房产税其他优惠政策的，可叠加享受本规定的优惠政策。

（20）自 2018 年 1 月 1 日至 2023 年 12 月 31 日，对纳税人及其全资子公司从事大型民用客机发动机、中大功率民用涡轴涡桨发动机研制项目自用的科研、生产、办公房产，免征房产税。

五、征收管理

（一）纳税义务发生时间

（1）纳税人将原有房产用于生产经营，从生产经营之月起缴纳房产税。

（2）纳税人自行新建房屋用于生产经营，从建成之次月起缴纳房产税。

（3）纳税人委托施工企业建设的房屋，从办理验收手续之次月起缴纳房产税。

（4）纳税人购置新建商品房，自房屋交付使用之次月起缴纳房产税。

（5）纳税人购置存量房，自办理房屋权属转移、变更登记手续，房地产权属登记机关签发房屋权属证书之次月起，缴纳房产税。

（6）纳税人出租、出借房产，自交付出租、出借房产之次月起，缴纳房产税。

（7）房地产开发企业自用、出租、出借本企业建造的商品房，自房屋使用或交付之次月起，缴纳房产税。

（8）自 2009 年 1 月 1 日起，纳税人因房产的实物或权利状态发生变化而依法终止房产税纳税义务的，其应纳税款的计算应截止到房产的实物或权利状态发生变化的当月月末。

（二）纳税期限

房产税实行按年计算、分期缴纳的征收方法，具体纳税期限由省、自治区、直辖市人民政府确定。

（三）纳税地点

房产税在房产所在地缴纳。房产不在同一地方的纳税人，应按房产的坐落地点分别向房产所在地的税务机关纳税。

（四）纳税申报

房产税的纳税人应按照条例的有关规定，及时办理纳税申报，并如实填写“房产税纳税申报表”。

第二节 城镇土地使用税

现行城镇土地使用税的基本规范，是 1988 年 9 月 27 日国务院发布并经过 2006 年、2011 年、2013 年和 2019 年修改的《中华人民共和国城镇土地使用税暂行条例》（简称《城镇土地使用税暂行条例》）。

一、城镇土地使用税概述

（一）城镇土地使用税的概念

城镇土地使用税是以国有土地为征税对象，对拥有土地使用权的单位和个人征收的一种税。

开征城镇土地使用税，有利于通过经济手段，加强对土地的管理，变土地的无偿使用为有偿使用，促进合理、节约使用土地，提高土地使用效率；有利于适当调节不同地区、不同地段之间的土地级差收入，促进企业加强经济核算，理顺国家与土地使用者之间的分配关系。

（二）城镇土地使用税的特点

1. 以占用土地行为为征税对象

由于我国的土地归国家所有，单位和个人只有土地占用权或使用权而无所有权。这样，国家既可以凭借财产权对土地使用权人获取的收益进行分配，也可以凭借政治权力对土地使用者进行征税。开征城镇土地使用税，实质上是国家运用政治权力，将纳税人获取的国家土地收益的一部分集中到国家手中的过程。

2. 征税范围较广

现行城镇土地使用税对在我国境内城市、县城、建制镇和工矿区范围内的国家所有和集体所有的土地征收，征税范围较广，在筹集地方财政资金、调节土地使用和收益分配方面发挥着积极作用。需要注意的是，农业集体土地未纳入征税范围。

3. 实行差别幅度税额

开征城镇土地使用税的目的之一在于调节土地的级差收入，而级差收入的产生主要取决于土地的位置。占有土地位置优越的纳税人可以节约运输和流通费用，扩大销售和经营规模，取得额外经济收益。为了有利于体现国家政策，城镇土地使用税实行差别幅度税额。对不同城镇适用不同税额，对同一城镇的不同地段，也根据市政建设状况和经济繁荣程度确定不等的负担水平。

二、纳税义务人与征税范围

（一）纳税义务人

在城市、县城、建制镇、工矿区范围内使用土地的单位和个人，为城镇土地使用税的纳税人。

所称单位，包括国有企业、集体企业、私营企业、股份制企业、外商投资企业、外国企业以及其他企业和事业单位、社会团体、国家机关、军队以及其他单位；所称个人，包括个体工商户以及其他个人。

城镇土地使用税的纳税人通常包括以下几类：

（1）拥有土地使用权的单位和个人。

（2）拥有土地使用权的单位和个人不在土地所在地的，其土地的实际使用人和代管人为纳税人。

（3）土地使用权未确定或权属纠纷未解决的，其实际使用人为纳税人。

（4）土地使用权共有的，共有各方都是纳税人，由共有各方分别纳税。

（5）在城镇土地使用税征税范围内，承租集体所有建设用地的，由直接从集体经济组织承租土地的单位和个人缴纳城镇土地使用税。

另外，自 2009 年 1 月 1 日起，公园、名胜古迹内的索道公司经营用地，应按规定缴纳城镇土地使用税。

（二）征税范围

城镇土地使用税的征税范围，包括在城市、县城、建制镇和工矿区内的国家所有和集体所有的土地。

上述城市、县城、建制镇和工矿区分别按以下标准确认：

（1）城市是指经国务院批准设立的市。

（2）县城是指县人民政府所在地。

（3）建制镇是指经省、自治区、直辖市人民政府批准设立的建制镇。

（4）工矿区是指工商业比较发达，人口比较集中，符合国务院规定的建制镇标准，但尚未设立建制镇的大中型工矿企业所在地，工矿区须经省、自治区、直辖市人民政府批准。

上述城镇土地使用税的征税范围中，城市的土地包括市区和郊区的土地，县城的土地是指县人民政府所在地的城镇的土地，建制镇的土地是指镇人民政府所在地的土地。建立在城市、县城、建制镇和工矿区以外的工矿企业不需缴纳城镇土地使用税。

三、税率、计税依据和应纳税额的计算

（一）税率

城镇土地使用税采用定额税率，即采用有幅度的差别税额，按大、中、小城市和县城、建制镇、工矿区分别规定每平方米城镇土地使用税年应纳税额。具体标准如下：

（1）大城市为1.5~30元；

（2）中等城市为1.2~24元；

（3）小城市为0.9~18元；

（4）县城、建制镇、工矿区为0.6~12元。

大、中、小城市以公安部门登记在册的非农业正式户口人数为依据，按照国务院颁布的《城市规划条例》中规定的标准划分。人口在50万以上者为大城市；人口在20万~50万者为中等城市；人口在20万以下者为小城市。城镇土地使用税税率如表8-1所示。

表8-1　城镇土地使用税税率表

级别	人口	每平方米税额
大城市	50万以上	1.5~30元
中等城市	20万~50万	1.2~24元
小城市	20万以下	0.9~18元
县城、建制镇、工矿区		0.6~12元

各省、自治区、直辖市人民政府可根据市政建设情况和经济繁荣程度在规定税额幅度内，确定所辖地区的适用税额幅度。经济落后地区，土地使用税的适用税额标准可适当降低，但降低额不得超过上述规定最低税额的30%。经济发达地区的适用税额标准可以适当提高，但须报财政部批准。

土地使用税规定幅度税额主要考虑到我国各地区存在悬殊的土地级差收益，同一地区内不同地段的市政建设情况和经济繁荣程度也有较大的差别。把土地使用税税额定为幅度税额，拉开档次，而且每个幅度税额的差距规定为20倍。这样，各地政府在划分本辖区不同地段的等级，确定适用税额时，有选择余地，便于具体操作。幅度税额还可以调节不同地区、不同地段之间的土地级差收益，尽可能地平衡税负。

（二）计税依据

城镇土地使用税以纳税人实际占用的土地面积为计税依据，土地面积计量标准为每平方米。税务机关根据纳税人实际占用的土地面积，按照规定的税额计算应纳税额，向纳税人征收土地使用税。

纳税人实际占用的土地面积按下列办法确定：

（1）由省、自治区、直辖市人民政府确定的单位组织测定土地面积的，以测定的面积为准。

（2）尚未组织测量，但纳税人持有政府部门核发的土地使用证书的，以证书确认的土地面积为准。

（3）尚未核发土地使用证书的，应由纳税人申报土地面积，据以纳税，待核发土地使用证以后再作调整。

（4）对在城镇土地使用税征税范围内单独建造的地下建筑用地，按规定征收城镇土地使用税。其中，已取得地下土地使用权证的，按土地使用权证确认的土地面积计算应征税款；未取得地下土地使用权证或地下土地使用权证上未标明土地面积的，按地下建筑垂直投影面积计算应征税款。

对上述地下建筑用地暂按应征税款的50%征收城镇土地使用税。

（三）应纳税额的计算

城镇土地使用税的应纳税额可以通过纳税人实际占用的土地面积乘以该土地所在地段的适用税额求得。其计算公式为：

全年应纳税额＝实际占用应税土地面积（平方米）× 适用税额

例 8–3

设在某城市的一家企业使用土地面积为10 000平方米，经税务机关核定，该土地为应税土地，每平方米年税额为4元。请计算其全年应纳的土地使用税税额。

解：年应纳土地使用税税额＝10 000×4＝40 000（元）。

四、税收优惠

（一）减免税优惠的基本规定

根据《城镇土地使用税暂行条例》及相关规定，下列土地免征城镇土地使用税：

（1）国家机关、人民团体、军队自用的土地。这部分土地是指这些单位本身的办公用地和公务用地，如国家机关、人民团体的办公楼用地，军队的训练场用地等。

（2）由国家财政部门拨付事业经费的单位自用的土地。这部分土地是指这些单位本身的业务用地，如学校的教学楼、操场、食堂等占用的土地。

（3）宗教寺庙、公园、名胜古迹自用的土地。宗教寺庙自用的土地，是指举行宗教仪式等的用地和寺庙内的宗教人员生活用地。公园、名胜古迹自用的土地，是指供公共参观游览的用地及其管理单位的办公用地。以上单位的生产、经营用地和其他用地，不属于免税范围，应按规定缴纳土地使用税，如公园、名胜古迹中附设的营业单位如影剧院、饮食部、茶社、照相馆等使用的土地。

（4）市政街道、广场、绿化地带等公共用地。

（5）直接用于农、林、牧、渔业的生产用地。这部分土地是指直接从事于种植养殖、饲养的专业用地，不包括农副产品加工场地和生活办公用地。

（6）经批准开山填海整治的土地和改造的废弃土地，从使用的月份起免缴土地使用税5年至10年。具体免税期限由各省、自治区、直辖市税务机关在《城镇土地使用税暂行条例》规定的期限内自行确定。

（7）由财政部另行规定免税的能源、交通、水利用地和其他用地。

（8）个人居住房屋、房管部门、集体和个人举办学校等的用地。个人所有的居住房屋及院落用地、房产管理部门在房租调整改革前经租的居民住房用地、免税单位职工家属的宿舍用地，以及集体和个人办的各类学校、医院、托儿所、幼儿园用地等的征免税，由各省、自治区、直辖市税务局确定。

（二）减免税优惠的特殊规定

（1）对非营利性医疗机构、疾病控制机构和妇幼保健机构等卫生机构自用的土地，免征城镇土地使用税。

（2）企业办的学校、医院、托儿所、幼儿园，其用地能与企业其他用地明确区分的，免征城镇土地使用税。

（3）免税单位无偿使用纳税单位的土地（如公安、海关等单位使用铁路、民航等单位的土地），免征城镇土地使用税。纳税单位无偿使用免税单位的土地，纳税单位应照章缴纳城镇土地使用税。纳税单位与免税单位共同使用、共有使用权土地上的多层建筑，对纳税单位可按其占用的建筑面积占建筑总面积的比例计征城镇土地使用税。

（4）对行使国家行政管理职能的中国人民银行总行（含国家外汇管理局）所属分支机构自用的土地，免征城镇土地使用税。

（5）对企业的铁路专用线、公路等用地，在厂区以外、与社会公用地段未加隔离的，暂免征收城镇土地使用税。

（6）对企业厂区以外的公共绿化用地和向社会开放的公园用地，暂免征收城镇土地使用税。

（7）对火电厂厂区围墙外的灰场、输灰管、输油（气）管道、铁路专用线用地、水源用地以及热电厂供热管道用地免征城镇土地使用税；厂区围墙外的其他用地，应照章征税。电力项目建设期间纳税有困难的，由省、自治区、直辖市税务局审核后，报国家税务总局批准减免。对供电部门的输电线路用地、变电站用地，免征城镇土地使用税。

（8）对水利设施及其管护用地（如水库库区、大坝、堤防、灌渠、泵站等用地），免征土地使用税；其他用地，如生产、办公、生活用地，应照章征收城镇土地使用税。对兼有发电的水利设施用地征免城镇土地使用税问题，比照电力行业征免土地使用税的有关规定办理。

（9）对机场飞行区（包括跑道、滑行道、停机坪、安全带、夜航灯光区）用地，场内外通信导航设施用地和飞行区四周排水防洪设施用地，免征城镇土地使用税。机场道路，区分为场内、场外道路，场内道路用地免征城镇土地使用税。

（10）中国石油天然气总公司所属单位下列油气生产建设用地暂免征收城镇土地使用税：石油地质勘探、钻井、井下作业、油田地面工程等施工临时用地；各种采油（气）井、注水（气）井、水源井用地；油田内办公、生活区以外的公路、铁路专用线及输油（气、水）管道用地；石油长输管线用地；通信、输变电线路用地；在城市、县城、建制镇以外工矿区内的下列油气生产、生活用地，也暂免征收城镇土地使用税。具体包括：与各种采油（气）井相配套的地面设施用地，包括油气采集、计量、接转、储运、装卸、综合处理等各种场所的用地；与注水（气）井相配套的地面设施用地，包括配水、取水、转水以及供气、配气、压气、气举等各种场所用地；供（配）电、供排水、消防、防洪排涝、防风、防沙等设施用地；职工和家属居住的简易房屋、活动板房、野营房、帐篷等用地。

（11）对煤炭企业的矸石山、排土场用地，防排水沟用地，矿区办公、生活区以外的公路、铁路专用线及轻便道和输变电线路用地，炸药库库房外安全区用地，向社会开放的公园及公共绿化带用地，暂免征收城镇土地使用税。对煤炭企业的塌陷地、荒山，在利用之前，暂缓征收城镇土地使用税。对煤炭企业的报废矿井占地，经煤炭企业申请，当地税务机关审核，可以暂免征收城镇土地使用税。

（12）对矿山的采矿场、排土场、尾矿库、炸药库的安全区、采区运矿及运岩公路、尾矿输送管道及回水系统用地，免征城镇土地使用税。对矿山企业采掘地下矿造成的塌陷地以及荒山占地，在利用之前，暂免征收城镇土地使用税。

（13）港口的码头（泊位，包括岸边码头、伸入水中的浮码头、堤岸、堤坝、栈桥等）用地，免征城镇土地使用税。对港口的露天堆货场用地，原则上应征收城镇土地使用税，企业纳税确有困难的，可由省、自治区、直辖市地方税务局根据其实际情况给予定期减征或免征城镇土地使用税的照顾。

（14）对盐场的盐滩、盐矿的矿井用地，暂免征收城镇土地使用税。

（15）中国海洋石油总公司及其所属公司下列用地，暂免征收城镇土地使用税：导管架、平台组块等海上结构物建造用地；码头用地；输油气管线用地；通信天线用地；办公、生活区以外的公路、铁路专用线、机场用地。

（16）建材行业的石灰厂、水泥厂、大理石厂、砂石厂等企业的采石场、排土场地，炸药库的安全区用地以及采区运岩公路用地，暂免征收城镇土地使用税。

在城镇土地使用税征收范围内，利用林场土地兴建度假村等休闲娱乐场所的，其经营、办公和生活用地，应按规定征收城镇土地使用税。

（17）对林业系统所属林区的育林地、运材道、防火道、防火设施用地，免征城镇土地使用税。林业系统的森林公园、自然保护区，可以比照公园免征土地使用税。

（18）自 2007 年 1 月 1 日起，在城镇土地使用税征收范围内经营采摘、观光农业的单位和个人，其直接用于采摘、观光的种植、养殖、饲养的土地，免征城镇土地使用税。

（19）从 2007 年 9 月 10 日起，对核电站的核岛、常规岛、辅助厂房和通信设施用地（不包括地下线路用地），生活、办公用地按规定征收城镇土地使用税，其他用地免征城镇土地使用税。对核电站应税土地在基建期内减半征收城镇土地使用税。

（20）国家机关、军队、人民团体、财政补助事业单位、居民委员会、村民委员会拥有的体育场馆，用于体育活动的土地，免征城镇土地使用税。

企业拥有并运营管理的大型体育场馆，其用于体育活动的土地，减半征收城镇土地使用税。

（21）农产品批发、农贸市场免税优惠。自 2019 年 1 月 1 日起至 2021 年 12 月 31 日止，对农产品批发市场、农贸市场（包括自有和承租）专门用于经营农产品的土地，暂免征收城镇土地使用税。对同时经营其他产品的农产品批发市场和农贸市场使用的土地，按其他产品与农产品交易场地面积的比例确定征免城镇土地使用税。

（22）物流企业大宗商品仓储设施用地减税优惠。自 2020 年 1 月 1 日起至 2022 年 12 月 31 日止，对物流企业自有的（包括自用和出租）大宗商品仓储设施用地，减按所属土地等级适用税额标准的 50% 计征城镇土地使用税。

（23）商品储备管理公司及其直属库免税优惠。自 2019 年 1 月 1 日起至 2021 年 12 月 31 日，商品储备管理公司及其直属库自用的承担商品储备业务的土地，免征城镇土地使用税。

上述商品储备管理公司及其直属库，是指接受县级以上政府有关部门委托，承担粮食（含大豆）、食用油、棉、糖、肉 5 种商品储备任务，取得财政储备经费或补贴的商品储备企业。

（24）民用航空发动机免税优惠。自 2018 年 1 月 1 日至 2023 年 12 月 31 日，对纳税人及其全资子公司从事大型民用客机发动机、中大功率民用涡轴涡桨发动机研制项目自用的科研、生产、办公用土地，免征城镇土地使用税。

（25）养老、托育、家政等社区家庭服务免税优惠。自2019年6月1日至2025年12月31日，为社区提供养老、托育、家政等服务的机构自用或其通过承租、无偿使用等方式取得并用于提供社区养老、托育、家政服务的土地，免征城镇土地使用税。

（26）对基建项目在建期间使用的土地，原则上应照章征收城镇土地使用税。但对有些基建项目，特别是国家产业政策扶持发展的大型基建项目，其占地面积大，建设周期长，在建期间又没有经营收入，为照顾其实际情况，对纳税人纳税确有困难的，可由各省、自治区、直辖市税务局根据具体情况予以免征或减征土地使用税。

（27）房地产开发公司建造商品房的用地，原则上应按规定计征城镇土地使用税。但在商品房出售之前纳税确有困难的，其用地是否给予缓征或减征、免征照顾，可由各省、自治区、直辖市税务局根据从严的原则结合具体情况确定。

（28）对于各类危险品仓库、厂房所需的防火、防爆、防毒等安全防范用地，可由各省、自治区、直辖市税务局确定，暂免征收城镇土地使用税。

（29）自2019年1月1日至2021年12月31日，各省、自治区、直辖市人民政府可根据本地区实际情况，以及宏观调控需要确定，对增值税小规模纳税人在50%的税额幅度内减征城镇土地使用税。增值税小规模纳税人已依法享受城镇土地使用税其他优惠政策的，可叠加享受本规定的优惠政策。

五、征收管理

（一）纳税期限

城镇土地使用税实行按年计算、分期缴纳的征收方法，具体纳税期限由省、自治区、直辖市人民政府确定。

（二）纳税义务发生时间

（1）纳税人购置新建商品房，自房屋交付使用之次月起，缴纳城镇土地使用税。

（2）纳税人购置存量房，自办理房屋权属转移、变更登记手续，房地产权属登记机关签发房屋权属证书之次月起，缴纳城镇土地使用税。

（3）纳税人出租、出借房产，自交付出租、出借房产之次月起，缴纳城镇土地使用税。

（4）以出让或转让方式有偿取得土地使用权的，应由受让方从合同约定交付土地时间的次月起缴纳城镇土地使用税；合同未约定交付时间的，由受让方从合同签订的次月起缴纳城镇土地使用税。

（5）纳税人新征用的耕地，自批准征用之日起满1年时开始缴纳土地使用税。

（6）纳税人新征用的非耕地，自批准征用次月起缴纳土地使用税。

（7）通过招标、拍卖、挂牌方式取得的建设用地，不属于新征用耕地，纳税人应从合同约定交付土地时间的次月起缴纳城镇土地使用税；合同未约定交付土地时间的，从合同签订的次月起缴纳城镇土地使用税。

（三）纳税地点

城镇土地使用税在土地所在地缴纳。纳税人使用的土地不属于同一省、自治区、直辖市管辖的，由纳税人分别向土地所在地的税务机关缴纳；在同一省、自治区、直辖市管辖范围内，纳税人跨地区使用的土地，其纳税地点由各省、自治区、直辖市税务机关确定。

（四）纳税申报

城镇土地使用税的纳税人应按照条例的有关规定及时办理纳税申报，并如实填写“城镇土地使用税纳税申报表”。

第三节 耕地占用税

现行耕地占用税的基本规范，是2018年12月29日第十三届全国人民代表大会常务委员会第七次会议通过的《中华人民共和国耕地占用税法》（简称《耕地占用税法》），以及2019年8月29日财政部、税务总局、自然资源部、农业农村部、生态环境部制定的《中华人民共和国耕地占用税法实施办法》（简称《耕地占用税法实施办法》）。上述法律法规于2019年9月1日起施行。

一、耕地占用税概述

（一）耕地占用税的概念

耕地占用税是对在中华人民共和国境内占用耕地建设建筑物、构筑物或者从事非农业建设的单位和个人，以其实际占用的耕地面积为计税依据所征收的一种税。

目的是合理利用土地资源，加强土地管理，保护耕地。

耕地是土地资源中最重要的组成部分，是农业生产最基本的生产资料。我国人口众多，耕地资源较少，要用占世界总量 7% 的耕地，养活占世界总量 22% 的人口，人多地少的矛盾十分突出，因此，我们必须十分注意保护耕地。由于过去长期实行非农业用地无偿使用制度，助长了乱占耕地的行为，浪费了大量的耕地，加剧了地少人多的矛盾。为了遏制并逐步改变这种状况，国家决定开征耕地占用税，运用税收经济杠杆与法律、行政等手段相配合，以便有效地保护耕地。通过开征耕地占用税，使那些占用耕地建房及从事其他非农业建设的单位和个人承担必要的经济责任，有利于政府运用税收经济杠杆调节他们的经济利益，引导他们节约、合理地使用耕地资源。这对于保护国土资源，促进农业可持续发展，以及强化耕地管理，保护农民的切身利益等，都具有十分重要的意义。

（二）耕地占用税的特点

耕地占用税作为一个出于特定目的、对特定的土地资源课征的税种，与其他税种相比，具有比较鲜明的特点，主要表现在：

1. 兼具资源税与特定行为税的性质

耕地占用税以占用农用耕地建房或从事其他非农用建设的行为为征税对象，以约束纳税人占用耕地的行为、促进土地资源的合理运用为课征目的，除具有资源占用税的属性外，还具有明显的特定行为税的特点。

2. 采用地区差别税率

耕地占用税采用地区差别税率，根据不同地区的具体情况，分别制定差别税额，以适应我国地域辽阔、各地区之间耕地质量差别较大、人均占有耕地面积相差悬殊的具体情况，具有因地制宜的特点。

3. 在占用耕地环节一次性课征

耕地占用税在纳税人获准占用耕地的环节征收，除对获准占用耕地后超过两年未使用者须加征耕地占用税外，此后不再征收耕地占用税，因此，耕地占用税具有一次性征收的特点。

4. 税收收入专用于耕地开发与改良

耕地占用税收入按规定应用于建立发展农业专项基金，主要用于开展宜耕土地开发和改良现有耕地之用，因此，具有“取之于地、用之于地”的补偿性特点。

二、纳税义务人与征税范围

（一）纳税义务人

耕地占用税以在中华人民共和国境内占用耕地建设建筑物、构筑物或从事非农业建设的单位和个人为纳税义务人。

所称单位，包括国有企业、集体企业、私营企业、股份制企业、外商投资企业、外国企业以及其他企业和事业单位、社会团体、国家机关、军队以及其他单位；所称个人，包括个体工商户以及其他个人。

经批准占用耕地的，纳税义务人为农用地转用审批文件中标明的建设用地人；农用地转用审批文件中未标明建设用地人的，纳税义务人为用地申请人。其中，用地申请人为各级人民政府的，由同级土地储备中心、自然资源主管部门或政府委托的其他部门、单位履行耕地占用税申报纳税义务。

未经批准占用耕地的，纳税义务人为实际用地人。

（二）征税范围

耕地占用税的征税范围为中华人民共和国境内被占用的耕地。所称耕地，是指用于种植农作物的土地。

具体而言，下列占地行为应缴纳耕地占用税：

（1）纳税人因建设项目施工或者地质勘查临时占用耕地的。

所称临时占用耕地，是指经自然资源主管部门批准，在一般不超过 2 年内临时使用耕地并且没有修建永久性建筑物的行为。

（2）占用园地、林地、草地、农田水利用地、养殖水面、渔业水域滩涂以及其他农用地建设建筑物、构筑物或者从事非农业建设的。

① 园地，包括果园、茶园、橡胶园、其他园地。前款的其他园地包括种植桑树、可可、咖啡、油棕、胡椒、药材等其他多年生作物的园地。

② 林地，包括乔木林地、竹林地、红树林地、森林沼泽、灌木林地、灌丛沼泽、其他林地，不包括城镇村庄范围内的绿化林木用地，铁路、公路征地范围内的林木用地，以及河流、沟渠的护堤林用地。前款所称其他林地，包括疏林地、未成林地、迹地、苗圃等林地。

③ 草地，包括天然牧草地、沼泽草地、人工牧草地，以及用于农业生产并已由相关行政主管部门发放使用权证的草地。

④ 农田水利用地，包括农田排灌沟渠及相应附属设施用地。

⑤ 养殖水面，包括人工开挖或者天然形成的用于水产养殖的河流水面、湖泊水面、水库水面、坑塘水面及相应附属设施用地。

⑥ 渔业水域滩涂，包括专门用于种植或者养殖水生动植物的海水潮浸地带和滩地，以及用于种植芦苇并定期进行人工养护管理的苇田。

此外，纳税人因挖损、采矿塌陷、压占、污染等损毁耕地，属于上述所称占用耕地从事非农业建设的情形，同样需要缴纳耕地占用税。

需要注意的是，下列占地行为不征收耕地占用税：

（1）建设农田水利设施占用耕地的。

（2）建设直接为农业生产服务的生产设施所占用园地、林地、草地、农田水利用地、养殖水面、渔业水域滩涂以及其他农用地。

所谓直接为农业生产服务的生产设施，是指直接为农业生产服务而建设的建筑物和构筑物。具体包括：储存农用机具和种子、苗木、木材等农业产品的仓储设施；培育、生产种子、种苗的设施；畜禽养殖设施；木材集材道、运材道；农业科研、试验、示范基地；野生动植物保护、护林、森林病虫害防治、森林防火、木材检疫的设施；专为农业生产服务的灌溉排水、供水、供电、供热、供气、通信基础设施；农业生产者从事农业生产必需的食宿和管理设施；其他直接为农业生产服务的生产设施。

三、单位税额

由于我国不同地区之间人口和耕地资源的分布极不均衡，有些地区人烟稠密，耕地资源相对匮乏；而有些地区则人烟稀少，耕地资源比较丰富。各地区之间的经济发展水平也有很大差异。考虑到不同地区之间客观条件的差别以及与此相关的税收调节力度和纳税人负担能力方面的差别，耕地占用税在税率设计上采用了地区差别幅度单位税额。基本规定如下：

（1）人均耕地不超过 1 亩[①]的地区（以县、自治县、不设区的市、市辖区为单位，下同），每平方米为 10~50 元；

（2）人均耕地超过 1 亩但不超过 2 亩的地区，每平方米为 8~40 元；

（3）人均耕地超过 2 亩但不超过 3 亩的地区，每平方米为 6~30 元；

（4）人均耕地超过 3 亩以上的地区，每平方米为 5~25 元。

《耕地占用税法》第四条规定，各地区耕地占用税的适用税额，由省、自治区、直辖市人民政府根据人均耕地面积和经济发展等情况，在规定的税额幅度内提出，报同级人民代表大会常务委员会决定，并报全国人民代表大会常务委员会和国务院备案。各省、自治区、直辖市耕地占用税适用税额的平均水平，不得低于《耕地占用税法》所附“各省、自治区、直辖市耕地占用税平均税额表”规定的平均税额。各地平均税额如表 8–2 所示。

① 1 亩 = 666.67 平方米。

表 8–2　　各省、自治区、直辖市耕地占用税平均税额

地区	每平方米平均税额（元）
上海	45
北京	40
天津	35
江苏、浙江、福建、广东	30
辽宁、湖北、湖南	25
河北、安徽、江西、山东、河南、重庆、四川	22.5
广西、海南、贵州、云南、陕西	20
山西、吉林、黑龙江	17.5
内蒙古、西藏、甘肃、青海、宁夏、新疆	12.5

《耕地占用税法》第五条规定，在人均耕地低于 0.5 亩的地区，省、自治区、直辖市可以根据当地经济发展情况，适当提高耕地占用税的适用税额，但提高的部分不得超过《耕地占用税法》第四条第二款确定的适用税额的 50%。

《耕地占用税法》第六条规定，占用基本农田的，应当按照《耕地占用税法》第四条第二款或者第五条确定的当地适用税额，加按 150% 征收。

所称基本农田，是指依据《基本农田保护条例》划定的基本农田保护区范围内的耕地。

《耕地占用税法》第十二条规定，占用园地、林地、草地、农田水利用地、养殖水面、渔业水域滩涂以及其他农用地建设建筑物、构筑物或者从事非农业建设的，适用税额可以适当低于《耕地占用税法》第四条第二款确定的适用税额，但降低的部分不得超过 50%。具体适用税额由省、自治区、直辖市人民政府提出，报同级人民代表大会常务委员会决定，并报全国人民代表大会常务委员会和国务院备案。

四、计税依据和应纳税额的计算

耕地占用税以纳税人实际占用的应税土地面积为计税依据，按应税土地当地适用税额计税，实行一次性征收。其计算公式为：

应纳税额 = 应税土地面积 × 适用税额

加按 150% 征收耕地占用税的计算公式为：

应纳税额 = 应税土地面积 × 适用税额 × 150%

当地适用税额是指省、自治区、直辖市人民代表大会常务委员会决定的应税土

地所在地县级行政区的现行适用税额。

例 8-4

假设某市一家企业新占用 62 500 平方米耕地用于工业建设，所占耕地适用的定额税率为 18 元 / 平方米。计算该企业应纳的耕地占用税。

解：应纳税额 = 62 500 × 18 = 1 125 000（元）。

五、税收优惠

（一）免税优惠

1. 军事设施占用耕地

免税的军事设施，是指《中华人民共和国军事设施保护法》规定的军事设施。具体包括国家直接用于军事目的的下列建筑物、场地和设备：

（1）指挥机关，地面和地下的指挥工程、作战工程；

（2）军用机场、港口、码头；

（3）营区、训练场、试验场；

（4）军用洞库、仓库；

（5）军用通信、侦察、导航、观测台站，测量、导航、助航标志；

（6）军用公路、铁路专用线，军用通信、输电线路，军用输油、输水管道；

（7）边防、海防管控设施；

（8）国务院和中央军事委员会规定的其他军事设施。

上述所称军事设施，还包括军队为执行任务必须设置的临时设施。

2. 学校、幼儿园、社会福利机构、医疗机构占用耕地

（1）免税的学校，具体范围包括县级以上人民政府教育行政部门批准成立的大学、中学、小学、学历性职业教育学校和特殊教育学校，以及经省级人民政府或其人力资源社会保障行政部门批准成立的技工院校。

学校内经营性场所和教职工住房占用耕地的，按照当地适用税额缴纳耕地占用税。

（2）免税的幼儿园，具体范围限于县级以上人民政府教育行政部门批准成立的幼儿园内专门用于幼儿保育、教育的场所。

（3）免税的社会福利机构，是指依法登记的养老服务机构、残疾人服务机构、儿童福利机构以及救助管理机构、未成年人救助保护机构内专门为老年人、残疾人、未成年人及生活无着落的流浪乞讨人员提供养护、康复、托管等服务的场所。

养老服务机构，是指为老年人提供养护、康复、托管等服务的老年人社会福利机构。具体包括老年社会福利院、养老院（或老人院）、老年公寓、护老院、护养院、敬老院、托老所、老年人服务中心等。

残疾人服务机构，是指为残疾人提供养护、康复、托管等服务的社会福利机构。具体包括为肢体、智力、视力、听力、语言、精神方面有残疾的人员提供康复和功能补偿的辅助器具，进行康复治疗、康复训练，承担教育、养护和托管服务的社会福利机构。

儿童福利机构，是指为孤、弃、残儿童提供养护、康复、医疗、教育、托管等服务的儿童社会福利服务机构。具体包括儿童福利院、社会福利院、SOS 儿童村、孤儿学校、残疾儿童康复中心、社区特教班等。

社会救助机构，是指为生活无着的流浪乞讨人员提供寻亲、医疗、未成年人教育、离站等服务的救助管理机构。具体包括县级以上人民政府设立的救助管理站、未成年人救助保护中心等专门机构。

（4）免税的医疗机构，具体范围限于县级以上人民政府卫生健康行政部门批准设立的医疗机构内专门从事疾病诊断、治疗活动的场所及其配套设施。

医疗机构内职工住房占用耕地的，按照当地适用税额缴纳耕地占用税。

3. 农村烈士遗属、因公牺牲军人遗属、残疾军人，以及符合农村最低生活保障条件的农村居民，在规定用地标准以内新建自用住宅占用耕地

（二）减税优惠

（1）铁路线路、公路线路、飞机场跑道、停机坪、港口、航道、水利工程占用耕地，减按每平方米 2 元的税额征收耕地占用税。

① 减税的铁路线路，具体范围限于铁路路基、桥梁、涵洞、隧道及其按照规定两侧留地、防火隔离带。

专用铁路和铁路专用线占用耕地的，按照当地适用税额缴纳耕地占用税。

② 减税的公路线路，具体范围限于经批准建设的国道、省道、县道、乡道和属于农村公路的村道的主体工程以及两侧边沟或者截水沟。具体包括高速公路、一级公路、二级公路、三级公路、四级公路和等外公路的主体工程及两侧边沟或者截水沟。

专用公路和城区内机动车道占用耕地的，按照当地适用税额缴纳耕地占用税。

③ 减税的飞机场跑道、停机坪，具体范围限于经批准建设的民用机场专门用于民用航空器起降、滑行、停放的场所。

④ 减税的港口，具体范围限于经批准建设的港口内供船舶进出、停靠以及旅客上下、货物装卸的场所。

⑤ 减税的航道，具体范围限于在江、河、湖泊、港湾等水域内供船舶安全航

行的通道。

根据实际需要，国务院财政、税务主管部门商国务院有关部门并报国务院批准后，可以对前款规定的情形免征或者减征耕地占用税。

⑥ 减税的水利工程，具体范围限于经县级以上人民政府水行政主管部门批准建设的防洪、排涝、灌溉、引（供）水、滩涂治理、水土保持、水资源保护等各类工程及其配套和附属工程的建筑物、构筑物占压地和经批准的管理范围用地。

（2）农村居民在规定用地标准以内占用耕地新建自用住宅，按照当地适用税额减半征收耕地占用税；其中农村居民经批准搬迁，新建自用住宅占用耕地不超过原宅基地面积的部分，免征耕地占用税。

（3）根据国民经济和社会发展的需要，国务院可以规定免征或者减征耕地占用税的其他情形，报全国人民代表大会常务委员会备案。

（4）自 2019 年 1 月 1 日至 2021 年 12 月 31 日，各省、自治区、直辖市人民政府可以根据本地区实际情况，以及宏观调控需要确定，对增值税小规模纳税人在 50% 的税额幅度内减征耕地占用税。

（三）需要注意的事项

（1）纳税人符合上述规定情形，享受免征或者减征耕地占用税的，应当留存相关证明资料备查。

（2）军事设施、学校、幼儿园、社会福利机构、医疗机构占用耕地，以及铁路线路、公路线路、飞机场跑道、停机坪、港口、航道、水利工程占用耕地，依法分别享受免征或减征耕地占用税优惠后，纳税人改变原占地用途，不再属于免征或者减征情形的，应自改变用途之日起 30 日内申报补缴税款，补缴税款按改变用途的实际占用耕地面积和改变用途时当地适用税额计算。

六、税收征管

（一）纳税义务发生时间

耕地占用税的纳税义务发生时间为纳税人收到自然资源主管部门办理占用耕地手续的书面通知的当日。自然资源主管部门凭耕地占用税完税凭证或者免税凭证和其他有关文件发放建设用地批准书。下列情形，耕地占用税纳税义务发生时间为：

（1）未经批准占用耕地的，其纳税义务发生时间为自然资源主管部门认定的纳税人实际占用耕地的当日。

（2）因挖损、采矿塌陷、压占、污染等损毁耕地的，纳税义务发生时间为自然资源、农业农村等相关部门认定损毁耕地的当日。

（3）依照《耕地占用税法》第七条第一款、第二款规定免征或者减征耕地占用税后，纳税人改变原占地用途，需要补缴耕地占用税的，其纳税义务发生时间为改变用途当日。

具体而言为：经批准改变用途的，纳税义务发生时间为纳税人收到批准文件的当日；未经批准改变用途的，纳税义务发生时间为自然资源主管部门认定纳税人改变原占地用途的当日。

《耕地占用税法》第七条第一款规定的免征耕地占用税的情形，是指军事设施、学校、幼儿园、社会福利机构、医疗机构占用耕地，免征耕地占用税；《耕地占用税法》第七条第二款规定的减征耕地占用税的情形，是指铁路线路、公路线路、飞机场跑道、停机坪、港口、航道、水利工程占用耕地，减按每平方米二元的税额征收耕地占用税。

（二）纳税申报

（1）纳税人占用耕地，应当在耕地所在地申报纳税。

（2）纳税人应当自纳税义务发生之日起30日内申报缴纳耕地占用税。

（3）纳税申报需提供的材料。耕地占用税纳税人依法纳税申报时，应填报《耕地占用税纳税申报表》（此处略），同时依占用应税土地的不同情形分别提交下列材料：

① 农用地转用审批文件复印件；

② 临时占用耕地批准文件复印件；

③ 未经批准占用应税土地的，应提供实际占地的相关证明材料复印件。

其中第①项和第②项，纳税人提交的批准文书信息能够通过政府信息共享获取的，纳税人只需要提供上述材料的名称、文号、编码等信息供查询验证，不再提交材料复印件。

主管税务机关接收纳税人申报资料后，应审核资料是否齐全、是否符合法定形式、填写内容是否完整、项目间逻辑关系是否相符。审核无误的即时受理；审核发现问题的当场一次性告知应补正资料或不予受理原因。

纳税人占地类型、占地面积和占地时间等纳税申报数据材料以自然资源等相关部门提供的相关材料为准；未提供相关材料或者材料信息不完整的，经主管税务机关提出申请，由自然资源等相关部门自收到申请之日起30日内出具认定意见。

（4）纳税申报异常及处理。纳税人的纳税申报数据资料异常或者纳税人未按照规定期限申报纳税的，包括下列情形：

① 纳税人改变原占地用途，不再属于免征或者减征耕地占用税情形，未按照规定进行申报的；

② 纳税人已申请用地但尚未获得批准先行占地开工，未按照规定进行申报的；

③ 纳税人实际占用耕地面积大于批准占用耕地面积，未按照规定进行申报的；

④ 纳税人未履行报批程序擅自占用耕地，未按照规定进行申报的；

⑤ 其他应提请相关部门复核的情形。

税务机关发现纳税人的纳税申报数据资料异常或者纳税人未按照规定期限申报纳税的，可以提请相关部门进行复核，相关部门应当自收到税务机关复核申请之日起 30 日内向税务机关出具复核意见。

（三）减免税管理

耕地占用税减免优惠实行“自行判别、申报享受、有关资料留存备查”办理方式。纳税人根据政策规定自行判断符合优惠条件的，纳税人申报享受税收优惠，并将有关资料留存备查。纳税人对留存材料的真实性和合法性承担法律责任。

符合耕地占用税减免条件的纳税人，应留存下列材料：

（1）军事设施占用应税土地的证明材料。

（2）学校、幼儿园、社会福利机构、医疗机构占用应税土地的证明材料。

（3）铁路线路、公路线路、飞机场跑道、停机坪、港口、航道、水利工程占用应税土地的证明材料。

（4）农村居民建房占用土地及其他相关证明材料。

（5）其他减免耕地占用税情形的证明材料。

（四）退税管理

（1）纳税人符合《耕地占用税法》第十一条、《耕地占用税法实施办法》第十九条的规定申请退税的，纳税人应提供身份证明查验，并提交以下材料复印件：

① 税收缴款书、税收完税证明；

② 复垦验收合格确认书。

《耕地占用税法》第十一条规定的退税情形，是指纳税人在批准临时占用耕地期满之日起 1 年内依法复垦，恢复种植条件的，全额退还已经缴纳的耕地占用税。上述依法复垦应由自然资源主管部门会同有关行业管理部门认定并出具验收合格确认书。

《耕地占用税法实施办法》第十九条规定的退税情形，是指纳税人因挖损、采矿塌陷、压占、污染等损毁耕地，依法缴纳耕地占用税后，自自然资源、农业农村等相关部门认定损毁耕地之日起 3 年内依法复垦或修复，恢复种植条件的，可以依法申请退税。

（2）纳税人、建设用地人符合《耕地占用税法实施办法》第二十九条规定共同申请退税的，纳税人、建设用地人应提供身份证明查验，并提交以下材料复印件：

① 纳税人应提交税收缴款书、税收完税证明；

② 建设用地人应提交使用耕地用途符合免税规定的证明材料。

《耕地占用税法实施办法》第二十九条规定共同申请退税情形，是指在供地环节，建设用地人使用耕地用途符合“军事设施、学校、幼儿园、社会福利机构、医疗机构占用耕地免税”情形的，由用地申请人和建设用地人共同申请，按退税管理的规定退还用地申请人已经缴纳的耕地占用税。

（3）在农用地转用环节，用地申请人能证明建设用地人符合《耕地占用税法》第七条第一款规定的免税情形的，免征用地申请人的耕地占用税；在供地环节，建设用地人使用耕地用途符合前述免税情形的，由用地申请人和建设用地人共同申请，按退税管理的规定退还用地申请人已经缴纳的耕地占用税。

（五）其他管理

（1）税务机关应当与相关部门建立耕地占用税涉税信息共享机制和工作配合机制。

县级以上地方人民政府自然资源、农业农村、水利、生态环境等相关部门向税务机关提供的农用地转用、临时占地等信息，包括农用地转用信息、城市和村庄集镇按批次建设用地转而未供信息、经批准临时占地信息、改变原占地用途信息、未批先占农用地查处信息、土地损毁信息、土壤污染信息、土地复垦信息、草场使用和渔业养殖权证发放信息等，协助税务机关加强耕地占用税征收管理。

各省、自治区、直辖市人民政府应当建立健全本地区跨部门耕地占用税部门协作和信息交换工作机制。

（2）耕地占用税的征收管理，依照《耕地占用税法》和《税收征管法》的规定执行。

（3）纳税人、税务机关及其工作人员违反规定的，依照《税收征管法》和有关法律法规的规定追究法律责任。

第四节　契税

现行契税的基本规范，是2020年8月11日第十三届全国人民代表大会常务委员会第二十一次会议通过，并于2021年9月1日起在全国范围内施行的《中华人民共和国契税法》（简称《契税法》）。

一、契税概述

（一）契税的概念

契税是以在中华人民共和国境内转移土地、房屋权属为征税对象，向产权承受人征收的一种财产税。

契税在我国有着悠久的历史。它起源于东晋的“估税”，至今已有 1 600 多年的历史。中华人民共和国成立后，政务院于 1950 年 3 月 31 日第 26 次政务会议通过并公布了《契税暂行条例》，废除了旧的契税法制，建立了新的契税制度，取消了契税附加和验税、注册等杂费，降低了税率，减轻了人民的负担。该暂行条例规定，凡土地、房屋的买卖、典当、赠与或交换，均应凭土地房屋所有证，由当事人双方订立契约，并由承受人申报缴纳契税。税率分两种：买卖、赠与税税率 6%，典当税税率 3%。对交换房屋双方价值相等的，免税；不相等的，就其超过价值部分按 6% 缴纳契税。

1954 年，财政部对《契税暂行条例》进行修改。修改的主要内容是：对公有制单位的买卖、典当、承受赠与和交换土地、房屋的行为，免征契税。社会主义“三大改造”完成后，国家禁止土地买卖和转让，征收土地契税自然停止。契税的征税范围只限于非公有制单位的房屋产权转移行为，契税收入甚微。“文化大革命”期间，有的地方甚至明令停止办理契税征收业务。1978 年新宪法公布后，逐步落实了房产政策。随着改革开放的不断深入，城乡房屋买卖又重新活跃起来。为此，财政部于 1981 年和 1990 年分别发出了《关于改进和加强契税征收管理工作的通知》和《关于加强契税工作的通知》，对契税政策进行了一些补充和调整，契税征收工作全面恢复。

1997 年 7 月 7 日，国务院重新颁布了《中华人民共和国契税暂行条例》，并于 1997 年 10 月 1 日起施行。

2020 年 8 月 11 日，第十三届全国人民代表大会常务委员会第二十一次会议通过《中华人民共和国契税法》（简称《契税法》），并于 2021 年 9 月 1 日起在全国范围内施行。

（二）契税的特点

（1）契税属于财产转移税。它以权属发生转移的土地和房屋为征税对象，具有对财产转移课税性质。

（2）契税由财产承受人纳税。一般税种在税制中确定纳税人，都确定销售者为纳税人，即卖方纳税。对买方征税的主要目的在于承认不动产转移生效，承受人纳税以后，便可拥有转移过来的不动产的产权或使用权，法律保护纳税人的合法权益。

二、征税对象

契税的征税对象是境内转移的土地、房屋权属，具体包括以下五项内容：

（一）国有土地使用权出让

国有土地使用权出让是指土地使用者向国家交付土地使用权出让费用，国家将国有土地使用权在一定年限内让与土地使用者的行为。

（二）土地使用权的转让

土地使用权的转让是指土地使用者以出售、赠与、互换或者其他方式将土地使用权转移给其他单位和个人的行为。土地使用权的转让不包括农村集体土地承包经营权和土地经营权的转移。

（三）房屋买卖

房屋买卖即以货币为媒介，出卖者向购买者过渡房产所有权的交易行为。以下几种特殊情况，视同买卖房屋：

1. 以房产抵债或实物交换房屋

经当地政府和有关部门批准，以房产抵债和实物交换房屋，均视同房屋买卖，应由产权承受人，按房屋现值缴纳契税。

例如，甲某因无力偿还乙某债务，而以自有的房产折价抵偿债务。经双方同意，有关部门批准，乙某取得甲某的房屋产权，在办理产权过户手续时，按房产折价款缴纳契税。如以实物（金银首饰等等价物品）交换房屋，应视同以货币购买房屋。

对已缴纳契税的购房单位和个人，在未办理房屋权属变更登记前退房的，退还已纳契税；在办理房屋权属变更登记后退房的，不予退还已纳契税。

2. 以房产作投资或作股权转让

这种交易业务属房屋产权转移，应根据国家房地产管理的有关规定，办理房屋产权交易和产权变更登记手续，视同房屋买卖，由产权承受方按契税税率计算缴纳契税。

例如，甲某以自有房产，投资于乙某企业。其房屋产权变为乙某企业所有，故产权所有人发生变化，因此，乙某企业在办理产权登记手续后，按甲某入股房产现值（国有企事业房产须经国有资产管理部门评估核价）缴纳契税。如丙某以股份方式购买乙某企业房屋产权，丙某在办理产权登记后，按取得房产买价缴纳契税。

以自有房产作股投入本人独资经营的企业，免纳契税。因为以自有的房地产投入本人独资经营的企业，产权所有人和使用权使用人未发生变化，不需办理房产变更手续，也不办理契税手续。

3. 买房拆料或翻建新房，应照章缴纳契税

例如，甲某购买乙某房产，不论其目的是取得该房产的建筑材料或是翻建新房，实际构成房屋买卖。甲某应首先办理房屋产权变更手续，并按买价缴纳契税。

（四）房屋赠与

房屋赠与是指房屋产权所有人将房屋无偿转让给他人所有。其中，将自己的房屋转交给他人的法人和自然人，称作房屋赠与人；接受他人房屋的法人和自然人，称为受赠人。房屋赠与的前提必须是：产权无纠纷，赠与人和受赠人双方自愿。

由于房屋是不动产，价值较大，故法律要求赠与房屋应有书面合同（契约），并到房地产管理机关或农村基层政权机关办理登记过户手续，才能生效。如果房屋赠与行为涉及涉外关系，还需公证处证明和外事部门认证，才能有效。

房屋的受赠人原则上要按规定缴纳契税。对于《中华人民共和国继承法》规定的法定继承人（包括配偶、子女、父母、兄弟姐妹、祖父母、外祖父母）继承土地、房屋权属的，不征收契税；非法定继承人根据遗嘱承受死者生前的土地房屋权属，属于赠与行为，应征收契税。

以获奖方式取得房屋产权，实质上是接受赠与房产的行为，也应缴纳契税。

（五）房屋互换

房屋互换是指房屋所有者之间互相交换房屋的行为。

以作价投资（入股）、偿还债务、划转、奖励等方式转移土地、房屋权属的，应当依照本法规定缴纳契税。

三、纳税义务人、税率和应纳税额的计算

（一）纳税义务人

契税的纳税义务人是在中华人民共和国境内转移土地、房屋权属，承受的单位和个人。

境内是指中华人民共和国实际税收行政管辖范围内。土地、房屋权属是指土地使用权和房屋所有权。

转移土地、房屋权属，是指下列行为：

（1）土地使用权出让。

（2）土地使用权转让，包括出售、赠与、互换，不包括土地承包经营权和土地经营权的转移。

（3）房屋买卖、赠与、互换。

单位是指企业单位、事业单位、国家机关、军事单位和社会团体以及其他组织。个人是指个体经营者及其他个人，包括中国公民和外籍人员。

（二）税率

契税实行 3%~5% 的幅度税率。具体适用税率，由省、自治区、直辖市人民政府在 3%~5% 的税率幅度内提出，报同级人民代表大会常务委员会决定，并报全国人民代表大会常务委员会和国务院备案。

省、自治区、直辖市可以依照上述规定的程序对不同主体、不同地区、不同类型的住房的权属转移确定差别税率。

（三）应纳税额的计算

1. 计税依据

契税的计税依据为不动产的价格。营改增后计征契税的成交价格不含增值税。由于土地、房屋权属转移方式不同，定价方法不同，因而具体计税依据视不同情况而决定。

（1）土地使用权出售，房屋买卖，其计税依据为土地、房屋权属转移合同确定的成交价格，包括应交付的货币以及实物、其他经济利益对应的价款。

（2）土地使用权互换、房屋互换，其计税依据为所互换的土地使用权、房屋价格的差额。

（3）土地使用权赠与、房屋赠与以及其他没有价格的转移土地、房屋权属行为，其计税依据为税务机关参照土地使用权出售、房屋买卖的市场价格依法核定的价格。

纳税人申报的成交价格、互换价格差额明显偏低且无正当理由的，由税务机关依照《税收征管法》的规定核定。

（4）国有土地使用权出让，其计税依据为承受人为取得该土地使用权而支付的全部经济利益。具体而言：

① 以协议方式出让的，其计税依据为土地出让合同确定的成交价格，具体包括土地出让金、土地补偿费、安置补助费、地上附着物和青苗补偿费、拆迁补偿费、市政建设配套费等承受者应支付的货币、实物、无形资产及其他经济利益。没有成交价格或者成交价格明显偏低的，征收机关可依次按下列两种方式确定计税依据：

a. 评估价格：有政府批准设立的房地产评估机构根据相同地段、同类房地产进行综合评定，并经当地税务机关确认的价格。

b. 土地基准地价：由县以上人民政府公示的土地基准地价。

② 先以划拨方式取得土地使用权，后经批准改为出让方式取得该土地使用权的，土地受让方应依法补缴契税，其计税依据为应补交的土地出让金和其他出让费用。

（5）房屋附属设施征收契税的计税依据。

① 采取分期付款方式购买房屋附属设施土地使用权、房屋所有权的，其计税

依据为按合同规定的总价款。

② 承受的房屋附属设施权属为单独计价的，按照当地确定的适用税率征收契税；与房屋统一计价的，适用与房屋相同的契税税率。

③ 不涉及土地使用权和房屋所有权转移变动的，不征收契税。

2. 应纳税额的计算

契税应纳税额的计算公式为：

$$应纳税额=计税依据\times 税率$$

例 8-5

居民甲有两套住房，将一套出售给居民乙，成交价格为 500 000 元；将另一套两室住房与居民丙交换成两处一室住房，并支付给丙换房差价款 100 000 元。试计算甲、乙、丙相关行为应缴纳的契税（假定税率为 4%）。

解：

（1）甲应缴纳契税 $=100\,000\times 4\%=4\,000$（元）。

（2）乙应缴纳契税 $=500\,000\times 4\%=20\,000$（元）。

（3）丙不缴纳契税。

四、税收优惠

（1）有下列情形之一的，免征契税：

① 国家机关、事业单位、社会团体、军事单位承受土地、房屋权属用于办公、教学、医疗、科研、军事设施；

② 非营利性的学校、医疗机构、社会福利机构承受土地、房屋权属用于办公、教学、医疗、科研、养老、救助；

③ 承受荒山、荒地、荒滩土地使用权，并用于农、林、牧、渔业生产；

④ 婚姻关系存续期间夫妻之间变更土地、房屋权属；

⑤ 法定继承人通过继承承受土地、房屋权属；

⑥ 依照法律规定应当予以免税的外国驻华使馆、领事馆和国际组织驻华代表机构承受土地、房屋权属。

根据国民经济和社会发展的需要，国务院对居民住房需求保障、企业改制重组、灾后重建等情形可以规定免征或者减征契税，报全国人民代表大会常务委员会备案。

（2）自治区、直辖市可以决定对下列情形免征或者减征契税：

① 因土地、房屋被县级以上人民政府征收、征用，重新承受土地、房屋权属；
② 因不可抗力灭失住房，重新承受住房权属。

免征或者减征契税的具体办法，由省、自治区、直辖市人民政府提出，报同级人民代表大会常务委员会决定，并报全国人民代表大会常务委员会和国务院备案。

五、征收管理

（一）纳税义务发生时间

契税的纳税义务发生时间是纳税人签订土地、房屋权属转移合同的当日，或者纳税人取得其他具有土地、房屋权属转移合同性质凭证的当日。

（二）纳税期限

纳税人应当在依法办理土地、房屋权属登记手续前申报缴纳契税。

（三）纳税地点

契税在土地、房屋所在地的征收机关缴纳。

（四）征收管理其他规定

纳税人办理纳税事宜后，税务机关应当开具契税完税凭证。纳税人办理土地、房屋权属登记，不动产登记机构应当查验契税完税、减免税凭证或者有关信息。未按照规定缴纳契税的，不动产登记机构不予办理土地、房屋权属登记。

在依法办理土地、房屋权属登记前，权属转移合同、权属转移合同性质凭证不生效、无效、被撤销或者被解除的，纳税人可以向税务机关申请退还已缴纳的税款，税务机关应当依法办理。

税务机关应当与相关部门建立契税涉税信息共享和工作配合机制。自然资源、住房城乡建设、民政、公安等相关部门应当及时向税务机关提供与转移土地、房屋权属有关的信息，协助税务机关加强契税征收管理。

税务机关及其工作人员对税收征收管理过程中知悉的纳税人的个人信息，应当依法予以保密，不得泄露或者非法向他人提供。

思考练习题

一、思考题

1. 什么是房产税？房产税有哪些主要规定？

2. 什么是城镇土地使用税？城镇土地使用税有哪些主要规定？

3. 什么是耕地占用税？耕地占用税有哪些主要规定？

4. 什么是契税？契税有哪些主要规定？

5. 现行房产税、城镇土地使用税、耕地占用税和契税有何缺陷？应如何完善？

二、练习题

1. 某公司有一栋办公楼，账面原值为 4 000 万元，2020 年 5 月对该办公楼进行改扩建：在办公楼旁边新建一独立的玻璃暖房发生支出 300 万元，安装中央空调系统支出 500 万元，同时拆除 200 万元的照明设施，再支付 350 万元用于安装智能照明和楼宇声控系统。该办公楼于 2020 年 10 月 31 日改建完毕并投入使用。2020 年 6 月 1 日将另一栋原值为 2 000 万元房产用于投资联营（收取固定收入，不承担联营风险），投资期 3 年，当年取得固定收入 60 万元（不含增值税）。

已知：当地规定计算房产余值扣除比例为 20%，请计算该企业 2020 年度应缴纳的房产税。

2. 2020 年某企业生产经营用地分布于甲、乙、丙三个地域，甲地域的土地使用权属于该企业，面积 10 000 平方米，其中幼儿园占地 1 000 平方米，厂区内绿化占地 2 000 平方米；乙地域的土地使用权归该企业与另一企业共有，面积 18 000 平方米，实际使用面积各半；丙地域的土地面积为 3 000 平方米，该企业一直使用但土地使用权未确定。假定甲、乙、丙地域的城镇土地使用税的单位税额为每平方米 8 元。

要求：请计算该企业 2020 年应缴纳的城镇土地使用税。

3. 经批准某机场占用耕地 800 万平方米，其中跑道用地 500 万平方米，停机坪用地 200 万平方米，工作区、生活区、绿化用地 100 万平方米。假定工作区、生活区、绿化用地单位税额为 16 元 / 平方米。

要求：请计算该机场占用耕地应缴纳的耕地占用税。

4. 居民甲共有三套房产，2020 年将第一套市值为 220 万元的房产与乙交换，并支付乙差价款 30 万元；将第二套市值为 70 万元的房产折价给丙抵偿 60 万元的债务；将第三套市值为 100 万元的房产作股投入本人独资经营的企业。假定当地政府确定的契税税率为 3%。

要求：请计算居民甲上述行为应缴纳的契税。

即 测 即 评

请扫描二维码进行在线测试。

第九章

印花税、车辆购置税、车船税与船舶吨税

内容提要：

本章介绍了印花税、车辆购置税、车船税和船舶吨税的征税范围；应纳税额的计算；税收优惠政策和征收管理。学习本章时，主要掌握印花税、车辆购置税、车船税与船舶吨税的征税范围，应纳税额的计算，以及税收优惠政策。

第一节 印花税

现行印花税的基本规范，是2021年6月10日国务院发布并于2022年7月1日起实施的《中华人民共和国印花税法》(简称《印花税法》)。

一、印花税概述

(一)印花税的概念

印花税是以经济活动和经济交往中，书立、领受应税凭证和证券交易行为为征税对象征收的一种税。印花税因其采用在应税凭证上粘贴印花税票的方法缴纳税款而得名。

印花税最早产生于1624年的荷兰，现在已是世界各国普遍开征的一个税种。旧中国，在北洋政府和国民党统治时期也先后颁布过《印花税法》，开征过印花税。

新中国成立以后，中央人民政府政务院于1950年发布了《印花税暂行条例》，在全国范围内开征印花税；1958年简化税制时，经全国人大常委会通过，将印花税并入工商统一税，印花税不再单设税种征收，直至经济体制改革以前。

党的十一届三中全会以后，在改革开放政策的指引下，我国的商品经济得以迅速发展。为适应商品经济发展的要求，国家先后颁布了经济合同法、商标法、工商企业登记管理条例等一系列经济法规，在经济活动中依法书立、领受各种经济凭证已成为普遍现象，重新开征印花税不仅是必要的，而且具备了一定的条件。因此，国务院于1988年8月发布了《印花税暂行条例》，自同年10月1日起施行。随着我国经济体制由有计划的商品经济向社会主义市场经济体制转变，印花税的征收在规范书立、领受经济凭证行为方面起着更加重要的作用。

（二）印花税的特点

1. 征税范围广

印花税的征税对象是经济活动和经济交往中书立、领受应税凭证和证券交易的行为，其征税范围十分广泛，主要表现在两个方面：一是涉及的应税行为广泛，包括书立和领受应税凭证和证券交易行为，这些行为在经济生活中是经常发生的；二是涉及的应税凭证范围广泛，包括各类经济合同、营业账簿等，这些凭证在经济生活中被广泛地使用着。随着社会主义市场经济的发展和经济法制的日益完善，印花税的应税行为和应税凭证将会越来越普遍，征税范围也会更大。

2. 税率低、税负轻

印花税税负较轻，主要表现在其税率或税额明显低于其他税种，最低比例税率为应税凭证所载金额的万分之零点五，一般都为万分之几或千分之几；定额税率是每件应税凭证5元。

3. 自行贴花纳税

印花税的纳税方法完全不同于其他税种，它采取纳税人自行计算应纳税额、自行购买印花税票、自行贴花、自行在每枚税票的骑缝处盖戳注销或画销的纳税方法。

4. 多缴不退不抵

《印花税法》规定，凡多贴印花税票者，不得申请退税或者抵用。这与其他税种多缴税款可以申请退税或抵缴的规定也不相同。

二、纳税义务人

印花税的纳税义务人，是在中国境内书立应税凭证、进行证券交易的单位和个人。

所谓应税凭证，是指《印花税法》所附《印花税税目税率表》列明的合同、产权转移书据和营业账簿。

所称证券交易，是指转让在依法设立的证券交易所、国务院批准的其他全国性证券交易场所交易的股票和以股票为基础的存托凭证。

所称单位和个人，是指国内各类企业、事业、机关、团体、部队以及中外合资企业、合作企业、外资企业、外国公司和其他经济组织及其在华机构等单位和个人。

上述单位和个人，具体包括立合同人、立据人、立账簿人、证券交易人和使用人。

1. 立合同人

立合同人是指合同的当事人。所谓当事人，是指对凭证有直接权利义务关系的单位和个人，但不包括合同的担保人、证人、鉴定人。

当事人的代理人有代理纳税的义务，他与纳税人负有同等的税收法律义务和责任。

2. 立据人

产权转移书据的纳税人是立据人，是指土地、房屋权属转移过程中买卖双方的当事人。

3. 立账簿人

立账簿人，是指设立并使用营业账簿的单位和个人。例如，企业单位因生产、经营需要，设立了资金账簿，该企业即为纳税人。

4. 证券交易人

证券交易的纳税人，是指在中华人民共和国境内进行证券交易的单位和个人。需要注意的是，证券交易印花税对证券交易的出让方征收，不对受让方征收。

5. 使用人

在境外书立、领受在境内使用的应税凭证的单位和个人，其纳税人是使用人。

6. 各类电子应税凭证的签订人

各类电子应税凭证的签订人即以电子形式签订的各类应税凭证的当事人。

值得注意的是，对应税凭证，凡由两方或两方以上当事人共同书立的，其当事人各方都是印花税的纳税人，应各就其所持凭证的计税金额履行纳税义务。

三、征收范围和税率

我国现行的印花税只对《印花税法》中列举的应税凭证和证券交易行为征收，没有列举的凭证和行为不征税。

具体税目和税率如表 9-1 所示：

表 9-1　　　　　　　　印花税税目税率表

<table>
<tr><th colspan="2">税目</th><th>税率</th><th>备注</th></tr>
<tr><td rowspan="11">合同（指书面合同）</td><td>借款合同</td><td>借款金额的万分之零点五</td><td>指银行业金融机构、经国务院银行业监督管理机构批准设立的其他金融机构与借款人（不包括同业拆借）的借款合同</td></tr>
<tr><td>融资租赁合同</td><td>租金的万分之零点五</td><td></td></tr>
<tr><td>买卖合同</td><td>价款的万分之三</td><td>指动产买卖合同（不包括个人书立的动产买卖合同）</td></tr>
<tr><td>承揽合同</td><td>报酬的万分之三</td><td></td></tr>
<tr><td>建设工程合同</td><td>价款的万分之三</td><td></td></tr>
<tr><td>运输合同</td><td>运输费用的万分之三</td><td>指货运合同和多式联运合同（不包括管道运输合同）</td></tr>
<tr><td>技术合同</td><td>价款、报酬或者使用费的万分之三</td><td>不包括专利权、专有技术使用权转让书据</td></tr>
<tr><td>租赁合同</td><td>租金的千分之一</td><td></td></tr>
<tr><td>保管合同</td><td>保管费的千分之一</td><td></td></tr>
<tr><td>仓储合同</td><td>仓储费的千分之一</td><td></td></tr>
<tr><td>财产保险合同</td><td>保险费的千分之一</td><td>不包括再保险合同</td></tr>
<tr><td rowspan="4">产权转移书据</td><td>土地使用权出让书据</td><td>价款的万分之五</td><td rowspan="4">转让包括买卖（出售）、继承、赠与、互换、分割</td></tr>
<tr><td>土地使用权、房屋等建筑物和构筑物所有权转让书据（不包括土地承包经营权和土地经营权转移）</td><td>价款的万分之五</td></tr>
<tr><td>股权转让书据（不包括应缴纳证券交易印花税的）</td><td>价款的万分之五</td></tr>
<tr><td>商标专用权、著作权、专利权、专有技术使用权转让书据</td><td>价款的万分之三</td></tr>
<tr><td colspan="2">营业账簿</td><td>实收资本（股本）、资本公积合计金额的万分之二点五</td><td></td></tr>
<tr><td colspan="2">证券交易</td><td>成交金额的千分之一</td><td></td></tr>
</table>

以电子形式签订的各类应税凭证均应按规定征收印花税。

四、税收优惠

（一）法定优惠

根据《印花税法》的规定，下列凭证免征印花税：

（1）应税凭证的副本或者抄本。

（2）依照法律规定应当予以免税的外国驻华使馆、领事馆和国际组织驻华代表机构为获得馆舍书立的应税凭证。

（3）中国人民解放军、中国人民武装警察部队书立的应税凭证。

（4）农民、家庭农场、农民专业合作社、农村集体经济组织、村民委员会购买农业生产资料或者销售农产品书立的买卖合同和农业保险合同。

（5）对无息、贴息贷款合同、国际金融组织向中国提供优惠贷款书立的借款合同。

（6）对财产所有人将财产赠给政府、学校、社会福利机构、慈善组织书立的产权转移书据。

（7）非营利性医疗卫生机构采购药品或者卫生材料书立的买卖合同。

（8）个人与电子商务经营者订立的电子订单。

根据国民经济和社会发展的需要，国务院对居民住房需求保障、企业改制重组、破产、支持小型微型企业发展等情形可以规定减征或者免征印花税，报全国人民代表大会常务委员会备案。

（二）其他优惠

（1）对房地产管理部门与个人签订的用于生活居住的租赁合同免税。

（2）对农牧业保险合同免税。对该类合同免税，是为了支持农村保险事业的发展，减轻农牧业生产的负担。

（3）军事货物运输、抢险救灾物资运输，以及新建铁路临管线运输等特殊货运凭证免征印花税。

（4）对经国务院和省级人民政府决定或批准进行的国有（含国有控股）企业改组改制而发生的上市公司国有股权无偿转让行为，暂不征收证券（股票）交易印花税。

（5）对经县级以上人民政府及企业主管部门批准改制的企业因改制签订的产权转移书据免征印花税。

（6）对投资者（包括个人和机构）买卖封闭式证券投资基金免征印花税。

（7）对国家石油储备基地第一期项目建设过程中涉及的印花税予以免征。

（8）自 2019 年 1 月 1 日至 2021 年 12 月 31 日，对与高校学生签订的高校学生公寓租赁合同，免征印花税。

（9）为支持国家商品储备业务发展，对商品储备管理公司及其直属库资金账簿免征印花税；对其承担商品储备业务过程中书立的购销合同免征印花税，对合同其他各方当事人应缴纳的印花税照章缴纳。

（10）对改造安置住房经营管理单位、开发商与改造安置住房有关的印花税以及购买安置住房的个人涉及的印花税予以免征。

在商品住房等开发项目中配套建造安置住房的，依据政府部门出具的相关材料、房屋征收（拆迁）补偿协议或棚户区改造合同（协议），按改造安置住房建筑面积占总建筑面积的比例免征印花税。

（11）自 2018 年 1 月 1 日至 2023 年 12 月 31 日，对金融机构与小型、微型企业签订的借款合同免征印花税。

（12）自 2018 年 5 月 1 日起，对按 0.5‰税率贴花的资金账簿减半征收印花税。

（13）自 2019 年 1 月 1 日至 2021 年 12 月 31 日，各省、自治区、直辖市人民政府可根据本地区实际情况，以及宏观调控需要确定，对增值税小规模纳税人在 50% 的税额幅度内减征印花税（不含证券交易印花税）。

五、计税依据及应纳税额的计算

（一）计税依据的确定

印花税实行从价计征，计税依据为各种应税凭证上所记载的计税金额。具体规定为：

（1）买卖合同的计税依据为合同记载的价款，不得做任何扣除。需要注意的是，调剂合同和易货合同，计税依据应包括调剂、易货的全额。合同未列明金额的，应按合同所载购销数量，依照国家牌价或者市场价格计算应纳税额。

（2）承揽合同的计税依据是加工或承揽收入的金额。具体规定为：

① 对于由受托方提供原材料的加工、定做合同，凡在合同中分别记载加工费金额和原材料金额的，应分别按加工承揽合同、购销合同计税，两项税额相加数，即为合同应贴印花；若合同中未分别记载，则应就全部金额依照加工承揽合同计税贴花。

② 对于由委托方提供主要材料或原料，受托方只提供辅助材料的加工合同，无论加工费和辅助材料金额是否分别记载，均以辅助材料与加工费的合计数，依照加工承揽合同计税贴花。对委托方提供的主要材料或原料金额不计税贴花。

（3）建设工程合同的计税依据为合同约定的价款。

（4）租赁合同的计税依据为租金收入。

（5）运输合同的计税依据为取得的运费收入，不包括所运货物的金额、装卸费和保险费等。

对国内各种形式的货物联运，凡在起运地统一结算全程运费的，应以全程运费作为计税依据，由起运地运费结算双方缴纳印花税；凡分程结算运费的，应以分程的运费作为计税依据，分别由办理运费结算的各方缴纳印花税。

对国际货运，凡由我国运输企业运输的，运输企业所持的运费结算凭证，以本程运费为计税依据；托运方所持的运费结算凭证，按全程运费为计税依据。由外国运输企业运输进出口货物的，外国运输企业所持运费结算凭证免纳印花税；托运方所持运费结算凭证，以运费金额为计税依据。

（6）保管合同的计税依据为收取（或支付）的保管费（即保管费收入）。

（7）借款合同的计税依据为借款金额。针对实际借贷活动中不同的借款形式，税法规定了不同的计税方法：

① 凡是一项信贷业务既签订借款合同，又一次或分次填开借据的，只以借款合同所载金额为计税依据计税贴花；凡是只填开借据并作为合同使用的，应以借据所载金额为计税依据计税贴花。

② 借贷双方签订的流动资金周转性借款合同，一般按年（期）签订，规定最高限额，借款人在规定的期限和最高限额内随借随还。为避免加重借贷双方的负担，对这类合同只以其规定的最高限额为计税依据，在签订时贴花一次，在限额内随借随还不签订新合同的，不再另贴印花。

③ 对借款方以财产作抵押，从贷款方取得一定数量抵押贷款的合同，应按借款合同贴花；在借款方因无力偿还借款而将抵押财产转移给贷款方时，应再就双方书立的产权书据，按产权转移书据的有关规定计税贴花。

④ 对银行及其他金融组织的融资租赁业务签订的融资租赁合同，应按合同所载租金总额，暂按借款合同计税。

⑤ 在贷款业务中，如果贷方系由若干银行组成的银团，银团各方均承担一定的贷款数额。借款方与银团各方共同书立借款合同，各执一份合同正本。对这类合同借款方与贷款银团各方应分别在所执的合同正本上，按各自的借款金额计税贴花。

⑥ 在基本建设贷款中，如果按年度用款计划分年签订借款合同，在最后一年按总概算签订借款总合同，且总合同的借款金额包括各个分合同的借款金额的，对这类基建借款合同，应按分合同分别贴花，最后签订的总合同，只就借款总额扣除分合同借款金额后的余额计税贴花。

（8）财产保险合同的计税依据为支付（收取）的保险费，不包括所保财产的金额。

（9）技术合同的计税依据为合同所载的价款、报酬或使用费。为了鼓励技术研究开发，对技术开发合同，只就合同所载的报酬金额计税，研究开发经费不作为计税依据。单对合同约定按研究开发经费一定比例作为报酬的，应按一定比例的报酬金额贴花。

（10）仓储合同的计税依据为收取的仓储费。

（11）产权转移书据的计税依据为所载金额。

（12）融资租赁合同的计税依据为收取或支付的租金。

（13）应税营业账簿，以“实收资本”与“资本公积”两项合计金额为计税依据。实收资本，包括现金、实物、无形资产和材料物资。现金按实际收到或存入纳税人开户银行的金额确定。实物，指房屋、机器等，按评估确认的价值或者合同、协议约定的价格确定。无形资产和材料物资，按评估确认的价值确定。

资本公积，包括接受捐赠、法定财产重估增值、资本折算差额、资本溢价等。如果是实物捐赠，则按同类资产的市场价格或有关凭据确定。

（14）证券交易的计税依据为成交金额。证券交易无转让价格的，按照办理过户登记手续时该证券前一个交易日收盘价计算确定计税依据；无收盘价的，按照证券面值计算确定计税依据。

（二）应纳税额的计算方法

印花税的应纳税额按照计税依据乘以适用税率计算，计算公式为：

应纳税额 = 应税凭证和证券交易计税金额 × 适用税率

（三）计算印花税应当注意的问题

（1）同一凭证，载有两个或两个以上经济事项而适用不同税目税率，分别记载金额的，应分别计算应纳税额，相加后按合计税额贴花；未分别记载金额的，按税率高的计税贴花。

（2）按金额比例贴花的应税凭证，未标明金额的，应按照凭证所载数量及国家牌价计算金额；没有国家牌价的，按市场价格计算金额，然后按规定税率计算应纳税额。

（3）应税凭证所载金额为外国货币的，应按照凭证书立当日国家外汇管理局公布的外汇牌价折合成人民币，然后计算应纳税额。

（4）应纳税额不足 1 角的，免纳印花税；1 角以上的，其税额尾数不满 5 分的不计，满 5 分的按 1 角计算。财产租赁合同经计算，税额不足 1 元的，按 1 元贴花。

（5）在签订时无法确定计税金额的合同，可在签订时先按定额 5 元贴花，以后结算时再按实际金额计税，补贴印花。

（6）应税合同在签订时纳税义务即已产生，应计算应纳税额并贴花。所以，不论合同是否兑现或是否按期兑现，均应贴花。

对已履行并贴花的合同，所载金额与合同履行后实际结算金额不一致的，只要双方未修改合同金额，一般不再办理完税手续。

例 9–1

假设某企业 2022 年 3 月开业，当年发生以下有关业务事项：领受房屋产权证、工商营业执照、土地使用证各 1 件；与其他企业订立转移专用技术使用权书据 1 份，所载金额 100 万元；订立产品购销合同 1 份，所载金额为 200 万元；订立借款合同 1 份，所载金额为 400 万元；企业记载资金的账簿，“实收资本”“资本公积”为 800 万元；其他营业账簿 10 本。试计算该企业当年应缴纳的印花税税额。

解：

（1）企业订立产权转移书据应纳税额＝1 000 000×0.3‰＝300（元）。

（2）企业订立买卖合同应纳税额＝2 000 000×0.3‰＝600（元）。

（3）企业订立借款合同应纳税额＝4 000 000×0.05‰＝200（元）。

（4）企业记载资金的账簿应纳税额＝8 000 000×0.5‰ ÷2＝2 000（元）。

当年企业应纳印花税税额＝300＋600＋200＋2 000＝3 100（元）。

六、征收管理

（一）纳税义务发生时间

印花税的纳税义务发生时间为纳税人书立应税凭证或者完成证券交易的当日。证券交易印花税扣缴义务发生时间为证券交易完成的当日。

（二）纳税期限

印花税按季、按年或者按次计征。实行按季、按年计征的，纳税人应当自季度、年度终了之日起 15 日内申报缴纳税款；实行按次计征的，纳税人应当自纳税义务发生之日起 15 日内申报缴纳税款。

证券交易印花税按周解缴。证券交易印花税扣缴义务人应当自每周终了之日起 5 日内申报解缴税款以及银行结算的利息。

（三）纳税地点

纳税人为单位的，应当向其机构所在地的主管税务机关申报缴纳印花税；纳税人为个人的，应当向应税凭证书立地或者纳税人居住地的主管税务机关申报缴纳印花税。

（四）纳税申报

印花税可以采用粘贴印花税票或者由税务机关依法开具其他完税凭证的方式缴纳。

一般而言，印花税采取由纳税人自行计算应纳税额，自行购买印花税票（印花税票由国务院税务主管部门监制），自行一次贴花贴足印花税票并加以注销或画销，来完成纳税义务。印花税票粘贴在应税凭证上的，由纳税人在每枚税票的骑缝处盖戳注销或者画销。

一份凭证应纳税额超过500元的，应向当地税务机关申请填写缴款书或者完税证，将其中一联粘贴在凭证或者由税务机关在凭证上加注完税标记代替贴花。

同一种类应纳税额凭证，需要频繁贴花的，纳税人可以根据实际情况自行决定是否采用按期汇总缴纳印花税的方式。采用按期汇总缴纳方式的纳税人应事先告知主管税务机关。缴纳方式一经选定，一年内不得改变。

（五）源泉扣缴

纳税人为境外单位或者个人，在境内有代理人的，以其境内代理人为扣缴义务人；在境内没有代理人的，由纳税人自行申报缴纳印花税，具体办法由国务院税务主管部门规定。

证券登记结算机构为证券交易印花税的扣缴义务人，应当向其机构所在地的主管税务机关申报解缴税款以及银行结算的利息。

（六）违章处罚

印花税纳税人有下列行为之一的，由税务机关根据情节轻重予以处罚：

（1）在应纳税凭证上未贴或者少贴印花税票的或者已粘贴在应税凭证上的印花税票未注销或者未划销的，由税务机关追缴其不缴或者少缴的税款、滞纳金，并处不缴或者少缴的税款50%以上5倍以下的罚款。

（2）已贴用的印花税票揭下重用造成未缴或少缴印花税的，由税务机关追缴其不缴或者少缴的税款、滞纳金，并处不缴或者少缴的税款50%以上5倍以下的罚款；构成犯罪的，依法追究刑事责任。

（3）伪造印花税票的，由税务机关责令改正，处以2 000元以上1万元以下的罚款；情节严重的，处以1万元以上5万元以下的罚款；构成犯罪的，依法追究刑事责任。

（4）按期汇总缴纳印花税的纳税人，超过税务机关核定的纳税期限，未缴或少缴印花税款的，由税务机关追缴其不缴或者少缴的税款、滞纳金，并处不缴或者少缴的税款50%以上5倍以下的罚款；情节严重的，同时撤销其汇缴许可证；构成犯罪的，依法追究刑事责任。

（5）纳税人违反以下规定的，由税务机关责令限期改正，可处以2 000元以下的罚款；情节严重的，处以2 000元以上1万元以下的罚款。

① 凡汇总缴纳印花税的凭证，应加注税务机关指定的汇缴戳记，编号并装订成册后，将已贴印花或者缴款书的一联粘附册后，盖章注销，保存备查。

② 纳税人对纳税凭证应妥善保存。凭证的保存期限，凡国家已有明确规定的，按规定办；没有明确规定的其余凭证均应在履行完毕后保存 1 年。

（6）代售户对取得的税款逾期不缴或者挪作他用，或者违反合同将所领印花税票转托他人代售或者转至其他地区销售，或者未按规定详细提供领、售印花税票情况的，税务机关可视其情节轻重，给予警告或者取消其代售资格的处罚。

第二节 车辆购置税

现行车辆购置税法的基本规范，是 2018 年 12 月 29 日第十三届全国人大常委会第七次会议通过并于 2019 年 7 月 1 日起施行的《中华人民共和国车辆购置税法》（简称《车辆购置税法》）。

一、车辆购置税概述

（一）车辆购置税的概念

车辆购置税是以在中国境内购置规定车辆为课税对象、在特定的环节向车辆购置者征收的一种税。

车辆购置税是 2001 年 1 月 1 日在我国开征的新税种，是在原交通部门收取的车辆购置附加费的基础上，通过“费改税”方式改革而来的。

（二）车辆购置税的特点

车辆购置税除具有税收的共同特点外，还有其自身独立的特点：

1. 征收范围单一

作为财产税的车辆购置税，是以购置的特定车辆为课税对象，而不是对所有的财产或消费财产征税，范围窄，是一种特种财产税。

2. 征收环节单一

车辆购置税实行一次课征制，它不是在生产、经营和消费的每一环节实行道道征收，而只是在退出流通进入消费领域的特定环节征收。

3. 税率单一

车辆购置税只确定一个统一比例税率征收，税率具有不随课税对象数额变动的特点，计征简便、负担稳定，有利于依法治税。

4. 征收方法单一

车辆购置税根据纳税人购置应税车辆的计税价格实行从价计征，以价格为计税标准，课税与价值直接发生关系，价值高者多征税，价值低者少征税。

5. 征税具有特定目的

车辆购置税具有专门用途，由中央财政根据国家交通建设投资计划，统筹安排。这种特定目的的税收，可以保证国家财政支出的需要，既有利于统筹合理地安排资金，又有利于保证特定事业和建设支出的需要。

6. 税收负担不具有转嫁性

车辆购置税采取价外征收，其计税依据中不包含车辆购置税税额，车辆购置税税额是附加在价格之外的，且纳税人即为负税人，税负不发生转嫁。

二、基本税制要素

（一）纳税义务人

车辆购置税的纳税人是指在我国境内购置应税车辆的单位和个人。其中购置是指购买使用行为、进口使用行为、受赠使用行为、自产自用行为、获奖使用行为以及以拍卖、抵债、走私、罚没等方式取得并使用的行为，这些行为都属于车辆购置税的应税行为。

（二）征税对象

车辆购置税的征税对象包括汽车、有轨电车、汽车挂车、排气量大于150毫升的摩托车。地铁、轻轨等城市交通车辆、装载机、平地机、挖掘机、推土机等轮式专用机械车，以及起重机（吊车）、叉车、电动摩托车，不属于应税范围。

（三）税率

车辆购置税实行统一比例税率，税率为10%。

三、计税依据和应纳税额的计算

（一）购买自用应税车辆计税依据和应纳数额的计算

自 2020 年 6 月 1 日起，纳税人购置应税车辆，以发票电子信息中的不含增值税价作为计税价格。纳税人依据相关规定提供其他有效价格凭证的情形除外。

应税车辆存在多条发票电子信息或者没有发票电子信息的，纳税人按照购置应税车辆实际支付给销售方的全部价款（不包括增值税税款）申报纳税。

计税依据＝全部价款 ÷（1＋增值税税率或征收率）

例 9-2

宋某 2020 年 6 月从某 4S 店购买一辆小汽车供自己使用，支付了含增值税税款在内的款项 226 000 元，取得 4S 店开具“机动车销售统一发票”；另支付车辆装饰费 1 300 元，取得增值税普通发票。请计算宋某应纳车辆购置税。

解：

（1）计税依据＝226 000÷（1＋13%）＝200 000（元）

（2）应纳税额＝200 000×10%＝20 000（元）

（二）进口自用应税车辆计税依据和应纳税额的计算

纳税人进口自用的应税车辆以组成计税价格为计税依据。组成计税价格的计算公式为：

组成计税价格＝关税完税价格＋关税＋消费税

公式中，关税完税价格是指海关核定的此类车型的关税计税价格。关税是指由海关课征的进口车辆关税，计算公式为：应纳关税＝关税完税价格 × 关税税率。消费税为进口应税车辆由海关代征的消费税，计算公式为：

应纳消费税＝（关税完税价格＋关税）÷（1－ 消费税税率）× 消费税税率

例 9-3

某外贸进出口公司 2020 年 7 月从国外进口 10 辆某公司生产的小轿车。该公司报关进口这批小轿车时，经报关地海关对有关报关资料的审查，确定关税完税价格为每辆 185 000 元人民币，海关按关税政策规定课征关税 46 250 元 / 辆，并代征了每辆小轿车的进口消费税 31 534 元 / 辆和增值税 38 261.34 元 / 辆。由于工作需要，该公司将一辆小轿车留在本单位使用。根据以上资料，计算该外贸进出口公司应缴纳的车辆购置税。

解：

（1）计税依据 = 185 000 + 46 250 + 31 534 = 262 784（元）。

（2）应纳税额 = 262 784 × 10% = 26 278.4（元）。

（三）自产自用应税车辆计税依据和应纳税额的计算

纳税人自产自用应税车辆的计税依据，按照纳税人生产的同类应税车辆的销售价格确定，不包括增值税税款；没有同类应税车辆销售价格的，按照组成计税价格确定。组成计税价格的公式如下：

组成计税价格 = 成本 ×（1 + 成本利润率）+ 消费税

= 成本 ×（1 + 成本利润率）÷（1 − 消费税税率）

公式中，成本利润率由国家税务总局各省、自治区、直辖市和计划单列市税务局确定。

例 9–4

某客车制造厂将自产的一辆某型号的客车，用于本厂后勤服务，该厂在办理车辆上牌落籍前，出具该车的发票，注明金额 70 000 元（不含增值税），并按此金额向主管税务机关申报纳税。经主管税务机关审核，同类车型的销售价格为 90 000 元（不含增值税）。计算该车应纳车辆购置税。

解：应纳税额 = 90 000 × 10% = 9 000（元）。

（四）其他自用应税车辆计税依据和应纳税额的计算

现行税法规定，其他自用，是指纳税人以受赠、获奖或其他方式取得并自用应税车辆，其计税依据按照购置应税车辆时相关凭证载明的价格（不含增值税）确定。

上述所称购置应税车辆时相关凭证，是指原车辆所有人购置或者以其他方式取得应税车辆时载明价格的凭证。无法提供相关凭证的，参照同类应税车辆市场平均交易价格确定其计税价格。

原车辆所有人为车辆生产或者销售企业，未开具机动车销售统一发票的，按照车辆生产或者销售同类应税车辆的销售价格确定应税车辆的计税价格。无同类应税车辆销售价格的，按照组成计税价格确定应税车辆的计税价格。

纳税人申报的应税车辆计税价格明显偏低，又无正当理由的，由税务机关依照《税收征管法》的规定核定其应纳税额。

纳税人以外汇结算应税车辆价款的，按照申报纳税之日的人民币汇率中间价折合成人民币计算缴纳税款。

四、税收优惠

（一）法定减免税规定

（1）依照法律规定应当予以免税的外国驻华使馆、领事馆和国际组织驻华机构及其有关人员自用的车辆。

（2）中国人民解放军和中国人民武装警察部队列入军队武器装备订货计划的车辆免税。

（3）悬挂应急救援专用号牌的国家综合性消防救援车辆。

（4）设有固定装置的非运输专业作业车辆免税设有固定装置的非运输专用作业车辆，是指采用焊接、铆接或者螺栓连接等方式固定安装专用设备或者器具，不以载运人员或者货物为主要目的，在设计和制造上用于专项作业的车辆。自2021年1月1日起，免征车辆购置税的设有固定装置的非运输专用作业车辆，通过发布《免征车辆购置税的设有固定装置的非运输专用作业车辆目录》实施管理。

（5）城市公交企业购置的公共汽电车辆免税。

（二）其他减免税规定

（1）回国服务的留学人员用现汇购买1辆自用国产小汽车免税。

（2）长期来华定居专家进口1辆自用小汽车免税。

（3）防汛部门和森林消防部门用于指挥、检查、调度、报汛（警）、联络的设有固定装置的指定型号的车辆。

（4）自2018年7月1日至2021年6月30日，对购置挂车减半征收车辆购置税。

（5）为支持新能源汽车产业发展，贯彻党的二十大“倡导绿色消费，推动形成绿色低碳的生活方式”精神，2022年9月18日，财政部、国家税务总局、工业和信息化部联合发布《关于延续新能源汽车免征车辆购置税政策的公告》，对购置日期在2023年1月1日至2023年12月31日期间内的新能源汽车，免征车辆购置税。

（6）农用三轮车免税。

（7）原公安现役部队和原武警黄金、森林、水电部队改制后换发地方机动车牌证的车辆（公安消防、武警森林部队执行灭火救援任务的车辆除外），一次性免征车辆购置税。

根据国民经济和社会发展需要，国务院可以规定减征或免征车辆购置税，并报全国人民代表大会常务委员会备案。

五、征收管理

（一）纳税义务发生时间

（1）购买自用应税车辆的，其纳税义务发生时间为车辆购买之日，即车辆相关价格凭证的开具日期。

（2）进口自用应税车辆的，其纳税义务发生时间为车辆进口之日，即“海关进口增值税专用缴款书”或者其他有效凭证的开具日期。

（3）自产、受赠、获奖或者以其他方式取得并自用应税车辆的，其纳税义务发生时间为应税车辆取得之日，即合同、法律文书或者其他有效凭证的生效或者开具日期。

（二）纳税环节

车辆购置税的征税环节为应税车辆的最终消费环节。具体而言，纳税人应当在向公安机关交通管理部门办理车辆注册登记前缴纳车辆购置税。

税务机关应当在税款足额入库或者办理免税手续后，将应税车辆完税或者免税电子信息，及时传送给公安机关交通管理部门。公安机关交通管理部门办理车辆注册登记，应当根据税务机关提供的应税车辆完税或者免税电子信息对纳税人申请登记的车辆信息进行核对，核对无误后依法办理车辆注册登记。

（三）纳税地点

纳税人购置应税车辆，需要办理车辆登记的，向车辆登记地的主管税务机关申报纳税；不需办理车辆登记的，单位纳税人向其机构所在地的主管税务机关申报纳税，个人纳税人向其户籍所在地或者经常居住地的主管税务机关申报纳税。

（四）纳税申报

车辆购置税实行一车一申报制度。车辆购置税实现一次性征收，购置已征车辆购置税的车辆，不再征收车辆购置税。

纳税人应当自纳税义务发生之日起 60 日内申报缴纳车辆购置税。

1. 办理纳税申报的凭证

自 2020 年 6 月 1 日起，纳税人办理车辆购置税纳税申报时，提供发票电子信息办理纳税申报。纳税人依据相关规定提供其他有效价格凭证的情形除外。

发票电子信息与纳税人提供的机动车销售统一发票的内容不一致、纳税人提供的机动车销售统一发票已经作废或者开具了红字发票的，纳税人应换取合规的发票后申报纳税。

2. 征税车辆的纳税申报

纳税人办理纳税申报时应当如实填报“车辆购置税纳税申报表”，同时提供车辆合格证明和车辆相关价格凭证。

其中车辆合格证明，是指整车出厂合格证或者“车辆电子信息单”。车辆相关价格凭证，是指境内购置车辆为机动车销售统一发票或者其他有效凭证；进口自用车辆为“海关进口关税专用缴款书”或者海关进出口货物征免税证明，属于应征消费税车辆的还包括“海关进口消费税专用缴款书”。

3. 减免税车辆的纳税申报

纳税人在办理车辆购置税免税、减税时，除需要如实填报“车辆购置税纳税申报表”，提供车辆合格证明和车辆相关价格凭证外，还应当根据不同的免税、减税情形，分别提供相关资料的原件、复印件。

（1）外国驻华使馆、领事馆和国际组织驻华机构及其有关人员自用车辆，提供机构证明和外交部门出具的身份证明。

（2）城市公交企业购置的公共汽电车辆，提供所在地县级以上（含县级）交通运输主管部门出具的公共汽电车辆认定表。

（3）悬挂应急救援专用号牌的国家综合性消防救援车辆，提供中华人民共和国应急管理部批准的相关文件。

（4）回国服务的在外留学人员购买的自用国产小汽车，提供海关核发的“回国人员购买国产汽车准购单”。

（5）设有固定装置的非运输专用作业车辆免税申报。申请人应将拟申报免税的车型相关资料提交至“免征车辆购置税的设有固定装置的非运输专用作业车辆管理系统”（简称系统），以便该车型能够列入“免征车辆购置税的设有固定装置的非运输专用作业车辆目录”，从而享受免税资格。具体需要向系统提交的资料有：

①“设有固定装置的非运输专用作业车辆信息采集表”；

② 车辆照片及固定装置布置简图。照片及简图应当符合“设有固定装置的非运输专用作业车辆照片及资料扫描图片要求”；

③ 证明进口车辆合法进口的材料，包括但不限于“车辆一致性证书”或“中华人民共和国海关货物进口证明书”或“中华人民共和国海关监管车辆进（出）境领（销）牌照通知书”或“没收走私汽车、摩托车证明书”。

（6）长期来华定居专家进口自用小汽车，提供国家外国专家局或者其授权单位核发的专家证或者A类和B类“外国人工作许可证”。

免税、减税车辆因转让、改变用途等原因不再属于免税、减税范围的，纳税人应该在办理车辆转移登记或者变更登记前缴纳车辆购置税。计税价格以免税、减税车辆初次办理纳税申报时确定的计税价格为基准，每满一年扣减10%；在办理纳税申报时，应当如实填报“车辆购置税纳税申报表”。发生二手车交易行为的，提供二手车销售统一发票；属于其他情形的，按照相关规定提供申报材料。

（五）缴税管理

1. 税款缴纳方式

纳税人在申报纳税时，税款的缴纳方式主要有现金支付、支票、信用卡和电子结算及委托银行代收、银行划转等方式。

2. 完税凭证及使用要求

自 2019 年 6 月 1 日起，纳税人在全国范围内办理车辆购置税纳税业务时，税务机关不再打印和发放纸质车辆购置税完税证明。纳税人办理完成车辆购置税纳税业务后，在公安机关交通管理部门办理车辆注册登记时，不需向公安机关交通管理部门提交纸质车辆购置税完税证明。纳税人办理完成车辆购置税纳税业务（免税业务除外）的具体情形如下：纳税人到银行办理车辆购置税税款缴纳（转账或者现金）、由银行将税款缴入国库的，国库已传回“税收缴款书（银行经收专用）”联次；纳税人通过横向联网电子缴税系统等电子方式缴纳税款的，税款划缴已成功；纳税人在办税服务厅以现金方式缴纳税款的，主管税务机关已收取税款。自 2019 年 7 月 1 日起，纳税人在全国范围内办理车辆购置税补税、完税证明换证或者更正等业务时，税务机关不再出具纸质车辆购置税完税证明。

纳税人如需纸质车辆购置税完税证明，可向主管税务机关提出，由主管税务机关打印“车辆购置税完税证明（电子版）”，亦可自行通过本省（自治区、直辖市和计划单列市）电子税务局等官方互联网平台查询和打印。

（六）退税管理

1. 退税情形

已缴纳车辆购置税的车辆，发生下列情形之一的，准予纳税人申请退税：

（1）车辆退回生产企业或者经销商的；

（2）其他依据法律法规规定应予退税的情形。

2. 退税款的计算

纳税人将已征车辆购置税的车辆退回车辆生产企业或者销售企业的，可以向主管税务机关申请退还车辆购置税。退税额以已缴税款为基准，自缴纳税款之日至申请退税之日，每满一年扣减 10%。

3. 退税应提供的资料

已经缴纳车辆购置税的，纳税人向原征收机关申请退税时，应当如实填报“车辆购置税退税申请表”，提供纳税人身份证明，并区别不同情形提供相关资料。

（1）车辆退回生产企业或者销售企业的，提供生产企业或者销售企业开具的退车证明和退车发票。

（2）其他依据法律法规规定应当退税的，根据具体情形提供相关资料。

自 2020 年 6 月 1 日起，纳税人购置并已完税的应税车辆，申请车辆购置税退税时，税务机关核对纳税人提供的退车发票与发票电子信息无误后，按规定办理退税；核对不一致的，纳税人换取合规的发票后，依法办理退税申报；没有发票电子信息的，销售方向税务机关传输有效发票电子信息后，纳税人依法办理退税申报。

第三节　车船税

我国现行车船税的基本规范，是 2011 年 2 月 25 日由中华人民共和国第十一届全国人民代表大会常务委员会第十九次会议通过、自 2012 年 1 月 1 日起施行，并经 2019 年 4 月 23 日第十三届全国人民代表大会常务委员会第十次会议修改的《中华人民共和国车船税法》（简称《车船税法》）。

车船税是以车船为征税对象，向拥有车船的单位和个人征收的一种税。征收车船税有利于地方政府筹集财政资金，有利于车船的管理和合理配置，也有利于调节财富差异。

一、纳税义务人与征税范围

（一）纳税义务人

在中华人民共和国境内属于《车船税法》所附“车船税税目税额表”规定的车辆、船舶的所有人或者管理人，为车船税的纳税人，应当依照《车船税法》的规定缴纳车船税。

上述管理人，是指不具有车船所有权、但具有管理权或者使用权的单位和个人。

（二）征税范围

车船税的征税范围是指在中华人民共和国境内属于《车船税法》所附《车船税税目税额表》规定的车辆、船舶。车辆、船舶，是指：

（1）依法应当在车船管理部门登记的机动车辆和船舶；

（2）依法不需要在车船管理部门登记、在单位内部场所行驶或者作业的机动车辆和船舶。

车船管理部门，是指公安、交通运输、农业、渔业、军队、武装警察部队等依法具有车船登记管理职能的部门；单位，是指依照中国法律、行政法规规定，在中国境内成立的行政机关、企业、事业单位、社会团体以及其他组织。

二、税目与税率

车船税采用定额幅度税率，即对征税的车船规定单位固定税额。车船税确定税额总的原则是：非机动车船的税负轻于机动车船；人力车的税负轻于畜力车；小吨位船舶的税负轻于大船舶。由于车辆与船舶的行驶情况不同，车船税的税额也有所不同，如表 9–2 所示。

表 9–2　　车船税税目税额表

税目		计税单位	年基准税额	备注
乘用车按发动机气缸容量（排气量分档）	1.0 升（含）以下的	每辆	60~360 元	核定载客人数 9 人（含）以下
	1.0 升以上至 1.6 升（含）的		300~540 元	
	1.6 升以上至 2.0 升（含）的		360~660 元	
	2.0 升以上至 2.5 升（含）的		660~1 200 元	
	2.5 升以上至 3.0 升（含）的		1 200~2 400 元	
	3.0 升以上至 4.0 升（含）的		2 400~3 600 元	
	4.0 升以上的		3 600~5 400 元	
商用车	客车	每辆	480~1 440 元	核定载客人数 9 人，包括电车
	货车	整备质量每吨	16~120 元	包括半挂牵引车、挂车、客货两用汽车、三轮汽车和低速载货汽车等
挂车		整备质量每吨	按照货车税额的 50% 计算	
其他车辆	专用作业车	整备质量每吨	16~120 元	不包括拖拉机
	轮式专用机械车	整备质量每吨	16~120 元	
摩托车		每辆	36~180 元	

续表

税目		计税单位	年基准税额	备注
船舶	机动船舶	净吨位每吨	3~6 元	拖船、非机动驳船分别按照机动船舶税额的 50% 计算
	游艇	艇身长度每米	600~2 000 元	游艇的税额另行规定

车船的具体适用税额，由省、自治区、直辖市人民政府在《车船税税目税额表》规定的税额幅度和国务院的规定确定。

（一）机动船舶的具体适用税额

（1）净吨位不超过 200 吨（含）的，每吨 3 元；
（2）净吨位超过 200 吨但不超过 2 000 吨（含）的，每吨 4 元；
（3）净吨位超过 2 000 吨但不超过 10 000 吨（含）的，每吨 5 元；
（4）净吨位超过 10 000 吨的，每吨 6 元。

拖船按照发动机功率每 1 千瓦折合净吨位 0.67 吨计算征收车船税。

（二）游艇的具体适用税额

（1）艇身长度不超过 10 米（含）的，每米 600 元；
（2）艇身长度超过 10 米但不超过 18 米（含）的，每米 900 元；
（3）艇身长度超过 18 米但不超过 30 米（含）的，每米 1 300 元；
（4）艇身长度超过 30 米的，每米 2 000 元；
（5）辅助动力帆艇，每米 600 元。

游艇艇身长度是指游艇的总长。

（三）其他规定

（1）车辆整备质量尾数不超过 0.5 吨（含）的，按照 0.5 吨计算；超过 0.5 吨的，按照 1 吨计算。整备质量不超过 1 吨（含）的车辆，按照 1 吨计算。

（2）船舶净吨位尾数不超过 0.5 吨（含）的不予计算，超过 0.5 吨的按照 1 吨计算。净吨位不超过 1 吨（含）的船舶，按照 1 吨计算。

（3）《车船税法》和实施条例所涉及的排气量、整备质量、核定载客人数、净吨位、马力、艇身长度，以车船管理部门核发的车船登记证书或者行驶证相应项目所载数据为准。

依法不需要办理登记、依法应当登记而未办理登记或者不能提供车船登记证书、行驶证的，以车船出厂合格证明或者进口凭证相应项目标注的技术参数、所载数据为准；不能提供车船出厂合格证明或者进口凭证的，由主管税务机关参照国家相关标准核定，没有国家相关标准的参照同类车船核定。

三、应纳税额的计算

纳税人按照纳税地点所在的省、自治区、直辖市人民政府确定的具体适用税额缴纳车船税。车船税由税务机关负责征收。

（1）购置的新车船，购置当年的应纳税额自纳税义务发生的当月起按月计算。计算公式为：

$$应纳税额 =（年应纳税额 \div 12）\times 应纳税月份数$$

（2）在一个纳税年度内，已完税的车船被盗抢、报废、灭失的，纳税人可以凭有关管理机关出具的证明和完税证明，向纳税所在地的主管税务机关申请退还自被盗抢、报废、灭失月份起至该纳税年度终了期间的税款。

（3）已办理退税的被盗抢车船失而复得的，纳税人应当从公安机关出具相关证明的当月起计算缴纳车船税。

（4）在一个纳税年度内，纳税人在非车辆登记地由保险机构代收代缴机动车车船税，且能够提供合法有效完税证明的，纳税人不再向车辆登记地的税务机关缴纳车辆车船税。

（5）已缴纳车船税的车船在同一纳税年度内办理转让过户的，不另纳税，也不退税。

例 9-5

某运输公司拥有载货汽车 20 辆（货车载重净吨位全部为 10 吨）；乘人大客车 20 辆；小客车 10 辆。计算该公司应纳车船税（注：载货汽车每吨年税额 80 元，乘人大客车每辆年税额 800 元，小客车每辆年税额 700 元）。

解：

（1）载货汽车应纳税额 $=20\times10\times80=16\,000$（元）。

（2）乘人汽车应纳税额 $=20\times800+10\times700=23\,000$（元）。

（3）全年应纳车船税税额 $=12\,000+23\,000=35\,000$（元）。

例 9-6

某航运公司拥有机动船 30 艘（其中净吨位为 600 吨的 12 艘，2 000 吨的 8 艘，5 000 吨的 10 艘），600 吨的单位税额 3 元、2 000 吨的单位税额 4 元、5 000 吨的单位税额 5 元。请计算该航运公司年应纳车船税税额。

解：全年应纳车船税税额 =12×600×3+8×2 000×4+10×5 000×5=21 600+64 000+250 000=335 600（元）。

四、税收优惠

（一）法定减免

（1）捕捞、养殖渔船，是指在渔业船舶管理部门登记为捕捞船或者养殖船的船舶。

（2）军队、武装警察部队专用的车船，是指按照规定在军队、武装警察部队车船管理部门登记，并领取军队、武警牌照的车船。

（3）警用车船，是指公安机关、国家安全机关、监狱、劳动教养管理机关和人民法院、人民检察院领取警用牌照的车辆和执行警务的专用船舶。

（4）悬挂应急救援专用号牌的国家综合性消防救援车辆和国家综合性消防救援专用船舶免征车船税。

（5）依照法律规定应当予以免税的外国驻华使领馆、国际组织驻华代表机构及其有关人员的车船。

（6）对节约能源、使用新能源的车船可以减征或者免征车船税；对受严重自然灾害影响纳税困难以及有其他特殊原因确需减税、免税的，可以减征或者免征车船税。

节约能源、使用新能源的车辆包括纯电动汽车、燃料电池汽车和混合动力汽车。纯电动汽车、燃料电池汽车和插电式混合动力汽车免征车船税，其他混合动力汽车按照同类车辆适用税额减半征税。

（7）对受严重自然灾害影响纳税困难以及其他特殊原因确需减税、免税的，可以减征或免征车船税。

（8）省、自治区、直辖市人民政府根据当地实际情况，可以对公共交通车船，农村居民拥有并主要在农村地区使用的摩托车、三轮汽车和低速载货汽车定期减征或者免征车船税。

（二）特定减免

（1）经批准临时入境的外国车船和香港特别行政区、澳门特别行政区、台湾地区的车船，不征收车船税。

（2）按照规定缴纳船舶吨税的机动船舶，自《车船税法》实施之日起 5 年内免征车船税。

（3）机场、港口、铁路站场内部行驶或作业的车船，自《车船税法》实施之日起5年内免征车船税。

（4）国家综合性消防救援车辆由部队号牌改挂应急救援专用号牌的，一次性免征改挂当年的车船税。

五、征收管理

（一）纳税期限

车船税的纳税义务发生时间，为取得车船所有权或者管理权的当月，即为购买车船的发票或者证明文件所载日期的当月。对于在国内购买的机动车，购买日期以“机动车销售统一发票”所载日期为准；对于进口机动车，购买日期以“海关关税专用缴款书”所载日期为准；对于购买的船舶，以购买船舶的发票或者其他证明文件所载日期的当月为准。

（二）纳税地点

车船税的纳税地点为车船的登记地或者车船税扣缴义务人所在地。依法不需要办理登记的车船，车船税的纳税地点为车船的所有人或者管理人所在地。扣缴义务人代收代缴车船税的，纳税地点为扣缴义务人所在地。纳税人自行申报缴纳车船税的，纳税地点为车船登记地的主管税务机关所在地。依法不需要办理登记的车船，纳税地点为车船所有人或者管理人主管税务机关所在地。

（三）纳税申报

车船税按年申报，分月计算，一次性缴纳。纳税年度为公历1月1日至12月31日。车船税按年申报缴纳。具体申报纳税期限由省、自治区、直辖市人民政府规定。

（1）税务机关可以在车船管理部门、车船检验机构的办公场所集中办理车船税征收事宜。

（2）公安机关交通管理部门在办理车辆相关登记和定期检验手续时，对未提交自上次检验后各年度依法纳税或者免税证明的，不予登记，不予发放检验合格标志。

（3）海事部门、船舶检验机构在办理船舶登记和定期检验手续时，对未提交依法纳税或者免税证明，且拒绝扣缴义务人代收代缴车船税的纳税人，不予登记，不予发放检验合格标志。

（4）对于依法不需要购买机动车交通事故责任强制保险的车辆，由纳税人向主管税务机关申报缴纳车船税。

（5）从事机动车第三者责任强制保险业务的保险机构为机动车车船税的扣缴义务人，应当在收取保险费时依法代收车船税，并出具代收税款凭证。

（6）纳税人在首次购买机动车交通事故责任强制保险时缴纳车船税或者自行申报缴纳车船税的，应当提供购车发票及反映排气量、整备质量、核定载客人数等与纳税相关的信息及其相应凭证。

（7）在交通运输部直属海事管理机构登记的应税船舶，其车船税由船籍港所在地的税务机关委托当地海事管理机构代征。海事管理机构在代征税款时，应向纳税人开具税务机关提供的完税凭证。完税凭证应当遵守税务机关的相关规定。

（四）其他管理规定

（1）省、自治区、直辖市人民政府应当组织有关部门建立车船税涉税信息平台，车船管理部门、车船检验机构、保险监督管理机构和税务机关应当建立、健全车船信息共享机制，定期提供车船所有人或管理人、代收代缴车船税税款及车船保有、年检等信息。

（2）公安、交通运输、农业、渔业等车船登记管理部门、船舶检验机构和车船税扣缴义务人的行业主管部门应当在提供车船有关信息等方面，协助税务机关加强车船税的征收管理。

（3）车辆所有人或者管理人在申请办理车辆相关登记、定期检验手续时，应当向公安机关交通管理部门提交依法纳税或者免税证明，公安机关交通管理部门核查后办理相关手续。

第四节 船舶吨税

我国船舶吨税的基本规范，是2017年12月27日以中华人民共和国主席令第八十五号通过、自2018年7月1日起施行，并经2018年10月26日第十三届全国人民代表大会常务委员会第六次会议修改的《中华人民共和国船舶吨税法》（简称《船舶吨税法》）。

一、船舶吨税概述

（一）船舶吨税的概念

船舶吨税简称“吨税”，是海关对自境外港口进入境内港口的船舶所征收的一种税。作为一国船舶使用了另一国家的助航设施而向该国缴纳的一种税费，船舶吨税专项用于港口建设维护及海上干线公用航标的建设维护。

（二）船舶吨税的特点

（1）船舶吨税主要是对进出中国港口的国际航行船舶征收。

（2）以船舶的净吨位为计税依据，实行从量定额征收。

（3）对不同的船舶分别适用普通税率或优惠税率。

（4）所征税款主要用于港口建设维护及海上干线公用航标的建设维护。

二、征税范围、税率

（一）征税范围

自中华人民共和国境外港口进入境内港口的船舶（以下简称应税船舶），应当缴纳船舶吨税。船舶吨税的税目、税率依照《船舶吨税税目、税率表》执行。

（二）税率

船舶吨税设置优惠税率和普通税率。中华人民共和国国籍的应税船舶，船籍国（地区）与中华人民共和国签订含有相互给予船舶税费最惠国待遇条款的条约或者协定的应税船舶，适用优惠税率。其他应税船舶，适用普通税率。《船舶吨税税目、税率表》如表 9–3 所示。

表 9–3　船舶吨税税目、税率表

税目（按船舶净吨位划分）	税率（元 / 净吨）						备注
	普通税率（按执照期限划分）			优惠税率（按执照期限划分）			
	1 年	90 日	30 日	1 年	90 日	30 日	
不超过 2 000 净吨（含）	12.6	4.2	2.1	9.0	3.0	1.5	
超过 2 000 净吨，但不超过 10 000 净吨（含）	24.0	8.0	4.0	17.4	5.8	2.9	拖船和非机动驳船分别按相同净吨位船舶税率的 50% 计征税款
超过 10 000 净吨，但不超过 50 000 净吨（含）	27.6	9.2	4.6	19.8	6.6	3.3	
超过 50 000 净吨	31.8	10.6	5.3	22.8	7.6	3.8	

注：拖船，是指专门用于拖（推）动运输船舶的专业作业船舶，拖船按照发动机功率每 1 千瓦折合净吨位 0.67 吨；非机动驳船，是指在船舶管理部门登记为驳船的非机动船舶。无法提供净吨位证明文件的游艇，按照发动机功率每千瓦折合净吨位 0.05 吨。

三、应纳税额的计算

船舶吨税按照船舶净吨位和“吨税执照”期限征收，应纳税额按照船舶净吨位乘以适用税额计算。计算公式为：

应纳税额 = 船舶净吨位 × 定额税率

应税船舶在进入港口办理入境手续时，应当向海关申报纳税领取“吨税执照”，或者交验“吨税执照”（或者申请核验吨税执照电子信息）。应税船舶负责人在每次申报纳税时，可以按照《船舶吨税税目、税率表》选择申领一种期限的“吨税执照”。应税船舶负责人缴纳船舶吨税或者提供担保后，海关按照其申领的执照期限填发“吨税执照”。

应税船舶负责人申领“吨税执照”时，应当向海关提供下列文件：

（1）船舶国籍证书或者海事签发的船舶国籍证书收存证明。

（2）船舶吨位证明。

应税船舶在“吨税执照”期限内，因税目税率调整或者船籍改变而导致适用税率变化的，“吨税执照”继续有效。应税船舶在离开港口办理出境手续时，应当交验“吨税执照”或者申请核验吨税执照电子信息。

例 9–7

2020 年 10 月 20 日，A 国某运输公司一般货轮驶入我国某港口，该货轮净吨位为 40 000 吨。货轮负责人已向我国该海关领取了“吨税执照”，在港口停留期限为 30 天，A 国已与我国签订有相互给予船舶税费最惠国待遇条款。请计算该货轮负责人应向我国海关缴纳的船舶吨税。

解：

（1）根据船舶吨税的相关规定，该货轮应享受优惠税率，每净吨位为 3.3 元。

（2）应缴纳船舶吨税 = 40 000 × 3.3 = 132 000（元）。

四、税收优惠

（一）免征优惠

下列船舶免征船舶吨税：

（1）应纳税额在人民币 50 元以下的船舶。

（2）自境外以购买、受赠、继承等方式取得船舶所有权的初次进口到港的空载船舶。

（3）吨税执照期满后24小时内不上下客货的船舶。

（4）非机动船舶（不包括非机动驳船），是指自身没有动力装置，依靠外力驱动的船舶。

（5）捕捞、养殖渔船，是指在中华人民共和国渔业船舶管理部门登记为捕捞船或者养殖船的船舶。

（6）避难、防疫隔离、修理、改造、终止运营或者拆解，并不上下客货的船舶。

（7）军队、武装警察部队专用或者征用的船舶。

（8）警用船舶。

（9）依照法律规定应当予以免税的外国驻华使领馆、国际组织驻华代表机构及其有关人员的船舶。

（10）国务院规定的其他船舶（由国务院报全国人民代表大会常务委员会备案）。

上述（5）至（9）的优惠，应当提供海事部门、渔业船舶管理部门或者出入境检验检疫部门等部门、机构出具的具有法律效力的证明文件或者使用关系证明文件，申明免税的依据理由。

（二）延期优惠

在“吨税执照”期限内，应税船舶发生下列情形之一的，海关按照实际发生的天数批注延长“吨税执照”期限：

（1）避难、防疫隔离、修理、改造，并不上下客货。

（2）军队、武装警察部队征用。

（3）应税船舶因不可抗力在未设立海关地点停泊的，船舶负责人应当立即向附近海关报告，并在不可抗力原因消除后，向海关申报纳税。

上述船舶，应当提供海事部门、船舶管理部门或者出入境检验检疫部门等部门、机构出具的具有法律效力的证明文件或者使用关系证明文件，申明延长“吨税执照”期限的依据和理由。

五、征收管理

（一）纳税义务发生时间及纳税期限

（1）船舶吨税纳税义务发生时间为应税船舶进入港口的当日。

（2）船舶吨税由海关负责征收。海关征收船舶吨税应当制发缴款凭证。

（3）应税船舶在“吨税执照”期满后尚未离开港口的，应当申领新的“吨税执照”，自上一次执照期满的次日起续缴船舶吨税。

（4）应税船舶负责人应当自海关填发船舶吨税缴款凭证之日起 15 日内缴清税款。未按期缴清税款的，自滞纳税款之日起至缴清税款之日止，按日加收滞纳税款 0.5‰的滞纳金。

（二）纳税担保

应税船舶到达港口前，经海关核准先行申报并办结出入境手续的，应税船舶负责人应当向海关提供与其依法履行船舶吨税缴纳义务相适应的担保；应税船舶到达港口后，向海关申报纳税。

下列财产、权利可以用于担保：

（1）人民币、可自由兑换货币；

（2）汇票、本票、支票、债券、存单；

（3）银行、非银行金融机构的保函；

（4）海关依法认可的其他财产、权利。

（三）其他管理

（1）应税船舶在“吨税执照”期限内，因修理、改造导致净吨位变化的，“吨税执照”继续有效。应税船舶办理出入境手续时，应当提供船舶经过修理、改造的证明文件。因船籍改变而导致适用税率变化的，应税船舶在办理出入境手续时，应当提供船籍改变的证明文件。

（2）“吨税执照”在期满前毁损或者遗失的，应当向原发照海关书面申请核发“吨税执照”副本，不再补税。

（3）海关发现少征或者漏征税款的，应当自应税船舶应当缴纳税款之日起 1 年内，补征税款。但因应税船舶违反规定造成少征或者漏征税款的，海关可以自应当缴纳税款之日起 3 年内追征税款，并自应当缴纳税款之日起按日加征少征或者漏征税款 0.5‰的滞纳金。

海关发现多征税款的，应当在 24 小时内通知应税船舶办理退还手续，并加算银行同期活期存款利息。

应税船舶发现多缴税款的，可以自缴纳税款之日起 3 年内以书面形式要求海关退还多缴的税款并算银行同期活期存款利息；海关应当自受理退款申请之日起 30 日内查实并通知应税船舶办理退还手续。

应税船舶应自收到本条第二款、第三款规定的通知之日起 3 个月内办理有关退还手续。

（4）应税船舶有下列行为之一的，由海关责令限期改正，处 2 000 元以上 3 万元以下罚款；不缴或者少缴应纳税款的，处不缴或者少缴税款 50% 以上 5 倍以下的罚款，但罚款不得低于 2 000 元：

① 未按照规定申报纳税、领取“吨税执照”的；

② 未按照规定交验“吨税执照”（或申请核验吨税执照电子信息）以及提供其他证明文件。

（5）吨税税款、税款滞纳金、罚款以人民币计算。

思考练习题

一、思考题

1. 什么是印花税？印花税有哪些主要规定？

2. 什么是车辆购置税？车辆购置税有哪些主要规定？

3. 什么是车船税？车船税有哪些主要规定？

4. 什么是船舶吨税？

5. 现行印花税、车辆购置税、车船税有何缺陷？应如何完善？

二、练习题

1. 2020 年度某企业有关资料如下：

（1）资金账簿记载实收资本 500 万元、资本公积 200 万元，新启用其他营业账簿 8 本；

（2）1 月与银行签订 3 年期借款合同，借款金额 500 万元，年利率 6.5%；

（3）3 月与甲公司签订以货易货合同，合同规定，该企业以价值 350 万元的自产货物换取甲公司价值为 450 万元的货物，支付给甲公司差价款 100 万元；

（4）4 月与乙公司签订受托加工合同，为乙公司加工一批产品。合同规定由乙公司提供价值 250 万元的原材料，该企业提供价值 50 万元的辅助材料并收取加工费 30 万元；

（5）5 月将闲置仓库出租给丙公司，双方签订的合同中注明租期三年，年租金 9 万元，当年收取租金 6 万元；

（6）与货运公司签订运输合同，载明运输费用为 16 万元（其中含装卸费 2 万元），运输货物的价值为 200 万元；

（7）与铁路部门签订运输合同，载明运输费及保管费共计 30 万元。

要求：依序逐项计算该企业 2020 年应缴纳的印花税（已知上述合同金额均不含增值税）。

2. 2020 年 10 月某企业从汽车贸易公司（增值税一般纳税人）购进一辆小轿车自用，取得机动车销售统一发票，注明销售额为 38 万元。另外支付车辆装饰费 0.8 万元，取得汽车贸易公司开具的普通发票；汽车贸易公司提供系列服务，代有关部门向该企业收取保险费、临时牌照费、上牌办证费、手续费等共计 9 000 元，企业取得汽车贸易公司开具的普通发票。

要求：计算该企业 2020 年应缴纳的车辆购置税。

3. 某企业2020年年初拥有插电式混合动力汽车2辆、非插电式混合动力汽车3辆，汽车核定载客人数均为9人；机动船舶5艘，每艘净吨位2 000吨；非机动驳船6艘，每艘净吨位1 800吨；2020年3月初购入12吨载货汽车4辆，当月办理完登记手续；10月份其中1辆载货汽车被盗，取得了公安机关证明。已知当地载货汽车每吨年税额为70元，当地规定9人载客汽车年税额为400元/辆，机动船舶净吨位201吨至2 000吨的，年税额为每吨4元。

要求：请计算该企业2020年应缴纳的车船税。

4. 2020年8月20日，某国某运输公司一艘货轮驶入我国港口，该货轮净吨位为40 000吨。货轮负责人已向我国港口海关申报纳税并领取吨税执照，在港口停留期限为90天，某国未与我国签订相互给予船舶税费最惠国待遇条款的条约。

要求：计算该货轮应向我国海关缴纳的船舶吨税。

即 测 即 评

请扫描二维码进行在线测试。

第十章

企业所得税

内容提要：

本章介绍了企业所得税的概念、征税对象和纳税义务人；应税收入和扣除项目及标准的确认；应纳税额的计算；税收优惠政策；企业重组所得税处理；关联企业纳税的特别调整；企业所得税的征收和管理。学习本章时，主要掌握纳税人的划分、应税收入和扣除项目及标准的确认、应纳税额的计算和优惠政策的规定。

第一节 企业所得税概述

一、企业所得税的概念

企业所得税是对我国境内的企业和其他取得收入的组织的生产经营所得和其他所得征收的税种。其中，企业分为居民企业和非居民企业。居民企业是指依法在中国境内成立，或者依照外国（地区）法律成立但实际管理机构在中国境内的企业；非居民企业是指依照外国（地区）法律成立且实际管理机构不在中国境内，但在中国境内设立机构、场所的，或者在中国境内未设立机构、场所，但有来源于中国境内所得的企业。

二、企业所得税的计税原理

所得税的特点主要是：第一，通常以纯所得为征税对象。第二，通常以经过计算得出的应纳税所得额为计税依据。第三，纳税人和实际负担人通常是一致的，因而可直接调节纳税人的收入。

所得税的计税依据是应纳税所得，它以利润为主要依据，但不是直接意义上的会计利润，更不是收入总额。因此在计算所得税时，计税依据的计算涉及纳税人的成本、费用的各个方面，使得所得税计税依据的计算较为复杂。此外，为了发挥所得税对经济的调控作用，也会根据调控目的和需要，在税制中采取各种税收激励或限制措施，从而使所得税的计算更为复杂。

三、各国征收企业所得税的一般性做法

企业所得税是法人所得税，计税依据是以利润为基础计算出的应纳税所得额，因此对法人所得税影响较大的四个因素是纳税义务人、税基、税率和税收优惠。可以从这些税制要素分析各国征收所得税的一般性做法。

（一）纳税义务人

各国在规定纳税义务人上大致上是相同的，政府只对具有独立法人资格的公司等法人组织征收企业所得税，不具有独立法人资格的独资和合伙企业则不以企业名义缴纳所得税，而是由业主将其从企业分得的利润连同来自其他方面的所得一起申报缴纳个人所得税。

（二）税基

各国企业所得税都是以利润调整后的应纳税所得额为计税依据，其中利润包括生产经营利润和资本利得。应纳税所得额确定的关键点在于如何准确核算可以扣除的成本和费用，特别是对折旧和损失的处理方式等。因而，各国企业所得税在税基确定上的差异主要表现在折旧及损失等的处理上。

（三）税率

各国企业所得税的税率形式可分为两类：一是比例税率，如法国、澳大利亚、波兰、新西兰、新加坡等国。二是累进税率。实行累进税率的国家虽然在级距、税率档次的设计上不相一致，但绝大多数国家采用超额累进税率，如瑞士、美国。

（四）税收优惠

各国普遍注重对税收优惠政策的应用，不仅采用直接的减免税，更注意应用间接的优惠政策。主要方法有：一是税收抵免，主要有投资抵免和国外税收抵免两种形式。二是税收豁免，分为豁免期和豁免税收项目。三是加速折旧。另外，各国所得优惠的一个共同的特点是淡化区域优惠，突出行业优惠。

四、我国企业所得税的制度演变

在1949年首届全国税务会议上，通过了统一全国税收政策的基本方案，其中包括对企业所得和个人所得征税的办法。1950年，政务院发布了《全国税政实施要则》，规定全国设置14种税收，其中涉及对所得征税的有工商业税（所得税部分）、存款利息所得税和薪给报酬所得税三种税收。

改革开放以后，为适应引进国外资金、技术和人才，开展对外经济技术合作的需要，根据党中央统一部署，税制改革工作在“七五”计划期间逐步推开。1980年9月，第五届全国人民代表大会第三次会议通过了《中华人民共和国中外合资经营企业所得税法》，并公布施行。合营企业的所得税税率确定为30%，另按应纳所得税额附征10%的地方所得税。1981年12月，第五届全国人民代表大会第四次会议通过了《中华人民共和国外国企业所得税法》，规定对外国企业实行20%~40%的五级超额累进税率，另按应纳税的所得额附征10%的地方所得税。

作为企业改革和城市改革的一项重大措施，1983年，国务院决定在全国试行国营企业“利改税”，即将中华人民共和国成立后实行了30多年的国营企业向国家上缴利润的制度改为缴纳企业所得税的制度。1984年9月18日，国务院颁布《中华人民共和国国营企业所得税条例（草案）》，当年10月1日起试行。

1991年4月，第七届全国人民代表大会第四次会议将《中华人民共和国中外合资经营企业所得税法》与《中华人民共和国外国企业所得税法》合并，制定了《中华人民共和国外商投资企业和外国企业所得税法》，并于同年7月1日起施行。

1993年12月13日，国务院将《中华人民共和国国营企业所得税条例（草案）》《国营企业调节税征收办法》《中华人民共和国集体企业所得税暂行条例》和《中华人民共和国私营企业所得税暂行条例》整合，颁布了《中华人民共和国企业所得税暂行条例》，自1994年1月1日起施行。上述改革标志着中国的所得税制度改革朝着法制化、科学化和规范化的方向迈出了重要的步伐。

2007年3月16日，第十届全国人民代表大会第五次会议通过了《中华人民共和国企业所得税法》（简称《企业所得税法》），并于2008年1月1日起施行。从此，内外资企业实行统一的企业所得税法。2017年2月24日，第十二届全国人民代表大会常务委员会第二十六次会议对《企业所得税法》相关内容进行了修改。

第二节 纳税义务人、征税对象与税率

一、纳税义务人

企业所得税的纳税义务人，是指在中华人民共和国境内的企业和其他取得收入的组织。根据《企业所得税法》第一条的规定，除个人独资企业、合伙企业不适用该法外，凡在我国境内，企业和其他取得收入的组织（统称企业）为企业所得税的纳税义务人，依照该法规定缴纳企业所得税。

企业所得税的纳税义务人按照注册登记地和实际管理机构所在地标准，分为居民企业和非居民企业，这是根据企业纳税义务范围的宽窄进行的分类，不同的企业在向中国政府缴纳所得税时，纳税义务不同。把企业分为居民企业和非居民企业，是为了更好地保障我国税收管辖权的有效行使。税收管辖权是一国政府在征税方面的主权，是国家主权的重要组成部分。根据国际上的通行做法，我国选择了地域管辖权和居民管辖权的双重管辖权标准，最大限度地维护我国的税收利益。

（一）居民企业

居民企业，是指依法在中国境内成立，或者依照外国（地区）法律成立但实际管理机构在中国境内的企业。这里的企业包括国有企业、集体企业、私营企业、联营企业、股份制企业、外商投资企业、外国企业，以及有生产、经营所得和其他所得的其他组织。其中，有生产、经营所得和其他所得的其他组织，是指经国家有关部门批准，依法注册、登记的事业单位、社会团体等组织。由于我国的一些社会团体组织、事业单位在完成国家事业计划的过程中，开展多种经营和有偿服务活动，取得除财政部门各项拨款、财政部和国家物价部门批准的各项规费收入以外的经营收入，具有经营的特点，应当视同企业纳入征税范围。其中，实际管理机构是指对企业的生产经营、人员、账务、财产等实施实质性全面管理和控制的机构。

（二）非居民企业

非居民企业，是指依照外国（地区）法律成立且实际管理机构不在中国境内，但在中国境内设立机构、场所的，或者在中国境内未设立机构、场所，但有来源于中国境内所得的企业。

上述所称机构、场所，是指在中国境内从事生产经营活动的机构、场所，包括：① 管理机构、营业机构、办事机构；② 工厂、农场、开采自然资源的场所；③ 提供劳务的场所；④ 从事建筑、安装、装配、修理、勘探等工程作业的场所；⑤ 其他从事生产经营活动的机构、场所。

非居民企业委托营业代理人在中国境内从事生产经营活动的，包括委托单位或者个人经常代其签订合同，或者储存、交付货物等，该营业代理人视为非居民企业在中国境内设立的机构、场所。

二、征税对象

企业所得税的征税对象，是指企业的生产经营所得、其他所得和清算所得。

（一）居民企业的所得

居民企业应以来源于中国境内和境外的所得作为征税对象，具体包括销售货物所得、提供劳务所得、转让财产所得、股息红利等权益性投资所得、利息所得、租金所得、特许权使用费所得、接受捐赠所得和其他所得。

（二）非居民企业的所得

非居民企业在中国境内设立机构、场所的，应当就其所设机构、场所取得的来源于中国境内的所得，以及发生在中国境外但与其所设机构、场所有实际联系的所得，缴纳企业所得税。非居民企业在中国境内未设立机构、场所的，或者虽设立机构、场所但取得的所得与其所设机构、场所没有实际联系的，应当就其来源于中国境内的所得缴纳企业所得税。

上述所称实际联系，是指非居民企业在中国境内设立的机构、场所拥有的据以取得所得的股权、债权，以及拥有、管理、控制据以取得所得的财产。

（三）所得来源的确定

（1）销售货物所得，按照交易活动发生地确定。

（2）提供劳务所得，按照劳务发生地确定。

（3）转让财产所得。① 不动产转让所得按照不动产所在地确定。② 动产转让所得按照转让动产的企业或者机构、场所所在地确定。③ 权益性投资资产转让所得按照被投资企业所在地确定。

（4）股息、红利等权益性投资所得，按照分配所得的企业所在地确定。

（5）利息所得、租金所得、特许权使用费所得，按照负担、支付所得的企业或者机构、场所所在地确定，或者按照负担、支付所得的个人的住所地确定。

（6）其他所得，由国务院财政、税务主管部门确定。

三、税率

（一）基本税率为 25%

基本税率适用于居民企业和在中国境内设有机构、场所且所得与机构、场所有关联的非居民企业。

（二）低税率为 20%

低税率适用于在中国境内未设立机构、场所的，或者虽设立机构、场所但取得的所得与其所设机构、场所没有实际联系的非居民企业。但实际征税时适用 10% 的税率（在第六节税收优惠中有介绍）。

第三节 应纳税所得额的计算

应纳税所得额是企业所得税的计税依据，按照《企业所得税法》的规定，应纳税所得额为企业每一个纳税年度的收入总额，减除不征税收入、免税收入、各项扣除以及允许弥补的以前年度亏损后的余额。基本公式为：

应纳税所得额 = 收入总额 − 不征税收入 − 免税收入 −
各项扣除 − 以前年度亏损

企业应纳税所得额的计算以权责发生制为原则。属于当期的收入和费用，不论款项是否收付，均作为当期的收入和费用；不属于当期的收入和费用，即使款项已在当期收付，均不作为当期的收入和费用。应纳税所得额的正确计算直接关系到国家财政收入和企业的税收负担，并且同成本、费用核算关系密切。因此，企业所得税法对应纳税所得额计算做了明确规定。主要内容包括收入总额、不征税收入和免税收入、扣除原则与范围、不得扣除的项目、亏损弥补等。

一、收入总额

企业的收入总额包括以货币形式和非货币形式从各种来源取得的收入。具体有：销售货物收入，提供劳务收入，转让财产收入，股息、红利等权益性投资收益，利息收入，租金收入，特许权使用费收入，接受捐赠收入，其他收入。

企业以货币形式取得的收入，包括现金、存款、应收账款、应收票据、准备持有至到期的债券投资以及债务的豁免等；以非货币形式取得的收入，包括固定资产、生物资产、无形资产、股权投资、存货、不准备持有至到期的债券投资、劳务以及有关权益等。这些非货币形式的收入应当按照公允价值确定收入额，公允价值是指按照市场价格确定的价值。收入的具体构成简介如下。

（一）收入确认的基本规定

（1）销售货物收入，是指企业销售商品、产品、原材料、包装物、低值易耗品以及其他存货取得的收入。

（2）提供劳务收入，是指企业从事建筑安装、修理修配、交通运输、仓储租赁、金融保险、邮电通信、咨询经纪、文化体育、科学研究、技术服务、教育培训、餐饮住宿、中介代理、卫生保健、社区服务、旅游、娱乐、加工以及其他劳务服务活动取得的收入。

（3）转让财产收入，是指企业转让固定资产、生物资产、无形资产、股权、债权等财产取得的收入。

企业转让股权收入，应于转让协议生效且完成股权变更手续时，确认收入的实现。转让股权收入扣除为取得该股权所发生的成本后，为股权转让所得。企业在计算股权转让所得时，不得扣除被投资企业未分配利润等股东留存收益中按该项股权所可能分配的金额。

（4）股息、红利等权益性投资收益，是指企业因权益性投资从被投资方取得的收入。股息、红利等权益性投资收益，除国务院财政、税务主管部门另有规定外，按照被投资方做出利润分配决定的日期确认收入的实现。

被投资企业将股权（票）溢价所形成的资本公积转为股本的，不作为投资方企业的股息、红利收入，投资方企业也不得增加该项长期投资的计税基础。

（5）利息收入，是指企业将资金提供他人使用但不构成权益性投资，或者因他人占用本企业资金取得的收入，包括存款利息、贷款利息、债券利息、欠款利息等收入。利息收入，按照合同约定的债务人应付利息的日期确认收入的实现。

（6）租金收入，是指企业提供固定资产、包装物或者其他有形资产的使用权取得的收入。租金收入，按照合同约定的承租人应付租金的日期确认收入的实现。其中，交易合同或协议中规定租赁期限跨年度，且租金提前一次性支付的，根据《中华人民共和国企业所得税法实施条例》（简称《企业所得税法实施条例》）第9条规定的收入与费用配比原则，出租人可对上述已确认的收入，在租赁期内，分期均匀计入相关年度收入。

（7）特许权使用费收入，是指企业提供专利权、非专利技术、商标权、著作权以及其他特许权的使用权取得的收入。特许权使用费收入，按照合同约定的特许权使用人应付特许权使用费的日期确认收入的实现。

（8）接受捐赠收入，是指企业接受的来自其他企业、组织或者个人无偿给予的货币性资产、非货币性资产。接受捐赠收入，按照实际收到捐赠资产的日期确认收入的实现。

（9）其他收入，是指企业取得的除以上收入外的其他收入，包括企业资产溢余收入、逾期未退包装物押金收入、确实无法偿付的应付款项、已作坏账损失处理后又收回的应收款项、债务重组收入、补贴收入、违约金收入、汇兑收益等。

（二）特殊销售方式下收入的确认

（1）以分期收款方式销售货物的，按照合同约定的收款日期确认收入的实现。

（2）企业受托加工制造大型机械设备、船舶、飞机，以及从事建筑、安装、装配工程业务或者提供其他劳务等，持续时间超过 12 个月的，按照纳税年度内完工进度或者完成的工作量确认收入的实现。

（3）采取产品分成方式取得收入的，按照企业分得产品的日期确认收入的实现，其收入额按照产品的公允价值确定。

（4）企业发生非货币性资产交换，以及将货物、财产、劳务用于捐赠、偿债、赞助、集资、广告、样品、职工福利或者利润分配等用途的，应当视同销售货物、转让财产或者提供劳务，但国务院财政、税务主管部门另有规定的除外。

（三）处置资产收入的确认

处置资产的企业所得税处理遵循如下相关规定：

（1）企业发生下列情形的处置资产，除将资产转移至境外以外，由于资产所有权属在形式和实质上均不发生改变，可作为内部处置资产，不视同销售确认收入，相关资产的计税基础延续计算。

① 将资产用于生产、制造、加工另一产品。

② 改变资产形状、结构或性能。

③ 改变资产用途（如自建商品房转为自用或经营）。

④ 将资产在总机构及其分支机构之间转移。

⑤ 上述两种或两种以上情形的混合。

⑥ 其他不改变资产所有权属的用途。

（2）企业将资产移送他人的下列情形，因资产所有权属已发生改变而不属于内部处置资产，应按规定视同销售确定收入。

① 用于市场推广或销售。

② 用于交际应酬。

③ 用于职工奖励或福利。

④ 用于股息分配。

⑤ 用于对外捐赠。

⑥ 其他改变资产所有权属的用途。

企业发生①—⑥规定情形时，除另有规定外，应按照被移送资产的公允价值确定销售收入。

（四）相关收入实现的确认

除《企业所得税法》及其实施条例关于收入的规定外，企业销售收入的确认必须遵循权责发生制原则和实质重于形式原则。

（1）企业销售商品同时满足下列条件的，应确认收入的实现：

① 商品销售合同已经签订，企业已将商品所有权相关的主要风险和报酬转移给购货方。

② 企业对已售出的商品既没有保留通常与所有权相联系的继续管理权，也没有实施有效控制。

③ 收入的金额能够可靠地计量。

④ 已发生或将发生的销售方的成本能够可靠地核算。

（2）符合上款收入确认条件，采取下列商品销售方式的，应按以下规定确认收入实现时间：

① 销售商品采用托收承付方式的，在办妥托收手续时确认收入。

② 销售商品采取预收款方式的，在发出商品时确认收入。

③ 销售商品需要安装和检验的，在购买方接受商品以及安装和检验完毕时确认收入。如果安装程序比较简单，可在发出商品时确认收入。

④ 销售商品采用支付手续费方式委托代销的，在收到代销清单时确认收入。

（3）采用售后回购方式销售商品的，销售的商品按售价确认收入，回购的商品作为购进商品处理。有证据表明不符合销售收入确认条件的，如以销售商品方式进行融资，收到的款项应确认为负债，回购价格大于原售价的，差额应在回购期间确认为利息费用。

（4）采取以旧换新方式销售商品的，销售商品应当按照销售商品收入确认条件确认收入，回收的商品作为购进商品处理。

（5）企业为促进商品销售而在商品价格上给予的价格扣除属于商业折扣，商品销售涉及商业折扣的，应当按照扣除商业折扣后的金额确定销售商品收入金额。

债权人为鼓励债务人在规定的期限内付款而向债务人提供的债务扣除属于现金折扣，销售商品涉及现金折扣的，应当按扣除现金折扣前的金额确定销售商品收入金额，现金折扣在实际发生时作为财务费用扣除。

企业因售出商品的质量不合格等原因而在售价上给予的减让属于销售折让，企业因售出商品质量、品种不符合要求等原因而发生的退货属于销售退回。企业已经确认销售收入的售出商品发生销售折让和销售退回，应当在发生当期冲减当期销售商品收入。

（6）企业在各个纳税期末，提供劳务交易的结果能够可靠估计的，应采用完工进度（完工百分比）法确认提供劳务收入。

① 提供劳务交易的结果能够可靠估计，是指同时满足下列条件：收入的金额能够可靠地计量；交易的完工进度能够可靠地确定；交易中已发生和将发生的成本能够可靠地核算。

② 企业提供劳务完工进度的确定，可选用下列方法：已完工作的测量；已提供劳务占劳务总量的比例；发生成本占总成本的比例。

③ 企业应按照从接受劳务方已收或应收的合同或协议价款确定劳务收入总额，根据纳税期末提供劳务收入总额乘以完工进度扣除以前纳税年度累计已确认提供劳务收入后的金额，确认为当期劳务收入。同时，按照提供劳务估计总成本乘以完工进度扣除以前纳税期间累计已确认劳务成本后的金额，结转为当期劳务成本。

④ 下列提供劳务满足收入确认条件的，应按规定确认收入：

a. 安装费。应根据安装完工进度确认收入。安装工作是商品销售附带条件的，安装费在确认商品销售实现时确认收入。

b. 宣传媒介的收费。应在相关的广告或商业行为出现于公众面前时确认收入。广告的制作费，应根据制作广告的完工进度确认收入。

c. 软件费。为特定客户开发软件的收费，应根据开发的完工进度确认收入。

d. 服务费。包含在商品售价内可区分的服务费，在提供服务的期间分期确认收入。

e. 艺术表演、招待宴会和其他特殊活动的收费。在相关活动发生时确认收入。收费涉及几项活动的，预收的款项应合理分配给每项活动，分别确认收入。

f. 会员费。申请入会或加入会员，只允许取得会籍，所有其他服务或商品都要另行收费的，在取得该会员费时确认收入。申请入会或加入会员后，会员在会员期内不再付费就可得到各种服务或商品，或者以低于非会员的价格销售商品或提供服务的，该会员费应在整个受益期内分期确认收入。

g. 特许权费。属于提供设备和其他有形资产的特许权费，在交付资产或转移资产所有权时确认收入；属于提供初始及后续服务的特许权费，在提供服务时确认收入。

h. 劳务费。长期为客户提供重复的劳务收取的劳务费，在相关劳务活动发生时确认收入。

（7）企业以买一赠一等方式组合销售本企业商品的，不属于捐赠，应将总的销售金额按各项商品的公允价值的比例来分摊确认各项的销售收入。

（8）企业取得财产（包括各类资产、股权、债权等）转让收入、债务重组收入、接受捐赠收入、无法偿付的应付款收入等，不论是以货币形式还是非货币形式体现，除另有规定外，均应一次性计入确认收入的年度计算缴纳企业所得税。

二、不征税收入和免税收入

国家为了扶持和鼓励某些特殊的纳税人和特定的项目，或者避免因征税影响企业的正常经营，对企业取得的某些收入予以不征税或免税的特殊政策，以减轻企业的负担，促进经济的协调发展。

（一）不征税收入

1. 财政拨款

财政拨款是指各级人民政府对纳入预算管理的事业单位、社会团体等组织拨付的财政资金，但国务院和国务院财政、税务主管部门另有规定的除外。

2. 依法收取并纳入财政管理的行政事业性收费、政府性基金

上述行政事业性收费是指依照法律法规等有关规定，按照国务院规定程序批准，在实施社会公共管理，以及在向公民、法人或者其他组织提供特定公共服务过程中，向特定对象收取并纳入财政管理的费用。政府性基金，是指企业依照法律、行政法规等有关规定，代政府收取的具有专项用途的财政资金。

3. 国务院规定的其他不征税收入

此类收入是指企业取得的，由国务院财政、税务主管部门规定专项用途并经国务院批准的财政性资金。

财政性资金，是指企业取得的来源于政府及其有关部门的财政补助、补贴、贷款贴息，以及其他各类财政专项资金，包括直接减免的增值税和即征即退、先征后退、先征后返的各种税收，但不包括企业按规定取得的出口退税款。

（1）企业取得的各类财政性资金，除属于国家投资和资金使用后要求归还本金的以外，均应计入企业当年收入总额。国家投资是指国家以投资者身份投入企业，并按有关规定相应增加企业实收资本（股本）的直接投资。

（2）对企业取得的由国务院财政、税务主管部门规定专项用途并经国务院批准的财政性资金，准予作为不征税收入，在计算应纳税所得额时从收入总额中减除。

同时，企业从县以上各级人民政府财政部门及其他部门取得的应计入收入总额的财政性资金，凡同时符合以下条件的，可以作为不征税收入，在计算应纳税所得额时从收入总额中扣除：

① 企业能够取得规定资金专项用途的资金拨付文件；

② 财政部门或其他拨付资金的政府部门对该资金有专门的资金管理办法或具体管理要求；

③ 企业对该资金以及该资金发生的支出单独进行核实管理。

需要注意的是，企业对符合规定条件的财政性资金作为不征税收入处理后，在5年（60个月）内未发生支出且未缴回财政部门或其他拨付资金的政府部门的部分，应计入取得资金第6年的应税收入中；计入应税收入总额的财政性资金发生的支出，允许在计算应纳税所得额时扣除。

（3）纳入预算管理的事业单位、社会团体等组织按照核定的预算和经费报领关

系收到的由财政部门或上级单位拨入的财政补助收入，准予作为不征税收入，在计算应纳税所得额时从收入总额中减除，但国务院和国务院财政、税务主管部门另有规定的除外。

值得注意的是，企业的不征税收入用于支出所形成的费用，不得在计算应纳税所得额时扣除；企业的不征税收入用于支出所形成的资产，其计算的折旧、摊销不得在计算应纳税所得额时扣除。

（二）免税收入

1. 国债利息收入

为鼓励企业积极购买国债，支援国家建设，税法规定，企业因购买国债所得的利息收入免征企业所得税。

2. 符合条件的居民企业之间的股息、红利等权益性收益

此类收益是指居民企业直接投资于其他居民企业取得的投资收益。

3. 在中国境内设立机构、场所的非居民企业从居民企业取得与该机构、场所有实际联系的股息、红利等权益性投资收益

此类收益不包括连续持有居民企业公开发行并上市流通的股票不足12个月取得的投资收益。

4. 符合条件的非营利组织的收入

非营利组织的下列收入为免税收入：

（1）接受其他单位或者个人捐赠的收入。

（2）除《企业所得税法》第七条第一项规定的财政拨款以外的其他政府补助收入，但不包括因政府购买服务取得的收入。

（3）按照省级以上民政、财政部门规定收取的会费。

（4）不征税收入和免税收入滋生的银行存款利息收入。

（5）财政部、国家税务总局规定的其他收入。

《企业所得税法》所称符合条件的非营利组织的收入，不包括非营利组织从事营利性活动取得的收入，但国务院财政、税务主管部门另有规定的除外。

三、扣除原则和范围

（一）税前扣除项目的原则

企业申报的扣除项目和金额要真实、合法。所谓真实是指能证明有关支出确属已经实际发生；合法是指符合国家税法的规定，若其他法规规定与税收法规规定不一致，应以税收法规的规定为标准。除税收法规另有规定外，税前扣除一般应遵循以下原则：

1. 权责发生制原则

权责发生制原则是指企业费用应在发生的所属期扣除，而不是在实际支付时确认扣除。

2. 配比原则

配比原则是指企业发生的费用应当与收入配比扣除。除特殊规定外，企业发生的费用不得提前或滞后申报扣除。

3. 相关性原则

相关性原则是指企业可扣除的费用从性质和根源上必须与取得应税收入直接相关。

4. 确定性原则

确定性原则是指企业可扣除的费用不论何时支付，其金额必须是确定的。

5. 合理性原则

合理性原则是指符合生产经营活动常规，应当计入当期损益或者有关资产成本的必要和正常的支出。

（二）税前扣除凭证的原则

根据国家税务总局《企业所得税税前扣除凭证管理办法》（国家税务总局 2018 年公告第 28 号）规定，企业所得税税前扣除凭证在管理中应遵循如下原则：

1. 真实性原则

真实性是指税前扣除凭证反映的经济业务真实，且支出已经实际发生。

2. 合法性原则

合法性是指税前扣除凭证的形式、来源符合国家法律、法规等相关规定。

3. 关联性原则

关联性是指税前扣除凭证与其反映的支出相关联且有证明力。

（三）税前扣除项目的范围

《企业所得税法》规定，企业实际发生的与取得收入有关的、合理的支出，包括成本、费用、税金、损失和其他支出，准予在计算应纳税所得额时扣除。在实际中，计算应纳税所得额时还应注意三方面的内容：① 企业发生的支出应当区分收益性支出和资本性支出。收益性支出在发生当期直接扣除；资本性支出应当分期扣除或者计入有关资产成本，不得在发生当期直接扣除。② 企业的不征税收入用于支出所形成的费用或者财产，不得扣除或者计算对应的折旧、摊销扣除。③ 除《企业所得税法》及其实施条例另有规定外，企业实际发生的成本、费用、税金、损失和其他支出，不得重复扣除。

1. 成本

成本是指企业在生产经营活动中发生的销售成本、销货成本、业务支出以及其他耗费，即企业销售商品（产品、材料、下脚料、废料、废旧物资等）、提供劳务、转让固定资产、无形资产（包括技术转让）的成本。

企业必须将经营活动中发生的成本合理划分为直接成本和间接成本。直接成本是可直接计入有关成本计算对象或劳务的经营成本中的直接材料、直接人工等。间接成本是指多个部门为同一成本对象提供服务的共同成本，或者同一种投入可以制造、提供两种或两种以上的产品或劳务的联合成本。

直接成本可根据有关会计凭证和记录直接计入有关成本计算对象或劳务的经营成本中。间接成本必须根据与成本计算对象之间的因果关系、成本计算对象的产量等，以合理的方法分配计入有关成本计算对象中。

2. 费用

费用是指企业每一个纳税年度为生产、经营商品和提供劳务等所发生的销售（经营）费用、管理费用和财务费用。已经计入成本的有关费用除外。

销售费用，是指应由企业负担的为销售商品而发生的费用，包括广告费、运输费、装卸费、包装费、展览费、保险费、销售佣金（能直接认定的进口佣金调整商品进价成本）、代销手续费、经营性租赁费及销售部门发生的差旅费、工资、福利费等费用。

管理费用，是指企业的行政管理部门为管理组织经营活动提供各项支援性服务而发生的费用。

财务费用，是指企业筹集经营性资金而发生的费用，包括利息净支出、汇兑净损失、金融机构手续费以及其他非资本化支出。

3. 税金

税金是指企业发生的除企业所得税和允许抵扣的增值税以外的企业缴纳的各项

税金及其附加。即企业按规定缴纳的消费税、城市维护建设税、关税、资源税、土地增值税、房产税、车船税、土地使用税、印花税、教育费附加等产品销售税金及附加。这些已纳税金准予税前扣除。准予扣除的税金有两种方式：一是在发生当期扣除；二是在发生当期计入相关资产的成本，在以后各期分摊扣除。

4. 损失

损失是指企业在生产经营活动中发生的固定资产和存货的盘亏、毁损、报废损失，转让财产损失，呆账损失，坏账损失，自然灾害等不可抗力因素造成的损失以及其他损失。

企业发生的损失，减除责任人赔偿和保险赔款后的余额，依照国务院财政、税务主管部门的规定扣除。

企业已经作为损失处理的资产，在以后纳税年度又全部收回或者部分收回时，应当计入当期收入。

5. 其他支出

此类支出是指除成本、费用、税金、损失外，企业在生产经营活动中发生的与生产经营活动有关的、合理的支出。

（四）有关扣除项目及其标准

在计算应纳税所得额时，下列项目可按照实际发生额或规定的标准扣除。

1. 工资、薪金支出

（1）基本规定。

一般而言，企业发生的合理的工资、薪金支出准予据实扣除。工资、薪金支出是企业每一纳税年度支付给本企业任职或与其有雇佣关系的员工的所有现金或非现金形式的劳动报酬，包括基本工资、奖金、津贴、补贴、年终加薪、加班工资，以及与任职或者是受雇有关的其他支出。

“合理的工资、薪金”，是指企业按照股东大会、董事会、薪酬委员会或相关管理机构制定的工资薪金制度规定实际发放给员工的工资薪金。税务机关在对工资薪金进行合理性确认时，可按以下原则掌握：

① 企业制定了较规范的员工工资薪金制度。

② 企业所制定的工资薪金制度符合行业及地区水平。

③ 企业在一定时期所发放的工资薪金是相对固定的，工资薪金的调整是有序进行的。

④ 企业对实际发放的工资薪金，已依法履行了代扣代缴个人所得税义务。

⑤ 有关工资薪金的安排，不以减少或逃避税款为目的。

⑥ 属于国有性质的企业，其工资薪金不得超过政府有关部门给予的限定数额，

超过部分不得计入企业工资薪金总额，也不得在计算企业应纳税所得额时扣除。

（2）特殊规定。

① 属于国有性质的企业，其工资、薪金不得超过政府有关部门给予的限定数额；超过部分不得计入工资、薪金总额，也不得在计算企业应纳税所得额时扣除。

② 企业因雇用季节工、临时工、实习生、返聘离退休人员所发生的费用，应区分为工资、薪金支出和职工福利费支出，并按《企业所得税法》规定在企业所得税税前扣除。其中属于工资、薪金支出的，准予计入企业工资、薪金总额的基数，作为计算其他各项相关费用扣除的依据。

③ 企业接受外部劳务派遣用工实际发生的费用，应分两种情况按规定在税前扣除：按照协议（合同）约定直接支付给劳务派遣公司的费用，应作为劳务费支出；直接支付给员工个人的费用，应作为工资薪金支出和职工福利费支出。其中属于工资薪金支出的费用，准予计入企业工资薪金总额的基数，作为计算其他各项相关费用扣除的依据。

2. 职工福利费、工会经费、职工教育经费

企业发生的职工福利费、工会经费、职工教育经费按标准扣除，未超过标准的按实际数扣除，超过标准的只能按标准扣除。

（1）企业发生的职工福利费支出，不超过工资薪金总额 14% 的部分准予扣除。企业职工福利费包括以下内容：

① 尚未实行分离办社会职能的企业，其内设福利部门所发生的设备、设施和人员费用，包括职工食堂、职工浴室、理发室、医务所、托儿所、疗养院等集体福利部门的设备、设施及维修保养费用和福利部门工作人员的工资薪金、社会保险费、住房公积金、劳务费等。

② 为职工卫生保健、生活、住房、交通等所发放的各项补贴和非货币性福利，包括企业向职工发放的因公外地就医费用、未实行医疗统筹企业的职工医疗费用、职工供养直系亲属医疗补贴、供暖费补贴、职工防暑降温费、职工困难补贴、救济费、职工食堂经费补贴、职工交通补贴等。

③ 按照其他规定发生的其他职工福利费，包括丧葬补助费、抚恤费、安家费、探亲假路费等。

值得注意的是：企业发生的职工福利费，应该单独设置账册，进行准确核算。没有单独设置账册准确核算的，税务机关应责令企业在规定的期限内进行改正。逾期仍未改正的，税务机关可对企业发生的职工福利费进行合理的核定。

（2）企业拨缴的工会经费，不超过工资薪金总额 2% 的部分准予扣除。企业拨缴的职工工会经费，不超过工资薪金总额 2% 的部分，凭工会组织开具的“工会经费收入专用收据”在企业所得税税前扣除。

在委托税务机关代征工会经费的地区，企业缴拨的工会经费，凭合法、有效的工会经费代收凭证依法在企业所得税税前扣除。

（3）企业发生的职工教育经费支出，不超过工资薪金总额8%的部分准予在企业所得税税前扣除，超过部分，准予在企业以后纳税年度结转扣除。

自2011年1月1日起，软件生产企业发生的职工教育经费中的职工培训费用，可以全额在企业所得税前扣除。软件生产企业应准确划分职工教育经费中的职工培训费支出和其他支出，对于不能准确划分的，以及准确划分后职工教育经费中扣除职工培训费用的余额，一律按照工资薪金总额8%的比例扣除。

自2013年度开始，核力发电企业为培养核电厂操纵员工发生的培养费用，可作为企业的发电成本在税前扣除。企业应将核电厂操纵员工培养费与员工的职工教育经费严格区分，单独核算，员工实际发生的职工教育经费支出不得计入核电厂操纵员工培养费直接扣除。

上述计算职工福利费、工会经费、职工教育经费的“工资薪金总额”，是指企业按照上述第1条规定实际发放的工资薪金总和，不包括企业的职工福利费、职工教育经费、工会经费以及养老保险费、医疗保险费、失业保险费、工伤保险费、生育保险费等社会保险费和住房公积金。

3. 社会保险费

（1）企业依照国务院有关主管部门或者省级人民政府规定的范围和标准为职工缴纳的“五险一金”，即基本养老保险费、基本医疗保险费、失业保险费、工伤保险费、生育保险费和住房公积金，准予扣除。

（2）企业为投资者或者职工支付的补充养老保险费、补充医疗保险费，在国务院财政、税务主管部门规定的范围和标准内，准予扣除。企业依照国家有关规定为特殊工种职工支付的人身安全保险费和符合国务院财政、税务主管部门规定可以扣除的商业保险费准予扣除。

（3）企业参加财产保险，按照规定缴纳的保险费，准予扣除。除另有规定外，企业为投资者或者职工支付的商业保险费，不得扣除。

自2016年度开始，企业职工因公出差乘坐交通工具发生的人身意外保险费支出，准予在企业所得税税前扣除。

4. 利息费用

企业在生产、经营活动中发生的利息费用，按下列规定扣除。

（1）非金融企业向金融企业借款的利息支出、金融企业的各项存款利息支出和同业拆借利息支出、企业经批准发行债券的利息支出可据实扣除。

（2）非金融企业向非金融企业借款的利息支出，不超过按照金融企业同期同类贷款利率计算的数额的部分可据实扣除，超过部分不许扣除。

其中，金融机构是指各类银行、保险公司及经中国人民银行批准从事金融业务的非银行金融机构，包括国家专业银行、区域性银行、股份制银行、外资银行、中外合资银行以及其他综合性银行，还包括全国性保险企业、区域性保险企业、股份制保险企业、中外合资保险企业以及其他专业性保险企业，城市、农村信用社、各类财务公司以及其他从事信托投资、租赁等业务的专业和综合性非银行金融机构。非金融机构是指除上述金融机构以外的所有企业、事业单位以及社会团体等企业或组织。

“同期同类贷款利率”是指在贷款期限、贷款金额、贷款担保以及企业信誉等条件基本相同的情况下，金融企业提供贷款的利率。既可以是金融企业公布的同期同类平均利率，也可以是金融企业对某些企业提供的实际贷款利率。

（3）关联企业利息费用的扣除。企业从其关联方接受的债权性投资与权益性投资的比例超过规定标准而发生的利息支出，不得在计算应纳税所得额时扣除。

① 在计算应纳税所得额时，企业实际支付给关联方的利息支出，不超过以下规定比例和《企业所得税法》及其实施条例有关规定计算的部分，准予扣除，超过的部分不得在发生当期和以后年度扣除。

企业实际支付给关联方的利息支出，除符合下面②的规定外，其接受关联方债权性投资与其权益性投资比例为：金融企业 5：1，其他企业 2：1。

② 企业能够按照《企业所得税法》及其实施条例的有关规定提供相关资料，并证明相关交易活动符合独立交易原则的，或者该企业的实际税负不高于境内关联方的，其实际支付给境内关联方的利息支出，在计算应纳税所得额时准予扣除。

③ 企业同时从事金融业务和非金融业务，其实际支付给关联方的利息支出，应按照合理方法分开计算；没有按照合理方法分开计算的，一律按前述（1）有关其他企业的比例计算准予税前扣除的利息支出。

④ 企业自关联方取得的不符合规定的利息收入应按照有关规定缴纳企业所得税。

（4）企业向自然人借款的利息支出在企业所得税税前的扣除。

① 企业向股东或其他与企业有关联关系的自然人借款的利息支出，应根据《企业所得税法》第 46 条及财税〔2008〕121 号规定的条件，计算企业所得税扣除额。

② 企业向除①规定以外的内部职工或其他人员借款的利息支出，其借款情况同时符合以下条件的，其利息支出在不超过按照金融企业同期同类贷款利率计算的数额的部分，准予扣除：企业与个人之间的借贷是真实、合法、有效的，并且不具有非法集资目的或其他违反法律、法规的行为；企业与个人之间签订了借款合同。

5. **借款费用**

（1）企业在生产经营活动中发生的合理的不需要资本化的借款费用，准予扣除。

（2）企业为购置、建造固定资产、无形资产和经过 12 个月以上的建造才能达到预定可销售状态的存货发生借款的，在有关资产购置、建造期间发生的合理的借款费用，应予以资本化，作为资本性支出计入有关资产的成本；有关资产交付使用后发生的借款利息，可在发生当期扣除。

6. 汇兑损失

企业在货币交易中，以及纳税年度终了时将人民币以外的货币性资产、负债按照期末即期人民币汇率中间价折算为人民币时产生的汇兑损失，除已经计入有关资产成本以及与向所有者进行利润分配相关的部分外，准予扣除。

7. 业务招待费

企业发生的与生产经营活动有关的业务招待费支出，按照发生额的 60% 扣除，但最高不得超过当年销售（营业）收入的 5‰。销售（营业）收入包含主营业务收入、其他业务收入和按税法规定视同销售的收入。

对从事股权投资业务的企业（包括集团公司总部、创业投资企业等），其从被投资企业所分配的股息、红利以及股权转让收入，可以按规定的比例计算业务招待费扣除限额。

企业在筹建期间，发生的与筹办活动有关的业务招待费支出，可按实际发生额的 60% 计入企业筹办费，并按有关规定在税前扣除。

8. 广告费和业务宣传费

企业发生的符合条件的广告费和业务宣传费支出，除国务院财政、税务主管部门另有规定外，不超过当年销售（营业）收入 15% 的部分，准予扣除；超过部分，准予结转以后纳税年度扣除。前述当年销售（营业）收入还包括《企业所得税法实施条例》规定的视同销售收入。

企业申报扣除的广告费支出应与赞助支出严格区分。企业申报扣除的广告费支出，必须符合下列条件：广告是通过工商部门批准的专门机构制作的；已实际支付费用，并已取得相应发票；通过一定的媒体传播。

自 2021 年 1 月 1 日起至 2025 年 12 月 31 日止，下列行业企业广告费和业务宣传费税前扣除按如下规定执行：

（1）对化妆品制造或销售、医药制造和饮料制造（不含酒类制造）企业发生的广告费和业务宣传费支出，不超过当年销售（营业）收入 30% 的部分，准予扣除；超过部分，准予在以后纳税年度结转扣除。

（2）对签订广告费和业务宣传费分摊协议（以下简称分摊协议）的关联企业，其中一方发生的不超过当年销售（营业）收入税前扣除限额比例内的广告费和业务宣传费支出可以在本企业扣除，也可以将其中的部分或全部按照分摊协议归集至另一方扣除。另一方在计算本企业广告费和业务宣传费支出企业所得税税前扣除限额时，可将按照上述办法归集至本企业的广告费和业务宣传费不计算在内。

（3）烟草企业的烟草广告费和业务宣传费支出，不得在企业所得税税前扣除。

企业筹集期间发生的广告费和业务宣传费，可按实际发生额计算企业筹办费，按照有关规定在税前扣除。

9. 环境保护专项资金

企业依照法律、行政法规有关规定提取的用于环境保护、生态恢复等方面的专项资金，准予扣除。上述专项资金提取后改变用途的，不得扣除。

10. 保险费

企业参加财产保险，按照规定缴纳的保险费，准予在企业所得税税前扣除。

自 2018 年度开始，企业参加雇主责任险、公众责任险等责任保险，按照规定缴纳的保险费，准予在企业所得税税前扣除。

11. 租赁费

企业根据生产经营活动的需要租入固定资产支付的租赁费，按照以下方法扣除：

（1）以经营租赁方式租入固定资产发生的租赁费支出，按照租赁期限均匀扣除。经营租赁是指所有权不转移的租赁。

（2）以融资租赁方式租入固定资产发生的租赁费支出，按照规定构成融资租入固定资产价值的部分应当提取折旧费用，分期扣除。融资租赁是指在实质上转移与一项资产所有权有关的全部风险和报酬的一种租赁。

12. 劳动保护费

企业发生的合理的劳动保护支出，准予扣除。

13. 捐赠支出

（1）企业公益性捐赠支出的扣除政策。

企业发生的公益性捐赠支出，不超过年度利润总额 12% 的部分，准予扣除；超过年度利润总额 12% 的部分，准予结转以后三年内在计算应纳税所得额时扣除。企业在对公益性捐赠支出计算扣除时，应先扣除以前年度结转的捐赠支出，再扣除当年发生的捐赠支出。

上述公益性捐赠，是指企业通过公益性社会团体或者县级（含县级）以上人民政府及其组成部门和直属机构，用于《中华人民共和国公益事业捐赠法》（简称《公益事业捐赠法》）规定的公益事业的捐赠。

上述年度利润总额，是指企业依照国家统一会计制度的规定计算的年度会计利润。

企事业单位、社会团体以及其他组织捐赠住房作为廉租住房的视同公益性捐赠按上述规定执行。

公益性社会团体和县级以上人民政府及其组成部门和直属机构在接受捐赠时，

捐赠资产价值的确认原则为：① 接受捐赠的货币性资产，应当按照实际收到的金额计算；② 接受捐赠的非货币性资产，应当以其公允价值计算。捐赠方在向公益性社会团体和县级以上人民政府及其组成部门和直属机构捐赠时，应当提供注明捐赠非货币性资产公允价值的证明，如果不能提供上述证明，公益性社会团体和县级以上人民政府及其组成部门和直属机构不得向其开具公益性捐赠票据。

公益性社会团体和县级以上人民政府及其组成部门和直属机构在接受捐赠时，应按照行政管理级次分别使用由财政部或省、自治区、直辖市财政部门印制的公益性捐赠票据，并加盖本单位的印章；对个人索取捐赠票据的，应予以开具。

对符合条件的公益性群众团体，应按照管理权限，由财政部、国家税务总局和省、自治区、直辖市、计划单列市财政、税务部门分别每年联合公布名单。名单应当包括继续获得公益性捐赠税前扣除资格和新获得公益性捐赠税前扣除资格的群众团体。企业和个人在名单所属年度内向名单内的群众团体进行的公益性捐赠支出，可以按规定进行税前扣除；接受捐赠的群众团体不在名单内，或虽在名单内但企业或个人发生的公益性捐赠支出不属于名单所属年度的，不得扣除。

（2）企业扶贫捐赠的扣除政策。

① 自 2019 年 1 月 1 日至 2022 年 12 月 31 日，企业通过公益性社会组织或者县级（含县级）以上人民政府及其组成部门和直属机构，用于目标脱贫地区的扶贫捐赠支出，准予在计算企业所得税应纳税所得额时据实扣除。在政策执行期限内，目标脱贫地区实现脱贫的，可继续适用上述政策。

上述目标脱贫地区，包括 832 个国家扶贫开发工作重点县、集中连片特困地区县（新疆阿克苏地区 6 县 1 市享受片区政策）和建档立卡贫困村。

② 企业同时发生扶贫捐赠支出和其他公益性捐赠支出，在计算公益性捐赠支出年度扣除限额时，符合上述条件的扶贫捐赠支出不计算在内。

③ 企业在 2015 年 1 月 1 日至 2018 年 12 月 31 日期间已发生的符合上述条件的扶贫捐赠支出，尚未在计算企业所得税应纳税所得额时扣除的部分，可依上述① 的政策执行。

（3）企业用于应对新冠肺炎疫情捐赠的扣除政策。

自 2020 年 1 月 1 日起（截止日期视疫情情况另行公告），企业通过公益性社会组织或县级以上人民政府及其部门等国家机关，捐赠用于应对疫情的现金和物品，允许在计算应纳税所得额时全额扣除。

企业直接向承担疫情防治任务的医院捐赠用于应对新型冠状病毒感染的肺炎疫情的物品，允许在计算应纳税所得额时全额扣除。税前扣除的抵扣凭证为承担疫情防治任务的医院开具的捐赠接受函。

14. 总机构分摊的费用

非居民企业在中国境内设立的机构、场所，就其中国境外总机构发生的与该机构、场所生产经营有关的费用，能够提供总机构出具的费用汇集范围、定额、分配依据和方法等证明文件，并合理分摊的，准予扣除。

15. 资产损失

企业当期发生的固定资产和流动资产盘亏、毁损净损失，由其提供清查盘存资料经主管税务机关审核后，准予扣除；企业因存货毁损、报废等原因不得从销项税金中抵扣的进项税金，应视同企业财产损失，准予与存货损失一起在所得税前按规定扣除。

16. 手续费及佣金支出

（1）企业发生的与生产经营有关的手续费及佣金支出，不超过以下规定计算限额以内的部分，准予扣除；超过部分，不得扣除。

① 保险企业：财产保险企业按当年全部保费收入扣除退保金等后余额的 15%（含本数，下同）计算限额；人身保险企业按当年全部保费收入扣除退保金等后余额的 10% 计算限额。

② 电信企业在发展客户、拓展业务等过程中，需向经纪人、代办商支付手续费及佣金的，其实际发生的相关手续费及佣金支出，不超过企业当年收入总额 5% 的部分，准予在企业所得税前据实扣除。

③ 其他企业：按与具有合法经营资格中介服务机构或个人（不含交易双方及其雇员、代理人和代表人等）所签订服务协议或合同确认的收入金额的 5% 计算限额。

（2）企业应与具有合法经营资格中介服务企业或个人签订代办协议或合同，并按国家有关规定支付手续费及佣金。除委托个人代理外，企业以现金等非转账方式支付的手续费及佣金不得在税前扣除。企业为发行权益性证券支付给有关证券承销机构的手续费及佣金不得在税前扣除。

（3）企业不得将手续费及佣金支出计入回扣、业务提成、返利、进场费等费用。

（4）企业已计入固定资产、无形资产等相关资产的手续费及佣金支出，应当通过折旧、摊销等方式分期扣除，不得在发生当期直接扣除。

（5）企业支付的手续费及佣金不得直接冲减服务协议或合同金额，并如实入账。

（6）从事代理服务、主营业务收入为手续费、佣金的企业，其为取得该类收入而实际发生的营业成本（包括手续费及佣金支出），准予在企业所得税前据实扣除。

17. 企业员工服饰费用支出

企业根据其工作性质和特点，由企业统一制作并要求员工工作时统一着装所发生的工作服饰费用，可以作为企业合理的支出给予税前扣除。

18. 航空企业空勤训练费

航空企业实际发生的飞行员养成费、飞行训练费、乘务训练费、空中保卫员训练费等空勤训练费用，可以作为航空企业运输成本在税前扣除。

19. 投资企业撤回或减少投资

投资企业从被投资企业撤回或减少投资，其取得的资产中，相当于初始出资的部分，应确认为投资收回；相当于被投资企业累计未分配利润和累计盈余公积按减少实收资本比例计算的部分，应确认为股息所得；其余部分确认为投资资产转让所得。

被投资企业发生的经营亏损，由被投资企业按规定结转弥补；投资企业不得调整减低其投资成本，也不得将其确认为投资损失。

20. 企业参与政府统一组织的棚户区改造支出

自2013年1月1日起，企业参与政府统一组织的工矿（含中央下放煤矿）棚户区改造、林区棚户区改造、垦区危房改造并同时符合一定条件的棚户区改造支出，准予在企业所得税前扣除。

上述所称同时符合一定条件的棚户区改造支出，是指同时满足以下条件的棚户区改造支出：

（1）棚户区位于远离城镇、交通不便，市政公用、教育医疗等社会公共服务缺乏城镇依托的独立矿区、林区或垦区。

（2）该独立矿区、林区或垦区不具备商业性房地产开发条件。

（3）棚户区市政排水、给水、供电、供暖、供气、垃圾处理、绿化、消防等市政服务或公共配套设施不齐全。

（4）棚户区房屋集中连片户数不低于50户，其中，实际在该棚户区居住且在本地区无其他住房的职工（含离退休职工）户数占总户数的比例不低于75%。

（5）棚户区房屋按照《房屋完损等级评定标准》和《危险房屋鉴定标准》评定属于危险房屋、严重损坏房屋的套内面积不低于该片棚户区建筑面积的25%。

（6）棚户区改造已纳入地方政府保障性安居工程建设规划和年度计划，并由地方政府牵头按照保障性住房标准组织实施；异地建设的，原棚户区土地由地方政府统一规划使用或者按规定实行土地复垦、生态恢复。

在企业所得税年度纳税申报时，企业应向主管税务机关提供其棚户区改造支出同时符合上述（1）至（6）规定条件的书面说明材料。

21. 以前年度发生应扣未扣支出的税务处理

对企业发现以前年度实际发生的、按照税收规定应在企业所得税前扣除而未扣除或者少扣除的支出，企业做出专项申报及说明后，准予追补至该项目发生年度计算扣除，但追补确认期限不得超过5年。

企业由于上述原因多缴的企业所得税税款，可以再追补确认年度企业所得税应纳税额中抵扣。不足抵扣的，可以向以后年度递延抵扣或申请退税。

亏损企业追补确认以前年度未在企业所得税前扣除的支出，或盈利企业经过追补确认后出现亏损的，应首先调整该项支出所属年度的亏损额，然后再按照弥补亏损的原则计算以后年度多缴的企业所得税款，并按前款规定处理。

22. 依照有关法律、行政法规和国家有关税法规定准予扣除的其他项目

此类项目包括会员费、合理的会议费、差旅费、违约金、诉讼费用等。

四、不得扣除的项目

在计算应纳税所得额时，下列支出不得扣除：

（1）向投资者支付的股息、红利等权益性投资收益款项。

（2）企业所得税税款。

（3）税收滞纳金，是指纳税人违反税收法规，被税务机关加收的滞纳金。

（4）罚金、罚款和被没收财物的损失，是指纳税人违反国家有关法律、法规规定，被有关部门处以的罚款，以及被司法机关处以的罚金和没收的财物。

（5）超过规定标准的捐赠支出。

（6）赞助支出，是指企业发生的与生产经营活动无关的各种非广告性质支出。

（7）未经核定的准备金支出，是指不符合国务院财政、税务主管部门规定的各项资产减值准备、风险准备等准备金支出。

（8）企业之间支付的管理费、企业内营业机构之间支付的租金和特许权使用费，以及非银行企业内营业机构之间支付的利息。

（9）与取得收入无关的其他支出。

五、亏损弥补

亏损，是指企业依照《企业所得税法》及其实施条例的规定，将每一纳税年度的收入总额减除不征税收入、免税收入和各项扣除后小于零的数额。

（1）一般企业的亏损弥补。企业某一纳税年度发生的亏损可以用下一年度的所得弥补，下一年度的所得不足以弥补的，可以逐年延续弥补，但最长不得超过5年。

需要注意的是，企业在汇总计算缴纳企业所得税时，其境外营业机构的亏损不得抵减境内营业机构的盈利。

（2）高新技术企业和科技型中小企业的亏损弥补。自2018年1月1日起，当年具备高新技术企业和科技型中小企业资格的企业，其具备资格年度之前5个年度发生的尚未弥补完的亏损，准予结转以后年度弥补，最长结转年限由5年延长至

10年。

（3）受疫情影响较大的困难行业企业2020年度发生的亏损弥补。受疫情影响较大的困难行业企业，2020年度（截止日期视疫情情况另行公告）发生的亏损，最长结转年限由5年延长至8年。

上述困难行业企业，包括交通运输、餐饮、住宿、旅游（指旅行社及相关服务、游览景区管理两类）四大类，具体判断标准按照现行《国民经济行业分类》执行。困难行业企业2020年度主营业务收入须占收入总额（剔除不征税收入和投资收益）的50%以上。

（4）企业筹办期间不计算为亏损年度，企业自开始生产经营的年度，为开始计算企业损益的年度。企业从事生产经营之前进行筹办活动期间发生筹办费用支出，不得计算为当期的亏损，企业可以在开始经营之日的当年一次性扣除，也可以按照新税法有关长期待摊费用的处理规定处理，但一经选定，不得改变。

（5）税务机关对企业以前年度纳税情况进行检查时调增的应纳税所得额，凡企业以前年度发生亏损，且该亏损属于企业所得税法规定允许弥补的，应允许调增的应纳税所得额弥补该亏损。弥补该亏损后仍有余额的，按照《企业所得税法》的规定计算缴纳企业所得税。对检查调增的应纳税所得额应根据其情节，依照《税收征管法》有关规定进行处理或处罚。

第四节　资产与资产损失的税务处理

一、资产的税务处理

资产是由于资本投资而形成的财产，对于资本性支出以及无形资产受让、开办、开发费用，不允许作为成本、费用从纳税人的收入总额中做一次性扣除，只能采取分次计提折旧或分次摊销的方式予以扣除。即纳税人经营活动中使用的固定资产的折旧费用、无形资产和长期待摊费用的摊销费用可以扣除。税法规定，纳入税务处理范围的资产形式主要有固定资产、生物资产、无形资产、长期待摊费用、投资资产、存货等，均以历史成本为计税基础。历史成本是指企业取得该项资产时实际发生的支出。企业持有各项资产期间资产增值或者减值，除国务院财政、税务主管部门规定可以确认损益外，不得调整该资产的计税基础。

（一）固定资产的税务处理

固定资产是指企业为生产产品、提供劳务、出租或者经营管理而持有的、使用时间超过 12 个月的非货币性资产，包括房屋、建筑物、机器、机械、运输工具以及其他与生产经营活动有关的设备、器具、工具等。

1. 固定资产的计税基础

（1）外购的固定资产，以购买价款和支付的相关税费以及直接归属于使该资产达到预定用途发生的其他支出为计税基础。

（2）自行建造的固定资产，以竣工结算前发生的支出为计税基础。

（3）融资租入的固定资产，以租赁合同约定的付款总额和承租人在签订租赁合同过程中发生的相关费用为计税基础，租赁合同未约定付款总额的，以该资产的公允价值和承租人在签订租赁合同过程中发生的相关费用为计税基础。

（4）盘盈的固定资产，以同类固定资产的重置完全价值为计税基础。

（5）通过捐赠、投资、非货币性资产交换、债务重组等方式取得的固定资产，以该资产的公允价值和支付的相关税费为计税基础。

（6）改建的固定资产，除已足额提取折旧的固定资产和租入的固定资产以外的其他固定资产，以改建过程中发生的改建支出增加计税基础。

2. 固定资产折旧的范围

在计算应纳税所得额时，企业按照规定计算的固定资产折旧，准予扣除。下列固定资产不得计算折旧扣除：

（1）房屋、建筑物以外未投入使用的固定资产。

（2）以经营租赁方式租入的固定资产。

（3）以融资租赁方式租出的固定资产。

（4）已足额提取折旧但仍继续使用的固定资产。

（5）与经营活动无关的固定资产。

（6）单独估价作为固定资产入账的土地。

（7）其他不得计算折旧扣除的固定资产。

3. 固定资产折旧的计提方法

（1）企业应当自固定资产投入使用月份的次月起计算折旧；停止使用的固定资产，应当自停止使用月份的次月起停止计算折旧。

（2）企业应当根据固定资产的性质和使用情况，合理确定固定资产的预计净残值。固定资产的预计净残值一经确定，不得变更。

（3）除下列固定资产外，固定资产按照直线法计算的折旧，准予扣除。

① 可采取加速折旧或缩短折旧年限的固定资产：

a. 由于技术进步，产品更新换代较快的固定资产。

b. 常年处于强震动、高腐蚀状态的固定资产。

c. 制造业，信息传输、软件和信息技术服务业，新购进单位价值超过500万元的固定资产。

其中，采取缩短折旧年限方法的，最低折旧年限不得低于规定最低折旧年限60%；采取加速折旧方法的，可以采取双倍余额递减法或者年数总和法。

② 可全额一次性税前扣除的固定资产：

a. 所有行业企业持有的单位价值不超过5 000元的固定资产。

b. 自2018年1月1日至2020年12月31日，所有行业企业新购进单位价值不超过500万元的设备、器具（房屋、建筑物除外）。

c. 全部制造业领域的小型微利企业新购进的研发和生产经营共用的仪器、设备，以及所有行业企业新购进的专门用于研发的、单位价值不超过100万元的仪器、设备。

d. 自2020年1月1日起（截止日期视疫情情况另行公告），对疫情防控重点保障物资生产企业为扩大产能新购置的相关设备。

4. 固定资产的最低折旧年限

除国务院财政、税务主管部门另有规定外，固定资产计算折旧的最低年限如下：

（1）房屋、建筑物为20年。

（2）飞机、火车、轮船、机器、机械和其他生产设备为10年。

（3）与生产经营活动有关的器具、工具、家具等为5年。

（4）飞机、火车、轮船以外的运输工具为4年。

（5）电子设备为3年。

从事开采石油、天然气等矿产资源的企业，在开始商业性生产前发生的费用和有关固定资产的折耗、折旧方法，由国务院财政、税务主管部门另行规定。

（二）生物资产的税务处理

生物资产，是指有生命的动物和植物。生物资产分为消耗性生物资产、生产性生物资产和公益性生物资产。消耗性生物资产，是指为出售而持有的，或在将来收获为农产品的生物资产，包括生长中的农田作物、蔬菜、用材林以及存栏待售的牲畜等。生产性生物资产，是指为产出农产品、提供劳务或出租等目的而持有的生物资产，包括经济林、薪炭林、产畜和役畜等。公益性生物资产，是指以防护、环境保护为主要目的的生物资产，包括防风固沙林、水土保持林和水源涵养林等。

1. 生物资产的计税基础

生产性生物资产按照以下方法确定计税基础：

（1）外购的生产性生物资产，以购买价款和支付的相关税费为计税基础。

（2）通过捐赠、投资、非货币性资产交换、债务重组等方式取得的生产性生物资产，以该资产的公允价值和支付的相关税费为计税基础。

2. 生物资产的折旧方法和折旧年限

生产性生物资产按照直线法计算的折旧，准予扣除。企业应当自生产性生物资产投入使用月份的次月起计算折旧；停止使用的生产性生物资产，应当自停止使用月份的次月起停止计算折旧。

企业应当根据生产性生物资产的性质和使用情况，合理确定生产性生物资产的预计净残值。生产性生物资产的预计净残值一经确定，不得变更。

生产性生物资产计算折旧的最低年限如下：

（1）林木类生产性生物资产为10年。

（2）畜类生产性生物资产为3年。

（三）无形资产的税务处理

无形资产，是指企业长期使用，但没有实物形态的资产，包括专利权、商标权、著作权、土地使用权、非专利技术、商誉等。

1. 无形资产的计税基础

无形资产按照以下方法确定计税基础：

（1）外购的无形资产，以购买价款和支付的相关税费以及直接归属于使该资产达到预定用途发生的其他支出为计税基础。

（2）自行开发的无形资产，以开发过程中该资产符合资本化条件后至达到预定用途前发生的支出为计税基础。

（3）通过捐赠、投资、非货币性资产交换、债务重组等方式取得的无形资产，以该资产的公允价值和支付的相关税费为计税基础。

2. 无形资产摊销的范围

在计算应纳税所得额时，企业按照规定计算的无形资产摊销费用，准予扣除。

下列无形资产不得计算摊销费用扣除：

（1）自行开发的支出已在计算应纳税所得额时扣除的无形资产。

（2）自创商誉。

（3）与经营活动无关的无形资产。

（4）其他不得计算摊销费用扣除的无形资产。

3. 无形资产的摊销方法及年限

无形资产的摊销采取直线法计算。无形资产的摊销年限不得低于10年。作为投资或者受让的无形资产，有关法律规定或者合同约定了使用年限的，可以按照规定或者约定的使用年限分期摊销。外购商誉的支出，在企业整体转让或者清算时，准予扣除。

（四）长期待摊费用的税务处理

长期待摊费用，是指企业发生的应在1个年度以上或几个年度进行摊销的费用。在计算应纳税所得额时，企业发生的下列支出作为长期待摊费用，按照规定摊销的，准予扣除。

（1）已足额提取折旧的固定资产的改建支出。

（2）租入固定资产的改建支出。

（3）固定资产的大修理支出。

（4）其他应当作为长期待摊费用的支出。

企业的固定资产修理支出可在发生当期直接扣除。企业的固定资产改良支出，如果有关固定资产尚未提足折旧，可增加固定资产价值；如有关固定资产已提足折旧，可作为长期待摊费用，在规定的期间内平均摊销。

固定资产的改建支出，是指改变房屋或者建筑物结构、延长使用年限等发生的支出。已足额提取折旧的固定资产的改建支出，按照固定资产预计尚可使用年限分期摊销；租入固定资产的改建支出，按照合同约定的剩余租赁期限分期摊销；改建的固定资产延长使用年限的，除已足额提取折旧的固定资产、租入固定资产的改建支出外，其他的固定资产发生改建支出，应当适当延长折旧年限。

大修理支出，按照固定资产尚可使用年限分期摊销。《企业所得税法》所指固定资产的大修理支出，是指同时符合下列条件的支出：① 修理支出达到取得固定资产时的计税基础50%以上；② 修理后固定资产的使用年限延长2年以上。

其他应当作为长期待摊费用的支出，自支出发生月份的次月起分期摊销，摊销年限不得低于3年。

（五）存货的税务处理

存货，是指企业持有以备出售的产品或者商品、处在生产过程中的在产品、在生产或者提供劳务过程中耗用的材料和物料等。

1. 存货的计税基础

存货按照以下方法确定成本：

（1）通过支付现金方式取得的存货，以购买价款和支付的相关税费为成本。

（2）通过支付现金以外的方式取得的存货，以该存货的公允价值和支付的相关税费为成本。

（3）生产性生物资产收获的农产品，以产出或者采收过程中发生的材料费、人工费和分摊的间接费用等必要支出为成本。

2. 存货的成本计算方法

企业使用或者销售的存货的成本计算方法，可以在先进先出法、加权平均法、个别计价法中选用一种。计价方法一经选用，不得随意变更。

企业转让以上资产，在计算企业应纳税所得额时，资产的净值允许扣除。其中，资产的净值是指有关资产、财产的计税基础减除已经按照规定扣除的折旧、折耗、摊销、准备金等后的余额。

除国务院财政、税务主管部门另有规定外，企业在重组过程中，应当在交易发生时确认有关资产的转让所得或者损失，相关资产应当按照交易价格重新确定计税基础。

（六）投资资产的税务处理

投资资产，是指企业对外进行权益性投资和债权性投资而形成的资产。

1. 投资资产的成本

投资资产按以下方法确定投资成本：

（1）通过支付现金方式取得的投资资产，以购买价款为成本。

（2）通过支付现金以外的方式取得的投资资产，以该资产的公允价值和支付的相关税费为成本。

2. 投资资产成本的扣除方法

企业对外投资期间，投资资产的成本在计算应纳税所得额时不得扣除，企业在转让或者处置投资资产时，投资资产的成本准予扣除。

（七）税法规定与会计制度差异的处理

企业在财务会计核算中遇到会计制度与税法规定不一致的，应当依照税法规定予以调整。即企业在平时进行会计核算时，可以按会计制度的有关规定进行账务处理，但在申报纳税时，对税法规定和会计制度规定有差异的，要按税法规定进行纳税调整。

（1）企业不能提供完整、准确的收入及成本、费用凭证，不能正确计算应纳税所得额的，由税务机关核定其应纳税所得额。

（2）企业依法清算时，以其清算终了后的清算所得为应纳税所得额，按规定缴纳企业所得税。所谓清算所得，是指企业的全部资产可变现价值或者交易价格减除资产净值、清算费用以及相关税费等后的余额。

投资方企业从被清算企业分得的剩余资产，其中相当于从被清算企业累计未分配利润和累计盈余公积中应当分得的部分，应当确认为股息所得；剩余资产减除上述股息所得后的余额，超过或者低于投资成本的部分，应当确认为投资资产转让所得或者损失。

（3）企业应纳税所得额是根据税法计算出来的，它在数额上与依据财务会计制度计算的利润总额往往不一致。因此，税法规定，对企业按照有关财务会计规定计算的利润总额，要按照税法的规定进行必要调整后，才能作为应纳税所得额计算、缴纳所得税。

（4）自2011年7月1日起，企业当年度实际发生的相关成本、费用，由于各种原因未能及时取得该成本、费用的有效凭证，企业在预缴季度所得税时，可暂按账面发生金额进行核算。但在汇算清缴时，应补充提供该成本、费用的有效凭证。

二、资产损失税前扣除的所得税处理

（一）资产和资产损失的定义

（1）资产，是指企业拥有或者控制的、用于经营管理活动相关的资产，包括现金、银行存款、应收及预付款项（包括应收票据、各类垫款、企业之间往来款项）等货币性资产，存货、固定资产、无形资产、在建工程、生产性生物资产等非货币性资产，以及债权性投资和股权（权益）性投资。

（2）准予在企业所得税税前扣除的资产损失，是指企业在实际处置、转让上述资产过程中发生的合理损失（简称实际资产损失），以及企业虽未实际处置、转让上述资产，但符合《财政部、国家税务总局关于企业资产损失税前扣除政策的通知》（财税〔2009〕57号）和《企业资产损失所得税税前扣除管理办法》（国家税务总局2011年第25号公告）规定条件计算确认的损失（简称法定资产损失）。

（二）资产损失税前扣除政策

依据《财政部、国家税务总局关于企业资产损失税前扣除政策的通知》，企业资产损失在计算应纳税所得额时的扣除政策如下：

（1）企业清查出的现金短缺减除责任人赔偿后的余额，作为现金损失在计算应纳税所得额时扣除。

（2）企业将货币性资金存入法定具有吸收存款职能的机构，因该机构依法破产、清算，或者政府责令停业、关闭等原因，确实不能收回的部分，作为存款损失在计算应纳税所得额时扣除。

（3）企业除贷款类债权外的应收、预付账款符合下列条件之一的，减除可收回金额后确认的无法收回的应收、预付款项，可以作为坏账损失在计算应纳税所得额时扣除：

① 债务人依法宣告破产、关闭、解散、被撤销，或者被依法注销、吊销营业执照，其清算财产不足清偿的。

② 债务人死亡，或者依法被宣告失踪、死亡，其财产或者遗产不足清偿的。

③ 债务人逾期 3 年以上未清偿，且有确凿证据证明已无力清偿债务的。

④ 与债务人达成债务重组协议或法院批准破产重整计划后，无法追偿的。

⑤ 因自然灾害、战争等不可抗力导致无法收回的。

⑥ 国务院财政、税务主管部门规定的其他条件。

（4）企业经采取所有可能的措施和实施必要的程序之后，符合下列条件之一的贷款类债权，可以作为贷款损失在计算应纳税所得额时扣除：

① 借款人和担保人依法宣告破产、关闭、解散、被撤销，并终止法人资格，或者已完全停止经营活动，被依法注销、吊销营业执照，对借款人和担保人进行追偿后，未能收回的债权。

② 借款人死亡，或者依法被宣告失踪、死亡，依法对其财产或者遗产进行清偿，并对担保人进行追偿后，未能收回的债权。

③ 借款人遭受重大自然灾害或者意外事故，损失巨大且不能获得保险补偿，或者以保险赔偿后，确实无力偿还部分或者全部债务，对借款人财产进行清偿和对担保人进行追偿后，未能收回的债权。

④ 借款人触犯刑律，依法受到制裁，其财产不足归还所借债务，又无其他债务承担者，经追偿后确实无法收回的债权。

⑤ 由于借款人和担保人不能偿还到期债务，企业诉诸法律，经法院对借款人和担保人强制执行，借款人和担保人均无财产可执行，法院裁定执行程序终结或终止（中止）后，仍无法收回的债权。

⑥ 由于借款人和担保人不能偿还到期债务，企业诉诸法律后，经法院调解或经债权人会议通过，与借款人和担保人达成和解协议或重整协议，在借款人和担保人履行完还款义务后，无法追偿的剩余债权。

⑦ 由于上述①至⑥的原因借款人不能偿还到期债务，企业依法取得抵债资产，抵债金额小于贷款本息的差额，经追偿后仍无法收回的债权。

⑧ 开立信用证、办理承兑汇票、开具保函等发生垫款时，凡开证申请人和保证人由于上述①至⑦的原因，无法偿还垫款，金融企业经追偿后仍无法收回的垫款。

⑨ 银行卡持卡人和担保人由于上述①至⑦的原因，未能还清透支款项，金融企业经追偿后仍无法收回的透支款项。

⑩ 助学贷款逾期后，在金融企业确定的有效追索期限内，依法处置助学贷款抵押物（质押物），并向担保人追索连带责任后，仍无法收回的贷款。

⑪ 经国务院专案批准核销的贷款类债权。

⑫ 国务院财政、税务主管部门规定的其他条件。

（5）企业的股权投资符合下列条件之一的，减除可收回金额后确认的无法收回的股权投资，可以作为股权投资损失在计算应纳税所得额时扣除：

① 被投资方依法宣告破产、关闭、解散、被撤销，或者被依法注销、吊销营业执照的。

② 被投资方财务状况严重恶化，累计发生巨额亏损，已连续停止经营 3 年以上，且无重新恢复经营改组计划的。

③ 对被投资方不具有控制权，投资期限届满或者投资期限已超过 10 年，且被投资单位因连续 3 年经营亏损导致资不抵债的。

④ 被投资方财务状况严重恶化，累计发生巨额亏损，已完成清算或清算期超过 3 年以上的。

⑤ 国务院财政、税务主管部门规定的其他条件。

（6）对企业盘亏的固定资产或存货，以该固定资产的账面净值或存货的成本减除责任人赔偿后的余额，作为固定资产或存货盘亏损失在计算应纳税所得额时扣除。

（7）对企业毁损、报废的固定资产或存货，以该固定资产的账面净值或存货的成本减除残值、保险赔款和责任人赔偿后的余额，作为固定资产或存货毁损、报废损失在计算应纳税所得额时扣除。

（8）对企业被盗的固定资产或存货，以该固定资产的账面净值或存货的成本减除保险赔款和责任人赔偿后的余额，作为固定资产或存货被盗损失在计算应纳税所得额时扣除。

（9）企业因存货盘亏、毁损、报废、被盗等原因不得从增值税销项税额中抵扣的进项税额，可以与存货损失一起在计算应纳税所得额时扣除。

（10）企业在计算应纳税所得额时已经扣除的资产损失，在以后纳税年度全部或者部分收回时，其收回部分应当作为收入计入收回当期的应纳税所得额。

（11）企业境内、境外营业机构发生的资产损失应分开核算，对境外营业机构由于发生资产损失而产生的亏损，不得在计算境内应纳税所得额时扣除。

（12）企业对其扣除的各项资产损失，应当提供能够证明资产损失确属已实际发生的合法证据，包括具有法律效力的外部证据、具有法定资质的中介机构的经济鉴证证明、具有法定资质的专业机构的技术鉴定证明等。

（三）资产损失税前扣除管理

依据国家税务总局 2011 年第 25 号公告和国家税务总局公告 2018 年第 15 号规定，企业资产损失税前扣除管理按以下规定执行：

（1）企业实际资产损失，应当在其实际发生且会计上已作损失处理的年度申报扣除；法定资产损失在会计上已作损失处理的年度申报扣除。

（2）企业向税务机关申报扣除资产损失，仅需填报企业所得税年度纳税申报表“资产损失税前扣除及纳税调整明细表”，不再报送资产损失相关资料。企业应按规定的要求将所有资料留存备查。

（3）企业以前年度发生的资产损失未能在当年税前扣除的，可以按照上述管理办法的规定，向税务机关说明并进行专项申报扣除。其中，属于实际资产损失，准予追补至该项损失发生年度扣除，其追补确认期限一般不得超过 5 年，但因计划经济体制转轨过程中遗留的资产损失、企业重组上市过程中因权属不清出现争议而未能及时扣除的资产损失、因承担国家政策性任务而形成的资产损失，以及政策定性不明确而形成资产损失等特殊原因形成的资产损失，其追补确认期限经国家税务总局批准后可适当延长。属于法定资产损失，应在申报年度扣除。

（4）企业因以前年度实际资产损失未在税前扣除而多缴的企业所得税税款，可在追补确认年度企业所得税应纳税款中予以抵扣，不足抵扣的，向以后年度递延抵扣。

（5）企业实际资产损失发生年度扣除追补确认的损失后出现亏损的，应先调整资产损失发生年度的亏损额，再按弥补亏损的原则计算以后年度多缴的企业所得税税款，并按前款办法进行税务处理。

（6）企业应当建立健全资产损失内部核销管理制度，及时收集、整理、编制、审核、申报、保存资产损失税前扣除证据材料，方便税务机关检查。

此外，还对资产损失确认证据、货币资产损失、非货币资产损失、投资损失以及其他资产损失的确认等作出了规定。

第五节　企业重组的所得税处理

一、企业重组的定义与类型

企业重组，是指企业在日常经营活动以外发生的法律结构或经济结构重大改变的交易，包括企业法律形式改变、债务重组、股权收购、资产收购、合并、分立等。

（1）企业法律形式改变，是指企业注册名称、住所以及企业组织形式等的简单改变，但符合本通知规定其他重组的类型除外。

（2）债务重组，是指在债务人发生财务困难的情况下，债权人按照其与债务人达成的书面协议或者法院裁定书，就其债务人的债务做出让步的事项。

（3）股权收购，是指一家企业（以下称为收购企业）购买另一家企业（以下称为被收购企业）的股权，以实现对被收购企业控制的交易。收购企业支付对价的形式包括股权支付、非股权支付或两者的组合。

（4）资产收购，是指一家企业（以下称为受让企业）购买另一家企业（以下称为转让企业）实质经营性资产的交易。受让企业支付对价的形式包括股权支付、非股权支付或两者的组合。

（5）合并，是指一家或多家企业（以下称为被合并企业）将其全部资产和负债转让给另一家现存或新设企业（以下称为合并企业），被合并企业股东换取合并企业的股权或非股权支付，实现两个或两个以上企业的依法合并。

（6）分立，是指一家企业（以下称为被分立企业）将部分或全部资产分离转让给现存或新设的企业（以下称为分立企业），被分立企业股东换取分立企业的股权或非股权支付，实现企业的依法分立。

其中，股权支付是指企业重组中购买、换取资产的一方支付的对价中，以本企业或其控股企业的股权、股份作为支付的形式；非股权支付是指以本企业的现金、银行存款、应收款项、本企业或其控股企业股权和股份以外的有价证券、存货、固定资产、其他资产以及承担债务等作为支付的形式。

自 2008 年 1 月 1 日起，企业发生上述重组事项的，按以下相关规定进行所得税处理。

二、企业重组的一般性税务处理

（一）企业法律形式改变的一般性税务处理

企业由法人转变为个人独资企业、合伙企业等非法人组织，或将登记注册地转移至中华人民共和国境外（包括港、澳、台地区），应视同企业进行清算、分配，股东重新投资成立新企业。企业的全部资产以及股东投资的计税基础均应以公允价值为基础确定。

企业发生其他法律形式简单改变的，可直接变更税务登记，除另有规定外，有关企业所得税纳税事项（包括亏损结转、税收优惠等权益和义务）由变更后企业承继，但因住所发生变化而不符合税收优惠条件的除外。

（二）企业债务重组的一般性税务处理

（1）以非货币资产清偿债务，应当分解为转让相关非货币性资产、按非货币性资产公允价值清偿债务两项业务，确认相关资产的所得或损失。

（2）发生债权转股权的，应当分解为债务清偿和股权投资两项业务，确认有关债务清偿所得或损失。

（3）债务人应当按照支付的债务清偿额低于债务计税基础的差额，确认债务重组所得；债权人应当按照收到的债务清偿额低于债权计税基础的差额，确认债务重组损失。

（4）债务人的相关所得税纳税事项原则上保持不变。

（三）企业股权收购、资产收购的一般性税务处理

（1）被收购方应确认股权、资产转让所得或损失。

（2）收购方取得股权或资产的计税基础应以公允价值为基础确定。

（3）被收购企业的相关所得税事项原则上保持不变。

（四）企业合并的一般性税务处理

（1）合并企业应按公允价值确定接受被合并企业各项资产和负债的计税基础。

（2）被合并企业及其股东都应按清算进行所得税处理。

（3）被合并企业的亏损不得在合并企业结转弥补。

（五）企业分立的一般性税务处理

（1）被分立企业对分立出去资产应按公允价值确认资产转让所得或损失。

（2）分立企业应按公允价值确认接受资产的计税基础。

（3）被分立企业继续存在时，其股东取得的对价应视同被分立企业分配进行处理。

（4）被分立企业不再继续存在时，被分立企业及其股东都应按清算进行所得税处理。

（5）企业分立相关企业的亏损不得相互结转弥补。

三、企业重组的特殊性税务处理

（一）适用特殊性税务处理的条件

企业重组同时符合下列条件的，适用特殊性税务处理规定：

（1）具有合理的商业目的，且不以减少、免除或者推迟缴纳税款为主要目的。

（2）被收购、合并或分立部分的资产或股权比例符合下文中相关条款规定的比例。

（3）企业重组后的连续 12 个月内不改变重组资产原来的实质性经营活动。

（4）重组交易对价中涉及股权支付金额符合下文中相关条款规定比例。

（5）企业重组中取得股权支付的原主要股东，在重组后连续 12 个月内，不得转让所取得的股权。

（二）特殊性税务处理的方法

企业重组符合上述特殊性税务处理条件的，交易各方对其交易中的股权支付部分，可以按以下规定进行特殊性税务处理：

（1）企业债务重组确认的应纳税所得额占该企业当年应纳税所得额 50% 以上，可以在 5 个纳税年度的期间内，均匀计入各年度的应纳税所得额。

企业发生债权转股权业务，对债务清偿和股权投资两项业务暂不确认有关债务清偿所得或损失，股权投资的计税基础以原债权的计税基础确定。企业的其他相关所得税事项保持不变。

（2）股权收购，收购企业购买的股权不低于被收购企业全部股权的50%，且收购企业在该股权收购发生时的股权支付金额不低于其交易支付总额的85%，可以选择按以下规定处理：① 被收购企业的股东取得收购企业股权的计税基础，以被收购股权的原有计税基础确定；② 收购企业取得被收购企业股权的计税基础，以被收购股权的原有计税基础确定；③ 收购企业、被收购企业的原有各项资产和负债的计税基础和其他相关所得税事项保持不变。

（3）资产收购，受让企业收购的资产不低于转让企业全部资产的50%，且受让企业在该资产收购发生时的股权支付金额不低于其交易支付总额的85%，可以选择按以下规定处理：① 转让企业取得受让企业股权的计税基础，以被转让资产的原有计税基础确定；② 受让企业取得转让企业资产的计税基础，以被转让资产的原有计税基础确定。

（4）企业合并，企业股东在该企业合并发生时取得的股权支付金额不低于其交易支付总额的85%，以及同一控制下且不需要支付对价的企业合并，可以选择按以下规定处理：① 合并企业接受被合并企业资产和负债的计税基础，以被合并企业的原有计税基础确定；② 被合并企业合并前的相关所得税事项由合并企业承继；③ 可由合并企业弥补的被合并企业亏损的限额 = 被合并企业净资产公允价值 × 截至合并业务发生当年年末国家发行的最长期限的国债利率；④ 被合并企业股东取得合并企业股权的计税基础，以其原持有的被合并企业股权的计税基础确定。

（5）企业分立，被分立企业所有股东按原持股比例取得分立企业的股权，分立企业和被分立企业均不改变原来的实质经营活动，且被分立企业股东在该企业分立发生时取得的股权支付金额不低于其交易支付总额的85%，可以选择按以下规定处理：① 分立企业接受被分立企业资产和负债的计税基础，以被分立企业的原有计税基础确定；② 被分立企业已分立出去资产相应的所得税事项由分立企业承继；③ 被分立企业未超过法定弥补期限的亏损额可按分立资产占全部资产的比例进行分配，由分立企业继续弥补；④ 被分立企业的股东取得分立企业的股权（简称“新股”），如需部分或全部放弃原持有的被分立企业的股权（简称“旧股”），“新股”的计税基础应以放弃“旧股”的计税基础确定。如不需放弃“旧股”，则其取得“新股”的计税基础可从以下两种方法中选择确定：直接将“新股”的计税基础确定为零；或者以被分立企业分立出去的净资产占被分立企业全部净资产的比例先调减原持有的“旧股”的计税基础，再将调减的计税基础平均分配到“新股”上。

（6）重组交易各方按上述（1）至（5）的规定对交易中股权支付暂不确认有关资产的转让所得或损失的，其非股权支付仍应在交易当期确认相应的资产转让所得或损失，并调整相应资产的计税基础。

$$\text{非股权支付对应的资产转让所得或损失} = \left(\text{被转让资产的公允价值} - \text{被转让资产的计税基础}\right) \times \text{非股权支付金额} \div \text{被转让资产的公允价值}$$

例 10-1

甲公司共有股权 1 000 万股，为了将来有更好的发展，将 80% 的股权让乙公司收购，然后成为乙公司的子公司。假定收购日甲公司每股资产的计税基础为 7 元，每股资产的公允价值为 9 元。在收购对价中乙公司以股权形式支付 6 480 万元，以银行存款支付 720 万元。

要求：计算甲公司取得非股权支付额对应的资产转让所得。

解：甲公司取得非股权支付额对应的资产转让所得 =（7 200－5 600）×（720÷7 200）=1 600×10%=160（万元）。

例 10-2

2020 年 3 月，甲企业为了收购乙企业的全资子公司 A 企业 90% 的股权，故甲企业决议向乙企业定向增发 4 000 万股普通股，每股增发价格为 2 元，同时甲企业向乙企业支付银行存款 1 000 万元。甲企业与乙企业为非同一控制下的独立交易方。A 企业共有股权 2 000 万股，收购日 A 企业每股资产的计税基础为 4 元，每股资产的公允价值为 5 元。交易各方承诺股权收购完成后 12 个月内不改变原有经营活动。

要求：计算甲企业、乙企业原有股东取得股份的计税基础，并简要分析乙企业、A 企业的税务处理。

解：收购企业甲企业购买的股权占被收购企业 A 企业全部股权的比例 =90%＞50%；收购企业在该股权收购发生时的股权支付金额占其交易支付对价总额的比例 = 8 000÷9 000×100%=88.89%>85%。

所以，甲企业股权支付部分可选择企业重组的特殊性税务处理。

（1）乙企业（被收购企业的股东）就非股权支付（1 000 万元存款部分）确认所得 =（9 000－7 200）×1 000÷9 000=200（万元）。

（2）乙企业取得甲企业（收购企业）股权的计税基础 =7 200－1 000+200= 6 400（万元）。

（3）甲企业（收购企业股东）取得被收购企业股权的计税基础 =7 200（万元）。

（4）被收购乙企业取得非股权支付的资产转让所得，应纳企业所得税 = 200×25%=50（万元）。

（5）A 企业的相关所得税事项保持不变，但控股股东要进行税务登记变更。

（三）涉及境外（包括港、澳、台地区）的股权和资产收购交易的处理

企业发生涉及中国境内与境外（包括港、澳、台地区）的股权和资产收购交易，除应符合上述（一）规定的条件外，还应同时符合下列条件，才可选择适用特殊性税务处理规定：

（1）非居民企业向其100%直接控股的另一非居民企业转让其拥有的居民企业股权，没有因此造成以后该项股权转让所得预提税负担变化，且转让方非居民企业向主管税务机关书面承诺在3年内（含3年）不转让其拥有受让方非居民企业的股权。

（2）非居民企业向与其具有100%直接控股关系的居民企业转让其拥有的另一居民企业股权。

（3）居民企业以其拥有的资产或股权向其100%直接控股的非居民企业进行投资。

（4）财政部、国家税务总局核准的其他情形。

上述第3条所指的居民企业以其拥有的资产或股权向其100%直接控股关系的非居民企业进行投资，其资产或股权转让收益如选择特殊性税务处理，可以在10个纳税年度内均匀计入各年度应纳税所得额。

（四）其他规定

在企业吸收合并中，合并后的存续企业性质及适用税收优惠的条件未发生改变的，可以继续享受合并前该企业剩余期限的税收优惠，其优惠金额按存续企业合并前一年的应纳税所得额（亏损计为零）计算。

在企业存续分立中，分立后的存续企业性质及适用税收优惠的条件未发生改变的，可以继续享受分立前该企业剩余期限的税收优惠，其优惠金额按该企业分立前一年的应纳税所得额（亏损计为零）乘以分立后存续企业资产占分立前该企业全部资产的比例计算。

企业在重组发生前后连续12个月内分步对其资产、股权进行交易，应根据实质重于形式原则将上述交易作为一项企业重组交易进行处理。

企业发生符合上述规定的特殊性重组条件并选择特殊性税务处理的，当事各方应在该重组业务完成当年企业所得税年度申报时，向主管税务机关提交书面备案资料，证明其符合各类特殊性重组规定的条件。企业未按规定书面备案的，一律不得按特殊重组业务进行税务处理。

第六节 税收优惠

税收优惠，是指国家运用税收政策在税收法律、行政法规中规定对某一部分特定企业和课税对象给予减轻或免除税收负担的一种措施。税法规定的企业所得税的税收优惠方式包括：

一、免征与减征优惠

企业的下列所得，可以免征、减征企业所得税。企业如果从事国家限制和禁止发展的项目，不得享受企业所得税优惠。

（一）从事农、林、牧、渔业项目的所得

企业从事农、林、牧、渔业项目的所得，包括免征和减征两部分。

（1）企业从事下列项目的所得，免征企业所得税：① 蔬菜、谷物、薯类、油料、豆类、棉花、麻类、糖料、水果、坚果的种植；② 农作物新品种的选育；③ 中药材的种植；④ 林木的培育和种植；⑤ 牲畜、家禽的饲养；⑥ 林产品的采集；⑦ 灌溉、农产品初加工、兽医、农技推广、农机作业和维修等农、林、牧、渔服务业项目；⑧ 远洋捕捞。

（2）企业从事下列项目的所得，减半征收企业所得税：① 花卉、茶以及其他饮料作物和香料作物的种植；② 海水养殖、内陆养殖。

（二）从事国家重点扶持的公共基础设施项目投资经营的所得

《企业所得税法》所称国家重点扶持的公共基础设施项目，是指“公共基础设施项目企业所得税优惠目录”规定的港口码头、机场、铁路、公路、电力、水利等项目。

企业从事国家重点扶持的公共基础设施项目的投资经营的所得，自项目取得第一笔生产经营收入所属纳税年度起，第 1 年至第 3 年免征企业所得税，第 4 年至第 6 年减半征收企业所得税。

企业承包经营、承包建设和内部自建自用本条规定的项目，不得享受本条规定的企业所得税优惠。

（三）从事符合条件的环境保护、节能节水项目的所得

环境保护、节能节水项目的所得，自项目取得第一笔生产经营收入所属纳税年度起，第1年至第3年免征企业所得税，第4年至第6年减半征收企业所得税。

符合条件的环境保护、节能节水项目，包括公共污水处理、公共垃圾处理、沼气综合开发利用、节能减排技术改造、海水淡化等。项目的具体条件和范围由国务院财政、税务主管部门商国务院有关部门制定，报国务院批准后公布施行。

但是以上规定享受减免税优惠的项目，在减免税期限内转让的，受让方自受让之日起，可以在剩余期限内享受规定的减免税优惠；减免税期限届满后转让的，受让方不得就该项目重复享受减免税优惠。

（四）符合条件的技术转让所得

（1）《企业所得税法》所称符合条件的技术转让所得免征、减征企业所得税，是指一个纳税年度内，居民企业转让技术所有权所得不超过500万元的部分，免征企业所得税；超过500万元的部分，减半征收企业所得税。

（2）技术转让的范围，包括居民企业转让专利技术、计算机软件著作权、集成电路布图设计权、植物新品种、生物医药新品种，5年（含）以上非独占许可使用权以及财政部和国家税务总局确定的其他技术。

（3）技术转让应签订技术转让合同。其中，境内的技术转让须经省级以上（含省级）科技部门认定登记，跨境的技术转让须经省级以上（含省级）商务部门认定登记，涉及财政经费支持产生技术的转让，需省级以上（含省级）科技部门审批。

（4）居民企业技术出口应由有关部门按照商务部、科技部发布的《中国禁止出口限制出口技术目录》（商务部、科技部令2008年第12号）进行审查。居民企业取得禁止出口和限制出口技术转让所得，不享受技术转让减免企业所得税优惠政策。

（5）居民企业从直接或间接持有股权之和达到100%的关联方取得的技术转让所得，不享受技术转让减免企业所得税优惠政策。

（五）文化单位转制税收政策

经营性文化单位转制为企业，自转制注册之日起5年内免征企业所得税。2018年12月31日之前已完成转制的企业，自2019年1月1日起，可继续享受5年免征企业所得税优惠。

二、特定企业税率优惠

（一）高新技术企业的税率优惠

1. 国家需要重点扶持的高新技术企业减按 15% 的税率征收企业所得税

国家需要重点扶持的高新技术企业，是指拥有核心自主知识产权，并同时符合下列六方面条件的企业：

（1）企业申请认定时须注册成立一年以上。企业通过自主研发、受让、受赠、并购等方式，获得对其主要产品（服务）在技术上发挥核心支持作用的知识产权的所有权。

（2）产品（服务）属于《国家重点支持的高新技术领域》规定的范围。

（3）企业为获得科学技术（不包括人文、社会科学）新知识，创造性运用科学技术新知识，或实质性改进技术、产品（服务）而持续进行了研究开发活动，且近 3 个会计年度的研究开发费用总额占销售收入总额的比例符合如下要求：① 最近一年销售收入小于 5 000 万元的企业，比例不低于 5%；② 最近一年销售收入在 5 000 万元至 20 000 万元的企业，比例不低于 4%；③ 最近一年销售收入在 20 000 万元以上的企业，比例不低于 3%。

其中，企业在中国境内发生的研究开发费用总额占全部研究开发费用总额的比例不低于 60%。企业注册成立时间不足 3 年的，按实际经营年限计算。

（4）近一年高新技术产品（服务）收入占企业同期总收入的比例不低于 60%。

（5）企业从事研发和相关技术创新活动的科技人员占企业当年职工总数的比例不低于 10%。

（6）高新技术企业认定管理办法规定的其他条件。《国家重点支持的高新技术领域》和高新技术企业认定管理办法由国务院科技、财政、税务主管部门商国务院有关部门制定，报国务院批准后公布施行。

高新技术企业应在资格期满前 3 个月内提出复审申请，在通过复审之前，在其高新技术企业资格有效期内，其当年企业所得税暂按 15% 的税率预缴。

2. 高新技术企业境外所得适用税率及税收抵免问题

（1）以境内、境外全部生产经营活动有关的研究开发费用总额、总收入、销售收入总额、高新技术产品（服务）收入等指标申请并经认定的高新技术企业，其来源于境外的所得可以享受高新技术企业所得税优惠政策，即对其来源于境外所得可以按照 15% 的优惠税率缴纳企业所得税，在计算境外抵免限额时，可按照 15% 的优惠税率计算境内外应纳税总额。

（2）上述高新技术企业境外所得税收抵免的其他事项，仍按照财税〔2009〕

125 号文件的有关规定执行。

（3）高新技术企业，是指依照《企业所得税法》及其实施条例的规定，经认定机构按照《高新技术企业认定管理办法》（国科发火〔2016〕32 号）和《高新技术企业认定管理工作指引》（国科发火〔2016〕195 号）认定取得高新技术企业证书并正在享受企业所得税 15% 税率优惠的企业。

（二）技术先进型服务企业的税率优惠

自 2018 年 1 月 1 日起，对经认定的技术先进型服务企业（服务贸易类），减按 15% 的税率征收企业所得税。

享受企业所得税优惠政策的技术先进型服务企业必须同时符合以下条件：

（1）在中国境内（不包括港、澳、台地区）注册的法人企业；

（2）从事《技术先进型服务业务认定范围（试行）》中的一种或多种技术先进型服务业务，采用先进技术或具备较强的研发能力；

（3）具有大专以上学历的员工占企业职工总数的 50% 以上；

（4）从事《技术先进型服务业务认定范围（试行）》中的技术先进型服务业务取得的收入占企业当年总收入的 50% 以上；

（5）从事离岸服务外包业务取得的收入不低于企业当年总收入的 35%。

从事离岸服务外包业务取得的收入，是指企业根据境外单位与其签订的委托合同，由本企业或其直接转包的企业为境外单位提供《技术先进型服务业务认定范围（试行）》中所规定的信息技术外包服务（ITO）、技术性业务流程外包服务（BPO）和技术性知识流程外包服务（KPO），而从上述境外单位取得的收入。

（三）从事污染防治的第三方企业的税率优惠

自 2019 年 1 月 1 日至 2021 年 12 月 31 日，对从事污染防治的第三方企业减按 15% 的税率征收企业所得税。

享受优惠的第三方防治企业，是指受排污企业或政府委托，负责环境污染治理设施（包括自动连续监测设施，下同）运营维护的企业。应当同时符合以下条件：

（1）在中国境内（不包括港、澳、台地区）依法注册的居民企业。

（2）具有 1 年以上连续从事环境污染治理设施运营实践，且能够保证设施正常运行。

（3）具有至少 5 名从事本领域工作且具有环保相关专业中级及以上技术职称的技术人员，或者至少 2 名从事本领域工作且具有环保相关专业高级及以上技术职称的技术人员。

（4）从事环境保护设施运营服务的年度营业收入占总收入的比例不低于 60%。

（5）具备检验能力，拥有自有实验室，仪器配置可满足运行服务范围内常规污染物指标的检测需求。

（6）保证其运营的环境保护设施正常运行，使污染物排放指标能够连续稳定达到国家或者地方规定的排放标准要求。

（7）具有良好的纳税信用，近三年内纳税信用等级未被评定为C级或D级。

（四）西部大开发的税率优惠

自2021年1月1日至2030年12月31日，对设在西部地区的鼓励类产业企业减按15%的税率征收企业所得税。

三、小型微利企业优惠

自2023年1月1日至2022年12月31日，对小型微利企业的年应纳税所得额，减按25%计入应纳税所得额，按20%的税率计算企业所得税。

小型微利企业无论按查账征收方式或核定征收方式缴纳企业所得税，均可享受上述优惠政策。

小型微利企业是指从事国家非限制和禁止行业，且同时符合年度应纳税所得额不超过300万元、从业人数不超过300人、资产总额不超过5 000万元三个条件的居民企业。其中，从业人数和资产总额指标，按企业全年季度平均值确定。

四、加计扣除优惠

（一）研究开发费的加计扣除

党的二十大报告指出，科技是全面建设社会主义现代化国家的基础性、战略性支撑之一，必须坚持科技是第一生产力、创新是第一动力。同时，由于研发活动具有投资大、风险高、周期长等特点，自1996年以来，我国一直致力于企业研发费用税前加计扣除政策的不断完善。现行的政策要点如下：

（1）制造业企业开展研发活动中实际发生的研发费用，未形成无形资产计入当期损益的，在按规定据实扣除的基础上，自2021年1月1日起，再按照实际发生额的100%在税前加计扣除；形成无形资产的，自2021年1月1日起，按照无形资产成本的200%在税前摊销。

（2）自2021年1月1日起，其他企业发生的研究开发费未形成无形资产计入当期损益的，在按照规定据实扣除的基础上，按照研究开发费用的75%加计扣除；形成无形资产的，按照无形资产成本的175%摊销。除法律另有规定外，摊销年限不得低于10年。

从2017年1月1日起，可以加计扣除的研究开发费按下列相关规定执行：

（1）研究开发费是指从事规定范围内的研究开发活动而发生的新技术、新产品、新工艺的研究开发费用。研究开发活动是指企业为获得科学与技术（不包括人文、社会科学）新知识，创造性运用科学技术新知识，或实质性改进技术、工艺、产品（服务）而持续进行的具有明确目标的研究开发活动。

创造性运用科学技术新知识，或实质性改进技术、工艺、产品（服务），是指企业通过研究开发活动在技术、工艺、产品（服务）方面的创新取得了有价值的成果，对本地区（省、自治区、直辖市或计划单列市）相关行业的技术、工艺领先具有推动作用，不包括企业产品（服务）的常规性升级或对公开的科研成果直接应用等活动（如直接采用公开的新工艺、材料、装置、产品、服务或知识等）。

（2）企业从事《国家重点支持的高新技术领域》和国家发展和改革委员会等部门公布的《当前优先发展的高技术产业化重点领域指南（2011 年度）》规定项目的研究开发活动，其在一个纳税年度中实际发生的下列费用支出，允许在计算应纳税所得额时按照规定实行加计扣除。

① 新产品设计费、新工艺规程制定费以及与研发活动直接相关的技术图书资料费、资料翻译费。

② 从事研发活动直接消耗的材料、燃料和动力费用。

③ 在职直接从事研发活动人员的工资、薪金、奖金、津贴、补贴。

④ 专门用于研发活动的仪器、设备的折旧费或租赁费。

⑤ 专门用于研发活动的软件、专利权、非专利技术等无形资产的摊销费用。

⑥ 专门用于中间试验和产品试制的模具、工艺装备开发及制造费。

⑦ 勘探开发技术的现场试验费。

⑧ 研发成果的论证、评审、验收费用。

（3）对企业共同合作开发的项目，凡符合上述条件的，由合作各方就自身承担的研发费用分别按照规定计算加计扣除。

（4）对企业委托给外单位进行开发的研发费用，凡符合上述条件的，由委托方按照规定计算加计扣除，受托方不得再进行加计扣除。

对委托开发的项目，受托方应向委托方提供该研发项目的费用支出明细情况，否则，该委托开发项目的费用支出不得实行加计扣除。

（5）法律、行政法规和国家税务总局规定不允许企业所得税前扣除的费用和支出项目，均不允许计入研究开发费用。

（6）企业未设立专门的研发机构或企业研发机构同时承担生产经营任务的，应对研发费用和生产经营费用分开进行核算，准确、合理地计算各项研究开发费用支出，对划分不清的，不得实行加计扣除。

（7）企业在一个纳税年度内进行多个研究开发活动的，应按照不同开发项目分别归集可加计扣除的研究开发费用额。

（8）企业实际发生的研究开发费，在年度中间预缴所得税时，允许据实计算扣除，在年度终了进行所得税年度申报和汇算清缴时，再依照本办法的规定计算加计扣除。

（9）主管税务机关对企业申报的研究开发项目有异议的，可要求企业提供政府科技部门的鉴定意见书。

（10）企业研究开发费各项目的实际发生额归集不准确、汇总额计算不准确的，主管税务机关有权调整其税前扣除额或加计扣除额。

（11）企业集团研究开发费用按下列规定处理：

① 企业集团根据生产经营和科技开发的实际情况，对技术要求高、投资数额大，需要由集团公司进行集中开发的研究开发项目，其实际发生的研究开发费，可以按照合理的分摊方法在受益集团成员公司间进行分摊。

② 企业集团采取合理分摊研究开发费的，企业集团应提供集中研究开发项目的协议或合同，该协议或合同应明确规定参与各方在该研究开发项目中的权利和义务、费用分摊方法等内容。如不提供协议或合同，研究开发费不得加计扣除。

③ 企业集团采取合理分摊研究开发费的，企业集团集中研究开发项目实际发生的研究开发费，应当按照权利和义务、费用支出和收益分享一致的原则，合理确定研究开发费用的分摊方法。

④ 企业集团采取合理分摊研究开发费的，企业集团母公司负责编制集中研究开发项目的立项书、研究开发费用预算表、决算表和决算分摊表。

⑤ 税企双方对企业集团集中研究开发费的分摊方法和金额有争议的，如企业集团成员公司设在不同省、自治区、直辖市和计划单列市的，企业按照国家税务总局的裁决意见扣除实际分摊的研究开发费；企业集团成员公司在同一省、自治区、直辖市和计划单列市的，企业按照省税务机关的裁决意见扣除实际分摊的研究开发费。

（12）企业委托境外进行研发活动所发生的费用，按照费用实际发生额的 80% 计入委托方的委托境外研发费用。委托境外研发费用不超过境内符合条件的研发费用 2/3 的部分，可以按规定在企业所得税前加计扣除。

上述费用实际发生额应按照独立交易原则确定。委托方与受托方存在关联关系的，受托方应向委托方提供研发项目费用支出明细情况。

委托境外进行研发活动应签订技术开发合同，并由委托方到科技行政主管部门进行登记。相关事项按技术合同认定登记管理办法及技术合同认定规则执行。

为落实党的二十大精神，加快实施创新驱动发展战略，加快实现高水平科技自立自强，企业研发费用加计扣除政策的覆盖范围和优惠力度将进一步扩大和提升。

（二）企业安置残疾人员所支付工资费用的加计扣除

企业安置残疾人员所支付工资费用的加计扣除，是指企业安置残疾人员的，在按照支付给残疾职工工资据实扣除的基础上，按照支付给残疾职工工资的 100% 加计扣除。残疾人员的范围适用《中华人民共和国残疾人保障法》的有关规定。企业安置国家鼓励安置的其他就业人员所支付的工资的加计扣除办法，由国务院另行规定。

依据财税〔2009〕70 号文件的规定，企业安置残疾人员所支付工资费用的加计扣除有以下具体规定：

（1）企业享受安置残疾职工工资 100% 加计扣除应同时具备如下条件：① 依

法与安置的每位残疾人签订了1年以上（含1年）的劳动合同或服务协议，并且安置的每位残疾人在企业实际上岗工作。② 为安置的每位残疾人按月足额缴纳了企业所在区县人民政府根据国家政策规定的基本养老保险、基本医疗保险、失业保险和工伤保险等社会保险。③ 定期通过银行等金融机构向安置的每位残疾人实际支付了不低于企业所在区县适用的经省级人民政府批准的最低工资标准的工资。④ 具备安置残疾人上岗工作的基本设施。

（2）在企业汇算清缴结束后，主管税务机关在对企业进行日常管理、纳税评估和纳税检查时，应对安置残疾人员企业所得税加计扣除优惠的情况进行核实。

五、创业投资企业优惠

创业投资企业从事国家需要重点扶持和鼓励的创业投资，可以按投资额的一定比例抵扣应纳税所得额。

（1）创业投资企业采取股权投资方式投资于未上市的中小高新技术企业2年以上的，可以按照其投资额的70%在股权持有满2年的当年抵扣该创业投资企业的应纳税所得额；当年不足抵扣的，可以在以后纳税年度结转抵扣。

例如，甲企业2020年1月1日向乙企业（未上市的中小高新技术企业）投资100万元，股权持有到2021年12月31日。甲企业2021年度可抵扣的应纳税所得额为70万元。

（2）自2018年1月1日起，全国范围内的公司制创业投资企业采取股权投资方式直接投资于种子期、初创期科技型企业（简称初创科技型企业）满2年（24个月，下同）的，可以按照投资额的70%在股权持有满2年的当年抵扣该公司制创业投资企业的应纳税所得额；当年不足抵扣的，可以在以后纳税年度结转抵扣。

（3）有限合伙制创业投资企业（简称合伙创投企业）采取股权投资方式直接投资于初创科技型企业满2年的，该合伙创投企业的合伙人分别按以下方式处理：

① 法人合伙人可以按照对初创科技型企业投资额的70%抵扣法人合伙人从合伙创投企业分得的所得；当年不足抵扣的，可以在以后纳税年度结转抵扣。

② 个人合伙人可以按照对初创科技型企业投资额的70%抵扣个人合伙人从合伙创投企业分得的经营所得；当年不足抵扣的，可以在以后纳税年度结转抵扣。

六、加速折旧优惠

（一）一般性加速折旧

由于技术进步等原因，企业的固定资产确需加速折旧的，可以缩短折旧年限或者采取加速折旧的方法。可采用以上折旧方法的固定资产是指：

（1）由于技术进步，产品更新换代较快的固定资产。

（2）常年处于强震动、高腐蚀状态的固定资产。

采取缩短折旧年限方法的，最低折旧年限不得低于规定折旧年限的60%；采取加速折旧方法的，可以采取双倍余额递减法或者年数总和法。

（二）特殊性加速折旧

根据《财政部 国家税务总局关于完善固定资产加速折旧企业所得税政策的通知》（财税〔2014〕75号）、《财政部、国家税务总局关于进一步完善固定资产加速折旧企业所得税政策的通知》（财税〔2015〕106号）以及《财政部 国家税务总局关于扩大固定资产加速折旧优惠政策适用范围的公告》（财政部 国家税务总局公告2019年第66号）规定，自2019年1月1日起，有关固定资产加速折旧企业所得税政策问题通知如下：

（1）全部制造业新购进的固定资产，可缩短折旧年限或采取加速折旧的方法。

（2）对全部制造业的小型微利企业新购进的研发和生产经营共用的仪器、设备，单位价值不超过500万元的，允许一次性计入当期成本费用在计算应纳税所得额时扣除，不再分年度计算折旧；单位价值超过500万元的，可缩短折旧年限或采取加速折旧的方法。

（3）对所有行业企业新购进的专门用于研发的仪器、设备，单位价值不超过100万元的，允许一次性计入当期成本费用在计算应纳税所得额时扣除，不再分年度计算折旧；单位价值超过100万元的，可缩短折旧年限或采取加速折旧的方法。

（4）对所有行业企业持有的单位价值不超过5 000元的固定资产，允许一次性计入当期成本费用在计算应纳税所得额时扣除，不再分年度计算折旧。

上述制造业按照国家统计局《国民经济行业分类与代码（GB/4754—2017）》确定。今后国家有关部门更新国民经济行业分类与代码，从其规定。

（三）舆情防控设备扣除

根据《财政部 国家税务总局关于支持新型冠状病毒感染的肺炎疫情防控有关税收政策的公告》（财政部 税务总局公告2020年第8号）规定，自2020年1月1日起（截止日期视疫情情况另行公告），对疫情防控重点保障物资生产企业为扩大产能新购置的相关设备，允许一次性计入当期成本费用在企业所得税税前扣除。

七、减计收入优惠

（1）企业综合利用资源，生产符合国家产业政策规定的产品所取得的收入，可以在计算应纳税所得额时减计收入。

综合利用资源，是指企业以“资源综合利用企业所得税优惠目录”规定的资源作为主要原材料，生产国家非限制和禁止并符合国家和行业相关标准的产品取得的收入，减按 90% 计入收入总额。

上述所称原材料占生产产品材料的比例不得低于“资源综合利用企业所得税优惠目录”规定的标准。

（2）自 2017 年 1 月 1 日至 2023 年 12 月 31 日，对金融机构农户小额贷款的利息收入，在计算应纳税所得额时，按 90% 计入收入总额。

（3）自 2017 年 1 月 1 日至 2023 年 12 月 31 日，对保险公司为种植业、养殖业提供保险业务取得的保费收入，在计算应纳税所得额时按 90% 计入收入总额。

（4）自 2019 年 6 月 1 日至 2025 年 12 月 31 日，提供社区养老、托育、家政服务取得的收入，在计算应纳税所得额时，减按 90% 计入收入总额。

（5）企业投资者持有 2019—2023 年发行的铁路债券取得的利息收入，减半征收企业所得税。铁路债券，是指以中国铁路总公司为发行和偿还主体的债券，包括中国铁路建设债券、中期票据、短期融资券等债务融资工具。

八、税额抵免优惠

税额抵免，是指企业购置并实际使用“环境保护专用设备企业所得税优惠目录”“节能节水专用设备企业所得税优惠目录”和“安全生产专用设备企业所得税优惠目录”规定的环境保护、节能节水、安全生产等专用设备的，该专用设备的投资额的 10% 可以从企业当年的应纳税额中抵免，当年不足抵免的，可以在以后 5 个纳税年度结转抵免。

享受上述规定的企业所得税优惠的企业，应当实际购置并自身实际投入使用前款规定的专用设备；企业购置上述专用设备在 5 年内转让、出租的，应当停止享受企业所得税优惠，并补缴已经抵免的企业所得税税款。转让的受让方可以按照该专用设备投资额的 10% 抵免当年企业所得税应纳税额；当年应纳税额不足抵免的，可以在以后 5 个纳税年度结转抵免。

企业所得税优惠目录，由国务院财政、税务主管部门商国务院有关部门制定，报国务院批准后公布施行。

企业同时从事适用不同企业所得税待遇的项目的，其优惠项目应当单独计算所得，并合理分摊企业的期间费用；没有单独计算的，不得享受企业所得税优惠。

自 2009 年 1 月 1 日起，增值税一般纳税人购进固定资产发生的进项税额可从其销项税额中抵扣。如增值税进项税额允许抵扣，其专用设备投资额不再包括增值税进项税额；如增值税进项税额不允许抵扣，其专用设备投资额应为增值税专用发票上注明的价税合计金额。企业购买专用设备取得普通发票的，其专用设备投资额为普通发票上注明的金额。

九、非居民企业优惠

非居民企业减按10%的税率征收企业所得税。这里的非居民企业，是指在中国境内未设立机构、场所的，或者虽设立机构、场所但取得的所得与其所设机构、场所没有实际联系的企业。该类非居民企业取得下列所得免征企业所得税：

（1）外国政府向中国政府提供贷款取得的利息所得。

（2）国际金融组织向中国政府和居民企业提供优惠贷款取得的利息所得。

（3）经国务院批准的其他所得。

十、促进节能服务产业发展的优惠

（1）对符合条件的节能服务公司实施合同能源管理项目，符合《企业所得税法》有关规定的，自项目取得第一笔生产经营收入所属纳税年度起，第1年至第3年免征企业所得税，第4年至第6年按照25%的法定税率减半征收企业所得税。

（2）对符合条件的节能服务公司，以及与其签订节能效益分享型合同的用能企业，实施合同能源管理项目有关资产的企业所得税税务处理按以下规定执行：

① 用能企业按照能源管理合同实际支付给节能服务公司的合理支出，均可以在计算当期应纳税所得额时扣除，不再区分服务费用和资产价款进行税务处理。

② 能源管理合同期满后，节能服务公司转让给用能企业的因实施合同能源管理项目形成的资产，按折旧或摊销期满的资产进行税务处理，用能企业从节能服务公司接受有关资产的计税基础也应按折旧或摊销期满的资产进行税务处理。

③ 能源管理合同期满后，节能服务公司与用能企业办理有关资产的权属转移时，用能企业已支付的资产价款，不再另行计入节能服务公司的收入。

（3）上述所称“符合条件”是指同时满足以下条件：

① 具有独立法人资格，注册资金不低于100万元，且能够单独提供用能状况诊断、节能项目设计、融资、改造（包括施工、设备安装、调试、验收等）、运行管理、人员培训等服务的专业化节能服务公司。

② 节能服务公司实施合同能源管理项目相关技术应符合原国家质量监督检验检疫总局和国家标准化管理委员会发布的《合同能源管理技术通则》（GB/T 24915—2010）规定的技术要求。

③ 节能服务公司与用能企业签订《节能效益分享型合同》，其合同格式和内容，符合《合同法》和《合同能源管理技术通则》（GB/T 24915—2010）等规定。

④ 节能服务公司投资额不低于实施合同能源管理项目投资总额的70%。

⑤ 节能服务公司拥有匹配的专职技术人员和合同能源管理人才，具有保障项

目顺利实施和稳定运行的能力。

（4）节能服务公司与用能企业之间的业务往来，应当按照独立企业之间的业务往来收取或者支付价款、费用。不按照独立企业之间的业务往来收取或者支付价款、费用，而减少其应纳税所得额的，税务机关有权进行合理调整。

（5）用能企业对从节能服务公司取得的与实施合同能源管理项目有关的资产，应与企业其他资产分开核算，并建立辅助账或明细账。

（6）节能服务公司同时从事适用不同税收政策待遇项目的，其享受税收优惠项目应当单独计算收入、扣除，并合理分摊企业的期间费用；没有单独计算的，不得享受税收优惠政策。

十一、其他行业和企业的优惠

（一）关于进一步鼓励软件产业和集成电路产业发展的优惠政策

（1）软件生产企业实行增值税即征即退政策所退还的税款，由企业用于研究开发软件产品和扩大再生产，不作为企业所得税应税收入，不予征收企业所得税。

（2）我国境内新办软件生产企业经认定后，自获利年度起，第 1 年和第 2 年免征企业所得税，第 3 年至第 5 年减半征收企业所得税。

（3）国家规划布局内的重点软件生产企业，如当年未享受免税优惠的，减按 10% 的税率征收企业所得税。

（4）软件生产企业的职工培训费用，可按实际发生额在计算应纳税所得额时扣除。

（5）企事业单位购进软件，凡符合固定资产或无形资产确认条件的，可以按照固定资产或无形资产进行核算，经主管税务机关核准，其折旧或摊销年限可以适当缩短，最短可为 2 年。

（6）集成电路设计企业视同软件企业，享受上述软件企业的有关企业所得税政策。

（7）集成电路生产企业的生产性设备，经主管税务机关核准，其折旧年限可以适当缩短，最短可为 3 年。

（8）投资额超过 80 亿元人民币或集成电路线宽小于 0.25 微米的集成电路生产企业，可以减按 15% 的税率缴纳企业所得税，其中，经营期在 15 年以上的，从开始获利的年度起，第 1 年至第 5 年免征企业所得税，第 6 年至第 10 年减半征收企业所得税。

（9）对生产线宽小于 0.8 微米（含）集成电路产品的生产企业，经认定后，自获利年度起，第 1 年和第 2 年免征企业所得税，第 3 年至第 5 年减半征收企业所得税。

已经享受自获利年度起企业所得税“两免三减半”政策的企业，不再重复执行本条规定。

（10）软件、集成电路企业应从企业的获利年度起计算定期减免税优惠期。如获利年度不符合优惠条件的，应自首次符合软件、集成电路企业条件的年度起，在其优惠期的剩余年限内享受相应的减免税优惠。

（11）2018 年 1 月 1 日后投资新设的集成电路线宽小于 130 纳米、且经营期在 10 年以上的集成电路生产企业或项目，第一年至第二年免征企业所得税，第三年至第五年按照 25% 的法定税率减半征收企业所得税，并享受至期满为止。

2018 年 1 月 1 日后投资新设的集成电路线宽小于 65 纳米或投资额超过 150 亿元，且经营期 15 年以上的集成电路生产企业或项目，第一年至第五年免征企业所得税，第六年至第十年按照 25% 的法定税率减半征收企业所得税，并享受至期满为止。

（二）关于鼓励证券投资基金发展的优惠政策

（1）对证券投资基金从证券市场中取得的收入，包括买卖股票、债券的差价收入，股权的股息、红利收入，债券的利息收入及其他收入，暂不征收企业所得税。

（2）对投资者从证券投资基金分配中取得的收入，暂不征收企业所得税。

（3）对证券投资基金管理人运用基金买卖股票、债券的差价收入，暂不征收企业所得税。

（三）保险保障基金的优惠政策

依据《财政部 税务总局关于保险保障基金有关税收政策问题的通知》（财税〔2018〕41 号）的规定，中国保险保障基金有限公司根据《保险保障基金管理办法》取得的下列收入，免征企业所得税：

（1）境内保险公司依法缴纳的保险保障基金。

（2）依法从撤销或破产保险公司清算财产中获得的受偿收入和向有关责任方追偿所得，以及依法从保险公司风险处置中获得的财产转让所得。

（3）接受捐赠收入。

（4）银行存款利息收入。

（5）购买政府债券、中央银行、中央企业和中央级金融机构发行债券的利息收入。

（6）国务院批准的其他资金运用取得的收入。

（四）企业发行永续债的所得税政策

永续债是指经国家发展改革委员会、中国人民银行、中国银行保险监督管理委员会、中国证券监督管理委员会核准，或经中国银行间市场交易商协会注册、中国证券监督管理委员会授权的证券自律组织备案，依照法定程序发行、附赎回（续期）选择权或无明确到期日的债券，包括可续期企业债、可续期公司债、永续债务融资工具（含永续票据）、无固定期限资本债券等。自 2019 年 1 月 1 日起，企业发行永续债的企业所得税处理按以下规定执行：

（1）企业发行的永续债，可以适用股息、红利企业所得税政策，即：投资方取得的永续债利息收入属于股息、红利性质，按照现行企业所得税政策相关规定进行处理，其中，发行方和投资方均为居民企业的，永续债利息收入可以适用企业所得税法规定的居民企业之间的股息、红利等权益性投资收益免征企业所得税规定；同时发行方支付的永续债利息支出不得在企业所得税税前扣除。

（2）企业发行符合规定条件的永续债，也可以按照债券利息适用企业所得税政策，即：发行方支付的永续债利息支出准予在其企业所得税税前扣除；投资方取得的永续债利息收入应当依法纳税。

所称符合规定条件的永续债，是指符合下列条件中五条（含）以上的永续债：

① 被投资企业对该项投资具有还本义务；

② 有明确约定的利率和付息频率；

③ 有一定的投资期限；

④ 投资方对被投资企业净资产不拥有所有权；

⑤ 投资方不参与被投资企业日常生产经营活动；

⑥ 被投资企业可以赎回，或满足特定条件后可以赎回；

⑦ 被投资企业将该项投资计入负债；

⑧ 该项投资不承担被投资企业股东同等的经营风险；

⑨ 该项投资的清偿顺序位于被投资企业股东持有的股份之前。

（3）企业发行永续债，应当将其适用的税收处理方法在证券交易所、银行间债券市场等发行市场的发行文件中向投资方予以披露。

（4）发行永续债的企业对每一永续债产品的税收处理方法一经确定，不得变更。企业对永续债采取的税收处理办法与会计核算方式不一致的，发行方、投资方在进行税收处理时须作出相应纳税调整。

十二、西部大开发的优惠

为贯彻落实党中央、国务院关于新时代推进西部大开发形成新格局、促进区域协调发展的有关精神，自 2021 年 1 月 1 日至 2030 年 12 月 31 日，对设在西部地区的鼓励类产业企业减按 15% 的税率征收企业所得税。

本条所称鼓励类产业企业，是指以“西部地区鼓励类产业目录”中规定的产业项目为主营业务，且其主营业务收入占企业收入总额 60% 以上的企业。“西部地区鼓励类产业目录”由发展改革委牵头制定。

税务机关在后续管理中，不能准确判定企业主营业务是否属于国家鼓励类产业项目时，可提请发展改革等相关部门出具意见。对不符合税收优惠政策规定条件的，由税务机关按《税收征管法》及有关规定进行相应处理。具体办法由省级发展改革、税务部门另行制定。

第七节 应纳税额的计算

一、居民企业应纳税额的计算

居民企业应缴纳所得税额等于应纳税所得额乘以适用税率。其基本计算公式为：

应纳税额＝应纳税所得额 × 适用税率－减免税额－抵免税额

根据计算公式可以看出，应纳税额的多少，取决于应纳税所得额和适用税率两个因素。在实际过程中，应纳税所得额的计算一般有两种方法。

1. 直接计算法

在直接计算法下，企业每一纳税年度的收入总额减除不征税收入、免税收入、各项扣除以及允许弥补的以前年度亏损后的余额为应纳税所得额。其计算公式与前述相同，即为：

应纳税所得额＝收入总额－不征税收入－免税收入－各项扣除金额－弥补亏损

2. 间接计算法

在间接计算法下，是在会计利润总额的基础上加或减按照税法规定调整的项目金额后，即为应纳税所得额。其计算公式为：

应纳税所得额＝会计利润总额 ± 纳税调整项目金额

纳税调整项目金额包括两方面的内容：一是企业的财务会计处理和税收规定不一致的应予以调整的金额；二是企业按税法规定准予扣除的税收金额。

例 10–3

某企业为居民企业，2020 年发生经营业务如下：

（1）取得产品销售收入 4 000 万元。

（2）发生产品销售成本 2 600 万元。

（3）发生销售费用 770 万元（其中广告费 650 万元），管理费用 480 万元（其中业务招待费 25 万元），财务费用 60 万元。

（4）销售税金 160 万元（含增值税 120 万元）。

（5）营业外收入 80 万元，营业外支出 50 万元（含通过公益性社会团体向贫困山区捐款 30 万元，支付税收滞纳金 6 万元）。

（6）计入成本、费用中的实发工资总额 200 万元、拨缴职工工会经费 5 万元、发生职工福利费 31 万元、发生职工教育经费 18 万元。

要求：计算该企业 2020 年度应缴纳的企业所得税。

解：

（1）会计利润总额 $=4\,000+80-2\,600-770-480-60-40-50=80$（万元）。

（2）广告费和业务宣传费调增所得额 $=650-4\,000\times15\%=650-600=50$（万元）。

（3）业务招待费调增所得额的计算。

扣除限额 1 $=25\times60\%=15$（万元）；扣除限额 2 $=4\,000\times5‰=20$（万元）。

按规定税前扣除限额应为 15 万元，所以业务招待费调增所得额 $=25-15=10$（万元）。

（4）捐赠支出应调增所得额 $=30-80\times12\%=20.4$（万元）。

（5）工会经费应调增所得额 $=5-200\times2\%=1$（万元）。

（6）职工福利费应调增所得额 $=31-200\times14\%=3$（万元）。

（7）职工教育经费应调增所得额 $=18-200\times8\%=2$（万元）。

（8）应纳税所得额 $=80+50+10+20.4+6+1+3+2=172.4$（万元）。

（9）2020 年应缴企业所得税 $=172.4\times25\%=43.1$（万元）。

例 10-4

某工业企业为居民企业，2020 年发生经营业务如下：

全年取得产品销售收入（不含税）为 5 600 万元，发生产品销售成本 4 000 万元；其他业务收入（不含税）800 万元，其他业务成本 694 万元；取得购买国债的利息收入 40 万元；缴纳非增值税销售税金及附加 300 万元；发生的管理费用 760 万元，其中新技术的研究开发费用为 60 万元、业务招待费用 70 万元；发生财务费用 200 万元；取得直接投资其他居民企业的权益性收益 34 万元（已在投资方所在地按 15% 的税率缴纳了所得税）；取得营业外收入 100 万元，发生营业外支出 250 万元（其中含公益救济性捐赠 38 万元）。

要求：计算该企业 2020 年应缴纳的企业所得税。

解：

（1）利润总额 $=5\,600+800+40+34+100-4\,000-694-300-760-200-250=370$（万元）。

（2）国债利息收入免征企业所得税，应调减所得额 40 万元。

（3）技术开发费应调减所得额 =60×75%=45（万元）。

（4）业务招待费调增所得额的计算。

扣除限额 1=70×60%=42（万元）；扣除限额 2=（5 600+800）×5‰=32（万元）。

按规定税前扣除限额应为 32 万元，所以应调增所得额 =70－32=38（万元）。

（5）直接投资其他居民企业取得的权益性收益属于免税收入，应调减应纳税所得额 34 万元。

（6）捐赠扣除标准 =370×12%=44.4（万元）。

实际捐赠额 38 万元小于扣除标准 44.4 万元，可按实捐数扣除，不做纳税调整。

（7）应纳税所得额 =370－40－45+38－34=289（万元）。

（8）该企业 2020 年应缴纳企业所得税 =289×25%=72.25（万元）。

二、境外所得抵扣税额的计算

企业取得的下列所得已在境外缴纳的所得税税额，可以从其当期应纳税额中抵免，抵免限额为该项所得依照《企业所得税法》规定计算的应纳税额；超过抵免限额的部分，可以在以后五个年度内，用每年度抵免限额抵免当年应抵税额后的余额进行抵补。

（1）居民企业来源于中国境外的应税所得。

（2）非居民企业在中国境内设立机构、场所，取得发生在中国境外但与该机构、场所有实际联系的应税所得。

居民企业从其直接或者间接控制的外国企业分得的来源于中国境外的股息、红利等权益性投资收益，外国企业在境外实际缴纳的所得税税额中属于该项所得负担的部分，可以作为该居民企业的可抵免境外所得税税额，在《企业所得税法》规定的抵免限额内抵免。

上述所称直接控制，是指居民企业直接持有外国企业 20% 以上股份。

上述所称间接控制，是指居民企业以间接持股方式持有外国企业 20% 以上股份，具体认定办法由国务院财政、税务主管部门另行制定。

已在境外缴纳的所得税税额，是指企业来源于中国境外的所得依照中国境外税收法律以及相关规定应当缴纳并已经实际缴纳的企业所得税性质的税款。企业依照《企业所得税法》的规定抵免企业所得税税额时，应当提供中国境外税务机关出具的税款所属年度的有关纳税凭证。

抵免限额，是指企业来源于中国境外的所得，依照《企业所得税法》及其实施条例和《财政部、国家税务总局关于企业境外所得税收抵免有关问题的通知》的规定计算的应纳税额。除国务院财政、税务主管部门另有规定外，该抵免限额应当分国（地区）不分项计算。其计算公式为：

抵免限额＝中国境内、境外所得依法计算的应纳税总额 ×
来源于某国（地区）的应纳税额所得额 ÷
中国境内、境外应纳税额所得总额

前述五个年度，是指从企业取得的来源于中国境外的所得，已经在中国境外缴纳的企业所得税性质的税额超过抵免限额的当年的次年起连续五个纳税年度。

例 10-5

某企业 2020 年度境内应纳税所得额为 100 万元，适用 25% 的企业所得税税率。另外，该企业分别在 A、B 两国设有分支机构（我国与 A、B 两国已经缔结避免双重征税协定）。在 A 国分支机构的应纳税所得额为 50 万元，A 国税率为 20%；在 B 国的分支机构的应纳税所得额为 30 万元，B 国税率为 30%。假设该企业在 A、B 两国所得按我国税法计算的应纳税所得额和按 A、B 两国税法计算的应纳税所得额一致，两个分支机构在 A、B 两国分别缴纳了 10 万元和 9 万元的企业所得税。

要求：计算该企业 2020 年汇总清缴时在我国应缴纳的企业所得税税额。

解：

（1）该企业按我国税法计算的境内、境外所得的应纳税额。

应纳税额＝（100＋50＋30）×25%＝45（万元）。

（2）A、B 两国的扣除限额。

A 国扣除限额＝45×［50÷（100＋50＋30）］＝12.5（万元）。

B 国扣除限额＝45×［30÷（100＋50＋30）］＝7.5（万元）。

在 A 国缴纳的所得税为 10 万元，低于扣除限额 12.5 万元，可全额扣除；在 B 国缴纳的所得税为 9 万元，高于扣除限额 7.5 万元，其超过扣除限额的部分 1.5 万元当年不能扣除。

（3）汇总时在我国应缴纳的企业所得税＝45－10－7.5＝27.5（万元）。

例 10-6

我国某公司（母公司）拥有设在某外国子公司 50% 的股份，子公司在 2020 纳税年度获利 400 万元（假定无纳税调整），所得税税率为 15%，预提税税率为 10%；母公司 2020 年在国内获利 500 万元，所得税税率为 25%。子公司缴纳该国公司所得税 60（400×15%）万元后从其税后利润 340 万元中按股权比重分给母公司股息 170 万元，并在子公司所在国征收预提所得税 17（170×10%）万元。

要求：计算该母公司在我国应缴纳的企业所得税税额。

解：

（1）母公司来自国外子公司的所得＝170÷（1－15%）＝200（万元）。

（2）母公司分回所得按我国税法应缴纳所得税 = 200×25% = 50（万元）。

（3）直接抵免税额 = 170×10% = 17（万元）。

（4）间接抵免税额 =（子公司实际缴纳的税额 + 符合条件的由子公司间接负担的税额）× 子公司向母公司分配的股息（红利）÷ 子公司税后净利 =（60+0）× 170÷340=30（万元）。

（5）母公司分回所得在我国抵免限额 = 直接抵免额 + 间接抵免额 = 17 + 30 = 47（万元）。

（6）母公司分回所得应向我国补缴 3（50－47）万元所得税。

（7）母公司 2020 年共计应缴纳企业所得税 = 500×25% + 3 = 128（万元）。

三、居民企业核定征收企业所得税的计算

为了加强企业所得税征收管理，规范核定征收企业所得税工作，保障国家税款及时足额入库，维护纳税人合法权益，根据《企业所得税法》及其实施条例、《税收征管法》及其实施细则的有关规定，核定征收企业所得税的有关规定如下。

（一）核定征收企业所得税的情形

居民企业纳税人具有下列情形之一的，核定征收企业所得税：

（1）依照法律、行政法规的规定可以不设置账簿的。

（2）依照法律、行政法规的规定应当设置但未设置账簿的。

（3）擅自销毁账簿或者拒不提供纳税资料的。

（4）虽设置账簿，但账目混乱或者成本资料、收入凭证、费用凭证残缺不全，难以查账的。

（5）发生纳税义务，未按照规定的期限办理纳税申报，经税务机关责令限期申报，逾期仍不申报的。

（6）申报的计税依据明显偏低，又无正当理由的。

特殊行业、特殊类型的纳税人和一定规模以上的纳税人不适用该办法。上述特定纳税人由国家税务总局另行明确。

自 2012 年 1 月 1 日起，专门从事股权（股票）投资业务的企业，不得核定征收企业所得税。

（二）核定征收的办法

税务机关应根据纳税人的具体情况，对核定征收企业所得税的纳税人，核定应税所得率或者核定应纳所得税额。

（1）具有下列情形之一的，核定其应税所得率：① 能正确核算（查实）收入

总额，但不能正确核算（查实）成本费用总额的；② 能正确核算（查实）成本费用总额，但不能正确核算（查实）收入总额的；③ 通过合理方法，能计算和推定纳税人收入总额或成本费用总额的。

纳税人不属于以上情形的，核定其应纳所得税额。

（2）税务机关采用下列方法核定征收企业所得税：① 参照当地同类行业或者类似行业中经营规模和收入水平相近的纳税人的税负水平核定；② 按照应税收入额或成本费用支出额定率核定；③ 按照耗用的原材料、燃料、动力等推算或测算核定；④ 按照其他合理方法核定。

采用前款所列一种方法不足以正确核定应纳税所得额或应纳税额的，可以同时采用两种以上的方法核定。采用两种以上方法测算的应纳税额不一致时，可按测算的应纳税额从高核定。

采用应税所得率方式核定征收企业所得税的，应纳所得税额计算公式如下：

应纳所得税额 = 应纳税所得额 × 适用税率

应纳税所得额 = 应税收入额 × 应税所得率

或：　= 成本（费用）支出额 ÷（1− 应税所得率）× 应税所得率

实行应税所得率方式核定征收企业所得税的纳税人，经营多业的，无论其经营项目是否单独核算，均由税务机关根据其主营项目确定适用的应税所得率。

主营项目应为纳税人所有经营项目中，收入总额或者成本（费用）支出额或者耗用原材料、燃料、动力数量所占比重最大的项目。

应税所得率按表 10−1 规定的幅度标准确定。

表 10−1　　应税所得率标准

行业	应税所得率（%）
农、林、牧、渔业	3～10
制造业	5～15
批发和零售贸易业	4～15
交通运输业	7～15
建筑业	8～20
饮食业	8～25
娱乐业	15～30
其他行业	10～30

纳税人的生产经营范围、主营业务发生重大变化，或者应纳税所得额或应纳税额增减变化达到 20% 的，应及时向税务机关申报调整已确定的应纳税额或应税所得率。

（三）核定征收企业所得税的管理

（1）主管税务机关应及时向纳税人送达“企业所得税核定征收鉴定表”，及时完成对其核定征收企业所得税的鉴定工作。具体程序如下：

① 纳税人应在收到“企业所得税核定征收鉴定表”后10个工作日内，填好该表并报送主管税务机关。“企业所得税核定征收鉴定表”一式三联，主管税务机关和县税务机关各执一联，另一联送达纳税人执行。主管税务机关还可根据实际工作需要，适当增加联次备用。

② 主管税务机关应在受理“企业所得税核定征收鉴定表”后20个工作日内，分类逐户审查核实，提出鉴定意见，并报县税务机关复核、认定。

③ 县税务机关应在收到“企业所得税核定征收鉴定表”后30个工作日内，完成复核、认定工作。

纳税人收到“企业所得税核定征收鉴定表”后，未在规定期限内填列、报送的，税务机关视同纳税人已经报送，按上述程序进行复核认定。

（2）税务机关应在每年6月底前对上年度实行核定征收企业所得税的纳税人进行重新鉴定。重新鉴定工作完成前，纳税人可暂按上年度的核定征收方式预缴企业所得税；重新鉴定工作完成后，按重新鉴定的结果进行调整。

（3）主管税务机关应当分类逐户公示核定的应纳所得税额或应税所得率。主管税务机关应当按照便于纳税人及社会各界了解、监督的原则确定公示地点、方式。

纳税人对税务机关确定的企业所得税征收方式、核定的应纳所得税额或应税所得率有异议的，应当提供合法、有效的相关证据，税务机关经核实认定后调整有异议的事项。

（4）纳税人实行核定应税所得率方式的，按下列规定申报纳税：

① 主管税务机关根据纳税人应纳税额的大小确定纳税人按月或者按季预缴，年终汇算清缴。预缴方法一经确定，一个纳税年度内不得改变。

② 纳税人应依照确定的应税所得率计算纳税期间实际应缴纳的税额进行预缴。按实际数额预缴有困难的，经主管税务机关同意，可按上一年度应纳税额的1/12或1/4预缴，或者按经主管税务机关认可的其他方法预缴。

③ 纳税人预缴税款或年终进行汇算清缴时，应按规定填写“中华人民共和国企业所得税月（季）度预缴纳税申报表（B类）”，在规定的纳税申报时限内报送主管税务机关。

四、非居民企业应纳税额的计算

对于在中国境内未设立机构、场所的，或者虽设立机构、场所但取得的所得与其所设机构、场所没有实际联系的非居民企业的所得，按照下列方法计算应纳税所得额：

（1）股息、红利等权益性投资收益和利息、租金、特许权使用费所得，以收入全额为应纳税所得额。

（2）转让财产所得，以收入全额减除财产净值后的余额为应纳税所得额。

（3）其他所得，参照前两项规定的方法计算应纳税所得额。

上述收入全额，是不含增值税的收入全额；财产净值是指财产的计税基础减除已经按照规定扣除的折旧、折耗、摊销、准备金等后的余额。

扣缴义务人在每次向非居民企业支付或者到期应支付上述所得时，应从支付或者到期应支付的款项中扣缴企业所得税。

上述到期应支付的款项，是指支付人按照权责发生制原则应当计入相关成本、费用的应付款项。

扣缴企业所得税应纳税额计算公式为：

$$扣缴企业所得税应纳税额=应纳税所得额\times 实际征收率$$

应纳税所得额的计算，以上述方法为标准；实际征收率是指《企业所得税法》及其实施条例等相关法律法规规定的税率，或者税收协定规定的更低的税率。

扣缴义务人对外支付或者到期应支付的款项为人民币以外货币的，在申报扣缴企业所得税时，应当按照扣缴当日国家公布的人民币汇率中间价，折合成人民币计算应纳税所得额。

扣缴义务人与非居民企业签订应税所得有关的业务合同时，凡合同中约定由扣缴义务人负担应纳税款的，应将非居民企业取得的不含税所得换算为含税所得后计算征税。

五、非居民企业所得税核定征收办法

非居民企业因会计账簿不健全，资料残缺难以查账，或者其他原因不能准确计算并据实申报其应纳税所得额的，税务机关有权采取以下方法核定其应纳税所得额：

（1）按收入总额核定应纳税所得额：适用于能够正确核算收入或通过合理方法推定收入总额，但不能正确核算成本费用的非居民企业。其计算公式如下：

$$应纳税所得额=收入总额\times 经税务机关核定的利润率$$

（2）按成本费用核定应纳税所得额：适用于能够正确核算成本费用，但不能正确核算收入总额的非居民企业。其计算公式如下：

$$应纳税所得额=\frac{成本费用总额}{1-经税务机关核定的利润率}\times 经税务机关核定的利润率$$

（3）按经费支出换算收入核定应纳税所得额：适用于能够正确核算经费支出总额，但不能正确核算收入总额和成本费用的非居民企业。其计算公式如下：

$$应纳税所得额=\frac{经费支出总额}{1-经税务机关核定的利润率-营业税税率}\times 经税务机关核定的利润率$$

（4）税务机关可按照以下标准确定非居民企业的利润率：

① 从事承包工程作业、设计和咨询劳务的，利润率为 15%~30%。

② 从事管理服务的，利润率为 30%~50%。

③ 从事其他劳务或劳务以外经营活动的，利润率不低于 15%。

税务机关有根据认为非居民企业的实际利润率明显高于上述标准的，可以按照比上述标准更高的利润率核定其应纳税所得额。

（5）非居民企业与中国居民企业签订机器设备或货物销售合同，同时提供设备安装、装配、技术培训、指导、监督服务等劳务，其销售货物合同中未列明提供上述劳务服务收费金额，或者计价不合理的，主管税务机关可以根据实际情况，参照相同或相近业务的计价标准核定劳务收入。无参照标准的，以不低于销售货物合同总价款的 10% 为原则，确定非居民企业的劳务收入。

（6）非居民企业为中国境内客户提供劳务取得的收入，凡其提供的服务全部发生在中国境内的，应全额在中国境内申报缴纳企业所得税。凡其提供的服务同时发生在中国境内外的，应以劳务发生地为原则划分其境内外收入，并就其在中国境内取得的劳务收入申报缴纳企业所得税。税务机关对其境内外收入划分的合理性和真实性有疑义的，可以要求非居民企业提供真实有效的证明，并根据工作量、工作时间、成本费用等因素合理划分其境内外收入；如非居民企业不能提供真实有效的证明，税务机关可视同其提供的服务全部发生在中国境内，确定其劳务收入并据以征收企业所得税。

（7）采取核定征收方式征收企业所得税的非居民企业，在中国境内从事适用不同核定利润率的经营活动，并取得应税所得的，应分别核算并适用相应的利润率计算缴纳企业所得税；凡不能分别核算的，应从高适用利润率，计算缴纳企业所得税。

（8）拟采取核定征收方式的非居民企业应填写“非居民企业所得税征收方式鉴定表”，报送主管税务机关。主管税务机关应对企业报送的鉴定表的适用行业及所适用的利润率进行审核，并签注意见。

（9）税务机关发现非居民企业采用核定征收方式计算申报的应纳税所得额不真实，或者明显与其承担的功能风险不相匹配的，有权予以调整。

第八节　特别纳税调整

一、特别纳税调整的概念

特别纳税调整是指企业与其关联方之间的业务往来，不符合独立交易原则而减少企业或者其关联方应纳税收入或者所得额的，税务机关有权按照合理方法进行调整。企业与其关联方共同开发、受让无形资产，或者共同提供、接受劳务发生的成本，在计算应纳税所得额时应当按照独立交易原则进行分摊。

上述所称关联方是指与企业有下列关联关系之一的企业、其他组织或者个人，具体指：① 在资金、经营、购销等方面存在直接或者间接的控制关系；② 直接或者间接地同为第三者所控制；③ 在利益上具有相关联的其他关系。

上述所称独立交易原则，是指没有关联关系的交易各方，按照公平成交价格和营业常规进行业务往来遵循的原则。

（一）部分关联业务的税务处理

1. 受控外国企业管理

由居民企业，或者由居民企业和中国居民控制的设立在实际税负明显低于 25% 的税率水平的国家（地区）的企业，并非由于合理的经营需要而对利润不做分配或者减少分配的，上述利润中应归属于该居民企业的部分，应当计入该居民企业的当期收入。所指控制包括：

（1）居民企业或者中国居民直接或者间接单一持有外国企业 10% 以上有表决权股份，且由其共同持有该外国企业 50% 以上股份。

（2）居民企业，或者居民企业和中国居民持股比例没有达到（1）规定的标准，但在股份、资金、经营、购销等方面对该外国企业构成实质控制。

（3）上述所指的实际税负明显偏低是指实际税负明显低于《企业所得税法》规定的 25% 税率的 50%。

2. 资本弱化管理

企业从其关联方接受的债权性投资与权益性投资的比例超过规定标准而发生的利息支出，不得在计算应纳税所得额时扣除。企业间接从关联方获得的债权性投资，包括：

（1）关联方通过无关联第三方提供的债权性投资。

（2）无关联第三方提供的、由关联方担保且负有连带责任的债权性投资。

（3）其他间接从关联方获得的具有负债实质的债权性投资。

前述所称权益性投资，是指企业接受的不需要偿还本金和支付利息，投资人对企业净资产拥有所有权的投资。

3. 母子公司间提供服务支付费用有关企业所得税处理

（1）母公司为其子公司（简称子公司）提供各种服务而发生的费用，应按照独立企业之间公平交易原则确定服务的价格，作为企业正常的劳务费用进行税务处理。母子公司未按照独立企业之间的业务往来收取价款的，税务机关有权予以调整。

（2）母公司向其子公司提供各项服务，双方应签订服务合同或协议，明确规定提供服务的内容、收费标准及金额等，凡按上述合同或协议规定所发生的服务费，母公司应作为营业收入申报纳税，子公司作为成本费用在税前扣除。

（3）母公司向其多个子公司提供同类项服务，其收取的服务费可以采取分项签订合同或协议收取，也可以采取服务分摊协议的方式，即由母公司与各子公司签订服务费用分摊合同或协议，以母公司为其子公司提供服务所发生的实际费用并附加一定比例利润作为向子公司收取的总服务费，在各服务受益子公司（包括盈利企业、亏损企业和享受减免税企业）之间按《企业所得税法》第四十一条第二款的规定合理分摊。

（4）母公司以管理费形式向子公司提取费用，子公司因此支付给母公司的管理费，不得在税前扣除。

（5）子公司申报税前扣除向母公司支付的服务费用，应向主管税务机关提供与母公司签订的服务合同或者协议等与税前扣除该项费用相关的材料。不能提供相关材料的，支付的服务费用不得税前扣除。

（二）特别纳税调整管理的内容

依据《特别纳税调整实施办法（试行）》（国税发〔2009〕2 号）以及《特别纳税调查调整及相互协商程序管理办法》（国家税务总局公告 2017 年第 6 号）等规定，特别纳税调整事项的管理包括税务机关对企业的转让定价、预约定价安排、成本分摊协议、受控外国企业、资本弱化、特别纳税调整监控以及一般反避税等方面的管理。

1. 转让定价管理

转让定价管理是指税务机关按照《企业所得税法》第六章和《税收征管法》第三十六条的有关规定，对企业与其关联方之间的业务往来（简称关联交易）是否符合独立交易原则进行审核评估和调查调整等工作的总称。

2. 预约定价安排管理

预约定价安排管理是指税务机关按照《企业所得税法》第四十二条和《税收征管法实施细则》第五十三条的规定，对企业提出的未来年度关联交易的定价原则和计算方法进行审核评估，并与企业协商达成预约定价安排等工作的总称。

3. 成本分摊协议管理

成本分摊协议管理是指税务机关按照《企业所得税法》第四十一条第二款的规定，对企业与其关联方签署的成本分摊协议是否符合独立交易原则进行审核评估和调查调整等工作的总称。

4. 受控外国企业管理

受控外国企业管理是指税务机关按照《企业所得税法》第四十五条的规定，对受控外国企业不做利润分配或减少分配进行审核评估和调查，并对归属于中国居民企业所得进行调整等工作的总称。

5. 资本弱化管理

资本弱化管理是指税务机关按照《企业所得税法》第四十六条的规定，对企业接受关联方债权性投资与企业接受的权益性投资的比例是否符合规定比例或独立交易原则进行审核评估和调查调整等工作的总称。

6. 特别纳税调整监控管理

特别纳税调整监控管理是指税务机关通过启动特别纳税调查程序、确定合理转让定价调整方法、调整程序实施、纳税调整协商等监控管理手段实施税务调整工作的总称。

7. 一般反避税管理

一般反避税管理是指税务机关按照《企业所得税法》第四十七条的规定，对企业实施其他不具有合理商业目的的安排而减少其应纳税收入或所得额进行审核评估和调查调整等工作的总称。

二、关联申报管理

(一)关联申报基本规定

实行查账征收的居民企业和在中国境内设立机构、场所并据实申报缴纳企业所得税的非居民企业向税务机关报送年度企业所得税纳税申报表时，应当就其与关联方之间的业务往来进行关联申报。

(二)关联关系的判断标准

《企业所得税法实施条例》第一百零九条及《税收征管法实施细则》第五十一条所称关联关系，主要是指企业与其他企业、组织或个人具有下列之一关系：

(1) 方直接或者间接持有另一方的股份总和达到25%以上；双方直接或者间接同为第三方所持有的股份达到25%以上。

如果一方通过中间方对另一方间接持有股份，只要其对中间方持股比例达到25%以上，则其对另一方的持股比例按照中间方对另一方的持股比例计算。

两个以上具有夫妻、直系血亲、兄弟姐妹以及其他抚养、赡养关系的自然人共同持股同一企业，在判定关联关系时持股比例合并计算。

（2）双方存在持股关系或者同为第三方所持股，虽持股比例未达到上述第1项规定，但双方之间借贷资金总额占任一方实收资本比例达到50%以上，或者一方全部借贷资金总额的10%以上由另一方担保（与独立金融机构之间的借贷或者担保除外）。

借贷资金总额占实收资本比例＝年度加权平均借贷资金/年度加权平均实收资本

其中：

年度加权平均借贷资金＝i笔借入或者贷出资金账面金额 ×
i笔借入或者贷出资金年度实际占用天数/365

年度加权平均实收资本＝i笔实收资本账面金额 ×
i笔实收资本年度实际占用天数/365

（3）双方存在持股关系或者同为第三方所持股，虽持股比例未达到上述第1项规定，但一方的生产经营活动只有由另一方提供专利权、非专利技术、商标权、著作权等特许权才能正常进行。

（4）双方存在持股关系或者同为第三方所持股，虽持股比例未达到上述第1项规定，但一方的购买、销售、接受劳务、提供劳务等经营活动由另一方控制。

上述控制是指一方有权决定另一方的财务和经营政策，并能据以从另一方的经营活动中获取利益。

（5）一方半数以上董事或者半数以上高级管理人员（包括上市公司董事会秘书、经理、副经理、财务负责人和公司章程规定的其他人员）由另一方任命或者委派，或者同时担任另一方的董事或者高级管理人员；或者双方各自半数以上董事或者半数以上高级管理人员同为第三方所任命或者委派。

（6）具有夫妻、直系血亲、兄弟姐妹以及其他抚养、赡养关系的两个自然人分别与双方具有上述第1至5项的关系之一。

（7）双方在实质上具有其他共同利益。

（三）关联交易的主要类型

（1）有形资产使用权或者所有权的转让。有形资产包括商品、产品、房屋建筑物、交通工具、机器设备、工具器具等。

（2）金融资产的转让。金融资产包括应收账款、应收票据、其他应收款项、股权投资、债权投资和衍生金融工具形成的资产等。

（3）无形资产使用权或者所有权的转让。无形资产包括专利权、非专利技术、商业秘密、商标权、品牌、客户名单、销售渠道、特许经营权、政府许可、著作权等。

（4）资金融通。资金包括各类长短期借贷资金（含集团资金池）、担保费、各类应计息预付款和延期收付款等。

（5）劳务交易。劳务包括市场调查、营销策划、代理、设计、咨询、行政管理、技术服务、合约研发、维修、法律服务、财务管理、审计、招聘、培训、集中采购等。

（四）关联报表申报

实行查账征收的居民企业和在中国境内设立机构、场所并据实申报缴纳企业所得税的非居民企业向税务机关报送年度企业所得税纳税申报表时，应附送“中华人民共和国企业年度关联业务往来报告表”，包括“关联关系表”“关联交易汇总表”“购销表”“劳务表”“无形资产表”“固定资产表”“融通资金表”“对外投资情况表”和“对外支付款项情况表”。

企业按规定期限报送上述报告表确有困难，需要延期的，应按《税收征管法》及其实施细则的有关规定办理。

三、同期资料管理

企业应根据《企业所得税法实施条例》第一百一十四条的规定，按纳税年度准备、保存，并按税务机关要求提供其关联交易的同期资料。同期资料包括主体文档、本地文档和特殊事项文档。

（一）主体文档

1. 应当准备主体文档的企业

符合下列条件之一的企业，应当准备主体文档：

（1）年度发生跨境关联交易，且合并该企业财务报表的最终控股企业所属企业集团已准备主体文档。

（2）年度关联交易总额超过10亿元。

2. 主体文档应披露的内容

主体文档主要披露最终控股企业所属企业集团的全球业务整体情况，包括以下内容：

（1）组织架构。以图表形式说明企业集团的全球组织架构、股权结构和所有成员实体的地理分布。成员实体是指企业集团内任一营运实体，包括公司制企业、合伙企业和常设机构等。

（2）企业集团业务。

① 企业集团业务描述，包括利润的重要价值贡献因素。

② 企业集团营业收入前五位以及占营业收入超过5%的产品或者劳务的供应链及其主要市场地域分布情况。供应链情况可以采用图表形式进行说明。

③ 企业集团除研发外的重要关联劳务及简要说明，说明内容包括主要劳务提供方提供劳务的胜任能力、分配劳务成本以及确定关联劳务价格的转让定价政策。

④ 企业集团内各成员实体主要价值贡献分析，包括执行的关键功能、承担的重大风险，以及使用的重要资产。

⑤ 企业集团会计年度内发生的业务重组，产业结构调整，集团内企业功能、风险或者资产的转移。

⑥ 企业集团会计年度内发生的企业法律形式改变、债务重组、股权收购、资产收购、合并、分立等。

（3）无形资产。

① 企业集团开发、应用无形资产及确定无形资产所有权归属的整体战略，包括主要研发机构所在地和研发管理活动发生地及其主要功能、风险、资产和人员情况。

② 企业集团对转让定价安排有显著影响的无形资产或者无形资产组合，以及对应的无形资产所有权人。

③ 企业集团内各成员实体与其关联方的无形资产重要协议清单，重要协议包括成本分摊协议、主要研发服务协议和许可协议等。

④ 企业集团内与研发活动及无形资产相关的转让定价政策。

⑤ 企业集团会计年度内重要无形资产所有权和使用权关联转让情况，包括转让涉及的企业、国家以及转让价格等。

（4）融资活动。

① 企业集团内部各关联方之间的融资安排以及与非关联方的主要融资安排。

② 企业集团内提供集中融资功能的成员实体情况，包括其注册地和实际管理机构所在地。

③ 企业集团内部各关联方之间融资安排的总体转让定价政策。

（5）财务与税务状况。

① 企业集团最近一个会计年度的合并财务报表。

② 企业集团内各成员实体签订的单边预约定价安排、双边预约定价安排以及涉及国家之间所得分配的其他税收裁定的清单及简要说明。

③ 报送国别报告的企业名称及其所在地。

（二）本地文档

1. 应当准备本地文档的企业

年度关联交易金额符合下列条件之一的企业，应当准备本地文档：

（1）有形资产所有权转让金额（来料加工业务按照年度进出口报关价格计算）超过 2 亿元。

（2）金融资产转让金额超过 1 亿元。

（3）无形资产所有权转让金额超过 1 亿元。

（4）其他关联交易金额合计超过4 000万元。

2. 本地文档应披露的主要信息

本地文档主要披露企业关联交易的详细信息，包括以下内容：

（1）企业概况。

① 组织结构，包括企业各职能部门的设置、职责范围和雇员数量等。

② 管理架构，包括企业各级管理层的汇报对象以及汇报对象主要办公所在地等。

③ 业务描述，包括企业所属行业的发展概况、产业政策、行业限制等影响企业和行业的主要经济和法律问题，主要竞争者等。

④ 经营策略，包括企业各部门、各环节的业务流程，运营模式，价值贡献因素等。

⑤ 财务数据，包括企业不同类型业务及产品的收入、成本、费用及利润。

⑥ 涉及本企业或者对本企业产生影响的重组或者无形资产转让情况，以及对本企业的影响分析。

（2）关联关系。

① 关联方信息，包括直接或者间接拥有企业股权的关联方，以及与企业发生交易的关联方，内容涵盖关联方名称、法定代表人、高级管理人员的构成情况、注册地址、实际经营地址，以及关联个人的姓名、国籍、居住地等情况。

② 上述关联方适用的具有所得税性质的税种、税率及相应可享受的税收优惠。

③ 本会计年度内，企业关联关系的变化情况。

（3）关联交易。

① 关联交易概况包括关联交易描述和明细、关联交易流程、功能风险描述、交易定价影响要素和关联交易相关数据金额。同时应分别披露关联交易和非关联交易的收入、成本、费用和利润，不能直接归集的，按照合理比例划分，并说明该划分比例的依据。

② 价值链分析：企业集团内业务流、物流和资金流，包括商品、劳务或者其他交易标的从设计、开发、生产制造、营销、销售、交货、结算、消费、售后服务、循环利用等各环节及其参与方。上述各环节参与方最近会计年度的财务报表。地域特殊因素对企业创造价值贡献的计量及其归属。企业集团利润在全球价值链条中的分配原则和分配结果。

③ 对外投资：a. 对外投资基本信息，包括对外投资项目的投资地区、金额、主营业务及战略规划。b. 对外投资项目概况，包括对外投资项目的股权架构、组织结构，高级管理人员的雇佣方式，项目决策权限的归属。c. 对外投资项目数据，包括对外投资项目的营运数据。

④ 关联股权转让：股权转让概况，包括转让背景、参与方、时间、价格、支付方式，以及影响股权转让的其他因素。股权转让标的的相关信息，包括股权转让

标的所在地，出让方获取该股权的时间、方式和成本，股权转让收益等信息。尽职调查报告或者资产评估报告等与股权转让相关的其他信息。

⑤ 关联劳务：关联劳务概况，包括劳务提供方和接受方，劳务的具体内容、特性、开展方式、定价原则、支付形式，以及劳务发生后各方受益情况等。劳务成本费用的归集方法、项目、金额、分配标准、计算过程及结果等。企业及其所属企业集团与非关联方存在相同或者类似劳务交易的，还应当详细说明关联劳务与非关联劳务在定价原则和交易结果上的异同。

⑥ 与企业关联交易直接相关的，中国以外其他国家税务主管当局签订的预约定价安排和做出的其他税收裁定。

（4）可比性分析。

① 可比性分析考虑的因素，包括交易资产或者劳务特性，交易各方功能、风险和资产，合同条款，经济环境，经营策略等。

② 可比企业执行的功能、承担的风险以及使用的资产等相关信息。

③ 可比对象搜索方法、信息来源、选择条件及理由。

④ 所选取的内部或者外部可比非受控交易信息和可比企业的财务信息。

⑤ 可比数据的差异调整及理由。

（5）转让定价方法的选择和使用。

① 被测试方的选择及理由。

② 转让定价方法的选用及理由，无论选择何种转让定价方法，均须说明企业对集团整体利润或者剩余利润所做的贡献。

③ 确定可比非关联交易价格或者利润的过程中所做的假设和判断。

④ 运用合理的转让定价方法和可比性分析结果，确定可比非关联交易价格或者利润。

⑤ 其他支持所选用转让定价方法的资料。

⑥ 关联交易定价是否符合独立交易原则的分析及结论。

（三）特殊事项文档

（1）特殊事项文档包括成本分摊协议特殊事项文档和资本弱化特殊事项文档。

企业签订或者执行成本分摊协议的，应当准备成本分摊协议特殊事项文档。

企业关联债资比例超过标准比例需要说明符合独立交易原则的，应当准备资本弱化特殊事项文档。

（2）企业执行预约定价安排的，可以不准备预约定价安排涉及关联交易的本地文档和特殊事项文档，且关联交易金额不计入上述“（二）”中规定的关联交易金额范围。

（四）其他规定

（1）主体文档应当在企业集团最终控股企业会计年度终了之日起 12 个月内准

备完毕；本地文档和特殊事项文档应当在关联交易发生年度次年6月30日之前准备完毕。同期资料应当自税务机关要求之日起30日内提供。

企业因不可抗力无法按期提供同期资料的，应当在不可抗力消除后30日内提供同期资料。

（2）同期资料应当使用中文，并标明引用信息资料的出处来源。

（3）同期资料应当加盖企业印章，并由法定代表人或者法定代表人授权的代表签章。

（4）企业合并、分立的，应当由合并、分立后的企业保存同期资料。

（5）同期资料应当自税务机关要求的准备完毕之日起保存10年。

（6）企业依照有关规定进行关联申报、提供同期资料及有关资料的，税务机关实施特别纳税调查补征税款时，可以依据《企业所得税法实施条例》第一百二十二条的规定，按照税款所属纳税年度中国人民银行公布的与补税期间同期的人民币贷款基准利率加收利息。

四、转让定价方法

税务机关应当在可比性分析的基础上，选择合理的转让定价方法，对企业关联交易进行分析评估。转让定价方法包括可比非受控价格法、再销售价格法、成本加成法、交易净利润法、利润分割法及其他符合独立交易原则的方法。

（一）可比非受控价格法

可比非受控价格，是以非关联方之间进行的与关联交易相同或者类似业务活动所收取的价格作为关联交易的公平成交价格。可比非受控价格法可以适用于所有类型的关联交易。

可比非受控价格法的可比性分析，应当按照不同交易类型，特别考察关联交易与非关联交易中交易资产或者劳务的特性、合同条款、经济环境和经营策略上的差异：

1. 有形资产使用权或者所有权的转让

它包括：

（1）转让过程，包括交易时间与地点、交货条件、交货手续、支付条件、交易数量、售后服务等。

（2）转让环节，包括出厂环节、批发环节、零售环节、出口环节等。

（3）转让环境，包括民族风俗、消费者偏好、政局稳定程度以及财政、税收、外汇政策等。

（4）有形资产的性能、规格、型号、结构、类型、折旧方法等。

（5）提供使用权的时间、期限、地点、费用收取标准等。

（6）资产所有者对资产的投资支出、维修费用等。

2. 金融资产的转让

它包括：金融资产的实际持有期限、流动性、安全性、收益性。其中，股权转让交易的分析内容包括公司性质、业务结构、资产构成、所属行业、行业周期、经营模式、企业规模、资产配置和使用情况、企业所处经营阶段、成长性、经营风险、财务风险、交易时间、地理区域、股权关系、历史与未来经营情况、商誉、税收利益、流动性、经济趋势、宏观政策、企业收入和成本结构及其他因素。

3. 无形资产使用权或者所有权的转让

它包括：

（1）无形资产的类别、用途、适用行业、预期收益。

（2）无形资产的开发投资、转让条件、独占程度、可替代性、受有关国家法律保护的程度及期限、地理位置、使用年限、研发阶段、维护改良及更新的权利、受让成本和费用、功能风险情况、摊销方法以及其他影响其价值发生实质变动的特殊因素等。

4. 资金融通

它包括：融资的金额、币种、期限、担保、融资人的资信、还款方式、计息方法等。

5. 劳务交易

它包括：业务性质、技术要求、专业水准、承担责任、付款条件和方式、直接和间接成本等。

关联交易与非关联交易在以上方面存在重大差异的，应当就该差异对价格的影响进行合理调整，无法合理调整的，应当选择其他合理的转让定价方法。

（二）再销售价格法

再销售价格，是关联方购进商品再销售给非关联方的价格减去可比非关联交易毛利后的金额作为关联方购进商品的公平成交价格。其计算公式如下：

公平成交价格＝再销售给非关联方的价格 ×（1－可比非关联交易毛利率）

可比非关联交易毛利率＝可比非关联交易毛利／可比非关联交易收入净额 ×100%

再销售价格法一般适用于再销售者未对商品进行改变外形、性能、结构或者更换商标等实质性增值加工的简单加工或单纯购销业务。

再销售价格法的可比性分析，应当特别考察关联交易与非关联交易中企业执行的功能、承担的风险、使用的资产和合同条款上的差异，以及影响毛利率的其他因素，具体包括营销、分销、产品保障及服务功能，存货风险，机器、设备的价值及使用年限，无形资产的使用及价值，有价值的营销型无形资产，批发或者零售环节，商业经验，会计处理及管理效率等。

关联交易与非关联交易在以上方面存在重大差异的，应当就该差异对毛利率的影响进行合理调整，无法合理调整的，应当选择其他合理的转让定价方法。

（三）成本加成法

成本加成法以关联交易发生的合理成本加上可比非关联交易毛利后的金额作为关联交易的公平成交价格。其计算公式如下：

公平成交价格＝关联交易发生的合理成本 ×（1＋可比非关联交易成本加成率）

可比非关联交易成本加成率＝可比非关联交易毛利/可比非关联交易成本 ×100%

成本加成法一般适用于有形资产使用权或者所有权的转让、资金融通、劳务交易等关联交易。

成本加成法的可比性分析，应当特别考察关联交易与非关联交易中企业执行的功能、承担的风险、使用的资产和合同条款上的差异，以及影响成本加成率的其他因素，具体包括制造、加工、安装及测试功能，市场及汇兑风险，机器、设备的价值及使用年限，无形资产的使用及价值，商业经验，会计处理，生产及管理效率等。

关联交易与非关联交易在以上方面存在重大差异的，应当就该差异对成本加成率的影响进行合理调整，无法合理调整的，应当选择其他合理的转让定价方法。

（四）交易净利润法

交易净利润法以可比非关联交易的利润指标确定关联交易的利润。利润指标包括息税前利润率、完全成本加成率、资产收益率、贝里比率等。具体计算公式如下：

息税前利润率＝息税前利润/营业收入 ×100%

完全成本加成率＝息税前利润/完全成本 ×100%

资产收益率＝息税前利润/［（年初资产总额＋年末资产总额）/2］×100%

贝里比率＝毛利/（营业费用＋管理费用）×100%

利润指标的选取应当反映交易各方执行的功能、承担的风险和使用的资产。利润指标的计算以企业会计处理为基础，必要时可以对指标口径进行合理调整。

交易净利润法一般适用于不拥有重大价值无形资产企业的有形资产使用权或者所有权的转让和受让、无形资产使用权受让以及劳务交易等关联交易。

交易净利润法的可比性分析，应当特别考察关联交易与非关联交易中企业执行的功能、承担的风险和使用的资产，经济环境上的差异，以及影响利润的其他因素，具体包括行业和市场情况，经营规模，经济周期和产品生命周期，收入、成本、费用和资产在各交易间的分配，会计处理及经营管理效率等。

关联交易与非关联交易在以上方面存在重大差异的，应当就该差异对利润的影响进行合理调整，无法合理调整的，应当选择其他合理的转让定价方法。

（五）利润分割法

利润分割法根据企业与其关联方对关联交易合并利润（实际或者预计）的贡献计算各自应当分配的利润额。利润分割法主要包括一般利润分割法和剩余利润分割法。

一般利润分割法通常根据关联交易各方所执行的功能、承担的风险和使用的资产，采用符合独立交易原则的利润分割方式，确定各方应当取得的合理利润；当难以获取可比交易信息但能合理确定合并利润时，可以结合实际情况考虑与价值贡献相关的收入、成本、费用、资产、雇员人数等因素，分析关联交易各方对价值做出的贡献，将利润在各方之间进行分配。

剩余利润分割法将关联交易各方的合并利润减去分配给各方的常规利润后的余额作为剩余利润，再根据各方对剩余利润的贡献程度进行分配。

利润分割法一般适用于企业及其关联方均对利润创造具有独特贡献，业务高度整合且难以单独评估各方交易结果的关联交易。利润分割法的适用应当体现利润应在经济活动发生地和价值创造地征税的基本原则。

利润分割法的可比性分析，应当特别考察关联交易各方执行的功能、承担的风险和使用的资产，收入、成本、费用和资产在各方之间的分配，成本节约、市场溢价等地域特殊因素，以及其他价值贡献因素，确定各方对剩余利润贡献所使用的信息和假设条件的可靠性等。

（六）其他符合独立交易原则方法

其他符合独立交易原则的方法包括成本法、市场法和收益法等资产评估方法，以及其他能够反映利润与经济活动发生地和价值创造地相匹配原则的方法。

（1）成本法是以替代或者重置原则为基础，通过在当前市场价格下创造一项相似资产所发生的支出确定评估标的价值的评估方法。成本法适用于能够被替代的资产价值评估。

（2）市场法是利用市场上相同或者相似资产的近期交易价格，经过直接比较或者类比分析以确定评估标的价值的评估方法。市场法适用于在市场上能找到与评估标的相同或者相似的非关联可比交易信息时的资产价值评估。

（3）收益法是通过评估标的未来预期收益现值来确定其价值的评估方法。收益法适用于企业整体资产和可预期未来收益的单项资产评估。

税务机关分析评估被调查企业关联交易时，应当在分析评估交易各方功能风险的基础上，选择功能相对简单的一方作为被测试对象。

税务机关在进行可比性分析时，优先使用公开信息，也可以使用非公开信息。

税务机关分析评估被调查企业关联交易是否符合独立交易原则时，可以根据实际情况选择算术平均法、加权平均法或者四分位法等统计方法，逐年分别或者多年度平均计算可比企业利润或者价格的平均值或者四分位区间。

税务机关应当按照可比利润水平或者可比价格对被调查企业各年度关联交易进行逐年测试调整。

税务机关采用四分位法分析评估企业利润水平时，企业实际利润水平低于可比企业利润率区间中位值的，原则上应当按照不低于中位值进行调整。

五、预约定价安排管理

预约定价安排是指企业就其未来年度关联交易的定价原则和计算方法，向税务机关提出申请，与税务机关按照独立交易原则协商、确认后达成的一种事先安排的协议。

预约定价安排的谈签与执行经过预备会谈、谈签意向、分析评估、正式申请、协商签署和监控执行六个阶段。预约定价安排包括单边、双边和多边三种类型。

（一）预约定价安排适用范围

（1）预约定价安排一般适用于主管税务机关向企业送达接受其谈签意向的《税务事项通知书》之日所属纳税年度前3个年度的关联交易金额4 000万元人民币以上的企业。

（2）预约定价安排适用于主管税务机关向企业送达接受其谈签意向的“税务事项通知书”之日所属纳税年度起3至5个年度的关联交易。

企业以前年度的关联交易与预约定价安排适用年度相同或者类似的，经企业申请，税务机关可以将预约定价安排确定的定价原则和计算方法追溯适用于以前年度该关联交易的评估和调整。追溯期最长为10年。

预约定价安排的谈签不影响税务机关对企业不适用预约定价安排的年度及关联交易的特别纳税调查调整和监控管理。

（二）预约定价安排预备会谈

（1）企业有谈签预约定价安排意向的，应当向税务机关书面提出预备会谈申请。税务机关可以与企业开展预备会谈。

（2）企业申请单边预约定价安排的，应当向主管税务机关书面提出预备会谈申请，提交“预约定价安排预备会谈申请书”。主管税务机关负责组织与企业开展预备会谈。

企业申请双边或多边预约定价安排的，应当同时向国家税务总局和主管税务机关书面提出预备会谈申请，提交“预约定价安排预备会谈申请书”。国家税务总局统一组织与企业开展预备会谈。

（3）预备会谈期间，企业应当就以下内容做出简要说明：

① 预约定价安排的适用年度。

② 预约定价安排涉及的关联方及关联交易。

③ 企业及其所属企业集团的组织结构和管理架构。

④ 企业最近 3 至 5 个年度生产经营情况、同期资料等。

⑤ 预约定价安排涉及各关联方功能和风险的说明，包括功能和风险划分所依据的机构、人员、费用、资产等。

⑥ 市场情况的说明，包括行业发展趋势和竞争环境等。

⑦ 是否存在成本节约、市场溢价等地域特殊优势。

⑧ 预约定价安排是否追溯适用以前年度。

⑨ 其他需要说明的情况。

（4）企业申请双边或者多边预约定价安排的，说明内容还应当包括：

① 向税收协定缔约对方税务主管当局提出预约定价安排申请的情况；

② 预约定价安排涉及的关联方最近 3 至 5 个年度生产经营情况及关联交易情况；

③ 是否涉及国际重复征税及其说明。

（5）预备会谈期间，企业应当按照税务机关的要求补充资料。

（三）预约定价安排谈签意向

税务机关和企业在预备会谈期间达成一致意见的，主管税务机关向企业送达同意其提交谈签意向的“税务事项通知书”。企业收到“税务事项通知书”后向税务机关提出谈签意向。

企业申请单边预约定价安排的，应当向主管税务机关提交“预约定价安排谈签意向书”，并附送单边预约定价安排申请草案。该申请草案应当包括预约定价安排的适用年度、安排涉及的关联方及关联交易、安排涉及各关联方功能和风险、安排使用的定价原则和计算方法、企业及其所属企业集团的组织结构和管理架构以及企业最近三至五个年度生产经营情况、财务会计报告、审计报告、同期资料等内容。

企业申请双边或者多边预约定价安排的，应当同时向国家税务总局和主管税务机关提交“预约定价安排谈签意向书”，并附送双边或者多边预约定价安排申请草案。申请草案除上包括单边预约定价安排申请草案的相关内容外，还应当包括：

（1）向税收协定缔约对方税务主管当局提出预约定价安排申请的情况。

（2）预约定价安排涉及的关联方最近 3 至 5 个年度生产经营情况及关联交易情况。

（3）是否涉及国际重复征税及其说明。

（四）预约定价安排分析评估

企业提交谈签意向后，税务机关应当分析预约定价安排申请草案内容，评估其是否符合独立交易原则。根据分析评估的具体情况可以要求企业补充提供有关资料。

税务机关可以从以下方面进行分析评估：

（1）功能和风险状况。分析评估企业与其关联方之间在供货、生产、运输、销售等各环节以及在研究、开发无形资产等方面各自做出的贡献、执行的功能以及在存货、信贷、外汇、市场等方面承担的风险。

（2）可比交易信息。分析评估企业提供的可比交易信息，对存在的实质性差异进行调整。

（3）关联交易数据。分析评估预约定价安排涉及的关联交易的收入、成本、费用和利润是否单独核算或者按照合理比例划分。

（4）定价原则和计算方法。分析评估企业在预约定价安排中采用的定价原则和计算方法。如申请追溯适用以前年度的，应当做出说明。

（5）价值链分析和贡献分析。评估企业对价值链或者供应链的分析是否完整、清晰，是否充分考虑成本节约、市场溢价等地域特殊优势，是否充分考虑本地企业对价值创造的贡献等。

（6）交易价格或者利润水平。根据上述分析评估结果，确定符合独立交易原则的价格或者利润水平。

（7）假设条件。分析评估影响行业利润水平和企业生产经营的因素及程度，合理确定预约定价安排适用的假设条件。

（五）预约定价安排正式申请

分析评估阶段，税务机关可以与企业就预约定价安排申请草案进行讨论。税务机关可以进行功能和风险实地访谈。税务机关认为预约定价安排申请草案不符合独立交易原则的，企业应当与税务机关协商，并进行调整；税务机关认为预约定价安排申请草案符合独立交易原则的，主管税务机关向企业送达同意其提交正式申请的《税务事项通知书》，企业收到通知后，可以向税务机关提交《预约定价安排正式申请书》，并附送预约定价安排正式申请报告。

（1）企业申请单边预约定价安排的，应当向主管税务机关提交上述资料。企业申请双边或者多边预约定价安排的，应当同时向国家税务总局和主管税务机关提交上述资料，并按照有关规定提交启动特别纳税调整相互协商程序的申请。

（2）有下列情形之一的，税务机关可以拒绝企业提交正式申请：

① 预约定价安排申请草案拟采用的定价原则和计算方法不合理，且企业拒绝协商调整。

② 企业拒不提供有关资料或者提供的资料不符合税务机关要求，且不按时补

正或者更正。

③ 企业拒不配合税务机关进行功能和风险实地访谈。

④ 其他不适合谈签预约定价安排的情况。

（六）预约定价安排协商签署

税务机关应当在分析评估的基础上形成协商方案，并据此开展协商工作。

（1）主管税务机关与企业开展单边预约定价安排协商，协商达成一致的，拟定单边预约定价安排文本。国家税务总局与税收协定缔约对方税务主管当局开展双边或者多边预约定价安排协商，协商达成一致的，拟定双边或者多边预约定价安排文本。

（2）预约定价安排文本可以包括以下内容：

① 企业及其关联方名称、地址等基本信息。

② 预约定价安排涉及的关联交易及适用年度。

③ 预约定价安排选用的定价原则和计算方法，以及可比价格或者可比利润水平等。

④ 与转让定价方法运用和计算基础相关的术语定义。

⑤ 假设条件及假设条件变动通知义务。

⑥ 企业年度报告义务。

⑦ 预约定价安排的效力。

⑧ 预约定价安排的续签。

⑨ 预约定价安排的生效、修订和终止。

⑩ 争议的解决。

⑪ 文件资料等信息的保密义务。

⑫ 单边预约定价安排的信息交换。

⑬ 附则。

（3）主管税务机关与企业就单边预约定价安排文本达成一致后，双方的法定代表人或者法定代表人授权的代表签署单边预约定价安排。

国家税务总局与税收协定缔约对方税务主管当局就双边或者多边预约定价安排文本达成一致后，双方或者多方税务主管当局授权的代表签署双边或者多边预约定价安排。国家税务总局应当将预约定价安排转发主管税务机关。主管税务机关应当向企业送达“税务事项通知书”，附送预约定价安排，并做好执行工作。

（七）预约定价安排监控执行

（1）预约定价安排执行期间，企业应当完整保存与预约定价安排有关的文件和资料，包括账簿和有关记录等，不得丢失、销毁和转移。

企业应当在纳税年度终了后 6 个月内，向主管税务机关报送执行预约定价安排情况的纸质版和电子版年度报告，主管税务机关将电子版年度报告报送国家税务总局；涉及双边或者多边预约定价安排的，企业应当向主管税务机关报送执行预约定价安排情况的纸质版和电子版年度报告，同时将电子版年度报告报送国家税务总局。

年度报告应当说明报告期内企业经营情况以及执行预约定价安排的情况。需要修订、终止预约定价安排，或者有未决问题或者预计将要发生问题的，应当做出说明。

（2）预约定价安排执行期间，主管税务机关应当每年监控企业执行预约定价安排的情况。监控内容主要包括：企业是否遵守预约定价安排条款及要求；年度报告是否反映企业的实际经营情况；预约定价安排所描述的假设条件是否仍然有效等。

（3）预约定价安排执行期间，企业发生影响预约定价安排的实质性变化，应当在发生变化之日起 30 日内书面报告主管税务机关，详细说明该变化对执行预约定价安排的影响，并附送相关资料。由于非主观原因而无法按期报告的，可以延期报告，但延长期限不得超过 30 日。

税务机关应当在收到企业书面报告后，分析企业实质性变化情况，根据实质性变化对预约定价安排的影响程度，修订或者终止预约定价安排。签署的预约定价安排终止执行的，税务机关可以和企业按照本公告规定的程序和要求，重新谈签预约定价安排。

（4）国家税务局和地方税务局与企业共同签署的预约定价安排，在执行期间，企业应当分别向国家税务局和地方税务局报送年度报告和实质性变化报告。国家税务局和地方税务局应当对企业执行预约定价安排的情况，实施联合监控。

（八）预约定价安排其他事项

（1）预约定价安排期满后自动失效。企业申请续签的，应当在预约定价安排执行期满之日前 90 日内向税务机关提出续签申请，报送“预约定价安排续签申请书”，并提供执行现行预约定价安排情况的报告，现行预约定价安排所述事实和经营环境是否发生实质性变化的说明材料以及续签预约定价安排年度的预测情况等相关资料。

（2）预约定价安排采用四分位法确定价格或者利润水平，在预约定价安排执行期间，如果企业当年实际经营结果在四分位区间之外，税务机关可以将实际经营结果调整到四分位区间中位值。预约定价安排执行期满，企业各年度经营结果的加权平均值低于区间中位值，且未调整至中位值的，税务机关不再受理续签申请。

双边或者多边预约定价安排执行期间存在上述问题的，主管税务机关应当及时将有关情况呈报国家税务总局。

（3）预约定价安排执行期间，主管税务机关与企业发生分歧的，双方应当进行协商。协商不能解决的，可以报上一级税务机关协调；涉及双边或者多边预约定价安排的，必须层报国家税务总局协调。对上一级税务机关或者国家税务总局的决定，下一级税务机关应当予以执行。企业仍不能接受的，可以终止预约定价安排的执行。

（4）在预约定价安排签署前，税务机关和企业均可暂停、终止预约定价安排程序。税务机关发现企业或其关联方故意不提供与谈签预约定价安排有关的必要资料，或者提供虚假、不完整资料，或者存在其他不配合的情形，使预约定价安排难以达成一致的，可以暂停、终止预约定价安排程序。涉及双边或者多边预约定价安排的，经税收协定缔约各方税务主管当局协商，可以暂停、终止预约定价安排程序。税务机关暂停、终止预约定价安排程序的，应当向企业送达“税务事项通知书”，并说明原因；企业暂停、终止预约定价安排程序的，应当向税务机关提交书面说明。

（5）没有按照规定的权限和程序签署预约定价安排，或税务机关发现企业隐瞒事实的，应当认定预约定价安排自始无效，并向企业送达“税务事项通知书”，说明原因；发现企业拒不执行预约定价安排或者存在违反预约定价安排的其他情况，可以视情况进行处理，直至终止预约定价安排。

（6）预约定价安排同时涉及两个或者两个以上省、自治区、直辖市和计划单列市税务机关的，或者同时涉及国家税务局和地方税务局的，由国家税务总局统一组织协调。

企业申请上述单边预约定价安排的，应当同时向国家税务总局及其指定的税务机关提出谈签预约定价安排的相关申请。国家税务总局可以与企业统一签署单边预约定价安排，或者指定税务机关与企业统一签署单边预约定价安排，也可以由各主管税务机关与企业分别签署单边预约定价安排。

（7）单边预约定价安排涉及一个省、自治区、直辖市和计划单列市内两个或者两个以上主管税务机关，且仅涉及国家税务局或者地方税务局的，由省、自治区、直辖市和计划单列市相应税务机关统一组织协调。

（8）税务机关与企业在预约定价安排谈签过程中取得的所有信息资料，双方均负有保密义务。除依法应当向有关部门提供信息的情况外，未经纳税人同意，税务机关不得以任何方式泄露预约定价安排相关信息。

税务机关与企业不能达成预约定价安排的，税务机关在协商过程中所取得的有关企业的提议、推理、观念和判断等非事实性信息，不得用于对该预约定价安排涉及关联交易的特别纳税调查调整。

六、成本分摊协议管理

企业与其关联方签署成本分摊协议，共同开发、受让无形资产，或者共同提供、接受劳务，应符合相关规定。成本分摊协议的参与方对开发、受让的无形资产或参与的劳务活动享有受益权，并承担相应的活动成本。关联方承担的成本应与非关联方在可比条件下为获得上述受益权而支付的成本相一致。

（1）参与方使用成本分摊协议所开发或受让的无形资产不需另支付特许权使用费。

（2）企业对成本分摊协议所涉及无形资产或劳务的受益权应有合理的、可计量的预期收益，且以合理商业假设和营业常规为基础。

（3）涉及劳务的成本分摊协议一般适用于集团采购和集团营销策划。

（4）成本分摊协议主要包括以下内容：① 参与方的名称、所在国家（地区）、关联关系、在协议中的权利和义务；② 成本分摊协议所涉及的无形资产或劳务的内容、范围，协议涉及研发或劳务活动的具体承担者及其职责、任务；③ 协议期限；④ 参与方预期收益的计算方法和假设；⑤ 参与方初始投入和后续成本支付的金额、形式、价值确认的方法以及符合独立交易原则的说明；⑥ 参与方会计方法的运用及变更说明；⑦ 参与方加入或退出协议的程序及处理规定；⑧ 参与方之间补偿支付的条件及处理规定；⑨ 协议变更或终止的条件及处理规定；⑩ 非参与方使用协议成果的规定。

（5）企业应自成本分摊协议达成之日起 30 日内，呈报国家税务总局备案。税务机关判定成本分摊协议是否符合独立交易原则须呈报国家税务总局审核。

（6）已经执行并形成一定资产的成本分摊协议，参与方发生变更或协议终止执行，应根据独立交易原则做如下处理：① 加入支付，即新参与方为获得已有协议成果的受益权应做出合理的支付；② 退出补偿，即原参与方退出协议安排，将已有协议成果的受益权转让给其他参与方应获得合理的补偿；③ 参与方变更后，应对各方受益和成本分摊情况做出相应调整；④ 协议终止时，各参与方应对已有协议成果做出合理分配。

企业不按独立交易原则对上述情况做出处理而减少其应纳税所得额的，税务机关有权做出调整。

（7）成本分摊协议执行期间，参与方实际分享的收益与分摊的成本不相配比的，应根据实际情况做出补偿调整。

（8）对于符合独立交易原则的成本分摊协议，有关税务处理如下：① 企业按照协议分摊的成本，应在协议规定的各年度税前扣除；② 涉及补偿调整的，应在补偿调整的年度计入应纳税所得额；③ 涉及无形资产的成本分摊协议，加入支付、退出补偿或终止协议时对协议成果分配的，应按资产购置或处置的有关规定处理。

（9）企业可根据上述预约定价安排的规定采取预约定价安排的方式达成成本分摊协议。

（10）企业执行成本分摊协议期间，除遵照前述同期资料管理的规定外，还应准备和保存以下成本分摊协议的同期资料：① 成本分摊协议副本；② 各参与方之间达成的为实施成本分摊协议的其他协议；③ 非参与方使用协议成果的情况、支付的金额和形式，以及支付金额在参与方之间的分配方式；④ 本年度成本分摊协议的参与方加入或者退出的情况，包括加入或者退出的参与方名称、所在国家和关联关系，加入支付或者退出补偿的金额及形式；⑤ 成本分摊协议的变更或者终止情况，包括变更或者终止的原因、对已形成协议成果的处理或者分配；⑥ 本年度按照成本分摊协议发生的成本总额及构成情况；⑦ 本年度各参与方成本分摊的情况，包括成本支付的金额、形式和对象，做出或者接受补偿支付的金额、形式和对象；⑧ 本年度协议预期收益与实际收益的比较以及由此做出的调整；⑨ 预期收益的计算，包括计量参数的选取、计算方法和改变理由。

企业执行成本分摊协议期间，无论成本分摊协议是否采取预约定价安排的方式，均应在本年度的次年 6 月 20 日之前向税务机关提供成本分摊协议的同期资料。

（11）企业与其关联方签署成本分摊协议，有下列情形之一的，其自行分摊的成本不得税前扣除：① 不具有合理商业目的和经济实质；② 不符合独立交易原则；③ 没有遵循成本与收益配比原则；④ 未按本办法有关规定备案或准备、保存和提供有关成本分摊协议的同期资料；⑤ 自签署成本分摊协议之日起经营期限少于 20 年。

七、受控外国企业管理

受控外国企业是指根据《企业所得税法》的规定，由居民企业，或者由居民企业和居民个人（以下统称中国居民股东，包括中国居民企业股东和中国居民个人股东）控制的设立在实际税负低于《企业所得税法》规定税率水平 50% 的国家（地区），并非出于合理经营需要对利润不做分配或减少分配的外国企业。

上述所称控制，是指在股份、资金、经营、购销等方面构成实质控制。其中，股份控制是指由中国居民股东在纳税年度任何一天单层直接或多层间接单一持有外国企业 10% 以上有表决权股份，且共同持有该外国企业 50% 以上股份。

中国居民股东多层间接持有股份按各层持股比例相乘计算，中间层持有股份超过 50% 的，按 100% 计算。

受控外国企业管理的主要方法有：

（1）中国居民企业股东应在年度企业所得税纳税申报时提供对外投资信息，附送“对外投资情况表”。

（2）税务机关应汇总、审核中国居民企业股东申报的对外投资信息，向受控外国企业的中国居民企业股东送达“受控外国企业中国居民股东确认通知书”。中国居民企业股东符合《企业所得税法》第四十五条征税条件的，按照有关规定征税。

（3）计入中国居民企业股东当期的视同受控外国企业股息分配的所得，应按以下公式计算：

$$\text{中国居民企业股东当期所得} = \text{视同股息分配额} \times \frac{\text{实际持股天数}}{\text{受控外国企业纳税年度天数}} \times \text{股东持股比例}$$

中国居民股东多层间接持有股份的，股东持股比例按各层持股比例相乘计算。

（4）受控外国企业与中国居民企业股东纳税年度存在差异的，应将视同股息分配所得计入受控外国企业纳税年度终止日所属的中国居民企业股东的纳税年度。

（5）计入中国居民企业股东当期所得已在境外缴纳的企业所得税税款，可按照所得税法或税收协定的有关规定抵免。

（6）受控外国企业实际分配的利润已根据《企业所得税法》第四十五条规定征税的，不再计入中国居民企业股东的当期所得。

（7）中国居民企业股东能够提供资料证明其控制的外国企业满足以下条件之一的，可免于将外国企业不做分配或减少分配的利润视同股息分配额，计入中国居民企业股东的当期所得：① 设立在国家税务总局指定的非低税率国家（地区）；② 主要取得积极经营活动所得；③ 年度利润总额低于 500 万元人民币。

八、资本弱化管理

企业从其关联方接受的债权性投资与权益性投资的比例超过规定标准而发生的利息支出，不得在计算应纳税所得额时扣除。不得扣除的利息支出应按以下公式计算：

$$\text{不得扣除利息支出} = \text{年度实际支付的全部关联方利息} \times \left(1 - \frac{\text{标准比例}}{\text{关联债资比例}}\right)$$

其中：

标准比例是指《财政部、国家税务总局关于企业关联方利息支出税前扣除标准有关税收政策问题的通知》（财税〔2008〕121 号）规定的比例。

关联债资比例是指根据《企业所得税法》第四十六条及《企业所得税法实施条例》第一百一十九条的规定，企业从其全部关联方接受的债权性投资（简称关联债权投资）占企业接受的权益性投资（简称权益投资）的比例，关联债权投资包括关联方以各种形式提供担保的债权性投资。

（1）关联债资比例的具体计算公式为：

$$\text{关联债资比例} = \frac{\text{年度各月平均关联债权投资之和}}{\text{年度各月平均权益投资之和}}$$

其中：

$$\text{各月平均关联债权投资} = (\text{关联债权投资月初账面余额} + \text{月末账面余额}) \div 2$$

$$\text{各月平均权益投资} = (\text{权益投资月初账面余额} + \text{月末账面余额}) \div 2$$

权益投资为企业资产负债表所列示的所有者权益金额。如果所有者权益小于实收资本（股本）与资本公积之和，则权益投资为实收资本（股本）与资本公积之和；如果实收资本（股本）与资本公积之和小于实收资本（股本）金额，则权益投资为实收资本（股本）金额。

（2）《企业所得税法》第四十六条所称的利息支出包括直接或间接关联债权投资实际支付的利息、担保费、抵押费和其他具有利息性质的费用。

（3）《企业所得税法》第四十六条规定不得在计算应纳税所得额时扣除的利息支出，不得结转到以后纳税年度，应按照实际支付给各关联方利息占关联方利息总额的比例，在各关联方之间进行分配。其中，分配给实际税负高于企业的境内关联方的利息准予扣除；直接或间接实际支付给境外关联方的利息应视同分配的股息，按照股息和利息分别适用的所得税税率差补征企业所得税，如已扣缴的所得税税款多于按股息计算应征所得税税款，多出的部分不予退税。

（4）企业未按规定准备、保存和提供同期资料证明关联债权投资金额、利率、期限、融资条件以及债资比例等符合独立交易原则的，其超过标准比例的关联方利息支出不得在计算应纳税所得额时扣除。

上述所称"实际支付利息"，是指企业按照权责发生制原则计入相关成本、费用的利息。企业实际支付关联方利息存在转让定价问题的，税务机关应首先按照前述的有关规定实施转让定价调查调整。

九、一般反避税管理

自 2015 年 2 月 1 日起，税务机关按照《企业所得税法》第四十七条、《企业所得税法实施条例》第一百二十条的规定，对企业实施的不具有合理商业目的而获取税收利益的避税安排，按照《国家税务总局一般反避税管理办法（试行）》（2014 年国家税务总局令第 32 号）实施特别纳税调整。

（一）避税安排的特征

（1）以获取税收利益为唯一目的或者主要目的。

（2）以形式符合税法规定、但与其经济实质不符的方式获取税收利益。

上述所称税收利益，是指减少、免除或者推迟缴纳企业所得税应纳税额。

（二）一般反避税的调整方法

税务机关对企业的避税安排，应当以具有合理商业目的和经济实质的类似安排为基准，按照实质重于形式的原则实施特别纳税调整。调整方法包括：

（1）对安排的全部或者部分交易重新定性。

（2）在税收上否定交易方的存在，或者将该交易方与其他交易方视为同一实体。

（3）对相关所得、扣除、税收优惠、境外税收抵免等重新定性或者在交易各方间重新分配。

（4）其他合理方法。

企业的安排属于转让定价、成本分摊、受控外国企业、资本弱化等其他特别纳税调整范围的，应当首先适用其他特别纳税调整相关规定。

企业的安排属于受益所有人、利益限制等税收协定执行范围的，应当首先适用税收协定执行的相关规定。

（三）一般反避税管理程序

一般反避税管理程序包括立案、调查、结案和争议处理四个环节。

1. 立案

各级税务机关应当结合工作实际，应用各种数据资源，如企业所得税汇算清缴、纳税评估、同期资料管理、对外支付税务管理、股权转让交易管理、税收协定执行等，及时发现一般反避税案源。

主管税务机关发现企业存在避税嫌疑的，层报省、自治区、直辖市和计划单列市（以下简称省）税务机关复核同意后，报税务总局申请立案。

省税务机关应当将税务总局形成的立案申请审核意见转发主管税务机关。税务总局同意立案的，主管税务机关实施一般反避税调查。

2. 调查

主管税务机关实施一般反避税调查时，应当向被调查企业送达《税务检查通知书》。被调查企业认为其安排不属于本办法所称避税安排的，应当自收到"税务检查通知书"之日起 60 日内提供安排的相关背景资料，如安排的商业目的等说明文件、安排的内部决策和管理资料、安排涉及的详细交易资料等。企业因特殊情况不能按期提供的，可以向主管税务机关提交书面延期申请，经批准可以延期提供，但是最长不得超过 30 日。主管税务机关应当自收到企业延期申请之日起 15 日内书面回复。逾期未回复的，视同税务机关同意企业的延期申请。

企业拒绝提供资料的，主管税务机关可以按照《税收征管法》第三十五条的规定进行核定。

主管税务机关实施一般反避税调查时，还可以要求为企业筹划安排的单位或者个人（以下简称筹划方）提供有关资料及证明材料。

3. 结案

（1）主管税务机关根据调查过程中获得的相关资料，自税务总局同意立案之日起 9 个月内进行审核，综合判断企业是否存在避税安排，形成案件不予调整或者初步调整方案的意见和理由，层报省税务机关复核同意后，报税务总局申请结案。

（2）主管税务机关应当根据税务总局形成的结案申请审核意见，分别按照以下情况进行处理：

① 同意不予调整的，向被调查企业下发"特别纳税调查结论通知书"。

② 同意初步调整方案的，向被调查企业下发"特别纳税调查初步调整通知书"。

③ 税务总局有不同意见的，按照税务总局的意见修改后再次层报审核。

被调查企业在收到“特别纳税调查初步调整通知书”之日起 7 日内未提出异议的，主管税务机关应当下发“特别纳税调查调整通知书”。

被调查企业在收到“特别纳税调查初步调整通知书”之日起 7 日内提出异议，但是主管税务机关经审核后认为不应采纳的，应将被调查企业的异议及不应采纳的意见和理由层报省税务机关复核同意后，报税务总局再次申请结案。

（3）主管税务机关应当根据税务总局考虑企业异议形成的结案申请审核意见，分别按照以下情况进行处理：

① 同意不应采纳企业所提异议的，向被调查企业下发“特别纳税调查调整通知书”。

② 同意修改后调整方案的，向被调查企业下发“特别纳税调查调整通知书”。

③ 税务总局有不同意见的，按照税务总局的意见修改后再次层报审核。

4. 争议处理

（1）被调查企业对主管税务机关作出的一般反避税调整决定不服的，可以按照有关法律法规的规定申请法律救济。

（2）主管税务机关作出的一般反避税调整方案导致国内双重征税的，由税务总局统一组织协调解决。

（3）被调查企业认为我国税务机关作出的一般反避税调整，导致国际双重征税或者不符合税收协定规定征税的，可以按照税收协定及其相关规定申请启动相互协商程序。

十、法律责任

税务机关对企业实施特别纳税调整的，应当根据《企业所得税法》及其实施条例的有关规定对 2008 年 1 月 1 日以后发生交易补征的企业所得税按日加收利息。

特别纳税调查调整补缴的税款，应当按照应补缴税款所属年度的先后顺序确定补缴税款的所属年度，以入库日为截止日，分别计算应加收的利息额：

（1）企业在“特别纳税调查调整通知书”送达前缴纳或者送达后补缴税款的，应当自税款所属纳税年度的次年 6 月 1 日起至缴纳或者补缴税款之日止计算加收利息。企业超过“特别纳税调查调整通知书”补缴税款期限仍未缴纳税款的，应当自补缴税款期限届满次日起按照税收征管法及其实施细则的有关规定加收滞纳金，在加收滞纳金期间不再加收利息。

（2）利息率按照税款所属纳税年度 12 月 31 日公布的与补税期间同期的中国人民银行人民币贷款基准利率（以下简称基准利率）加 5 个百分点计算，并按照一年 365 天折算日利息率。

（3）企业按照有关规定提供同期资料及有关资料的，或者按照有关规定不需要准备同期资料但根据税务机关要求提供其他相关资料的，可以只按照基准利率加收利息。

企业自行调整补税且主动提供同期资料等有关资料，或者按照有关规定不需要准备同期资料但根据税务机关要求提供其他相关资料的，其2008年1月1日以后发生交易的自行调整补税按照基准利率加收利息。

被调查企业在税务机关实施特别纳税调查调整期间申请变更经营地址或者注销税务登记的，税务机关在调查结案前原则上不予办理税务变更、注销手续。

第九节　征收管理

一、纳税地点

（1）除税收法律、行政法规另有规定外，居民企业以企业登记注册地为纳税地点。但登记注册地在境外的，以实际管理机构所在地为纳税地点。企业登记注册地是指企业依照国家有关规定登记注册的住所地。

（2）居民企业在中国境内设立不具有法人资格的营业机构的，应当汇总计算并缴纳企业所得税。企业汇总计算并缴纳企业所得税时，应当统一核算应纳税所得额，具体办法由国务院财政、税务主管部门另行制定。

（3）非居民企业在中国境内设立机构、场所的，应当就其所设机构、场所取得的来源于中国境内的所得，以及发生在中国境外但与其所设机构、场所有实际联系的所得，以机构、场所所在地为纳税地点。非居民企业在中国境内设立两个或者两个以上机构、场所的，经税务机关审核批准，可以选择由其主要机构、场所汇总缴纳企业所得税。

（4）非居民企业在中国境内未设立机构、场所的，或者虽设立机构、场所但取得的所得与其所设机构、场所没有实际联系的所得，以扣缴义务人所在地为纳税地点。

（5）除国务院另有规定外，企业之间不得合并缴纳企业所得税。

二、纳税期限

企业所得税按年计征，分月或者分季预缴，年终汇算清缴，多退少补。

企业所得税的纳税年度，自公历1月1日起至12月31日止。企业在一个纳税年度的中间开业，或者由于合并、关闭等原因终止经营活动，使该纳税年度的实际经营期不足12个月的，应当以其实际经营期为1个纳税年度。企业清算时，应当以清算期间作为1个纳税年度。

自年度终了之日起5个月内，向税务机关报送年度企业所得税纳税申报表，并汇算清缴，结清应缴应退税款。

企业在年度中间终止经营活动的，应当自实际经营终止之日起60日内，向税务机关办理当期企业所得税汇算清缴。

三、纳税申报

按月或按季预缴的，应当自月份或者季度终了之日起15日内，向税务机关报送预缴企业所得税纳税申报表，预缴税款。

企业在报送企业所得税纳税申报表时，应当按照规定附送财务会计报告和其他有关资料。

企业应当在办理注销登记前，就其清算所得向税务机关申报并依法缴纳企业所得税。

依照《企业所得税法》缴纳的企业所得税，以人民币计算。所得以人民币以外的货币计算的，应当折合成人民币计算并缴纳税款。

企业在纳税年度内无论盈利或者亏损，都应当依照《企业所得税法》第五十四条规定的期限，向税务机关报送预缴企业所得税纳税申报表、年度企业所得税纳税申报表、财务会计报告和税务机关规定应当报送的其他有关资料。

四、源泉扣缴

为规范和加强非居民企业所得税源泉扣缴管理，根据《企业所得税法》及其实施条例、《税收征管法》及其实施细则、《税务登记管理办法》、中国政府对外签署的避免双重征税协定等相关法律法规，制定《非居民企业所得税源泉扣缴管理暂行办法》。

（一）扣缴义务人

对非居民企业取得来源于中国境内的股息、红利等权益性投资收益和利息、租金、特许权使用费所得、转让财产所得以及其他所得应当缴纳的企业所得税，实行源泉扣缴，以支付人为扣缴义务人。

上述所称支付人，是指依照有关法律规定或者合同约定对非居民企业直接负有支付相关款项义务的单位或者个人。

（二）征收管理

（1）扣缴义务人在每次向非居民企业支付或者到期应支付上述情形的所得时，应从支付或者到期应支付的款项中扣缴企业所得税。

所称到期应支付的款项，是指支付人按照权责发生制原则应当计入相关成本、费用的应付款项。

（2）扣缴义务人每次代扣代缴税款时，应当向其主管税务机关报送“中华人民共和国扣缴企业所得税报告表”（简称扣缴表）及相关资料，并自代扣之日起7日内缴入国库。

（3）因非居民企业拒绝代扣税款的，扣缴义务人应当暂停支付相当于非居民企业应纳税款的款项，并在1日之内向其主管税务机关报告，并报送书面情况说明。

（4）扣缴义务人未依法扣缴或者无法履行扣缴义务的，非居民企业应于扣缴义务人支付或者到期应支付之日起7日内，到所得发生地主管税务机关申报缴纳企业所得税。

股权转让交易双方为非居民企业且在境外交易的，由取得所得的非居民企业自行或委托代理人向被转让股权的境内企业所在地主管税务机关申报纳税。被转让股权的境内企业应协助税务机关向非居民企业征缴税款。

扣缴义务人所在地与所得发生地不在一地的，扣缴义务人所在地主管税务机关应自确定扣缴义务人未依法扣缴或者无法履行扣缴义务之日起5个工作日内，向所得发生地主管税务机关发送“非居民企业税务事项联络函”，告知非居民企业的申报纳税事项。

（5）对多次付款的合同项目，扣缴义务人应当在履行合同最后一次付款前15日内，向主管税务机关报送合同全部付款明细、前期扣缴表和完税凭证等资料，办理扣缴税款清算手续。

（6）非居民企业在中国境内存在多处所得发生地，且选定其中之一申报缴纳企业所得税的，应向申报纳税所在地主管税务机关如实报告有关情况。申报纳税所在地主管税务机关在受理申报纳税后，应将非居民企业申报缴纳所得税情况书面通知扣缴义务人所在地和其他所得发生地主管税务机关。

（7）非居民企业未依照有关规定申报缴纳企业所得税，由申报纳税所在地主管税务机关责令限期缴纳，逾期仍未缴纳的，申报纳税所在地主管税务机关可以收集、查实该非居民企业在中国境内其他收入项目及其支付人（简称其他支付人）的相关信息，并向其他支付人发出“税务事项通知书”，从其他支付人应付的款项中，追缴该非居民企业的应纳税款和滞纳金。

其他支付人所在地与申报纳税所在地不在一地的，其他支付人所在地主管税务机关应给予配合和协助。

五、跨地区经营汇总纳税企业所得税征收管理

为加强跨地区经营汇总纳税企业所得税征收管理，根据《企业所得税法》及其实施条例、《税收征管法》及其实施细则和《财政部 国家税务总局 中国人民银行关于印发〈跨省市总分机构企业所得税分配及预算管理办法〉的通知》（财预〔2012〕40号）的有关规定，国家税务总局制定了《跨地区经营汇总纳税企业所得税征收管理办法》（国家税务总局公告2012年第57号）。

（一）基本原则与适用范围

（1）居民企业在中国境内跨地区（跨省、自治区、直辖市和计划单列市，下同）设立不具有法人资格分支机构的，该居民企业为跨地区经营汇总纳税企业（以下简称汇总纳税企业），除另有规定外，其企业所得税征收管理适用本办法。

铁路运输企业、国有邮政企业（包括中国邮政集团公司及其控股公司和直属单位）、中国工商银行股份有限公司、中国农业银行股份有限公司、中国银行股份有限公司、国家开发银行股份有限公司、中国农业发展银行、中国进出口银行、中国投资有限责任公司、中国建设银行股份有限公司、中国建银投资有限责任公司、中国信达资产管理股份有限公司、中国石油天然气股份有限公司、中国石油化工股份有限公司、海洋石油天然气企业（包括中国海洋石油总公司、中海石油（中国）有限公司、中海油田服务股份有限公司、海洋石油工程股份有限公司）、中国长江电力股份有限公司等企业缴纳的企业所得税（包括滞纳金、罚款）为中央收入，全额上缴中央国库，其企业所得税征收管理不适用本办法。

（2）汇总纳税企业实行“统一计算、分级管理、就地预缴、汇总清算、财政调库”的企业所得税征收管理办法。

统一计算，是指总机构统一计算包括汇总纳税企业所属各个不具有法人资格分支机构在内的全部应纳税所得额、应纳税额。

分级管理，是指总机构、分支机构所在地的主管税务机关都有对当地机构进行企业所得税管理的责任，总机构和分支机构应分别接受机构所在地主管税务机关的管理。

就地预缴，是指总机构、分支机构应按本办法的规定，分月或分季分别向所在地主管税务机关申报预缴企业所得税。

汇总清算，是指在年度终了后，总机构统一计算汇总纳税企业的年度应纳税所得额、应纳所得税额，抵减总机构、分支机构当年已就地分期预缴的企业所得税款后，多退少补。

财政调库，是指财政部定期将缴入中央国库的汇总纳税企业所得税待分配收入，按照核定的系数调整至地方国库。

（3）总机构和具有主体生产经营职能的二级分支机构，就地分摊缴纳企业所得税。

这里二级分支机构，是指汇总纳税企业依法设立并领取营业执照（登记证书），且总机构对其财务、业务、人员等直接进行统一核算和管理的分支机构。

（4）以下二级分支机构不就地分摊缴纳企业所得税：

① 不具有主体生产经营职能，且在当地不缴纳增值税的产品售后服务、内部研发、仓储等企业内部辅助性的二级分支机构。

② 上年度认定为小型微利企业的二级分支机构。

③ 企业当年新设立的二级分支机构。

④ 当年撤销的二级分支机构，自办理注销税务登记之日所属企业所得税预缴期间起，不就地分摊缴纳企业所得税。

⑤ 汇总纳税企业在中国境外设立的不具有法人资格的二级分支机构。

（5）企业计算分期预缴的所得税时，其实际利润额、应纳税额及分摊因素数额，均不包括其在中国境外设立的营业机构。

（6）总机构和分支机构处于不同税率地区的，先由总机构统一计算全部应纳税所得额，然后按本办法第六条规定的比例和按第十五条计算的分摊比例，计算划分不同税率地区机构的应纳税所得额，再分别按各自的适用税率计算应纳税额后加总计算出汇总纳税企业的应纳所得税总额，最后按本办法第六条规定的比例和按第十五条计算的分摊比例，向总机构和分支机构分摊就地缴纳的企业所得税款。

（二）税款预缴和汇算清缴

（1）企业应根据当期实际利润额，按照该办法规定的预缴分摊方法计算总机构和分支机构的企业所得税预缴额，分别由总机构和分支机构分月或者分季就地预缴。

在规定期限内按实际利润额预缴有困难的，经总机构所在地主管税务机关认可，可以按照上一年度应纳税所得额的1/12或1/4，由总机构、分支机构就地预缴企业所得税。

预缴方式一经确定，当年度不得变更。

（2）汇总纳税企业按照《企业所得税法》规定汇总计算的企业所得税，包括预缴税款和汇算清缴应缴应退税款，50%在各分支机构间分摊，各分支机构根据分摊税款就地办理缴库或退库；50%由总机构分摊缴纳，其中25%就地办理缴库或退库，25%就地全额缴入中央国库或退库。

（3）总机构应将本期企业应纳所得税额的50%部分，在每月或季度终了后15日内就地申报预缴。总机构应将本期企业应纳所得税额的另外50%部分，按照各分支机构应分摊的比例，在各分支机构之间进行分摊，并及时通知到各分支机构；各分支机构应在每月或季度终了之日起15日内，就其分摊的所得税额就地申报预缴。

（4）汇总纳税企业应当自年度终了之日起 5 个月内，由总机构汇总计算企业年度应纳所得税额，扣除总机构和各分支机构已预缴的税款，计算出应缴应退税款，按照本办法规定的税款分摊方法计算总机构和分支机构的企业所得税应缴应退税款，分别由总机构和分支机构就地办理税款缴库或退库。

汇总纳税企业在纳税年度内预缴企业所得税税款少于全年应缴企业所得税税款的，应在汇算清缴期内由总、分机构分别结清应缴的企业所得税税款；预缴税款超过应缴税款的，主管税务机关应及时按有关规定分别办理退税，或者经总、分机构同意后分别抵缴其下一年度应缴企业所得税税款。

（三）总分支机构分摊税款的计算

1. 总机构分摊税款的计算

$$总机构分摊的税款=汇总纳税企业当期应纳所得税税额\times 50\%$$

2. 分支机构分摊税款的计算

$$所有分支机构分摊税款总额=汇总纳税企业当期应纳所得税税额\times 50\%$$

$$某一分支机构分摊税款=所有分支机构分摊税款总额\times 该分支机构分摊比例$$

3. 分支机构分摊比例的计算

总机构应按照上年度分支机构的营业收入、职工薪酬和资产总额三个因素计算各分支机构分摊所得税款的比例；三级及以下分支机构，其营业收入、职工薪酬和资产总额统一计入二级分支机构，三因素的权重依次为 0.35、0.35、0.30，计算公式如下：

$$\begin{aligned}某分支机构分摊比例=&0.35\times\frac{该分支机构营业收入}{各分支机构营业收入之和}+\\&0.35\times\frac{该分支机构工资总额}{各分支机构工资总额之和}+\\&0.30\times\frac{该分支机构资产总额}{各分支机构资产总额之和}\end{aligned}$$

以上公式中分支机构仅指需要就地预缴的分支机构，该税款分摊比例按上述方法一经确定后，当年不做调整。

公式中所称分支机构营业收入，是指分支机构销售商品、提供劳务、让渡资产使用权等日常经营活动实现的全部收入。其中，生产经营企业分支机构营业收入是指生产经营企业分支机构销售商品、提供劳务、让渡资产使用权等取得的全部收入。金融企业分支机构营业收入是指金融企业分支机构取得的利息、手续费、佣金等全部收入。保险企业分支机构营业收入是指保险企业分支机构取得的保费等全部收入。

公式中所称分支机构职工工资，是指分支机构为获得职工提供的服务而给予各种形式的报酬以及其他相关支出。

公式中所称分支机构资产总额，是指分支机构在经营活动中实际使用的应归属于该分支机构的资产合计额。

上年度分支机构的营业收入、职工薪酬和资产总额，是指分支机构上年度全年的营业收入、职工薪酬数据和上年度 12 月 31 日的资产总额数据，是依照国家统一会计制度的规定核算的数据。

分支机构所在地主管税务机关应根据经总机构所在地主管税务机关受理的汇总纳税企业分支机构所得税分配表、分支机构的年度财务报表（或年度财务状况和营业收支情况）等，对其主管分支机构计算分摊税款比例的三个因素、计算的分摊税款比例和应分摊缴纳的所得税税款进行查验核对；对查验项目有异议的，应于收到汇总纳税企业分支机构所得税分配表后 30 日内向企业总机构所在地主管税务机关提出书面复核建议，并附送相关数据资料。

总机构所在地主管税务机关必须于收到复核建议后 30 日内，对分摊税款的比例进行复核，做出调整或维持原比例的决定，并将复核结果函复分支机构所在地主管税务机关。分支机构所在地主管税务机关应执行总机构所在地主管税务机关的复核决定。

总机构所在地主管税务机关未在规定时间内复核并函复复核结果的，上级税务机关应对总机构所在地主管税务机关按照有关规定进行处理。

复核期间，分支机构应先按总机构确定的分摊比例申报缴纳税款。

（四）征收管理

（1）汇总纳税企业的总机构和分支机构均应依法办理税务登记，接受所在地主管税务机关的监督和管理。

（2）总机构应将其所有二级及以下分支机构信息报其所在地主管税务机关备案，内容包括分支机构名称、层级、地址、邮编、纳税人识别号及企业所得税主管税务机关名称、地址和邮编。

分支机构（包括本办法第五条规定的分支机构）应将其总机构、上级分支机构和下属分支机构信息报其所在地主管税务机关备案，内容包括总机构、上级机构和下属分支机构名称、层级、地址、邮编、纳税人识别号及企业所得税主管税务机关名称、地址和邮编。

上述备案信息发生变化的，除另有规定外，应在内容变化后 30 日内报总机构和分支机构所在地主管税务机关备案，并办理变更税务登记。

分支机构注销税务登记后 15 日内，总机构应将分支机构注销情况报所在地主管税务机关备案，并办理变更税务登记。

（3）汇总纳税企业发生的资产损失，应按以下规定申报扣除：

① 总机构及二级分支机构发生的资产损失，除应按专项申报和清单申报的有关规定各自向所在地主管税务机关申报外，二级分支机构还应同时上报总机构；三

级及以下分支机构发生的资产损失不需向所在地主管税务机关申报，应并入二级分支机构，由二级分支机构统一申报。

② 总机构对各分支机构上报的资产损失，除税务机关另有规定外，应以清单申报的形式向所在地主管税务机关申报。

③ 总机构将分支机构所属资产捆绑打包转让所发生的资产损失，由总机构向所在地主管税务机关专项申报。

二级分支机构所在地主管税务机关应对二级分支机构申报扣除的资产损失强化后续管理。

（4）总机构所在地主管税务机关应加强对汇总纳税企业申报缴纳企业所得税的管理，可以对企业自行实施税务检查，也可以与二级分支机构所在地主管税务机关联合实施税务检查。

总机构所在地主管税务机关应对查实项目按照《企业所得税法》的规定统一计算查增的应纳税所得额和应纳税额。

总机构应将查补所得税款（包括滞纳金、罚款，下同）的 50% 按照本办法第十五条规定计算的分摊比例，分摊给各分支机构（不包括本办法第五条规定的分支机构）缴纳，各分支机构根据分摊查补税款就地办理缴库；50% 分摊给总机构缴纳，其中 25% 就地办理缴库，25% 就地全额缴入中央国库。

汇总纳税企业缴纳查补所得税款时，总机构应向其所在地主管税务机关报送汇总纳税企业分支机构所得税分配表和总机构所在地主管税务机关出具的税务检查结论，各分支机构也应向其所在地主管税务机关报送经总机构所在地主管税务机关受理的汇总纳税企业分支机构所得税分配表和税务检查结论。

六、合伙企业所得税的征收管理

自 2008 年 1 月 1 日起，合伙企业缴纳的所得税按《财政部、国家税务总局关于合伙企业合伙人所得税问题的通知》（财税〔2008〕159 号）处理，此前规定与该通知有抵触的，以该通知为准。该通知的具体内容如下：

（1）合伙企业以每一个合伙人为纳税义务人。合伙企业合伙人是自然人的，缴纳个人所得税；合伙人是法人和其他组织的，缴纳企业所得税。

（2）合伙企业生产经营所得和其他所得采取“先分后税”的原则。具体应纳税所得额的计算按照《财政部、国家税务总局关于个人独资企业和合伙企业投资者征收个人所得税的规定》（财税〔2000〕91 号）及《财政部、国家税务总局关于调整个体工商户个人独资企业和合伙企业个人所得税税前扣除标准有关问题的通知》（财税〔2008〕65 号）的有关规定执行。

前款所称生产经营所得和其他所得，包括合伙企业分配给所有合伙人的所得和企业当年留存的所得（利润）。

（3）合伙企业的合伙人按照下列原则确定应纳税所得额：

① 合伙企业的合伙人以合伙企业的生产经营所得和其他所得，按照合伙协议约定的分配比例确定应纳税所得额。

② 合伙协议未约定或者约定不明确的，以全部生产经营所得和其他所得，按照合伙人协商决定的分配比例确定应纳税所得额。

③ 协商不成的，以全部生产经营所得和其他所得，按照合伙人实缴出资比例确定应纳税所得额。

④ 无法确定出资比例的，以全部生产经营所得和其他所得，按照合伙人数量平均计算每个合伙人的应纳税所得额。

合伙协议不得约定将全部利润分配给部分合伙人。

（4）合伙企业的合伙人是法人和其他组织的，合伙人在计算其缴纳企业所得税时，不得用合伙企业的亏损抵减其盈利。

思考练习题

一、思考题

1. 什么是企业所得税？

2. 什么是居民企业？

3. 什么是非居民企业？

4. 什么是实际管理机构？

5. 什么是应纳税所得额？

6. 企业所得税有哪些优惠方式？

7. 什么是企业重组？

8. 什么是特别纳税调整？

9. 什么是预约定价安排？

10. 现行企业所得税有何缺陷？应如何完善？

二、练习题

1. 某工业企业为居民企业，适用 25% 的企业所得税税率，2020 年相关经营业务如下：

（1）取得产品销售收入 1 560 万元，出租空余办公楼取得年租金 100 万元，接受捐赠收入 20 万元；

（2）发生产品销售成本 600 万元；非增值税销售税金及附加 32.4 万元；销售费用 220 万元；管理费用 280 万元，其中含新技术研发费用 50 万元、业务招待费 180 万元；财务费用 20 万元；营业外支出 85 万元，其中含向目标脱贫地区的扶贫捐赠 60 万元。

要求：计算该企业 2020 年应缴纳的企业所得税（上述经营收入均不含增

值税）。

2. 位于县城的某卷烟厂为增值税一般纳税人，主要生产销售同一牌号规格的卷烟，2020 年有关经营业务如下：

（1）全年共销售卷烟 5 000 标准箱，取得不含税收入 26 000 万元，与卷烟配比的销售成本为 5 350 万元。

（2）全年发生管理费用 1 100 万元，其中含业务招待费 300 万元，卷烟厂为全体职工支付的补充养老保险费 130 万元，当年发生诉讼费 10 万元。

（3）全年发生销售费用 1 300 万元，其中含当年发生的卷烟广告费 500 万元，以现金方式支付给中介服务公司佣金 50 万元（所签订的协议注明相关交易实现收入 1 500 万元）。

（4）全年发生财务费用 700 万元，其中 2020 年 1 月 1 日向某工业企业（非关联企业）借款 1 000 万元所支付的全年借款利息 100 万元（金融企业同期同类贷款利率为 7%）。

（5）营业外支出共计 250 万元，包括通过省级人民政府向灾区捐款 200 万元，因违规经营被工商管理部门处以罚款 20 万元，订购的一批材料因临时取消而支付给供货方违约金 30 万元。

（6）计入成本、费用中的实发合理工资总额为 2 000 万元，实际发生职工福利费 300 万元、职工教育经费 60 万元，拨缴工会经费 48 万元，取得相关的工会经费专用收据。

（7）取得投资收益 260 万元，其中包括：当年 3 月购买了境内甲上市公司的流通股股票 30 万股，12 月收到甲上市公司发放的现金股利 80 万元；取得国债利息收入 180 万元。

（8）当年购入原材料等取得增值税专用发票，注明价款 5 000 万元、增值税 650 万元；从小规模纳税人处购进符合规定的环境保护专用设备，支付价税合计金额 123.6 万元，取得税务机关代开的增值税专用发票，该专用设备当期已投入使用。

其他相关资料：假定企业每月销项税额均大于进项税额，取得的相关发票均已按规定进行了认证；该卷烟厂生产销售的卷烟适用的消费税比例税率为 56%，定额税率为 150 元 / 标准箱，不考虑地方教育附加。

要求：请计算该企业 2020 年应缴纳的企业所得税。

3. 某居民企业为增值税一般纳税人，2020 年度实现营业收入 9 000 万元，投资收益 100 万元；发生营业成本 5 000 万元，税金及附加 120 万元，管理费用 580 万元，销售费用 200 万元，财务费用 100 万元，资产减值损失 50 万元，营业外支出 25 万元。企业自行核算会计利润为 3 025 万元。假定 2020 年度企业其他有关资料如下：

（1）企业固定资产原值为 600 万元。其中：在用机器设备为 200 万元，生产用房 300 万元，未用机器设备为 100 万元。企业对 600 万元固定资产按 10% 的综合折旧率计提了折旧。

（2）投资收益中含铁路债券利息收入 80 万元，转让持有 6 个月的交易性金融资产的处置收益 20 万元。

（3）成本费用含实际发放的合理的工资总额 290 万元，拨缴的职工工会经费 5.8 万元，实际发生的职工福利费 46.4 万元，职工教育经费共计 13.2 万元。

（4）发生业务招待费 22 万元。

（5）因排污处理不当，被环保部门罚款 3 万元。

（6）通过公益社会团体捐赠给希望工程基金会 8 万元、贫困山区希望小学 6 万元。

（7）资产负债表日对账面无形资产进行评估，计提减值准备 50 万元。

要求：计算 2020 年该居民企业应缴纳的企业所得税税额。

4. 某市一房地产开发公司为居民企业，假定 2020 年有关经营业务如下：

（1）1 月以 2 500 万元竞得 30 000 平方米的土地使用权用于开发写字楼等工程，合同记载土地使用权为 50 年，已取得土地使用权证并缴纳了相关税费。

（2）2 月 1 日与当地建设银行签订借款合同一份，合同记载借款金额 1 000 万元，借款期限 10 个月，还款到期日 11 月 30 日，年息率 6%。该借款专用于第一期写字楼开发。

（3）第一期工程于 11 月下旬竣工，建筑合同约定 30 000 平方米土地的“三通一平”建设费用 300 万元、第一栋写字楼建设成本 12 000 万元。归属于第一栋写字楼的占地面积为 10 000 平方米，建筑总面积 50 000 平方米。

（4）到 11 月下旬对外售房面积为 40 000 平方米，全部签了售房合同，每平方米不含税售价 0.52 万元，共计收入 20 800 万元，按售房合同规定全部款项于 12 月底前收回；剩余房屋面积的 10 000 平方米中，8 000 平方米用于先租后售，按合同约定出租时间预定 2 年，每月收取不含税租金 40 万元，共记载金额 960 万元，租金每月收一次；另外 2 000 平方米转为房地产开发企业资产自用；11 月下旬用于出租和自用的房屋面积已全部办好相关出租、资产转账手续，于 12 月 1 日全部启用。

（5）税务机关于 12 月对该写字楼项目进行土地增值税清算。

（6）在售房、租房等过程中发生销售费用 1 200 万元（其中广告费用 800 万元），发生管理费用（不含印花税、房产税）1 700 万元，企业全年计入销售成本与相关费用中的实发工资总额 500 万元、实际发生的工会经费 15 万元、职工福利费 80 万元、职工教育经费 12 万元。

（注：适用的契税税率为 4%，城镇土地使用税每平方米年税额 6 元，产权转移书据印花税税率为 0.5‰，借款合同印花税税率为 0.05‰，房产税计算余值的扣除比例 20%，企业所得税税率 25%。）

要求：计算 2020 年该房地产开发公司应缴纳的企业所得税。

即测即评

请扫描二维码进行在线测试。

第十一章

个人所得税

内容提要：

本章介绍了个人所得税的纳税人、应税所得的项目、税率、应纳税额的计算方法；个人所得税的优惠政策和征收管理的规定。学习本章时，主要掌握应税所得的范围、税率的规定、应纳税额的计算、税收优惠和申报缴纳的规定。

第一节 个人所得税概述

一、个人所得税的概念

个人所得税是以自然人（含个体工商户、个人独资企业、合伙企业中的个人投资者、承租承包者个人）取得的各类应税所得为征税对象而征收的一种所得税，是政府利用税收对个人收入进行调节的一种手段。

作为征税对象的个人所得，有狭义和广义之分。狭义的个人所得，仅限于每年经常、反复发生的所得。广义的个人所得，是指个人在一定期间内，通过各种方式所获得的一切利益，而不论这种利益是偶然的，还是经常的，是货币、有价证券，还是实物。目前，包括我国在内的世界各国所实行的个人所得税，大多以广义解释的个人所得概念为基础。基于这种理解，可以根据不同的标准，将个人的各种所得分为劳动所得和非劳动所得、经常所得和偶然所得、积极所得和消极所得等。

二、个人所得税的发展

个人所得税最早诞生于英国。18 世纪末英国由于与法国交战致使财政吃紧，而作为当时主要税收收入来源的消费税和关税都无法解决这个问题，于是 1799 年，英国向高收入者开征个人所得税。战争结束后被停征。1842 年，英国又重新恢复征收个人所得税。随着现代国家的发展、公共财政的建立，个人所得税在 20 世纪为世界上大多数国家所采纳，已经成为许多发达国家税收收入的最主要来源。

在改革开放前相当长的时期里，我国对个人所得不征税。党的十一届三中全会以后，我国实行对外开放政策，随着对外经济交往的不断扩大，来华工作、取得收入的外籍人员日益增多。为了维护国家的税收权益，我国于 1980 年 9 月通过了《中华人民共和国个人所得税法》(以下简称《个人所得税法》)，开征个人所得税，统一适用于中国公民和在我国取得收入的外籍人员。1986 年和 1987 年，国务院分别发布了《中华人民共和国城乡个体工商业户所得税暂行条例》和《中华人民共和国个人收入调节税暂行条例》。这样，我国对个人所得的征税制度就形成了个人所得税、城乡个体工商业户所得税和个人收入调节税“三税并存”的格局。

为了规范和完善对个人所得的课税制度，适应建立社会主义市场经济体制的需要，1993 年 10 月 31 日，我国对《个人所得税法》进行了第一次修订，自 1994 年 1 月 1 日起施行。之后，根据我国国民经济和社会发展的情况，分别于 1999 年 8 月 30 日、2005 年 10 月 27 日、2007 年 6 月 29 日、2007 年 12 月 29 日、2011 年 6 月 30 日对《个人所得税法》进行了五次修订。2018 年 8 月 31 日第十三届全国人民代表大会常务委员会第五次会议通过《关于修改〈中华人民共和国个人所得税法〉的决定》，对《个人所得税法》进行第七次修订，自 2019 年 1 月 1 日起施行。2018 年 12 月 18 日国务院令第 707 号第四次修订了《个人所得税法实施条例》，自 2019 年 1 月 1 日起与修订后的《个人所得税法》同步施行。

本次《个人所得税法》修订，以解决人民群众急难愁盼的教育、医疗、住房、养老等问题为突破口，增加了子女教育、继续教育、住房贷款利息、住房租金、老人赡养和大病医疗等税前专项附加扣除。这一改革，使得 2019 年的个人所得税减税金额高达 4 604 亿元，直接受益群体 2.5 亿人，人均减税额达到 1 842 元。从这一角度看，2019 年的个人所得税改革，不仅在一定程度上解决了人民群众的急难愁盼问题，而且提升和改善了居民未来的收入和支出预期，提高了居民的消费能力和意愿，进一步增强了内需拉动经济的主引擎作用。

总体上，2019 年的个人所得税改革，与党的二十大报告提出的“我们要实现好、维护好、发展好最广大人民根本利益，紧紧抓住人民最关心最直接最现实的利益问题，坚持尽力而为、量力而行，深入群众、深入基层，采取更多惠民生、暖民心举措，着力解决好人民群众急难愁盼问题……扎实推进共同富裕”以及“增进民生福祉，提高人民生活品质”等发展目标不谋而合，是我党始终坚持“在发展中保障和改善民生，鼓励共同奋斗创造美好生活，不断实现人民对美好生活的向往”发展理念的具体体现。

三、个人所得税的计税原理

个人所得税以个人的纯所得为计税依据，计税时应以纳税人的收入或报酬扣除有关费用以后的余额为计税依据。上述“有关费用”主要包括与纳税人获取收入和报酬有关的经营费用，以及维持纳税人自身及家庭生活需要的费用。具体分为三类：一是与应税收入相配比的经营成本和费用；二是与个人总体能力相匹配的免税扣除和家庭生计扣除，如个人继续教育、子女教育和老人赡养等；三是为了体现特定社会目标而鼓励的支出，称为“特别费用扣除”，如慈善捐赠等。

四、个人所得税的特点

我国 2019 年 1 月 1 日起施行的个人所得税征收，主要具有如下特点：

（一）实行混合征收

世界各国个人所得税的征收大体可分为三种类型：分类征收制、综合征收制和混合征收制。分类征收制，是将个人不同来源、性质的所得项目，分别规定不同的费用减除标准、税率和计税方法分别计算课征；综合征收制，是对个人全年的各项所得加以汇总，就其总额进行统一计算课征；混合征收制，是对个人不同来源、性质的所得进行分类，分别按照不同计税方法计算课征。三种征收模式各有所长，各国可根据本国具体情况选择、运用。我国 2018 年 12 月 31 日之前的个人所得税，采用的是分类征收制，将个人取得的应税所得划分为 11 类，分别计算、分别课征。自 2019 年 1 月 1 日起，我国个人所得税采用混合征收制，将个人取得的应税所得划分为 9 类，个人的工资、薪金所得、劳务报酬所得、稿酬所得和特许权使用费所得采用综合征收，除这些之外的其他各项所得采用分类征收。

（二）超额累进税率与比例税率并用

分类征收制一般采用比例税率，综合征收制通常采用超额累进税率。比例税率计算简便，便于实行源泉扣缴；超额累进税率可以合理调节收入分配，体现公平。我国现行个人所得税根据各类个人所得的不同性质和特点，将这两种形式的税率综合运用于个人所得税制。其中，对综合所得（含工资、薪金所得、劳务报酬所得、稿酬所得、特许权使用费所得）、经营所得采用超额累进税率，实现量能负担。对其他各项应税所得采用比例税率。

（三）费用扣除额较宽

计算个人应纳税所得额，需要进行一定的费用扣除，各国个人所得税规定的扣除方法及额度不尽相同。我国本着费用扣除从宽、从简的原则，对费用扣除采用定额扣除、定率扣除和核算扣除等方法。如居民个人的综合所得，以每一纳税年度的收入额减除费用 60 000 元以及专项扣除、专项附加扣除和依法规定的其他扣除后的余额，为应纳税所得额；财产租赁所得，每次收入不超过 4 000 元的，定额扣除费用 800 元；每次收入超过 4 000 元以上的，定率减除 20% 的费用。个体工商户的生产经营所得，以会计核算为基础的全年收入总额减除成本、费用以及损失后的余额，为应纳税所得额。

（四）采取源泉扣缴和自行申报纳税

我国个人所得税的纳税方法，有自行申报纳税和全员全额扣缴申报两种。对凡是可以在应税所得的支付环节扣缴个人所得税的，均由扣缴义务人履行代扣代缴义务；对于没有扣缴义务人的，以及取得综合所得（含工资、薪金所得，劳务报酬所得，稿酬所得和特许权使用费）需要办理汇算清缴的，由纳税人自行申报纳税和年终汇算清缴。此外，对其他不便于扣缴税款的，亦规定由纳税人自行申报纳税。

第二节　纳税义务人、征税对象和税率

一、纳税义务人

（一）纳税义务人的分类

个人所得税的纳税义务人，是取得应税所得的自然人，包括中国公民、个体工商户、个人独资企业、合伙企业者，以及在中国境内有所得的外籍个人（含无国籍个人）、我国香港、澳门、台湾同胞。上述纳税义务人依据住所和居住时间两个标准，划分为居民个人和非居民个人。

在中国境内有住所，或者无住所而一个纳税年度内在中国境内居住累计满 183 天的个人，为居民个人。

在中国境内无住所又不居住，或者无住所而一个纳税年度内在中国境内居住累计不满 183 天的个人，为非居民个人。

需要说明的是，中国现行税法中的“中国境内”，是指中国大陆地区，目前还不包括我国香港、澳门和台湾地区；“一个纳税年度”，是指自公历 1 月 1 日起至 12 月 31 日止。

1. 住所标准

住所分为永久性住所和习惯性住所。我国民事法律中规定的住所，是公民户籍所在地的居住地，也就是以公民本人户口簿登记的住址为住所，一个公民只有一个住所。这也是我们通常所指的永久性住所，具有法律意义。经常性居住地则属于习惯性住所，它与永久性住所有时是一致的，有时又不一致。根据这种情况，我国税法将在中国境内有住所的个人界定为：因户籍、家庭、经济利益关系而在中国境内习惯性居住的个人。可见，我国目前个人所得税税法中采用的住所标准实际上是习惯性住所标准。采用这一标准，就把中、外籍人员，以及港、澳、台同胞与在境内居住的中国公民区别开来。

习惯性住所，是在税收上判断居民和非居民的标准，这一标准并不是指个人的实际居住或在某一特定时期内的居住地。例如，个人因学习、工作、探亲、旅游等而在中国境外居住的，当其在境外居住的原因消除之后，则必须回到中国境内居住。那么，即使该个人在一个纳税年度内，甚至连续几个纳税年度内，都未曾在中国境内居住过 1 天，他仍然是中国个人所得税的居民个人。所以，我国《个人所得税法》中所说的“住所”内涵，与通常意义上所说的住所是有区别的。

2. 居住时间标准

居住时间，是指个人在一国境内实际居住的日数。在实际生活中，有时个人在一国境内并无住所，又没有经常性居住地，但是却在该国内停留的时间较长，从该国取得了收入，应对其行使税收管辖权，甚至视为该国的居民征税。各国在对个人所得征税的实践中，逐渐形成以个人居住时间长短作为衡量居民与非居民的居住时间标准。我国《个人所得税法》也采用了这一标准。

《个人所得税法》所称在中国境内居住满 183 天，是指在一个纳税年度内，在中国境内累计居住满 183 天。在计算居住天数时，按其一个纳税年度内在境内实际居住的天数确定，取消了原来的临时离境规定。即在中国境内无住所的个人，在一个纳税年度内无论出境多少次，只要在我国境内累计住满 183 天，就可以判定为我国的居民个人。

自 2019 年 1 月 1 日起，在中国境内无住所的个人一个纳税年度内在中国境内累计居住天数，按照个人在中国境内累计停留的天数计算。在中国境内停留的当天满 24 小时的，计入中国境内居住天数；在中国境内停留的当天不足 24 小时的，不计入中国境内居住天数。

我国税法规定的住所标准和居住时间标准，是判定居民身份的两个并列性标准，个人只要符合或达到其中任何一个标准，就可以被认定为居民个人。

纳税人有中国居民身份证号码的，以中国居民身份证号码为纳税人识别号；纳税人没有中国居民身份证号码的，由税务机关赋予其纳税人识别号。扣缴义务人扣缴税款时，纳税人应当向扣缴义务人提供纳税人识别号。

（二）纳税人的纳税义务

1. 居民个人的纳税义务

居民个人应就其来源于中国境内和境外的所得，向我国政府履行全面纳税义务，依法缴纳个人所得税。

为了便于人员的国际交流，本着从宽、从简的原则，对于在中国境内无住所，但在一个纳税年度内在中国境内累计居住满 183 天的个人，制定了税收优惠政策：在中国境内无住所的个人，在中国境内累计居住满 183 天的年度连续不满 6 年的，经向主管税务机关备案，其来源于中国境外且由境外单位或者个人支付的所得，免予缴纳个人所得税；在中国境内居住累计满 183 天的任一年度中有一次离境超过 30 天的，其在中国境内居住累计满 183 天的年度的连续年限重新起算。

2. 非居民个人的纳税义务

非居民个人只就其来源于中国境内的所得向我国政府履行有限纳税义务，依法缴纳个人所得税。其中，在中国境内无住所，但是在一个纳税年度内在中国境内居住累计不超过 90 天的个人，其来源于中国境内的所得，由境外雇主支付并且不由该雇主在中国境内的机构、场所负担的部分，免予缴纳个人所得税。

（三）所得来源的确定

根据《个人所得税法实施条例》规定，除国务院财政、税务主管部门另有规定外，下列所得，不论支付地点是否在中国境内，均为来源于中国境内的所得：

（1）因任职、受雇、履约等在中国境内提供劳务取得的所得。

（2）将财产出租给承租人在中国境内使用而取得的所得。

（3）许可各种特许权在中国境内使用而取得的所得。

（4）转让中国境内的不动产等财产或者在中国境内转让其他财产取得的所得。

（5）从中国境内企业、事业单位、其他组织以及居民个人取得的利息、股息、红利所得。

此外，《财政部 国家税务总局关于非居民个人和无住所居民个人有关个人所得税政策的公告》（财政部 税务总局公告 2019 年第 35 号）对非居民个人和无住所居民个人（以下统称无住所个人）工资、薪金，数月奖金以及股权激励等所得来源问题进行了进一步规定。

1. 关于工资、薪金所得来源地的规定

个人取得归属于中国境内（以下称境内）工作期间的工资、薪金所得为来源于境内的工资薪金所得。境内工作期间按照个人在境内工作天数计算，包括其在境内的实际工作日以及境内工作期间在境内、境外享受的公休假、个人休假、接受培训的天数。在境内、境外单位同时担任职务或者仅在境外单位任职的个人，在境内停留的当天不足 24 小时的，按照半天计算境内工作天数。

无住所个人在境内、境外单位同时担任职务或者仅在境外单位任职，且当期同时在境内、境外工作的，按照工资、薪金所属境内、境外工作天数占当期公历天数的比例计算确定来源于境内、境外工资、薪金所得的收入额。境外工作天数按照当期公历天数减去当期境内工作天数计算。

2. 关于数月奖金以及股权激励所得来源地的规定

无住所个人取得的数月奖金或者股权激励所得，按照前述“1. 关于工资薪金所得来源地的规定”确定所得来源地的，无住所个人在境内履职或者执行职务时收到的数月奖金或者股权激励所得，归属于境外工作期间的部分，为来源于境外的工资薪金所得；无住所个人停止在境内履约或者执行职务离境后收到的数月奖金或者股权激励所得，对属于境内工作期间的部分，为来源于境内的工资薪金所得。具体计算方法为：数月奖金或者股权激励乘以数月奖金或者股权激励所属工作期间境内工作天数与所属工作期间公历天数之比。

无住所个人一个月内取得的境内外数月奖金或者股权激励包含归属于不同期间的多笔所得的，应当先分别按照规定计算不同归属期间来源于境内的所得，然后再加总计算当月来源于境内的数月奖金或者股权激励收入额。

数月奖金，是指一次取得归属于数月的奖金、年终加薪、分红等工资薪金所得，不包括每月固定发放的奖金及一次性发放的数月工资。

股权激励，包括股票期权、股权期权、限制性股票、股票增值权、股权奖励以及其他因认购股票等有价证券而从雇主取得的折扣或者补贴。

3. 关于董事、监事及高层管理人员取得报酬所得来源地的规定

对于担任境内居民企业的董事、监事及高层管理职务的个人，无论是否在境内履行职务，取得由境内居民企业支付或者负担的董事费、监事费、工资薪金或者其他类似报酬，均属于来源于境内的所得。

高层管理职务，包括企业正、副（总）经理、各职能总师、总监及其他类似公司管理层的职务。

4. 关于稿酬所得来源地的规定

由境内企业、事业单位、其他组织支付或者负担的稿酬所得，为来源于境内的所得。

（四）扣缴义务人

我国个人所得税实行代扣代缴和个人申报纳税相结合的征收管理制度。个人所得税采取代扣代缴办法，有利于控制税源，保证税收收入，简化征纳手续，加强个人所得税管理。《个人所得税法》及其实施条例规定，个人所得税以所得人为纳税人，以支付所得的单位或个人为扣缴义务人。扣缴义务人在向纳税人支付应税款项时，应当依照《个人所得税法》规定预扣或者代扣税款，按时缴库，并专项记载备查。

上述支付，包括现金支付、汇拨支付、转账支付和以有价证券、实物以及其他形式的支付。

二、征税对象

个人所得税的征税对象是个人取得的应税所得。现行《个人所得税法》列举了九项个人应税所得，《个人所得税法实施条例》及相关法规具体确定了各项应税所得的征税范围。

（一）工资、薪金所得

工资、薪金所得，是指个人因任职或者受雇而取得的工资、薪金、奖金、年终加薪、劳动分红、津贴、补贴以及与任职或者受雇有关的其他所得。

（1）一般来说，工资、薪金所得属于非独立个人劳动所得。所谓非独立个人劳动，是指个人所从事的是由他人指定、安排并接受管理的劳动，工作或服务于公司、工厂、行政事业单位（私营企业主除外）。他们从上述单位取得的劳动报酬，是以工资、薪金的形式体现的。通常情况下，把直接从事生产、经营或服务的劳动者（工人）的收入称为工资；而将从事社会公职或管理活动的劳动者（公职人员）的收入称为薪金。但实际立法过程中，各国都从简便易行的角度考虑，将工资、薪金合并为一个项目计征个人所得税。

除工资、薪金以外，奖金、年终加薪、劳动分红、津贴、补贴也被确定为工资、薪金范畴。其中，年终加薪、劳动分红不分种类和取得情况，一律按工资、薪金所得课税。津贴、补贴等则有例外。

根据我国目前个人收入的构成情况，规定对于一些不属于工资、薪金性质的补贴、津贴或者不属于纳税人本人工资、薪金所得项目的收入，不予征税。这些项目包括：

① 独生子女补贴。

② 执行公务员工资制度未纳入基本工资总额的补贴、津贴差额和家属成员的副食品补贴。

③ 托儿补助费。

④ 差旅费津贴、误餐补助。其中，误餐补助是指按照财政部规定，个人因公在城区、郊区工作，不能在工作单位或返回就餐的，根据实际误餐顿数，按规定的标准领取的误餐费。单位以误餐补助名义发给职工的补助、津贴不能包括在内。

（2）出租汽车经营单位对出租车驾驶员采取单车承包或承租方式运营，出租车驾驶员从事客货营运取得的收入，按“工资、薪金所得”项目计征个人所得税。

（3）自 2004 年 1 月 20 日起，对商品营销活动中，企业和单位对营销业绩突出的雇员以培训班、研讨会、工作考察等名义组织旅游活动，通过免收差旅费、旅游费对个人实行的营销业绩奖励（包括实物、有价证券等），应根据所发生费用的全额并入营销人员当期的工资、薪金所得，按照“工资、薪金所得”项目计征个人所得税。

（4）个人因公务用车和通信制度改革而取得的公务用车、通信补贴收入，扣除一定标准的公务费用后，按照“工资、薪金所得”项目计征个人所得税。按月发放的，并入当月“工资、薪金所得”计税；不按月发放的，分解到所属月份并与该月“工资、薪金所得”合并后计税。

上述公务费用的扣除标准，由省级税务局根据纳税人公务交通、通信费用的实际发生情况调查测算，报经省级人民政府批准后确定，并报国家税务总局备案。

（5）个人按照规定领取的税收递延型商业养老保险的养老金收入，其中 25% 部分予以免税，其余 75% 部分按照 10% 的比例税率计征个人所得税，税款计入“工资、薪金所得”项目，由保险机构代扣代缴后，在个人购买税延养老保险的机构所在地办理全员全额扣缴申报。

（二）劳务报酬所得

劳务报酬所得，是指个人独立从事劳务所取得的所得，具体包括个人从事设计、装潢、安装、制图、化验、测试、医疗、法律、会计、咨询、讲学、新闻、广播、翻译、审稿、书画、雕刻、影视、录音、录像、演出、表演、广告、展览、技术服务、介绍服务、经纪服务、代办服务以及其他劳务取得的所得。

在实际操作过程中，可能出现难以判定一项所得是属于工资、薪金所得，还是属于劳务报酬所得的情况。二者的区别在于：工资、薪金所得是个人从事非独立劳动，从所在单位领取的报酬，个人与单位之间存在雇用与被雇用的关系；而劳务报酬所得是个人独立从事某种技艺，独立提供某种劳务而取得的所得，个人与单位之间不存在雇用和被雇用关系。

在校学生因参与勤工俭学活动（包括参与学校组织的勤工俭学活动）而取得属于《个人所得税法》规定的应税所得项目的所得，按照“劳务报酬所得”计征个人所得税。

个人担任董事职务所取得的董事费收入分两种情形：个人担任公司董事、监事，且不在公司任职、受雇的情形，属于劳务报酬性质，按“劳务报酬所得”项目计征个人所得税；个人在公司（包括关联公司）任职、受雇，同时兼任董事、监事的，应将董事费、监事费与个人工资收入合并，统一按“工资、薪金所得”项目计征个人所得税。

自2004年1月20日起，对商品营销活动中，企业和单位对营销业绩突出的非雇员以培训班、研讨会、工作考察等名义组织旅游活动，通过免收差旅费、旅游费对个人实行的营销业绩奖励（包括实物、有价证券等），应根据所发生费用的全额作为该营销人员当期的劳务收入，按照“劳务报酬所得”项目计征个人所得税，并由提供上述费用的企业和单位代扣代缴。

个人兼职取得的收入，按照“劳务报酬所得”项目计征个人所得税。

（三）稿酬所得

稿酬所得，是指个人因其作品以图书、报刊等形式出版、发表而取得的所得。这里所说的作品，包括文学作品、书画作品、摄影作品，以及其他作品。作者去世后，财产继承人取得的遗作稿酬，亦按“稿酬所得”项目计征个人所得税。

根据《国家税务总局关于个人所得税若干业务问题的批复》（国税函〔2002〕146号）规定，对报纸、杂志、出版等单位的职员在本单位的刊物上发表作品、出版图书取得所得按如下规定计税：

（1）任职、受雇于报纸、杂志等单位的记者、编辑等专业人员，因在本单位的报纸、杂志上发表作品取得的所得，属于因任职、受雇而取得的所得，应与其当月工资收入合并，按“工资、薪金所得”项目计征个人所得税。

除上述专业人员以外，其他人员在本单位的报纸、杂志上发表作品取得的所得，应按“稿酬所得”项目计征个人所得税。

（2）出版社的专业作者撰写、编写或翻译的作品，由本社以图书形式出版而取得的稿费收入，应按“稿酬所得”项目计征个人所得税。

（四）特许权使用费所得

特许权使用费所得，是指个人提供专利权、商标权、著作权、非专利技术以及其他特许权的使用权取得的所得。提供著作权的使用权取得的所得，不包括稿酬所得。

专利权，是由国家专利主管机关依法授予专利申请人或其权利继承人在一定期间内实施其发明创造的专有权，它是工业产权的一部分，具有专有性（独占性）、地域性、时间性。

商标权，是指商标注册人依法律规定而取得的对其注册商标在核定商品上的独占使用权。商标权也是一种工业产权，可以依法取得、转让、许可使用、继承、丧失、请求排除侵害。

著作权，即版权，是作者依法对其创作的文学、艺术和科学作品享有的某些特殊权利，主要包括发表权、署名权、修改权、保护权、使用权和获得报酬权。

非专利技术，即专利技术以外的专有技术，这类技术大多尚处于保密状态，仅为特定人知晓并占有。

上述四种权利及其他权利由个人提供或转让给他人使用时，会取得相应的收入。这类收入不同于一般所得，所以单独列为一类征税项目。对特许权使用费所得的征税办法，各国不尽一致。如有的国家对转让专利权所得征收资本利得税，而我国是将使用权和所有权的转让合在一起，一并列入个人所得税的征税范围。

根据《个人所得税法实施条例》规定，提供著作权的使用权取得的所得，不包括稿酬所得；作者将自己的文字作品手稿原件或复印件公开拍卖（竞价）取得的所得，属于提供著作权的使用所得，按“特许权使用费所得”项目计征个人所得税。

个人取得特许权的经济赔偿收入，按“特许权使用费所得”项目计征个人所得税。

从2002年5月1日起，编剧从电视剧的制作单位取得的剧本使用费，不再区分剧本的使用方是否为其任职单位，统一按“特许权使用费所得”项目计征个人所得税。

（五）经营所得

依据《个人所得税法实施条例》规定，个体工商户业主、个人独资企业投资者、合伙企业个人合伙人、承包承租经营者个人以及其他从事生产、经营活动的个人取得经营所得，包括以下情形：

（1）个体工商户从事生产、经营活动取得的所得，个人独资企业投资人、合伙企业的个人合伙人来源于境内注册的个人独资企业、合伙企业生产、经营的所得。

（2）个人依法从事办学、医疗、咨询以及其他有偿服务活动取得的所得。

（3）个人对企业、事业单位承包经营、承租经营以及转包、转租取得的所得。

其中个体工商户的生产、经营所得，具体包括：

（1）个体工商户从事工业、手工业、建筑业、交通运输业、商业、饮食业、服务业、修理业以及其他行业生产、经营取得的所得。

（2）个人经政府有关部门批准，取得执照，从事办学、医疗、咨询以及其他有偿服务活动取得的所得。

（3）个体工商户和个人取得的与生产、经营有关的各项应税所得。

（4）个人因从事彩票代销业务而取得的所得。

（5）从事个体出租车运营的出租车驾驶员取得的收入。

（6）出租车属个人所有，但挂靠出租汽车经营单位或企事业单位，驾驶员向挂靠单位征收管理费的，或出租汽车经营单位将出租车所有权转移给驾驶员的，出租车驾驶员从事客货运营取得的收入。

（7）个人独资企业、合伙企业的个人投资者以企业资金为本人、家庭成员及其相关人员支付与企业生产经营无关的消费性支出及购买汽车、住房等财产性支出，视为企业对个人投资者分配的利润。

（8）其他个人从事个体工商业生产、经营取得的所得。

需要注意的是，个体工商户和从事生产、经营的个人，取得与生产、经营活动无关的其他各项应税所得，应分别按照有关规定计征个人所得税。如对外投资取得的股息所得，应按“利息、股息、红利所得”税目单独计征个人所得税。同样的，个人独资企业对外投资分回的利息或者股息、红利，不并入企业的收入，应单独作为投资者个人取得的利息、股息、红利所得，按“利息、股息、红利所得”项目计征个人所得税。以合伙企业名义对外投资分回利息或者股息、红利的，应按比例确定各个投资者的利息、股息、红利所得，分别按“利息、股息、红利所得”项目计征个人所得税。

对企事业单位的承包经营、承租经营所得，是指个人承包经营、承租经营以及转包、转租取得的所得，还包括个人按月或者按次取得的工资、薪金性质的所得。个人对企事业单位的承包经营、承租经营形式不同，应税所得的确定项目也不尽相同。

（1）个人对企事业单位承包、承租经营后，工商登记改变为个体工商户的。这类承包、承租经营所得，实际上属于个体工商户的生产、经营所得，应按“个体工商户的生产、经营所得”项目计征个人所得税，不再征收企业所得税。

（2）个人对企事业单位承包、承租经营后，工商登记仍为企业的，不论其分配方式如何，均应先按照企业所得税的有关规定缴纳企业所得税，然后根据承包、承租经营者按合同（协议）规定取得的所得，依照《个人所得税法》的有关规定缴纳个人所得税。具体为：

① 承包、承租人对企业经营成果不拥有所有权，仅按合同（协议）规定取得一定所得的，应按“工资、薪金所得”项目计征个人所得税。

② 承包、承租人按合同（协议）规定只向发包方、出租人缴纳一定的费用，缴纳承包、承租费后的企业的经营成果归承包人、承租人所有的，其取得的所得，按“对企事业单位的承包经营、承租经营所得”项目计征个人所得税。

（六）利息、股息、红利所得

利息、股息、红利所得，是指个人拥有债权、股权而取得的利息、股息、红利所得。利息，是指个人拥有债权而取得的利息，包括存款利息、贷款利息和各种债券的利息。股息、红利，是指个人拥有股权取得的股息、红利。按照一定的比率对每股发给的息金叫股息；公司、企业应分配的利润，按股份分配的叫红利。相关课税规定如下：

（1）在储蓄机构开设专门账户取得的利息。

个人在银行及其他储蓄机构开设的用于支付电话、水、电、煤气等有关费用，或者用于购买股票等方面的投资、生产经营业务往来结算以及其他用途的资金账户孳生的利息，属于储蓄存款利息性质所得，应依法缴纳个人所得税，税款由结付利息的储蓄机构代扣代缴。但自 2008 年 10 月 9 日起，对储蓄存款利息所得暂免征收个人所得税。

（2）职工个人取得的量化资产。

根据国家有关规定，允许集体所有制企业在改制为股份合作制企业时，可以将有关资产量化给职工个人。为了支持企业改组改制的顺利进行，对于企业在改革过程中个人取得量化资产的征税问题按以下规定处理：

① 对职工个人以股份形式取得的仅作为分红依据、不拥有所有权的企业量化资产，不征收个人所得税。

② 对职工个人以股份形式取得的企业量化资产参与企业分配而获得的股息、红利，应按“利息、股息、红利所得”项目计征个人所得税。

（3）个人股东获得企业购买且所有权办理在股东个人名下的车辆。

企业购买车辆并将车辆所有权办到股东个人名下，其实质为企业对股东进行了红利性质的实物分配，应按“利息、股息、红利所得”项目计征个人所得税。

（4）除个人独资企业、合伙企业以外的其他企业的个人投资者，以企业资金为本人、家庭成员及其相关人员支付与企业生产经营无关的消费性支出及购买汽车、住房等财产性支出，视为企业对个人投资者的红利分配，依照“利息、股息、红利所得”项目计征个人所得税。

（七）财产租赁所得

财产租赁所得，是指个人出租建筑物、土地使用权、机器设备、车船以及其他财产取得的所得。

个人取得的财产转租收入，属于“财产租赁所得”的征税范围，由财产转租人缴纳个人所得税。在确认纳税义务人时，应以产权凭证为依据；对无产权凭证的，由主管税务机关根据实际情况确定。产权所有人死亡，在未办理产权继承手续期间，该财产出租而有租金收入的，以领取租金的个人为纳税义务人。

房地产开发企业与商店购买者个人签订协议，以优惠价格出售其开发的商店给购买者个人，购买者个人在一定期限内必须将购买的商店无偿提供给房地产开发企业对外出租使用。对购买者个人少支出的购房价款，应视同个人财产租赁所得，按照“财产租赁所得”项目征收个人所得税。每次财产租赁所得的收入额，按照少支出的购房价款和协议规定的租赁月份数平均计算确定。

（八）财产转让所得

财产转让所得，是指个人转让有价证券、股权、建筑物、土地使用权、机器设备、车船以及其他财产取得的所得。

在现实生活中，个人进行的财产转让主要是个人财产所有权的转让。财产转让实际上是一种买卖行为，当事人双方通过签订、履行财产转让合同，形成财产买卖的法律关系，使出让财产的个人从对方取得价款（收入）或其他经济利益。财产转让所得因其性质的特殊性，需要单独列举项目征税。对个人取得的各项财产转让所得，除股票转让所得外，都要征收个人所得税。具体规定简介如下。

1. 股票转让所得

鉴于我国证券市场发育还不成熟，对内地个人投资者通过境内公开交易市场取得的股票转让所得暂不征收个人所得税。

此外，对内地个人投资者通过沪港通、深港通投资香港联交所上市股票取得的转让差价所得，自2019年12月5日起至2022年12月31日止，继续暂免征收个人所得税；对香港市场投资者（包括企业和个人）投资上海证券交易所（即上交所）上市A股取得的转让差价所得，暂免征收所得税。

2. 量化资产股份转让所得

根据国家有关规定，允许集体所有制企业在改制为股份合作制企业时可以将有关资产量化给职工个人。为了支持企业改组改制的顺利进行，集体所有制企业在改制为股份合作制企业时，对职工个人以股份形式取得的拥有所有权的企业量化资产，暂缓征收个人所得税；待个人将股份转让时，就其转让收入额，减除个人取得该股份时实际支付的费用支出和合理转让费用后的余额，按“财产转让所得”项目计征个人所得税。

3. 个人自有住房转让所得

（1）自2010年10月1日起，对出售自有住房并在一年内重新购房的纳税人不再减免个人所得税。

（2）对个人转让自用五年以上，并且是家庭唯一生活用房取得的所得，继续免征个人所得税。

（九）偶然所得

偶然所得，是指个人得奖、中奖、中彩以及其他偶然性质的所得。得奖是指参加各种有奖竞赛活动，取得名次得到的奖金；中奖、中彩是指参加各种有奖活动，如有奖销售、有奖储蓄，或者购买彩票，经过规定程序，抽中、摇中号码而取得的奖金。

根据《财政部 税务总局关于个人取得有关收入适用个人所得税应税所得项目的公告》（财政部 税务总局公告2019年第74号）规定，下列收入按“偶然所得”项目计征个人所得税。具体规定如下：

（1）个人为单位或他人提供担保获得收入，按照“偶然所得”项目计算缴纳个人所得税。

（2）房屋产权所有人将房屋产权无偿赠与他人的，受赠人因无偿受赠房屋取得的受赠收入，按照“偶然所得”项目计算缴纳个人所得税。同时，按照《财政部 国家税务总局关于个人无偿受赠房屋有关个人所得税问题的通知》（财税〔2009〕78号）规定，符合以下情形的，对当事双方不征收个人所得税：

① 房屋产权所有人将房屋产权无偿赠与配偶、父母、子女、祖父母、外祖父母、孙子女、外孙子女、兄弟姐妹。

② 房屋产权所有人将房屋产权无偿赠与对其承担直接抚养或者赡养义务的抚养人或者赡养人。

③ 房屋产权所有人死亡，依法取得房屋产权的法定继承人、遗嘱继承人或者受遗赠人。

受赠收入的应纳税所得额按照财税〔2009〕78号文件第四条规定计算。

企业在业务宣传、广告等活动中，随机向本单位以外的个人赠送礼品（包括网络红包），以及企业在年会、座谈会、庆典以及其他活动中向本单位以外的个人赠送礼品，个人取得的礼品收入，按照“偶然所得”项目计算缴纳个人所得税，但企业赠送的具有价格折扣或折让性质的消费券、代金券、抵用券、优惠券等礼品除外。

礼品收入的应纳税所得额按照《财政部 国家税务总局关于企业促销展业赠送礼品有关个人所得税问题的通知》（财税〔2011〕50号）第三条规定计算。

个人取得的所得，难以界定应纳税所得项目的，由国务院税务主管部门确定。

居民个人取得上述（一）至（四）所得（即综合所得），按纳税年度合并计算个人所得税；非居民个人取得上述（一）至（四）所得，按月或者按次分项计算个人所得税。纳税人取得上述（五）至（九）所得，依照规定分别计算个人所得税。

三、税率

个人所得税区分不同个人所得项目，规定了超额累进税率和比例税率两种形式。

（一）居民个人综合所得适用税率

居民个人每一纳税年度的综合所得，包括工资、薪金所得，劳务报酬所得，稿酬所得和特许权使用费所得，在汇算清缴时适用七级超额累进税率，税率为3%~45%（见表11-1）。

表 11–1　　个人所得税税率表（一）

（综合所得适用）

级数	全年应纳税所得额	税率（%）	速算扣除数（元）
1	不超过 36 000 元的部分	3	0
2	超过 36 000 元至 144 000 元的部分	10	2 520
3	超过 144 000 元至 300 000 元的部分	20	16 920
4	超过 300 000 元至 420 000 元的部分	25	31 920
5	超过 420 000 元至 660 000 元的部分	30	52 920
6	超过 660 000 元至 960 000 元的部分	35	85 920
7	超过 960 000 元的部分	45	181 920

注：① 本表所称全年应纳税所得额是指依照《个人所得税法》第六条的规定，居民个人取得综合所得以每一纳税年度收入额减除费用 60 000 元以及专项扣除、专项附加扣除和依法确定的其他扣除后的余额。

② 非居民个人取得工资、薪金所得，劳务报酬所得，稿酬所得和特许权使用费所得，依照本表按月换算后的税率表（见表 11–5）计算应纳税额。

（二）经营所得适用税率

经营所得，包括个体工商户的生产、经营所得和对企事业单位的承包经营、承租经营所得，及个人独资企业和合伙企业的生产经营所得，适用 5%~35% 的五级超额累进税率（见表 11–2）。

表 11–2　　个人所得税税率表（二）

（经营所得适用）

级数	全年应纳税所得额	税率（%）	速算扣除数（元）
1	不超过 30 000 元的部分	5	0
2	超过 30 000 元至 90 000 元的部分	10	1 500
3	超过 90 000 元至 300 000 元的部分	20	10 500
4	超过 300 000 元至 500 000 元的部分	30	40 500
5	超过 500 000 元的部分	35	65 500

注：本表所称全年应纳税所得额是指依照《个人所得税法》第六条的规定，以每一纳税年度的收入总额减除成本、费用以及损失后的余额。

（三）分类所得适用税率

分类所得，是指财产租赁所得，财产转让所得，利息、股息、红利所得，偶然所得，适用 20% 的比例税率。对个人出租住房取得的所得减按 10% 的税率缴纳个人所得税。

（四）综合所得预扣率

居民个人分月或分次取得工资、薪金所得，劳务报酬所得，稿酬所得，特许权使用费所得时，由支付单位按预扣率预扣预缴个人所得税。其中，工资、薪金所得适用 3%~45% 的七级超额累进预扣率，如表 11–3 所示（同表 11–1）；劳务报酬所得适用 20%~40% 的三级超额累进预扣率，如表 11–4 所示；稿酬所得和特许权使用费所得适用 20% 的比例预扣率。

表 11–3　　个人所得税税率表（三）

（居民个人工资、薪金所得预扣预缴适用）

级数	累计预扣预缴应纳税所得额	预扣率（%）	速算扣除数（元）
1	不超过 36 000 元的部分	3	0
2	超过 36 000 元至 144 000 元的部分	10	2 520
3	超过 144 000 元至 300 000 元的部分	20	16 920
4	超过 300 000 元至 420 000 元的部分	25	31 920
5	超过 420 000 元至 660 000 元的部分	30	52 920
6	超过 660 000 元至 960 000 元的部分	35	85 920
7	超过 960 000 元的部分	45	181 920

表 11–4　　个人所得税税率表（四）

（居民个人劳务报酬所得预扣预缴适用）

级数	预扣预缴应纳税所得额	预扣率（%）	速算扣除数（元）
1	不超过 20 000 元的部分	20	0
2	超过 20 000 至 50 000 元的部分	30	2 000
3	超过 50 000 元的部分	40	7 000

（五）非居民个人四项所得适用税率

非居民个人取得工资、薪金所得，劳务报酬所得，稿酬所得和特许权使用费所得四项所得，分别按月或按次计征个人所得税，均适用 3%~45% 的七级超额累进税率，如表 11–5 所示。

表 11–5 个人所得税税率表（五）

（非居民个人工资、薪金所得，劳务报酬所得，稿酬所得，特许权使用费所得适用）

级数	应纳税所得额	税率（%）	速算扣除数（元）
1	不超过 3 000 元的部分	3	0
2	超过 3 000 元至 12 000 元的部分	10	210
3	超过 12 000 元至 25 000 元的部分	20	1 410
4	超过 25 000 元至 35 000 元的部分	25	2 660
5	超过 35 000 元至 55 000 元的部分	30	4 410
6	超过 55 000 元至 80 000 元的部分	35	7 160
7	超过 80000 元的部分	45	15 160

注：相对于综合所得税率表（表 11–1），本表也称为月度税率表。

第三节 应纳税所得额与税收优惠

一、应纳税所得额的确定

（一）应纳税额所得额确定的一般规定

正确计算应纳税所得额，是依法征收个人所得税的基础和前提。

我国现行个人所得税采取混合征收方法，不同的应税项目对应着不同的应纳税所得额确定方法。其中，居民个人取得工资、薪金所得，劳务报酬所得，稿酬所得和特许权使用费所得四项所得（简称综合所得），按纳税年度合并汇算个人所得税；非居民个人取得上述四项所得，按月或者按次分项计算个人所得税。纳税人取得的其他五项所得，按年或者按次分项计算个人所得税。因此，计算个人所得税，需按不同应税所得项目分别计算应纳税所得额。以某项应税项目的收入额减去税法规定的该项费用减除标准后的余额，为该项所得的应纳税所得额。

1. 所得的计量单位

各项所得的计量，以人民币为单位。所得为人民币以外的货币的，按照办理纳税申报或者扣缴申报的上一月最后一日人民币汇率中间价，折合成人民币计算应纳税所得额。年度终了后办理汇算清缴的，对已经按月、按季或者按次预缴税款的人民币以外货币所得，不再重新折算；对应当补缴税款的所得部分，按照上一纳税年度最后一日人民币汇率中间价，折合成人民币计算应纳税所得额。

2. 收入金额的确定

个人取得收入的形式，包括现金、实物、有价证券和其他形式的经济利益。所得为实物的，应当按照所取得的凭证上注明的价格计算应纳税所得额；无凭证的实物或者凭证上所注明的价格明显偏低的，参照市场价格核定应纳税所得额；所得为有价证券的，根据票面价格和市场价格核定应纳税所得额；所得为其他形式的经济利益的，参照市场价格核定应纳税所得额。

3. 纳税期限的确定

根据《个人所得税法》第六条的规定，个人所得税分项目规定了三种纳税期：一是按年计税，如居民个人的综合所得、经营所得；二是按月计税，如非居民个人的工资、薪金所得；三是按次计税，如利息、股息、红利所得，财产租赁所得，偶然所得和非居民个人取得的劳务报酬所得、稿酬所得、特许权使用费所得。如何准确界定“次”，对费用扣除多少和应纳税所得额的确定十分重要，故《个人所得税法实施条例》对此进行了明确规定。具体为：

（1）劳务报酬所得、稿酬所得、特许权使用费所得，属于一次性收入的，以取得该项收入为一次；属于同一项目连续性收入的，以一个月内取得的收入为一次。

（2）财产租赁所得，以 1 个月内取得的收入为一次。

（3）利息、股息、红利所得，以支付利息、股息、红利时取得的收入为一次。

（4）偶然所得，以每次取得该项收入为一次。

（二）应纳税所得额的基本规定和费用减除标准

（1）居民个人的综合所得，以每一纳税年度的收入额减除费用 60 000 元以及专项扣除、专项附加扣除和依法确定的其他扣除后的余额，为年应纳税所得额。其中：

劳务报酬所得、稿酬所得、特许权使用费所得，以收入减除 20% 的费用后的余额为收入额；稿酬所得的收入额减按 70% 计算。

专项扣除，包括居民个人按照国家规定的范围和标准缴纳的基本养老保险、基本医疗保险、失业保险等社会保险费和住房公积金等扣除项目。

专项附加扣除，包括个人的子女教育、继续教育、大病医疗、住房贷款利息或者住房租金和赡养老人等扣除项目。

依法确定的其他扣除，包括个人缴付符合国家规定的企业年金、职业年金，个人购买符合国家规定的商业健康保险、税收递延型商业养老保险的支出，以及国务院规定可以扣除的其他项目。

（2）非居民个人的工资、薪金所得，以每月收入额减除费用 5 000 元后的余额为应纳税所得额；非居民个人的劳务报酬所得、稿酬所得、特许权使用费所得，以每次收入额为应纳税所得额。其中劳务报酬所得、稿酬所得、特许权使用费所得以收入减除 20% 的费用后的余额为收入额，稿酬所得的收入额减按 70% 计算。

（3）经营所得，以每一纳税年度的收入总额，减除成本、费用以及损失后的余额，为应纳税所得额。其中，成本、费用，是指纳税义务人从事生产、经营所发生的各项直接支出和分配计入成本的间接费用以及销售费用、管理费用、财务费用；损失，是指纳税义务人在生产、经营过程中发生的固定资产和存货的盘亏、毁损、报废损失，转让财产损失，坏账损失，自然灾害等不可抗力因素造成的损失以及其他损失。

取得经营所得的个人，没有综合所得的，计算其每一纳税年度的应纳税所得额时，应当减除费用 60 000 元、专项扣除、专项附加扣除以及依法确定的其他扣除。专项附加扣除在办理汇算清缴时减除。

从事生产、经营的纳税义务人未提供完整、准确的纳税资料，不能正确计算应纳税所得额的，由主管税务机关核定其应纳税所得额。

（4）财产租赁所得，每次收入不超过 4 000 元的，减除费用 800 元；4 000 元以上的，减除 20% 的费用，其余额为应纳税所得额。

（5）财产转让所得，以转让财产的收入额减除财产原值和合理费用后的余额为应纳税所得额。其中财产原值是指：① 有价证券，为买入价以及买入时按照规定交纳的有关费用。② 建筑物，为建造费或者购进价格以及其他有关费用。③ 土地使用权，为取得土地使用权所支付的金额，开发土地的费用以及其他有关费用。④ 机器设备、车船，为购进价格、运输费、安装费以及其他有关费用。⑤ 其他财产，参照以上方法确定。

纳税义务人未提供完整、准确的财产原值凭证，不能正确计算财产原值的，由主管税务机关核定其财产原值。

合理费用是指卖出财产时按照规定支付的有关费用。

（6）利息、股息、红利所得和偶然所得，以每次收入额为应纳税所得额。

（三）应纳税所得额的其他规定

（1）两个以上的个人共同取得同一项目收入的，应当对每个人取得的收入分别按照个人所得税法的规定计算纳税。

（2）个人将其所得通过中国境内的社会团体、国家机关对教育、扶贫、济困等公益慈善事业捐赠，捐赠额未超过纳税义务人申报的应纳税所得额 30% 的部分，可以从其应纳税所得额中扣除。国务院规定对公益慈善事业捐赠实行全额税前扣除的，从其规定。其中，个人将其所得对教育、扶贫、济困等公益慈善事业进行捐赠，是指个人将其所得通过中国境内的公益性社会组织、国家机关向教育、扶贫、济困等公益慈善事业的捐赠；应纳税所得额，是指计算扣除捐赠额之前的应纳税所得额。

个人捐赠住房作为公共租赁住房，符合税收法律法规规定的，对其公益性捐赠支出未超过其申报的应纳税所得额 30% 的部分，准予从其应纳税所得额中扣除。

（3）对新型冠状病毒感染的肺炎疫情防控工作的捐赠扣除政策。根据《关于支持新型冠状病毒感染的肺炎疫情防控有关捐赠税收政策的公告》（财政部 税务总局公告 2020 年第 9 号）规定，自 2020 年 1 月 1 日起，个人的下列捐赠允许在计算应纳税所得额时全额扣除：① 个人通过公益性社会组织或者县级以上人民政府及其部门等国家机关，捐赠用于应对新型冠状病毒感染的肺炎疫情的现金和物品；② 个人直接向承担疫情防治任务的医院捐赠用于应对新型冠状病毒感染的肺炎疫情的物品。捐赠人凭承担疫情防治任务的医院开具的捐赠接收函办理税前扣除事宜。

（4）居民个人从中国境内和境外取得的综合所得、经营所得，应当分别合并计算应纳税额；从中国境内和境外取得的其他所得，应当分别单独计算应纳税额。

（5）居民个人从中国境外取得的所得，可以从其应纳税额中抵免已在境外缴纳的个人所得税税额，但抵免额不得超过该纳税人境外所得依照《个人所得税法》相关规定计算的应纳税额。其中：

已在境外缴纳的个人所得税税额，是指居民个人来源于中国境外的所得，依照该所得来源国家（地区）的法律应当缴纳并且实际已经缴纳的所得税税额。

纳税人境外所得依照《个人所得税法》规定计算的应纳税额，是居民个人抵免已在境外缴纳的综合所得、经营所得以及其他所得的所得税税额的限额（以下简称抵免限额）。除国务院财政、税务主管部门另有规定外，来源于中国境外一个国家（地区）的综合所得抵免限额、经营所得抵免限额以及其他所得抵免限额之和，为来源于该国家（地区）所得的抵免限额。

居民个人在中国境外一个国家（地区）实际已经缴纳的个人所得税税额，低于依照上述规定计算出的来源于该国家（地区）所得的抵免限额的，应当在中国缴纳差额部分的税款；超过来源于该国家（地区）所得的抵免限额的，其超过部分不得在本纳税年度的应纳税额中抵免，但是可以在以后纳税年度来源于该国家（地区）所得的抵免限额的余额中补扣。补扣期限最长不得超过 5 年。

居民个人申请抵免已在境外缴纳的个人所得税税额，应当提供境外税务机关出具的税款所属年度的有关纳税凭证。

二、税收优惠

《个人所得税法》及其实施条例和财政部、国家税务总局的若干规定等，都对个人所得项目给予了减税免税的优惠，主要有以下几方面。

（一）法定免税优惠

（1）省级人民政府、国务院部委和中国人民解放军军以上单位，以及外国组织颁发的科学、教育、技术、文化、卫生、体育、环境保护等方面的奖金。

（2）国债和国家发行的金融债券利息。这里所说的国债利息，是指个人持有中华人民共和国财政部发行的债券而取得的利息所得；所说的国家发行的金融债券利息，是指个人持有经国务院批准发行的金融债券而取得的利息所得。

（3）按照国家统一规定发给的补贴、津贴。这里是指按照国务院规定发给的政府特殊津贴、院士津贴，以及国务院规定免予缴纳个人所得税的其他补贴、津贴。

（4）福利费、抚恤金、救济金。这里所说的福利费，是指根据国家有关规定，从企业、事业单位、国家机关、社会团体提留的福利费或者工会经费中支付给个人的生活补助费；所说的救济金，是指各级人民政府民政部门支付给个人的生活困难补助费。

（5）保险赔款。

（6）军人的转业费、复员费、退役金。

（7）按照国家统一规定发给干部、职工的安家费、退职费、基本养老金或者退休费、离休费、离休生活补助费。

（8）依照我国有关法律规定应予免税的各国驻华使馆、领事馆的外交代表、领事官员和其他人员的所得。上述“所得”，是指依照《中华人民共和国外交特权与豁免条例》和《中华人民共和国领事特权与豁免条例》规定免税的所得。

（9）中国政府参加的国际公约以及签订的协议中规定免税的所得。

（10）经国务院财政部门批准免税的所得。该类免税规定，由国务院报全国人民代表大会常务委员会备案。

（二）法定减税优惠

（1）残疾、孤老人员和烈属的所得。

（2）因严重自然灾害造成重大损失的。

国务院可以规定其他减税情形，报全国人民代表大会常务委员会备案。

（三）其他减免税优惠

根据财政部、国家税务总局的若干规定，对个人下列所得免征或暂免征收个人所得税：

（1）对乡、镇（含乡、镇）以上人民政府或经县（含县）以上人民政府主管部门批准成立的有机构、有章程的见义勇为基金或者类似性质组织，奖励见义勇为者的奖金或奖品，经主管税务机关核准，免征个人所得税。

（2）企业和个人按照省级以上人民政府规定的比例提取并缴付的住房公积金、医疗保险金、基本养老保险金、失业保险金，不计入个人当期的工资、薪金收入，免予征收个人所得税。超过规定的比例缴付的部分计征个人所得税。个人领取原提存的住房公积金、医疗保险金、基本养老保险金时，免予征收个人所得税。

（3）生育妇女按照县级以上人民政府根据国家有关规定制定的生育保险办法，取得的生育津贴、生育医疗费或其他属于生育保险性质的津贴、补贴，免征个人所得税。

（4）对工伤职工及其近亲属按照《中华人民共和国工伤保险条例》规定取得的一次性伤残保险待遇，免征个人所得税。

（5）对个人取得的教育储蓄存款利息所得以及国务院财政部门确定的其他专项储蓄存款或者储蓄性专项基金存款的利息所得，免征个人所得税。自 2008 年 10 月 9 日起，对居民个人储蓄存款利息和证券市场个人投资者取得的证券交易结算资金利息所得，暂免征收个人所得税。

（6）对退役士兵按照《退役士兵安置条例》（国务院、中央军委令第 608 号）规定，取得的一次性退役金以及地方政府发放的一次性经济补助，免征个人所得税。

（7）科技人员取得职务科技成果转化现金奖励的税收政策。

依法批准设立的非营利性研究开发机构和高等学校（以下简称非营利性科研机构和高校）根据《中华人民共和国促进科技成果转化法》规定，从职务科技成果转化收入中给予科技人员的现金奖励，可减按 50% 计入科技人员当月“工资、薪金所得”，依法缴纳个人所得税。

（8）达到离休、退休年龄，但确因工作需要，适当延长离休、退休年龄的高级专家（指享受国家发放的政府特殊津贴的专家、学者），其在延长离休、退休期间的工资、薪金所得，视同离休费、退休费免征个人所得税。

（9）外籍个人以非现金形式或实报实销形式取得的住房补贴、伙食补贴、搬迁费、洗衣费。

（10）外籍个人按合理标准取得的境内外出差补贴。

（11）外籍个人取得的探亲费、语言训练费、子女教育费等，经当地税务机关审核批准为合理的部分。

（12）个人举报、协查各种违法、犯罪行为而获得的奖金。

（13）个人办理代扣代缴税款手续，按规定取得的扣缴手续费。

（14）个人转让自用达 5 年以上并且是唯一的家庭居住用房取得的所得。

（15）外籍个人从外商投资企业取得的股息、红利所得。

（16）凡符合下列条件之一的外籍专家取得的工资、薪金所得可免征个人所得税：① 根据世界银行专项贷款协议由世界银行直接派往我国工作的外国专家；② 联合国组织直接派往我国工作的专家；③ 为联合国援助项目来华工作的专家；④ 援助国派往我国专为该国无偿援助项目工作的专家；⑤ 根据两国政府签订文化交流项目来华工作 2 年以内的文教专家，其工资、薪金所得由该国负担的；⑥ 根据我国大专院校国际交流项目来华工作 2 年以内的文教专家，其工资、薪金所得由该国负担的；⑦ 通过民间科研协定来华工作的专家，其工资、薪金所得由该国政府机构负担的。

（17）对国际奥委会及其相关实体的外籍雇员、官员、教练员、训练员以及其他代表在 2019 年 6 月 1 日至 2022 年 12 月 31 日期间临时来华，从事与北京冬奥会相关的工作，取得由北京冬奥组委支付或认定的收入，免征增值税和个人所得税。该类人员的身份及收入由北京冬奥组委出具证明文件，北京冬奥组委定期将该类人员名单及免税收入相关信息报送税务部门。

（18）对个人取得的 2012 年及以后年度发行的地方政府债券利息收入，免征个人所得税。

地方政府债券，是指经国务院批准同意，以省、自治区、直辖市、计划单列市政府为发行和偿还主体的债券。

（19）对个人投资者持有 2019—2023 年发行的铁路债券取得的利息收入，减按 50% 计入应纳税所得额计算征收个人所得税。税款由兑付机构在向个人投资者兑付利息时代扣代缴。

铁路债券，是指以中国铁路总公司为发行和偿还主体的债券，包括中国铁路建设债券、中期票据、短期融资券等债务融资工具。

（20）职工从依照国家有关法律规定宣告破产的企业取得的一次性安置费收入，免征个人所得税。

（21）对被拆迁人按照国家有关城镇房屋拆迁管理办法规定的标准取得的拆迁补偿款，免征个人所得税。

（22）沪港、深港股票市场交易互联互通和内地与香港基金互认的税收优惠。

① 对内地个人投资者通过沪港通、深港通投资香港联交所上市股票取得的转让差价所得和通过基金互认买卖香港基金份额取得的转让差价所得，自 2019 年 12 月 5 日起至 2022 年 12 月 31 日止，继续暂免征收个人所得税。

② 对香港市场投资者（包括企业和个人）投资上海证券交易所（简称上交所）上市 A 股取得的转让差价所得，暂免征收所得税。

（23）个人转让全国中小企业股份转让系统挂牌公司股票的税收优惠。

自 2018 年 11 月 1 日（含）起，对个人转让全国中小企业股份转让系统（以下简称新三板）挂牌公司非原始股取得的所得，暂免征收个人所得税。

非原始股，是指个人在新三板挂牌公司挂牌后取得的股票，以及由上述股票孳生的送、转股。

（24）创新企业境内发行存托凭证试点阶段的税收优惠。

为支持实施创新驱动发展战略，自 2019 年 4 月 3 日起，创新企业境内发行存托凭证（以下称创新企业 CDR）试点阶段，实施如下个人所得税优惠政策：

① 自试点开始之日起，对个人投资者转让创新企业 CDR 取得的差价所得，三年（36 个月，下同）内暂免征收个人所得税。

② 自试点开始之日起，对个人投资者持有创新企业 CDR 取得的股息红利所

得，三年内实施股息红利差别化个人所得税政策，具体参照《财政部 国家税务总局 证监会关于实施上市公司股息红利差别化个人所得税政策有关问题的通知》（财税〔2012〕85号）、《财政部 国家税务总局 证监会关于上市公司股息红利差别化个人所得税政策有关问题的通知》（财税〔2015〕101号）的相关规定执行，由创新企业在其境内的存托机构代扣代缴税款，并向存托机构所在地税务机关办理全员全额明细申报。对于个人投资者取得的股息红利在境外已缴纳的税款，可按照个人所得税法以及双边税收协定（安排）的相关规定予以抵免。

创新企业CDR，是指符合《国务院办公厅转发证监会关于开展创新企业境内发行股票或存托凭证试点若干意见的通知》规定的试点企业，以境外股票为基础证券，由存托人签发并在中国境内发行，代表境外基础证券权益的证券。

试点开始之日，是指首只创新企业CDR取得国务院证券监督管理机构的发行批文之日。

（25）支持新型冠状病毒感染的肺炎疫情防控的税收优惠。

① 对参加疫情防治工作的医务人员和防疫工作者按照政府规定标准取得的临时性工作补助和奖金，免征个人所得税。政府规定标准包括各级政府规定的补助和奖金标准。

对省级及省级以上人民政府规定的对参与疫情防控人员的临时性工作补助和奖金，比照执行。

② 单位发给个人用于预防新型冠状病毒感染的肺炎的药品、医疗用品和防护用品等实物（不包括现金），不计入工资、薪金收入，免征个人所得税。

（26）股权分置改革中非流通股股东通过对价方式向流通股股东支付的股份、现金等收入，暂免缴纳流通股股东应缴纳的个人所得税。

（27）对个人购买社会福利有奖募捐奖券、体育彩票，一次中奖收入在1万元以下（含）的暂免征收个人所得税，超过1万元的，全额征收个人所得税。

（28）个人取得单张有奖发票奖金所得不超过800元（含800元）的，暂免征收个人所得税；个人取得单张有奖发票奖金所得超过800元的，应全额按照个人所得税法规定的“偶然所得”项目征收个人所得税。

第四节 应纳税额的计算

由于个人所得税采取分项计税的办法，每项个人收入的扣除范围和扣除标准不尽相同，应纳所得税额的计算方法存在差异，下面分别介绍应纳税所得额的确定和应纳所得税额的计算方法。

一、居民个人综合所得的计税方法

居民个人综合所得，是指居民个人取得的工资、薪金所得，劳务报酬所得，稿酬所得，特许权使用费所得。按现行税法规定，扣缴义务人在向居民个人支付上述所得时，应按规定分月或分次预扣预缴个人所得税；居民个人应在取得所得的次年3月1日至6月30日内办理汇算清缴。

鉴于居民个人综合所得预扣预缴税款和汇算清缴的计算均涉及专项附加扣除，因此，本书首先介绍专项附加扣除范围和标准，然后再介绍预扣预缴税款和汇算清缴的计算方法。

（一）专项附加扣除范围及标准

专项附加扣除，是指个人所得税法规定的子女教育、继续教育、大病医疗、住房贷款利息、住房租金、赡养老人和3岁以下婴幼儿照护7项专项附加扣除。2018年12月13日，国务院发布《个人所得税专项附加扣除暂行办法》，依据遵循公平合理、利于民生、简便易行的原则，并根据教育、医疗、住房、养老等民生支出变化情况，制定了专项附加扣除范围和标准。2023年8月31日，《国务院关于提高个人所得税有关专项附加扣除标准的通知》发布，自2023年1月1日起，将3岁以下婴幼儿照护、子女教育专项附加扣除标准由每孩每月1 000元提高到2 000元，将赡养老人专项附加扣除标准由每月2 000元提高到3 000元。

1. 子女教育专项附加扣除

（1）纳税人的子女接受全日制学历教育的相关支出，按照每个子女每月2 000元的标准定额扣除。

学历教育包括义务教育（小学、初中教育）、高中阶段教育（普通高中、中等职业、技工教育）、高等教育（大学专科、大学本科、硕士研究生、博士研究生教育）。

年满3岁至小学入学前处于学前教育阶段的子女，按上述的规定执行。

（2）父母可以选择由其中一方按扣除标准的100%扣除，也可以选择由双方分别按扣除标准的50%扣除，具体扣除方式在一个纳税年度内不能变更。

2. 继续教育专项附加扣除

（1）纳税人在中国境内接受学历（学位）继续教育的支出，在学历（学位）教育期间按照每月400元定额扣除。同一学历（学位）继续教育的扣除期限不能超过48个月。纳税人接受技能人员职业资格继续教育、专业技术人员职业资格继续教育的支出，在取得相关证书的当年，按照3 600元定额扣除。

（2）个人接受本科及以下学历（学位）继续教育，符合规定扣除条件的，可以选择由其父母扣除，也可以选择由本人扣除。

3. **大病医疗专项附加扣除**

（1）在一个纳税年度内，纳税人发生的与基本医保相关的医药费用支出，扣除医保报销后个人负担（指医保目录范围内的自付部分）累计超过15 000元的部分，由纳税人在办理年度汇算清缴时，在80 000元限额内据实扣除。

（2）纳税人发生的医药费用支出可以选择由本人或者其配偶扣除；未成年子女发生的医药费用支出可以选择由其父母一方扣除。

纳税人及其配偶、未成年子女发生的医药费用支出，按规定分别计算扣除额。

4. **住房贷款利息专项附加扣除**

（1）纳税人本人或者配偶单独或者共同使用商业银行或者住房公积金个人住房贷款为本人或者其配偶购买中国境内住房，发生的首套住房贷款利息支出，在实际发生贷款利息的年度，按照每月1 000元的标准定额扣除，扣除期限最长不超过240个月。纳税人只能享受一次首套住房贷款的利息扣除。

所称首套住房贷款是指购买住房享受首套住房贷款利率的住房贷款。

（2）经夫妻双方约定，可以选择由其中一方扣除，具体扣除方式在一个纳税年度内不能变更。

夫妻双方婚前分别购买住房发生的首套住房贷款，其贷款利息支出，婚后可以选择其中一套购买的住房，由购买方按扣除标准的100%扣除，也可以由夫妻双方对各自购买的住房分别按扣除标准的50%扣除，具体扣除方式在一个纳税年度内不能变更。

（3）纳税人应当留存住房贷款合同、贷款还款支出凭证备查。

5. **住房租金专项附加扣除**

（1）纳税人在主要工作城市没有自有住房而发生的住房租金支出，可以按照以下标准定额扣除：

① 直辖市、省会（首府）城市、计划单列市以及国务院确定的其他城市，扣除标准为每月1500元。

② 除上述① 所列城市以外，市辖区户籍人口超过100万的城市，扣除标准为每月1 100元；市辖区户籍人口不超过100万的城市，扣除标准为每月800元。

纳税人的配偶在纳税人的主要工作城市有自有住房的，视同纳税人在主要工作城市有自有住房。

市辖区户籍人口，以国家统计局公布的数据为准。

（2）主要工作城市是指纳税人任职受雇的直辖市、计划单列市、副省级城市、地级市（地区、州、盟）全部行政区域范围；纳税人无任职受雇单位的，为受理其综合所得汇算清缴的税务机关所在城市。

夫妻双方主要工作城市相同的，只能由一方扣除住房租金支出。

（3）住房租金支出由签订租赁住房合同的承租人扣除。

（4）纳税人及其配偶在一个纳税年度内不能同时分别享受住房贷款利息和住房租金专项附加扣除。

（5）纳税人应当留存住房租赁合同、协议等有关资料备查。

6. 赡养老人专项附加扣除

（1）纳税人赡养一位及以上被赡养人的赡养支出，统一按照以下标准定额扣除：

① 纳税人为独生子女的，按照每月 3 000 元的标准定额扣除。

② 纳税人为非独生子女的，由其与兄弟姐妹分摊每月 3 000 元的扣除额度，每人分摊的额度不能超过每月 1 500 元。可以由赡养人均摊或者约定分摊，也可以由被赡养人指定分摊。约定或者指定分摊的须签订书面分摊协议，指定分摊优先于约定分摊。具体分摊方式和额度在一个纳税年度内不能变更。

（2）被赡养人是指年满 60 岁的父母，以及子女均已去世的年满 60 岁的祖父母、外祖父母。

个人所得税专项附加扣除额一个纳税年度扣除不完的，不能结转以后年度扣除。

7. 3 岁以下婴幼儿照护专项附加扣除

（1）纳税人照护 3 岁以下婴幼儿子女的相关支出，按照每个婴幼儿每月 2 000 元的标准定额扣除。

（2）父母可以选择由其中一方按扣除标准的 100% 扣除，也可以选择由双方分别按扣除标准的 50% 扣除，具体扣除方式在一个纳税年度内不能变更。

3 岁以下婴幼儿照护个人所得税专项附加扣除涉及的保障措施和其他事项，参照《个人所得税专项附加扣除暂行办法》有关规定执行。

上述专项附加扣除制度改革，是有效贯彻落实党的二十大报告“完善收入分配制度”“增进民生福祉，提高人民生活品质”的生动体现。本次个人所得税的改革，进一步加大了税收的收入调节力度，提高了居民收入在国民收入分配中的比重，提高了劳动报酬在初次分配中的比重，有效增加了低收入者收入，扩大了中等收入群体。同时，也有助于规范收入分配秩序，规范财富积累机制，保护合法收入，调节过高收入，取缔非法收入。

（二）居民个人综合所得预扣预缴税款的计算方法

扣缴义务人向居民个人支付工资、薪金所得，劳务报酬所得，稿酬所得，特许权使用费所得时，按以下方法预扣预缴个人所得税，并向主管税务机关报送“个人所得税扣缴申报表”。

1. 居民个人工资、薪金所得预扣预缴税款计算方法

扣缴义务人向居民个人支付工资、薪金所得时，应当按照累计预扣法计算预扣税款，并按月办理全员全额扣缴申报。

累计预扣法，是指扣缴义务人在一个纳税年度内预扣预缴税款时，以纳税人在本单位截至当前月份工资、薪金所得累计收入减除累计免税收入、累计减除费用、累计专项扣除、累计专项附加扣除和累计依法确定的其他扣除后的余额为累计预扣预缴应纳税所得额，适用个人所得税预扣率表，计算累计应预扣预缴税额，再减除累计减免税额和累计已预扣预缴税额，其余额为本期应预扣预缴税额。余额为负值时，暂不退税。纳税年度终了后余额仍为负值时，由纳税人通过办理综合所得年度汇算清缴，税款多退少补。

具体计算公式如下：

本期应预扣预缴税额 =（累计预扣预缴应纳税所得额 × 预扣率 − 速算扣除数）−
累计减免税额 − 累计已预扣预缴税额

其中：

累计预扣预缴应纳税所得额 = 累计收入 − 累计免税收入 − 累计减除费用 −
累计专项扣除 − 累计专项附加扣除 −
累计依法确定的其他扣除

上述公式中：

累计减除费用，按照 5 000 元 / 月乘以纳税人当年截至本月在本单位的任职受雇月份数计算。

七项专项附加扣除中，除大病医疗之外，其他专项附加扣除可由纳税人选择在预扣预缴税款时进行扣除。

计算居民个人工资、薪金所得预扣预缴税额适用的预扣率、速算扣除数，按七级超额累进预扣率（见表 11-3）执行。

例 11-1

居民刘某在境内某公司任职，2020 年 1—3 月公司每月应发工资为 30 000 元，公司每月按规定标准扣缴“三险一金”5 000 元，从 1 月起享受子女教育、赡养老人两项专项附加扣除共计 2 000 元，没有减免收入及减免税额等情况。请依照现行税法规定分别计算刘某 2020 年 1—3 月份应分别预扣预缴的个人所得税。

解：

1 月：（30 000 − 5 000 − 5 000 − 2 000）× 3% = 540（元）

2 月：（30 000×2 − 5 000×2 − 5 000×2 − 2 000×2）× 3% − 540 = 540（元）

3 月：（30 000×3 − 5 000×3 − 5 000×3 − 2 000×3）× 10% − 2520 − 540 − 540 = 1 800（元）

2. 居民个人劳务报酬所得、稿酬所得、特许权使用费所得预扣预缴税款计算方法

扣缴义务人向居民个人支付劳务报酬所得、稿酬所得、特许权使用费所得，以每次或每月收入额为预扣预缴应纳税所得额，分别适用三级超额累进预扣率（见表11-4）和20%的比例预扣率，按次或按月计算每项所得应预扣预缴的个人所得税。

劳务报酬所得应预扣预缴税额＝预扣预缴应纳税所得额（收入额）× 预扣率－速算扣除数

稿酬所得、特许权使用费所得应预扣预缴税额＝预扣预缴应纳税所得额（收入额）×20%

（1）收入额：劳务报酬所得、稿酬所得、特许权使用费所得以收入减除费用后的余额为收入额。其中，稿酬所得的收入额减按70%计算。

（2）减除费用：劳务报酬所得、稿酬所得、特许权使用费所得每次收入不超过4 000元的，减除费用按800元计算；每次收入4 000元以上的，减除费用按20%计算。

（3）预扣率：劳务报酬所得适用20%~40%的三级超额累进预扣率（见表11-4），稿酬所得、特许权使用费所得适用20%的比例预扣率。

例 11-2

假设某居民个人一次性取得劳务报酬收入50 000元（不含增值税），请依照现行税法规定计算该所得应预扣预缴税额。

解：

（1）应纳税所得额（收入额）=50 000×（1－20%）=40 000（元）

（2）应预扣预缴税额＝40 000×20%＝8 000（元）

例 11-3

假设某居民个人一次性取得稿酬收入4 000元（不含增值税），请依照现行税法规定计算该所得应预扣预缴税额。

解：

（1）应纳税所得额（收入额）=（4 000－800）×70%＝2 240（元）

（2）应预扣预缴税额＝2 240×20%＝448（元）

需要注意的是，为进一步支持稳就业、保就业、促消费，助力构建新发展格局，自2021年1月1日起，对上一完整纳税年度内每月均在同一单位预扣预缴工资、薪金所得个人所得税且全年工资、薪金收入不超过6万元的居民个人，扣缴义务人在预扣预缴本年度工资、薪金所得个人所得税时，累计减除费用自 1 月份起直接按照全年 6 万元计算扣除。即，在纳税人累计收入不超过 6 万元的月份，暂不预扣预缴个人所得税；在其累计收入超过 6 万元的当月及年内后续月份，再预扣预缴个人所得税。

扣缴义务人应当按规定办理全员全额扣缴申报，并在“个人所得税扣缴申报表”相应纳税人的备注栏注明“上年各月均有申报且全年收入不超过 6 万元”字样。

对按照累计预扣法预扣预缴劳务报酬所得个人所得税的居民个人，扣缴义务人比照上述规定执行。

（三）居民个人综合所得汇算清缴的计算方法

居民个人办理年度综合所得汇算清缴时，应当依法计算劳务报酬所得、稿酬所得、特许权使用费所得的收入额，并入年度综合所得计算应纳税款，税款多退少补。具体而言，个人所得税综合所得汇算清缴的计税方法如下：

年度汇算应退或应补税额 =[（综合所得收入额 −60 000 元 − 专项扣除 − 专项附加扣除 − 依法确定的其他扣除 − 捐赠）× 适用税率 − 速算扣除数］− 年已预缴税额

1. 综合所得收入额的确定

① 工资、薪金所得，以年度工资、薪金收入减去不征税收入、免税收入的余额为收入额；② 劳务报酬所得、稿酬所得、特许权使用费所得，以各自的收入减去 20% 的费用后的余额为收入额。其中，稿酬所得的收入额按 70% 计算。个人兼有不同的劳务报酬所得，应分别扣除费用，计算缴纳个人所得税。

2. 专项扣除、专项附加扣除，依法确定的其他扣除按前述规定处理

需要注意的是：① 专项扣除、专项附加扣除和依法规定的其他扣除，以居民个人一个纳税年度的应纳税所得额为限额。一个纳税年度抵扣不完的，不得结转抵扣；② 居民个人取得劳务报酬所得、稿酬所得、特许权使用费所得，应当在汇算清缴时向税务机关提供有关信息，减除专项附加扣除；③ 居民个人填报专项附加扣除信息存在明显错误，经税务机关通知，居民个人拒不更正或者不说明情况的，税务机关可暂停纳税人享受专项附加扣除。居民个人按规定更正相关信息或者说明情况后，经税务机关确认，居民个人可继续享受专项附加扣除，以前月份未享受扣除的，可按规定追补扣除；④ 汇算清缴时，可依法扣除的捐赠，是当年符合条件的公益慈善事业捐赠。

3. 适用税率和速算扣除数，根据年度应纳税所得额查找综合所得七级超额累进税率表（见表 11–1）确定

此外，纳税人计算并结清 2019 年综合所得的应退或应补税款，不涉及以前或以后年度，也不涉及财产租赁等分类所得，以及纳税人按规定选择不并入综合所得计算纳税的全年一次性奖金等所得。

残疾、孤老人员和烈属取得综合所得办理汇算清缴时，汇算清缴地与预扣预缴地规定不一致的，用预扣预缴地规定计算的减免税额与用汇算清缴地规定计算的减免税额相比较，按照孰高值确定减免税额。该项政策适用于2019年度及以后年度的综合所得年度汇算清缴。

例 11–4

居民个人赵某2020年每月应税工资收入为30 000元，缴纳“三险一金”4 500元、享受专项附加扣除金额2 000元。另外，赵某2020年2月从甲公司取得劳务报酬收入3 000元，3月从乙杂志社取得稿酬收入2 000元，4月从丙公司取得劳务报酬收入30 000元，5月从丁公司取得特许权使用费收入2 000元。假设没有大病医疗和减免收入及减免税额等情况，请依照现行税法规定，计算赵某综合所得应预扣预缴税额和年终汇算清缴应纳（退）税额。（假设上述劳务报酬、稿酬、特许权使用费收入均为不含税收入。）

解：

（1）应预扣预缴税额计算。

① 全年工资、薪金所得应预扣预缴税额计算。

1月：（30 000－5 000－4 500－2 000）×3%＝555（元）

2月：（30 000×2－5 000×2－4 500×2－2 000×2）×10%－2 520－555＝625（元）

3月：（30 000×3－5 000×3－4 500×3－2 000×3）×10%－2 520－1 180＝1 850（元）

4月：（30 000×4－5 000×4－4 500×4－2 000×4）×10%－2 520－3 030＝1 850（元）

5月：（30 000×5－5 000×5－4 500×5－2 000×5）×10%－2 520－4 880＝1 850（元）

6月：（30 000×6－5 000×6－4 500×6－2 000×6）×10%－2 520－6 730＝1 850（元）

7月：（30 000×7－5 000×7－4 500×7－2 000×7）×10%－2 520－8 580＝1 850（元）

8月：（30 000×8－5 000×8－4 500×8－2 000×8）×20%－16 920－10 430＝2 250（元）

9月：（30 000×9－5 000×9－4 500×9－2 000×9）×20%－16 920－12 680＝3 700（元）

10月：（30 000×10－5 000×10－4 500×10－2 000×10）×20%－16 920－

16 380＝3 700（元）

11 月：（30 000×11－5 000×11－4 500×11－2 000×11）×20%－16 920－20 080＝3 700（元）

12 月：（30 000×12－5 000×12－4 500×12－2 000×12）×20%－16 920－23 780＝3 700（元）

1—12 月所在单位共计应预扣预缴个人所得税 27 480 元。

② 2 月从甲公司取得劳务报酬应预扣预缴税额＝(3 000－800)×20%＝440(元)

③ 3 月从乙杂志社取得稿酬应预扣预缴税额＝(2 000－800)×70%×20%＝168（元）

④ 4 月从丙公司取得劳务报酬应预扣预缴税额＝30 000×(1－20%)×30%－2 000＝5 200（元）

⑤ 5 月从丁公司取得特许权使用费应预扣预缴税额＝(2 000－800)×20%＝240（元）

赵某综合所得全年合计预扣预缴税额为 33 528 元。

（2）年终综合所得汇算清缴应纳税额的计算。

① 2020 年综合所得收入额＝工资、薪金收入额＋劳务报酬收入额＋稿酬收入额＋特许权使用费收入额＝30 000×12+(3 000+30 000)×(1－20%)+2 000×(1－20%)×70%＋2 000×(1－20%)＝389 120（元）

② 2020 年综合所得应纳税所得额＝收入额－基本费用扣除－专项扣除－专项附加扣除－依法确定其他扣除＝389 120－60 000－4 500×12－2 000×12＝251 120（元）

③ 2020 年综合所得应缴纳个人所得税＝年应纳税所得额 × 适用税率－速算扣除数＝251 120×20%－16 920＝33 304（元）

④ 综合所得汇算清缴应补（退）税额＝应纳税额－预扣预缴税额＝33 304－33 528＝－224（元）

所以，年终汇算清缴赵某应获退税款 224 元。

（四）无住所居民个人综合所得计税方法的特殊规定

根据《财政部 税务总局关于非居民个人和无住所居民个人有关个人所得税政策的公告》（财政部 税务总局公告 2019 年第 35 号）的规定，无住所居民个人取得综合所得，年度终了后，应将年度工资、薪金收入额，劳务报酬收入额，稿酬收入额，特许权使用费收入额汇总，计算缴纳个人所得税。需要办理汇算清缴的，依法办理汇算清缴。

年度综合所得应纳税额＝（年度工资、薪金收入额＋年度劳务报酬收入额＋年度稿酬收入额＋年度特许权使用费收入额－减除费用－专项扣除－专项附加扣除－

依法确定的其他扣除）× 适用税率 -
速算扣除数

公式中的年度工资、薪金收入额，年度劳务报酬收入额，年度稿酬收入额，年度特许权使用费收入额，分别按年度内每月工资薪金以及每次劳务报酬、稿酬、特许权使用费收入额合计数额计算。

1. 工资、薪金收入额的确定

工资、薪金收入额的确定与纳税人的身份和居住时间密切相关。

（1）无住所居民个人（非高管）在境内居住累计满 183 天的年度连续不满六年的情形。

在境内居住累计满 183 天的年度连续不满六年的无住所居民个人，符合《个人所得税法实施条例》第四条优惠条件的，其取得的全部工资、薪金所得，除归属于境外工作期间且由境外单位或者个人支付的工资、薪金所得部分外，均应计算缴纳个人所得税。工资、薪金所得收入额的计算公式如下：

当月工资、薪金收入额 = 当月境内外工资、薪金总额 ×
（1 - 当月境外支付的工资、薪金数额 ÷
当月境内外工资、薪金总额 ×
当月工资薪金所属工作期间境外工作天数 ÷
当月工资、薪金所属工作期间公历天数）

（2）无住所居民个人（非高官）在境内居住累计满 183 天的年度连续满六年的情形。

在境内居住累计满 183 天的年度连续满六年后，不符合《个人所得税法实施条例》第四条优惠条件的无住所居民个人，其从境内、境外取得的全部工资、薪金所得均应并入收入额计算缴纳个人所得税。

（3）无住所居民个人为高管的情形。

高管是指在企业担任董事、监事、高层管理职务的人员。这里的高层管理职务包括企业正、副（总）经理、各职能总师、总监及其他类似公司管理层的职务。

上述个人工资、薪金所得收入额，按照财政部、国家税务总局 2019 年第 35 号公告第二条规定计算纳税，即高管人员为居民个人的，其工资、薪金在境内应计税的收入额的计算方法与其他无住所居民个人一致。

2. 专项附加扣除政策的享受

无住所居民个人在计算综合所得收入额时，可以享受专项附加扣除。其中，无住所居民个人为外籍个人的，2022 年 1 月 1 日前计算工资、薪金收入额时，可以选择享受住房补贴、子女教育费、语言训练费等八项津补贴优惠政策，也可以选择享受专项附加扣除政策，但二者不可同时享受。

二、非居民个人四项所得的计税方法

非居民个人取得工资、薪金所得，劳务报酬所得，稿酬所得和特许权使用费所得，有扣缴义务人的，由扣缴义务人按以下方法按月或者按次代扣代缴个人所得税，不办理汇算清缴：非居民个人的工资、薪金所得，以每月收入额减除费用 5 000 元后的余额为应纳税所得额；劳务报酬所得、稿酬所得、特许权使用费所得，以每次收入额为应纳税所得额，适用月度税率表（见表 11-5）计算应纳税额。其中，劳务报酬所得、稿酬所得、特许权使用费所得以收入减除 20% 的费用后的余额为收入额。稿酬所得的收入额再减按 70% 计算。

关于次的界定：劳务报酬所得、稿酬所得、特许权使用费所得，属于一次性收入的，以取得该项收入为一次；属于同一项目连续性收入的，以一个月内取得的收入为一次。

非居民个人在一个纳税年度内税款扣缴方法保持不变，达到居民个人条件时，应当告知扣缴义务人基础信息变化情况，年度终了后按照居民个人有关规定办理汇算清缴。

三、经营所得的计税方法

（一）个体工商户经营所得的计税方法

经营所得，以每一纳税年度的收入总额减除成本、费用以及损失后的余额，为应纳税所得额。个体工商户生产经营应纳税所得额的计算，以权责发生制为原则，属于当期的收入和费用，不论款项是否收付，均作为当期的收入和费用；不属于当期的收入和费用，即使款项已经在当期收付，均不作为当期收入和费用。财政部、国家税务总局另有规定的除外。

在计算应纳税所得额时，个体工商户会计处理办法与以下规定和财政部、国家税务总局相关规定不一致的，应当依照以下规定和财政部、国家税务总局的相关规定计算。

（1）应纳税所得额确定的基本规定。

个体工商户的生产、经营所得，以每一纳税年度的收入总额，减除成本、费用、税金、损失、其他支出以及允许弥补的以前年度亏损后的余额，为应纳税所得额。计算公式为：

$$\text{应纳税所得额}=\text{收入总额}-\text{成本}-\text{费用}-\text{税金}-\text{损失}-\text{其他支出}-\text{允许弥补的以前年度亏损}$$

① 个体工商户从事生产经营以及与生产经营有关的活动（以下简称生产经营）取得的货币形式和非货币形式的各项收入，为收入总额，包括销售货物收入、提供劳务收入、转让财产收入、利息收入、租金收入、接受捐赠收入、其他收入。

其他收入包括个体工商户资产溢余收入、逾期一年以上的未退包装物押金收入、确实无法偿付的应付款项、已作坏账损失处理后又收回的应收款项、债务重组收入、补贴收入、违约金收入、汇兑收益等。

② 成本，是指个体工商户在生产经营活动中发生的各种直接支出和分配计入成本的间接费用，具体包括销售成本、销货成本、业务支出以及其他耗费。

③ 费用，是指个体工商户在生产经营活动中发生的销售费用、管理费用和财务费用，已经计入成本的有关费用除外。

④ 税金，是指个体工商户在生产经营活动中发生的除个人所得税和允许抵扣的增值税以外的各项税金及其附加。

⑤ 损失，是指个体工商户在生产经营活动中发生的固定资产和存货的盘亏、毁损、报废损失，转让财产损失，坏账损失，自然灾害等不可抗力因素造成的损失以及其他损失。

个体工商户发生的损失，减除责任人赔偿和保险赔款后的余额，参照财政部、国家税务总局有关企业资产损失税前扣除的规定扣除。

个体工商户已经作为损失处理的资产，在以后纳税年度又全部收回或者部分收回时，应当计入收回当期的收入。

⑥ 其他支出，是指除成本、费用、税金、损失外，个体工商户在生产经营活动中发生的与生产经营活动有关的、合理的支出。

个体工商户发生的支出应当区分收益性支出和资本性支出。收益性支出在发生当期直接扣除；资本性支出应当分期扣除或者计入有关资产成本，不得在发生当期直接扣除。

支出，是指与取得收入直接相关的支出。

除税收法律法规另有规定外，个体工商户实际发生的成本、费用、税金、损失和其他支出，不得重复扣除。

⑦ 亏损，是指个体工商户依照规定计算的应纳税所得额小于零的数额。

（2）个体工商户不得税前扣除的支出。

① 个人所得税税款。这包括个体工商户自行负担缴纳的个人所得税及代其从业人员或他人负担的个人所得税。

② 税收滞纳金。

③ 罚金、罚款和被没收财物的损失。

④ 不符合扣除规定的捐赠支出。

⑤ 赞助支出。赞助支出，是指个体工商户发生的与生产经营活动无关的各种非广告性质支出。

⑥ 用于个人和家庭的支出。

⑦ 与取得生产经营收入无关的其他支出。

⑧ 国家税务总局规定不准扣除的支出。

（3）个体工商户生产经营活动中，应当分别核算生产经营费用和个人、家庭费用。对于生产经营与个人、家庭生活混用难以分清的费用，其40% 视为与生产经营有关费用，准予扣除。

（4）个体工商户纳税年度发生的亏损，准予向以后年度结转，用以后年度的生产经营所得弥补，但结转年限最长不得超过 5 年。

（5）扣除项目及标准。

① 个体工商户实际支付给从业人员的、合理的工资、薪金支出，准予扣除。

② 个体工商户业主费用的扣除。个体工商户业主的工资、薪金支出不得税前扣除。根据《个人所得税法实施条例》规定，取得经营所得的个人，没有综合所得的，计算其每一纳税年度的应纳税所得额时，应当减除费用 60 000 元、专项扣除、专项附加扣除以及依法确定的其他扣除。其中，专项附加扣除在办理汇算清缴时减除。

个体工商户因在纳税年度中间开业、合并、注销及其他原因，导致该纳税年度的实际经营期不足 1 年的，其生产经营所得计算个人所得税时，以其实际经营期为 1 个纳税年度。投资者本人的费用扣除标准，应按照其实际经营月份数，以每月 5 000 元的减除标准确定。计算公式如下：

$$应纳税所得额 = 年度收入总额 - 成本、费用、税金及损失 - 当年投资者本人的费用扣除额$$

$$当年投资者本人的费用扣除额 = 月减除费用（5\ 000 元/月）\times 当年实际经营月份数$$

$$应纳税额 = 应纳税所得额 \times 税率 - 速算扣除数$$

③ 个体工商户按规定的范围和标准为其业主和从业人员缴纳的基本养老保险费、基本医疗保险费、失业保险费、生育保险费、工伤保险费和住房公积金，准予扣除。

个体工商户为从业人员缴纳的补充养老保险费、补充医疗保险费，分别在不超过从业人员工资总额 5% 标准内的部分据实扣除；超过部分，不得扣除。

个体工商户业主本人缴纳的补充养老保险费、补充医疗保险费，以当地（地级市）上年度社会平均工资的 3 倍为计算基数，分别在不超过该计算基数 5% 标准内的部分据实扣除；超过部分，不得扣除。

④ 除依照国家有关规定为特殊工种从业人员支付的人身安全保险费和财政部、国家税务总局规定可以扣除的其他商业保险费外，个体工商户业主本人或者为从业人员支付的商业保险费，不得扣除。

⑤ 个体工商户在生产经营活动中发生的合理的不需要资本化的借款费用，准予扣除。

个体工商户为购置、建造固定资产、无形资产和经过 12 个月以上的建造才能达到预定可销售状态的存货发生借款的，在有关资产购置、建造期间发生的合理的借款费用，应当作为资本性支出计入有关资产的成本，并依照规定扣除。

⑥ 个体工商户在生产、经营期间借款利息支出，凡有合法证明的，不高于按金融机构同类、同期贷款利率计算的数额的部分，准予扣除。

⑦ 个体工商户向当地工会组织拨缴的工会经费、实际发生的职工福利费支出、职工教育经费支出分别在工资、薪金总额的 2%、14% 和 2.5% 的标准内据实扣除。

工资、薪金总额是指允许在当期税前扣除的工资、薪金支出数额。

职工教育经费的实际发生数额超出规定比例当期不能扣除的数额，准予在以后纳税年度结转扣除。

个体工商户业主本人向当地工会组织缴纳的工会经费、实际发生的职工福利费支出、职工教育经费支出，以当地（地级市）上年度社会平均工资的 3 倍为计算基数，在上述规定比例内据实扣除。

⑧ 个体工商户发生的与生产经营活动有关的业务招待费，按照实际发生额的 60% 扣除，但最高不得超过当年销售（营业）收入的 5‰。

⑨ 个体工商户每一纳税年度发生的与其生产经营活动直接相关的广告费和业务宣传费不超过当年销售（营业）收入 15% 的部分，可以据实扣除；超过部分，准予在以后纳税年度结转扣除。

⑩ 个体工商户按照规定缴纳的摊位费、行政性收费、协会会费等，按实际发生数额扣除。

⑪ 个体工商户根据生产经营活动的需要租入固定资产支付的租赁费，按照以下方法扣除：

a. 以经营租赁方式租入固定资产发生的租赁费支出，按照租赁期限均匀扣除。

b. 以融资租赁方式租入固定资产发生的租赁费支出，按照规定构成融资租入固定资产价值的部分应当提取折旧费用，分期扣除。

⑫ 个体工商户参加财产保险，按照规定缴纳的保险费，准予扣除。

⑬ 个体工商户发生的合理的劳动保护支出，准予扣除。

⑭ 个体工商户自申请营业执照之日起至开始生产经营之日止所发生符合规定的费用，除为取得固定资产、无形资产的支出，以及应计入资产价值的汇兑损益、利息支出外，作为开办费，个体工商户可以选择在开始生产经营的当年一次性扣除，也可自生产经营月份起在不短于 3 年期限内摊销扣除，但一经选定，不得改变。开始生产经营之日为个体工商户取得第一笔销售（营业）收入的日期。

⑮ 个体工商户通过公益性社会团体或者县级以上人民政府及其部门，用于《中华人民共和国公益事业捐赠法》规定的公益事业的捐赠，捐赠额不超过其应纳税所得额 30% 的部分可以据实扣除。

财政部、国家税务总局规定可以全额在税前扣除的捐赠支出项目，按有关规定执行。

⑯ 个体工商户研究开发新产品、新技术、新工艺所发生的开发费用，以及研究开发新产品、新技术而购置单台价值在 10 万元以下的测试仪器和试验性装置的购置费准予直接扣除；单台价值在 10 万元以上（含）的测试仪器和试验性装置，按固定资产管理，不得在当期直接扣除。

（6）个体工商户资产的税务处理，参照企业所得税相关法律、法规和政策规定执行。

（7）个体工商户有两处或两处以上经营机构的，选择并固定向其中一处经营机构所在地主管税务机关申报缴纳个人所得税。

（8）个体工商户和从事生产、经营的个人，取得与生产、经营活动无关的各项应税所得，应分别适用各应税项目的规定计算缴纳个人所得税。

（9）应纳税额的计算。

个体工商户取得经营所得应纳税额的计算，适用五级超额累进税率（见表 11-2），采取按月或按季度预缴税款，按年汇算清缴的纳税方式。具体而言，由纳税人在月度或者季度终了后 15 日内向税务机关报送纳税申报表预缴税款，在取得所得的次年 3 月 31 日前办理年度个人所得税汇算清缴。其计算公式为：

全年应纳税额 = 全年应纳税所得额 × 适用税率 − 速算扣除数

汇算清缴税额 = 全年应纳税额 − 全年累计已预缴税额

从事生产、经营活动，未提供完整、准确的纳税资料，不能正确计算应纳税所得额的，由主管税务机关核定应纳税所得额或者应纳税额。

例 11-5

某小型运输公司系个体工商户，账证比较健全。2020 年 1—12 月累计应纳税所得额为 130 000 元（未扣除投资者费用），1—12 月已累计预缴个人所得税 16 000 元。除经营所得外，投资者本人没有其他应税收入，2020 年专项附加扣除金额合计 20 000 元。请依照现行税法规定，分析计算该个体工商户 2020 年年度经营所得个人所得税的汇算清缴情况。

解：

（1）全年应纳税所得额 = 130 000 − 60 000 − 20 000 = 50 000（元）

（2）全年应缴纳个人所得税 = 50 000 × 10% − 1 500 = 3 500（元）

（3）2020 年汇算清缴应申请退税额 = 16 000 − 3 500 = 12 500（元）

（二）个人独资企业和合伙企业投资者经营所得的计税方法

1. 个人独资企业、合伙企业及纳税人

按照《财政部 国家税务总局关于印发〈关于个人独资企业和合伙企业投资者征收个人所得税的规定〉的通知》（财税〔2000〕91 号）的规定，个人独资企业和

合伙企业为：

（1）依照《中华人民共和国个人独资企业法》和《中华人民共和国合伙企业法》登记成立的个人独资企业、合伙企业。

（2）依照《中华人民共和国私营企业暂行条例》登记成立的独资、合伙性质的私营企业。

（3）依照《中华人民共和国律师法》登记成立的合伙制律师事务所。

（4）经政府有关部门依照法律法规批准成立的负无限责任和无限连带责任的其他个人独资、个人合伙性质的机构或组织。

个人独资企业以投资者为纳税义务人，合伙企业以每一个合伙人为纳税义务人。

2. 税率

凡实行查账征税办法的，其税率适用“经营所得”5%~35% 的五级超额累进税率，计算征收个人所得税；实行核定应税所得率征收方式的，按照应税所得率计算其应纳税所得额，再按其应纳税所得额的大小，适用 5%~35% 的五级超额累进税率计算征收个人所得税。

投资者兴办两个或两个以上企业的（包括参与兴办），年度终了时，应汇总从所有企业取得的应纳税所得额，据此确定适用税率并计算缴纳个人所得税。

3. 应纳税所得额的确定原则

个人独资企业和合伙企业的应纳税所得额，等于每一纳税年度的收入总额减除成本、费用以及损失后的余额。收入总额是指企业从事生产经营以及与生产经营有关的活动所取得的各项收入，包括商品（产品）销售收入、营运收入、劳务服务收入、工程价款收入、财产出租或转让收入、利息收入、其他业务收入和营业外收入。

自 2008 年 1 月 1 日起，合伙企业的合伙人应纳税所得额的确认原则如下：

（1）合伙企业的合伙人以合伙企业的生产经营所得和其他所得，按照合伙协议约定的分配比例确定应纳税所得额。

（2）合伙协议未约定或者约定不明确的，以全部生产经营所得和其他所得，按照合伙人协商决定的分配比例确定应纳税所得额。

（3）协商不成的，以全部生产经营所得和其他所得，按照合伙人实缴出资比例确定应纳税所得额。

（4）无法确定出资比例的，以全部生产经营所得和其他所得，按照合伙人数量平均计算每个合伙人的应纳税所得额。

（5）合伙协议不得约定将全部利润分配给部分合伙人。

合伙人是法人和其他组织的，缴纳企业所得税。合伙企业的合伙人是法人和其他组织的，合伙人在计算其缴纳企业所得税时，不得用合伙企业的亏损抵减其盈利。

4. **扣除项目**

凡实行查账征税办法的，计算生产经营所得时，扣除项目比照个体工商户相关规定执行。但下列项目扣除遵循如下规定：

（1）投资者的费用扣除标准。投资者的工资不得在税前直接扣除，但可按规定的标准扣除费用。自2019年1月1日起，投资者本人的费用扣除标准统一确定为60 000元/年，即5 000元/月。

需要注意的是，投资者兴办两个或两个以上企业的，其费用扣除标准由投资者选择在其中一个企业的生产经营所得中扣除。

（2）投资者及其家庭发生的生活费用不允许在税前扣除。投资者及其家庭发生的生活费用与企业生产经营费用混合在一起，并且难以划分的，全部视为投资者个人及其家庭发生的生活费用，不允许在税前扣除。

（3）企业生产经营和投资者及其家庭生活共用的固定资产难以划分的，由主管税务机关根据企业的生产经营类型、规模等具体情况，核定准予在税前扣除的折旧费用的数额或比例。

（4）企业向其从业人员实际支付的合理的工资、薪金支出，允许在税前据实扣除。

（5）企业缴拨的工会经费、发生的职工福利费、职工教育经费支出分别在工资薪金总额2%、14%、2.5%的标准内据实扣除。

（6）每一纳税年度发生的与其生产经营业务直接相关的业务招待费支出，按照实际发生额的60%扣除，但最高不得超过当年销售（营业）收入的5‰。

（7）每一纳税年度发生的与其生产经营活动直接相关的广告费和业务宣传费不超过当年销售（营业）收入15%的部分，可以据实扣除；超过部分，准予在以后纳税年度结转扣除。

（8）企业计提的各种准备金不得扣除。

5. **应纳税额的计算**

（1）查账征收。

实行查账征收的个人投资者，兴办一个企业的，比照个体工商户经营所得应纳税额的计算方法。

投资者兴办两个或两个以上企业，并且企业性质全部是独资的，年度终了后，汇算清缴时，应纳税款的计算按以下方法进行：汇总其投资兴办的所有企业的经营所得作为应纳税所得额，以此确定适用税率，计算出全年经营所得的应纳税额，再根据每个企业的经营所得占所有企业经营所得的比例，分别计算出每个企业的应纳税额和应补缴税额。计算公式如下：

$$\text{应纳税所得额}=\sum\text{各个企业的经营所得}$$

$$\text{应纳税额}=\text{应纳税所得额}\times\text{税率}-\text{速算扣除数}$$

$$\text{本企业应纳税额}=\text{应纳税额}\times\text{本企业的经营所得}\div\sum\text{各个企业的经营所得}$$

本企业应补缴的税额 = 本企业应纳税额 − 本企业预缴的税额

（2）核定征收。

核定征收方式，包括定额征收、核定应税所得率征收以及以其他合理的方式征收。

实行核定应税所得率征收方式的，应纳所得税额的计算公式如下：

应纳所得税额 = 应纳税所得额 × 适用税率

应纳税所得额 = 收入总额 × 应税所得率

或：　　= 成本费用支出额 ÷（1 − 应税所得率）× 应税所得率

应税所得率应按表 11-6 规定的标准执行。

表 11-6　　个人所得税应税所得率表

行业	应税所得率
工业、交通运输业、商业	5%～20%
建筑业、房地产开发业	7%～20%
饮食服务业	7%～25%
娱乐业	20%～40%
其他行业	10%～30%

企业经营多业的，无论其经营项目是否单独核算，均应根据其主营项目确定其适用的应税所得率。

实行核定征收的投资者，不能享受个人所得税的优惠政策。

实行查账征收方式的个人独资企业和合伙企业改为核定征收方式后，在查账征收方式下认定的年度经营亏损未弥补完的部分，不得再继续弥补。

（3）个人独资企业和合伙企业的亏损弥补。

① 企业的年度亏损，允许用本企业下一年度的生产经营所得弥补，下一年度所得不足弥补的，允许逐年延续弥补，但最长不得超过 5 年。

② 投资者兴办两个或两个以上企业的，企业的年度经营亏损不能跨企业弥补。

③ 实行查账征收方式的个人独资企业和合伙企业改为核定征收方式后，在查账征收方式下认定的年度经营亏损未弥补完的部分，不得再继续弥补。

6. 对外投资分回的利息或者股息、红利的税务处理

个人独资企业对外投资分回的利息或者股息、红利，不并入企业的收入，而应单独作为投资者个人取得的利息、股息、红利所得，按“利息、股息、红利所得”应税项目计算缴纳个人所得税。以合伙企业名义对外投资分回利息或者股息、红利的，应按比例确定各个投资者的利息、股息、红利所得，分别按“利息、股息、红利所得”应税项目计算缴纳个人所得税。

例 11-6

居民个人 A、B 共同设立合伙企业甲，约定按 6：4 的出资比例分配应纳税所得额。2020 年甲企业的会计报表显示：全年业务收入 70 万元，投资收益 10 万元，营业成本 41 万元，税金及附加 4 万元，销售费用 15.5 万元，管理费用 8.5 万元，营业外支出 5 万元，会计利润总额 6 万元。经聘请的税务师事务所审核，发现以下事项：

（1）投资收益是合伙企业对境内居民企业的投资分红；

（2）营业成本账户中列支向每位合伙人支付工资 12 万元；

（3）销售费用账户中列支广告费和业务宣传费 3 万元；

（4）管理费用账户中列支业务招待费 1.35 万元；

（5）营业外支出账户中列支工商管理罚款 2 万元；

（6）A 先生 2020 年度来自本地另一合伙企业乙的经营利润为 6 万元。

已知除经营所得外，两位合伙人均没有其他应税收入，根据以上资料，计算并回答如下问题：

（1）甲企业广告费和业务宣传费及业务招待费的纳税调整额；

（2）假设 A、B 均选择从甲企业中扣除基本费用，计算甲企业的应纳税所得额；

（3）2020 年投资者 A 全部生产经营所得应缴纳个人所得税额。

解：

（1）甲企业广告费和业务宣传费及业务招待费的纳税调整额。

广告费和业务宣传费扣除限额 $=70\times15\%=10.5$（万元），高于实际发生额 3 万元，不需进行纳税调整；

业务招待费扣除限额 $=70\times0.5\%=0.35$（万元），实际支出额为 1.35 万元，应调整应纳税所得额 1 万元。

因此，甲企业广告费和业务宣传费、业务招待费合计纳税调整额为 1 万元。

（2）甲企业的应纳税所得额 $=6-10+12\times2+2+1-6\times2=11$（万元）

注：对外投资分红应单独按照“利息、股息、红利所得”计算个人所得税；合伙企业支付给投资者的工资和罚款不得在合伙企业的税前扣除，但投资者基本费用可以在税前扣除。

（3）2020 年投资者 A 全部生产经营所得应缴纳个人所得税额 $=(11\times60\%+6)\times20\%-1.05=1.47$（万元）

（三）对企事业单位承包经营、承租经营所得的计税方法

1. 应纳税所得额的确定

对企事业单位承包经营、承租经营所得是以每一纳税年度的收入总额，减除必

要费用后的余额，为应纳税所得额。其中，收入总额是指纳税人按照承包经营、承租经营合同规定分得的经营利润和工资、薪金性质的所得。个人的承包、承租经营所得，既有工资、薪金性质，又含生产、经营性质，但考虑到个人按承包、承租经营合同规定分到的是经营利润，涉及的生产、经营成本费用已经扣除，所以，税法规定，"减除必要费用"是指按月减除5 000元，实际减除的是相当于个人的生计及其他费用。其计算公式为：

应纳税所得额 = 个人承包、承租经营收入总额 − 每月费用扣除标准 × 实际承包或承租月数

个人在承租、承包经营期间，如果工商登记仍为企业的，不管其分配方式如何，均应先按照企业所得税的有关规定缴纳企业所得税。承包经营、承租经营者按照承包、承租经营合同（协议）规定取得的所得，依照个人所得税法的有关规定缴纳个人所得税。

2. 应纳税额的计算

对企事业单位承包经营、承租经营所得适用五级超额累进税率（见表11-2），以其应纳税所得额按适用税率计算应纳税额。计算公式为：

应纳税额 = 应纳税所得额 × 适用税率 − 速算扣除数

例 11-7

2020年1月刘某承包一商铺，承包期1年，全年的承包经营所得150 000元。此外，刘某每月从商店领取工资8 000元。已知除承包经营所得外，2020年刘某没有其他应税收入，无专项附加扣除和其他减免税优惠，请依照现行税法规定计算刘某2020年应缴纳的个人所得税。

解：

（1）2020年承包经营应纳税所得额 =（150 000 + 12 × 8 000）− 60 000 = 186 000（元）

（2）2020年承包经营所得应缴纳个人所得税 = 186 000 × 20% − 10 500 = 26 700（元）

如果纳税人的承包、承租期在一个纳税年度内经营不足12个月，应以其实际承包、承租经营的期限为一个纳税年度计算纳税。计算公式为：

应纳税所得额 = 该年度承包、承租经营收入额 − 每月费用扣除标准 × 该年度实际承包、承租经营月份数

应纳税额 = 应纳税所得额 × 适用税率 − 速算扣除数

四、利息、股息、红利所得的计税方法

（一）应纳税所得额的确定

利息、股息、红利所得以个人每次取得的收入额为应纳税所得额，不得从收入额中扣除任何费用。其中，每次收入额是指支付单位或个人每次支付利息、股息、红利时，个人所取得的收入。

股份制企业以股票形式向股东个人支付应得的股息、红利（即派发红股），应以派发红股的股票票面金额为收入额为应纳税所得额。

企业购买车辆并将车辆所有权办到股东个人名下，其实质为企业对股东进行了红利性质的实物分配，应按照“利息、股息、红利所得”项目征收个人所得税。考虑到该股东个人名下的车辆同时也为企业经营使用的实际情况，在计算收入额时，允许合理减除部分所得，减除的具体数额由主管税务机关根据车辆的实际使用情况合理确定。

（二）应纳税额的计算

利息、股息、红利所得适用 20% 的比例税率。其应纳税额的计算公式为：

$$应纳税额=应纳税所得额（每次收入额）\times 20\%$$

五、财产租赁所得的计税方法

（一）应纳税所得额的确定

财产租赁所得一般以个人每次取得的收入，定额或定率减除规定费用后的余额为应纳税所得额。每次收入不超过 4 000 元，定额减除费用 800 元；每次收入在 4 000 元以上，定率减除 20% 的费用。财产租赁所得以 1 个月内取得的收入为一次。

在确定财产租赁的应纳税所得额时，纳税人在出租财产过程中缴纳的税金和教育费附加，可持完税（缴款）凭证，从其财产租赁收入中扣除。准予扣除的项目除了规定费用和有关税、费外，还准予扣除能够提供有效、准确凭证，证明由纳税人负担的该出租财产实际开支的修缮费用。允许扣除的修缮费用，以每次 800 元为限。一次扣除不完的，准予在下一次继续扣除，直到扣完为止。

个人出租财产取得的财产租赁收入，在计算缴纳个人所得税时，应依次扣除以下费用：① 财产租赁过程中缴纳的税费。② 由纳税人负担的该出租财产实际开支

的修缮费用。③ 税法规定的费用扣除标准。

应纳税所得额的计算公式为：

（1）每次（月）收入不超过 4 000 元的。

应纳税所得额＝每次（月）收入额－准予扣除项目－修缮费用（800 元为限）－800

（2）每次（月）收入超过 4 000 元的。

应纳税所得额＝[每次（月）收入额－准予扣除项目－修缮费用（800 元为限）]×（1－20%）

个人将承租房屋转租取得的租金收入，属于个人所得税应税所得，应按“财产租赁所得”项目计算缴纳个人所得税。具体规定为：

（1）取得转租收入的个人向房屋出租方支付的租金，凭房屋租赁合同和合法支付凭据允许在计算个人所得税时，从该项转租收入中扣除。

（2）有关财产租赁所得个人所得税前扣除税费的扣除次序调整为：① 财产租赁过程中缴纳的税费。② 向出租方支付的租金。③ 由纳税人负担的租赁财产实际开支的修缮费用。④ 税法规定的费用扣除标准。

（二）应纳税额的计算

财产租赁所得适用 20% 的比例税率。但对个人按市场价格出租的居民住房取得的所得，自 2001 年 1 月 1 日起暂减按 10% 的税率征收个人所得税。其应纳税额的计算公式为：

应纳税额＝应纳税所得额 × 适用税率

例 11–8

刘某于 2020 年 8 月将其自有的面积为 150 平方米的 4 间房屋按市场价出租给张某居住。刘某每月取得不含税租金收入 2 500 元，全年不含税租金收入 30 000 元。计算刘某全年租金收入应缴纳的个人所得税（不考虑其他税费）。

解：财产租赁收入以每月内取得的收入为一次，按市场价出租给个人居住适用 10% 的税率，因此，刘某每月及全年应纳税额为：

（1）每月应纳税额＝(2 500－800)×10%＝170（元）。

（2）全年应纳税额＝170×12＝2 040（元）。

本例在计算个人所得税时未考虑其他税费。如果对租金收入计征增值税、城市维护建设税、教育费附加、房产税等，还应将其从税前的收入中先扣除后再计算应缴纳的个人所得税。

假定上例中，当年 2 月因下水道堵塞找人修理，发生修理费用 500 元，有维修部门的正式收据，则当年 2 月和全年的应纳税额为：

（1）当年 2 月应纳税额 =（2 500－500－800）×10%＝120（元）。

（2）全年应纳税额＝170×11＋120＝1 990（元）。

在实际征税过程中，有时会出现财产租赁所得的纳税人不明确的情况。对此，在确定财产租赁所得纳税人时，应以产权凭证为依据。无产权凭证的，由主管税务机关根据实际情况确定纳税人。如果产权所有人死亡，在未办理产权继承手续期间，该财产出租且有租金收入的，以领取租金收入的个人为纳税人。

六、财产转让所得的计税方法

（一）财产转让所得的确定

一般情况下，财产转让所得是指个人转让有价证券、股权、合伙企业中的财产份额、不动产、机器设备、车船以及其他财产取得的所得，个人财产转让的应纳税所得额，为一次转让财产的收入额减除财产原值和合理费用后的余额。计算公式为：

应纳税所得额＝每次收入额－财产原值－合理费用

（二）应纳税额的计算

财产转让所得适用 20% 的比例税率。其应纳税额的计算公式为：

应纳税额＝应纳税所得额 × 适用税率＝（收入总额－财产原值－合埋税费）×20%

例 11–9

某个人建房一幢，造价 360 000 元，支付其他费用 50 000 元。2020 年 6 月将该房屋出售，取得不含税售价 600 000 元，在售房过程中按规定支付交易费等相关税费 35 000 元。请依照现行税法规定，计算其住房转让应缴纳的个人所得税。

解：

（1）住房转让应纳税所得额＝财产转让收入－财产原值－合理费用＝600 000－（360 000＋50 000）－35 000＝155 000（元）

（2）住房转让应纳个人所得税额＝155 000×20%＝31 000（元）

七、偶然所得应纳税额的计算

（一）应纳税所得额的确定

偶然所得以个人每次取得的收入额为应纳税所得额，不扣除任何费用。除有特殊规定外，每次收入额就是应纳税所得额，以每次取得该项收入为一次。

（二）应纳税额的计算

偶然所得适用20%的比例税率，应纳税额的计算公式为：

应纳税额＝应纳税所得额（每次收入额）× 适用税率＝每次收入额 ×20%

例 11–10

陈某在参加商场的有奖销售过程中，中得奖金5 000元，请按照规定计算商场代扣代缴个人所得税后，陈某实际可得中奖金额。

解：

（1）应纳税所得额＝偶然所得＝5 000（元）

（2）应纳税额（商场代扣税款）＝应纳税所得额 × 适用税率＝5 000×20%＝1 000（元）

（3）陈某实际可得金额＝5 000－1 000＝4 000（元）

八、特殊情形特殊所得应纳税额的计算

（一）居民个人取得全年一次性奖金的征税政策

全年一次性奖金是指行政机关、企事业单位等扣缴义务人根据其全年经济效益和对雇员全年工作业绩的综合考核情况，向雇员发放的一次性奖金。一次性奖金也包括年终加薪、实行年薪制和绩效工资办法的单位根据考核情况兑现的年薪和绩效工资。

居民个人取得全年一次性奖金，符合《国家税务总局关于调整个人取得全年一次性奖金等计算征收个人所得税方法问题的通知》（国税发〔2005〕9号）规定的，在2021年12月31日前，不并入当年综合所得，以全年一次性奖金收入除以12个月得到的数额，按照按月换算后的综合所得税率表（月度税率表），确定适用税率

和速算扣除数，单独计算纳税。计算公式为：

应纳税额=全年一次性奖金收入 × 适用税率 - 速算扣除数

在一个纳税年度内，对每一个纳税人，该计税方法只允许采用一次。

雇员取得除全年一次性奖金以外的其他各种名目奖金，如半年奖、季度奖、加班奖、先进奖、考勤奖等，一律与当月工资、薪金收入合并，按税法规定缴纳个人所得税。

居民个人取得全年一次性奖金，也可以选择并入当年综合所得计算纳税。

自 2022 年 1 月 1 日起，居民个人取得全年一次性奖金，应并入当年综合所得计算缴纳个人所得税。

例 11-11

居民个人魏某 2020 年 1 月应发工资 15 000 元，每月公司按规定标准为其代扣代缴“三险一金”3 000 元，当月享受老人赡养专项附加扣除 1 000 元，没有减免收入及减免税额等情况，当月还取得 2019 年全年一次性奖金 156 000 元。请依照现行税法规定，分析计算魏某 2020 年 1 月份的纳税义务。

解：

选择 1：工资、全年一次性奖金单独计税。

（1）全年一次性奖金应纳税额。

① 确定适用税率和速算扣除数。

因为每月奖金=156 000÷12=13 000（元），所以适用税率为 20%、速算扣除数为 1 410 元。

② 全年一次性奖金应纳税额=156 000×20%-1 410=29 790（元）

（2）工资应预扣预缴税额=（15 000-3 000-5 000-1 000）×3%=180（元）

工资和全年一次性奖金合计应纳税额为 29 970 元。

选择 2：工资、全年一次性奖金合并计税。

工资、奖金合计应预扣预缴税额=（156 000+15 000-3 000-5 000-1 000）×20%-16 920=15 480（元）

中央企业负责人取得年度绩效薪金延期兑现收入和任期奖励，符合《国家税务总局关于中央企业负责人年度绩效薪金延期兑现收入和任期奖励征收个人所得税问题的通知》（国税发〔2007〕118 号）规定的，在 2021 年 12 月 31 日前，参照财税〔2018〕164 号文件第一条第（一）项（即前述居民个人取得全年一次性奖金的过渡期政策）执行；2022 年 1 月 1 日之后的政策另行明确。

（二）个人取得公务交通、通信补贴收入的征税政策

个人因公务用车和通信制度改革而取得的公务用车、通信补贴收入，扣除一定标准的公务费用后，按照“工资、薪金”所得项目计征个人所得税。按月发放的，并入当月“工资、薪金”所得计征个人所得税；不按月发放的，分解到所属月份并与该月份“工资、薪金”所得合并后计征个人所得税。

公务费用扣除标准，由省级税务局根据纳税人公务交通、通信费用实际发生情况调查测算，报经省级人民政府批准后确定，并报国家税务总局备案。

（三）远洋船员工资薪金所得的征税政策

自 2019 年 1 月 1 日起至 2023 年 12 月 31 日止，一个纳税年度内在船航行时间累计满 183 天的远洋船员，其取得的工资薪金收入减按 50% 计入应纳税所得额，依法缴纳个人所得税。

上述所称的远洋船员是指在海事管理部门依法登记注册的国际航行船舶船员和在渔业管理部门依法登记注册的远洋渔业船员；在船航行时间是指远洋船员在国际航行或作业船舶和远洋渔业船舶上的工作天数。一个纳税年度内的在船航行时间为一个纳税年度内在船航行时间的累计天数。

远洋船员可选择在当年预扣预缴税款或者次年个人所得税汇算清缴时享受上述优惠政策。

海事管理部门、渔业管理部门同税务部门建立信息共享机制，定期交换远洋船员身份认定、在船航行时间等有关涉税信息。

（四）单位低价向职工出售住房的征税政策

（1）根据住房制度改革政策的有关规定，国家机关、企事业单位及其他组织（以下简称单位）在住房制度改革期间，按照所在地县级以上人民政府规定的房改成本价格向职工出售公有住房，职工因支付的房改成本价格低于房屋建造成本价格或市场价格而取得的差价收益，免征个人所得税。

（2）除上述规定情形外，单位按低于购置或建造成本价格出售住房给职工，职工因此而少支出的差价部分，不并入当年综合所得，以差价收入除以 12 个月得到的数额，按照月度税率表（见表 11-5）确定适用税率和速算扣除数，单独计算纳税。计算公式为：

应纳税额＝职工实际支付的购房价款低于该房屋的购置或建造成本价格的差额 × 适用税率 − 速算扣除数

其中“差价部分”，是指职工实际支付的购房价款低于该房屋的购置或建造成本价格的差额

（五）个人取得股权激励的征税政策

1. 居民个人取得股权激励的计税方法

居民个人取得股票期权、股票增值权、限制性股票、股权奖励等股权激励（以下简称股权激励），符合《财政部 国家税务总局关于个人股票期权所得征收个人所

得税问题的通知》（财税〔2005〕35号）、《财政部 国家税务总局关于股票增值权所得和限制性股票所得征收个人所得税有关问题的通知》（财税〔2009〕5号）、《财政部 国家税务总局关于将国家自主创新示范区有关税收试点政策推广到全国范围实施的通知》（财税〔2015〕116号）第四条、《财政部 国家税务总局关于完善股权激励和技术入股有关所得税政策的通知》（财税〔2016〕101号）第四条第（一）项规定相关条件的，在2021年12月31日前，不并入当年综合所得，全额单独适用综合所得税率表，计算纳税。计算公式为：

$$应纳税额=股权激励收入\times适用税率-速算扣除数$$

居民个人一个纳税年度内取得两次以上（含两次）股权激励的，应合并按上述规定计算纳税。

2022年1月1日之后的股权激励政策另行明确。

例11–12

居民个人余先生为某上市公司的高层管理人员。2020年2月第一次行权该公司2年前一次性授予的股票期权5 000股（占当初授予股票期权数量的50%、授予价每股10元），行权当日该股票每股收盘价为16元；2020年8月第二次行权上述股票期权剩余的5 000股，行权当日该股票每股收盘价为20元。请依照现行税法规定，分析计算余先生两次股票期权行权的纳税情况。

解：

（1）余先生第一次股票期权行权应缴纳的个人所得税。

第一次行权的应纳税所得额=（16−10）×5 000=30 000（元）

第一次行权应缴纳个人所得税=30 000×3%=900（元）

（2）余先生第二次股票期权行权应缴纳的个人所得税。

第二次行权的应纳税所得额=（20−10）×5 000=50 000（元）

两次行权合计的应纳税所得额=50 000+30 000=80 000（元）

第二次行权时应缴纳个人所得税=80 000×10%−2 520−900=4 580（元）

2. 非居民个人取得股权激励的计税方法

非居民个人取得股权激励，应按照《财政部 税务总局关于非居民个人和无住所居民个人有关个人所得税政策的公告》（财政部 税务总局公告2019年第35号）规定计算境内计税的工资薪金收入额，不与当月其他工资薪金收入合并，按6个月分摊，不减除费用，适用月度税率表计算应纳税额。非居民个人在一个纳税年度内取得多笔股权激励所得的，应当合并计算纳税。

（六）企业为个人购置财产的征税政策

（1）个人投资者以企业（个人独资企业、合伙企业和其他企业）资金为本人、家庭成员及其相关人员购买汽车、住房等财产性支出，视为企业对个人投资者的利润或红利分配，个人独资企业和合伙企业投资者依照“个体工商户的生产、经营所得”项目计征个人所得税；其他企业的个人投资者依照“利息、股息、红利所得”项目计征个人所得税。

（2）企业出资购买房屋及其他财产，将所有权登记为投资者个人、投资者家庭成员或企业其他人员的，不论所有权人是否将财产无偿或有偿交付企业使用，其实质均为企业对个人进行了实物性质的分配。个人独资企业、合伙企业的个人投资者或其家庭成员取得的上述所得，视为企业对个人投资者的利润分配，按照“个体工商户的生产、经营所得”项目计征个人所得税；对除个人独资企业、合伙企业之外的其他企业的个人投资者或其家庭成员取得的上述所得，视为企业对个人投资者的红利分配，按照“利息、股息、红利所得”项目计征个人所得税；对企业其他人员取得的上述所得，按照“工资、薪金所得”项目计征个人所得税。

（七）外籍个人有关津补贴的征税政策

（1）2019 年 1 月 1 日至 2021 年 12 月 31 日期间，外籍个人符合居民个人条件的，可以选择享受个人所得税专项附加扣除，也可以选择按照相关规定，享受住房补贴、语言训练费、子女教育费等津补贴免税优惠政策，但不得同时享受。外籍个人一经选择，在一个纳税年度内不得变更。外籍个人符合居民条件的，可以享受的免税优惠具体包括：

① 外籍个人以非现金形式或实报实销形式取得的住房补贴、伙食补贴、搬迁费、洗衣费；外籍个人按合理标准取得的境内、外出差补贴；外籍个人取得的探亲费、语言训练费、子女教育费等，经当地税务机关审核批准为合理的部分。

② 受雇于我国境内企业的外籍个人（不包括香港、澳门居民个人），因家庭等原因居住在香港、澳门，每个工作日往返于内地与香港、澳门等地区，由此境内企业（包括其关联企业）给予在香港或澳门住房、伙食、洗衣、搬迁等非现金形式或实报实销形式的补贴，凡能提供有效凭证的且经主管税务机关审核确认的。

③ 受雇于我国境内企业的外籍个人（不包括香港、澳门居民个人），就其在香港或澳门进行语言培训、子女教育而取得的费用补贴，凡能提供有效支出凭证等材料的，经主管税务机关审核确认为合理的部分。

（2）自 2022 年 1 月 1 日起，外籍个人不再享受住房补贴、语言训练费、子女教育费津补贴免税优惠政策，应按规定享受专项附加扣除。

（八）解除劳动关系、提前退休、内部退养的一次性补偿收入的征税政策

（1）企业依照国家有关法律规定宣告破产，企业职工从该破产企业取得的一次

性安置费收入，免征个人所得税。

（2）个人与用人单位解除劳动关系取得一次性补偿收入（包括用人单位发放的经济补偿金、生活补助费和其他补助费），在当地上年职工平均工资3倍数额以内的部分，免征个人所得税；超过3倍数额的部分，不并入当年综合所得，单独适用综合所得税率表（见表11-1）计算纳税。

（3）个人因办理提前退休手续而取得的一次性补贴收入，应按照办理提前退休手续至法定离退休年龄之间实际年度数平均分摊，确定适用税率和速算扣除数，单独适用综合所得税率表（见表11-1）计算纳税。计算公式为：

应纳税额＝{［（一次性补贴收入 ÷ 办理提前退休手续至法定退休年龄的实际年度数）－费用扣除标准］× 适用税率－速算扣除数}× 办理提前退休手续至法定退休年龄的实际年度数

（4）个人办理内部退养手续而取得的一次性补贴收入，按照《国家税务总局关于个人所得税有关政策问题的通知》（国税发〔1999〕58号）规定计算纳税：

① 实行内部退养的个人在其办理内部退养手续后至法定离退休年龄之间从原任职单位取得的工资、薪金，不属于离退休工资，应按“工资、薪金所得”项目计征个人所得税。

② 个人在办理内部退养手续后从原任职单位取得的一次性收入，应按办理内部退养手续后至法定离退休年龄之间的所属月份进行平均，并与领取当月的“工资、薪金所得”合并后减除当月费用扣除标准，以余额为基数确定适用税率，再将当月工资、薪金加上取得的一次性收入，减去费用扣除标准，按适用税率计征个人所得税。

③ 个人在办理内部退养手续后至法定离退休年龄之间重新就业取得的“工资、薪金所得”，应与其从原任职单位取得的同一月份的“工资、薪金所得”合并，并依法自行向主管税务机关申报缴纳个人所得税。

（九）年金的个人所得税政策

年金包括企业年金和职业年金。企业年金是指企业及其职工按照《企业年金试行办法》的规定，在依法参加基本养老保险的基础上，自愿建立的补充养老保险。职业年金是事业单位及其职工依据自身经济状况，按照《机关事业单位职业年金办法》的规定，在依法缴纳基本养老保险的基础上，自愿建立的补充养老保险。企业年金和职业年金个人所得税的计算征收的相关规定如下：

1. 企业年金和职业年金缴费的个人所得税处理

（1）企业和事业单位（以下统称单位）根据国家有关政策规定的办法和标准，为在本单位任职或者受雇的全体职工缴付的企业年金或职业年金（以下统称年金）单位缴费部分，在计入个人账户时，个人暂不缴纳个人所得税。

（2）个人根据国家有关政策规定缴付的年金个人缴费部分，在不超过本人缴费工资计税基数的 4% 标准内的部分，暂从个人当期的应纳税所得额中扣除。

（3）超过上述（1）和（2）规定的标准缴付的年金单位缴费和个人缴费部分，应并入个人当期的工资、薪金所得，依法计征个人所得税。税款由建立年金的单位代扣代缴，并向主管税务机关申报解缴。

（4）企业年金个人缴费工资计税基数为本人上一年度月平均工资。月平均工资按国家统计局规定列入工资总额统计的项目计算。月平均工资超过职工工作地所在设区城市上一年度职工月平均工资 300% 以上的部分，不计入个人缴费工资计税基数。

职业年金个人缴费工资计税基数为职工岗位工资和薪级工资之和。职工岗位工资和薪级工资之和超过职工工作地所在设区城市上一年度职工月平均工资 300% 以上的部分，不计入个人缴费工资计税基数。

2. 年金基金投资运营收益的个人所得税处理

年金基金投资运营收益分配计入个人账户时，个人暂不缴纳个人所得税。

3. 领取年金的个人所得税处理

自 2019 年 1 月 1 日起，个人达到国家规定的退休年龄，领取的企业年金、职业年金，符合《财政部 人力资源社会保障部 国家税务总局关于企业年金 职业年金个人所得税有关问题的通知》（财税〔2013〕103 号）规定的，不并入综合所得，全额单独计算应纳税款。其中按月领取的，适用月度税率表（见表 11-5）计算纳税；按季领取的，平均分摊计入各月，按每月领取额适用月度税率表计算纳税；按年领取的，适用综合所得税率表（见表 11-1）计算纳税。

个人因出境定居而一次性领取的年金个人账户资金，或个人死亡后，其指定的受益人或法定继承人一次性领取的年金个人账户余额，适用综合所得税率表（见表 11-1）计算纳税。对个人除上述特殊原因外一次性领取年金个人账户资金或余额的，适用月度税率表（见表 11-5）计算纳税。

（十）商业健康保险的个人所得税政策

自 2017 年 7 月 1 日起，将商业健康保险个人所得税试点政策推广到全国范围实施。具体内容如下：

1. 政策内容

对个人购买符合规定的商业健康保险产品的支出，允许在当年（月）计算应纳税所得额时予以税前扣除，扣除限额为 2 400 元 / 年（200 元 / 月）。单位统一为员工购买符合规定的商业健康保险产品的支出，应分别计入员工个人工资薪金，视同个人购买，按上述限额予以扣除。

2 400 元 / 年（200 元 / 月）的限额扣除为个人所得税法规定减除费用标准之外

的扣除。

2. 适用对象

适用商业健康保险税收优惠政策的纳税人，是指取得工资薪金所得、连续性劳务报酬所得的个人，以及取得个体工商户生产经营所得、对企事业单位的承包承租经营所得的个体工商户业主、个人独资企业投资者、合伙企业合伙人和承包承租经营者。

3. 税收征管

（1）单位统一组织为员工购买或者单位和个人共同负担购买符合规定的商业健康保险产品，单位负担部分应当实名计入个人工资薪金明细清单，视同个人购买，并自购买产品次月起，在不超过200元/月的标准内按月扣除。一年内保费金额超过2 400元的部分，不得税前扣除。以后年度续保时，按上述规定执行。个人自行退保时，应及时告知扣缴单位。个人相关退保信息保险公司应及时传递给税务机关。

（2）取得工资薪金所得或连续性劳务报酬所得的个人，自行购买符合规定的商业健康保险产品的，应当及时向代扣代缴单位提供保单凭证。扣缴单位自个人提交保单凭证的次月起，在不超过200元/月的标准内按月扣除。一年内保费金额超过2 400元的部分，不得税前扣除。以后年度续保时，按上述规定执行。个人自行退保时，应及时告知扣缴义务人。

（3）个体工商户业主、企事业单位承包承租经营者、个人独资和合伙企业投资者自行购买符合条件的商业健康保险产品的，在不超过2 400元/年的标准内据实扣除。一年内保费金额超过2 400元的部分，不得税前扣除。以后年度续保时，按上述规定执行。

（十一）上市公司股息红利差异化的个人所得税政策

（1）个人从公开发行和转让市场取得的上市公司股票，持股期限超过1年的，股息红利所得暂免征收个人所得税。

个人从公开发行和转让市场取得的上市公司股票，持股期限在1个月以内（含1个月）的，其股息红利所得全额计入应纳税所得额；持股期限在1个月以上至1年（含1年）的，暂减按50%计入应纳税所得额；上述所得统一适用20%的税率计征个人所得税。

所称上市公司是指在上海证券交易所、深圳证券交易所挂牌交易的上市公司；持股期限是指个人从公开发行和转让市场取得上市公司股票之日至转让交割该股票之日前一日的持有时间。

（2）上市公司派发股息红利时，对个人持股1年以内（含1年）的，上市公司暂不扣缴个人所得税；待个人转让股票时，证券登记结算公司根据其持股期限计算应纳税额，由证券公司等股份托管机构从个人资金账户中扣收并划付证券登记结算公司，证券登记结算公司应于次月 5 个工作日内划付上市公司，上市公司在收到税款当月的法定申报期内向主管税务机关申报缴纳。

个人应在资金账户留足资金，依法履行纳税义务。证券公司等股份托管机构应依法划扣税款，对个人资金账户暂无资金或资金不足的，证券公司等股份托管机构应当及时通知个人补足资金，并划扣税款。

（3）个人转让股票时，按照“先进先出”的原则计算持股期限，即证券账户中先取得的股票视为先转让。

应纳税所得额以个人投资者证券账户为单位计算，持股数量以每日日终结算后个人投资者证券账户的持有记录为准，证券账户取得或转让的股份数为每日日终结算后的净增（减）股份数。

（4）对个人持有的上市公司限售股，解禁后取得的股息红利，按照规定计算纳税，持股时间自解禁日起计算；解禁前取得的股息红利继续暂减按 50% 计入应纳税所得额，适用 20% 的税率计征个人所得税。

限售股，是指《财政部 国家税务总局 证监会关于个人转让上市公司限售股所得征收个人所得税有关问题的通知》（财税〔2009〕167 号）和《财政部 国家税务总局 证监会关于个人转让上市公司限售股所得征收个人所得税有关问题的补充通知》（财税〔2010〕70 号）文件规定的限售股。

（5）证券投资基金从上市公司取得的股息红利所得，按照上述规定计征个人所得税。

（6）个人从公开发行和转让市场取得的上市公司股票包括：

① 通过证券交易所集中交易系统或大宗交易系统取得的股票；

② 通过协议转让取得的股票；

③ 因司法扣划取得的股票；

④ 因依法继承或家庭财产分割取得的股票；

⑤ 通过收购取得的股票；

⑥ 权证行权取得的股票；

⑦ 使用可转换公司债券转换的股票；

⑧ 取得发行的股票、配股、股份股利及公积金转增股本；

⑨ 持有从代办股份转让系统转到主板市场（或中小板、创业板市场）的股票；

⑩ 上市公司合并，个人持有的被合并公司股票转换的合并后公司股票；

⑪ 上市公司分立，个人持有的被分立公司股票转换的分立后公司股票；

⑫ 其他从公开发行和转让市场取得的股票。

（7）转让股票包括下列情形：

① 通过证券交易所集中交易系统或大宗交易系统转让股票；

② 协议转让股票；

③ 持有的股票被司法扣划；

④ 因依法继承、捐赠或家庭财产分割让渡股票所有权；

⑤ 用股票接受要约收购；

⑥ 行使现金选择权将股票转让给提供现金选择权的第三方；

⑦ 用股票认购或申购交易型开放式指数基金（ETF）份额；

⑧ 其他具有转让实质的情形。

（8）年（月）是指自然年（月），即持股一年是指从上一年某月某日至本年同月同日的前一日连续持股，持股一个月是指从上月某日至本月同日的前一日连续持股。

（9）财政、税务、证监等部门要加强协调、通力合作，切实做好政策实施的各项工作。

上市公司、证券登记结算公司以及证券公司等股份托管机构应积极配合税务机关做好股息红利个人所得税征收管理工作。

上述规定自 2015 年 9 月 8 日起施行。上市公司派发股息红利，股权登记日在 2015 年 9 月 8 日之后的，股息红利所得按照本规定执行。规定实施之日个人投资者证券账户已持有的上市公司股票，其持股时间自取得之日起计算。

（十二）中小企业股份转让系统挂牌公司股息红利的所得税政策

2019 年 7 月 12 日，《财政部 税务总局 证监会关于继续实施全国中小企业股份转让系统挂牌公司股息红利差别化个人所得税政策的公告》（财政部 税务总局 证监会公告 2019 年第 78 号）发布，具体政策如下：

（1）个人持有挂牌公司的股票，持股期限超过 1 年的，对股息红利所得暂免征收个人所得税。

个人持有全国中小企业股份转让系统（以下简称全国股份转让系统）挂牌公司的股票，持股期限在 1 个月以内（含 1 个月）的，其股息红利所得全额计入应纳税所得额；持股期限在 1 个月以上至 1 年（含 1 年）的，其股息红利所得暂减按 50% 计入应纳税所得额；上述所得统一适用 20% 的税率计征个人所得税。

上述所称挂牌公司，是指股票在全国中小企业股份转让系统公开转让的非上市公众公司；持股期限是指个人取得挂牌公司股票之日至转让交割该股票之日前一日的持有时间。

（2）挂牌公司派发股息红利时，对截至股权登记日个人持股 1 年以内（含 1 年）且尚未转让的，挂牌公司暂不扣缴个人所得税；待个人转让股票时，证券登记结算公司根据其持股期限计算应纳税额，由证券公司等股票托管机构从个人资金账户中扣收并划付证券登记结算公司，证券登记结算公司应于次月 5 个工作日内划付挂牌公司，挂牌公司在收到税款当月的法定申报期内向主管税务机关申报缴纳，并应办理全员全额扣缴申报。

个人应在资金账户留足资金，依法履行纳税义务。证券公司等股票托管机构应依法划扣税款，对个人资金账户暂无资金或资金不足的，证券公司等股票托管机构应当及时通知个人补足资金，并划扣税款。

（3）个人转让股票时，按照“先进先出”的原则计算持股期限，即证券账户中先取得的股票视为先转让。

应纳税所得额以个人投资者证券账户为单位计算，持股数量以每日日终结算后个人投资者证券账户的持有记录为准，证券账户取得或转让的股票数为每日日终结算后的净增（减）股票数。

（4）证券投资基金从挂牌公司取得的股息红利所得，按照上述规定计征个人所得税。

（5）个人持有挂牌公司的股票包括：

① 在全国中心企业股份转让系统挂牌前取得的股票；

② 通过全国中小企业股份转让系统转让取得的股票；

③ 因司法扣划取得的股票；

④ 因依法继承或家庭财产分割取得的股票；

⑤ 通过收购取得的股票；

⑥ 权证行权取得的股票；

⑦ 使用附认股权、可转换成股份条款的公司债券认购或者转换的股票；

⑧ 取得发行的股票、配股、股票股利及公积金转增股本；

⑨ 挂牌公司合并，个人持有的被合并公司股票转换的合并后公司股票；

⑩ 挂牌公司分立，个人持有的被分立公司股票转换的分立后公司股票；

⑪ 其他从全国中心企业股份转让系统取得的股票。

（6）转让股票包括下列情形：

① 通过全国中小企业股份转让系统转让股票；

② 持有的股票被司法扣划；

③ 因依法继承、捐赠或家庭财产分割让渡股票所有权；

④ 用股票接受要约收购；

⑤ 行使现金选择权将股票转让给提供现金选择权的第三方；

⑥ 用股票认购或申购交易型开放式指数基金（ETF）份额；

⑦ 其他具有转让实质的情形。

（7）个人和证券投资基金从全国中小企业股份转让系统挂牌的原 STAQ、NET 系统挂牌公司（简称两网公司）以及全国中小企业股份转让系统挂牌的退市公司取得的股息红利所得，按照本公告规定计征个人所得税。但退市公司的限售股，按照《财政部 国家税务总局 证监会关于实施上市公司股息红利差别化个人所得税政策有关问题的通知》（财税〔2012〕85 号）第四条规定执行。

（8）本公告所称年（月）是指自然年（月）。即持股一年是指从上一年某月某日至本年同月同日的前一日连续持股；持股一个月是指从上月某日至本月同日的前一日连续持股。

上述规定自 2019 年 7 月 1 日起至 2024 年 6 月 30 日止执行。挂牌公司、两网公司、退市公司派发股息红利，股权登记日在2019年7月1日至2024年6月30日的，股息红利所得按照本公告的规定执行。本公告实施之日个人投资者证券账户已持有的挂牌公司、两网公司、退市公司股票，其持股时间自取得之日起计算。

（十三）沪深港股票市场交易互联互通机制试点的税收政策

1. 内地个人投资者通过沪港通、深港通投资香港联交所上市股票和基金的转让差价所得税

对内地个人投资者通过沪港通、深港通投资香港联交所上市股票取得的转让差价所得和通过基金互认买卖香港基金份额取得的转让差价所得，自2019年12月5日起至2022年12月31日止，继续暂免征收个人所得税。

2. 内地个人投资者通过沪港通投资香港联交所上市股票的股息红利所得税

对内地个人投资者通过沪港通投资香港联交所上市H股取得的股息红利，H股公司应向中国结算提出申请，由中国结算向H股公司提供内地个人投资者名册，H股公司按照20%的税率代扣个人所得税。内地个人投资者通过沪港通投资香港联交所上市的非H股取得的股息红利，由中国结算按照20%的税率代扣个人所得税。个人投资者在国外已缴纳的预提税，可持有效扣税凭证到中国结算的主管税务机关申请税收抵免。

对内地证券投资基金通过沪港通投资香港联交所上市股票取得的股息红利所得，按照相关规定计征个人所得税。

3. 香港投资者通过港通投资上海证券交易所（简称上交所）上市A股的转让差价所得额

对香港市场投资者（包括企业和个人）投资上交所上市A股取得的转让差价所得，暂免征收所得税。

4. 香港投资者通过沪港通投资上交所上市A股的股息红利所得税

香港市场投资者（包括企业和个人）投资上交所上市A股取得的股息红利所得，在香港结算不具备向中国结算提供投资者的身份及持股时间等明细数据的条件之前，暂不执行按持股时间实行差别化征税政策，由上市公司按照10%的税率代扣所得税，并向其主管税务机关办理扣缴申报。对于香港投资者中属于其他国家税收居民且其所在国与中国签订的税收协定规定股息红利所得税率低于10%的，企业或个人可以自行或委托代扣代缴义务人，向上市公司主管税务机关提出享受税收协定待遇的申请，主管税务机关审核后，应按已征税款和根据税收协定税率计算的应纳税款的差额予以退税。

（十四）个人终止投资经营收回款项缴纳个人所得税规定

个人因各种原因终止投资、联营、经营合作等行为，从被投资企业或合作项目、被投资企业的其他投资者以及合作项目的经营合作人取得股权转让收入、违约金、补偿金、赔偿金及以其他名目收回的款项等，均属于个人所得税应税收入，应按照“财产转让所得”项目适用的规定计算缴纳个人所得税。

应纳税所得额的计算公式如下：

应纳税所得额＝个人取得的股权转让收入、违约金、补偿金、赔偿金及以其他名目收回款项合计数－原实际出资额（投入额）及相关税费

应纳税额＝应纳税所得额 ×20%

（十五）个人转让股权的征税政策

为加强股权转让所得个人所得税征收管理，规范税务机关、纳税人和扣缴义务人征纳行为，维护纳税人合法权益，自 2015 年 1 月 1 日起，按照国家税务总局发布的《股权转让所得个人所得税管理办法（试行）》计算个人股权转让应纳税额。

1. 股权及股权转让的含义

股权是指自然人股东（以下简称个人）投资于在中国境内成立的企业或组织（以下统称被投资企业，不包括个人独资企业和合伙企业）的股权或股份。

股权转让是指个人将股权转让给其他个人或法人的行为，包括以下情形：

（1）出售股权。

（2）公司回购股权。

（3）发行人首次公开发行新股时，被投资企业股东将其持有的股份以公开发行方式一并向投资者发售。

（4）股权被司法或行政机关强制过户。

（5）以股权对外投资或进行其他非货币性交易。

（6）以股权抵偿债务。

（7）其他股权转移行为。

2. 基本计税规定

个人转让股权，以股权转让收入减除股权原值和合理费用后的余额为应纳税所得额，按“财产转让所得”缴纳个人所得税。合理费用是指股权转让时按照规定支付的有关税费。

个人股权转让所得个人所得税，以股权转让方为纳税人，以受让方为扣缴义务人。

扣缴义务人应于股权转让相关协议签订后 5 个工作日内，将股权转让的有关情

况报告主管税务机关。

被投资企业应当详细记录股东持有本企业股权的相关成本，如实向税务机关提供与股权转让有关的信息，协助税务机关依法执行公务。

3. 股权转让收入的确定

股权转让收入是指转让方因股权转让而获得的现金、实物、有价证券和其他形式的经济利益。

转让方取得与股权转让相关的各种款项，包括违约金、补偿金以及其他名目的款项、资产、权益等，均应当并入股权转让收入。

纳税人按照合同约定，在满足约定条件后取得的后续收入，应当作为股权转让收入。

股权转让收入应当按照公平交易原则确定。符合下列情形之一的，主管税务机关可以核定股权转让收入：

（1）申报的股权转让收入明显偏低且无正当理由的。

（2）未按照规定期限办理纳税申报，经税务机关责令限期申报，逾期仍不申报的。

（3）转让方无法提供或拒不提供股权转让收入的有关资料。

（4）其他应核定股权转让收入的情形。

符合下列情形之一，视为股权转让收入明显偏低：

（1）申报的股权转让收入低于股权对应的净资产份额的。其中，被投资企业拥有土地使用权、房屋、房地产企业未销售房产、知识产权、探矿权、采矿权、股权等资产的，申报的股权转让收入低于股权对应的净资产公允价值份额的。

（2）申报的股权转让收入低于初始投资成本或低于取得该股权所支付的价款及相关税费的。

（3）申报的股权转让收入低于相同或类似条件下同一企业同一股东或其他股东股权转让收入的。

（4）申报的股权转让收入低于相同或类似条件下同类行业的企业股权转让收入的。

（5）不具合理性的无偿让渡股权或股份。

（6）主管税务机关认定的其他情形。

符合下列条件之一的股权转让收入明显偏低，视为有正当理由：

（1）能出具有效文件，证明被投资企业因国家政策调整，生产经营受到重大影响，导致低价转让股权。

（2）继承或将股权转让给其能提供具有法律效力身份关系证明的配偶、父母、子女、祖父母、外祖父母、孙子女、外孙子女、兄弟姐妹以及对转让人承担直接抚养或者赡养义务的抚养人或者赡养人。

（3）相关法律、政府文件或企业章程规定，并有相关资料充分证明转让价格合理且真实的本企业员工持有的不能对外转让股权的内部转让。

（4）股权转让双方能够提供有效证据证明其合理性的其他合理情形。

主管税务机关应依次按照下列方法核定股权转让收入：

（1）净资产核定法。

股权转让收入按照每股净资产或股权对应的净资产份额核定。

被投资企业的土地使用权、房屋、房地产企业未销售房产、知识产权、探矿权、采矿权、股权等资产占企业总资产比例超过20%的，主管税务机关可参照纳税人提供的具有法定资质的中介机构出具的资产评估报告核定股权转让收入。

6个月内再次发生股权转让且被投资企业净资产未发生重大变化的，主管税务机关可参照上一次股权转让时被投资企业的资产评估报告核定此次股权转让收入。

（2）类比法。

① 参照相同或类似条件下同一企业同一股东或其他股东股权转让收入核定；

② 参照相同或类似条件下同类行业企业股权转让收入核定。

③ 其他合理方法。

主管税务机关采用以上方法核定股权转让收入存在困难的，可采取其他合理方法核定。

4. 转让股权原值的确定

个人转让股权的原值依照以下方法确认：

（1）以现金出资方式取得的股权，按照实际支付的价款与取得股权直接相关的合理税费之和确认股权原值。

（2）以非货币性资产出资方式取得的股权，按照税务机关认可或核定的投资入股时非货币性资产价格与取得股权直接相关的合理税费之和确认股权原值。

（3）通过无偿让渡方式取得股权，具备《跨地区经营汇总纳税企业所得税征收管理办法》第十三条第二项所列情形的，按取得股权发生的合理税费与原持有人的股权原值之和确认股权原值。

（4）被投资企业以资本公积、盈余公积、未分配利润转增股本，个人股东已依法缴纳个人所得税的，以转增额和相关税费之和确认其新转增股本的股权原值。

（5）除以上情形外，由主管税务机关按照避免重复征收个人所得税的原则合理确认股权原值。

股权转让人已被主管税务机关核定股权转让收入并依法征收个人所得税的，该股权受让人的股权原值以取得股权时发生的合理税费与股权转让人被主管税务机关核定的股权转让收入之和确认。

个人转让股权未提供完整、准确的股权原值凭证，不能正确计算股权原值的，由主管税务机关核定其股权原值。

对个人多次取得同一被投资企业股权的，转让部分股权时，采用“加权平均法”确定其股权原值。

（十六）个人转让限售股的征税规定

自2010年1月1日起，对个人转让限售股取得的所得，按照“财产转让所得”，适用20%的比例税率缴纳个人所得税。

（1）限售股认定：

① 上市公司股权分置改革完成后股票复牌日之前股东所持原非流通股股份，以及股票复牌日至解禁日期间由上述股份孳生的送、转股（以下统称股改限售股）；

② 2006年股权分置改革新老划断后，首次公开发行股票并上市的公司形成的限售股，以及上市首日至解禁日期间由上述股份滋生的送、转股（以下统称新股限售股）；

③ 个人从机构或其他个人受让的未解禁限售股；

④ 个人因依法继承或家庭财产依法分割取得的限售股；

⑤ 个人持有的从代办股份转让系统转到主板市场（或中小板、创业板市场）的限售股；

⑥ 上市公司吸收合并中，个人持有的原被合并方公司限售股所转换的合并方公司股份；

⑦ 上市公司分立中，个人持有的原被分立方公司限售股所转换的分立后公司股份；

⑧ 财政部、税务总局、法制办和证监会共同确定的其他限售股；

（2）限售股在解禁前被多次转让的，转让方对每一次转让所得均应按规定缴纳个人所得税。对具有下列情形的，应按规定缴纳个人所得税：

① 个人通过证券交易所集中交易系统或大宗交易系统转让限售股；

② 个人用限售股认购或申购交易型开放式指数基金（ETF）份额；

③ 个人用限售股接受要约收购；

④ 个人行使现金选择权将限售股转让给提供现金选择权的第三方；

⑤ 个人协议转让限售股；

⑥ 个人持有的限售股被司法扣划；

⑦ 个人因依法继承或家庭财产分割让渡限售股所有权；

⑧ 个人用限售股偿还上市公司股权分置改革中由大股东代其向流通股股东支付的对价；

⑨ 其他具有转让实质的情形。

（3）个人转让限售股，以每次限售股转让收入减除股票原值和合理税费后的余额，为应纳税所得额。即：

应纳税所得额 = 限售股转让收入 –（限售股原值 + 合理税费）

应纳税额 = 应纳税所得额 × 20%

上述所称限售股转让收入，是指转让限售股股票实际取得的收入。限售股原值，是指限售股买入时的买入价及按照规定缴纳的有关费用。合理税费，是指转让限售股过程中发生的印花税、佣金、过户费等与交易相关的税费。

纳税人未能提供完整、真实的限售股原值凭证，不能准确计算限售股原值的，主管税务机关一律按限售股转让收入的 15% 核定限售股原值及合理税费。

（4）限售股转让所得个人所得税，以限售股持有者为纳税义务人，以个人股东开户的证券机构为扣缴义务人。限售股个人所得税由证券机构所在地主管税务机关负责征收管理。

（5）限售股转让所得个人所得税，采取证券机构预扣预缴、纳税人自行申报清算和证券机构直接扣缴相结合的方式缴纳。证券机构预扣预缴的税款，于次月 7 日内以纳税保证金形式向主管税务机关缴纳。主管税务机关在收取纳税保证金时，应向证券机构开具“中华人民共和国纳税保证金收据”，并纳入专户存储。

根据证券机构技术和制度准备完成情况，对不同阶段形成的限售股，采取不同的征收管理办法。

① 证券机构技术和制度准备完成前形成的限售股，证券机构按照股改限售股股改复牌日收盘价，或新股限售股上市首日收盘价计算转让收入，按照计算出的转让收入的 15% 确定限售股原值和合理税费，以转让收入减去原值和合理税费后的余额，适用 20% 税率，计算预扣预缴个人所得税额。

纳税人按照实际转让收入与实际成本计算出的应纳税额，与证券机构预扣预缴税额有差异的，纳税人应自证券机构代扣并解缴税款的次月 1 日起 3 个月内，持加盖证券机构印章的交易记录和相关完整、真实凭证，向主管税务机关提出清算申报并办理清算事宜。主管税务机关审核确认后，按照重新计算的应纳税额，办理退（补）税手续。纳税人在规定期限内未到主管税务机关办理清算事宜的，税务机关不再办理清算事宜，已预扣预缴的税款从纳税保证金账户全额缴入国库。

② 证券机构技术和制度准备完成后新上市公司的限售股，按照证券机构事先植入结算系统的限售股成本原值和发生的合理税费，以实际转让收入减去原值和合理税费后的余额，适用 20% 税率，计算直接扣缴个人所得税额。

（6）纳税人同时持有限售股及该股流通股的，其股票转让所得，按照限售股优先原则，即转让股票视同为先转让限售股，按规定计算缴纳个人所得税。

（7）证券机构等应积极配合税务机关做好各项征收管理工作，并于每月 15 日前，将上月限售股减持的有关信息传递至主管税务机关。限售股减持信息包括：股东姓名、居民身份证号码、开户证券公司名称及地址、限售股股票代码、本期减持股数及减持取得的收入总额。证券机构有义务向纳税人提供加盖印章的限售股交易记录。

（8）对个人在上海证券交易所、深圳证券交易所转让从上市公司公开发行和转让市场取得的上市公司股票所得，继续免征个人所得税。

（十七）个人转让新三板挂牌公司股票的所得税政策

（1）自2018年11月1日（含）起，对个人转让新三板挂牌公司非原始股取得的所得，暂免征收个人所得税。

所称非原始股是指个人在新三板挂牌公司挂牌后取得的股票，以及由上述股票孳生的送、转股。

（2）对个人转让新三板挂牌公司原始股取得的所得，按照“财产转让所得”，适用20%的比例税率征收个人所得税。

所称原始股是指个人在新三板挂牌公司挂牌前取得的股票，以及在该公司挂牌前和挂牌后由上述股票孳生的送、转股。

（3）2019年9月1日之前，个人转让新三板挂牌公司原始股的个人所得税，征收管理办法按照现行股权转让所得有关规定执行，以股票受让方为扣缴义务人，由被投资企业所在地税务机关负责征收管理。

自2019年9月1日（含）起，个人转让新三板挂牌公司原始股的个人所得税，以股票托管的证券机构为扣缴义务人，由股票托管的证券机构所在地主管税务机关负责征收管理。具体征收管理办法参照《财政部 国家税务总局 证监会关于个人转让上市公司限售股所得征收个人所得税有关问题的通知》（财税〔2009〕167号）和《财政部 国家税务总局 证监会关于个人转让上市公司限售股所得征收个人所得税有关问题的补充通知》（财税〔2010〕70号）有关规定执行。

（4）2018年11月1日之前，个人转让新三板挂牌公司非原始股，尚未进行税收处理的，可比照规定第（1）条规定执行，已经进行相关税收处理的，不再进行税收调整。

（5）中国证券登记结算公司应当在登记结算系统内明确区分新三板原始股和非原始股。中国证券登记结算公司、证券公司及其分支机构应当积极配合财政、税务部门做好相关工作。

（十八）个人住房转让所得的征税政策

根据《国家税务总局关于个人住房转让所得征收个人所得税有关问题的通知》（国税发〔2006〕108号）规定，自2006年8月1日起，个人转让住房所得应纳个人所得税计算的具体规定如下：

（1）以实际成交价格为转让收入。纳税人申报的住房成交价格明显低于市场价格且无正当理由的，征收机关依法有权根据有关信息核定其转让收入，但必须保证各税种计税价格一致。

（2）纳税人凭原购房合同、发票等有效凭证，经税务机关审核后，允许从其转让收入中减除房屋原值、转让住房过程中缴纳的税金及有关合理费用。

① 房屋原值具体为：a. 商品房。购置该房屋时实际支付的房价款及缴纳的相关税费。b. 自建住房。实际发生的建造费用及建造和取得产权时实际缴纳的相关

税费。c. 经济适用房（含集资合作建房、安居工程住房）。原购房人实际支付的房价款及相关税费，以及按规定缴纳的土地出让金。d. 已购公有住房。原购公有住房标准面积按当地经济适用房价格计算的房价款，加上原购公有住房超标准面积实际支付的房价款以及按规定向财政部门（或原产权单位）缴纳的所得收益及相关税费。已购公有住房是指城镇职工根据国家和县级（含县级）以上人民政府有关城镇住房制度改革政策规定，按照成本价（或标准价）购买的公有住房。经济适用房价格按县级（含县级）以上地方人民政府规定的标准确定。e. 城镇拆迁安置住房，其原值分别为：房屋拆迁取得货币补偿后购置房屋的，为购置该房屋实际支付的房价款及缴纳的相关税费；房屋拆迁采取产权调换方式的，换房屋原值为“房屋拆迁补偿安置协议”注明的价款及缴纳的相关税费；房屋拆迁采取产权调换方式，被拆迁人除取得所调换房屋，又取得部分货币补偿的，所调换房屋原值为“房屋拆迁补偿安置协议”注明的价款和缴纳的相关税费，减去货币补偿后的余额；房屋拆迁采取产权调换方式，被拆迁人取得所调换房屋，又支付部分货币的，所调换房屋原值为“房屋拆迁补偿安置协议”注明的价款，加上所支付的货币及缴纳的相关税费。

② 转让住房过程中缴纳的税金是指纳税人在转让住房时实际缴纳的城市维护建设税、教育费附加、土地增值税、印花税等税金。

③ 合理费用，是指纳税人按照规定实际支付的住房装修费用、住房贷款利息、手续费、公证费等费用。A. 住房装修费用。纳税人能提供实际支付装修费用的税务统一发票，并且发票上所列付款人姓名与转让房屋产权人一致的，经税务机关审核，其转让的住房在转让前实际发生的装修费用，可在以下规定比例内扣除：已购公有住房、经济适用房的最高扣除限额为房屋原值的 15%，商品房及其他住房的最高扣除限额为房屋原值的 10%。纳税人原购房为装修房，即合同注明房价款中含有装修费（铺装了地板，装配了洁具、厨具等）的，不得再重复扣除装修费用。B. 住房贷款利息。纳税人出售以按揭贷款方式购置的住房的，其向贷款银行实际支付的住房贷款利息，凭贷款银行出具的有效证明据实扣除。C. 纳税人按照有关规定实际支付的手续费、公证费等，凭有关部门出具的有效证明据实扣除。

（3）纳税人未提供完整、准确的房屋原值凭证，不能正确计算房屋原值和应纳税额的，税务机关可根据《税收征管法》第三十五条的规定，对其实行核定征税，即按纳税人住房转让收入的一定比例核定应纳个人所得税额。具体比例由省级税务局或者省级税务局授权的地市级税务局根据纳税人出售住房的所处区域、地理位置、建造时间、房屋类型、住房平均价格水平等因素，在住房转让收入 1%~3% 的幅度内确定。

（十九）个人无偿受赠房屋产权的所得税政策

为了加强个人所得税征管，堵塞税收漏洞，《财政部 国家税务总局关于个人无偿受赠房屋有关个人所得税问题的通知》（财税〔2009〕78 号）就个人无偿受赠房屋有关个人所得税问题规定如下：

（1）以下情形的房屋产权无偿赠与，对当事双方不征收个人所得税：

① 房屋产权所有人将房屋产权无偿赠与配偶、父母、子女、祖父母、外祖父母、孙子女、外孙子女、兄弟姐妹；

② 房屋产权所有人将房屋产权无偿赠与对其承担直接抚养或者赡养义务的抚养人或者赡养人；

③ 房屋产权所有人死亡，依法取得房屋产权的法定继承人、遗嘱继承人或者受遗赠人。

（2）赠与双方办理免税手续时，应向税务机关提交以下资料：

① 赠与双方当事人的有效身份证件；

② 属于以上第（1）条第①项规定情形的，还须提供公证机构出具的赠与人和受赠人亲属关系的公证书（原件）；

③ 属于以上第（1）条第②项规定情形的，还须提供公证机构出具的抚养关系或者赡养关系公证书（原件），或者乡镇政府或街道办事处出具的抚养关系或者赡养关系证明。

税务机关应当认真审核赠与双方提供的上述资料，资料齐全并且填写正确的，在提交的《个人无偿赠与不动产登记表》上签字盖章后复印留存，原件退还提交人，同时办理个人所得税不征税手续。

（3）除上述第（1）条规定情形以外，房屋产权所有人将房屋产权无偿赠与他人的，受赠人因无偿受赠房屋取得的受赠所得，按照“偶然所得”项目缴纳个人所得税，税率为20%。

（4）对受赠人无偿受赠房屋计征个人所得税时，其应纳税所得额为房地产赠与合同上标明的赠与房屋价值减除赠与过程中受赠人支付的相关税费后的余额。赠与合同标明的房屋价值明显低于市场价格或房地产赠与合同未标明赠与房屋价值的，税务机关可依据受赠房屋的市场评估价格或采取其他合理方式确定受赠人的应纳税所得额。

（5）受赠人转让受赠房屋的，以其转让受赠房屋的收入减除原捐赠人取得该房屋的实际购置成本以及赠与和转让过程中受赠人支付的相关税费后的余额，为受赠人的应纳税所得额，依法计征个人所得税。受赠人转让受赠房屋价格明显偏低且无正当理由的，税务机关可以依据该房屋的市场评估价格或其他合理方式确定的价格核定其转让收入。

（二十）个人转让离婚析产房屋的所得税政策

（1）通过离婚析产的方式分割房屋产权是夫妻双方对共同共有财产的处置，个人因离婚办理房屋产权过户手续，不征收个人所得税。

（2）个人转让离婚析产房屋所取得的收入，允许扣除其相应的财产原值和合理费用后，余额按照规定的税率缴纳个人所得税；其相应的财产原值，为房屋初次购置全部原值和相关税费之和乘以转让者占房屋所有权的比例。

（3）个人转让离婚析产房屋所取得的收入，符合家庭生活自用5年以上唯一住房的，可以申请免征个人所得税，其购置时间按照《国家税务总局关于房地产税收政策执行中几个具体问题的通知》（国税发〔2005〕172号）执行。

（二十一）个人因购买和处置债权的征税政策

（1）个人通过招标、竞拍或其他方式购置债权以后，通过相关司法或行政程序主张债权而取得的所得，应按照“财产转让所得”项目缴纳个人所得税。

（2）个人通过上述方式取得“打包”债权，只处置部分债权的，其应纳税所得额按以下方式确定：

① 以每次处置部分债权的所得，作为一次财产转让所得征税；

② 其应税收入按照个人取得的货币资产和非货币资产的评估价值或市场价值的合计数确定；

③ 所处置债权成本费用（财产原值）按下列公式计算：

$$\text{当次处置债权成本费用}=\text{个人购置“打包”债权实际支出}\times\frac{\text{当次处置债权账面价值（或拍卖机构公布价值）}}{\text{“打包”债权账面价值（或拍卖机构公布价值）}}$$

④ 个人购买和处置债权过程中发生的拍卖招标手续费、诉讼费、审计评估费以及缴纳的税金等合理税费，在计算个人所得税时允许扣除。

例 11-13

2020年4月，杨某在资产拍卖会上以800万元取得“打包”债权一份，其中包含对某房地产公司的应收账款1 200万元和对某个人的应收款项200万元。2020年10月杨某从房地产公司取得抵债房产一套，评估价值为780万元，发生诉讼费、审计评估费等相关税费合计30万元。预计对个人的应收款项追回难度较大，杨某于2020年12月将该债权以90万元转让给某投资公司。请依照现行税法规定，计算杨某上述行为应缴纳的个人所得税。

解：

杨某2020年10月从房地产公司取得抵债房产收入为780万元，处置债权成本＝800×1 200÷（1 200＋200）＝685.71（万元），允许扣除的相关税费为30万元，应纳个人所得税＝（780－685.71－30）×20%＝12.86（万元）。

杨某2020年12月债权转让收入为90万元，债权成本＝800×200÷（1 200＋200）＝114.29（万元）。

由于处置该笔债权处置收入90万元低于取得该笔债权的成本费用114.29万元，因此该项债权转让行为不需缴纳个人所得税。

（二十二）个人拍卖收入的征税政策

从 2007 年 5 月 1 日起，个人取得拍卖收入征收个人所得税执行以下计算方法：

（1）个人通过拍卖市场拍卖个人财产，对其取得所得按以下规定征税：

① 根据《国家税务总局关于印发〈征收个人所得税若干问题的规定〉的通知》（国税发〔1994〕89 号），作者将自己的文字作品手稿原件或复印件拍卖取得的所得，应以其转让收入额减除 800 元（转让收入额 4 000 元以下）或者 20%（转让收入额 4 000 元以上）后的余额为应纳税所得额，按照“特许权使用费”所得项目适用 20% 税率缴纳个人所得税。

② 个人拍卖除文字作品原稿及复印件外的其他财产，应以其转让收入额减除财产原值和合理费用后的余额为应纳税所得额，按照“财产转让所得”项目适用 20% 税率缴纳个人所得税。

（2）对个人财产拍卖所得征收个人所得税时，以该项财产最终拍卖成交价格为其转让收入额。

（3）个人财产拍卖所得适用“财产转让所得”项目计算应纳税所得额时，纳税人凭合法有效凭证（税务机关监制的正式发票、相关境外交易单据或海关报关单据、完税证明等），从其转让收入额中减除相应的财产原值、拍卖财产过程中缴纳的税金及有关合理费用。

① 财产原值，是指售出方个人取得该拍卖品的价格（以合法有效凭证为准）。具体为：

a. 通过商店、画廊等途径购买的，为购买该拍卖品时实际支付的价款；

b. 通过拍卖行拍得的，为拍得该拍卖品实际支付的价款及缴纳的相关税费；

c. 通过祖传收藏的，为其收藏该拍卖品而发生的费用；

d. 通过赠送取得的，为其受赠该拍卖品时发生的相关税费；

e. 通过其他形式取得的，参照以上原则确定财产原值。

② 拍卖财产过程中缴纳的税金，是指在拍卖财产时纳税人实际缴纳的相关税金及附加。

③ 有关合理费用，是指拍卖财产时纳税人按照规定实际支付的拍卖费（佣金）、鉴定费、评估费、图录费、证书费等费用。

（4）纳税人不能提供合法、完整、准确的财产原值凭证，不能正确计算财产原值的，按转让收入额的 3% 征收率计算缴纳个人所得税；拍卖品为经文物部门认定是海外回流文物的，按转让收入额的 2% 征收率计算缴纳个人所得税。

（5）纳税人的财产原值凭证内容填写不规范，或者一份财产原值凭证包括多件拍卖品且无法确认每件拍卖品一一对应的原值的，不得将其作为扣除财产原值的计算依据，应视为不能提供合法、完整、准确的财产原值凭证，并按规定的征收率计算缴纳个人所得税。

（6）纳税人能够提供合法、完整、准确的财产原值凭证，但不能提供有关税费凭证的，不得按征收率计算纳税，应当就财产原值凭证上注明的金额据实扣除，并按照税法规定计算缴纳个人所得税。

（二十三）企业转增股本的个人所得税政策

1. 股份制企业转增股本和派发红股的个人所得税规定

股份制企业用资本公积金转增股本，不属于股息、红利性质的分配，对个人取得的转增股本数额，不作为个人所得，不征收个人所得税。

上述“资本公积金”，是指股份制企业股票溢价发行收入所形成的资本公积金。

股份制企业用盈余公积金派发红股属于股息、红利性质的分配，对个人取得的红股数额，应征收个人所得税。

2. 中小高新技术企业转增股本的个人所得税规定

根据《财政部 国家税务总局关于将国家自主创新示范区有关税收试点政策推广到全国范围实施的通知》（财税〔2015〕116号）规定，自2016年1月1日起，全国范围内的中小高新技术企业以未分配利润、盈余公积、资本公积向个人股东转增股本时，个人股东一次缴纳个人所得税确有困难的，可根据实际情况自行制定分期缴税计划，在不超过5个公历年度内（含）分期缴纳，并将有关资料报主管税务机关备案。

个人股东获得转增的股本，应按照“利息、股息、红利所得”项目，适用20%税率征收个人所得税。

股东转让股权并取得现金收入的，该现金收入应优先用于缴纳尚未缴清的税款。

在股东转让该部分股权之前，企业依法宣告破产，股东进行相关权益处置后没有取得收益或收益小于初始投资额的，主管税务机关对其尚未缴纳的个人所得税可不予追征。

本通知所称中小高新技术企业，是指注册在中国境内实行查账征收的、经认定取得高新技术企业资格，且年销售额和资产总额均不超过2亿元、从业人数不超过500人的企业。

3. 非上市及未在新三板挂牌企业转增股本的个人所得税规定

根据《国家税务总局关于股权奖励和转增股本个人所得税征管问题的公告》（国家税务总局公告2015年80号）规定，非上市及未在新三板挂牌的中小高新技术企业以未分配利润、盈余公积、资本公积向个人股东转增股本，并符合财税〔2015〕116号文件有关规定的，纳税人可分期缴纳个人所得税；非上市及未在新三板挂牌的其他企业转增股本，应及时代扣代缴个人所得税。

4. 上市公司及在新三板挂牌中小高新技术企业转增股本的个人所得税规定

上市公司、上市中小高新技术企业或在新三板挂牌的中小高新技术企业向个人股东转增股本（不含以股票发行溢价的资本公积转增股本），股东应纳的个人所得税，继续按照现行有关股息红利差别化个人所得税政策执行：持股期限在1个月以内（含1个月）的，其股息红利所得全额计入应纳税所得额；持股期限在1个月以上至1年（含1年）的，暂减按50%计入应纳税所得额；持股期限超过1年的，暂免征收个人所得税。上述所得统一适用20%的税率计征个人所得税。

（二十四）个人投资者收购企业股权后将原盈余公积转增股本的所得税政策

自2013年6月7日起，对个人投资者收购企业股权后，将企业原有盈余积累转增股本的有关个人所得税问题，按如下规定执行：

（1）一名或多名个人投资者以股权收购方式取得被收购企业100%股权，股权收购前，被收购企业原账面金额中的“资本公积、盈余公积、未分配利润”等盈余积累未转增股本，而在股权交易时将其一并计入股权转让价格并履行了所得税纳税义务。股权收购后，企业将原账面金额中的盈余积累向个人投资者（新股东，下同）转增股本，有关个人所得税问题区分以下情形处理：

① 新股东以不低于净资产价格收购股权的，企业原盈余积累已全部计入股权交易价格，新股东取得盈余积累转增股本的部分，不征收个人所得税。

② 新股东以低于净资产价格收购股权的，企业原盈余积累中，对于股权收购价格减去原股本的差额部分已经计入股权交易价格，新股东取得盈余积累转增股本的部分，不征收个人所得税；对于股权收购价格低于原所有者权益的差额部分未计入股权交易价格，新股东取得盈余积累转增股本的部分，应按照“利息、股息、红利所得”项目征收个人所得税。

新股东以低于净资产价格收购企业股权后转增股本，应按照下列顺序进行，即：先转增应税的盈余积累部分，然后再转增免税的盈余积累部分。

（2）新股东将所持股权转让时，其财产原值为其收购企业股权实际支付的对价及相关税费。

（3）企业发生股权交易及转增股本等事项后，应在次月15日内，将股东及其股权变化情况、股权交易前原账面记载的盈余积累数额、转增股本数额及扣缴税款情况报告主管税务机关。

（二十五）个人非货币性资产投资的所得税政策

自2015年4月1日起，对个人非货币性资产投资按以下规定计算缴纳个人所得税。对2015年4月1日之前发生的个人非货币性资产投资，尚未进行税收处理且自发生上述应税行为之日起期限未超过5年的，可在剩余的期限内分期缴纳其应纳税款。

个人以非货币性资产投资，属于个人转让非货币性资产和投资同时发生。对个人转让非货币性资产的所得，应按照“财产转让所得”项目，依法计算缴纳个人所得税。

（1）个人以非货币性资产投资，应按评估后的公允价值确认非货币性资产转让收入。非货币性资产转让收入减除该资产原值及合理税费后的余额为应纳税所得额。

（2）个人以非货币性资产投资，应于非货币性资产转让、取得被投资企业股权时，确认非货币性资产转让收入的实现。

（3）个人应在发生上述应税行为的次月 15 日内向主管税务机关申报纳税。纳税人一次性缴税有困难的，可合理确定分期缴纳计划并报主管税务机关备案后，自发生上述应税行为之日起不超过 5 个公历年度内（含）分期缴纳个人所得税。

（4）个人以非货币性资产投资交易过程中取得现金补价的，现金部分应优先用于缴税；现金不足以缴纳的部分，可分期缴纳。

个人在分期缴税期间转让其持有的上述全部或部分股权，并取得现金收入的，该现金收入应优先用于缴纳尚未缴清的税款。

上述所称非货币性资产，是指现金、银行存款等货币性资产以外的资产，包括股权、不动产、技术发明成果以及其他形式的非货币性资产。

上述所称非货币性资产投资，包括以非货币性资产出资设立新的企业，以及以非货币性资产出资参与企业增资扩股、定向增发股票、股权置换、重组改制等投资行为。

（二十六）创业投资企业个人合伙人的所得税政策

为进一步支持创业投资企业（含创投基金，以下统称创投企业）发展，2019 年 1 月 10 日，财政部等四部委联合发布《关于创业投资企业个人合伙人所得税政策问题的通知》（财税〔2019〕8 号），对有关个人所得税政策问题进行了规定：

（1）创投企业可以选择按单一投资基金核算或者按创投企业年度所得整体核算两种方式之一，对其个人合伙人来源于创投企业的所得计算个人所得税应纳税额。

（2）创投企业选择按单一投资基金核算的，其个人合伙人从该基金应分得的股权转让所得和股息红利所得，按照 20% 税率计算缴纳个人所得税。

创投企业选择按年度所得整体核算的，其个人合伙人应从创投企业取得的所得，按照“经营所得”项目、以 5%～35% 的超额累进税率计算缴纳个人所得税。

（3）单一投资基金核算，是指单一投资基金（包括不以基金名义设立的创投企业）在一个纳税年度内从不同创业投资项目取得的股权转让所得和股息红利所得按下述方法分别核算纳税：

① 股权转让所得。单个投资项目的股权转让所得，按年度股权转让收入扣除对应股权原值和转让环节合理费用后的余额计算，股权原值和转让环节合理费用的确定方法，参照股权转让所得个人所得税有关政策规定执行；单一投资基金的股权转让所得，按一个纳税年度内不同投资项目的所得和损失相互抵减后的余额计算，

余额大于或等于零的，即确认为该基金的年度股权转让所得；余额小于零的，该基金年度股权转让所得按零计算且不能跨年结转。

个人合伙人按照其应从基金年度股权转让所得中分得的份额计算其应纳税额，并由创投企业在次年3月31日前代扣代缴个人所得税。如符合《财政部 税务总局关于创业投资企业和天使投资个人有关税收政策的通知》（财税〔2018〕55号）规定条件的，创投企业个人合伙人可以按照被转让项目对应投资额的70%抵扣其应从基金年度股权转让所得中分得的份额后再计算其应纳税额，当期不足抵扣的，不得向以后年度结转。

② 股息红利所得。单一投资基金的股息红利所得，以其来源于所投资项目分配的股息、红利收入以及其他固定收益类证券等收入的全额计算。

个人合伙人按照其应从基金股息红利所得中分得的份额计算其应纳税额，并由创投企业按次代扣代缴个人所得税。

③ 除前述可以扣除的成本、费用之外，单一投资基金发生的包括投资基金管理人的管理费和业绩报酬在内的其他支出，不得在核算时扣除。

本条规定的单一投资基金核算方法仅适用于计算创投企业个人合伙人的应纳税额。

（4）创投企业年度所得整体核算，是指将创投企业以每一纳税年度的收入总额减除成本、费用以及损失后，计算应分配给个人合伙人的所得。如符合《财政部 税务总局关于创业投资企业和天使投资个人有关税收政策的通知》（财税〔2018〕55号）规定条件的，创投企业个人合伙人可以按照被转让项目对应投资额的70%抵扣其可以从创投企业应分得的经营所得后再计算其应纳税额。年度核算亏损的，准予按有关规定向以后年度结转。

按照“经营所得”项目计税的个人合伙人，没有综合所得的，可依法减除基本减除费用、专项扣除、专项附加扣除以及国务院确定的其他扣除。从多处取得经营所得的，应汇总计算个人所得税，只减除一次上述费用和扣除。

（5）创投企业选择按单一投资基金核算或按创投企业年度所得整体核算后，3年内不能变更。

（6）创投企业选择按单一投资基金核算的，应当在按照通知第一条规定完成备案的30日内，向主管税务机关进行核算方式备案；未按规定备案的，视同选择按创投企业年度所得整体核算。2019年1月1日前已经完成备案的创投企业，选择按单一投资基金核算的，应当在2019年3月1日前向主管税务机关进行核算方式备案。创投企业选择一种核算方式满3年需要调整的，应当在满3年的次年1月31日前，重新向主管税务机关备案。

（7）本通知执行期限为2019年1月1日起至2023年12月31日止。

（二十七）股权激励和技术入股的所得税政策

自2016年9月1日起，股权激励和技术入股按以下规定执行：

1. 对符合条件的非上市公司股票期权、股权期权、限制性股票和股权奖励实行递延纳税政策

（1）非上市公司授予本公司员工的股票期权、股权期权、限制性股票和股权奖励，符合规定条件的，经向主管税务机关备案，可实行递延纳税政策，即员工在取得股权激励时可暂不纳税，递延至转让该股权时纳税；股权转让时，按照股权转让收入减除股权取得成本以及合理税费后的差额，适用“财产转让所得”项目，按照20% 的税率计算缴纳个人所得税。

股权转让时，股票（权）期权取得成本按行权价确定，限制性股票取得成本按实际出资额确定，股权奖励取得成本为零。

（2）享受递延纳税政策的非上市公司股权激励（包括股票期权、股权期权、限制性股票和股权奖励）须同时满足以下条件：

① 属于境内居民企业的股权激励计划。

② 股权激励计划经公司董事会、股东（大）会审议通过。未设股东（大）会的国有单位，经上级主管部门审核批准。股权激励计划应列明激励目的、对象、标的、有效期、各类价格的确定方法、激励对象获取权益的条件、程序等。

③ 激励标的应为境内居民企业的本公司股权。股权奖励的标的可以是技术成果投资入股到其他境内居民企业所取得的股权。激励标的股票（权）包括通过增发、大股东直接让渡以及法律法规允许的其他合理方式授予激励对象的股票（权）。

④ 激励对象应为公司董事会或股东（大）会决定的技术骨干和高级管理人员，激励对象人数累计不得超过本公司最近 6 个月在职职工平均人数的 30%。

⑤ 股票（权）期权自授予日起应持有满 3 年，且自行权日起持有满 1 年；限制性股票自授予日起应持有满 3 年，且解禁后持有满 1 年；股权奖励自获得奖励之日起应持有满 3 年。上述时间条件须在股权激励计划中列明。

⑥ 股票（权）期权自授予日至行权日的时间不得超过 10 年。

⑦ 实施股权奖励的公司及其奖励股权标的公司所属行业均不属于《股权奖励税收优惠政策限制性行业目录》范围。公司所属行业按公司上一纳税年度主营业务收入占比最高的行业确定。

（3）股票（权）期权是指公司给予激励对象在一定期限内以事先约定的价格购买本公司股票（权）的权利；限制性股票是指公司按照预先确定的条件授予激励对象一定数量的本公司股权，激励对象只有工作年限或业绩目标符合股权激励计划规定条件的才可以处置该股权；股权奖励是指企业无偿授予激励对象一定份额的股权或一定数量的股份。

（4）股权激励计划所列内容不同时满足上述第（2）条规定的全部条件，或递延纳税期间公司情况发生变化，不再符合上述第（2）条第④至⑥项条件的，不得享受递延纳税优惠，应按规定计算缴纳个人所得税。

2. 对上市公司股票期权、限制性股票和股权奖励适当延长纳税期限

（1）上市公司授予个人的股票期权、限制性股票和股权奖励，经向主管税务机关备案，个人可自股票期权行权、限制性股票解禁或取得股权奖励之日起，在不超过 12 个月的期限内缴纳个人所得税。《财政部 国家税务总局关于上市公司高管人员股票期权所得缴纳个人所得税有关问题的通知》（财税〔2009〕40 号）自《财政部 国家税务总局关于完善股权激励和技术入股有关所得税政策的通知》（财税〔2016〕101 号）施行之日起废止。

（2）上市公司股票期权、限制性股票应纳税款的计算，继续按照《财政部 国家税务总局关于个人股票期权所得征收个人所得税问题的通知》（财税〔2005〕35 号）、《财政部 国家税务总局关于股票增值权所得和限制性股票所得征收个人所得税有关问题的通知》（财税〔2009〕5 号）、《国家税务总局关于股权激励有关个人所得税问题的通知》（国税函〔2009〕461 号）等相关规定执行。股权奖励应纳税款的计算比照上述规定执行。

3. 对技术成果投资入股实施选择性税收优惠政策

（1）企业或个人以技术成果投资入股到境内居民企业，被投资企业支付的对价全部为股票（权）的，企业或个人可选择继续按现行有关税收政策执行，也可选择适用递延纳税优惠政策。

选择技术成果投资入股递延纳税政策的，经向主管税务机关备案，投资入股当期可暂不纳税，允许递延至转让股权时，按股权转让收入减去技术成果原值和合理税费后的差额计算缴纳所得税。

（2）企业或个人选择适用上述任一项政策，均允许被投资企业按技术成果投资入股时的评估值入账并在企业所得税前摊销扣除。

（3）技术成果是指专利技术（含国防专利）、计算机软件著作权、集成电路布图设计专有权、植物新品种权、生物医药新品种，以及科技部、财政部、国家税务总局确定的其他技术成果。

（4）技术成果投资入股，是指纳税人将技术成果所有权让渡给被投资企业、取得该企业股票（权）的行为。

4. 其他相关政策

（1）个人从任职受雇企业以低于公平市场价格取得股票（权）的，凡不符合递延纳税条件，应在获得股票（权）时，对实际出资额低于公平市场价格的差额，按照“工资、薪金所得”项目，在 2021 年 12 月 31 日之前，该部分收入不并入当年综合所得，全额单独适用综合所得税率表，按照下列公式和要求计算扣缴其个人所得税：

$$应纳税额=股权激励收入\times适用税率-速算扣除数$$

居民个人一个纳税年度内取得两次以上（含两次）股权激励的，应合并按上述公式计税。

（2）个人因股权激励、技术成果投资入股取得股权后，非上市公司在境内上市的，处置递延纳税的股权时，按照现行限售股有关征税规定执行。

（3）个人转让股权时，视同享受递延纳税优惠政策的股权优先转让。递延纳税的股权成本按照加权平均法计算，不与其他方式取得的股权成本合并计算。

（4）持有递延纳税的股权期间，因该股权产生的转增股本收入，以及以该递延纳税的股权再进行非货币性资产投资的，应在当期缴纳税款。

（二十八）促进科技成果转化取得股权奖励的所得税政策

（1）科研机构、高等学校转化职务科技成果以股份或出资比例等股权形式给予科技人员个人奖励，经主管税务机关审核后，暂不征收个人所得税。

上述科研机构是指按《中共中央编制办 科技部关于进一步完善科研事业单位机构设置审批的通知》（中央编办发〔2014〕3号）的规定设置审批的自然科学研究事业单位机构；高等学校是指全日制普通高等学校（包括大学、专门学院和高等专科学校）。

（2）在获奖人按股份、出资比例获得分红时，对其所得按“利息、股息、红利所得”应税项目征收个人所得税。

（3）获奖人转让股权、出资比例，对其所得按“财产转让所得”应税项目征收个人所得税，财产原值为零。

（4）享受上述优惠政策的科技人员必须是科研机构和高等学校的在编正式职工。

（5）自2016年1月1日起，全国范围内的高新技术企业转化科技成果，给予本企业相关技术人员的股权奖励，个人一次缴纳税款有困难的，可根据实际情况自行制定分期缴税计划，在不超过5个公历年度内（含）分期缴纳，并将有关资料报主管税务机关备案。

个人获得股权奖励时，按照“工资、薪金所得”项目，在2021年12月31日前，该部分收入不并入当年综合所得，全额单独适用综合所得税率表（见表11-1），按照下列公式和要求计算扣缴个人所得税：

$$应纳税额 = 股权激励收入 \times 适用税率 - 速算扣除数$$

居民个人一个纳税年度内取得两次以上（含两次）股权激励的，应合并按上述公式计税。股权奖励的计税价格参照获得股权时的公平市场价格确定。

技术人员转让奖励的股权（含奖励股权孳生的送、转股）并取得现金收入的，该现金收入应优先用于缴纳尚未缴清的税款。

技术人员在转让奖励的股权之前企业依法宣告破产，技术人员进行相关权益处置后没有取得收益或资产，或取得的收益和资产不足以缴纳其取得股权尚未缴纳的应纳税款的部分，税务机关可不予追征。

上述所称相关技术人员，是指经公司董事会和股东大会决议批准获得股权奖励的以下两类人员：

① 对企业科技成果研发和产业化做出突出贡献的技术人员，包括企业内关键职务科技成果的主要完成人、重大开发项目的负责人、对主导产品或者核心技术、工艺流程做出重大创新或者改进的主要技术人员。

② 对企业发展做出突出贡献的经营管理人员，包括主持企业全面生产经营工作的高级管理人员，负责企业主要产品（服务）生产经营合计占主营业务收入（或者主营业务利润）50% 以上的中、高级经营管理人员。

企业面向全体员工实施的股权奖励，不得按通知规定的税收政策执行。

这里所称股权奖励，是指企业无偿授予相关技术人员一定份额的股权或一定数量的股份；所称高新技术企业，是指实行查账征收、经省级高新技术企业认定管理机构认定的高新技术企业。

（二十九）公益慈善事业捐赠的个人所得税政策

根据《个人所得税法》规定，个人将其所得对教育、扶贫、济困等公益慈善事业进行捐赠，捐赠额未超过纳税人申报的应纳税所得额 30% 的部分，可以从其应纳税所得额中扣除；国务院规定对公益慈善事业捐赠实行全额税前扣除的，从其规定。

《个人所得税法实施条例》进一步规定，上述所称个人将其所得对教育、扶贫、济困等公益慈善事业进行捐赠，是指个人将其所得通过中国境内的公益性社会组织、国家机关向教育、扶贫、济困等公益慈善事业的捐赠；上述所称应纳税所得额，是指计算扣除捐赠额之前的应纳税所得额。

一般捐赠额的扣除以不超过纳税人申报应纳税所得额的 30% 为限。计算公式为：

捐赠扣除限额＝申报的应纳税所得额 ×30%

允许扣除的捐赠额＝实际捐赠额≤捐赠扣除限额的部分；实际捐赠额大于捐赠扣除限额时，只能按捐赠扣除限额扣除。

应纳税额＝（应纳税所得额 － 允许扣除的捐赠额）× 适用税率 － 速算扣除数

《财政部 税务总局关于公益慈善事业捐赠个人所得税政策的公告》（财政部 税务总局公告 2019 年第 99 号），对个人公益慈善事业捐赠支出的税前扣除问题进行了进一步的规定。具体内容如下：

（1）个人通过中华人民共和国境内公益性社会组织、县级以上人民政府及其部门等国家机关，向教育、扶贫、济困等公益慈善事业的捐赠（以下简称公益捐赠），发生的公益捐赠支出，可以按照个人所得税法有关规定在计算应纳税所得额时扣除。

前款所称境内公益性社会组织，包括依法设立或登记并按规定条件和程序取得公益性捐赠税前扣除资格的慈善组织、其他社会组织和群众团体。

（2）个人发生的公益捐赠支出金额，按照以下规定确定：

① 捐赠货币性资产的，按照实际捐赠金额确定；

② 捐赠股权、房产的，按照个人持有股权、房产的财产原值确定；

③ 捐赠除股权、房产以外的其他非货币性资产，按照非货币性资产的市场价格确定。

（3）居民个人按照以下规定扣除公益捐赠支出：

① 居民个人发生的公益捐赠支出可以在财产租赁所得、财产转让所得、利息股息红利所得、偶然所得（以下统称分类所得）、综合所得或者经营所得中扣除。在当期一个所得项目扣除不完的公益捐赠支出，可以按规定在其他所得项目中继续扣除。

② 居民个人发生的公益捐赠支出，在综合所得、经营所得中扣除的，扣除限额分别为当年综合所得、当年经营所得应纳税所得额的30%；在分类所得中扣除的，扣除限额为当月分类所得应纳税所得额的30%。

③ 居民个人根据各项所得的收入、公益捐赠支出、适用税率等情况，自行决定在综合所得、分类所得、经营所得中扣除的公益捐赠支出的顺序。

（4）居民个人在综合所得中扣除公益捐赠支出的，应按照以下规定处理：

① 居民个人取得工资薪金所得的，可以选择在预扣预缴时扣除，也可以选择在年度汇算清缴时扣除。

居民个人选择在预扣预缴时扣除的，应按照累计预扣法计算扣除限额，其捐赠当月的扣除限额为截至当月累计应纳税所得额的30%（全额扣除的从其规定，下同）。个人从两处以上取得工资薪金所得，选择其中一处扣除，选择后当年不得变更。

② 居民个人取得劳务报酬所得、稿酬所得、特许权使用费所得的，预扣预缴时不扣除公益捐赠支出，统一在汇算清缴时扣除。

③ 居民个人取得全年一次性奖金、股权激励等所得，且按规定采取不并入综合所得而单独计税方式处理的，公益捐赠支出扣除比照本公告分类所得的扣除规定处理。

（5）居民个人发生的公益捐赠支出，可在捐赠当月取得的分类所得中扣除。当月分类所得应扣除未扣除的公益捐赠支出，可以按照以下规定追补扣除：

① 扣缴义务人已经代扣但尚未解缴税款的，居民个人可以向扣缴义务人提出追补扣除申请，退还已扣税款。

② 扣缴义务人已经代扣且解缴税款的，居民个人可以在公益捐赠之日起90日内提请扣缴义务人向征收税款的税务机关办理更正申报追补扣除，税务机关和扣缴义务人应当予以办理。

③ 居民个人自行申报纳税的，可以在公益捐赠之日起90日内向主管税务机关办理更正申报追补扣除。

居民个人捐赠当月有多项多次分类所得的，应先在其中一项一次分类所得中扣除。已经在分类所得中扣除的公益捐赠支出，不再调整到其他所得中扣除。

（6）在经营所得中扣除公益捐赠支出，应按以下规定处理：

① 个体工商户发生的公益捐赠支出，在其经营所得中扣除。

② 个人独资企业、合伙企业发生的公益捐赠支出，其个人投资者应当按照捐赠年度合伙企业的分配比例（个人独资企业分配比例为100%），计算归属于每一个人投资者的公益捐赠支出，个人投资者应将其归属的个人独资企业、合伙企业公益捐赠支出和本人需要在经营所得扣除的其他公益捐赠支出合并，在其经营所得中扣除。

③ 在经营所得中扣除公益捐赠支出的，可以选择在预缴税款时扣除，也可以选择在汇算清缴时扣除。

④ 经营所得采取核定征收方式的，不扣除公益捐赠支出。

（7）非居民个人发生的公益捐赠支出，未超过其在公益捐赠支出发生的当月应纳税所得额30%的部分，可以从其应纳税所得额中扣除。扣除不完的公益捐赠支出，可以在经营所得中继续扣除。

非居民个人按规定可以在应纳税所得额中扣除公益捐赠支出而未实际扣除的，可按照前述第（5）条规定追补扣除。

（8）国务院规定对公益捐赠全额税前扣除的，按照规定执行。个人同时发生按30%扣除和全额扣除的公益捐赠支出，自行选择扣除次序。

（9）公益性社会组织、国家机关在接受个人捐赠时，应当按照规定开具捐赠票据；个人索取捐赠票据的，应予以开具。

个人发生公益捐赠时不能及时取得捐赠票据的，可以暂时凭公益捐赠银行支付凭证扣除，并向扣缴义务人提供公益捐赠银行支付凭证复印件。个人应在捐赠之日起90日内向扣缴义务人补充提供捐赠票据，如果个人未按规定提供捐赠票据的，扣缴义务人应在30日内向主管税务机关报告。

机关、企事业单位统一组织员工开展公益捐赠的，纳税人可以凭汇总开具的捐赠票据和员工明细单扣除。

（10）个人通过扣缴义务人享受公益捐赠扣除政策，应当告知扣缴义务人符合条件可扣除的公益捐赠支出金额，并提供捐赠票据的复印件，其中捐赠股权、房产的还应出示财产原值证明。扣缴义务人应当按照规定在预扣预缴、代扣代缴税款时予扣除，并将公益捐赠扣除金额告知纳税人。

个人自行办理或扣缴义务人为个人办理公益捐赠扣除的，应当在申报时一并报送《个人所得税公益慈善事业捐赠扣除明细表》。个人应留存捐赠票据，留存期限为五年。

（三十）境外所得的个人所得税政策

为贯彻落实个人所得税法及其实施条例，《财政部 税务总局关于境外所得有关个人所得税政策的公告》（财政部 税务总局公告2020年第3号）规定了境外所得的个人所得税政策，适用于2019年年度及以后年度相关税收处理事宜。

（1）下列所得，为来源于中国境外的所得：

① 因任职、受雇、履约等在中国境外提供劳务取得的所得。

② 中国境外企业以及其他组织支付且负担的稿酬所得。

③ 许可各种特许权在中国境外使用而取得的所得。

④ 在中国境外从事生产、经营活动而取得的与生产、经营活动相关的所得。

⑤ 从中国境外企业、其他组织以及非居民个人取得的利息、股息、红利所得。

⑥ 将财产出租给承租人在中国境外使用而取得的所得。

⑦ 转让中国境外的不动产、转让对中国境外企业以及其他组织投资形成的股票、股权以及其他权益性资产（以下称权益性资产）或者在中国境外转让其他财产取得的所得。但转让对中国境外企业以及其他组织投资形成的权益性资产，该权益性资产被转让前三年（连续36个公历月份）内的任一时间，被投资企业或其他组织的资产公允价值50%以上直接或间接来自位于中国境内的不动产的，取得的所得为来源于中国境内的所得。

⑧ 中国境外企业、其他组织以及非居民个人支付且负担的偶然所得。

⑨ 财政部、税务总局另有规定的，按照相关规定执行。

（2）居民个人应当依照个人所得税法及其实施条例规定，按照以下方法计算当期境内和境外所得应纳税额：

① 居民个人来源于中国境外的综合所得，应当与境内综合所得合并计算应纳税额。

② 居民个人来源于中国境外的经营所得，应当与境内经营所得合并计算应纳税额。

居民个人来源于境外的经营所得，按照个人所得税法及其实施条例的有关规定计算的亏损，不得抵减其境内或他国（地区）的应纳税所得额，但可以用来源于同一国家（地区）以后年度的经营所得按中国税法规定弥补。

③ 居民个人来源于中国境外的利息、股息、红利所得，财产租赁所得，财产转让所得和偶然所得（以下称其他分类所得），不与境内所得合并，应当分别单独计算应纳税额。

（3）居民个人在一个纳税年度内来源于中国境外的所得，依照所得来源国家（地区）税收法律规定在中国境外已缴纳的所得税税额允许在抵免限额内从其该纳税年度应纳税额中抵免。

居民个人来源于一国（地区）的综合所得、经营所得以及其他分类所得项目的应纳税额为其抵免限额，按照下列公式计算：

① 来源于一国（地区）综合所得的抵免限额＝中国境内和境外综合所得依照本公告第二条规定计算的综合所得应纳税额 × 来源于该国（地区）的综合所得收入额 ÷ 中国境内和境外综合所得收入额合计

② 来源于一国（地区）经营所得的抵免限额＝中国境内和境外经营所得依照本公告第二条规定计算的经营所得应纳税额 × 来源于该国（地区）的经营所得应

纳税所得额 ÷ 中国境内和境外经营所得应纳税所得额合计

③ 来源于一国（地区）其他分类所得的抵免限额 = 该国（地区）的其他分类所得依照本公告第二条规定计算的应纳税额

④ 来源于一国（地区）所得的抵免限额 = 来源于该国（地区）综合所得抵免限额 + 来源于该国（地区）经营所得抵免限额 + 来源于该国（地区）其他分类所得抵免限额

（4）可抵免的境外所得税税额，是指居民个人取得境外所得，依照该所得来源国（地区）税收法律应当缴纳且实际已经缴纳的所得税性质的税额。可抵免的境外所得税额不包括以下情形：

① 按照境外所得税法律属于错缴或错征的境外所得税税额。

② 按照我国政府签订的避免双重征税协定以及内地与香港地区、澳门地区签订的避免双重征税安排（以下统称税收协定）规定不应征收的境外所得税税额。

③ 因少缴或迟缴境外所得税而追加的利息、滞纳金或罚款。

④ 境外所得税纳税人或者其利害关系人从境外征税主体得到实际返还或补偿的境外所得税税款。

⑤ 按照我国个人所得税法及其实施条例规定，已经免税的境外所得负担的境外所得税税款。

（5）居民个人从与我国签订税收协定的国家（地区）取得的所得，按照该国（地区）税收法律享受免税或减税待遇，且该免税或减税的数额按照税收协定饶让条款规定应视同已缴税额在中国的应纳税额中抵免的，该免税或减税数额可作为居民个人实际缴纳的境外所得税税额按规定申报税收抵免。

（6）居民个人一个纳税年度内来源于一国（地区）的所得实际已经缴纳的所得税税额，低于依照本公告第三条规定计算出的来源于该国（地区）该纳税年度所得的抵免限额的，应以实际缴纳税额作为抵免额进行抵免；超过来源于该国（地区）该纳税年度所得的抵免限额的，应在限额内进行抵免，超过部分可以在以后五个纳税年度内结转抵免。

（7）居民个人从中国境外取得所得的，应当在取得所得的次年 3 月 1 日至 6 月 30 日内申报纳税。

（8）居民个人取得境外所得，应当向中国境内任职、受雇单位所在地主管税务机关办理纳税申报；在中国境内没有任职、受雇单位的，向户籍所在地或中国境内经常居住地主管税务机关办理纳税申报；户籍所在地与中国境内经常居住地不一致的，选择其中一地主管税务机关办理纳税申报；在中国境内没有户籍的，向中国境内经常居住地主管税务机关办理纳税申报。

（9）居民个人取得境外所得的境外纳税年度与公历年度不一致的，取得境外所得的境外纳税年度最后一日所在的公历年度，为境外所得对应的我国纳税年度。

（10）居民个人申报境外所得税收抵免时，除另有规定外，应当提供境外征税主体出具的税款所属年度的完税证明、税收缴款书或者纳税记录等纳税凭证，未提供符合要求的纳税凭证，不予抵免。

居民个人已申报境外所得、未进行税收抵免，在以后纳税年度取得纳税凭证并申报境外所得税收抵免的，可以追溯至该境外所得所属纳税年度进行抵免，但追溯年度不得超过五年。自取得该项境外所得的五个年度内，境外征税主体出具的税款所属纳税年度纳税凭证载明的实际缴纳税额发生变化的，按实际缴纳税额重新计算并办理补退税，不加收税收滞纳金，不退还利息。

纳税人确实无法提供纳税凭证的，可同时凭境外所得纳税申报表（或者境外征税主体确认的缴税通知书）以及对应的银行缴款凭证办理境外所得抵免事宜。

（11）居民个人被境内企业、单位、其他组织（以下称派出单位）派往境外工作，取得的工资薪金所得或者劳务报酬所得，由派出单位或者其他境内单位支付或负担的，派出单位或者其他境内单位应按照个人所得税法及其实施条例规定预扣预缴税款。

居民个人被派出单位派往境外工作，取得的工资薪金所得或者劳务报酬所得，由境外单位支付或负担的，如果境外单位为境外任职、受雇的中方机构（以下称中方机构）的，可以由境外任职、受雇的中方机构预扣税款，并委托派出单位向主管税务机关申报纳税。中方机构未预扣税款的或者境外单位不是中方机构的，派出单位应当于次年 2 月 28 日前向其主管税务机关报送外派人员情况，包括：外派人员的姓名、身份证件类型及身份证件号码、职务、派往国家和地区、境外工作单位名称和地址、派遣期限、境内外收入及缴税情况等。

中方机构包括中国境内企业、事业单位、其他经济组织以及国家机关所属的境外分支机构、子公司、使（领）馆、代表处等。

（12）居民个人取得来源于境外的所得或者实际已经在境外缴纳的所得税税额为人民币以外货币，应当按照《个人所得税法实施条例》第 32 条折合计算。

（13）纳税人和扣缴义务人未按本公告规定申报缴纳、扣缴境外所得个人所得税以及报送资料的，按照《税收征管法》和个人所得税法及其实施条例等有关规定处理，并按规定纳入个人纳税信用管理。

（14）本公告适用于 2019 年度及以后年度税收处理事宜。以前年度尚未抵免完毕的税额，可按本公告第（6）条规定处理。

第五节　征收管理

个人所得税的纳税办法，有自行申报纳税和扣缴申报纳税两种。

一、自行申报纳税管理

自行申报纳税，是由纳税人自行在税法规定的纳税期限内，向税务机关申报取得的应税所得项目和数额，如实填写个人所得税纳税申报表，并按照税法规定计算应纳税额，据此缴纳个人所得税的一种方法。

（一）自行申报纳税的纳税义务人

自行申报纳税的纳税义务人包括：

（1）取得综合所得需要办理汇算清缴的。

（2）取得应税所得，没有扣缴义务人的。

（3）取得应税所得，扣缴义务人未扣缴税款的。

（4）取得境外所得的。

（5）因移居境外注销中国户籍的。

（6）非居民个人在中国境内从两处以上取得工资、薪金所得的。

（7）国务院规定的其他情形。

（二）自行申报纳税的办理方法

1. 取得综合所得需要办理汇算清缴的纳税申报

取得综合所得且符合下列情形之一的纳税人，应当依法办理汇算清缴：

（1）从两处以上取得综合所得，且综合所得年收入额减除专项扣除后的余额超过 6 万元。

（2）取得劳务报酬所得、稿酬所得、特许权使用费所得中一项或者多项所得，且综合所得年收入额减除专项扣除的余额超过 6 万元。

（3）纳税年度内预缴税额低于应纳税额。

（4）纳税人申请退税。

需要办理汇算清缴的纳税人，应当在取得所得的次年 3 月 1 日至 6 月 30 日内，向任职、受雇单位所在地主管税务机关办理纳税申报，并报送"个人所得税年度自行纳税申报表"。纳税人有两处以上任职、受雇单位的，选择向其中一处任职、受雇单位所在地主管税务机关办理纳税申报；纳税人没有任职、受雇单位的，向户籍所在地或经常居住地主管税务机关办理纳税申报。

纳税人办理综合所得汇算清缴，应当准备与收入、专项扣除、专项附加扣除、依法确定的其他扣除、捐赠、享受税收优惠等相关的资料，并按规定留存备查或报送。

2. 取得经营所得的纳税申报

个体工商户业主、个人独资企业投资者、合伙企业个人合伙人、承包承租经营者个人以及其他从事生产、经营活动的个人取得经营所得，按年计算个人所得税，由纳税人在月度或季度终了后15日内，向经营管理所在地主管税务机关办理预缴纳税申报，并报送“个人所得税经营所得纳税申报表（A表）”。在取得所得的次年3月31日前，向经营管理所在地主管税务机关办理汇算清缴，并报送“个人所得税经营所得纳税申报表（B表）”；从两处以上取得经营所得的，选择向其中一处经营管理所在地主管税务机关办理年度汇总申报，并报送“个人所得税经营所得纳税申报表（C表）”。

3. 取得应税所得，扣缴义务人未扣缴税款的纳税申报

纳税人取得应税所得，扣缴义务人未扣缴税款的，应当区别以下情形办理纳税申报：

（1）居民个人取得综合所得的，按照前述“1. 取得综合所得需要办理汇算清缴的纳税申报”相关规定办理。

（2）非居民个人取得工资、薪金所得，劳务报酬所得，稿酬所得，特许权使用费所得的，应当在取得所得的次年6月30日前，向扣缴义务人所在地主管税务机关办理纳税申报，并报送“个人所得税自行纳税申报表（A表）”。有两个以上扣缴义务人均未扣缴税款的，选择向其中一处扣缴义务人所在地主管税务机关办理纳税申报。

非居民个人在次年6月30日前离境（临时离境除外）的，应当在离境前办理纳税申报。

（3）纳税人取得利息、股息、红利所得，财产租赁所得，财产转让所得和偶然所得的，应当在取得所得的次年6月30日前，按相关规定向主管税务机关办理纳税申报，并报送“个人所得税自行纳税申报表（A表）”。

税务机关通知限期缴纳的，纳税人应当按照期限缴纳税款。

4. 取得境外所得的纳税申报

居民个人从中国境外取得所得的，应当在取得所得的次年3月1日至6月30日内，向中国境内任职、受雇单位所在地主管税务机关办理纳税申报；在中国境内没有任职、受雇单位的，向户籍所在地或中国境内经常居住地主管税务机关办理纳税申报；户籍所在地与中国境内经常居住地不一致的，选择其中一地主管税务机关办理纳税申报；在中国境内没有户籍的，向中国境内经常居住地主管税务机关办理纳税申报。

纳税人取得境外所得办理纳税申报的具体规定，另行公告。

5. 因移居境外注销中国户籍的纳税申报

纳税人因移居境外注销中国户籍的，应当在申请注销中国户籍前，向户籍所在

地主管税务机关办理纳税申报，进行税款清算。

（1）纳税人在注销户籍年度取得综合所得的，应当在注销户籍前，办理当年综合所得的汇算清缴，并报送“个人所得税年度自行纳税申报表”。尚未办理上一年度综合所得汇算清缴的，应当在办理注销户籍纳税申报时一并办理。

（2）纳税人在注销户籍年度取得经营所得的，应当在注销户籍前，办理当年经营所得的汇算清缴，并报送“个人所得税经营所得纳税申报表（B表）”。从两处以上取得经营所得的，还应当一并报送“个人所得税经营所得纳税申报表（C表）”。尚未办理上一年度经营所得汇算清缴的，应当在办理注销户籍纳税申报时一并办理。

（3）纳税人在注销户籍当年取得利息、股息、红利所得，财产租赁所得，财产转让所得和偶然所得的，应当在注销户籍前，申报当年上述所得的完税情况，并报送“个人所得税自行纳税申报表（A表）”。

（4）纳税人有未缴或者少缴税款的，应当在注销户籍前，结清欠缴或未缴的税款。纳税人存在分期缴税且未缴纳完毕的，应当在注销户籍前，结清尚未缴纳的税款。

（5）纳税人办理注销户籍纳税申报时，需要办理专项附加扣除、依法确定的其他扣除的，应当向税务机关报送“个人所得税专项附加扣除信息表”“商业健康保险税前扣除情况明细表”“个人税收递延型商业养老保险税前扣除情况明细表”等。

6. 非居民个人在中国境内从两处以上取得工资、薪金所得的纳税申报

非居民个人在中国境内从两处以上取得工资、薪金所得的，应当在取得所得的次月15日内，向其中一处任职、受雇单位所在地主管税务机关办理纳税申报，并报送“个人所得税自行纳税申报表（A表）”。

（三）自行申报纳税方式

纳税人可以采取远程办税端、邮寄等方式申报，也可以直接到主管税务机关申报，或者采取符合主管税务机关规定的其他方式申报。纳税人采取邮寄方式申报的，以邮政部门挂号信函收据作为申报凭据，以寄出的邮戳日期为实际申报日期。

纳税人也可以委托有税务代理资质的中介机构或者他人代为办理纳税申报。

（四）自行申报纳税其他有关问题

（1）纳税人办理自行纳税申报时，应当一并报送税务机关要求报送的其他有关资料。首次申报或者个人基础信息发生变化的，还应报送《个人所得税基础信息表（B表）》。

（2）纳税人在办理纳税申报时需要享受税收协定待遇的，按照享受税收协定待遇有关办法办理。

二、扣缴申报纳税管理

税法规定，个人所得税以所得所有者为纳税人，以支付所得的单位或者个人为扣缴义务人。

扣缴义务人向个人支付应税款项时，应当依照个人所得税法规定预扣或者代扣税款，按时缴库，并专项记载备查。

上述所称支付，包括现金支付、汇拨支付、转账支付和以有价证券、实物以及其他形式的支付。

（一）全员全额扣缴申报的应税所得范围

按照《个人所得税法》规定，扣缴义务人应当按照国家规定办理全员全额扣缴申报，并向纳税人提供其个人所得和已扣缴税款等信息。

上述全员全额扣缴申报，是指扣缴义务人应当在代扣税款的次月 15 日内，向主管税务机关报送其支付所得的所有个人的有关信息、支付所得数额、扣除事项和数额、扣缴税款的具体数额和总额以及其他相关涉税信息资料。

实行个人所得税全员全额扣缴申报的应税所得包括：

（1）工资、薪金所得。

（2）劳务报酬所得。

（3）稿酬所得。

（4）特许权使用费所得。

（5）利息、股息、红利所得。

（6）财产租赁所得。

（7）财产转让所得。

（8）偶然所得。

（二）扣缴义务人的法定义务及责任

（1）扣缴义务人每月或每次预扣、代扣的税款，应当在次月 15 日内缴入国库，并向主管税务机关报送“个人所得税扣缴申报表”。

（2）扣缴义务人首次向纳税人支付所得时，应当按照纳税人提供的纳税人识别号等基础信息，填写“个人所得税基础信息表（A 表）”，并于次月扣缴申报时向税务机关报送。

扣缴义务人对纳税人向其报告的相关基础信息变化情况，应当于次月扣缴申报时向税务机关报送。

（3）扣缴义务人向居民个人支付工资、薪金所得时，应当按照累计预扣法计算预扣税款，并按月办理扣缴申报。

（4）居民个人向扣缴义务人提供有关信息并依法要求办理专项附加扣除的，扣缴义务人应当按照规定在工资、薪金所得按月预扣预缴税款时予以扣除，不得拒绝。

（5）扣缴义务人向居民个人支付劳务报酬所得、稿酬所得、特许权使用费所得时，应当按照有关方法按次或者按月预扣预缴税款。

（6）扣缴义务人向非居民个人支付工资、薪金所得，劳务报酬所得，稿酬所得和特许权使用费所得时，应当按照有关方法按月或者按次代扣代缴税款。

（7）扣缴义务人支付利息、股息、红利所得，财产租赁所得，财产转让所得或者偶然所得时，应当依法按次或者按月代扣代缴税款。

（8）纳税人需要享受税收协定待遇的，应当在取得应税所得时主动向扣缴义务人提出，并提交相关信息、资料，扣缴义务人代扣代缴税款时按照享受税收协定待遇有关办法办理。

（9）支付工资、薪金所得的扣缴义务人应当于年度终了后两个月内，向纳税人提供其个人所得和已扣缴税款等信息。纳税人年度中间需要提供上述信息的，扣缴义务人应当提供。

（10）纳税人取得除工资、薪金所得以外的其他所得，扣缴义务人应当在扣缴税款后，及时向纳税人提供其个人所得和已扣缴税款等信息。

（11）扣缴义务人应当按照纳税人提供的信息计算税款、办理扣缴申报，不得擅自更改纳税人提供的信息。

扣缴义务人发现纳税人提供的信息与实际情况不符的，可以要求纳税人修改。纳税人拒绝修改的，扣缴义务人应当报告税务机关，税务机关应当及时处理。

纳税人发现扣缴义务人提供或者扣缴申报的个人信息、支付所得、扣缴税款等信息与实际情况不符的，有权要求扣缴义务人修改。扣缴义务人拒绝修改的，纳税人应当报告税务机关，税务机关应当及时处理。

（12）扣缴义务人对纳税人提供的“个人所得税专项附加扣除信息表”，应当按照规定妥善保存备查。

（13）扣缴义务人应当依法对纳税人报送的专项附加扣除等相关涉税信息和资料保密。

（14）扣缴义务人依法履行代扣代缴义务，纳税人不得拒绝。纳税人拒绝的，扣缴义务人应当及时报告税务机关。

（15）扣缴义务人有未按照规定向税务机关报送资料和信息、未按照纳税人提供信息虚报虚扣专项附加扣除、应扣未扣税款、不缴或少缴已扣税款、借用或冒用他人身份等行为的，依照《税收征管法》等相关法律、行政法规处理。

（三）代扣代缴税款的手续费

税务机关应对扣缴义务人按照规定扣缴的税款（不包括税务机关、司法机关等查补或者责令补扣的税款），按年付给2%的手续费，扣缴义务人领取的扣缴手续费可用于提升办税能力、奖励办税人员，该项手续费免缴个人所得税。

三、专项附加扣除操作办法

为了规范个人所得税专项附加扣除行为，切实维护纳税人合法权益，国家税务总局制定了《个人所得税专项附加扣除操作办法（试行）》（国家税务总局公告 2018 年第 60 号），自 2019 年 1 月 1 日起，纳税人享受子女教育、继续教育、大病医疗、住房贷款利息、住房租金、赡养老人专项附加扣除的，依照本办法的规定办理。

（一）享受扣除及时间安排

（1）纳税人享受符合规定的专项附加扣除的计算时间分别如下：

① 子女教育。学前教育阶段，为子女年满 3 周岁当月至小学入学前一月。学历教育，为子女接受全日制学历教育入学的当月至全日制学历教育结束的当月。

② 继续教育。学历（学位）继续教育，为在中国境内接受学历（学位）继续教育入学的当月至学历（学位）继续教育结束的当月，同一学历（学位）继续教育的扣除期限最长不得超过 48 个月。技能人员职业资格继续教育、专业技术人员职业资格继续教育，为取得相关证书的当年。

③ 大病医疗。为医疗保障信息系统记录的医药费用实际支出的当年。

④ 住房贷款利息。为贷款合同约定开始还款的当月至贷款全部归还或贷款合同终止的当月，扣除期限最长不得超过 240 个月。

⑤ 住房租金。为租赁合同（协议）约定的房屋租赁期开始的当月至租赁期结束的当月。提前终止合同（协议）的，以实际租赁期限为准。

⑥ 赡养老人。为被赡养人年满 60 周岁的当月至赡养义务终止的年末。

上述规定的学历教育和学历（学位）继续教育的期间，包含因病或其他非主观原因休学但学籍继续保留的休学期间，以及施教机构按规定组织实施的寒暑假等假期。

（2）享受子女教育、继续教育、住房贷款利息或者住房租金、赡养老人专项附加扣除的纳税人，自符合条件开始，可以向支付工资、薪金所得的扣缴义务人提供上述专项附加扣除有关信息，由扣缴义务人在预扣预缴税款时，按其在本单位本年可享受的累计扣除额办理扣除；也可以在次年 3 月 1 日至 6 月 30 日内，向汇缴地主管税务机关办理汇算清缴申报时扣除。

纳税人同时从两处以上取得工资、薪金所得，并由扣缴义务人办理上述专项附加扣除的，对同一专项附加扣除项目，一个纳税年度内，纳税人只能选择从其中一处扣除。

享受大病医疗专项附加扣除的纳税人，由其在次年 3 月 1 日至 6 月 30 日内，自行向汇缴地主管税务机关办理汇算清缴申报时扣除。

（3）扣缴义务人办理工资、薪金所得预扣预缴税款时，应当根据纳税人报送的“个人所得税专项附加扣除信息表”（以下简称“扣除信息表”）为纳税人办理专项附加扣除。

纳税人年度中间更换工作单位的，在原单位任职、受雇期间已享受的专项附加扣除金额，不得在新任职、受雇单位扣除。原扣缴义务人应当自纳税人离职不再发放工资薪金所得的当月起，停止为其办理专项附加扣除。

（4）纳税人未取得工资、薪金所得，仅取得劳务报酬所得、稿酬所得、特许权使用费所得需要享受专项附加扣除的，应当在次年3月1日至6月30日内，自行向汇缴地主管税务机关报送“扣除信息表”，并在办理汇算清缴申报时扣除。

（5）一个纳税年度内，纳税人在扣缴义务人预扣预缴税款环节未享受或未足额享受专项附加扣除的，可以在当年内向支付工资、薪金的扣缴义务人申请在剩余月份发放工资、薪金时补充扣除，也可以在次年3月1日至6月30日内，向汇缴地主管税务机关办理汇算清缴时申报扣除。

（二）报送信息及留存备查资料

（1）纳税人选择在扣缴义务人发放工资、薪金所得时享受专项附加扣除的，首次享受时应当填写并向扣缴义务人报送“扣除信息表”；纳税年度中间相关信息发生变化的，纳税人应当更新“扣除信息表”相应栏次，并及时报送给扣缴义务人。

更换工作单位的纳税人，需要由新任职、受雇扣缴义务人办理专项附加扣除的，应当在入职的当月，填写并向扣缴义务人报送“扣除信息表”。

（2）纳税人次年需要由扣缴义务人继续办理专项附加扣除的，应当于每年12月份对次年享受专项附加扣除的内容进行确认，并报送至扣缴义务人。纳税人未及时确认的，扣缴义务人于次年1月起暂停扣除，待纳税人确认后再行办理专项附加扣除。

扣缴义务人应当将纳税人报送的专项附加扣除信息，在次月办理扣缴申报时一并报送至主管税务机关。

（3）纳税人选择在汇算清缴申报时享受专项附加扣除的，应当填写并向汇缴地主管税务机关报送“扣除信息表”。

（4）纳税人将需要享受的专项附加扣除项目信息填报至“扣除信息表”相应栏次。填报要素完整的，扣缴义务人或者主管税务机关应当受理；填报要素不完整的，扣缴义务人或者主管税务机关应当及时告知纳税人补正或重新填报。纳税人未补正或重新填报的，暂不办理相关专项附加扣除，待纳税人补正或重新填报后再行办理。

（5）纳税人享受子女教育专项附加扣除，应当填报配偶及子女的姓名、身份证件类型及号码、子女当前受教育阶段及起止时间、子女就读学校以及本人与配偶之间扣除分配比例等信息。

纳税人需要留存备查资料包括：子女在境外接受教育的，应当留存境外学校录取通知书、留学签证等境外教育佐证资料。

（6）纳税人享受继续教育专项附加扣除，接受学历（学位）继续教育的，应当填报教育起止时间、教育阶段等信息；接受技能人员或者专业技术人员职业资格继续教育的，应当填报证书名称、证书编号、发证机关、发证（批准）时间等信息。

纳税人接受技能人员职业资格继续教育、专业技术人员职业资格继续教育的，应当留存职业资格相关证书等资料。

（7）纳税人享受住房贷款利息专项附加扣除，应当填报住房权属信息、住房坐落地址、贷款方式、贷款银行、贷款合同编号、贷款期限、首次还款日期等信息；纳税人有配偶的，填写配偶姓名、身份证件类型及号码。

纳税人需要留存备查资料包括：住房贷款合同、贷款还款支出凭证等资料。

（8）纳税人享受住房租金专项附加扣除，应当填报主要工作城市、租赁住房坐落地址、出租人姓名及身份证件类型和号码或者出租方单位名称及纳税人识别号（社会统一信用代码）、租赁起止时间等信息；纳税人有配偶的，填写配偶姓名、身份证件类型及号码。

纳税人需要留存备查资料包括：住房租赁合同或协议等资料。

（9）纳税人享受赡养老人专项附加扣除，应当填报纳税人是否为独生子女、月扣除金额、被赡养人姓名及身份证件类型和号码、与纳税人关系；有共同赡养人的，需填报分摊方式、共同赡养人姓名及身份证件类型和号码等信息。

纳税人需要留存备查资料包括：约定或指定分摊的书面分摊协议等资料。

（10）纳税人享受大病医疗专项附加扣除，应当填报患者姓名、身份证件类型及号码、与纳税人关系、与基本医保相关的医药费用总金额、医保目录范围内个人负担的自付金额等信息。

纳税人需要留存备查资料包括：大病患者医药服务收费及医保报销相关票据原件或复印件，或者医疗保障部门出具的纳税年度医药费用清单等资料。

（11）纳税人应当对报送的专项附加扣除信息的真实性、准确性、完整性负责。

（三）信息报送方式

（1）纳税人可以通过远程办税端、电子或者纸质报表等方式，向扣缴义务人或者主管税务机关报送个人专项附加扣除信息。

（2）纳税人选择纳税年度内由扣缴义务人办理专项附加扣除的，按下列规定办理：

① 纳税人通过远程办税端选择扣缴义务人并报送专项附加扣除信息的，扣缴义务人根据接收的扣除信息办理扣除。

② 纳税人通过填写电子或者纸质“扣除信息表”直接报送扣缴义务人的，扣缴义务人将相关信息导入或者录入扣缴端软件，并在次月办理扣缴申报时提交给主管税务机关。“扣除信息表”应当一式两份，纳税人和扣缴义务人签字（章）后分别留存备查。

（3）纳税人选择年度终了后办理汇算清缴申报时享受专项附加扣除的，既可以通过远程办税端报送专项附加扣除信息，也可以将电子或者纸质“扣除信息表”（一式两份）报送给汇缴地主管税务机关。

报送电子“扣除信息表”的，主管税务机关受理打印，交由纳税人签字后，一份由纳税人留存备查，一份由税务机关留存；报送纸质“扣除信息表”的，纳税人签字确认、主管税务机关受理签章后，一份退还纳税人留存备查，一份由税务机关留存。

（4）扣缴义务人和税务机关应当告知纳税人办理专项附加扣除的方式和渠道，鼓励并引导纳税人采用远程办税端报送信息。

（四）后续管理

（1）纳税人应当将“扣除信息表”及相关留存备查资料，自法定汇算清缴期结束后保存五年。

纳税人报送给扣缴义务人的“扣除信息表”，扣缴义务人应当自预扣预缴年度的次年起留存五年。

（2）纳税人向扣缴义务人提供专项附加扣除信息的，扣缴义务人应当按照规定予以扣除，不得拒绝。扣缴义务人应当为纳税人报送的专项附加扣除信息保密。

（3）扣缴义务人应当及时按照纳税人提供的信息计算办理扣缴申报，不得擅自更改纳税人提供的相关信息。

扣缴义务人发现纳税人提供的信息与实际情况不符，可以要求纳税人修改。纳税人拒绝修改的，扣缴义务人应当向主管税务机关报告，税务机关应当及时处理。

除纳税人另有要求外，扣缴义务人应当于年度终了后两个月内，向纳税人提供已办理的专项附加扣除项目及金额等信息。

（4）税务机关定期对纳税人提供的专项附加扣除信息开展抽查。

（5）税务机关核查时，纳税人无法提供留存备查资料，或者留存备查资料不能支持相关情况的，税务机关可以要求纳税人提供其他佐证；不能提供其他佐证材料，或者佐证材料仍不足以支持的，不得享受相关专项附加扣除。

（6）税务机关核查专项附加扣除情况时，可以提请有关单位和个人协助核查，相关单位和个人应当协助。

（7）纳税人有下列情形之一的，主管税务机关应当责令其改正；情形严重的，应当纳入有关信用信息系统，并按照国家有关规定实施联合惩戒；涉及违反《税收征管法》等法律法规的，税务机关依法进行处理：

① 报送虚假专项附加扣除信息；

② 重复享受专项附加扣除；

③ 超范围或标准享受专项附加扣除；

④ 拒不提供留存备查资料；

⑤ 税务总局规定的其他情形。

纳税人在任职、受雇单位报送虚假扣除信息的，税务机关责令改正的同时，通知扣缴义务人。

此外，纳税人发现扣缴义务人提供或者扣缴申报的个人信息、支付所得、扣缴税款等信息与实际情况不符的，有权要求扣缴义务人修改。扣缴义务人拒绝修改的，纳税人应当报告税务机关，税务机关应当及时处理。

扣缴义务人对纳税人提供的“个人所得税专项附加扣除信息表”，应当按照规定妥善保存备查。

扣缴义务人应当依法对纳税人报送的专项附加扣除等相关涉税信息和资料保密。

四、反避税规定

（一）税务机关有权进行纳税调整的情形

有下列情形之一的，税务机关有权按照合理方法进行纳税调整：

（1）个人与其关联方之间的业务往来不符合独立交易原则而减少本人或者其关联方应纳税额，且无正当理由。

（2）居民个人控制的，或者居民个人和居民企业共同控制的设立在实际税负明显偏低的国家（地区）的企业，无合理经营需要，对应当归属于居民个人的利润不做分配或者减少分配。

（3）个人实施其他不具有合理商业目的的安排而获取不当税收利益。

（二）反避税措施

针对上述反避税情形，税务机关依照前述规定做出纳税调整，需要补征税款的，应当补征税款，并依法加收利息。

依法加收的利息，应当按照税款所属纳税申报期最后一日中国人民银行公布的与补税期间同期的人民币贷款基准利率计算，自税款纳税申报期满次日起至补缴税款期限届满之日止按日加收。纳税人在补缴税款期限届满前补缴税款的，利息加收至补缴税款之日。

五、无住所个人所得税征管相关规定

（一）无住所个人预计境内居住时间的规定

无住所个人在一个纳税年度内首次申报时，应当根据合同约定等情况预计一个纳税年度内境内居住天数以及在税收协定规定的期间内境内停留天数，按照预计情况计算缴纳税款。实际情况与预计情况不符的，分别按照以下规定处理：

（1）无住所个人预先判定为非居民个人，因延长居住天数达到居民个人条件的，一个纳税年度内税款扣缴方法保持不变，年度终了后按照居民个人有关规定办理汇算清缴，但该个人在当年离境且预计年度内不再入境的，可以选择在离境之前办理汇算清缴。

（2）无住所个人预先判定为居民个人，因缩短居住天数不能达到居民个人条件的，在不能达到居民个人条件之日起至年度终了 15 天内，应当向主管税务机关报告，按照非居民个人重新计算应纳税额，申报补缴税款，不加收税收滞纳金。需要退税的，按照规定办理。

（3）无住所个人预计一个纳税年度境内居住天数累计不超过 90 天，但实际累计居住天数超过 90 天的，或者对方税收居民个人预计在税收协定规定的期间内境内停留天数不超过 183 天，但实际停留天数超过 183 天的，待达到 90 天或者 183 天的月度终了后 15 天内，应当向主管税务机关报告，就以前月份工资薪金所得重新计算应纳税款，并补缴税款，不加收税收滞纳金。

（二）境内雇主报告无住所个人境外关联方支付工资薪金所得的规定

无住所个人在境内任职、受雇取得来源于境内的工资薪金所得，凡境内雇主与境外单位或者个人存在关联关系，将本应由境内雇主支付的工资薪金所得，部分或者全部由境外关联方支付的，无住所个人可以自行申报缴纳税款，也可以委托境内雇主代为缴纳税款。无住所个人未委托境内雇主代为缴纳税款的，境内雇主应当在相关所得支付当月终了后 15 天内向主管税务机关报告相关信息，包括境内雇主与境外关联方对无住所个人的工作安排、境外支付情况以及无住所个人的联系方式等信息。

六、个人财产对外转移提交税收证明的规定

（1）税务机关对申请人缴纳税款情况进行证明。税务机关在为申请人开具税收证明时，应当按其收入或财产的不同类别、来源，由收入来源地或者财产所在地国家税务局、税务局分别开具。

（2）申请人拟转移的财产已取得完税凭证的，可直接向外汇管理部门提供完税凭证，不需向税务机关另外申请税收证明。

申请人拟转移的财产总价值在人民币 15 万元以下的，可不需向税务机关申请税收证明。

（3）申请人申请领取税收证明的程序如下：

① 申请人按照规定提交相关资料，按财产类别和来源地，分别向国税局、地税局申请开具税收证明。

开具税收证明的税务机关为县级或者县级以上国家税务局、税务局。

② 申请人资料齐全的，税务机关应当在 15 日内开具税收证明；申请人提供资料不全的，可要求其补正，待补正后开具。

③ 申请人有未完税事项的，允许补办申报纳税后开具税收证明。

④ 税务机关有根据认为申请人有偷税、骗税等情形，需要立案稽查的，在稽查结案并完税后可开具税收证明。

申请人与纳税人姓名、名称不一致的，税务机关只对纳税人出具证明，申请人应向外汇管理部门提供其与纳税人关系的证明。

（4）税务机关开具税收证明的内部工作程序由省、自治区、直辖市和计划单列市国家税务局、税务局明确。

（5）申请人向税务机关申请税收证明时，应当提交的资料分别为：代扣代缴单位报送的含有申请人明细资料的“扣缴个人所得税报告表”复印件，“个体工商户所得税年度申报表”“个人承包承租经营所得税年度申报表”原件，有关合同、协议原件，取得有关所得的凭证，以及税务机关要求报送的其他有关资料。

申请人发生财产变现的，应当提供交易合同、发票等资料。

必要时税务机关应当对以上资料进行核实；对申请人没有缴税的应税行为，应当责成纳税人缴清税款并按照《税收征管法》的规定处理后开具税收证明。

（6）税务机关必须按照申请人实际入库税额如实开具证明，并审查其有无欠税情况，严禁开具虚假证明。

申请人编造虚假的计税依据骗取税收证明的，伪造、变造、涂改税收证明的，按照《税收征管法》及其实施细则的规定处理。

（7）税务机关应当与当地外汇管理部门加强沟通和协作，建立定期协调机制，共同防范国家税收流失。税务机关应当将有税收违法行为且可能转移财产的纳税人情况向外汇管理部门通报，以防止申请人非法对外转移财产。外汇管理部门审核过程中，发现申请人有偷税嫌疑的，应当及时向相应税务机关通报。

有条件的地方，税务机关应当与外汇管理部门建立电子信息交换制度，建立税收证明的电子传递、比对、统计、分析评估制度。各地税务机关、外汇管理部门对执行中的问题，应及时向国家税务总局、国家外汇管理局反映。

思考练习题

一、思考题

1. 什么是个人所得税？

2. 个人所得税来源如何确认？

3. 征收个人所得税的所得包括哪些项目？

4. 个人所得税适用的税率有哪些规定？

5. 个人所得税有哪些优惠政策？

6. 年所得在 12 万元以上的个人如何申报个人所得税？

7. 现行个人所得税制度有何缺陷？应如何完善？

二、练习题

1. 某公司职员 2015 年入职，2020 年每月应发工资均为 30 000 元，每月减除费用 5 000 元，“三险一金”等专项扣除为 4 500 元，享受子女教育、赡养老人两项专项附加扣除共计 2 000 元。假设没有其他减免收入及减免税额等情况，计算该职员 1—3 月份应分别被预扣预缴的个人所得税。

2. 红日机械厂是一家个人独资企业，2020 年该企业委托某会计师事务所代理个人所得税纳税申报。该企业年度会计报表反映 2020 年度的营业收入为 800 000 元，税金及附加 20 000 元，营业成本 500 000 元，管理费用 120 000 元，销售费用 30 000 元，财务费用 20 000 元，营业外支出 30 000 元，利润总额 80 000 元。会计师通过审查有关账证，发现如下问题：

（1）当年发放工资总额 156 000 元，其中投资者本人工资 70 000 元。

（2）管理费用中列支业务招待费 12 000 元。

（3）销售费用中列支广告费 10 000 元，业务宣传费 5 000 元。

（4）营业外支出中列支对某高校活动的赞助支出 15 000 元。

要求：计算该独资企业 2020 年度应缴纳的个人所得税。

3. 境内某公司员工刘某，2020 年 1—6 月每月应发工资 18 000 元，公司每月为其代扣代缴“三险一金”3 200 元，从 1 月份开始每月享受子女教育费、赡养老人等专项附加扣除等合计 2 500 元。已知截至 5 月份该公司已为刘某累计预扣预个人所得税 1 130 元，假设不考虑其他情况，根据资料计算并回答如下问题：

（1）刘某 1—6 月份累计应纳税所得额。

（2）刘某 1—6 月份累计应预扣预缴税额。

（3）刘某 6 月份应预扣预缴税额。

4. 某民营非上市公司股东张某，2021 年 1 月取得的部分实物或现金收入如下：

（1）公司为其购买了一辆轿车并将车辆所有权办到其名下，该车购买价为 35 万元。经当地主管税务机关核定，公司在代扣个人所得税税款时允许税前减除的数额为 7 万元。

（2）将本人一部长篇小说手稿的著作权拍卖取得收入 5 万元。

（3）拍卖一幅名人字画取得收入 35 万元。经税务机关确认，所拍卖的字画原值及相关费用为 20 万元。

（4）当月转让上月购入的境内某上市公司股票，扣除印花税和交易手续费等，净盈利 5 320.56 元。同时因持有该上市公司的 8 个月的股票取得公司分红 2 000 元。

要求：根据上述资料，按序号回答下列问题，如有计算，需计算出合计数。

（1）计算公司为张某购买轿车应代扣代缴的个人所得税。

（2）计算长篇小说手稿著作权拍卖收入应缴纳的个人所得税。

（3）计算名人字画拍卖所得应缴纳的个人所得税。

（4）计算转让股票净盈利和取得的股票红利共应缴纳的个人所得税。

5. 某企业高管周某 2020 年在境内取得如下收入：

（1）每月领取工资 17 500 元，个人负担三险一金 2 800 元，申报专项附加扣除时，作为独生子的张某向单位报送的专项附加扣除信息如下：3 周岁在上幼儿园的女儿一名；年满 60 周岁的父亲一名；夫妻约定女儿教育全额由张某扣除。

（2）公司于 2017 年实行股票期权计划。2017 年 1 月 11 日张某获得公司授予的股票期权 10 000 份（该期权不可公开交易），授予价格为每份 6 元。当日公司股票的收盘价为 7.68 元。公司规定的股票期权行权期限是 2020 年 2 月 10 日至 9 月 10 日。张某于 2020 年 2 月 13 日对 4 000 份股票期权实施行权，当日公司股票的收盘价为 9.6 元。

（3）5 月份取得财政部发行国债的利息 1 200 元，取得某国内上市公司发行的公司债券利息 750 元。

（4）7 月 9 日张某对剩余的股票期权全部实施行权，当日股票收盘价 10.8 元。

（5）取得保险公司财产赔偿款 3 000 元。

要求：计算周某 2020 年应缴纳的个人所得税（不考虑其他税费及专项附加扣除）。

6. 中国公民李某在甲企业任职，2020 年 1 月—12 月甲企业每月应发工资薪金 16 000 元，单位在发放工资时为其代扣代缴“三险一金”2 500 元。从 1 月份开始享受子女教育和赡养老人专项附加扣除共计为 3 000 元，无其他附加专项扣除。另外，2020 年 3 月从乙公司取得劳务报酬收入 3 000 元，稿酬收入 2 000 元，6 月从丙公司取得劳务报酬收入 30 000 元，特许权使用费收入 2 000 元。已知当年取得四项所得时已被支付方足额预扣预缴税款合计 10 128 元，没有大病医疗和减免收入及减免税额等情况。请依照现行税法规定，计算并回答如下问题（假设上述劳务报酬、稿酬、特许权使用费收入均为不含税收入）：

（1）计算李某年应税综合收入。

（2）计算李某综合所得年应纳税所得额。

（3）计算李某年综合所得应纳税额。

（4）计算李某综合所得年度汇算应补（退）税额。

即 测 即 评

请扫描二维码进行在线测试。

参考文献

1. 全国注册税务师执业资格考试教材编写组．税法（Ⅱ）．北京：中国税务出版社，2020.

2. 全国注册税务师执业资格考试教材编写组．税法（Ⅰ）．北京：中国税务出版社，2020.

3. 中国注册会计师协会．税法．北京：中国财政经济出版社，2020.

4. 朱为群．中国税制．北京：高等教育出版社，2016.

5. 杨志清．税务教学案例精选．北京：北京大学出版社，2019.

6. 张守文．税法原理．9 版．北京：北京大学出版社，2019.

7. 徐孟州．税法．7 版．北京：中国人民大学出版社，2019.

8. 胡怡建．税收学．上海：上海财经大学出版社，2018.

9. 杨斌．税收学．2 版．北京：科学出版社，2011.